Handbuch

der

Verfassung und Verwaltung

in Preußen

und dem Deutschen Reich.

Von

Graf Hue de Grais,

Königlichem Polizei-Präsidenten.

Zweite Auflage.

Springer-Verlag Berlin Heidelberg GmbH 1882

ISBN 978-3-662-40693-9 ISBN 978-3-662-41175-9 (eBook)
DOI 10.1007/978-3-662-41175-9
Softcover reprint of the hardcover 2nd edition 1882

Inhalt.

Drittes Kapitel. Auswärtige Angelegenheiten.

Viertes Kapitel. Militär u. Marine.

Fünftes Kapitel. Finanzen.

Sechstes Kapitel. Justiz.

Siebentes Kapitel. Polizei.

Achtes Kapitel. Kulturpflege.

Neuntes Kapitel. Wohlstandspflege.

Abkürzungen.

AE. = Allerhöchster Erlaß.
Anw. = Anweisung.
Ausf. = Ausführung.
BG. = Bundes-Gesetz.
BGB. = Bundes-Gesetz-Blatt.
Bek. = Bekanntmachung.
Best. = Bestimmung.
CB. = Central-Blatt.
CB. d. UB. = Central-Blatt der Unterrichts-Verwaltung.
CPrO. = Civil-Prozeß-Ordnung v. 30. Jan. 1877 (RGB. 83).
CR. = Cirkular-Reskript.
Dekl. = Deklaration.
Ed. = Edikt.
Entsch. = Entscheidungen.
Erl. = Erlaß.
G. = Gesetz.
GB. = Gesetz-Blatt (Elsaß-Lothringen).
GS. = Gesetz-Sammlung.
JMB. = Justiz-Ministerial-Blatt.
Instr. = Instruktion.
KA. = Kamptz' Annalen.
KJ. = Kamptz' Jahrbücher.
KGH. = Kompetenzgerichtshof.
KO. = Kabinets-Ordre.
KonkO. = Konkurs-Ordnung v. 10. Feb. 1877 (RGB. 351).
Konv. = Konvention.
LR. = Landrecht.
MB. = Ministerialblatt der innern Verwaltung.
O. = Ordnung.
OG. = Organisations-Gesetz v. 26. Juli 1880 (GS. 291).
OT. = Ober-Tribunal.
OVG. = Ober-Verwaltungsgericht.
Pat. = Patent.
PlB. = Plenar-Beschluß.
Pr. = Präjudiz.
Prot. = Protokoll.
Publ. = Publikandum.
R. = Reskript.
RG. = Reichs-Gesetz.
RGB. = Reichs-Gesetz-Blatt.
Regl. = Reglement.
Regul. = Regulativ.
StGB. = Straf-Gesetz-Buch v. 31. Mai 1870 (RGB. 1876 S. 39).
StMB. = Staats-Ministerial-Beschluß.
StProzO. = Straf-Prozeß-Ordnung v. 1. Feb. 1877 (RGB. 253).
V. = Verordnung.
Verf. = Verfassung (des Reichs).
Vertr. = Vertrag.
Vf. = Verfügung.
VU. = Verfassungs-Urkunde v. 31. Jan. 1850 (GS. 17).
d. W. = des Werks.
ZustG. = Zuständigkeits-Gesetz v. 26. Juli 1876 (GS. 297).

Bemerkungen.

1. Die den Sammlungen (RGB., GS., MB. 2c.) angefügte Zahl bedeutet die Seitenzahl und bezieht sich, wo eine besondere Jahreszahl nicht hinzugefügt ist, auf den Jahrgang, aus dem das betreffende Gesetz 2c. ist.
2. Abgekürzte Bezeichnung für Maße und Gewichte vgl. S. 424 d. W.
3. Alle sonstigen Abkürzungen finden in den unmittelbar vorausgegangenen Anmerkungen ihre Erklärung.

Vorbemerkung.

I. Plan.

§ 1.

Das vorliegende Werk will eine vollständige jedem Gebildeten verständliche und zugängliche Darstellung unserer gesammten öffentlichen Verhältnisse bieten. Unsere Gesetzgebung ist im Laufe der Zeit immer verwickelter, ihr Verständniß in Folge umfassender Organisationen immer schwieriger geworden. Ein Hülfsmittel, vermöge dessen jeder Betheiligte sich leicht und schnell auf dem weiten Felde unseres öffentlichen Rechts zu orientiren vermag, ist kaum noch zu entbehren. Es gilt dies für die Beamten; es gilt in noch höherem Maße für die Laien, die sich in stets ausgedehnterem Umfange zu den Geschäften des öffentlichen Dienstes herangezogen sehen. Das Interesse am Staatsleben, welches Verfassung und Selbstverwaltung in immer weitere Kreise unserer Bevölkerung hineintragen, kann erst fruchtbringend werden, wenn es mit Verständniß und unbefangener Beurtheilung verbunden wird. Hierzu möchte das Werk beitragen.

Der Gegenstand der Darstellung durfte diesen Zielen entsprechend nicht zu eng bemessen werden. Nur ein Theil der allgemeinen Staatszwecke findet seine Erfüllung zur Zeit noch in Preußen; ein anderer ist auf das Reich übergegangen. Dabei ergänzen und durchdringen sich beide Rechtsgebiete bereits so vielfach, daß nur bei ihrer organischen Zusammenfassung ein vollständiges Bild unseres Staatswesens entrollt werden kann. Das Werk erstreckt sich demgemäß sowohl auf die preußische wie auf die Reichsgesetzgebung. Es beschränkt sich aber nicht auf einfache Wiedergabe der erlassenen Vorschriften, sucht diese vielmehr nach Entstehung und Bedeutung, sowie nach ihrer Gestaltung im praktischen Leben zur Anschauung zu bringen. Wo es zur Klarstellung nöthig schien, sind vergleichende Hinweise auf die Gesetzgebung fremder Länder, statistische Daten und technische Erläuterungen hinzugefügt. Endlich bringt das Werk — und dieses ist der Hauptzweck der Anmerkungen — eine vollständige Uebersicht aller maßgebenden Vorschriften und der Hinweis auf diese erstreckt sich zugleich auf die Sammlungen, in denen sie veröffentlicht sind, auf die Aenderungen, die sie später erfahren haben und bei allen umfassenderen Bestimmungen auf die Abschnitte und Paragraphen, welche die einzelnen Gegenstände betreffen.

Das Werk entspricht hiernach einem doppelten Zweck. Es enthält eine fortlaufende systematische Darstellung unserer öffentlichen Rechtszustände und verbindet damit eine gleichmäßig geordnete Zusammenstellung aller in den verschiedenen Sammlungen zerstreuten Vorschriften. Es wird damit ebensowohl dem gerecht, der über die maßgebenden Grundsätze Aufklärung sucht, als demjenigen, der die Gesetze selbst einsehen und wissen will, an welcher Stelle er die einzelne Bestimmung zu suchen habe.

Das Anwachsen des Stoffes, welches diese umfassende Aufgabe mit sich brachte, nöthigte auf der andern Seite zu thunlichster Beschränkung, indem nur bei mäßigem Umfange das Werk seinem Zwecke entsprechen und auch solchen Kreisen zugänglich gemacht werden konnte, die größere Kosten oder längere Zeit nicht auf dasselbe zu verwenden vermögen. Die Erörterung ist deßhalb überall auf die Hauptgrundsätze eingeschränkt unter Ausscheidung sowohl der Kontroversen und Streitfragen, die mit der beliebten Meinungsvergleichung und Polemik unsere Lehrbücher füllen, als der detaillirten Ausführungsvorschriften, die unsere Gesetze und deren Bearbeitungen so umfangreich, unübersichtlich und trocken erscheinen lassen. Beides war für den vorliegenden Zweck entbehrlich. Die Erörterung der Streitfragen würde nur einer Minderzahl von Lesern Interesse geboten haben, denen Spezialwerke ohnehin leicht zugänglich sind und die Ausführungsbestimmungen haben nur für die unmittelbare praktische Anwendung Werth, bei welcher die Einsicht der Gesetze selbst doch nicht zu umgehen ist und ein Hinweis auf diese ausreichend erscheint. Auf diesem Wege hat der Umfang des Werkes unbeschadet seiner Vollständigkeit sehr wesentlich eingeschränkt werden können.

Aus gleichem Grunde ist Fassung und Ausdrucksweise möglichst kurz, zugleich aber auch möglichst einfach gehalten. Die Darstellung soll recht Vielen verständlich und im guten Sinn des Wortes populär sein.

II. Eintheilung.

§ 2.

Der angegebene Zweck forderte ferner eine möglichst klare und übersichtliche Eintheilung, welche die einzelnen Theile als vollständige und abgerundete Bilder hervortreten ließ, zugleich aber fortlaufend zu einem einheitlichen Ganzen aneinanderreihte. Nur so war es möglich, Vieles und Mannigfaltiges zu bringen, ohne darüber das Ganze und seine leitenden Gesichtspunkte aus dem Auge zu verlieren.

Der Staat, welcher den Gegenstand der Darstellung bildet, kommt nach zwei Richtungen in Betracht. Er erscheint in seiner Gestaltung (Verfassung) und in der Erfüllung seiner einzelnen Aufgaben (Verwaltung). Erstere wird durch das Staatsrecht, letztere durch das Verwaltungsrecht näher bestimmt. Jenes bildet den Gegenstand der fünf ersten, dieses den der vier letzten Kapitel des Werkes. Als Staat kommt in beiden Theilen neben Preußen das deutsche Reich in Betracht, jedoch nicht in ganz gleicher Weise. Während im Staatsrecht Staat und Reich ziemlich getrennt nebeneinander hergehen, fließen im Verwaltungsrecht ihre Aufgaben fast vollständig zusammen.

Im Staatsrecht kommt zunächst der Staat in seiner Verfassung, seinen Organen (Behörden und Beamten) und seinen Gliedern zur Darstellung und zwar in wesentlich gleichartiger Weise für das Reich (1. Kapitel) und für Preußen (2. Kapitel). Hieran schließen sich die Beziehungen des Staats zu fremden Staaten, seine Vertretung in den auswärtigen Angelegenheiten (3. Kapitel) und seine Vertheidigung durch Militär und Marine (4. Kapitel). Beide Gegenstände sind wesentlich zur Reichssache geworden. Den Schluß bilden die Finanzen, deren der Staat sowohl zur eigenen Existenz, als zur Erfüllung seiner Aufgaben bedarf und die für das Reich wie für Preußen in Betracht zu ziehen sind (5. Kapitel).

Das Verwaltungsrecht ist auf zwei staatliche Aufgaben zurückzuführen:

1. den Schutz der Person und des Eigenthums,
2. die Pflege der geistigen und materiellen Interessen.

Den Schutz gewährt die Justiz (6. Kapitel) und die Polizei (7. Kapitel). Die Förderung der geistigen Interessen gelangt in der auf Kultus, Unterricht, Kunst und Wissenschaft gerichteten Kulturpflege (8. Kapitel), die der materiellen Interessen in der die einzelnen Zweige des Gütererwerbs (Bergbau, Land- und Forstwirthschaft, Gewerbe, Handel und Verkehr) zusammenfassenden Wohlstandspflege (9. Kapitel) zur Darstellung.

III. Grundlagen des Staats- und Verwaltungsrechts.

§ 3.

Staat ist die selbstständige dauernde Gemeinschaft der Bewohner eines bestimmten Gebiets, die sich zum Schutz und zur Förderung gemeinsamer Interessen nach festen Grundsätzen zusammengefunden haben. Diese Grundsätze, die in der Verfassung zum Ausdruck gelangen, bestimmen die Staatsform als Republik, absolute oder beschränkte (konstitutionelle) Monarchie[1]).

Der Staat beruht auf der Unterordnung des Einzelwillens unter den Gesammtwillen, der sich in der Staatsgewalt (Staatshoheit) entfaltet und geltend macht. Die Staatsgewalt in ihrer Ausschließlichkeit und Unabhängigkeit wird als Souveränität bezeichnet[2]). Im Innern äußert sich die Staats-

[1]) Reichsverfassung Anm. 12 (S. 7), preußische § 31 d. W.

[2]) Souveränität in Staatenverbindungen Anm. 1 (S. 8) d. W.

gewalt in Gesetzgebung und Vollziehung. Die Gesetzgebung schafft das Recht, indem sie neue Rechtssätze bildet oder bestehende abändert, aufhebt oder in rechtsverbindlicher Weise auslegt (authentische Interpretation und Deklaration)[3]. Das Recht der Gesetzgebung, — die in diesem weiteren Sinne auch die Feststellung der Staatshaushaltsetats und die Aufnahme der Staatsanleihen umfaßt[4]) — wird im konstitutionellen Staate vom Staatsoberhaupt und einer von der Bevölkerung gewählten Vertretung[5]) gemeinsam ausgeübt. Die vollziehende Gewalt theilt sich weiter in die Rechtsprechung (Justiz) und in die Verwaltung. Die Justiz ist im Rechtsstaat an bestimmte Formen und Voraussetzungen gebunden und deshalb von der Verwaltung streng geschieden.[6])

Alles Recht zerfällt in öffentliches und Privatrecht.[7]) Das öffentliche Recht umfaßt im Völkerrecht das Recht der Staaten untereinander[8]), im Staats- und Verwaltungsrecht das Recht des Einzelstaats[9]) und im Kirchenrecht die besonderen Rechtsverhältnisse der Kirche. Letztere bilden in der Beziehung der Kirche zum Staat gleichzeitig Gegenstand des Staatsrechts (Staatskirchenrecht)[10]).

Während das Staats- und Verwaltungsrecht die Grundsätze des Rechts darstellt, behandelt die Politik diejenigen der Zweckmäßigkeit. Beide sind nicht von einander zu trennen, da unser Staatsleben sich in fortgesetztem Flusse befindet und das Staats- und Verwaltungsrecht deshalb nicht als fertig abgeschlossenes Ganzes hervortritt, außerdem auch die Verwaltung wesentlich durch Zweckmäßigkeitsrücksichten beherrscht wird. Jenachdem die Politik sich auf den Erlaß der Rechtsgrundsätze oder auf die Anwendung derselben bezieht, wird sie als Gesetzgebungs- oder Verwaltungspolitik bezeichnet.

Die unabhängig von Staat und Staatsgebiet bestehende Gemeinschaft der Menschen heißt Gesellschaft. Ihre Grundsätze bilden die gesellschaftliche (soziale) Ordnung. Der Staat, der diese Ordnung weder bilden noch leiten kann, hat gleichwohl die Bedingungen herzustellen, deren sie zu ihrer gehörigen Entwickelung und Bewegung bedarf. Die hierbei leitenden Grundsätze bilden den Gegenstand der Sozialgesetzgebung und der Sozialpolitik[11]).

[3]) Reichsgesetzgebung § 13, preußische § 36 d. W.

[4]) Etats- und Staatsschuldengesetze (Preußen § 113., 122, Reich § 162, 163 d. W.) sind keine eigentlichen Gesetze, sondern Verwaltungsakte in Gesetzesform.

[5]) Reichstag § 16, preußischer Landtag § 39—41 d. W.

[6]) § 167.

[7]) Privatrecht s. § 169—172 d. W.

[8]) Vgl. § 77.

[9]) Gegensatz beider § 2 d. W. — Bearbeitungen für das deutsche Reich von Laband (Tübingen 1876/8), Zorn (1ster Band Berlin u. Leipzig 1880), G. Schulze (Leipzig 1880) und unter Berücksichtigung des Landesstaatsrechts von G. Meyer (Leipzig 1878); für den Preuß. Staat: von Schulze (Leipzig 1872/7) v. Rönne (4te Auflage Berlin 1881).

[10]) § 288 d. W.

[11]) § 312.

Erstes Kapitel.

Das deutsche Reich.

I. Geschichte.

§ 4.

1. Der sich durch das gesammte Mittelalter hindurchziehende Kampf zwischen Königsgewalt und Territorialherrschaft endigte im **älteren deutschen Reich** mit dem vollständigen Siege der letzteren[1]). Während die Kaiser ihre Kräfte in äußeren und inneren Kämpfen erfolglos aufrieben, konnte die Territorialmacht sich ungehindert entfalten. Ihr fortgesetztes Wachsthum ließ schon in der zweiten Hälfte des Mittelalters alle Versuche zu weiterer Befestigung der kaiserlichen Macht zurücktreten und die Beherrscher Deutschlands schließlich nur noch auf Erweiterung der eigenen Hausmacht Bedacht nehmen. Wie ein letztes Aufflackern des Reichsgedankens tritt am Ausgang des Mittelalters die Eintheilung des Reichs in Kreise zum Zweck der Erhaltung des Landfriedens und die Einsetzung des Reichs-Kammergerichts hervor (1495). Doch auch diese Maßregeln konnten den allgemeinen Zersetzungsprozeß nicht aufhalten, den die mit der Reformation eintretenden Religionsstreitigkeiten und die damit verbundene Einmischung des Auslandes noch wesentlich beschleunigten.

Der westfälische Friede (1648) bezeichnet bereits den vollendeten Sieg der Territorialgewalt, die in dem aufstrebenden Brandenburg-Preußischen Staat besonders mächtig emporwuchs. Das Reich sank zum bloßen Schattenbild herab. Die Kriege mit Frankreich hat dasselbe nicht mehr überlebt. Nachdem im Rheinbund die betheiligten Staaten zu voller Souveränität gelangt waren, schwand auch sein letzter Schein (1806).

---

[1]) Den entgegengesetzten Verlauf nahm der Kampf in **Frankreich**, wo die absolute Monarchie siegend hervorging. **England** steht in der Mitte zwischen Deutschland und Frankreich. Der Kampf führte hier in der magna charta (1215) zu einer Theilung der Gewalt zwischen König und Großen, aus der sich im Laufe der Jahrhunderte die konstitutionelle Monarchie herausgebildet hat.

§ 5.

2. Obwohl diese Stürme zahlreiche bisher reichsunmittelbare Herrschaften hinweggeweht hatten[2]), sah sich Deutschland doch noch immer in eine große Zahl selbstständiger Staaten aufgelöst. Ein Zusammenschluß schien unerläßlich. Allen Einheitsplänen trat aber alsbald das Streben nach ungeschmälerter Aufrechterhaltung der neu erworbenen Souveränität hindernd in den Weg. Der **deutsche Bund**[3]) trug diesem Streben volle Rechnung und schloß damit von vornherein jede gesunde Weiterentwickelung der deutschen Verhältnisse aus. Weder nach Außen noch in seiner inneren Entwickelung vermochte Deutschland seinen Aufgaben zu genügen, und wo Erfolge erzielt wurden, geschah es unabhängig von der Bundeseinrichtung durch besondere Verträge, welche die durch gleiche Interessen verbundenen Staaten zusammenführte. In diesem Sinne hat vor Allem der Zollverein erfolgreich gewirkt, der die Mehrzahl der deutschen Staaten zu einem einheitlichen Zollgebiete zusammenschloß[4]). Obgleich nur auf einem kündbaren Vertrag beruhend und somit jeder festen und dauernden Grundlage entbehrend, hat er doch wesentlich dazu beigetragen, die Nothwendigkeit des engeren nationalen Zusammengehens klar zu legen. Ueberall gab Preußen den Kern für derartige Bildungen ab und hierin lag bereits der bestimmte Hinweis auf die Rolle, zu der dieser Staat bei der späteren Neugestaltung Deutschlands berufen erschien.

Die Ohnmacht des Bundes dem Auslande gegenüber wich einem kräftigeren Vorgehen, als sich zur Lösung der endlos verschleppten schleswig-holsteinschen Frage die beiden deutschen Großmächte zusammenthaten (1864). Aber mit der Aktion war auch die Gemeinschaft gewichen. Das weiß-schwarz-gelbe Band der Waffenbrüderschaft, an das einzelne patriotische Hoffnungen sich geknüpft hatten, zerriß, sobald die beiden Mächte gemeinsam an die Organisation der eroberten Lande herantraten. Es kam zum neuen Kriege zwischen den bisherigen Verbündeten (1866), und dieser hatte das Zurücktreten Oesterreichs von den weiteren Organisationen in Deutschland zur Folge.

§ 6.

3. Damit war die Bahn für Deutschlands weitere politische Entwickelung frei geworden. Der Prager Frieden[5]) wurde der Ausgangspunkt für

---

[2]) Dies geschah durch Einziehung geistlicher Herrschaften (Säkularisirung) oder Verwandlung reichsunmittelbarer weltlicher Herrschaften in mittelbare (Mediatisirung).

[3]) Bundes-Akte vom 8. Juni 1815 (GS. 1818 S. 143) und Wiener Schluß-Akte vom 15. Mai 1820 (GS. 113).

[4]) Einzelne Staaten schlossen sich bereits im Jahre 1833 dem Preußischen Zollwesen an. Andere folgten; so 1833/5 die süddeutschen und 1851 die bis dahin zum Steuerverein verbunden gewesenen nordwestdeutschen Staaten. Dem Zollverein gehörten schließlich mit Ausnahme von Mecklenburg, Holstein, den Hansestädten, Oesterreich und Liechtenstein die sämmtlichen deutschen Staaten an.

[5]) Prager Frieden v. 23. Aug. 1866.

das **neue deutsche Reich.** Der deutsche Bund löste sich auf und das durch Einverleibung eroberter Länder[6]) wesentlich verstärkte Preußen vereinbarte mit den übrigen 21 norddeutschen Staaten eine Verfassung, die nach Annahme durch den zu diesem Zweck einberufenen Reichstag als Verfassung des norddeutschen Bundes veröffentlicht wurde[7]).

Mit den süddeutschen Staaten (Baiern, Würtemberg, Baden und Südhessen) schloß der norddeutsche Bund neben einem Zollvereinsvertrag[8]) auch Schutz- und Trutzbündnisse, in denen die Betheiligten sich im Kriegsfall die volle Heeresmacht unter dem Oberbefehl des Königs von Preußen zur Verfügung stellten[9]).

Schon nach wenigen Jahren sollten diese Bündnisse im Kriege mit Frankreich (1870) nicht nur ihre Feuerprobe bestehen, sondern zugleich zu einer festeren und dauernden Organisation zusammenwachsen. Nachdem die süddeutschen Staaten durch die s. g. Novemberverträge dem norddeutschen Bunde beigetreten waren[10]), wurde die deutsche Kaiserwürde von den vereinten Fürsten und freien Städten dem König von Preußen angetragen und von diesem feierlich angenommen[11]). Die Mainlinie, die den Norden und Süden Deutschlands bislang getrennt hatte, war verschwunden, der norddeutsche Bund zum deutschen Reiche erweitert.

Die neuen Einrichtungen erhielten in der Reichs-Verfassung ihren Ausdruck, die in engstem Anschluß an die bisherige Bundesverfassung mit dem dieserhalb berufenen Reichstage festgestellt wurde[12]). — Mit dem Reich wurde das von Frankreich abgetretene Gebiet Elsaß-Lothringen vereinigt[13]).

---

6) S. § 28 (S. 28) d. W.

7) Publ. v. 26. Juli 1867 (BGB. 1).

8) Vertr. v. 8. Juli 1867 (BGB. 81). Durch diesen wurde ähnlich der Einrichtung des norddeutschen Bundes ein Zollbundesrath, ein Zollpräsidium und ein Zollparlament eingeführt.

9) Der Abschluß erfolgte gleichzeitig mit den Friedensverträgen (1866).

10) Baden und Süd-Hessen Verfassung und Schluß-Prot. vom 15. Nov. 1870 (BGB. 627 u. 650); Würtemberg Vertr., Schluß-Prot. u. Mil. Konv. v. 25. Nov. 1870 (BGB. 654, 657 u. 658); Baiern Vertr. u. Schluß-Prot. v. 23. Nov. 1870 (BGB. 1871 S. 9 u. 23).

11) Publ. v. 18. Jan. 1871.

12) Reichs-Verfassung vom 16. April 1871 (RGB. 63). — Zugleich wurde eine Mehrzahl der norddeutschen Bundesgesetze zu Reichsgesetzen erklärt. Das. § 2 und für Baden und Südhessen Art. 80 der Verf. von 1870 (Anm. 10); für Würtemberg Art. 2[6] des Vertrags (Anm. 10); für Baiern III § 8 des Vertr. (Anm. 10) u. RG. v. 22. April 1871 (RGB. 87).

13) Friedens-Vertr. mit Frankreich zu Frankfurt v. 10. Mai 1871 (RGB. 223; Zusätze S. 363, 369 u. 1872 S. 7). — Einf. der RVerf. in Elf.-Lothringen G. v. 25. Juni 1873 (RGB. 161). Das Nähere s. § 24—27 d. W.

II. Reichs-Verfassung.

1. Uebersicht.

§ 7.

Das deutsche Reich bildet einen Bundesstaat[1]), der nach Außen die Gemeinsamkeit des Schutzes und der Vertretung, nach Innen die Gleichmäßigkeit der Gesetzgebung und Verwaltung auf den ihm zugewiesenen Gebieten bezweckt. Seine natürlichen Grundlagen findet das Reich in Land und Leuten (Nr. 2 und 3); sein Wirkungskreis (Nr. 4) wird ihm durch die Verfassung mit der Maßgabe vorgezeichnet[2]), daß derselbe im Wege der ordentlichen Reichsgesetzgebung nicht nur geregelt, sondern auch erweitert werden kann[3]). Die Reichsgewalt, als deren Träger die Gesammtheit der zum Reiche vereinigten Landesregierungen erscheint, wird hierdurch diesen letzteren gegenüber souverän. Sie kann dieselben zur Erfüllung ihrer verfassungsmäßigen Pflichten im Wege der Exekution anhalten, und hat die Entscheidung über Streitigkeiten der Staaten untereinander, sowie über Verfassungsstreitigkeiten innerhalb derselben[4]).

Unter den Monarchen des Reichs ist dem König von Preußen, als deutschem Kaiser eine hervorragende Stellung eingeräumt (Nr 7). Die souveräne Regierungsgewalt selbst steht dem Bundesrath zu (Nr. 6), der in Gemeinschaft mit dem Reichstag (Nr. 8) die Reichsgesetzgebung ausübt (Nr. 5).

2. Reichsgebiet.

§ 8.

Das Reichsgebiet umfaßt außer dem Reichsland Elsaß-Lothringen 25 Staaten und zwar 4 Königreiche, 6 Großherzogthümer, 5 Herzogthümer, 7 Fürstenthümer und 3 freie Städte[5]).

Von dem Gebiete des vormaligen deutschen Bundes schieden Oesterreich, das völlig isolirt liegende Fürstenthum Liechtenstein und das Großherzog-

---

[1]) Die Zwecke des Staates können in dem einzelnen Staat ihre volle Erfüllung finden (Einheitsstaat) oder zur Verbindung einer Mehrheit von Staaten Anlaß geben. Diese Verbindung heißt Staatenbund, so lange sie die Einzelstaaten nur durch Vertrag zusammenfügt und die Vollgewalt (Souveränität) derselben unberührt läßt. Sie wird zum Bundesstaat, wenn sie selbst die Souveränität erlangt und durch die eigne Gesetzgebung über die Einzelstaaten hinweg zu den Staatsangehörigen in Beziehung tritt.

[2]) RVerf. Art. 4.

[3]) Das. Art. 78. — Diese Befugniß bildet ein zwar nicht wesentliches aber gewöhnliches Attribut des Bundesstaats. Auch die Schweiz und die Vereinigten Staaten haben sie aufgenommen. In letzteren wird sie von einer besonderen verfassungsgebenden Gewalt ausgeübt.

[4]) Das. Art. 19 u. 76.

[5]) RVerf. Art. 1, Anschluß Els.-Lothringens G. v. 9. Juni 1871 (RGB. 212). — Strafrechtlicher Schutz Anm. 4 (S. 278) u. 34 (S. 217).

thum Luxemburg aus[6]); anderseits traten die vom Bunde ausgeschlossen gewesenen Provinzen Preußen und Posen, das an Preußen gefallene Herzogthum Schleswig und das vom Reich erworbene Elsaß-Lothringen hinzu.

3. Reichsangehörigkeit.

§ 9.

a) Der **Erwerb und Verlust** der Reichsangehörigkeit tritt nur in Verbindung mit dem Erwerb und Verlust der Staatsangehörigkeit in einem Bundesstaat ein[7]). Die Reichsangehörigkeit bedingt ein gemeinsames Zugehörigkeitsverhältniß (Indigenat) für ganz Deutschland, welches in allen Einzelstaaten die gleiche Behandlung in Bezug auf Erlangung des Staatsbürgerrechts, auf Wohnsitznahme, Grundstückserwerb, Gewerbebetrieb[8]), Zulassung zu öffentlichen Aemtern[9]), Genuß sonstiger bürgerlicher Rechte, Rechtsverfolgung und Rechtsschutz[10]), sowie die Gleichberechtigung der Konfessionen in bürgerlicher und staatsbürgerlicher Beziehung[11]) zur Folge hat.

§ 10.

b) Das Recht der freien Wohnsitznahme findet seine weitere Ausführung in den Bestimmungen über die **Freizügigkeit**[12]), mit welcher ein ein-

Größe und Bevölkerung des Reichs und der Einzelstaaten.

Einzelstaaten.	Fläche qkm	Ortsanwesende Bevölkerung (1. Dez. 1880)	Einwohner auf 1 qkm
Kgr. Preußen	347 509	27 251 067	78,4
= Baiern	75 863	5 271 516	69,5
= Sachsen	14 993	2 970 220	198,1
= Würtemberg . .	19 504	1 970 132	101
Großhzgth. Baden . .	15 084	1 570 189	104
= Hessen . .	7 680	936 944	122
= Oldenburg .	6 414	337 454	52,6
= Mecklenb.-Schw.	13 304	576 827	43,4
= = Strelitz	2 930	100 269	34,2
= Sachs.-Weimar	3 593	309 503	86,1
Herzogth. Braunschweig	3 690	349 429	94,7
= Sachs.-Meiningen	2 468	207 147	83,9
= = Altenburg .	1 322	155 062	117,3
= = Kob.-Gotha	1 968	194 479	98,8
= Anhalt	2 347	232 747	99,2
Fürstth. Schw.-Rudolst.	942	80 149	85,1
= = Sondersh.	862	71 083	82,5
= Waldeck . . .	1 121	56 548	50,4
= Reuß ältere Linie	316	50 782	160,7
= = jüngere =	826	101 265	122,6
= Schaumb.-Lippe	340	35 332	103,9
= Lippe-Detmold .	1 189	120 216	101,1
Freie Stadt Bremen .	255	156 229	612,7
= = Hamburg .	410	454 041	1107,4
= = Lübeck . .	299	63 571	212,6
Reichsl. Els.-Lothringen	14 508	1 571 971	108,4
Summa:	539 740	45 194 172	83,7

Die jährliche Zunahme der Bevölkerung während des letzten Jahrzehnts betrug etwa 1 Proc.

6) Dasselbe war durch den Londoner Vertr. v. 11. Mai 1867 nach Aufhebung des früheren preußischen Besatzungsrechts unter dem bisherigen Herrscherhause für neutral erklärt.

7) BG. v. 1. Juni 1870 (BGB. 355); Einf. in Süddeutschland Anm. 12 (S. 7), in Els.-Lothringen G. v. 8. Jan. 1873 (RGB. 51) Art. II. — Das Nähere s. § 33 d. W.

8) § 349 d. W.

9) § 59 d. W.

10) Verf. Art. 3. — Das Nähere s. § 166 d. W. — Freiheit der Person u. Wohnung Anm. 48 (S. 37), § 234 u. 235 d. W.; der Verehelichung Anm. 22 (S. 247); der Auswanderung § 33 (S. 36) d. W.; der Meinungsäußerung (Preßfreiheit) § 250 d. W.

11) G. v. 3. Juli 1869 (BGB. 292); Einf. in Süddeutschland Anm. 12 (S. 7). — Vgl. § 289 d. W.

12) Freizügigkeits G. v. 1. Nov. 1867 (BGB. 55); Einf. i. Süddeutschland Anm. 12 (S. 7), in Els.-Lothringen G. v. 8. Jan. 1873 (RGB. 51) Art. I. — Mit der Schweiz ist die Niederlassung für die beiderseitigen Angehörigen durch Vertr. v. 27. April 1876 (RGB. 1877 S. 3) geregelt.

heitliches Wohnrecht im ganzen Reiche verbunden ist. Aus dem Reichsgebiet können Reichsangehörige weder ausgewiesen, noch ausgeliefert werden[13]. Innerhalb desselben kann ihnen, sobald sie Wohnung oder Unterkommen gefunden und den Nachweis der Reichsangehörigkeit und Selbstständigkeit erbracht haben, der Aufenthalt oder die Niederlassung nicht versagt oder beschränkt werden[14]. Ausnahmen finden nur Statt:

1. im polizeilichen Interesse in den gesetzlich speziell bestimmten Fällen[15],
2. im Fall der Verarmung außerhalb des zur Unterstützung verpflichteten Verbandes[16].

Dagegen darf der Anzug weder von der Entrichtung eines Einzugsgeldes, noch von der Zusicherung der Wiederaufnahme (Heimkehrschein) abhängig gemacht werden[17].

Die Ausstellung der Heimathscheine kann demgemäß im Verkehr der Bundesstaaten untereinander nur noch als Ausweis der Landes- und bez. Reichsangehörigkeit verlangt werden[18], und die gleiche Bedeutung haben diese Scheine im Verkehr mit allen durch Uebernahmeverträge verbundenen außerdeutschen Staaten. Die Ausfertigung erfolgt durch die zuständigen Behörden[19] nach einheitlichem Formular und auf höchstens 5 Jahre[20].

§ 11.

c) Die **Bevölkerung** des Reichs wie der Einzelstaaten unterliegt der periodischen Aufnahme, die seit 1875 alle 5 Jahre in den Mittel- und Endjahren der Jahrzehnte stattfindet und sich nach der am 1. Dezember des Aufnahmejahres ortsanwesenden Bevölkerung richtet. Diese und nicht die Wohnbevölkerung wird zu Grunde gelegt, weil es für letztere an einer festen Begriffsbestimmung fehlen würde. Mit der Aufnahme, die für verschiedene Reichs- und Staatsverwaltungszwecke von Bedeutung ist[21], pflegen anderweite statistische Erhebungen verbunden zu werden. Sie erfolgt durch Zählkarten, die von den zu Zählenden ausgefüllt, von den Behörden gesammelt und von Centralorganen der Landesverwaltung — in Preußen vom statistischen

---

[13] StGB. § 9. — In Preußen war die Strafe der Ausweisung für Inländer schon 1774 aufgehoben. — Ausweisung der Ausländer § 240 d. W.; Auslieferung (auf Antrag des auswärtigen Staates) § 234 das.

[14] FreizG. § 1. 2 und 12.

[15] Das. § 3. — S. § 240 d. W.

[16] Das. § 1, 4—7. S. § 286 d. W.

[17] FreizG. § 8. Vgl. Anm. 43 (S. 86).

[18] R. v. 31. Jan. 1869 (MB. 53).

[19] Zuständig sind in den oben erwähnten Fällen die Landräthe. R. v. 12. Mai 1864 (MB. 124), (Schweiz, R. v. 13. Nov. 1878 MB. 1879 S. 5; Oesterreich R. v. 14. Sept. 1874 MB. 197); übrigens die Regierungs-Präsidenten KO. v. 20. Mai 1838 (KA. XXII 22) u. v. 2. Mai 1845 (MB. 124); OrgG. § 17.

[20] CR. v. 17. März 1881 (MB. 86).

[21] Die Bevölkerungsziffer ist unter Anderem maßgebend für die Wahlbezirkseintheilung (Reichstag § 16, Landtag § 41 d. W.); für Vertheilung des Rekrutenbedarfs auf die Aushebungsbezirke (§ 87 d. W.); für Aufbringung der Matrikularbeiträge im Reich (§ 164 d. W.); für Ausscheidung der Städte aus dem Kreisverbande (§ 51 S. 55, insbes. Anm. 13).

Bureau — zusammengestellt werden[22]). Die Methode wird als bewährt bezeichnet, erfordert jedoch einen erheblichen Aufwand an Arbeit und Kosten. Auch fällt neben der Erschwerung der Kontrole der Umstand störend ins Gewicht, daß die endgültige Feststellung der Ergebnisse erst längere Zeit nach der Aufnahme möglich wird.

4. Zuständigkeit des Reiches.

§ 12.

Dem Reich sind folgende Gegenstände überwiesen:

1. Die Verwaltung der Reichsfinanzen[23]), insbesondere der Zölle und Reichssteuern[24]) und die Ausgabe von fundirtem und nicht fundirtem Papiergeld[25]);
2. die auswärtigen Angelegenheiten nebst dem Schutz des Handels und der Schiffahrt im Auslande[26]);
3. das Militärwesen und die Kriegsmarine[27]);
4. das bürgerliche und das Strafrecht nebst dem Schutze des geistigen Eigenthums und das gerichtliche Verfahren[28]); die Vorschriften über Beglaubigung öffentlicher Urkunden[29]) und die Entscheidung über Justizverweigerung[30]);
5. Die Bestimmungen über Paßwesen und Fremdenpolizei[31]);
6. das Preß- und Vereinswesen[32]);
7. Maßregeln der Medizinal- und Veterinärpolizei[33]);
8. die Grundsätze über Freizügigkeit; das Heimaths-, Niederlassungs- und Armenwesen[34]);
9. die Gesetzgebung über Handel und Gewerbe einschließlich des Versicherungswesens[35]) und Bankwesens[36]), über Maß-, Gewichts- und Münzwesen[37]) und Erfindungspatente[38]);
10. das Eisenbahnwesen[39]), die Herstellung der im Interesse der Landesvertheidigung und des Verkehrs erforderlichen Land- und Wasserstraßen, Flößerei und Schiffahrtsbetrieb auf gemeinsamen Wasserstraßen, Zu-

---

22) CR. v. 30. Aug. 1880 (MB. 217).

23) Verf. Art. 69—73. (§ 161—164 d. W.)

24) Das. Art. 4² u. 33—40. — Dem Reiche sind fast alle indirekten Steuern zugewiesen (§ 146 d. W.).

25) Das. Art. 4³ (§ 163 d. W.).

26) Verf. Art. 3 Abs. 6; Art. 11, 4⁷ u. 56 (§ 77—80 d. W.).

27) Das. Art. 4¹⁴, 57—68 u. 53 (§ 81 d. W.).

28) Das. Art. 4¹³, ⁶, ¹¹ u. Ges. v. 20. Dez. 1873 (RGB. 379) (§ 166 d. W.)

29) Verf. Art. 4¹² (§ 208 d. W.).

30) Das. Art. 77.

31) Das. Art. 4¹ (§ 249 d. W.).

32) Das. Art. 4¹⁶ (§ 250 u. 251 d. W.).

33) Das. Art. 4¹⁵ (§ 264—269 u. 343. 344 d. W.).

34) Das. Art. 3 u. 4¹. — G. v. 6. Juni 1870 (RGB. 360) § 1 u. § 36 ff. (§ 10 u. 286 d. W.).

35) Verf. Art. 4¹ ᵘ· ² (§ 349—360 u. 314 d. W.).

36) Das. Art. 4⁴. — G. v. 14. März 1875 (RGB. 177) § 12 (§ 319 d. W.).

37) Das. Art. 4³ (§ 361 d. W.).

38) Das. Art. 4⁵ (§ 356 d. W.).

39) Das. Art. 4⁸ (§ 371—374 d. W.).

stand der letzteren, Fluß- und sonstige Wasserzölle und Seeschiffahrtszeichen[40]);

11. Post- und Telegraphenwesen[41]).

Diese Zuständigkeit wird in zwei Richtungen eingeschränkt:

I. Räumliche Beschränkungen bilden die Reservat- oder Sonderrechte:

1. Hamburg und Bremen mit entsprechender Umgebung sind zur Zeit als Freihäfen von der Zollgesetzgebung ausgeschlossen[42]).
2. In Baiern, Würtemberg und Baden ist die Bier- und Branntweinsteuer der Landesgesetzgebung vorbehalten[43]) und dasselbe gilt in Elsaß-Lothringen von der Biersteuer[44]).
3. Baiern und Würtemberg verwalten unbeschadet einzelner durch die Reichsgesetzgebung festgestellten Grundsätze das Post- und Telegraphenwesen selbstständig[45]).
4. Beide Staaten genießen in Betreff des Militärwesens einzelne Exemtionen[46]).
5. Auf Baiern findet die Gesetzgebung über Heimath- und Niederlassungswesen keine, die über das Eisenbahnwesen nur beschränkte Anwendung[47]).

II. Sachlichen Beschränkungen unterliegt die Zuständigkeit des Reichs an sich nicht. Sie kann sich auf den ihr zugewiesenen Gebieten frei bewegen und ebensowohl über die Gesetzgebung wie über die Verwaltung und Rechtspflege erstrecken. Thatsächlich hat indeß das Reich von dieser Befugniß nur einen beschränkten Gebrauch gemacht und sich der einzelnen Gegenstände in sehr verschiedenartigem Umfange bemächtigt:

1. Vollständig oder doch nahezu vollständig sind nur wenige Verwaltungszweige vom Reich in Anspruch genommen. (Auswärtige-, Marine-, Post- und Telegraphenangelegenheiten).
2. Auf andern Gebieten hat das Reich sich auf die Gesetzgebung beschränkt und die Verwaltung und Rechtssprechung den Landesorganen entweder ganz überlassen oder nur einzelne Centralorgane im Interesse einheitlicher Handhabung der gegebenen Grundsätze geschaffen (Reichsgericht, Reichseisenbahnamt, Bundesamt für Heimathwesen).

---

40) Das. Art. 4 8, 9 u. G. v. 3. März 1873 (RGB. 47) (§ 364—366 d. W.).

41) Verf. Art. 4 10 (§ 375—378 d. W.).

42) Das. Art. 34. Zur Umgebung gehören die preußischen Orte Altona und Wandsbeck, Geestemünde, das bremische Bremerhafen u. das oldenburgische Brake. Demnächstiger Anschluß an das Zollgebiet s. Anm. 9 (S. 179).

43) Das. Art. 35 Abs. 2.

44) G. v. 25. Juni 1873 (RGB. 161) § 4.

45) Verf. Art. 4 10 u. 52.

46) Das. Schlußbest. z. Abschn. XI u. XII.

47) Das. Art. 4 1 u. 46.

3. Auch die Gesetzgebung hat endlich das Reich in der Regel nicht vollständig übernommen, sich vielmehr auf gewisse leitende Grundsätze beschränkt, deren weitere Ausführung der Landesgesetzgebung überlassen ist. Die Reichsgesetze erlangen in diesen Fällen erst durch die Ausführungsgesetze der Einzelstaaten praktische Anwendbarkeit.

Die Zuständigkeiten des Reichs gewähren hiernach ein ziemlich buntes Bild und folgen keinem festen System. Der Grund liegt in der Art ihrer Entstehung. Nicht theoretische, sondern rein praktische Erwägungen haben das Reich ins Leben gerufen und weitergebildet, und dieser Systemlosigkeit verdanken die Reichseinrichtungen zum großen Theil ihre schnelle Entwickelung.

5. Reichsgesetzgebung.

§ 13.

Für das Zustandekommen der Reichsgesetze sind übereinstimmende Mehrheitsbeschlüsse des Bundesraths und des Reichstags erforderlich[48]). Hierbei gelten folgende Maßgaben:

1. In Angelegenheiten des Militärwesens der Marine, der Zölle und Verbrauchsteuern giebt bei Meinungsverschiedenheiten im Bundesrath die Stimme Preußens insoweit den Ausschlag, als sie sich für Aufrechterhaltung der bestehenden Einrichtungen ausspricht[49]).
2. Verfassungsänderungen gelten als abgelehnt, wenn sie im Bundesrath 14 Stimmen gegen sich haben[50]).
3. Verfassungsvorschriften, welche bestimmte Rechte einzelner Bundesstaaten in ihrem Verhältniß zur Gesammtheit feststellen, können nur mit deren Zustimmung abgeändert werden[51]).
4. Bei Beschlußfassung über eine Angelegenheit, die nicht dem ganzen Reiche gemeinschaftlich ist, werden nur die Stimmen der betheiligten Bundesstaaten gezählt[52]).

Die Reichsgesetze gehen den Landesgesetzen vor[53]). Bestehende Landesgesetze treten, insoweit sie mit erlassenen Reichsgesetzen unvereinbar sind, außer Kraft: Reichsrecht bricht Landesrecht.

Neben den Reichsgesetzen können Reichs-Verordnungen erlassen werden. Der Unterschied zwischen beiden ist wesentlich formeller Natur. Die Verordnung fordert keine Uebereinstimmung des Reichstags und Bundesraths, kann vielmehr von letzterem selbstständig erlassen werden. Gleiche Befugniß

48) Verf. Art. 5 Abs. 1. Art. 69 u. 73. — Das Vorschlagsrecht (Initiative) steht jeder dieser Körperschaften zu, Art. 7 u. 23. — Bedeutung der Gesetzgebung § 3 d. W.; Gesetzesform für Verträge § 77, für Reichshaushaltsetats § 162 d. W.

49) Verf. Art. 5 Abs. 2.

50) Das. Art. 78 Abs. 1.

51) Das. Abs. 2. — Zu diesen Rechten gehören die oben (§ 12 Nr. I) erwähnten Reservatrechte.

52) Das. Art. 7 Abs. 4.

53) Das. Art. 2.

steht dem Kaiser insoweit zu, als ihm die Regelung eines Gegenstandes speziell übertragen wird (Delegation) oder nur Gegenstände der Verwaltung zu ordnen sind[54]).

Die Reichsgesetze erlangen ihre verbindliche Kraft erst durch die Verkündigung (Publikation) im Reichsgesetzblatt und zwar mit dem 14. Tage nach dem Erscheinen des betreffenden Stückes in Berlin[55]). Die Ausfertigung und Verkündigung erfolgt durch den Kaiser[56]). — Das RGB., welches allen in Preußen wohnenden Abonennten der Preuß. Gesetz-Sammlung unentgeltlich geliefert wird[57]), hieß bis 1870 Bundes-Gesetzblatt. Bis 1873 fanden in demselben auch alle Ausführungsverordnungen (Bekanntmachungen, Reglements) Aufnahme. Demnächst ist ein Centralblatt für das Deutsche Reich eingerichtet, in welchem sie nicht eben zum Vortheil der Einfachheit und Uebersichtlichkeit zusammen mit statistischen Notizen, Einzelentscheidungen, Ernennungen u. s. w. veröffentlicht werden.

6. Der Bundesrath.

§ 14.

Der Bundesrath ist das Organ, durch welches die Gesammtheit der Bundesstaaten die souveräne Reichsgewalt ausübt. Ihm gebührt deshalb neben der Mitwirkung bei der Reichsgesetzgebung auch deren Vorbereitung und Ausführung, soweit diese nicht speziell dem Kaiser zugewiesen ist[58]).

Nach seiner Zusammensetzung besteht der Bundesrath aus 58 Vertretern (Bevollmächtigten) der Landesregierungen, deren Preußen 17, Baiern 6, Sachsen und Würtemberg je 4, Baden und Hessen je 3, Mecklenburg-Schwerin und Braunschweig je 2, die übrigen Staaten je einen entsenden. Die Bevollmächtigten stimmen nach der Instruktion ihrer Regierung. Jeder Staat kann demgemäß seine Stimmen nur einheitlich abgeben[59]).

Die Berufung geschieht durch den Kaiser; sie muß mindestens einmal im Jahre und jedenfalls dann erfolgen, wenn der Reichstag zusammentritt oder ein Drittel der Stimmen sie verlangt[60]).

Den Vorsitz führt der vom Kaiser ernannte Reichskanzler oder dessen Stellvertreter. Der Kanzler kann sich jedes andere Bundesrathsmitglied substituiren[61]).

Der Bundesrath bildet aus seiner Mitte dauernde Ausschüsse und

---

54) Vgl. das. Art. 7², 50, 53 u. 63.

55) Das. Art. 2 u. V. v. 26. Juli 1867 (BGB. 24). — Für die Konsulatsbezirke währt die Frist 4 Monate. G. v. 10. Juli 1879 (RGB. 197) § 47.

56) Verf. Art. 17.

57) Bek. v. 14. Sept. 1868 (MB. 265).

58) § 13 d. W. u. Verf. Art. 7 u. 16. — Oberaufsichtsrechte üb. die Bundesglieder Art. 19, 76 u. 77. — Strafrechtlicher Schutz StGB. § 105, 339.

59) Verf. Art. 6. — Schutz der Mitglieder Art. 10 u. StGB. § 106, 339. — Els.-Lothringen ist nicht im Bundesrath vertreten, doch kann zu Berathungen über Landesangelegenheiten der Statthalter Kommissare abordnen. G. v. 4. Juli 1879 (RGB. 165) § 7.

60) Verf. Art. 12—14. — GeschäftsO. v. 26. April 1880.

61) Verf. Art. 15 u. G. v. 17. März 1878 (RGB. 7).

zwar 1) für auswärtige Angelegenheiten, 2) für Landheer und Festungen, 3) für Seewesen (Marine), 4) für Zoll- und Steuerwesen, 5) für Handel und Verkehr, 6) für Eisenbahnen, Post- und Telegraphen, 7) für Justizwesen und 8) für Rechnungswesen[62]).

7. Der Kaiser.

§ 15.

Der jedesmalige König von Preußen nimmt eine hervorragende Stelle unter den Monarchen ein. Er führt den Namen „Deutscher Kaiser"[63]), das Kaiserliche Wappen und die Kaiserliche Standarte[64]).

Neben diesen Ehrenrechten sind dem Kaiser bestimmte Regierungs- und Verwaltungsbefugnisse übertragen, insbesondere die völkerrechtliche Vertretung des Reichs[65]), die Berufung und Schließung des Bundesraths und des Reichstags[66]), die Verkündigung der Reichsgesetze und die Ueberwachung ihrer Ausführung[67]), die Ernennung und Entlassung der Reichsbeamten[68]), die Organisation des Heeres und der Marine, der Oberbefehl über beide und die Ernennung der Offiziere und Beamten[69]), die obere Leitung der Post- und Telegraphenverwaltung[70]) und das Begnadigungsrecht in Fällen erstinstanzlicher Entscheidung des Reichsgerichts[71]).

8. Der Reichstag.

§ 16.

Der Reichstag nimmt eine ähnliche Stellung im Reiche, wie die Landtage in den Einzelstaaten ein. Alle Reichsgesetze sind an seine Zustimmung gebunden[72]). Ihm gebührt die Kontrole der Jahresrechnung[73]).

Der Reichstag besteht aus einer Kammer. Die Wahl zu derselben erfolgt für drei Jahre durch allgemeine und direkte Wahlen mit geheimer Abstimmung[74]). — Wähler ist jeder Deutsche, der das 25. Lebensjahr zurückgelegt

[62]) Verf. Art. 8. — Besondere Ausschüsse sind außerdem für Elsaß-Lothringen, für die Verfassung u. für das Eisenbahn-Gütertarifwesen bestellt.

[63]) Verf. Art. 11. — Verbrechen wider den Kaiser werden ebenso wie die wider den Landesherrn begangenen bestraft. StGB. § 80, 94 u. 95. Zuständigkeit des Reichsgerichts Anm. 34 (S. 217). — Der jedesmalige Thronfolger führt den Titel „Kronprinz des deutschen Reichs" und „Kaiserliche Hoheit". A. Erl. v. 18. Jan. 1871 (MB. 2).

[64]) Erl. v. 3. Aug. 1871 (RGB. 318 u. Berichtigung S. 458) Nr. 2 u. 3. Unbefugter Gebrauch StGB. § 360[7].

[65]) Verf. Art. 11 u. 56. — Kriegserklärung und Vertragsschlüsse § 77 d. W., Erklärung des Belagerungszustandes und Einführung der vorübergehenden Paßpflicht § 248 u. 249 d. W.

[66]) Verf. Art. 12.

[67]) Das. Art. 17.

[68]) Das. Art. 18.

[69]) Das. Art. 53 u. 63. Vgl. § 81 d. W.

[70]) Verf. Art. 50.

[71]) § 177 u. 202 d. W.

[72]) S. § 13.

[73]) Verf. Art. 72.

[74]) Das. Art. 20 u. 24. WahlG. v. 31. Mai 1869 (RGB. 145) nebst Wahl-Regl. v. 28. Mai 1870 (RGB. 275). Einf. in Süddeutschland Anm. 12 (S. 7), Els.-Lothringen G. v. 25. Juni 1873 (RGB. 161) § 3 u. 6. — Zuständige Behörden Wahl-Regl. § 36 u. Anl. D nebst Berichtigung (RGB. 1870 S. 488) Nr. II, Nachtr. v. 24. Jan. 1872 (RGB. 38) u. für Els.-Lothr. v. 1. Dez. 1873 (RGB. 374).

hat, nicht unter Vormundschaft oder Kuratel oder im Konkurse steht, keine öffentliche Armenunterstützung empfängt und sich im Besitz der bürgerlichen Ehre befindet[75]). Für Militärpersonen ruht das Wahlrecht[76]). Wählbar ist jeder Wähler, der einem Bundesstaate seit mindestens einem Jahre angehört hat[77]). Beamte bedürfen zum Eintritt in den Reichstag keines Urlaubs, gehen jedoch der Mitgliedschaft beim Eintritt in ein mit höherem Rang oder Gehalt verbundenes Amt verlustig[78]). — Jeder Abgeordnete wird in einem besonderen Wahlkreise gewählt. Die Wahlkreise sind unter Zugrundelegung einer Durchschnittsbevölkerung von 100,000 Einwohnern abgegrenzt. Ihre Zahl beträgt 397[79]). — Behufs Ausführung der Wahlen werden die Wahlkreise in Wahlbezirke zerlegt und Wahlvorstände für dieselben gebildet[80]). Die Wahl ist öffentlich und erfolgt im ganzen Reiche an einem vom Kaiser zu bestimmenden Tage[81]). Die Wähler, deren Berechtigung zuvor durch öffentliche Auslegung der Wählerlisten festgestellt worden[82]), wählen durch Abgabe eines verdeckten Stimmzettels[83]). Die Ergebnisse werden von den Wahlvorständen ermittelt und hierauf von einem Wahlkommissar für den ganzen Wahlkreis zusammengestellt[84]). Als gewählt gilt derjenige, der die absolute Mehrheit aller abgegebenen Stimmen erhalten hat. Ist eine solche nicht erzielt, so entscheidet bei Stimmengleichheit das Loos, andernfalls die engere Wahl unter den beiden Kandidaten, welche die meisten Stimmen auf sich vereinigt haben[85]).

Der Kaiser ist befugt, den Reichstag zu berufen, zu eröffnen, zu vertagen und zu schließen[86]). Die Berufung muß mindestens einmal jährlich stattfinden[87]). Die Vertagung darf ohne Zustimmung des Reichstags nur für 30 Tage und nur einmal während derselben Session erfolgen[88]). Zur Auflösung während der dreijährigen Legislaturperiode ist ein Beschluß des Bundesraths und die Zustimmung des Kaisers erforderlich. Nach einer Auflösung muß die Zusammenberufung der Wähler binnen 60 Tagen, die des Reichstags binnen 90 Tagen erfolgen[89]).

Die Verhandlungen sind öffentlich[90]). Die Mitglieder des Bundesraths können denselben beiwohnen und müssen jederzeit gehört werden[91]). Der

---

75) WG. § 1 u. 3; StGB. § 34⁴.

76) WG. § 2; RMilG. v. 2. Mai 1874 (RGB. 45) § 49.

77) WG. § 4.

78) Verf. Art. 21.

79) WG. § 5, Verf. Art. 20 u. G. v. 25. Juni 1873 (RGB. 161) § 3; Wahlkreiseintheilung WahlRegl. § 23 nebst Anl. C, Berichtigung (RGB. 1870 S. 188) Nr. II u. Nachträgen v. 24. Jan. 1872 (RGB. 38), 20. Juni 1873 (RGB. 144), 25. Dez. 1876 (RGB. 275), f. Süddeutschland v. 27. Feb. 1871 (RGB. 35), f. Elf.-Lothringen Bek. v. 1. Dez. 1873 (RGB. 373).

80) WG. § 6 u. 9; WRegl. § 6—8 u. 10.

81) WG. § 9 u. 14; WR. § 9.

82) WG. § 7 u. 8; WR. § 1—5.

83) WG. § 10 u. 11; WR. § 11—16.

84) WG. § 13; WR. § 17—22 u. 24—27.

85) WG. § 12; WR. § 28—35.

86) Verf. Art. 12.

87) Das. Art. 13.

88) Das. Art. 26.

89) Das. Art. 24 u. 25.

90) Das. Art. 22.

91) Das. Art. 9.

Reichstag regelt Geschäftsgang und Disciplin durch eine Geschäfts-Ordnung[92]). Er ist bei Anwesenheit der Mehrheit seiner gesetzlichen Mitglieder beschlußfähig und beschließt nach absoluter Majorität[93]).

Die **Reichstagsmitglieder** sind an keinerlei Aufträge und Instruktionen gebunden[94]) und wegen ihrer Abstimmungen und Aeußerungen nicht verantwortlich[95]). Während der Sitzungsperiode dürfen sie, wenn sie nicht auf frischer That ergriffen werden, nur mit Genehmigung des Reichstags wegen strafbarer Handlungen oder Schulden verhaftet werden. Auf Verlangen des letzteren wird auch jedes anhängige Strafverfahren und jede schwebende Untersuchungs- oder Civilhaft für diese Zeit aufgehoben[96]). Endlich können sie ohne Genehmigung des Reichstags nicht außerhalb des Sitzes desselben als Zeugen oder Sachverständige vernommen werden[97]). Die Reichstagsmitglieder dürfen als solche keine Besoldung oder Entschädigung beziehen[98]).

III. Die Reichsbehörden[1]).

1. Uebersicht.

§ 17.

Das Reich, welches die Verwaltung der meisten ihm zugewiesenen Angelegenheiten insbesondere die Funktionen der unteren Instanzen den Landesbehörden belassen hat[2]), entbehrt in Folge dessen eines durchgebildeten Behördenorganismus. Die Reichsbehörden sind, abgesehen von der Verwaltung des Post- und Telegraphenwesens und des Reichslandes Elsaß-Lothringen[3]) fast nur Centralbehörden.

2. Der Reichskanzler.

§ 18.

Der Reichskanzler führt den Vorsitz im Bundesrath[4]) und bildet die Spitze von der gesammten Reichsverwaltung, in der alle Fäden derselben zusammenlaufen. Er muß alle kaiserlichen Anordnungen und Verfügungen

[92]) Das. Art. 27 und GeschO. v. 10. Feb. 1876 (Annalen d. d. Reichs. 1877 S. 490). Letztere ordnet insbesondere die Bildung der Kommissionen und Abtheilungen und die Art der Berathung, welche für Gesetzentwürfe und Anträge des Bundesraths in der Regel eine dreimalige ist.

[93]) Verf. Art. 28 u. G. v. 24. Feb. 1873 (RGB. 45).

[94]) Verf. Art. 29.

[95]) Verf. Art. 30. — Gleiches gilt von den Berichten über die Verhandlungen Art. 22.

[96]) Das. Art. 31.

[97]) C.ProzO. § 347 u. 367 u. Straf-ProzO. § 49 u. 72.

[98]) Verf. Art. 32. Dagegen ist ihnen das Recht zu freier Fahrt auf den deutschen Eisenbahnen gewährt, welches 8 Tage vor Eröffnung des Reichstags beginnt und 8 Tage nach Schluß desselben erlischt.

[1]) Die Reichsbehörden u. Reichsbeamten führen die Bezeichnung „Kaiserlich" V. v. 3. Aug. 1871 (RGB. 318) Nr. 1.

[2]) § 12 Nr. II (S. 12) d. W.

[3]) § 376 u. 26.

[4]) § 14.

gegenzeichnen und übernimmt damit die Verantwortlichkeit für dieselben[5]). Für diese Gegenzeichnung sowie für seine sonstigen Obliegenheiten kann ihm ein Stellvertreter vom Kaiser bestellt werden. Dies gilt sowohl für den Gesammtumfang der Geschäfte, als für einzelne Amtszweige[6]).

Für die eigne Geschäftsverwaltung des Reichskanzlers besteht die Reichs-Kanzlei. Die Stellung des Reichskanzlers ist regelmäßig mit der des preußischen Minister-Präsidenten verbunden, wodurch die Einheitlichkeit der Reichs- und der preußischen Politik gewahrt erscheint.

3. Die übrigen Reichsbehörden.

§ 19.

Alle sonstigen Reichsbehörden sind nur Organe des Kanzlers. Ihre Einrichtung ist sonach von der der Centralbehörden in den Einzelstaaten insbesondere in Preußen[7]) wesentlich verschieden. Der Grund liegt in der Organisation des Reichs, an dessen Spitze der kollegialisch gebildete Bundesrath steht. In diesem werden ähnlich wie im preußischen Staatsministerium die Gesetze und Verwaltungsmaßregeln berathen; für ein zweites Kollegium findet sich daneben kein Platz. Ein solches würde jede kräftige Initiative ausschließen, deren gerade das Reich mit seinen zahlreichen organisatorischen Aufgaben am Wenigsten zu entbehren vermag.

Die Zahl der hiernach dem Reichskanzler zugeordneten Behörden hat sich mit Ausdehnung der Reichsthätigkeit beständig vermehrt. Von dem ursprünglich gebildeten Reichskanzleramt haben sich im Laufe der Zeit immer neue Reichsämter als besondere unter Staatssekretären stehende Behörden abgelöst, bis zuletzt dieses Amt selbst zu einem Reichsamt des Innern umgewandelt worden ist. Das Stellvertretungsgesetz[6]) bot zu solchem Vorgehen die geeignete Handhabe. Zur Zeit bestehen demgemäß:

1. Das auswärtige Amt[8]).
2. Das Reichsamt des Innern für alle nicht besonderen Behörden übertragenen Gegenstände. Hierzu gehören die Angelegenheiten des Reichstags und der Reichsbehörden, die Reichsangehörigkeitssachen, Handel, Gewerbe und Schiffahrt, Polizei, Militär und Marine[9]). Das Amt zerfällt in die Central- und in die Abtheilung für wirthschaftliche Angelegenheiten. Unter demselben stehen der Reichskommissar für das Auswanderungswesen[10]), die technische Kommission für die Seeschiffahrt, die Reichsprüfungs- und Schiffsvermessungs-Inspektoren[11]), das Bundesamt für Heimathwesen[12]), die Disciplinarbehörden[13]), das

5) Verf. Art. 17.
6) G. v. 17. März 1878 (RGB. 7).
7) § 42 u. 44 d. W.
8) § 78.
9) Erl. v. 12. Aug. 1867 (BGB. 29), v. 12. Mai 1871 (RGB. 102) u. v. 24. Dez. 1879 (RGB. 321).
10) § 33 d. W.
11) § 365.
12) § 286.
13) § 22.

Ober=Seeamt und die Reichskommissare bei den Seeämtern[11]), die Reichs=Schul=Kommission[14]), das statistische Amt, das Gesundheitsamt[15]), die Normal=Eichungs=Kommission[16]), das Patentamt[17]) und die Reichs=Kommission zur Entscheidung auf Grund des Sozialistengesetzes[18]).

3. Die Admiralität[19]).
4. Das Reichs=Justizamt[20]).
5. Das Reichs=Schatzamt[21]).
6. Die Reichs=Schulden=Kommission[22]).
7. Der Rechnungshof des Reichs[23]).
8. Die Verwaltung des Reichs=Invalidenfonds[22]).
9. Das Reichs=Eisenbahnamt[24]).
10. Das Reichs=Postamt[25]).
11. Das Reichsamt für die Reichseisenbahnen (in Elsaß=Lothringen)[26]).
12. Das Reichs=Bank=Direktorium[27]).

Außerdem bedient sich das Reich zur Verwaltung seiner Militär=angelegenheiten des Preußischen Kriegs=Ministeriums[28]).

IV. Die Reichsbeamten.

1. Begriff.

§ 20.

Die Rechtsverhältnisse der Reichsbeamten sind gesetzlich geregelt[1]). Als Reichsbeamter gilt jeder Beamte, der entweder vom Kaiser angestellt oder verfassungsmäßig seinen Anordnungen Folge zu leisten verpflichtet ist[2]).

Zu den Reichsbeamten gehören die Gesandten und Konsuln[3]), die Mi=

14) Anm. 51 (S. 109).
15) § 263 d. W.
16) § 361 (S. 425).
17) § 356.
18) § 253 (S. 284).
19) § 107.
20) § 173.
21) § 161.
22) § 163.
23) § 162.
24) § 372.
25) § 376.
26) Erl. v. 27. Mai 1878 (RGB. 193).
27) § 319 (S. 360) d. W.
28) § 91.

1) RBeamtenG. v. 31. März 1873 (RGB. 61) u. AusfV. v. 23. Nov. 1874 (RGB. 135). — Für die vom G. nicht getroffenen Rechtsverhältnisse gelten nach § 19 das. die betreffenden Landesgesetze. S. § 58—70 d. W.

2) RBG. § 1. Aehnlich StGB. § 359. Zu den Reichsbeamten in dieser weiteren Bedeutung gehören auch die von den Landesregierungen angestellten Beamten (mittelbare Reichsbeamte). Vgl. Verf. Art. 18, wo indeß unter Reichsbeamten nur die vom Kaiser anzustellenden Beamten verstanden werden. — Vgl. Anm. 1 (S. 17).

3) Anm. 21 (S. 104), § 79 u. 80 d. W.

litärbeamten[5]), die Reichsbankbeamten[5]), die Post- und Telegraphenbeamten[6]) und die Beamten in Elsaß-Lothringen.

Eine besondere Stellung nehmen die richterlichen Beamten vermöge der ihnen gewährten größeren Unabhängigkeit ein[7]).

2. Anstellung.

§ 21.

Die Ernennung erfolgt durch den Kaiser. Die Bestallung wird für die höheren Beamten einschließlich der Konsuln durch ihn selbst, für die übrigen in seinem Namen durch den Reichskanzler oder die von diesem dazu ermächtigten Behörden ausgefertigt[8]). In einzelnen Fällen hat der Bundesrath mitzuwirken, in anderen steht ihm die Ernennung ausschließlich zu[9]). Die Reichstagsbeamten ernennt der Reichstagspräsident[10]).

Die Anstellung erfolgt auf Widerruf oder auf Lebenszeit[11]). Vorbedingung ist neben dem Vollbesitz der bürgerlichen Ehrenrechte[12]), die nach den einzelnen Dienstzweigen verschiedene Befähigung[13]). Vor dem Dienstantritt ist zur Sicherung für Erfüllung der Amtspflichten ein Diensteid zu leisten[14]) und bei Verwaltung von Geld oder Geldeswerth eine Kaution zu bestellen[15]). Für Ausländer hat die Anstellung den Erwerb der Reichs- und Staatsangehörigkeit zur Folge[16]).

---

[4]) Die Militärbeamten gelten als Militärpersonen (RMilG. v. 2. Mai 1874 RGB. 45 § 38, vgl. § 90 d. W.), nicht aber als Personen des Soldatenstandes Anl. z. MilStGB. v. 20. Juni 1872 (RGB. 174). Auf letztere finden indeß die §§ 134—138 des RBG. Anwendung § 157 das. — Anderseits sind die Militärbeamten wegen militärischer Verbrechen und Vergehen dem MilStG. unterworfen MilStGB. § 43—45. 153, 154. u. MilStGerO. v. 1845 (RGB. 1867. S. 229) § 47, 50, 61, 68, 69, 72, 211—228, 273, 278.

[5]) G. v. 14. März 1875 (RGB. 177) § 28.

[6]) § 376 d. W.

[7]) § 184 d. W. Dazu gehören die Mitglieder des Reichsgerichts, des Bundesamts für Heimathwesen und des Rechnungshofs (RBG. § 158) nicht aber die Beamten der Reichsanwaltschaft. (§ 181 u. 185 d. W.)

[8]) Verf. Art. 18; RBG. § 4, 159 u. Ausf. V. § 2—4.

[9]) Dem Bundesrath gebührt der Vorschlag in Betreff der Mitglieder des Reichsgerichts einschließlich der Anwälte (G. v. 27. Jan. 1877 RGB. 41 § 127 u. 150), des Bundesamts für Heimathwesen (G. v. 6. Juni 1870 RGB. 360 § 42), des Bank-Direktoriums (G. v. 14. März 1875 RGB. 177 § 27) u. des Patentamtes (G. v. 25. Mai 1877 RGB. 501 § 13); die Begutachtung bei Anstellung der Reichsbevollmächtigten im Zoll- und Steuerwesen (Verf. Art. 36) und Konsuln (das. Art. 56) und die Ernennung in Ansehung der Mitglieder des Rechnungshofs (G. v. 4. Juli 1868 BGB. 433 § 2), der Disciplinarbehörden (RBG. § 93), des Bank-Kuratoriums (G. v. 14. März 1875 § 25) u. des RInvalidenfonds (G. v. 23. Mai 1873 RGB. 117 § 11).

[10]) RBG. § 156.

[11]) Das. § 2 u. 32.

[12]) StGB. § 34³.

[13]) S. d. einzelnen Dienstzweige.

[14]) RBG. § 3; Formel V. v. 29. Juni 1871 (RGB. 303); Konsuln G. v. 8. Nov. 1867 (BGB. 137) § 4.

[15]) G. v. 2. Juni 1869 (BGB. 161); Einf. i. Süddeutschland Anm. 12 (S. 7), in Elf.-Lothringen G. v. 11. Dez. 1871. — Ausf. f. d. Beamten des ausw. Amtes u. des R.-Invalidenfonds V. v. 6. Juli

3. Pflichten.

§ 22.

Zu den Pflichten der Reichsbeamten gehört die gesetzmäßige und gewissenhafte Amtsführung und das achtungswürdige Verhalten in und außer dem Amte [17]. Die Beamten haben Amtsverschwiegenheit zu beobachten [18]) und ihre Thätigkeit voll und unbeeinflußt zu gewähren. Zur Entfernung aus dem Amte ist Urlaub [19]) und zur Annahme von Titeln, Orden, Geschenken und Nebenämtern, zum Gewerbebetriebe und zum Eintritt in den Vorstand, den Verwaltungs- oder Aufsichtsrath einer Erwerbsgesellschaft eine besondere Erlaubniß erforderlich. Diese ist jederzeit widerruflich und in letztgenanntem Falle überhaupt nur zulässig, wenn sie nicht mit Remuneration verbunden ist [20]).

Im Interesse des Dienstes können nichtrichterliche Beamte [21]) unfreiwillig pensionirt oder einstweilen in den Ruhestand versetzt oder bei Nichterfüllung der Amtspflichten, soweit nicht die strafrechtliche Verfolgung eintritt [22]), disciplinarisch bestraft werden.

Die unfreiwillige Pensionirung erfolgt im Falle geistiger oder körperlicher Unfähigkeit auf Grund eines voraufgegangenen Verfahrens [23]).

Die einstweilige Versetzung in den Ruhestand unter Gewährung eines Wartegeldes von 3/4 des Gehaltes, mindestens aber 450 und höchstens 9000 Mk., kann bei Umbildung der betreffenden Behörde und außerdem für gewisse höhere Beamte vom Kaiser verfügt werden [24]).

Die Disciplinarbestrafung [25]) erfolgt durch Verhängung von Ordnungsstrafen (Warnung, Verweis und Geldstrafe) oder durch Entfernung aus

---

1874 (RGB. 109); des Reichsamts des Innern V. v. 2. Feb. 1881 (RGB. 3); der Militär- u. Marine-Verwaltung V. v. 16. Aug. 1876 (RGB. 179), v. 4. März 1879 (RGB. 13) u. v. 10. Mai 1881 (RGB. 95); der Reichsbank V. v. 23. Dez. 1875 (RGB. 380) u. v. 31. März 1880 (RGB. 97); f. d. Post-, Telegraphen- u. Eichungsbeamten V. v. 29. Juni 1869 (BGB. 285), 14. Juli 1871 (RGB. 316), 12. Juli 1873 (RGB. 298), 3. April 1876 (RGB. 161) u. 6. April 1881 (RGB. 91); f. d. (Elf.-Lothring.) Eisenbahnbeamten V. v. 27. Feb. 1872 (RGB. 59).

16) G. v. 1. Juni 1870 (RGB. 355) § 9. — G. v. 20. Dez. 1875 (RGB. 324).

17) RBG. §. 10 u. 13; Inanspruchnahme im Rechtswege § 79 u. 154.

18) Das. § 11 u. 12.

19) Das. § 14 u. V. v. 2. Nov. 1874 (RGB. 129). — Zum Eintritt in den Reichstag bedarf es keines Urlaubs. Verf. Art. 21. — Beurlaubung und Stellvertretung der gesandtschaftlichen und Konsularbeamten Anm. 21 (S. 104). — Unabkömmlichkeit der Beamten im Mobilmachungsfalle § 84 d. W.

20) RBG. § 15 u. 16.

21) Richterliche Beamte s. Anm. 7 u. § 184 d. W.

22) Neben den allgemeinen bestehen besondere die Beamten betreffende Strafvorschriften. Einzelne Handlungen werden härter bestraft, w. sie von Beamten begangen werden. StGB. § 128, 129, 155^3, § $174^{2\text{ u. }3}$; andere sind überhaupt nur in diesem Fall strafbar § 331—359.

23) RBG. § 61—68.

24) Das. § 24—31.

25) Das. § 72—133.

dem Amte (Strafversetzung und Dienstentlassung)[26]. Erstere steht innerhalb bestimmter Grenzen jedem Dienstvorgesetzten zu[27]; letzterer muß ein förmliches Disciplinarverfahren vorhergehen, welches in Voruntersuchung und mündliche Verhandlung zerfällt[28]. Die erste Instanz bilden die an einigen größeren Orten eingerichteten Disciplinarkammern[29]. Die Berufung geht an den zu Leipzig als dem Sitze des Reichsgerichts aus Mitgliedern des letzteren und des Bundesraths zusammengesetzten Disciplinarhof[30].

Bei Einleitung des Verfahrens oder im Laufe desselben kann die vorläufige Dienstenthebung (Suspension) des Beamten mit einstweiliger Einbehaltung des halben Gehaltes verfügt werden. Im Fall einer Verhaftung oder einer (noch nicht rechtskräftigen) auf Dienstentlassung lautenden Entscheidung tritt sie kraft Gesetzes ein[31].

Defekte der Beamten bei Kassen- und anderen Vermögens-Verwaltungen werden durch vollstreckbaren Beschluß der Verwaltungsbehörde festgestellt. Dem Beamten steht hiergegen der Rechtsweg offen[32].

4. Rechte[33].

§ 23.

Der Beamte genießt besonderen strafrechtlichen Schutz[34] und das Recht auf Titel, Rang und Uniform, wie sie durch Kaiserliche Verordnung festgestellt werden[35]. Die ihm außerdem zustehenden vermögensrechtlichen Ansprüche kann er als privatrechtliche im Rechtswege verfolgen[36]. Auch unterliegt deren Beschlagnahme, Verpfändung und Uebertragung mehrfachen Einschränkungen, welche dem Beamten unter allen Umständen ein angemessenes Einkommen sichern sollen[37]. Diese Ansprüche setzen sich zusammen wie folgt:

---

26) Das. § 72—76.

27) Das. § 80—83.

28) Das. § 84, 85, 94—109.

29) Das. § 86—90, 92 u. 93. — Abgrenzung der Bezirke V. v. 11. Juli 1873 (RGB. 293). — GeschO. v. 18. April 1880 (C. B. 203) § 1—22. — Errichtung einer Disciplinarkammer in Straßburg V. v. 7. Jan. u. 5. Nov. 1874 (RGB. 3 u. 128). — Für Militärbeamte sind besondere Disciplinar-Kommissionen gebildet (RBG. § 121—123). — Der Rechnungshof des Reichs (§ 162 d. W.), das Reichsgericht (§ 177 d. W.) u. d. Bundesamt f. Heimathwesen (§ 286 S. 310 d. W.) bilden selbst die Disciplinarbehörde für ihre Mitglieder.

30) RBG. § 110—117, 86, 87, 91 u. G. v. 16. Juni 1879 (RGB. 157) § 1. — GeschO. (Vor. Anm.) § 23.

31) RBG. § 125—133.

32) Das. § 134—148 u. 153.

33) Nach § 19 das. kommen alle Begünstigungen der Landesgesetze bezüglich der Besteuerung des Diensteinkommens (§ 72 Nr. 4 d. W.) auch den Reichsbeamten zu Gute. — Besondere Begünstigung in Betreff der Gemeinde-Miethssteuer, die 15 Proz. des baaren Gehalts nicht übersteigen darf G. v. 31. Mai 1881 (RGB. 99).

34) StGB. § 113, 114 u. 196.

35) RBG. § 17. Die Eintheilung entspricht der preußischen (§ 65 d. W.).

36) RBG. § 149—153 u. 155.

37) Das. § 6; C.ProzO. § 715 [6 u. 7] § 749 [7 u. 8] u. StProzO. § 495.

1. Der Gehalt wird monatlich[38]) oder vierteljährlich im Voraus gezahlt.
2. Als Beſtandtheil des Gehaltes gebührt dem Beamten der Wohnungsgeldzuſchuß, der nach der Zugehörigkeit des Dienſtorts zu einer der Militär-Servis-Klaſſen abgeſtuft iſt[39]).
3. Bei Dienſtreiſen werden Tagegelder und Reiſekoſten und bei Verſetzungen Umzugskoſten gewährt[40]).
4. Dienſtunfähigkeit und eine der Regel nach mindeſtens 10jährige Dienſtzeit begründen den Anſpruch auf Penſion. Der Betrag derſelben wird nach dem zuletzt bezogenen feſten Dienſteinkommen und nach der Dienſtzeit in der Weiſe bemeſſen, daß er mit vollendetem 11. Dienſtjahr $^{20}/_{80}$ des Gehaltes beträgt und mit jedem weiter zurückgelegten Dienſtjahr um $^{1}/_{80}$ bis höchſtens auf $^{60}/_{80}$ deſſelben ſteigt[41]).
5. Im Todesfall wird den Hinterbliebenen für den Sterbemonat und das darauf folgende Gnadenquartal der Gehalt (für den Sterbemonat auch die Penſion) weitergezahlt[42]).
6. Den Hinterbliebenen werden Wittwen- und Waiſengelder gewährt, wogegen die Beamten, Penſionäre und Wartegeldempfänger 3 pCt. ihres dienſtlichen Einkommens als Wittwen- und Waiſenkaſſenbeiträge zu leiſten haben[43]).

V. Das Reichsland Elſaß-Lothringen.

1. Überſicht.

§ 24.

Elſaß-Lothringen bildet nach ſeiner Vereinigung mit dem Reich[1]) keinen ſelbſtſtändigen Bundesſtaat, ſondern eine Provinz des Reichs. Die Reichsgewalt beſchränkt ſich hier nicht auf die dem Reich zugewieſenen beſondern Gegenſtände, ſondern erſtreckt ſich zugleich auf alle Landesangelegenheiten. Die Reichsverfaſſung iſt ſeit 1874 in Kraft getreten[2]). Ihre Vorſchriften,

38) RBG. § 4 u. 5. Gehalt bei militäriſcher Einberufung § 66 d. W.

39) G. v. 30. Juni 1873 (RGB. 166), Klaſſeneintheilung G. v. 3. Aug. 1878 (RGB. 243), Beil. II.

40) RBG. § 18, V. v. 21. Juni 1875 (RGB. 249) u. v. 19. Nov. 1879 (RGB. 313) mit AusfBek. v. 9. April 1881 (C. B. 136); ausgedehnt auf Reichseiſenbahn-, Poſt- u. Telegraphenbeamte nach Maßgabe der V. v. 5. Juli 1875 (RGB. 253) u. v. 29. Juni 1877 (RGB. 545), auf Militär- u. Marinebeamte nach Maßg. der V. v. 20. Mai 1880 (RGB. 113) u. (Marinelazareth-Perſonal zu Yokohama) v. 24. Mai 1881 (RGB. 101). — Geſandtſchaftliche und Konſularbeamte ſ. Anm. 21 (S. 104).

41) RBG. § 34—60.

42) Daſ. § 7—9 u. 69.

43) G. v. 20. April 1881 (RGB. 85), AusfBek. v. 25. Mai 1881 (CB. 183). — Anwendung auf R.Bankbeamte V. v. 8. Juni 1881 (RGB. 117).

1) RG. v. 9. Juni 1871 (RGB. 212).

2) Daſ. § 2, RG. v. 20. Juni 1872 (RGB. 208) u. v. 25. Juni 1873 (RGB. 161) § 1. — Einzelne Theile, wie das Zoll-,

ſowie die Grundſätze über Behörden und Beamten des Reichs ſind mit den durch dieſe beſondere Geſtaltung bedingten Abweichungen auch für die Landesverwaltung maßgebend. Wichtig erſcheint hierbei die fortſchreitende Selbſtſtändigkeit in Verfaſſung und Verwaltung (Autonomie). Es war als Mißſtand empfunden, daß reine Landesangelegenheiten vielfach durch Organe wahrgenommen werden mußten, die außerhalb des Landes tagten und dem Lande ziemlich fremd gegenüberſtanden. Demgemäß wurde, nachdem die neuen Einrichtungen einigermaßen befeſtigt erſchienen, ein Statthalter in Straßburg eingeſetzt, die geſammte Landesverwaltung dahin verlegt und der Landesausſchuß mit ausgedehnten Befugniſſen auf dem Gebiete der Geſetzgebung ausgeſtattet [3]).

2. Verfaſſung.

§ 25.

Die Staatsgewalt übt der Kaiſer aus. Einen Theil ſeiner Rechte hat er dem Statthalter übertragen, auf welchem gleichzeitig mehrere Befugniſſe und Obliegenheiten des Reichskanzlers und des früheren Ober-Präſidenten übergegangen ſind. Die Anordnungen des Kaiſers bedürfen der Gegenzeichnung des Reichskanzlers, die des Statthalters derjenigen des Staatsſekretärs [4]).

Die Geſetzgebung, früher vom Kaiſer unter Zuſtimmung des Bundesraths ausgeübt, beruht ſeit Einführung der Reichsverfaſſung ebenſo wie die Reichsgeſetzgebung auf übereinſtimmendem Beſchluß des Bundesraths und des Reichstags [5]). Der Kaiſer kann ferner, ſo lange der Reichstag nicht verſammelt iſt, mit Zuſtimmung des Bundesraths einſtweilige Verordnungen mit Geſetzeskraft erlaſſen, welche indeß der Verfaſſung und den Reichsgeſetzen nicht widerſprechen und ſich nicht auf Anleihen oder Garantien erſtrecken dürfen [6]). Außerdem können Geſetze vom Kaiſer im Einverſtändniß mit dem Bundesrath erlaſſen werden, ſobald der Landesausſchuß ihnen zugeſtimmt hat [7]). Die Veröffentlichung der Landesgeſetze erfolgt durch ein beſonderes Geſetzblatt für Elſaß-Lothringen [8]).

Der Landesausſchuß, dem ferner das Recht zuſteht, Geſetze vorzuſchlagen und Petitionen dem Miniſterium zu überweiſen, beſteht aus 58 Mit-

---

Militär-, Eiſenbahn-, Poſt- und Telegraphenweſen waren mit den entſprechenden Reichsgeſetzen ſchon früher eingeführt.

3) RG. v. 4. Juli 1879 u. V. v. 23. Juli 1879 (RGB. 165 u. 281); vergl. Anm. 7.

4) RG. v. 1871 § 3, 4 u. v. 1879 § 1—4 nebſt V. v. 23. Juli 1879 (RGB. 282).

5) RG. v. 1871 § 3.

6) RG. v. 1873 § 8.

7) RG. v. 2. Mai 1877 (RGB. 491).

8) G. v. 3. Juli 1871 (GB. f. Elſ.-Lothr. S. 2) u. RG. v. 1879 § 22.

gliedern, von denen 34 durch die Bezirkstage und 24 durch die Landkreise bez. die Gemeinden Straßburg, Mühlhausen, Metz und Kolmar gewählt werden[9]).

3. Behörden.

§ 26.

Die Organisation der Behörden und Verwaltungsbezirke knüpfte an die vorgefundenen Einrichtungen an, schuf aber einzelne neue Organe und erweiterte nicht unerheblich die Zuständigkeit der unteren Instanzen[10]). Die Centralverwaltung erlitt bei Errichtung der Statthalterschaft eine völlige Umgestaltung, indem an Stelle des Reichskanzleramts für Elsaß-Lothringen und des Ober-Präsidiums ein Ministerium in Straßburg errichtet wurde. Dasselbe bildet eine einheitliche Behörde unter einem Staatssekretär und zerfällt in die Abtheilungen für Inneres; für Justiz; für Finanzen und Domänen und für Gewerbe, Landwirthschaft und öffentliche Arbeiten. Den Abtheilungen stehen Unterstaatssekretäre vor[11]).

Zur Begutachtung der Gesetzentwürfe und allgemeinen Verwaltungsangelegenheiten ist unter Vorsitz des Statthalters ein Staatsrath aus den obersten Beamten und 12 vom Kaiser ernannten Mitgliedern bestellt[12]).

Unter dem Ministerium stehen Bezirks-Präsidenten für die Bezirke[13]).

Für die Verwaltungsjurisdiktion (s. g. contentieux) treten unter Vorsitz der Bezirks-Präsidenten deren Hülfsarbeiter zu den Kollegien der Bezirksräthe zusammen und in ähnlicher Weise bildet sich unter Vorsitz des Statthalters der Kaiserliche Rath für Elsaß-Lothringen[14]).

Die Bezirke zerfallen in Kreise, für welche Kreisdirektoren bestellt sind[15]). Die weiteren Unterabtheilungen (Kantone) sind ohne besondere Beamte und nur für gewisse Verwaltungszwecke bestimmt.

In den Gemeinden werden Vorsteher (Maires) und Stellvertreter (Adjunkte) vom Bezirks-Präsidenten, in Bezirks- Kreis- und Kantonal-Hauptorten und in Gemeinden von 3000 und mehr Einwohnern vom Statthalter

---

[9]) Das. § 12—21. Kais.E. v. 29. Okt. 1874 (RGB. 1877 S. 492). — Die Verhandlungen sind öffentlich, die Geschäftssprache ist die deutsche, RG. v. 23. Mai 1881 (RGB. 98).

[10]) G. v. 30. Dez. 1871 (GB. f. Els.-Lothr. 1872 S. 49).

[11]) RG. v. 4. Juli 1879 § 3—8.

[12]) Das. § 9 u. 10.

[13]) Die Bezirke Lothringen, Ober- und Unter-Elsaß mit den Hauptstädten Metz, Kolmar und Straßburg entsprechen in der Hauptsache den früheren Departements Mosel, Ober- und Niederrhein, die Präsidenten bei etwas erweiterter Befugniß den früheren Präfekten, G. v. 30. Dez. 1871 § 11 u. V. v. 10. Feb. 1875.

[14]) G. v. 30. Dez. 1871 § 8, 13 u. RG. v. 1879 § 11. — Die Bezirksräthe entsprechen den früheren Präfekturräthen.

[15]) Die Kreise sind an Stelle der französischen Arondissements, die Kreisdirektoren unter Erweiterung der Zuständigkeit an Stelle der früheren Unterpräfekten getreten. G. v. 30. Dez. 1871 § 14, V. v. 20. Sept. 1873 u. v. 28. Aug. 1875.

aus den Mitgliedern des Municipalraths ernannt[16]). Ist kein Mitglied geeignet und bereit, so kann ein außerordentlicher Kommissar bestellt werden[17]).

Die direkten Steuern werden unter Leitung des Bezirks-Präsidenten durch Steuerdirektoren verwaltet, während für die indirekten ein besonderer General-Direktor der indirekten Steuern eingesetzt ist[18]).

Die neue Gerichtsorganisation[19]) steht seit dem 1. Oktober 1879 in Kraft; oberstes Gericht ist das Reichsgericht[20]).

4. Kommunale Vertretungen.

§ 27.

Neben dem Landesausschuß bestehen auch für die Bezirke, Kreise und Gemeinden besondere Vertretungen in den Bezirkstagen, Kreistagen und Municipalräthen. Ihr Wirkungskreis beschränkt sich auf die Abgabe von Gutachten, die Kundgebung von Wünschen, die Vertheilung und bezw. Bewilligung von Abgaben und auf einzelne Akte der Vermögensverwaltung. Zu letzteren bedarf es in der Regel der Bestätigung der Regierungsorgane[21]). Die Vertretungen gehen aus Wahlen der Bezirks-, Kreis- und Gemeinde-Eingesessenen hervor und können unter gewissen Voraussetzungen aufgelöst oder suspendirt werden. In den Gemeinden dürfen in diesem Falle ihre Funktionen dem Maire oder einem außerordentlichen Kommissar übertragen werden[17]).

---

16) V. v. 23. Juli 1879 (RGB. 282) Nr. 3.
17) G. v. 4. Feb. 1872.
18) G. v. 30. Dez. 1871 § 12 u. 17.
19) § 173—190 d. W.
20) RG. v. 4. Juni 1871 (RGB. 315) u. v. 27. Jan. 1877 (RGB. 77) § 14.
21) G. v. 24. Jan. 1873 (GB. f. E.-L. 18) u. v. 28. April 1876. — Die Vertretungen entsprechen den früheren General-, Arrondissements- und Municipalräthen.

Zweites Kapitel.

Der preußische Staat.

I. Geschichte.

1. Territoriale Entwickelung.

§ 28.

Aus unscheinbaren Anfängen ist unser Preußischer Staat allmälig aber stetig zu seiner heutigen Bedeutung emporgewachsen.

Die 927 von Kaiser Heinrich I. gegründete Nordmark war 1133 unter Albrecht dem Bären als Mark Brandenburg an das Haus der Askanier gelangt. Wechselnde Schicksale brachten das Land, mit dem seit 1356 die Kurwürde dauernd verbunden war, nach Aussterben dieses Hauses an das der Wittelsbacher (1324—73), der Luxemburger (1373—1411) und schließlich 1415 an Friedrich I. von Hohenzollern, den Stammvater unsers heutigen Herrschergeschlechts. Die Mark, welche derzeit nur die Alt-, Mittel- und Uckermark, die Priegnitz und das Land Sternberg mit zusammen 425 □M. umfaßte, wurde unter den nächsten Nachfolgern durch die Neumark (1455), das Herzogthum Krossen (1482), die Grafschaft Ruppin (1524) und das Land Beeskow-Storkow (1575) erweitert.

Wichtigere Erwerbungen brachten die folgenden Jahrhunderte. Unter Johann Sigismund wurden durch den Anfall der Herzogthümer Kleve mit Mark und Ravensberg (1614) und Preußen (1618) die Grenzen nach Osten und Westen soweit hinausgeschoben, daß diese Erwerbungen noch heute die äußersten Marksteine des Staatgebiets bezeichnen.

Der westfälische Frieden (1648) fügte das Fürstenthum Minden, das Herzogthum Magdeburg mit Halberstadt und Hohnstein hinzu und legte mit dem Erwerb von Hinterpommern den Grundstock für die Provinz Pommern, die bald darauf durch Lauenburg und Bütow (1657) und das Herzogthum Vorpommern bis zur Peene (1720) weitere Ausdehnung erhielt.

Der Erwerb der Königswürde durch Friedrich I. (1701) gab diesem Machtzuwachs auch äußerlich den entsprechenden Ausdruck.

Durch den Hubertsburger Frieden (1763) wurden Schlesien und die Grafschaft Glatz, durch die polnischen Theilungen (1792 und 1793) Westpreußen, das Ermland, der Netzedistrikt, Danzig und Thorn, Südpreußen (Posen), Neuschlesien und Neuostpreußen dem Staate einverleibt.

Völlig verändert ging das nunmehr zum Rang einer Großmacht emporgestiegene Preußen aus den Kriegen mit Napoleon hervor. Durch den Tilsiter Frieden (1807) hatte es sich fast auf die Hälfte des bisherigen Länderbestandes beschränkt gesehen und alle Besitzungen links der Elbe, sowie den größten Theil der Erwerbungen aus den polnischen Theilungen verloren. In den beiden Pariser Frieden erhielt es dagegen fast alle früheren Besitzungen — einschließlich der ihm erst durch den Reichsdeputationshauptschluß (1803) zugefallenen Bisthümer Münster und Paderborn, dem Eichsfeld und den Städten Mühlhausen und Nordhausen — wieder zurück[1]). Außerdem fielen ihm Neuvorpommern und Rügen, die Ober- und Niederlausitz, die Herzogthümer Sachsen und Westfalen und fast der ganze Bestand der heutigen Rheinprovinz zu[2]).

Preußens Schwerpunkt war durch diese Veränderungen wesentlich nach Westen hin verschoben. Bisher nur Vorkämpfer im Osten hatte es nunmehr auch eine Westmark zu vertheidigen. In seiner Gestaltung war indeß dieser erweiterten Aufgabe keine Rechnung getragen. Sein Gebiet war ein schlecht abgerundetes, in zwei getrennte Theile zerrissenes geblieben. Dieses Mißverhältniß ist erst durch die neuesten Ereignisse beseitigt. Nachdem 50 Jahre hindurch nur wenige kleinere, meist getrennt liegende Gebietstheile erworben waren (Hohenzollern 1850, das Jadegebiet 1853), brachte der auf den österreichischen Krieg folgende Prager Frieden einen sehr umfangreichen Zuwachs, indem er als neue Lande die Herzogthümer Schleswig, Holstein und Lauenburg, das Königreich Hannover, Kurfürstenthum Hessen, Herzogthum Nassau, die Landgrafschaft Hessen, die freie Stadt Frankfurt und einige großherzoglich-hessische und baierische Gebietstheile dem Staat hinzufügte[3]). Die getrennten Gruppen der östlichen und westlichen Provinzen sahen sich durch die Gruppe der drei neuen Provinzen in Verbindung gebracht und Preußen, welches seitdem ein Gebiet von 348 257 qkm mit 27 Millionen Einwohnern aufweist, hat damit nicht nur an Umfang, sondern auch an innerer Kraft und Konsistenz erheblich gewonnen.

2. Innere Entwickelung.

§ 29.

Hand in Hand mit dieser räumlichen ging die innere Entwickelung des Staats, als deren wichtigster Ausgangspunkt die Regierung des großen

[1]) Preußen verzichtete nur auf den östlichsten Theil seiner polnischen Erwerbungen, auf Anspach, Baireuth, Ostfriesland und das im RDepHauptschl. erworbene Fürstenth. (Bisth.) Hildesheim.

[2]) Aeltere Besitzungen in dieser Provinz sind nur Kleve, Mörs und Geldern.

Kurfürsten hervortritt Dieser heilte die Wunden, die der dreißigjährige Krieg dem Lande geschlagen, und legte auf fast allen Gebieten die Keime zu Preußens späterer Größe.

Die erste Aufgabe war die Bildung und Erhaltung eines schlagfertigen Heeres, denn nur mit diesem war es möglich, ein so ungünstig und ausgedehnt belegenes Gebiet erfolgreich zu behaupten. Bereits in der ersten Entwickelungszeit der stehenden Heere (um 1650) besaß Preußen ein Heer von 25 000 Mann. In der Folgezeit ist dasselbe beständig vermehrt und unter der rastlosen Fürsorge Friedrich Wilhelms I. erwuchs jene Armee, mit der Friedrich der Große seine beispiellosen Erfolge erringen konnte. Bedeutsame Folgen hatte hierbei die Kantonverfassung (1733), in der neben der bisherigen Werbung zum ersten Male eine systematische Aushebung hervortritt. Indem die beschränkte Kantonpflicht sich später zur allgemeinen Wehrpflicht erweiterte[4], verwandelte sich das Söldnerheer zum „Volk in Waffen". — Die Bedeutung der Armee war damit über dem Rahmen ihrer eigentlichen und unmittelbaren Zwecke hinausgewachsen. Wenn Preußen sich von jeher berufen sah und sich noch heute berufen sieht, die beim Auseinanderfall des Reichs vereinzelten deutschen Stämme wieder fester zusammen zu schließen, so haben ihm die Heereseinrichtungen hierbei die trefflichsten Dienste geleistet. Im Heere werden bei völlig gleichartiger Organisation überall dieselben Zwecke verfolgt. So entsteht ein Gefühl der Zusammengehörigkeit, das durch ernste Arbeit im Frieden, wie durch gemeinsame Gefahr im Kriege weiter gefördert wird und das Heer zu einem fest in sich geschlossenen Ganzen zusammenwachsen läßt. Und dieses Heer greift durch steten Zu- und Abfluß in alle Theile unserer Bevölkerung so wirksam und erfolgreich über, daß es mehr als jede andere Einrichtung zum Bindemittel für das neue Deutschland geworden ist.

Der gesteigerte Bedarf nöthigte ferner zur genausten Regelung der Finanzen. Auch hier legte der große Kurfürst den Grund, auf dem später Friedrich Wilhelm I. mit fast despotischer Energie erfolgreich weiterbaute. Sein Sinn für Ordnung und Einfachheit, der gegen die Prachtliebe seines Vorgängers, wie gegen die Verschwendungssucht der benachbarten Höfe so vortheilhaft abstickt, kam auch der Verwaltung des Landes zu Statten. Seine Grundsätze sind uns erhalten geblieben: Sparsamkeit im Haushalt, gewissenhafte Beobachtung fester Grundsätze in Betreff der Staatsschulden, des Papiergeldes, der Etatsaufstellung sind von jeher Vorzüge der preußischen Finanzverwaltung gewesen und haben unserm Staat trotz seiner geringen Hülfsquellen einen Kredit verschafft, den selbst die Zeiten der äußersten Noth nicht dauernd erschüttern konnten.

---

[3]) § 32 d. W.

[4]) G. üb. d. Verpflichtung zum Kriegsdienste v. 3. Sept. 1814 (GS. 79).

Um ferner die erforderlichen Einnahmen zu schaffen, bedurfte es der Förderung der Erwerbsthätigkeit. Boden und Klima des Landes waren wenig günstig. Von den Gegenden, in denen Kultur und Verkehr sich vorzugsweise entwickelt hatten, lag dasselbe ziemlich entfernt. Preußen sah sich sonach seinen großen Aufgaben mit nur beschränkten Mitteln gegenübergestellt. Es mußte seine Hülfsquellen in ausgiebigster Weise ausnutzen, um durch angestrengte Arbeit zu ersetzen, was die wenig verschwenderische Natur ihm versagt hatte. Auch dieser Aufgabe hat Preußens Regierung in vollster Weise genügt. Betriebsame Kolonisten wurden herangezogen (Französische Refugiés 1685, Salzburger 1732, Holländer), Sümpfe durch Entwässerung in blühendes Ackerland verwandelt (Oderbruch, Netzeniederung), größere Kanäle angelegt, Manufakturen gegründet und Handelsverbindungen angeknüpft. — Diese rege Thätigkeit, die in Friedrich dem Großen ihren Höhepunkt erreichte, beruhte, der Entwickelung und dem Geiste des 18. Jahrhunderts gemäß, ausschließlich auf unmittelbarer staatlicher Einwirkung. Ein neues Element brachte im Beginn unseres Jahrhunderts die Stein-Hardenbergsche Gesetzgebung, indem sie die eigene Thätigkeit der Bevölkerung zu wecken und zu beleben suchte. Auf der hierdurch geschaffenen Grundlage hat unsere wirthschaftliche Ordnung sich demnächst weiter entwickelt[5]).

Aehnliche Erfolge weisen auch die übrigen Verwaltungsgebiete auf[6]). Ueberall zeigt sich das ernste und rastlose Streben, Alles zu erreichen, was nach Lage der Verhältnisse überhaupt erlangt werden konnte.

3. Staatsform.

§ 30.

Alles, was Preußen bislang erreicht hat, seine rasche Machtentfaltung nach Außen wie seine gesunde Entwickelung im Innern, ist wesentlich das Werk seiner Fürsten gewesen. Es konnte nur erreicht werden durch die kraftvolle Geltendmachung des Einzelwillens, wie er in der unumschränkten Monarchie des 17. und 18. Jahrhunderts hervortritt.

In Preußen wie im übrigen Deutschland sahen sich die Landesherren in ihren Territorien schon seit dem 14. Jahrhundert durch Landstände beschränkt, die verschiedene Rechte, insbesondere das Steuerbewilligungsrecht für sich in Anspruch nahmen. Mit der Entwickelung der landesherrlichen Gewalt trat ihre Macht allmälig zurück, um zuletzt ganz zu verschwinden. In Preußen geschah dies unter Friedrich Wilhelm I., der „seine souveraineté wie einen rocher von bronce stabilirte“[7]) und die ständischen Rechte als „alte längst vergessene Dinge“ bezeichnen durfte[8]).

[5]) § 312 (S. 348), 329 u. 349 (S. 404).

[6]) Justiz (§ 166 d. W.), Schulwesen (§ 304 S. 332 d. W.).

[7]) Erwiderung an die Stände von Preußen, welche eine Bestätigung ihrer Privilegien forderten (1717).

Unser Staat erscheint seitdem völlig in dem Fürsten verkörpert und Ludwigs XIV. Ausspruch (l'état c'est moi) darf auch auf Preußen angewendet werden, freilich in der völlig verschiedenen Bedeutung, daß in Frankreich der Staat den persönlichen Zwecken des Fürsten dienstbar gemacht wurde, Preußens große Könige dagegen sich selbst den Zwecken des Staates in gewissenhafter und hingebender Weise unterordneten. Dort war der Staat die Domäne seines Fürsten, hier der Fürst, der erste Diener seines Staates. Dieses Pflichtbewußtsein der preußischen Herrscher bildet den Kern ihrer gesammten Thätigkeit und die Grundlage ihrer großen Erfolge. Mittelst desselben hat ihre Selbstständigkeit, oft sogar ihre Willkür dem Lande zum höchsten Segen gereicht. Unsere heutigen Anschauungen werden von Voraussetzungen getragen, die von denen jenes Zeitalters weit abliegen. Um so weniger dürfen wir uns gegen die Thatsache verschließen, daß es wesentlich die absolute Staatsform war, der wir unsere großartige Entwickelung im vorigen Jahrhundert zu danken haben.

Doch auch diese Entwickelung sollte ihre Zeit haben; das Geschick des Staats hatte während derselben ausschließlich in der Hand des Herrschers gelegen und mit dem belebenden Genius des großen Friedrich sollte vorübergehend auch Preußens Kraft dahin schwinden. Nach der tiefen Erniedrigung im Kriege mit Napoleon wollte die Stein-Hardenberg'sche Gesetzgebung die Bevölkerung, die sie zur Selbstthätigkeit auf wirthschaftlichem Gebiete befähigt hatte, auch zur Mitwirkung an den öffentlichen Angelegenheiten heranziehen. Dies ist der Gedanke der Stein'schen Städteordnung (1808). In gleichem Sinne, wenngleich in weit beschränkterem Umfange, wurden Provinzen (1823) und Kreise (1823—28) zu eigner Thätigkeit berufen. Eine allgemeine Landesvertretung, obwohl mehrfach verheißen[9]) kam dagegen nicht zu Stande. Erst die Stürme des Jahres 1848 haben sie zum Durchbruch gebracht.

Unter dem Eindruck der Märzereignisse dieses Jahres trat der aus den Provinzialständen gebildete vereinigte Landtag[10]) zusammen und stellte neben einigen Grundlagen für die künftige Verfassung[11]) ein Wahlgesetz fest[12]). Diese Regelungen führten noch zu keinem endgültigen Ergebniß und erst nach zweimaliger Auflösung der einberufenen Versammlungen kam es durch regierungsseitige Festsetzung (Oktroyirung) zu dem noch heute maß-

---

[8]) Ausspruch gegenüber den Jülich Bergischen Ständen, welche sich auf ihre Privilegien beriefen (1723).

[9]) Bundes-Akte v. 8. Juni 1815 (GS. 1818 S. 143) Art. 13; Wiener Schluß-Akte v. 15. Mai 1820 (GS. 113) Art. 54—59; FinEd. v. 27. Okt. 1810 (GS. 25) a. E. u. v. 7. Sept. 1811 (GS. 253) § 14; V. betr. die Repräsentation des Volkes v. 22. Mai 1815 (GS. 103); V. betr. Einführung des Staatsraths v. 20. März 1817 (GS. 67) § 2a und StschuldG. v. 17. Jan. 1820 (GS. 9) § II u. XIII.

[10]) Pat. v. 3. Feb. 1847 (GS. 33).

[11]) G. v. 6. April 1848 (GS. 87).

[12]) G. v. 8. April 1848 (GS. 89).

gebenden Wahlgesetz[13]), welches auf öffentlicher Abstimmung und Dreiklassentheilung der Wähler nach Maßgabe der Staatssteuern beruht. Aus den Berathungen einer demgemäß zusammenberufenen Versammlung ging schließlich die Verfassung hervor, welche die Grundlage unserer heutigen staatlichen Organisation geworden und als solche in alle später erworbenen Landestheile eingeführt ist[14]). — Der Staat war damit ziemlich unvermittelt aus der unumschränkten in die konstitutionelle Staatsform übergeführt und die Nachwehen dieses allzu plötzlichen Uebergangs sind noch heute nicht ganz überwunden.

Unsere Geschichte bietet hiernach das Bild einer mit geringen Unterbrechungen ruhig fortschreitenden und gesunden Entwickelung. An zeitweiligen Störungen hat es nicht gefehlt, aber vergeblich hat die Reaktion sie aufzuhalten, die Revolution sie zu überstürzen gesucht; immer war es Preußens eigne Kraft, die diese Schwierigkeiten überwunden und das Staatsschiff wieder in das richtige Fahrwasser eines ruhigen Fortschritts hinein geleitet hat. Und diese Kraft haben selbst die schwersten Schicksalsschläge nicht dauernd zu erschüttern vermocht. Oft, wo sie zu erlahmen begann, wo die preußische Tradition fast schon vergessen schien, hat sie sich wieder zu erneuter Arbeit emporgerafft und vor Allem Preußen auch da nicht verlassen, wo es an die Erfüllung seines deutschen Berufes herantreten sollte. Zahlreiche neue Aufgaben sind seitdem für unser Staatswesen entstanden. In fast überstürzender Hast wuchsen neue Organisationen hervor, oft über das eigentliche Ziel hinausschießend. Gleichzeitig war durch schwindelhafte Erwerbsverhältnisse der Sinn für ernste Arbeit aus seiner Bahn gelenkt und dann durch soziale Irrlehren, durch religiöse Zerwürfnisse und zeitweilige Nothstände die organisatorische Thätigkeit gelähmt.

In solchen Augenblicken vermag der Rückblick auf unsere geschichtliche Entwickelung uns gleichzeitig Trost und Belehrung zu gewähren. Er erinnert uns, daß Preußen mit noch geringeren Mitteln bereits weit größere Gefahren überwinden konnte und er lehrt uns, auf welchem Wege dieselben überwunden sind. Möchte deßhalb niemals vergessen werden, was Preußen in allen seinen Wechselfällen hochgehalten und was dasselbe groß gemacht hat.

[13]) V. v. 30. Mai 1849 (GS. 205). Vgl. § 41 d. W.

[14]) § 31 u. 32 d. W.

II. Verfassung.

1. Uebersicht.

§ 31.

Die Preußische Verfassungsurkunde[1]) regelt die Form des Preußischen Staats und stellt daneben für einzelne Verwaltungszweige eine Reihe leitender Grundsätze auf, die sie unter dem nicht ganz zutreffenden Titel „Rechte der Preußen" zusammenfaßt. Beide Theile sind nach Zweck und Bedeutung wesentlich von einander verschieden.

Der erstere Theil hat Preußen endgültig in die Reihe der konstitutionellen Staaten eingeführt. Er umfaßt die Vorschriften über Zusammensetzung und Regierung des Staats und stellt die Verfassung in der engeren und eigentlichen Bedeutung des Wortes fest. Dieser hier in Betracht kommende Theil betrifft das Staatsgebiet (Nr. 2), die Staatsangehörigkeit (Nr. 3), die Gesetzgebung (Nr. 4), den König (Nr. 5) und den Landtag (Nr. 6).

Dem andern Theil fehlt diese selbstständige Bedeutung. Seine Bestimmungen gelangen erst in der Spezialgesetzgebung zu praktischer Bedeutung und können nur mit dieser betrachtet werden[2]). Dabei ist ihr Einfluß ein ziemlich beschränkter geblieben, da einige derselben nur wiederholen, was sich im Wesentlichen bereits in der seitherigen Gesetzgebung anerkannt fand[3]), andere sich mit bloßen Hinweisen auf erlassene oder zu erlassende Gesetze begnügen[4]). Die Absicht, in diesen Festsetzungen bestimmte Grundlagen für die übrige Gesetzgebung zu schaffen, die vermöge der erschwerten Voraussetzungen für Verfassungsänderungsgesetze[5]) den verschiedenen Zeitströmungen gegenüber feste Stützpunkte gewähren sollten, hat sich in diesem Umfange nicht erfüllt. Die wechselnden Bedürfnisse und Anschauungen haben auch hier ihr Recht behauptet und wo Veränderungen der Spezialgesetzgebung die Verfassungsbestimmungen berührten, ist auch deren Abänderung ohne jede Schwierigkeit vor sich gegangen[6]).

Mit Entstehung des Reichs ist die Bedeutung der Preußischen Verfassung nicht unwesentlich eingeschränkt. Die Souveränität steht dem

---

[1]) Verfassungs-Urkunde v. 31. Jan. 1850 (GS. 17).

[2]) Vgl. über Art. 9 (Enteignungen) § 363 u. 323 d. W.; über Art. 12—26 u. 112 (Kirche u. Schule) § 289, 291 u. 304 das.; üb. Art. 27—30 (Presse u. Vereine) § 250 u. 251 das.; üb. Art. 40—42 (Freiheit des Grundeigenthums) § 329 u. 330 das.; üb. Art. 99—104 u. 109 (Finanzen) § 113, 122 u. 131 das.

[3]) Vgl. VU. Art. 4, 9, 11, 31, 33 u. 34.

[4]) Desgl. Art. 3, 17, 19, 26, 89, 98, 105 (G. v. 24. Mai 1853) u. 113.

[5]) § 36 Nr. 1 d. W.

[6]) Aufgehoben sind Art. 15, 16 u. 18 auf dem Gebiet der Kirche (Anm. 13 S. 317); Art. 40—42 auf dem der Agrargesetzgebung (§ 329 das.); Art. 105 auf dem der Gemeindegesetzgebung (Anm. 4 S. 79).

Reich zu und Preußen hat damit die Stellung eines selbstständigen Staats eingebüßt[7]). Dies macht sich vor Allem in der Gesetzgebung geltend, da die Reichsgesetze den Landesgesetzen vorgehen[8]). Insoweit erstere Festsetzungen treffen, haben deßhalb auch die Vorschriften der Preußischen Verfassung ihre Geltung verloren[9]).

2. Staatsgebiet.

§ 32.

Das Preußische Staatsgebiet hat sich allmälig entwickelt[10]). Die Verfassung zählt ihm alle derzeit mit der Monarchie verbundenen Landestheile zu, unter der Festsetzung, daß seine Grenzen nur durch Gesetz verändert werden können[11]). Seit Erlaß der Verfassung sind demgemäß hinzugetreten: Hohenzollern[12]), das Jadegebiet[13]), das Königreich Hannover, Kurfürstenth. Hessen, Herzogth. Nassau, die Stadt Frankfurt[14]), mehrere vormals großherzoglich-hessische und bairische Theile[15]), Schleswig-Holstein und Lauenburg[16]) und einige kleinere spätere Erwerbungen[17]). — Das Fürstenthum Waldeck, dessen Verwaltung von Preußen durch Accessionsvertrag auf 10 Jahre übernommen ist[18]), gehört nicht zum Preußischen Staat.

Das Staatsgebiet bildet ein geschlossenes Territorium unter der Herrschaft des Hohenzollernschen Königshauses. Da die Erbfolge innerhalb des letzteren untheilbar ist[19]), so folgt daraus auch die Untheilbarkeit und Unveräußerlichkeit des Gebiets. — Unternehmungen gegen den Bestand des Staatsgebiets werden als Hochverrath bestraft[20]).

Auch räumlich stellt das Staatsgebiet sich gegenwärtig als ein zusammenhängendes dar. Die von demselben eingeschlossenen Theile fremder

---

7) Hiernach würden die Bezeichnungen: „Staatsgebiet, Staatsangehörigkeit, Staatsverfassung“ durch „Landesgebiet u. s. w.“ zu ersetzen sein. Die Gesetzgebung hat jedoch diese Ausdrucksweise nur bei den „Landesbehörden“ u. „Landesgesetzen“ zur Anwendung gebracht.

8) RVerf. Art. 2.

9) Militär: VU. Art. 34—39; Justiz: Art. 5—8, 10, 33, 86—97, 111 u. 116; Presse: Art. 27, 28 u. 113.

10) § 28 d. W. — Größe und Bevölkerung Anm. 11 (S. 55). Periodische Feststellung der letzteren § 11 d. W.

11) VU. Art. 1 u. 2.

12) G. u. Pat. v. 12. März 1850 (GS. 289 u. 295).

13) Pat. v. 5. Nov. 1854 (GS. 593).

14) G. v. 20. Sept. 1866 (GS. 555) u. je 4 Patente u. Proklamationen v. 3. Okt. 1866 (GS. 591—602). — Geschichtliche Entstehung von Hannover, Kurhessen u. Nassau CR. v. 3. April, 21. u. 25. März 1867 (MB. 89, 53 u. 56).

15) G. v. 24. Dez. 1866 (GS. 876) u. je 2 Patente und Proklam. v. 12. Jan. 1867 (GS. 137, 138, 173 u. 174).

16) G. v. 24. Dez. 1866 (GS. 875), Pat. und Prokl. v. 12. Jan. 1867 (GS. 129 u. 131). — Geschichtliche Entstehung u. Zusammensetzung CR. v. 12. Aug. 1867 (MB. 241). — Herzogth. Lauenburg anfänglich nur in Personalunion ist durch G. v. 23. Juni 1876 (GS. 169) mit dem Staat vereinigt.

17) G. v. 3. April 1869 (GS. 540) u. v. 21. April 1875 (GS. 199).

18) Vertr. v. 24. Nov. 1877 (GS. 1878 S. 18).

19) § 38 d. W.

20) StrGB. § 81 $^{3 \text{ u. } 4}$.

Länder (Enklaven), wie die preußischen von anderen Ländern umschlossenen Gebietstheile (Exklaven), sind von nur untergeordneter Bedeutung.

Die Fläche des Staatsgebiets wird durch Landesvermessung (Landestriangulation) festgestellt. Ihrem Zwecke dient die Legung eines trigonometrischen Netzes und die Setzung von Marksteinen, für welche der erforderliche Grund und Boden gegen Entschädigung von den Eigenthümern abgetreten werden muß[21]. — Die obere Leitung führt in Preußen das Central-Direktorium der Vermessungen[22].

3. Staatsangehörigkeit.

§ 33.

a) **Erwerb und Verlust.** Der Grundsatz, daß die Reichsangehörigkeit kein selbstständiges Recht bildet, sondern nur in Verbindung mit der Staatsangehörigkeit in einem Bundesstaat erworben oder verloren wird[23], hat eine einheitliche Regelung des Gegenstandes innerhalb des Reichs herbeigeführt[24].

Nach dieser wird die Staatsangehörigkeit erworben:

1. mittelbar durch Abstammung (nicht Adoption) von dem ehelichen Vater oder der unehelichen Mutter, durch Legitimation und für die Ehefrau durch Verheirathung[25];
2. unmittelbar durch Verleihung. Diese erfolgt durch eine von der höheren Verwaltungsbehörde ausgefertigte Urkunde, oder mit gleicher Wirkung durch Anstellung im Staatsdienst. Sie heißt Aufnahme, wenn es sich um einen Reichsangehörigen handelt, andernfalls Naturalisation[26]. Die Aufnahme kann nur unter denjenigen Voraussetzungen versagt werden, unter denen eine Beschränkung der Freizügigkeit im Reiche zugelassen ist[27]. Für die Naturalisation wird dagegen vorausgesetzt, daß der sie Beantragende verfügungsfähig und unbescholten sei, Wohnung und Unterkommen am Niederlassungsorte finde und im Stande sei, sich und seine Angehörigen daselbst zu ernähren[28].

Die Staatsangehörigkeit geht verloren:

1. mittelbar durch Legitimation Seitens eines Nichtpreußen und für Frauen durch Verheirathung mit einem solchen[29];

---

[21] G. f. d. östl. Prov. v. 7. Okt. 1865 (GS. 1033), f. d. übrigen Landestheile auß. Hohenzollern u. Jadegebiet v. 7. April 1869 (GS. 729). — AusfInstr. v. 20. Juli 1878 (MB. 190). Abschreibung im Grundbuch G. v. 3. Juni 1874 (GS. 239).

[22] Organis.statut v. 11. Juni 1870.

[23] § 9 d. W.

[24] RG. v. 1. Juni 1870 (RGB. 355).

[25] RG. § 2—5.

[26] Das. § 2^{4}, ^{5}, 6, 9—11.

[27] Das. § 7 verb. § 10 d. W. — Klagerecht im Geb. der KrO. ZustG. § 161 (Frist 2 Wochen OrgG. § 42).

[28] RG. § 8. — Nach Gegenseitigkeitsverträgen wird zum Theil die Entlassung aus dem seitherigen Staatsangehörigkeitsverhältniß verlangt. Oesterreich ER. v. 28. Nov. 1864 (MB. 281).

[29] RG. § $13^{4 \text{ u. } 5}$.

2. unfreiwillig bei zehnjährigem ununterbrochenen Aufenthalt im Auslande[30]) oder durch Ausspruch der Centralbehörde des Heimathsstaats bei Nichtbeachtung der Aufforderung zur Rückkehr im Kriegsfall, bei unerlaubtem Eintritt in fremden Staatsdienst[31]) und bei unbefugter Ausübung der Kirchenämter[32]);
3. auf Antrag durch Entlassung, die mittelst einer von der höheren Verwaltungsbehörde ausgefertigten Urkunde erfolgt und nur unter gewissen durch die Erfüllung der Wehrpflicht bedingten Voraussetzungen versagt werden darf[33]).

Aufnahme- und Entlassungsurkunden — letztere soweit es sich um Uebergang in einen andern deutschen Staat handelt (Ueberwanderung) — sind kostenfrei, Urkunden über Naturalisation oder Entlassung in das Ausland dagegen dem Ausfertigungsstempel von 1,50 M. unterworfen[34]).

Die Auswanderung unterliegt mit den angeführten Maßgaben keinen Einschränkungen, insbesondere dürfen Abzugs- (Abfahrts- oder Abschoß-) gelder nicht erhoben werden[35]). Die Auswanderungsfreiheit ist eine Konsequenz der Freizügigkeit und hat sich allen Befürchtungen gegenüber behauptet, die an den zeitweise massenhaft auftretenden Abfluß der Bevölkerung[36]) geknüpft wurden. Die staatliche Wirksamkeit auf dem Gebiet des Auswanderungswesens beschränkt sich demgemäß auf die persönliche Fürsorge für die Auswanderer. Das Reich, auf welches der Gegenstand übergegangen ist[37]), hat zur Wahrnehmung der Transportsicherheit und der gesundheitlichen Interessen einen Reichs-Kommissar bestellt[38]). Uebrigens, insbesondere in Betreff der gewerbepolizeilichen Zulassung und Beaufsichtigung der Auswanderungsunternehmer gelten noch die Landesgesetze[39]). Eine reichsgesetzliche Regelung erscheint bei der Bedeutung der Sache und bei dem gemeinsamen Interesse, das sie bietet, unerläßlich.

---

[30]) Das. § 13³, 21 u. 25. Zur Vermeidung doppelter Staatsangehörigkeit kann die Frist für den Verlust durch Staatsvertrag auf 5 Jahre herabgesetzt werden. Dem Vertr. des nordd. Bundes mit den Vereinigten Staaten von Amerika v. 22. Feb. 1868 (BGB. 228) sind ähnliche Verträge der süddeutschen Staaten gefolgt.

[31]) RG. § 13², 20 u. 22.

[32]) Anm. 19 (S. 318).

[33]) RG. § 13¹, 14, 15, 18 u. 19. Zuständigkeit wie Anm. 27. — Wehrpflichtige im Alter von 17—20 Jahren bedürfen eines Zeugnisses der Ersatzkommission, daß sie die Auswanderung nicht bloß zur Umgehung der Dienstpflicht nachsuchen. Für Angehörige des Heeres, der Reserve und der Landwehr ist Genehmigung der Militärbehörde erforderlich, die aber den beiden letzteren nur im Fall der Einberufung versagt werden darf. § 15 a. a. O., RMilG. v. 2. Mai 1874 (RGB. 45) § 60¹ ᵘ· ², G. v. 9. Nov. 1867 (BGB. 131) § 15 und StGB. § 360³. — Bei Ersatzreservisten 1. Klasse bedarf es nur der Anzeige RMilG. § 69⁸.

[34]) RG. § 24. Vgl. § 149 d. W.

[35]) VU. Art. 11.

[36]) Die Zahl der aus Deutschland beförderten Auswanderer hatte sich im Laufe der Jahre 1872—1877 fortgesetzt vermindert; sie betrug in ersterem Jahre 125 650, in letzterem 21 694. Seitdem ist wieder eine erhebliche Zunahme eingetreten (1878: 24 217 u. 1880: 106 191).

[37]) RVerf. Art. 4¹.

[38]) Der für die Häfen Hamburg, Bremen-Geestemünde und Stettin-Swinemünde bestellte Kommissar hat seinen Sitz in Hamburg.

[39]) § 350 Nr. II 9 (S. 409) d. W.

§ 34.

b) Mit der Staatsangehörigkeit sind **Rechte und Pflichten** verbunden[40]).

Die Pflichten bestehen in Gehorsam gegen den König, die Regierung und die Gesetze[41]) in der Militär- und Steuerpflicht[42]), in der Verpflichtung zur Uebernahme gewisser Aemter[43]), zur Ablegung des Zeugnisses[44]) und zur Anzeige bestimmter Verbrechen[45]).

Die Rechte sind staatsbürgerliche (politische) oder bürgerliche. Erstere umfassen das aktive und passive Wahlrecht zu öffentlichen Aemtern[46]). Als bürgerliche Rechte sind neben den für das ganze deutsche Reich gewährten[47]), noch die Freiheit der Person und die Unverletzlichkeit der Wohnung[48]), das Versammlungs- und Vereinsrecht[49]), das Petitionsrecht[50]) und die Gleichheit vor dem Gesetz[51]) aufzuführen.

§ 35.

c) **Bevorrechtete Klassen.** Im Anschluß an die Gleichheit vor dem Gesetz spricht die Verfassung die Aufhebung der Standesvorrechte aus. Sie faßt in Betreff des Adels nur zusammen, was im Einzelnen bereits durch eine Reihe älterer Gesetze ausgesprochen war. Der Adel schließt nur noch die Befugniß zur Führung der Adelsprädikate (Titel und Wappen) in sich[52]).

Eine bevorrechtete Stellung nehmen dagegen noch heute die Mitglieder des Königlichen Hauses und diejenigen der standesherrlichen Familien ein.

---

[40]) Das Verhältniß wird am Besten als „Staatsangehörigkeit" bezeichnet. Der Ausdruck des LR. (Einl. § 37 u. 43): „Unterthanenschaft" betont nur die Pflichten, der der VU. (Art. 3): „Staatsbürgerrecht" lediglich die Rechte.

[41]) LR. II 13 § 1, 4 u. 16. — Strafe des Widerstandes gegen die Staatsgewalt StGB. § 110—122.

[42]) § 82 u. 129 d. W.

[43]) Aemter der Selbstverwaltung § 72 bis 76 d. W.; Schiedsmannsamt § 188; Schöffen- u. Geschworenenamt § 179 u. 180; Vormundschaft § 210.

[44]) CProzO. § 341, 345—355. — StProzO. § 48—55. — G. v. 24. März 1879 (GS. 281) § 4. — StrGB. § 138.

[45]) Das. § 139.

[46]) Strafe der Aberkennung das. § 33 bis 37. — Schutz das. § 105—109.

[47]) Glaubensfreiheit, Preßfreiheit, Freizügigkeit u. Gewerbefreiheit (§ 9 d. W.).

[48]) VU. Art. 5 u. 6. — Sklaven werden mit dem Betreten des Staatsgebiets frei G. v. 9. März 1857 (GS. 160). — In den Vertr. Preußens u. der übrigen Großmächte wegen Unterdrückung des Negerhandels v. 20. Dez. 1841 (GS. 1844 S. 371) ist das Reich eingetreten Uebereink. v. 29. März 1879 (RGB. 1880 S. 100). — Strafe der Freiheitsberaubung StGB. § 234—241 u. 341, der Hausrechtsverletzung § 123 u. 342. — Voraussetzung für Verhaftung u. Haussuchung § 234 u. 235 d. W.

[49]) § 251 d. W.

[50]) VU Art. 32. — Petitionen unter einem Gesammtnamen sind nur Behörden und Korporationen gestattet Das.

[51]) VU. Art. 4.

[52]) Das LR. II 9 bestimmt üb. Erwerb, Nachweis u. Verlust des Adels. — Strafe der Anmaßung des Adels StGB. § 360[8]. — In der Rheinprov. sind durch KO. v. 21. Jan. 1837 (GS. 7) und in Westfalen durch KO. v. 26/28. Feb. 1837 (KJ. LIX 155) einigen Adelsfamilien gewisse von dem Pflichttheil abweichende letztwillige Verfügungen gestattet (Autonomie).

Den Mitgliedern des Königlichen Hauses, sowie denen des ähnlich gestellten Hohenzollernschen Fürstenhauses[53]) stehen folgende Rechte zu:

1. Befreiung von der Militärpflicht, von der Quartierlast im Frieden und von der Vorspannleistung in Betreff der Hofhaltungspferde[54]);
2. Steuer- und Portobefreiungen[55]);
3. Privilegirter Gerichtsstand[56]);
4. Begünstigung bei Eidesleistungen[57]) und Vernehmungen im Prozeß und gesetzliche Vertretung durch ihre Behörden[58]);
5. Ausschluß der Civilprozeß- und Konkurs-Ordnung, soweit die Hausgesetze Bestimmung treffen[59]);
6. Besonderer strafrechtlicher Schutz[60]);
7. Mitgliedschaft im Herrenhause für die großjährigen Prinzen[61]).

Standesherren sind die mediatisirten Fürsten und Grafen, die sich bei Auflösung des Reichs im Besitz

1. der Reichsunmittelbarkeit,
2. der Reichsstandschaft, verbunden mit Sitz und Stimme im Reichstag,
3. einzelner Regierungsrechte, einschließlich der Landeshoheit

befanden[62]). Diesen hatte die Bundesakte gewisse Rechte gewährleistet[63]), welche durch die Landesgesetzgebung näher bestimmt sind[64]).

Die Verfassung führte zu einigen Aenderungen. Zwar sollte dieselbe der Wiederherstellung dieser Rechte nicht entgegenstehen[65]), gleichwohl hat sie neue Festsetzungen erforderlich gemacht, die anfänglich durch Rezesse mit den betheiligten Häusern[66]), später durch besondere Gesetze erfolgt sind[67]).

---

[53]) Vertr. v. 7. Dez. 1849 (GS. 1850 S. 289), AE. v. 14. Aug. 1852 (GS. 771) u. v. 2. Aug. 1875 (GS. 580). — Befugniß z. Führung d. Prädikats „Hoheit“ AE. v. 20. März 1850 (MB. 95).

[54]) G. v. 9. Nov. 1867 (BGB. 131) § 1; Quartier G. v. 25. Juni 1868 (BGB. 523) § 4; NaturalleistungsG. v. 13. Feb. 1875 (RGB. 52) § 3.

[55]) Gebäudest.G. v. 21. Mai 1861 (GS. 317) § 3[1]; Einkommenst.G. vom 1. Mai 1851 (GS. 193) § 16. — Stempel § 4 der V. v. 19. Juli u. 7. Aug. 1867 (GS. 1191 u. 1277). — Portofreiheit genießen nur die regierenden Fürsten, deren Gemahlinnen und Wittwen. BG. v. 5. Juni 1869 (BGB. 141) § 1.

[56]) Zuständiges Gericht ist der Geheime Justizrath § 178 (S. 218) d. W.; nicht streitige u. Standesamtssachen erledigt das Hausministerium § 38 (S. 43).

[57]) CProzO. § 196 340 441 u. 444. — StProzO. § 71.

[58]) G. v. 24. März 1879 (GS. 281) § 3.

[59]) G. v. 30. Jan. 1877 (RGB. 244) § 5 u. v. 10. Feb. 1877 (RGB. 390) § 7.

[60]) StGB. § 96, 97 u. 100.

[61]) V. v. 12. Okt. 1854 (GS. 541) § 1[1] und 2[1].

[62]) Die Grafen Stolberg (Roßla, Stolberg und Wernigerode) hatten sich schon vor Auflösung des Reichs durch Vertrag der Reichsunmittelbarkeit begeben, werden aber gleichwohl den Standesherren zugezählt.

[63]) BA. v. 8. Juni 1815 Art. 14.

[64]) Pr. V. v. 21. Juni 1815 (GS. 105) u. Instr. v. 30. Mai 1820 (GS. 81).

[65]) G. v. 10. Juni 1854 (GS. 363).

[66]) Auf Grund der V. v. 12. Novbr. 1855 (GS. 686) sind Rezesse abgeschlossen mit Wied am 25. Juni 1860, Solms-Braunfels am 22. Nov. 1861, Solms-Hohensolms am 22. Juli 1862.

[67]) G. v. 15. März 1869 (GS. 490). Auf Grund desselben ergingen G. v. 27. Juni 1875 (GS. 327) für Arenberg-Meppen; v. 25. Okt. 1878 (GS. 305)

Die wesentlichsten zum Theil auch durch die allgemeine Gesetzgebung bestätigten Rechte sind:

1. Zugehörigkeit zum hohen Adel und als Ausfluß derselben Ebenbürtigkeit mit den regierenden Fürstenhäusern,
2. Autonomie mit der Befugniß Normen zu treffen, die für die eignen Angehörigen verbindlich sind und von den Landesgesetzen — nicht von den Reichsgesetzen — abweichen dürfen,
3. Befreiung von der Militärpflicht und von der Quartierlast im Frieden[68]),
4. Befreiung von der Grund- und Gebäudesteuer[69]),
5. das Recht auf Austräge, d. i. auf Gerichte von Standesgenossen in Strafsachen[70]) und Gerichtsstand vor den Oberlandesgerichten in Sachen der freiwilligen Gerichtsbarkeit[71]),
6. Mitgliedschaft im Herrenhause[72]).

In Betreff der Familien der 1866 depossedirten Fürsten findet sich die Freiheit von der Einkommen- und Gebäudesteuer anerkannt[73]).

4. Landesgesetzgebung.

§ 36.

a) Der **Erlaß der Gesetze** lag in der absoluten Monarchie wesentlich in der Hand des Königs. Man unterschied die eigentlichen im Staatsministerium und Staatsrath vorberathenen Gesetze (Edikte, Patente, Publikanda und Verordnungen) von den nur vom König vollzogenen und an eine Behörde gerichteten Kabinets-Ordres und den auf Spezialbefehl von den höheren Verwaltungsbehörden erlassenen Verordnungen.

Seit Erlaß der Verfassung ist zu jedem Gesetz die Uebereinstimmung des Königs und der beiden Häuser des Landtags erforderlich. Diese drei Faktoren sind gleichberechtigt. Jeder derselben hat das Recht, Gesetze vorzuschlagen (Initiative) oder Abänderungen zu den eingebrachten Gesetzen (Amendements) zu beantragen. Finanzgesetzentwürfe und Staatshaushaltsetats sind jedoch zuerst dem Abgeordnetenhause vorzulegen und können vom Herrenhause

für Sayn-Wittgenstein-Berleburg; G. v. dems. T. (GS. 311) f. Bentheim-Tecklenburg. — In Betr. der Grafsch. Stolberg-Wernigerode vgl. G. weg. Einf. der KrO. v. 18. Juni 1876 (GS. 245).

68) G. v. 9. Nov. 1867 (BGB. 131) § 1 u. QuartG. v. 25. Juni 1868 (BGB. 523) § 4.

69) GrundstG. v. 21. Mai 1861 (GS. 253) § 46, Einf. i. d. neuen Prov. G. v. 11. Feb. 1870 (GS. 85) § 3; GebäudestG. v. 21. Mai 1861 (GS. 317) § 3[1].

70) G. v. 27. Jan. 1877 (RGB. 77) § 7 u. Instr. v. 30. Mai 1820 (GS. 81) § 17.

71) G. v. 24. April 1878 (GS. 230) § 27, 41 u. 49[1]. — VormO. v. 5. Juli 1875 (GS. 431) § 101. J. d. Prov. Hannover sind die Landgerichte zuständig. — Aufhebung des besondern Gerichtsstandes in streitigen Angelegenheiten. GerVerfG. vom 27. Jan. 1877 (RGB. 41) § 12—16.

72) V. v. 12. Okt. 1854 (GS. 41) § 2[2].

73) Hannover V. v. 28. April 1867 (GS. 533) § 8; Kurhessen V. v. dems. T. (GS. 538) § 8; Nassau, Großh. Hessen u. Hess.-Homburg v. 11. Mai 1867 (GS. 593) § 9. — Für die Ansprüche dieser Fürsten an das Domanialgut sind besondere Abfindungen gewährt. § 117 d. W.

nur im Ganzen angenommen oder abgelehnt werden. Ein von dem König oder einem der Häuser abgelehnter Gesetzentwurf gilt als verworfen und darf in derselben Sitzungsperiode nicht wieder eingebracht werden[74]).

Die Landesgesetze, deren Gebiet inzwischen durch die Reichsgesetzgebung wesentlich eingeschränkt ist[75]), theilen sich wie folgt:

1. Eigentliche Gesetze sind die auf dem bezeichneten Wege zu Stande gekommenen Rechtsnormen. Eine besondere Form besteht für Verfassungsänderungsgesetze, welche die zweimalige durch einen mindestens 21tägigen Zeitraum getrennte Abstimmung in beiden Häusern voraussetzen[76]).
2. Vorläufige Verordnungen mit Gesetzeskraft (Nothgesetze) kann der König zur Aufrechterhaltung der öffentlichen Sicherheit und zur Beseitigung eines ungewöhnlichen Nothstandes einstweilig bis zum nächsten Zusammentritt des Landtags erlassen[77]).
3. Die Verordnungen (Allerhöchsten Erlasse, Befehle, Ordres), welche der König zur Ausführung der Gesetze erläßt[78]), fallen zum Theil in das Gebiet der Verwaltung. Die von den Behörden kraft ihrer Stellung oder kraft eines im Gesetz ihnen gewordenen Auftrags erlassenen Ausführungsbestimmungen (Instruktionen, Anweisungen, Reglements) gehören nur diesem Gebiete an.
4. Polizeiverordnungen erlassen die zuständigen Verwaltungsbehörden[79]).

§ 37.

b) **Veröffentlichung der Gesetze.** Der König befiehlt die Verkündigung der Gesetze[78]). Ihre Veröffentlichung (Publikation) erfolgte früher durch Verlesung von der Kanzel und öffentlichen Anschlag[80]), späterhin durch auszugsweise Bekanntmachung in den Intelligenzblättern der Provinz[81]). Gegenwärtig wird sie durch Aufnahme in die G e s e t z - S a m m l u n g bewirkt[82]). Nur auf diesem Wege erlangen die Gesetze verbindliche Kraft. Die Prüfung

---

74) VU. Art. 62 u. 64. — Bedeutung der Gesetzgebung § 3 d. W. — Gesetzesform für Verträge Anm. 3 (S. 102), Staatshaushaltsetat § 113 und Aufnahme von Staatsschulden § 122 d. W.

75) § 12 u. 13 d. W.

76) VU. Art. 107. — Der Grundsatz ist den Verfassungen des kontinentalen Europa entnommen. Amerika hat neben den gesetzgebenden besondere verfassunggebende Organe. — Dem englischen Recht ist die Vorschrift unbekannt.

77) VU. Art. 63.

78) Das. Art. 45.

79) § 229 d. W.

80) V. v. 24. Aug. 1717 (C. C. M. II. Abth. 1 S. 613).

81) LR. Einl. § 11.

82) G. v. 3. April 1846 (GS. 151) § 1. Verweisung der Spezial-Erlasse in die Amtsblätter G. v. 10. April 1872 (GS. 357). Einrichtung der GesSamml. V. v. 27. Okt. 1810 (GS. 1), der Amtsblätter V. v. 28. März 1811 (GS. 165). — Einf. beider in die Rheinprov. u. in Hohenzollern V. v. 9. Juni 1819 (GS. 148) u. Erl. v. 19. Sept. 1852 (GS. 588), i. d. Jadegeb. G. v. 14. Mai 1855 (GS. 306), in Schleswig-Holstein u. Lauenburg V. v. 29. Jan. 1867 (GS. 139) u. G. vom 23. Juni 1876 (GS. 169) § 11, i. d. übrigen neuen Provinzen V. v. 1. Dez. 1866 (GS. 743). — Ganzjähriges Abonnement KO. v. 1. April 1874 (MB. 117).

ihrer Rechtsgültigkeit steht nur dem Landtage, nicht den Behörden zu[83]). Die Gültigkeit beginnt, wenn kein anderer Zeitpunkt bestimmt ist, mit dem 14. Tage nach der Ausgabe in Berlin[84]). Bei erfolgenden Gebietsabtretungen werden die Gesetze besonders eingeführt; im Fall bloßer Grenzregulirungen treten sie dagegen ohne Weiteres in Kraft[85]).

Zu Veröffentlichungen der Bezirks- und Provinzialbehörden dienen die Amtsblätter, welche für die Regierungsbezirke — in Hannover zweckmäßiger für die ganze Provinz — ausgegeben werden[82]).

Die Verpflichtung zur Haltung der Gesetzsammlung und des Amtsblattes ist gegenwärtig auf die Gemeinden und Gutsbezirke beschränkt[86]). Den Behörden werden beide unentgeltlich geliefert[87]).

Die zur Ausführung der Gesetze vom König erlassenen Verordnungen finden nur zum Theil ihre Aufnahme in der Gesetzsammlung. Uebrigens fehlt es für diese ebenso wie für die von den Centralbehörden erlassenen Ausführungsbestimmungen an einem amtlichen Publikationsorgan. Das seit 1840 als Fortsetzung der Kamptz'schen Annalen erscheinende Ministerialblatt für die gesammte innere Verwaltung bildet nur eine private Zusammenstellung, die zugleich wichtigere Einzelentscheidungen der höheren Verwaltungsbehörden und Gerichte enthält. Eine zweckmäßigere Veröffentlichung ohne gleichzeitige Vermehrung der ohnehin übergroßen Zahl dieser Sammlungen würde unter besonderer Rubrik in der Gesetz-Sammlung möglich sein, zumal diese seit Entstehung des Reiches einen großen Theil ihres Stoffes verloren hat.

5. Der König.

§ 38.

Die preußische Königskrone ist den Hausgesetzen gemäß erblich im Mannsstamme des Hohenzollernschen Hauses nach dem Rechte der Erstgeburt (Primogenitur) und der agnatischen Linealfolge[88]). Mit derselben ist die deutsche Kaiserwürde stetig verbunden. Neben den ihm als Kaiser beigelegten Befugnissen stehen dem König als solchen bestimmte Regierungs-, Ehren- und Vermögensrechte zu.

---

83) VU. Art. 106.

84) G. v. 16. Feb. 1874 (GS. 23).

85) KO. v. 29. März 1837 (GS. 71).

86) G. v. 10. März 1873 (GS. 41), eingef. i. Lauenburg G. v. 28. Feb. 1877 (GS. 87); V. v. 27. Okt. 1810 (GS. 1) § 6.

87) StMB. v. 28. Nov. 1861 (MB. 1862 S. 1).

88) VU. Art. 53. — Die die Untheilbarkeit bedingende Primogenitur, zuerst in Betreff der Kurfürsten durch die goldene Bulle (1356) eingeführt, hat von da ihren Weg in die deutschen Hausgesetze gefunden. — Durch Hervorhebung des Mannsstammes und der agnatischen Linealfolge wird die Thronfolge der Frauen und ihrer Nachkommen (Kognaten) ausgeschlossen. — Die Hausgesetze (Ordnung des Kurf. Albr. Achilles, Achillea 1473 u. Geraer Hausvertrag 1598) finden sich in d. Ed. v. 13. Aug. 1713 üb. die Unveräußerlichkeit u. v. 17. Dez. 1808 üb. die Veräußerung der Domänen bestätigt.

89) § 15 d. W.

Die Ausübung der **Regierungsrechte** ist den Forderungen des konstitutionellen Staats gemäß an gewisse Formen und Schranken gebunden. Vor dem Regierungsantritt hat der Kaiser die Aufrechterhaltung der Verfassung eidlich zu geloben[90]). Er beruft den Landtag und erläßt in Gemeinschaft mit diesem die Gesetze, während die Ausführung derselben ihm allein zusteht[91]). Er ernennt die Minister und übrigen Staatsdiener[92]) und hat das Recht der Begnadigung und Strafmilderung[93]). Alle Regierungsakte bedürfen der Gegenzeichnung eines Ministers, der damit die Verantwortlichkeit für dieselben übernimmt. Die Person des Königs selbst ist unverletzlich[94]). Bei Erledigung der Regierungsgeschäfte, soweit sie nicht durch Vermittelung der Ministerien erfolgt, bedient sich der König des Geheimen Civil- und des Militär-Kabinets[95]).

An **Ehrenrechten** gebührt dem König die Führung der Königlichen Prädikate, Titel, Wappen[96]) und Insignien (Krone und Scepter) und ein feierlicher Empfang auf Reisen[97]). Er hat das Recht, Auszeichnungen, insbesondere Standeserhöhungen, Titel und Orden zu verleihen[98]).

---

[90]) VU. Art. 54.

[91]) Das. Art. 51, 52, 62, 63 u. 45. Vgl. § 36 d. W. — Vertragabschlüsse Anm. 3 (S. 102).

[92]) VU. Art. 45 u. 47.

[93]) Das. Art. 49. — Die Begnadigung ganzer Klassen heißt Amnestie.

[94]) Das. Art. 43 u. 44. — Bestrafung der gegen die Person des Landesherrn gerichteten Verbrechen und Vergehen StGB. § 80, 86, 94—97.

[95]) Das Kabinet besteht seit der Zeit des großen Kurfürsten und wurde bei Umgestaltung der obersten Staatsbehörden ausdrücklich aufrecht erhalten. V. v. 27. Okt. 1810 (GS. 3). — Seine Bedeutung im konstitutionellen Staate ist indeß eine wesentlich eingeschränktere.

[96]) Die Prädikate sind „Se. Majestät" u. „Allerhöchst". — Titel u. Wappen (größeres, mittleres u. kleineres) V. v. 9. Jan. 1817 (GS. 17) u. A. Erl. v. 16. Aug. 1873 (GS. 397).

[97]) Regl. v. 9. Aug. 1870.

[98]) VU. Art. 50. — Die **Preußischen Orden** sind:
a) der schwarze Adlerorden (1701);
b) der rothe Adlerorden (1792) in vier Klassen u. mit besonderen Enblemen (Schleife, Eichenlaub);
c) der Hohenzollernsche Hausorden (1851) für Verdienste um das Kön. Haus gestiftet;
d) der Kronenorden (1861) in 4 Klass. (b—d werden mit Schwertern für Auszeichnung vor dem Feinde verliehen);
e) der Orden pour le mérite mit einer militärischen u. einer 1842 für Wissenschaft u. Kunst gestifteten Friedensklasse;
f) das eiserne Kreuz 1813 gegründet, 1870 mit 2 Klassen erneuert. — Stiftung für unbemittelte Inhaber KO. v. 7. Mai 1857 (MB. 140);
g) der Johanniterorden 1812 errichtet, 1852 reorganisirt;
h) der Louisenorden für Frauen 1814 gestiftet, 1850 erneuert;
i) das Verdienstkreuz für Frauen u. Jungfrauen (1871);
k) das allgemeine Ehrenzeichen (1830 erweitert);
l) die Rettungsmedaille (Urk. v. 1. Feb. 1833 GS. 85 u. Dekl. v. 3. Nov. 1838 GS. 1839 S. 29);
m) das Militär-Ehrenzeichen in zwei Klassen (1864);
n) die Dienstauszeichnung f. Offiziere, Unteroffiz. u. Gemeine u. f. pflichttreue Dienste i. d. Landwehr.

Die Verwaltung der Ordensangelegenheiten führt die dem Präsidium des Staats-Min. unterstellte **General-Ordens-Kommission** A. E. v. 22. Jan. 1850 (GS. 42). — Die mit Orden Beliehenen finden sich in der seit 1877 herausgegebenen **Ordensliste** verzeichnet.

Zu den **Vermögensrechten**[99]) zählt die vom König bezogene Civilliste[100]). Ursprünglich stellte sie die Entschädigung für den Verzicht des Königshauses auf die Ansprüche an das Domanialgut dar[1]). Sie beläuft sich zur Zeit auf 12 Mill. Mk. jährlich[2]). — Zur Verwaltung der persönlichen und Vermögensangelegenheiten des Königs und des Königl. Hauses besteht das **Haus-Ministerium**[3]). Dasselbe bildet den ordentlichen Gerichtsstand in nicht streitigen Angelegenheiten, einschließlich der Standesamtssachen[4]). Gleiches gilt in Betreff des Hohenzollernschen Fürstenhauses[5]). Vom Haus-Ministerium ressortiren die Erbämter[6]) und Standessachen[7]). Unter ihm stehen

1. Das Heroldsamt für Standes- und Adelssachen,
2. Die Königl. Hausarchive,
3. Die Hofkammer der Königl. Familiengüter.

Der König wird mit vollendetem 18. Lebensjahre volljährig. Im Fall der Minderjährigkeit oder sonstigen dauernden Verhinderung hat der der Krone zunächst stehende volljährige Agnat oder in Ermangelung eines solchen das Staatsministerium den Landtag zur Beschlußnahme über die **Regentschaft** zu berufen[8]). Der **Stellvertretung** im Falle vorübergehender Behinderung wird in der Verfassung nicht gedacht, doch ist die Befugniß des Königs, eine solche nach Maßgabe der allgemeinen Rechtsgrundsätze anzuordnen, niemals bezweifelt worden.

6. Der Landtag.

§ 39.

a) Der **Landtag** ist in Preußen wie in der Mehrzahl der größeren konstitutionellen Staaten aus zwei Häusern zusammengesetzt, dem Herrenhaus und dem Abgeordnetenhaus[9]). Beide stehen gleichberechtigt neben einander. Obwohl das Zustandekommen aller Gesetze von der Uebereinstimmung beider abhängig erscheint[10]), erfolgen ihre Berathungen doch gesondert. Nur bei Be-

— Reihenfolge beim Tragen der Orden A. O. v. 4. Dez. 1871 (MB. 1872 S. 2). — In Sterbefällen werden die Orden zurückgereicht, der schw. Adler- und die Orden I. Kl. an den König persönlich, die übrigen an die Gen. Ordens-Kommission ER. v. 5. Feb. 1868 (MB. 88). — Strafe des unbefugten Tragens StrGB. § 360[8]. Verlust bei Aberkennung der bürgerlichen Ehre. Das. § 33 u. 34[3].

[99]) S. auch § 35 (S. 38) d. W. üb. die Rechte der Mitglieder des Kön. Hauses.

[100]) Eine **Civilliste** wurde zuerst in England unter Georg III. zwischen Regierung und Parlament vereinbart. Der Name kommt v. d. Liste der civilen Verwaltungsausgaben, die ursprünglich aus dieser Summe zu bestreiten waren. In Frankreich wurde die Civilliste in Folge der während der Revolution erfolgten Einziehung der Kön. Güter eingeführt.

[1]) § 117 d. W.

[2]) VU. Art. 59, G. v. 30. April 1859 (GS. 204) u. v. 27. Jan. 1868 (GS. 61).

[3]) KO. v. 11. Jan. 1819 (GS. 2) Nr. 4.

[4]) RG. v. 6. Feb. 1875 (RGB. 23) § 72.

[5]) AE. v. 14. Aug. 1852 (GS. 771) Nr. 1.

[6]) Bek. v. 17. Jan. 1838 (GS. 1) Nr. 1. — Die gleichzeitig vom Finanz-Min. abgetretenen Domainen gelangten 1848 an dasselbe zurück § 45 d. W.

[7]) AE. v. 16. Aug. 1854 (GS. 516).

[8]) VU. Art. 54, 56—58.

[9]) Die Benennung beruht auf G. v. 30. Mai 1855 (GS. 316) § 1.

[10]) § 36 d. W.

schlußnahme über Einsetzung einer Regentschaft treten sie zu gemeinsamer Verhandlung zusammen. Die eignen geschäftlichen Angelegenheiten ordnet jedes Haus für sich allein[11]). Ebenso kann jedes derselben selbstständig schriftliche Petitionen entgegennehmen, sie untersuchen und den Ministern überweisen, von letzteren Auskunft verlangen (Interpellation) und Adressen an den König richten[12]).

Der Landtag tritt alljährlich zwischen Anfang November und Mitte Januar zur ordentlichen und außerdem, so oft es die Umstände erheischen, zur außerordentlicheu Session zusammen[13]). Die Berufung, wie der Schluß erfolgt durch den König für beide Häuser gleichzeitig. Gleiches gilt von der Vertagung (vorübergehenden Unterbrechung der Sitzungen). Die Auflösung ist dagegen bei der heutigen Zusammensetzung des Herrenhauses nur noch für das Abgeordnetenhaus zulässig[14]).

Die Sitzungen sind in der Regel öffentlich[15]). Zur Beschlußfähigkeit ist die Anwesenheit der Mehrheit der gesetzlichen Mitgliederzahl, im Herrenhause die von 60 Mitgliedern erforderlich[16]). Ueber die Verhandlungen werden stenographische Berichte veröffentlicht, denen als Anlagen die Gesetzentwürfe mit Motiven und Kommissionsberichten beigefügt sind[17]).

Die Mitglieder des Landtags schwören Treue und Gehorsam gegen den König und gewissenhafte Beobachtung der Verfassung[18]). Sie sind die unabhängigen Vertreter des ganzen Volkes und haben nach ihrer freien Ueberzeugung zu stimmen, ohne an Aufträge oder Instruktionen gebunden zu sein[19]). Sie können wegen ihrer Abstimmung und wegen der in Ausübung ihres Berufes gethanen Aeußerungen nicht zur Verantwortung gezogen werden. Gleicherweise sind wahrheitsgetreue Berichte über Landtagsverhandlungen von der Verantwortung frei[20]). Die Landtagsmitglieder genießen ferner besondern strafrechtlichen Schutz[21]); auch wird ihre Unabhängigkeit durch mehrfache Vorschriften gewahrt. Während der Sitzungsperiode dürfen sie, soweit sie nicht auf frischer That ergriffen werden, nur mit Genehmigung des Hauses wegen strafbarer Handlungen oder Schulden verhaftet oder zur Untersuchung gezogen werden. Auf Verlangen des Hauses wird auch jedes anhängige Strafverfahren, wie jede schwebende Untersuchungs- oder Civilhaft für diese Zeit eingestellt[22]). Die Vernehmung der Landtagsmitglieder

---

[11]) VU. Art. 78 Abs. 1. Beide Häuser haben Geschäftsordnungen erlassen, durch welche die Wahl der Präsidenten u. Schriftführer, der Abtheilungen, der zur Vorberathung bestimmten Kommissionen, die Form der Berathung u. die Handhabung der Ordnung speziell geregelt sind.

[12]) Das. Art. 81 u. 82.

[13]) G. v. 18. Mai 1857 (GS. 369).

[14]) VU. Art. 51, 52 u. 77.

[15]) Das. Art. 79.

[16]) Das. Art. 80 u. G. v. 30. Mai 1855 (GS. 316) § 2.

[17]) CR. v. 6. Mai 1854 (MB. 91).

[18]) VU. Art. 108.

[19]) Das. Art. 83.

[20]) StGB. § 11 u. 12.

[21]) Das. § 105 u. 106.

[22]) VU. Art. 84 Abs. 2—4; EG. v. 1. Feb. 1877 (RGB. 346) § 6; CProzO. § 785[1] u. 786[1].

als Zeugen oder Sachverständige ist außerhalb des Sitzungsortes nur mit Genehmigung des Hauses zulässig[23]). Bei Annahme eines besoldeten Amtes oder einer Rang- oder Gehaltserhöhung erlischt die Mitgliedschaft und kann nur durch Neuwahl wiedererlangt werden. Uebrigens bedürfen Beamte zum Eintritt in den Landtag keines Urlaubs. Niemand kann Mitglied beider Häuser sein[24]). Präsident und Mitglieder der Ober-Rechnungs-Kammer sind vom Landtage ausgeschlossen[25]). — Die Mitglieder des Abgeordnetenhauses erhalten Tagegelder und Reisekosten, auf welche sie nicht verzichten dürfen[26]).

§ 40.

b) Das **Herrenhaus** ist durch Königliche Anordnung gebildet[27]). Es besteht aus den großjährigen Prinzen des Kön. Hauses und den vom König mit erblicher Berechtigung oder auf Lebenszeit berufenen Mitgliedern. Für die Berufung wird die preußische Staatsangehörigkeit, der Wohnsitz in Preußen, ein Alter von 30 Jahren und unverletzte Ehrenhaftigkeit vorausgesetzt[28]).

Mit erblicher Berechtigung sind die Häupter der Hohenzollernschen Fürstenfamilie und der standesherrlichen Familien, die 1847 zur Herren-Kurie berufen gewesenen Fürsten, Grafen und Herren und die durch besondere Verordnung mit diesem Recht Beliehenen berufen[29]).

Die Berufung auf Lebenszeit[30]) erfolgt für die Inhaber der vier großen Landesämter[31]), für die aus besonderm Vertrauen ausersehenen[32]) und für die hierzu präsentirten Personen. Zur Präsentation sind berufen:

1. die Hochstifter Brandenburg, Merseburg und Naumburg,
2. die Grafenverbände der Provinzen[33]),
3. die Verbände der durch Großgrundbesitz ausgezeichneten Familien[34]),
4. die Verbände des alten und des befestigten Grundbesitzes (Landschaftsbezirke),[33])
5. die Universitäten,
6. die größeren Städte[35]).

---

[23]) Das. § 347, 367 u. StProzO. § 49, 72.

[24]) VU. Art. 78. — Uebernahme der Stellvertretungskosten auf Staatsfonds StMB. v. 24. Okt. 1869 (MB. 276).

[25]) VU. Art. 74 (Fassung des G. v. 27. März 1872 GS. 277).

[26]) VU. Art. 85. — G. v. 30. März 1873 (GS. 175) u. 24. Juli 1876 (GS. 345). Die Berechnung der Reisekosten erfolgt nach den für Staatsbeamte erlassenen Vorschriften (Anm. 5 S. 76).

[27]) V. v. 12. Okt. 1854. (GS. 541), welche auf Grund der durch G. v. 7. Mai 1853 (GS. 181) ertheilten Ermächtigung erlassen u. an Stelle der Art. 65—68 der VU. getreten ist.

[28]) § 1, 7, 9 u. 10 d. V.

[29]) Das. § 2.

[30]) Das. § 3—6, 8 u. 11.

[31]) Ober-Burggraf, Ober-Marschall, Land-Hofmeister u. Kanzler.

[32]) Aus diesen sind Kron-Syndici z. Abgabe v. Rechtsgutachten bestellt.

[33]) § 4[2. 4], § 8 der V. u. Regl. v. 10. Nov. 1865 (GS. 1077).

[34]) Zur Zeit die Familien Alvensleben, Arnim, Borke, Bredow, Gröben, Kleist, Grf. Königsmark, Osten, Schulenburg, Schwerin u. Wedell.

[35]) Zur Zeit die Städte Aachen, Altona, Barmen, Berlin, Brandenburg, Breslau, Bonn, Cassel, Coblenz, Cöln,

§ 41.

c) Das **Abgeordnetenhaus** besteht aus 433 Mitgliedern[36]), die aus allgemeinen Wahlen hervorgehen[37]).

Wähler (aktiv wahlberechtigt) ist jeder selbstständige Preuße nach Vollendung des 24sten Lebensjahres, der sich im Vollbesitz der bürgerlichen Ehrenrechte befindet, keine öffentliche Armenunterstützung erhält und in der Gemeinde seit 6 Monaten Wohnsitz oder Aufenthalt hat[38]). Für Militärpersonen ruht das Wahlrecht[39]).

Wählbar (passiv wahlberechtigt) ist jeder, der das 30ste Lebensjahr vollendet hat, im Vollbesitz der bürgerlichen Ehrenrechte ist und ein Jahr dem Preußischen Staatsverbande angehört[40]).

Die Wahl-Periode (Legislatur-Periode) dauert 3 Jahre[41]). Die Wahl ist mittelbar (indirekt) und zerfällt in zwei Handlungen: die Wahl der Wahlmänner (Urwahl) und die Wahl der Abgeordneten durch die Wahlmänner. Zum Zweck der Wahl werden die nebst den Wahlorten gesetzlich festgestellten Wahlbezirke[42]) in Unterabtheilungen (Urwahlbezirke) von 750—1749 Seelen zerlegt. Die Urwahl erfolgt nach dem Dreiklassensystem. Die Wähler innerhalb des Urwahlbezirks, oder falls mehrere Urwahlbezirke zu einer Gemeinde gehören, innerhalb der Gemeinde werden nach Maßgabe ihrer direkten Staatssteuern in drei Abtheilungen vertheilt. Jede Abtheilung umfaßt $^1/_3$ der Gesammtsumme dieser Steuern; die erste die Höchst-, die letzte die Geringst- und die gar nicht Besteuerten. Die Wahlmänner, deren einer auf je 250 Seelen zu wählen ist, werden zu gleichen Theilen auf die Abtheilungen vertheilt. Ist ihre Zahl nicht durch 3 theilbar, so fallen 2 überschießende der 1sten und 3ten Abtheilung, einer der 2ten Abtheilung zu. Die Berechtigung zur Wahl wird durch öffentliche Auslegung

---

Crefeld, Danzig, Dortmund, Düsseldorf, Elberfeld, Elbing, Erfurt, Essen, Flensburg, Frankfurt a. M. u. a. O., Glogau, Görlitz, Greifswald, Halberstadt, Halle, Hannover, Hildesheim, Königsberg, Magdeburg, Memel, Minden, Mühlhausen Münster, Nordhausen, Posen, Potsdam, Stettin, Stralsund, Thorn u. Trier.

36) VU. Art. 69, G. v. 30. April 1851 (GS. 213) Art. I, v. 17. Mai 1867 (GS. 1481) Art. I u. v. 23. Juni 1876 (GS. 169) § 2.

37) Die V. v. 30. Mai 1849 (GS. 205), die nur bis zum Erlaß eines Wahlgesetzes in Kraft bleiben sollte (VU. Art. 115), ist, da letzteres noch nicht ergangen ist, noch heute maßgebend. Sie gilt vor den entsprechenden Vorschriften der VU. ER. v. 5. Nov. 1858 (MB. 222); WahlRegl. v. 10. Aug. 1879 (MB. 202). — Die V. wurde eingeführt nach Maßgabe des G. v. 30. April 1851 (GS. 216) in Hohenzollern, des G. v. 11. März 1869 (GS. 481) in die 1866 erworbenen Landestheile u. des G. v. 23. Juni 1876 (169) § 2 in Lauenburg.

38) § 8 der V. — Vgl. VU. Art. 70.

39) G. v. 2. Mai 1874 (RGB. 45) § 49.

40) § 29 der V. — Vgl. VU. Art. 74.

41) VU. Art. 73.

42) Das. Art. 69. — G. v. 27. Juni 1860 (GS. 357), ergänzt f. d. neuen Provinzen V. v. 14. Sept. 1867 (GS. 1482) § 2 nebst Anlage u. G. v. 15. Feb. 1872 (GS. 158), f. d. Jadegebiet G. v. 23. März 1873 (GS. 107) § 4, u. f. Lauenburg G. v. 23. Juni 1876 (GS. 169) § 2.

von Urwähler- und Abtheilungslisten festgestellt[43]). — Das Dreiklassensystem, welches auch mehrfach in die Gemeindeverfassung Eingang gefunden hat[44]), leidet an unverkennbaren Mängeln. Es ist umständlich und vielfach willkürlich. Die Eintheilung der Urwahlbezirke und die Vertheilung der Wahlmänner auf die Abtheilungen ist häufig eine ungleichmäßige. Die gleiche Steuer kann in einem Bezirk eine ganz andere Bedeutung gewinnen, als in einem anderen. Gleichwohl ist es noch nicht gelungen, eine geeignetere, die Besteuerungsunterschiede berücksichtigende Wahlart zu finden.

Die *Wahl der Wahlmänner* erfolgt nach absoluter Mehrheit durch Stimmabgabe zu Protokoll[45]). Gleiches gilt von der *Wahl der Abgeordneten*[46]).

III. Die Staatsbehörden und deren Verfahren.

Die Staatsbehörden theilen sich in Centralbehörden (Nr. 1), Mittel- (Provinzial-, Bezirks- und Kreis-) Behörden (Nr. 2) und in Orts- (Lokal-) Behörden. Letztere fallen — soweit nicht besondere Polizeibehörden eingerichtet sind[1]) — mit den Organen der Gemeindeverwaltung zusammen und sind mit diesen zu betrachten[2]).

1. Centralbehörden.

§ 42.

a) **Uebersicht.** Die älteste Central-Verwaltungs-Behörde in Preußen war der 1604 eingesetzte Geheime- oder Staatsrath. 1723 trat gleichzeitig mit den für die Provinzialverwaltung eingesetzten Kriegs- und Domänenkammern das General- (Finanz-, Kriegs- und Domänen-) Direktorium ins Leben. Diese Kollegial-Behörde, neben der bereits seit 1728 zur schnelleren Erledigung gewisser Geschäfte, insbesondere der auswärtigen Standes- und Haus-Angelegenheiten ein büreaumäßig organisirtes Kabinets-Ministerium eingeführt war, zerfiel in eine Mehrzahl von Departements, deren Zuständigkeit theils nach Gegenständen theils nach Provinzen abgegrenzt war.

Eine durchgreifende Umgestaltung brachten die Stein'schen Reformen (1808), deren Grundbestimmungen noch heute maßgebend sind[3]). In Folge derselben wurden die Geschäfte lediglich nach Gegenständen vertheilt und einzelnen obersten Beamten (*Ministern*) selbstständig übertragen, um der

---

[43]) V. § 1, 4—16; Regl. § 1—10. Vgl. VU. Art. 71.

[44]) Landgemeinden in den westlichen (Anm. 68 S. 90) u. Städte in den älteren Provinzen (§ 74 Nr. 1 u. 2 d. W.).

[45]) V. § 17—25; Regl. § 11—23.

[46]) V. § 26—31; Regl. § 24—32.

[1]) § 222 d. W.

[2]) § 72 Nr. 1, § 73 u. 74 das.

[3]) V. v. 27. Okt. 1810 (GS. 3); Ergänz. KO. v. 3. Juni 1814 (GS. 40), v. 3. Nov. 1817 (GS. 289), v. 11. Jan. 1819 (GS. 2) u. Bek. v. 17. Jan. 1838 (GS. 11).

Verwaltung größere Einheit, Kraft und Regsamkeit zu verleihen[4]). Ihren Vereinigungspunkt fanden die Minister, da der Staatsrath eine bloß berathende Behörde bildete, im Staats-Ministerium[5]).

Die Zahl der Minister, ursprünglich fünf[6]), ist seitdem wiederholt vermehrt. Auch die Zuständigkeit hat mehrfach gewechselt. Gegenwärtig bestehen:

1. das Finanz-Ministerium,
2. das Ministerium des Innern,
3. das Min. der geistlichen, Unterrichts- u. Medizinal-Angelegenheiten,
4. das Ministerium für Handel- und Gewerbe,
5. das Ministerium für die öffentlichen Arbeiten,
6. das Ministerium für Landwirthschaft, Domänen und Forsten,
7. das Min. der auswärtigen Angelegenheiten (ausw. Amt d. D. Reichs)[7]),
8. das Kriegs-Ministerium[8]),
9. das Justiz-Ministerium[9]).

Selbstständige Ober-Behörden neben den Ministerien sind die Ober-Rechnungs-Kammer[10]) und der evangelische Ober-Kirchenrath[11]).

§ 43.

b) Der **Staatsrath** wurde erst 1817 eingeführt[12]) und hat sich mit kurzer Unterbrechung[13]) bis heute erhalten, ist jedoch seit Erlaß der Verfassung nur wenig in Thätigkeit getreten. Seine Aufgabe besteht in Begutachtung der Gesetze und Verordnungen[14]). Er erfüllt sie in einer engeren oder in einer Plenarversammlung[15]) und setzt sich zusammen:

1. aus den Königlichen Prinzen, die das 18te Jahr erreicht haben,
2. aus den durch ihr Amt berufenen Mitgliedern, insbesondere den Ministern, Feldmarschällen, dem Präsidenten der Ober-Rechnungs-Kammer, dem Geheimen Kabinetsrath und Chef des Militär-Kabinets und — soweit sie in Berlin anwesend sind — den Ober-Präsidenten und kommandirenden Generalen,
3. aus den durch besonderes Vertrauen berufenen Mitgliedern[16]).

---

[4]) V. v. 1810 (Abschn. Staatsminister). Befugniß der Minister zum Erlaß reglementarischer Anordnungen KO. v. 4. Juli 1832 (GS. 181), in Betr. des Justizministers v. 24. Aug. 1837 (GS. 143).

[5]) § 43 u. 44 d. W. — Die Würde des an die Spitze der ganzen Verwaltung gestellten Staatskanzlers (V. v. 1810 Nr. II) ist nach dem Tode des Fürsten Hardenberg (1822) nicht wieder besetzt.

[6]) Aeußeres, Inneres, Finanzen, Krieg u. Justiz.

[7]) § 78 d. W., Preußen Anm. 3 (S. 102).

[8]) § 91 d. W.

[9]) § 174.

[10]) § 115.

[11]) § 301.

[12]) V. v. 20. März 1817 (GS. 67), erg. V. v. 6. Jan. 1848 (GS. 15).

[13]) Die Aufhebung (1848) ist wieder rückgängig gemacht AE. v. 12. Jan. 1852 (MB. 21).

[14]) V. v. 1848 § 5.

[15]) Das. § 1 u. 2.

[16]) V. v. 1817 § 4 u. Dekl. v. 5. April 1817 (GS. 122).

§ 44.

c) Das **Staats-Ministerium** besteht aus dem Minister-Präsidenten, dessen Stellvertreter und den Staatsministern. Durch dasselbe soll die erforderliche Einheit der Verwaltung unter den selbstständig stehenden Ressortchefs hergestellt werden[17]. Demgemäß sind ihm überwiesen:

1. die Berathung der Gesetzentwürfe und Anordnungen von allgemeinem Interesse, der allgemeinen Verwaltungs-Uebersichten, Pläne und Etats;
2. die Entscheidung von Meinungsverschiedenheiten zwischen den Ministerien;
3. die Vorschläge wegen Anstellung der Ober- und Regierungs-Präsidenten sowie der Präsidenten der höheren Gerichte, der Direktoren, Oberforstmeister und der im gleichen Range stehenden Beamten[18].

Weiterhin wurden ihm übertragen:

4. die Befugniß zur Einleitung einer Regentschaft[19], zur Erklärung des Belagerungszustandes[20] und die Verantwortlichkeit bei Erlaß vorläufiger Verordnungen[21],
5. die Beantragung der Auflösung kommunaler Vertretungen[22],
6. die letztinstanzliche Entscheidung in Disciplinarsachen[23].

Unmittelbar unter dem Staatsministerium stehen:

1. der Disciplinarhof für nicht richterliche Beamte[23],
2. die Ober-Examinations-Kommission für die höheren Verwaltungsämter[24],
3. der Gerichtshof zur Entscheidung der Kompetenzkonflikte[25],
4. das Oberverwaltungsgericht[26],
5. der Gerichtshof für kirchliche Angelegenheiten[27].

Unter der oberen Leitung des Präsidiums des Staatsministeriums stehen

1. die General-Ordens-Kommission[28],
2. die Staatsarchive[29].

§ 45.

d) Das **Finanz-Ministerium** ist 1810 gebildet. Bei Errichtung des Handels-Ministeriums (1848) ging das Salz-, Berg- und Hütten- und das Handels-, Fabriken- und Bauwesen auf letzteres über; das Finanz-Ministerium erhielt dafür die im Jahre 1835 an das Ministerium des Königl. Hauses abgetretenen Domänen und Forsten zurück[30], die indeß später auf das landwirthschaftliche Ministerium übergegangen sind[31].

---

17) KO. v. 3. Juni 1814 (GS. 40) Abs. 1. — Abweichend im Reich § 19 d. W.
18) KO. v. 3. Nov. 1817 (GS. 289) VIII.
19) VU. Art. 57 u. 58; § 38 d. W.
20) S. § 248.
21) VU. Art. 63; S. § 36 Nr. 2 d. W.
22) § 74 Nr. 1.
23) § 62 (S. 72).
24) § 59 (S. 68).
25) § 167 d. W.
26) § 57.
27) § 292.
28) Anm. 98 (S. 42).
29) Anm. 17 (S. 344).
30) AE. v. 17. April 1848 (GS. 109).
31) AE. v. 7. Aug. 1878 (GS. 1879 S. 25) 1; G. v. 13. März 1879 (GS. 123).

Gegenwärtig zerfällt das Ministerium in 3 Abtheilungen:

1. Abtheilung für das Etats- und Kassenwesen, von welcher die General-Lotterie-Direktion[32]), die Münze zu Berlin, die amtliche Probiranstalt zu Frankfurt a. M.[33]) und die General-Direktion der allgemeinen Wittwen-Verpflegungsanstalt[34]) ressortiren;
2. Abtheilung für Verwaltung der direkten Steuern, unter der die Direktion für die Verwaltung der direkten Steuern zu Berlin steht[35]);
3. Abtheilung für Verwaltung der indirekten Steuern und Zölle. Unter dieser stehen die Provinzial-Steuer-Direktion zu Berlin[36]), das Haupt-Stempel-Magazin daselbst und die zur Kontrole der Zölle und Reichssteuern im Gebiet des Reichs bestellten preußischen Beamten[37]).

Unter Leitung des Finanzministers steht die General-Staats-Kasse[38]). Außerdem sind ihm die Seehandlung nebst dem Königl. Leihamt[39]) und die Hauptverwaltung der Staatsschulden[40]) untergeordnet, während die Rentenbanken zu seinem und des landwirthschaftlichen Ministers gemeinsamen Ressort gehören[41]).

§ 46.

e) Das **Ministerium des Innern** besteht gleichfalls seit 1810. Sein Wirkungskreis wurde durch Abzweigung des Kultusministeriums und durch Uebertragung der Landwirthschaft, Bau- und Gewerbe-Polizei auf das Handels-Ministerium wesentlich eingeschränkt[42]). Ein Theil der Gewerbe-Polizei, bei dem das polizeiliche gegen das gewerbliche Interesse überwiegt, ist indeß dem Ministerium des Innern wieder zurückgegeben[43]).

Unter dem Ministerium des Innern stehen die statistische Central-Kommission[44]) und das statistische Bureau[45]) mit dem meteorologischen Institut, das Polizei-Präsidium zu Berlin[46]) und das Domkapitel zu Brandenburg[47]).

---

32) § 127 d. W.

33) S. § 362. — Das Münzwesen ist durch AE. v. 3. Jan. 1859 (GS. 8) auf das FinMin. übergegangen.

34) § 70 (S. 78) d. W.

35) Anm. 45 (S. 59).

36) § 147 (Anm. 15) das.

37) § 146 (Anm. 11) das.

38) KO. v. 3. Nov. 1817 Nr. I 1.

39) § 116 d. W.

40) § 124.

41) § 331.

42) § 47 u. 48. — Von 1814—1819 bestand ein besonderes Min. d. Polizei. Von 1830—1842 führte das M. d. J. d. Bezeichnung: „M. d. J. u. d. Polizei“.

43) Gewerbe der Presse, der Unternehmer v. Fecht- u. Tanzschulen, v. Turn- u. Badeanstalten; der Pfandleiher; der an öffentlichen Orten ihre Dienste anbietenden Gewerbetreibenden; des Kleinhandels mit Getränken, der Gast- und Schankwirthschaft, der Schauspieler, Schausteller u. Musiker, auch beim Betriebe im Umherziehen. AE. v. 17. März 1852 (GS. 83) u. v. 30. Juni 1858 (GS. 501).

44) AE. v. 21. Feb. 1870 (MB. 89). — Die Komm. soll d. einheitliche Zusammenwirken aller Zweige der Staatsverwaltung auf d. Gebiete der Statistik herbeiführen.

45) AE. v. 10. Juli 1848 (GS. 336). — Veröffentlichungen CR. v. 5. Feb. 1863 (MB. 25).

46) § 222 d. W.

47) Anm. 44b (S. 321).

§ 47.

f) Das **Ministerium der geistlichen, Unterrichts- und Medizinalangelegenheiten** (Kultus-Ministerium) wurde von dem Ministerium des Innern abgezweigt[48]). Die Befugniß des Kultusministers zu reglementarischer Regelung gewisser Gegenstände der Unterrichts- und Medizinalverwaltung erstreckt sich auch über die neuen Provinzen[49]). Die Angelegenheiten der evangelischen Landeskirche in den älteren Provinzen sind auf den Ober-Kirchenrath und die Konsistorien übergegangen[50]). Dagegen ist mit Rücksicht auf die Trennung des Ministeriums für Handel und Gewerbe von dem für öffentliche Arbeiten das technische Schulwesen mit Ausschluß der Navigationsschulen dem Kultus-Ministerium übertragen[51]).

Das Ministerium zerfällt in drei Abtheilungen[52]):

1. für die geistlichen,
2. für die Unterrichts-,
3. für die Medizinal-Angelegenheiten.

Unter dem Ministerium stehen die wissenschaftlichen und Kunstanstalten[53]), die Universitäten, technischen Hoch- und Provinzialgewerbe-Schulen[54]), die Turnlehrer-Bildungsanstalt, die schulwissenschaftlichen und medizinischen Prüfungs-Kommissionen, die wissenschaftliche Deputation für das Medizinalwesen und die Charité zu Berlin[55]).

§ 48.

g) **Ministerium für Handel und Gewerbe.** Durch Abzweigung von dem Min. des Innern wurde ein Min. für Handel, Gewerbe und öffentliche Arbeiten begründet[56]). Ihm wurde außer dem später auf das Reich übergegangenen Postdepartement und den Geschäften des Handelsamtes vom Finanz-Ministerium das Salz-, Berg- und Hüttenwesen nebst dem Handels-, Fabriken- und Bauwesen und vom Ministerium des Innern die Landwirthschaft, die Bau- und ein Theil der Gewerbepolizei[57]) überwiesen. Von demselben wurden nach einander die Ministerien der Landwirthschaft und der öffentlichen Arbeiten abgezweigt[58]); zugleich ging das technische Schulwesen bis auf die Navigationsschulen auf das Kultus-Ministerium über[51]).

[48]) AE. v. 3. Nov. 1817 (GS. 289) Nr. III. — Uebergang der ges. Medizinalverw. einschließlich der Medizinalpolizei AE. v. 22. Juni 1849 (GS. 335). — Die Veterinärverw. ist später dem landw. Min. übertragen Anm. 68.

[49]) V. v. 13. Mai 1867 (GS. 667).

[50]) V. v. 5. Sept. 1877 (GS. 215) Art. I; vgl. § 301 d. W.

[51]) AE. v. 14. Okt. 1878 (GS. 1879 S. 26). — Für das technische Unterrichtswesen ist eine ständige Kommission bestellt.

[52]) Die besondere katholische Abth. ist aufgehoben AE. v. 8. Juli 1871 (GS. 293).

[53]) § 311 d. W.

[54]) S. § 309 u. 355.

[55]) § 263 u. 274.

[56]) AE. v. 17. April 1848 (GS. 109) I.

[57]) Anm. 43.

[58]) Anm. 63 u. 67.

Dem Min. verblieben hiernach nur Handel und Gewerbe. Dazu gehören die Privatbankinstitute, die Schiffahrt, Rhederei und das Lootsenwesen[59]).

Unter demselben stehen die technische Deputation für Gewerbe[60]), die Eichungsbehörden[61]) und die Navigationsschulen[62]).

§ 49.

h) Das **Ministerium für die öffentlichen Arbeiten** ist vom früheren Handels-Ministerium abgezweigt[63]) und umfaßt 4 Abtheilungen:

1. Abtheilung für Berg-, Hütten- u. Salinenwesen, unter der die geologische Landesanstalt, die Berg-Akademie u. die Oberbergämter stehen[64]),
2. Abtheilung für Verwaltung der Staatseisenbahnen, deren Organe die Königl. Eisenbahn-Direktionen sind[65]),
3. Abtheilung für Verwaltung des Bauwesens, von der die Akademie des Bauwesens und die Prüfungskommissionen ressortiren[66]),
4. Abtheilung für die Staatsaufsicht über Privatbahnen. Ihre Organe sind die Königl. Eisenbahn-Kommissariate[65]).

§ 50.

i) Das **Ministerium für Landwirthschaft, Domänen und Forsten** ist von dem früheren Handels-Ministerium abgezweigt[67]) und seitdem fortgesetzt erweitert[68]), insbesondere durch Ueberweisung der früher vom Finanz-Ministerium bearbeiteten Domänen und Forsten[69]).

Das Ministerium zerfällt in drei Abtheilungen:

1. für landwirthschaftliche und Gestüt-Angelegenheiten;
2. für Domänen;
3. für Forst- und Jagdsachen.

Zum Ressort der ersten Abtheilung gehören das Landes-Oekonomie-Kollegium[70]), das Ober-Landes-Kulturgericht[71]), die Central-Moor-Kommission[72]), die landschaftlichen Kreditinstitute[73]), die landwirthschaftlichen

---

[59]) In Deichsachen ist d. landw. Minister zuständig, bei konkurrirendem Schiffahrts- oder Strompolizeiinteresse unter Hinzutritt des Handels-Min. AE. v. 26. Nov. 1849 (GS. 1850 S. 3).

[60]) § 349 d. W.

[61]) § 361 (S. 425).

[62]) § 365 (S. 433).

[63]) AE. v. 7. Aug. 1878 (GS. 1879 S. 25) Nr. 2, 3 u. G. v. 13. März 1879 (GS. 123).

[64]) § 322 d. W.

[65]) S. § 372.

[66]) S. § 275—277.

[67]) AE. v. 25. Juni 1848 (GS. 159).

[68]) Demselben wurden überwiesen das Gestütwesen AE. v. 11. Aug. 1848 (GS. 228); die Deichsachen (Anm. 59); die Jagdpolizei G. v. 7. März 1850 (GS. 165) § 31; die Rentenbanken, die zugleich unter dem FinMin. stehen (§ 45 d. W.); das Thierheil-(Veterinär-)Wesen AE. v. 27. April 1872 (GS. 594) u. d. landw. Kreditwesen AE. vom 10. Sept. 1874 (GS. 310) u. v. 13. Aug. 1876 (GS. 397).

[69]) AE. v. 7. Aug. 1878 (GS. 1879 S. 25) 1; G. v. 13. März 1879 (GS. 123).

[70]) § 328 d. W.

[71]) § 333.

[72]) § 334.

[73]) § 335.

Lehranstalten[70]), die technische Deputation für das Veterinärwesen nebst der Thierarzneischule zu Berlin[74]) und die Landgestüte[75]).

Zum Ressort der 3. Abtheilung gehören die Examinations-Kommissionen für Oberförster und für Forst-Assessoren und die Forstakademien[76]).

2. Provinzial-, Bezirks- und Kreisbehörden.

§ 51.

a) **Verwaltungsorganisation, Verwaltungsbezirke.** Die neueste Verwaltungsgesetzgebung verfolgt drei Ziele:

1. Ausdehnung der Selbstverwaltung;
2. Einführung von Rechtskontrolen in die Verwaltung;
3. Decentralisation und in Verbindung damit Heranziehung der Laien zu den Geschäften der Staatsverwaltung.

Diesen Zielen entsprechend hat sie folgende Wege eingeschlagen:

1. Neugestaltung der Selbstverwaltungskörper in Kreis und Provinz;
2. Ordnung der Verwaltungsgerichtsbarkeit;
3. Veränderte Organisation der allgemeinen Landesverwaltung.

Die Organisation der Landesverwaltung[1]) — die an dieser Stelle in Betracht kommt[2]) — ist auf das ganze Staatsgebiet berechnet, thatsächlich jedoch erst in der Hälfte desselben zur Durchführung gelangt. Sie gilt in den Provinzen Ost- und Westpreußen, Brandenburg, Pommern, Schlesien und Sachsen (Kreisordnungsprovinzen), und theilweise in Hohenzollern, während in den sechs übrigen Provinzen bis zu der vorbehaltenen Einführung einer neuen Kreis- und Provinzial-Ordnung noch die älteren Vorschriften zur Anwendung kommen[3]). Die Organisation beschränkt sich ferner auf die allgemeine s. g. innere Verwaltung[4]) und betrifft auch in dieser Begrenzung zunächst nur die Mittelbehörden[5]). Als solche hat sie in dem Ober-Präsidenten, Regierungs-Präsidenten und Landrath drei selbstständige instanz-

---

[74]) § 343 d. W.

[75]) § 342.

[76]) § 120.

[1]) OrganG. v. 26. Juli 1880 (GS. 291) § 1—62, 82—91 (der übrige Theil des G. betrifft das Verfahren § 55 u. die Polizeiverwaltung § 228—231 d. W.). — Kommentare v. Brauchitsch u. Pfafferot (Berlin 1881).

[2]) Selbstverwaltung s. § 71, Verwaltungsgerichtsbarkeit § 57 d. W.

[3]) OG. § 88 u. 89.

[4]) Das. § 3. Besondere Staatsbehörden bilden daneben die Militärbehörden (§ 91, 92); die Behörden der indirekten Steuerverwaltung (§ 147); die Justizbehörden u. Gerichte (§ 173—189); die Kirchenbehörden (§ 297 u. 301); die Schulbehörden (§ 304); die Bergbehörden (§ 322); die landw. Behörden (§ 333) u. die Eisenbahnbehörden (§ 372). — Ueber Reichsbehörden s. § 17—19.

[5]) Die Central- und Lokalbehörden werden nur mittelbar berührt, erstere durch die mit der Organisation verbundene Decentralisation von Einzelheiten der laufenden Verwaltung entlastet.

mäßige Behörden übereinandergestellt, denen im Provinzialrath, Bezirksrath und Kreisausschuß Kollegien mit Laienmitgliedern (Beschlußbehörden) zur Seite treten[6]). Der Ober-Präsident, bislang zugleich Präsident der an seinem Amtssitz befindlichen Regierung ist von der Verbindung mit derselben losgelöst[7]), während gleichzeitig der früher wesentlich als Organ der Regierung wirkende Landrath zu selbstständiger Bedeutung gelangt ist[8]). Die größte Umgestaltung hat indeß die Bezirksbehörde erfahren. Für die kollegiale Verfassung der Regierungen[9]) war nach Einführung des gleichfalls kollegialen Bezirksraths kein Platz mehr vorhanden; die innere Verwaltung wird deßhalb an Stelle der dafür bestandenen Regierungsabtheilung unter persönlicher Verantwortung vom Regierungspräsidenten geführt[10]).

In Betreff der Verwaltungsbezirke liegt der Organisation die seitherige Eintheilung des Staats in Provinzen, Regierungsbezirke, Kreise und Gemeinden zu Grunde. Neben den 12 Provinzen bestehen als besondere Bezirke der Stadtkreis Berlin und der Reg.-Bezirk Sigmaringen[11]). Die

---

[6]) OG. § 4. — Die Bedeutung einheitlichen Zusammenwirkens der Laien u. Beamten findet sich in des Verfassers „Reorganisation der Verwaltung" (Berlin b. Springer 1871) S. 66 u. 68 näher entwickelt.

[7]) OG. § 16. — Vgl. V. v. 30. April 1815 (GS. 85) § 4 u. 32.

[8]) OG. § 3; vgl. § 54 d. W.

[9]) Nach der Art der Besetzung der Behörden scheiden sich zwei Systeme. Im Büreausystem (bei vorzugsweiser Ausbildung in Frankreich auch Präfektursystem genannt), gipfelt die Behörde in einem einzelnen Beamten, der für ihre Maßregeln allein verantwortlich ist. Im Kollegialsystem besteht die Behörde aus mehreren Beamten, die nur durch Mehrheitsbeschluß entscheiden können. Das erstere System ermöglicht eine kraftvolle und schöpferische Initiative, eine rasche Durchführung und eine wirkungsvolle Verantwortlichkeit, während bei letzterem eine vielseitigere und umfassendere Beurtheilung erreicht werden kann. — Die ältere preußische Gesetzgebung suchte beide Vorzüge dadurch zu vereinigen, daß sie den büreaumäßig eingerichteten oberen und unteren Behörden in der die Mittelinstanz bildenden kollegialen Regierung ein Gegengewicht gab.

[10]) OG. § 3 u. 16.

[11]) Das. § 1 u. 2.

Aeltere Provinzen. V. v. 30. April 1815, § 1. Die Vereinigung der Prov. Ost- und Westpreußen (1820) ist wieder aufgehoben G. v. 19. März 1877 (GS. 107). Dagegen bildet die aus Vereinigung der Prov. Ober- und Niederrhein hervorgegangene Rheinprovinz noch jetzt eine Prov., der inzwischen d. Fürstenth. Lichtenberg (Kreis St. Wendel KO. v. 25. März 1835, GS. 43) und d. Oberamt (jetzt Kreis) Meisenheim (G. v. 24. Feb. 1872 GS. 171) hinzugetreten sind. — Ausscheiden des Stadtkr. Berlin aus d. Verbande der Prov. Brandenburg ProvO. v. 29. Juni 1875 (GS. 1881 S. 234) § 2; desgl. aus der Verwaltung derselben OG. § 1. — RegBez. Sigmaringen (Hohenzollern) V. v. 7. Jan. 1852 (GS. 35) § 1.

Neue Provinzen: Schl.-Holstein AE. v. 20. Juni 1868 (GS. 620), Anschl. v. Lauenburg G. v. 23. Juni 1876 (GS. 169) § 5. — Hannover Anschl. d. Jadegebiets G. v. 23. März 1873 (GS. 107); Vereinigung der früheren Berghauptmannschaft Klausthal mit d. Landdrosteibez. Hildesheim V. v. 17. Juni 1868 (GS. 671); vgl. Anm. 29. — Hessen-Nassau V. v. 22. Feb. 1867 (GS. 273) § 1, 2, 10 u. AE. v. 7. Dez. 1868 (GS. 1056).

Die Reihenfolge für die Aufführung der Provinzen ist — wie nachfolgende Uebersicht ergiebt — festgestellt. AE. v. 4. Sept. 1869 (MB. 233).

Eintheilung in **Regierungsbezirke** (zur Zeit 35), besteht abgesehen von Berlin für den ganzen Staat[11]). Gleiches gilt von der Eintheilung in **Kreise**[12]). Die größeren Städte bilden **Stadtkreise** neben den Landkreisen. In den Kreisordnungsprovinzen können alle Städte, die mit Ausschluß der aktiven Militärpersonen mehr als 25000 Einwohner haben — ausnahmsweise auf Grund königlicher Verordnung auch kleinere Städte — aus dem Kreisverbande ausscheiden[13]). Die Provinzen (in Hessen-Nassau und Hohenzollern die Bezirke)

Uebersicht der Verwaltungs-Bezirke:

Nr	Provinz	Größe qkm (ohne Haff- und Küstengewässer; Aufstellung 1880/81)	Einwohnerzahl (1. Dez. 1880)	Regierungs (Landdrostei)-Bezirke (Die groß gedruckten Orte sind zugleich Sitz des Oberpräsidenten)	Zahl der Land- u. Stadt-Kreise	Stadtkreise.
1	Ostpreußen	36 978	1 930 498	**Königsberg**, Gumbinnen	36	Königsberg.
2	Westpreußen	25 503	1 403 498	**Danzig**, Marienwerder	23	Danzig, Elbing.
3	Brandenburg (außer Berlin)	39 838	2 261 175	**Potsdam**, Frankfurt	35	Charlottenburg, Potsdam, Brandenburg, Frankfurt a/O.
4	Pommern	30 107	1 538 454	**Stettin**, Köslin, Stralsund	30	Stettin, Stralsund.
5	Posen	28 954	1 700 943	**Posen**, Bromberg	28	Posen, Bromberg.
6	Schlesien	40 291	4 003 223	**Breslau**, Liegnitz, Oppeln	64	Breslau, Liegnitz, Görlitz.
7	Sachsen	25 244	2 311 067	**Magdeburg**, Merseburg, Erfurt	42	Magdeburg, Erfurt, Halle.
8	Schlesw.-Holstein	18 841	1 124 862	**Schleswig**	21	Altona.
9	Hannover	38 425	2 117 629	**Hannover**, Hildesheim, Lüneburg, Stade, Osnabrück, Aurich	37	Hannover.
10	Westfalen	20 200	2 042 672	**Münster**, Minden, Arnsberg	38	Münster, Bielefeld, Bochum, Dortmund.
11	Hessen-Nassau	15 692	1 553 344	**Kassel**, Wiesbaden	35	Kassel, Frankfurt a/M., Wiesbaden.
12	Rheinprovinz	26 980	4 073 738	**Koblenz**, Düsseldorf, Köln, Trier, Aachen	69	Barmen, Krefeld, Düsseldorf, Duisburg, Elberfeld, Essen, Köln, Trier, Aachen.
13	Hohenzollern (R.-Bez.)	1 143	67 579	Sigmaringen	4	
14	Berlin (Stadtkreis)	61	1 122 385	Berlin	1	Berlin.
		348 257	27 251 067*)		463	

*) Die Zunahme seit der letzten Zählung (1875) betrug 5,8 pCt., jährlich also etwas über 1 pCt.

12) V. v. 30. April 1815 § 35 u. 36. — Kreiseintheilung in Schl.-Holstein V. v. 22. Sept. 1867 (GS. 1587) § 1, Kr. Lauenburg G. v. 23. Juni 1876 (GS. 169) § 6; — Hannover V. v. 12. Sept. 1867 (GS. 1497) § 5, OG. § 2; — RB. Wiesbaden V. v. 22. Feb. 1867 (GS. 273) § 4, verb. Anm. 52. Im RB. Kassel sind die früheren Kreise beibehalten § 3 das. — In Hohenzollern heißen die Kreise Oberämter V. v. 7. Jan. 1852, §2.

13) KrO. v. 13. Dez. 1872 (GS. 1881 S. 180) § 4 u. 5. — Neben den Stadtkreisen (Anm. 11) hatten (1880) über 25000 Einw.:

a) i. d. Kreisordnungsprov.: Spandau, Guben, Kottbus, Königshütte, Halberstadt und Nordhausen.

b) i. d. übrigen Prov.: Kiel, Flensburg, Osnabrück, Hildesheim, Hagen, München-Gladbach, Remscheid, Bonn u. Koblenz.

und die Kreise bilden zugleich Kommunalverbände und können als solche nur durch Gesetz geändert werden[14])

Bei dieser Eintheilung ist dem geschichtlichen Entwickelungsgang sehr eingehende Berücksichtigung zu Theil geworden, mehrfach auf Kosten der thatsächlichen Bedürfnisse. Die ungleichmäßige und theilweise zweckwidrige Abgrenzung mancher Bezirke hat bislang nur in wenigen Fällen Abhülfe erfahren[15]). Einzelne Theile der Provinzen liegen noch jetzt als Enklaven im Bereich anderer, ein Denkmal vormaliger deutscher Zerrissenheit. Auf einzelnen Verwaltungsgebieten hat das praktische Bedürfniß diese Fesseln gesprengt, dadurch aber eine Mannigfaltigkeit erzeugt, die die Verwaltung erheblich erschwert und verwickelt[16]). Eine mehr einheitliche Gliederung, die allen oder doch nahezu allen Verwaltungszwecken sich anpaßt, erscheint im Interesse der Staats- wie der Selbstverwaltung, dringend wünschenswerth.

§ 52.

b) **Ober-Präsident und Provinzialrath.** Die staatliche Verwaltung der Provinz führt der Ober-Präsident[17]), dem die erforderlichen Hülfsarbeiter und unter diesen im Gebiet der Kreis-Ordnung ein Ober-Präsidialrath als ständiger Vertreter zur Seite stehen[18]). Die Stellung des Ober-Präsidenten ist eine dreifache:

1. er vertritt die obersten Staatsbehörden in besonderm Auftrage und bei außerordentlichem Anlaß, insbesondere im Kriegsfall und bei Gefahr im Verzuge[19]);
2. er verwaltet unmittelbar die über den Bereich einer Regierung hinaus oder über die ganze Provinz sich erstreckenden Angelegenheiten, Anlagen und Anstalten[20]), die ständischen (Provinziallandtags-) Sachen[21]), die das Armeekorps betreffenden Militärsachen[22]), die Rechte des Staats gegen-

---

[14]) § 75 (S. 94) u. 76 (S. 98) d. W.

[15]) Theilung der Prov. Preußen (Anm. 11) u. Theilung einzelner übergroßer Kreise (Beuthen, Köslin u. Sternberg 1873, Konitz 1875). — Bedeutung mäßig ausgedehnter Kreise für die Staats- wie für die Selbstverwaltung S. 50—58 der Anm. 6 erwähnten Schrift.

[16]) So gehört Kr. Rinteln (Grafsch. Schaumburg) in der allgemeinen Verwaltung zu Hess.-Nassau, in der Justiz u. der Militärverwaltung zu Hannover u. in der indirekten Steuer- u. Postverwaltung zu Westfalen.

[17]) Instr. v. 31. Dez. 1825 (GS. 1826 S. 1); Verhältniß zum Minister. § 12, 13; Vorsitz im Provinzialschul- u. Medizinal-Kollegium § 3. — Mitgliedschaft im Staatsrath § 43 d. W. — Der OPr. der Prov. Brandenburg ist zugleich OPr. f. Berlin OG. § 34. — In Hohenzollern, das nur in Militärsachen dem OPr. der Rheinprov- unterstellt ist, werden übrigens die ObPräs.-geschäfte von dem RegPr. u. den zuständigen Ministern wahrgenommen. V. v. 7. Jan. 1852 (GS. 35) § 1, 5 u. 7 u. OG. § 5 u. 17.

[18]) Das. § 8 u. 9. Die ObPräsidialräthe haben Rang der ObRegierungsräthe. AE. v. 11. April 1881 (GS. 281).

[19]) Instr. § 1 III u. § 11 2 u. 3.

[20]) Das. § 1 I u. § 2 2—4. — Strombauverwaltung § 364 (S. 430) d. W.

[21]) Instr. § 2 I, KO. v. 31. Dez. 1825 (GS. 1826 S. 5) D II 1. u. im Geb. der KrO.: ProvO. v. 29. Juni 1875 (GS. 1881 S. 234) § 20, 26 u. 114.

[22]) Instr. § 2 5; Militärverwaltung § 9; Civilversorgung § 10. — In Er-

über der katholischen Kirche[23]) und einzelne ihm besonders zugewiesene Gegenstände[24]);

3. er hat die allgemeine Aufsicht über die Behörden der Provinz[25]). Im Gebiet der Kreis-Ordnung nimmt dieselbe in Bezug auf den Regierungspräsidenten einen bestimmten Charakter an, indem der Oberpräsident, der wie erwähnt von der früheren Verbindung mit der Regierung losgelöst ist, zur ordentlichen Beschwerdeinstanz geworden ist[26]).

Dem Ober-Präsidenten steht im Gebiet der Kreis-Ordnung der Provinzialrath zur Seite, der neben der unmittelbaren Mitwirkung bei einigen wichtigeren, die ganze Provinz betreffenden Angelegenheiten über Beschwerden gegen Beschlüsse des Bezirksraths zu entscheiden hat[27]). Er besteht aus dem Ober-Präsidenten als Vorsitzendem, einem höheren Verwaltungsbeamten und fünf vom Provinzialausschuß gewählten Mitgliedern. Die Wahl erfolgt auf 6 Jahre; alle 3 Jahre scheidet die Hälfte aus. Für alle Mitglieder werden Stellvertreter bestellt bezw. gewählt[28]).

§ 53.

c) **Bezirksregierung, Regierungs-Präsident, Bezirksrath.** Die 1723 aus der Vereinigung der Kriegs-Kommissariate mit den Amtskammern hervorgegangenen Kriegs- und Domänenkammern waren 1808 unter Beibehaltung des Kollegialsystems zu Bezirks-Regierungen erweitert. Die ihnen nach Wiederaufrichtung des Staates verliehene Verfassung hat sich erhalten, und abgesehen von Hannover auch in die neuen Provinzen Eingang gefunden[29]).

---

satzangelegenheiten bildet der OPr. mit dem kommandirenden General die dritte Instanz. S. § 86 d. W.

[23]) Instr. § 2[6]. Diese Rechte (Konsist.-Instr. v. 23. Okt. 1817 GS. 237 § 3, 4 u. V. v. 27. Juni 1845 GS. 443 § 1 u. 2) sind durch die der Kirche in dem (später aufgehobenen) Art. 15 der VU. gewährte Selbstständigkeit wesentlich eingeschränkt. Anderseits sind in der jüngsten Kirchengesetzgebung neue, auch der evangelischen Kirche gegenüber wirksame Aufsichtsrechte hinzugetreten. S. § 291 u. 292 d. W., insbes. Anm. 29.

[24]) Genehmigung zu Apotheken Instr. § 11[4b], zu gemeinnützigen Anstalten § 11[4d], zu Sparkassen Regl. v. 12. Dez. 1838 (GS. 1839 S. 5) § 2, 19 u. 20 (im Geb. der KrO. ZustG. § 152), zu gemeinsamen Wittwen-, Sterbe- u. Aussteuerkassen KO. v. 29. Sept. 1833 (GS. 121) u. StGB. § 360[9], zu Synagogenstatuten G. v. 23. Juli 1847 (GS. 263) § 50, zu Kollekten innerhalb der Provinz außer Kirchenkollekten Instr. § 11[4e], desgl. zu Ausspielungen AE. v. 2. Nov. 1868 (GS. 991). — Ernennung der Amtsvorsteher KrO. v. 13. Dez. 1872 (GS. 1881 S. 180) § 56 u. der Standesbeamten Bek. v. 1. Dez. 1875 (MB. 275). — Polizeiverordnungsrecht § 229 d. W.

[25]) Instr. § 1[II], § 3–8 u. § 11[1].

[26]) OG. § 41, 63 u. 66.

[27]) Das. § 4 u. 55. Zuständigkeit vgl. Anm. 61. — Verfahren u. Geschäftsgang § 55 d. W.

[28]) Das. § 10—14. — Berlin § 36. — Hohenzollern § 5.

[29]) Regierungs-Instr. v. 23. Okt. 1817 (GS. 248), erg. KO. v. 31. Dez. 1825 (GS. 1826 S. 5) u. GeschAnw. v. dems. Tage (KA. IX 821). — Einf. in Hohenzollern V. v. 7. Jan. 1852 (GS. 35) § 6—8, in Schl.-Holstein AE. v. 20. Juni 1868 (GS. 620), in Hess.-Nassau V. v. 22. Feb. 1867 (GS. 273) § 1, 2, 5 u. 6. — In Hannover, wo für Verw. des Innern die Landdrosteien (Han.

Ihr Wirkungskreis umfaßt alle inneren Landesangelegenheiten, die eine territoriale Verwaltung zulassen und nicht besonderen Behörden vorbehalten sind[30]. Die Bearbeitung erfolgt der Regel nach in drei Abtheilungen[31]:

1. Abtheilung des Innern für Hoheits-, Militär-, Kommunal-, Polizei-, Gesundheits-, Bau-, Armen-, landwirthschaftliche, Gewerbe-, Verkehrs-, Juden-, Dissidenten- und statistische Sachen[32];
2. Abtheilung für Kirchen- und Schulsachen[33];
3. Abtheilung für direkte Steuern, Domänen und Forsten[34].

Der gemeinschaftlichen Bearbeitung und Beschlußnahme (Plenum) unter Leitung des Präsidenten unterliegen die Berathungen über Gesetze, allgemeine Einrichtungen und Grundsätze[35], die Kassensachen[36] und Disciplinarsachen[37]. Der Geschäftsgang ist in Plenar- wie in Abtheilungssachen kollegialisch[38]. Den Regierungsmitgliedern liegt eine über die Vorschriften des Privatrechts hinausreichende Verantwortlichkeit ob[39]. Zu denselben gehören nächst dem Regierungs-Präsidenten[40], die Abtheilungsdirigenten (Ober-Regierungsräthe)[41], die Regierungsräthe und Assessoren[42] und die technischen Mitglieder[43].

LanddrO. v. 25. Sept. 1852 Han. GS. I 347), für Kirchen- und Schulsachen die Konsistorien u. für dir. Steuern Domänen und Forsten die Finanzdirektion (V. v. 5. April 1869 GS. 511) zuständig sind, steht die Einrichtung der Regierungen noch bevor. OG. § 2 u. 24—26.

[30]) RI. § 1 verb. Anm. 4. Die theilweise den Regierungen übertragen gewesene Verw. der indir. Steuern ist auf die Prov.Steuer-Direktionen (§ 147 d. W.) u. die der Gemeinheitstheilungen und Ablösungen auf die Gener.-Kommissionen (§ 333 d. W.) übergegangen. — Allgemeine Befugnisse und Obliegenheiten der Regierungen RI. § 6—16 u. GeschA. II A. Subalternpersonal KO. v. 1825. D IX.

[31]) RI. § 4 u. 5. Vgl. Anm. 45.

[32]) RI. § 2 [1—5, 7—12], § 3 [2, 3 u. 4], § 17, 19 u. 21 [9 u. 13] nebst KO. v. 1825 D II 1 u. Gesch.Anw. II B. — Bezirksstatistiken CR. v. 11. Dez. 1859 (MB. 325).

[33]) RI. § 2 [6], 18 u. 19 u. KO. v. 1825 D II 2. — Der evangelischen Kirche gegenüber hat die Regierung nach Uebergang der Vermögensverwaltung auf die Konsistorien (Anm. 24 S. 326) nur Aufsichtsrechte auszuüben u. auch von diesen ist ein Theil auf den Reg.Präs. übergegangen (Anm. 24 S. 326). — Im Schulwesen stehen nur die Elementar-, Bürger- und Privatschulen unter den Reg., die höheren dagegen unter den Prov.-Schul-Kollegien (§ 304 d. W.)

[34]) RI. § 3 [1], 20, 21; KO. D II 3 u. GeschA. II C u. D.

[35]) RI. § 5 u. KO. D VI.

[36]) RI. § 3 [5, 6] § 20, 21 u. 45; KO. D II 5 u. GeschA. II E. Vgl. § 114 (S. 143) d. W. — Die Reg. ist zugleich Hinterlegungsstelle § 217 d. W.

[37]) G. v. 21. Juli 1852 (GS. 465) § 31. — Vgl. § 62 d. W.

[38]) RI. § 22—33, KO. D V, VII u. VIII u. GeschA. III u. IV Abs. 2—7.

[39]) RI. § 34—36, GeschA. III, IV Abs. 9. — Vergl. Anm. 28 (S. 79). — Verhalten der Reg.beamten RI. § 38 u. KO. v. 1825 D X.

[40]) RI. § 39 u. 40, KO. D I, V u. GeschA. III u. IV Abs. 10.

[41]) RI. § 41, KO. D III.

[42]) RI. § 42. — Voraussetzung ist Befähigung für die höhere Verwaltung (§ 59 S. 68 d. W.) und in Betreff der als Rechtsberather der Regierungen angestellten Justitiarien (RI. § 44) richterliche Qualifikation (§ 184 d. W.)

[43]) Hierzu gehören die als Mitdirigenten der Finanzabtheilungen angestellten Oberforstmeister und die Forstmeister RI. § 43, KO. D II 3, GeschA. II D Abs. 1 u. Erl. v. 18. Sept. 1850 (GS. 489); die geistlichen u. Schulräthe RI. § 46 u. V. v. 27. Juni 1845 (GS. 440) § 7; die Medizinalräthe RI. § 47 u. Instr. v. 23. Okt. 1817 (GS. 245) § 5 u. die Bauräthe RI. § 48.

Im Gebiet der Kreis-Ordnung sind die Verwaltungsangelegenheiten der Abtheilung des Innern zur bureaumäßigen Bearbeitung auf den Regierungs-Präsidenten übergegangen [44]). Die Regierungen sind damit auf die zu 2 und 3 bezeichneten Gegenstände beschränkt, die in der Regel in zwei Abtheilungen bearbeitet werden [45]). Die Stellung des Regierungs-Präsidenten ist hier eine doppelte. Er ist Vorsitzender der Regierung und außerdem eignes Organ für die Angelegenheiten der Verwaltung des Innern [46]). Für letztern Zweck ist ihm ein Stellvertreter (Oberregierungsrath) nebst den erforderlichen Hülfsarbeitern zugetheilt, welche zugleich an der Regierung beschäftigt werden und an den Plenarberathungen derselben Theil nehmen können [47]). Um ferner in der Bezirksinstanz die nöthige Einheit zu erhalten, ist dem Regierungs-Präsidenten die Befugniß beigelegt, Beschlüsse der Regierung außer Kraft zu setzen und in eiligen Sachen unter persönlicher Verantwortung selbst zu verfügen [48]).

Dem Regierungs-Präsidenten steht in den Kreisordnungsprovinzen der Bezirksrath zur Seite, der unter seinem Vorsitz aus einem höheren Verwaltungsbeamten und vier vom Provinzialausschuß gewählten Mitgliedern besteht. Die Wahl erfolgt ähnlich wie zum Provinzialrath. Für alle Mitglieder werden Stellvertreter gewählt bez. bestellt [49]).

§ 54.

d) **Landrath, Kreis- und Stadtausschuß.** Das Institut der Landräthe reicht in der Mark Brandenburg bis in das 16. Jahrhundert zurück. Ursprünglich rein ständische Organe wurden sie gegen Ende des 17. Jahrhunderts mit Geschäften der allgemeinen Landesverwaltung betraut. Diese Geschäfte haben bei fortgesetzter Ausdehnung der Staatsthätigkeit derartig zugenommen, daß die Landräthe dadurch zu Staatsbeamten geworden sind. Als Reminiscenz an den ständischen Ursprung ist

---

[44]) OG. § 3 u. 17; Wegfall der am Amtssitze des OPräs. bestandenen Vice-Präsidenten § 16; Ausf.Vf. v. 10. Feb. 1881 (MB. 157) I u. III.

[45]) OG. § 20—22. Bei den Reg. zu Stralsund, Sigmaringen u. demnächst nach Bedarf i. d. Prov. Hannover soll nur eine Abtheilung bestehen, deren Mitglieder zugleich als Hülfsarbeiter des Reg.-Präs. fungiren das. u. § 24. In Danzig u. Erfurt leitet der dem Reg.Präs. beigegebene Ob.Reg.Rath zugleich die Kirchen- u. Schulabtheilung Ausf Vf. VI u. dasselbe wird bei den auch jetzt mit nur 2 Abtheilungen versehenen rheinisch-westfälischen Regierungen (außer Düsseldorf) beabsichtigt. — In Berlin werden die Kirchen- u. Schulsachen, die Invaliden-, Pensions- u. Unterstützungs-, sowie die Wittwen- u. Waisensachen vom Pol.-Präs., die dir. Steuern von einer besonderen Direktion u. die übrigen dem Reg.-Präs. zugewiesenen Gegenstände insbesondere im Disciplinarverfahren vom OPräs. bearbeitet. OG. § 35, 37—40, ZustG. § 170³, V. v. 5. Sept. 1877 (GS. 215) Art. IV u. v. 26. Jan. 1881 (GS. 14).

[46]) Polizeiverordnungsrecht § 229 d. W.; Zwangsbefugnisse § 230 d. W.; Wahrnehmung staatlicher Rechte in Betr. der kathol. Kirche Anm. 13 (S. 324), der evang. Landeskirche Anm. 24 (S. 326).

[47]) OG. § 18, 19, verb. § 8, 51 u. 82 nebst Ausf.Vf. II u. IV.

[48]) Das. § 23, Ausf.V. V. — Vgl. KO. v. 1825 D VII.

[49]) OG. § 27, für Berlin § 36, ZustG. § 170; für Hohenzollern OG. § 28. —

es anzusehen, wenn im Gebiet der Kreis-Ordnung die Kreisversammlung bei Besetzung der Landrathsämter Gutsbesitzer und Amtsvorsteher des Kreises in Vorschlag bringen darf[50]) und unter Bestätigung des Ober-Präsidenten zwei Kreisdeputirte als Stellvertreter des Landraths zu wählen hat[51]).

Die Einrichtung ist im Laufe der Zeit auf die später erworbenen Landestheile übertragen und auch in die neuen Provinzen, mit Ausnahme von Hannover, eingeführt[52]). Befähigt sind im Gebiet der Kreis-Ordnung außer den zum höheren Verwaltungs- oder Justizdienst qualificirten auch die dem Kreise seit mindestens einem Jahre durch Grundbesitz oder Wohnsitz angehörenden Personen, soweit diese mindestens 4 Jahre als Referendare oder in Selbstverwaltungsämtern des betreffenden Kreises, Bezirks oder der Provinz thätig gewesen sind[53]). Die Landräthe stehen unter dem Regierungs-Präsidenten[54]). Ihr Wirkungskreis erstreckt sich über alle Verwaltungszweige, für welche keine besonderen Beamten bestellt sind[55]). Ihre Zuständigkeit auf diesem umfangreichen Gebiet war eine beschränkte, so lange sie vorwiegend als Organe, als ständige Kommissarien der Regierung angesehen wurden[56]). Die neuere Organisation hat sie im Gebiet der Kreis-Ordnung selbstständiger

Zuständigkeit vgl. Anm. 61. — Verfahren u. Geschäftsgang § 55 d. W.

50) KrO. v. 13. Dez. 1872 (Neue Fassung GS. 1881 S. 180) § 74. — Landrathswahl i. d. westl. Prov. § 75 Nr. 2 (S. 97) d. W. Stellung d. gewählten Landräthe G. v. 21. Juli 1852 (GS. 465) § 87 1 u. KO. v. 23. März 1839 (GS. 154).

51) KrO. § 75 Abs. 1. Tagegelder u. Reisekosten R. v. 14. Juli 1874 (MB. 226). — Für kürzere Behinderungsfälle kann der Landrath durch den Kreissekretär vertreten werden. KrO. § 75 Abs. 2.

52) Schl.-Holstein V. v. 22. Sept. 1867 (GS. 1587) § 2, 3. Lauenburg G. v. 23. Juni 1876 (GS. 169) § 6. — In Hannover sind die als untere Verwaltungsorgane vorgefundenen Amtmänner (Han. Amts-O. v. 10. Mai 1859 Han. GS. 1483) unter der Bezeichnung „Amtshauptmänner" beibehalten, doch sind innerhalb der aus mehreren Amtsbezirken gebildeten Kreise die Militär-, Steuer- u. Kreis-Kommunalsachen je einem Amtshauptmann mit dem Titel „Kreishauptmann" übertragen (V. v. 12. Sept. 1867 GS. 1497 § 1—7). Die neue Verwaltungsorganisation stellt auch hier die Einführung der Landräthe in Aussicht OG. § 2 u. 29. — In Hessen-Nassau finden sich in den vormals nassauischen, baierischen, großherz. u. landgr. hessischen Theilen die Kreisverw.geschäfte gleichfalls zwischen den neu eingeführten Landräthen u. den (hier ihnen unterstellten) Amtmännern getheilt V. v. 22. Feb. 1867 (GS. 273) § 7, 8 u. AE. v. 24. Juni 1867 (GS. 1261); Nass. VerwO. v. 4. April 1849 (VBl. 97) u. V. v. 24. Juli 1854 (Das. 160). In den kurhess. Theilen wurden dagegen die vorgefundenen Landräthe (V. v. 7. Juli 1851 Kurh. GS. 97 § 6—10) beibehalten V. v. 22. Feb. 1867 § 7 u. 8. — In Hohenzollern ist (ohne zwingenden Grund) die Bezeichnung „Oberamtmann" geblieben OG. § 5 u. G. v. 7. Jan. 1852 (GS. 35) § 3, 9 u. 10.

53) KrO. § 74. Die ältere Vorschrift (Regul. v. 13. Mai 1838 GS. 423) kommt i. Posen u. d. westl. Prov., wo die KrO. nicht gilt, bis längstens zum 1. Jan. 1884 zur Anwendung. G. v. 11. März 1879 (GS. 160) § 16.

54) V. v. 30. April 1815 (GS. 85) § 44 u. OG. § 17.

55) Instr. v. 31. Dez. 1816; nicht publizirt u. ohne Gesetzeskraft, R. v. 24. Nov. 1822 (KA. VI. 929). — Kreisstatistiken CR. v. 27. Juni 1862 (MB. 230).

56) V. v. 30. April 1815 § 33. Demgemäß können sie mit Stimmrecht zu den Regierungssitzungen zugezogen werden KO. v. 31. Dez. 1825 (GS. 1826 S. 5) D. V.

gestellt und ihre Kompetenz in Verbindung mit der des unter ihrem Vorsitz zusammentretenden Kreisausschusses wesentlich erweitert[57]).

Der Kreisausschuß ist in den Kreisordnungsprovinzen zur Mitwirkung auf dem Gebiet der Landesverwaltung berufen[58]). Zugleich ist er Verwaltungsgericht erster Instanz und Organ für die kreiskommunale Verwaltung[59]). In ihm finden sich damit in glücklichster Weise diejenigen Funktionen vereinigt, die in der Organisation der höheren Instanzen auf verschiedene Behörden vertheilt sind. Wesentlich hierauf ist es zurückzuführen, daß die Reorganisation im Gebiete der Kreisverwaltung mehr Anklang gefunden und sich schneller eingelebt hat, als auf den übrigen Gebieten.

In Stadtkreisen tritt an Stelle des Kreisausschusses in den gesetzlich vorgeschriebenen Fällen der Stadtausschuß. Er besteht unter Vorsitz des Bürgermeisters aus sechs Mitgliedern, die vom Magistrat aus seiner Mitte und — wo dieser fehlt — von der Gemeindevertretung zu wählen sind[60]).

3. Verfahren und Geschäftsgang.

§ 55.

a) **Verfahren.** Im Anschluß an die Organisation ist für das Gebiet der Kreis-Ordnung auch das Verfahren einer Neuregelung unterzogen, wobei drei Arten unterschieden werden[61]). Dem einfachen an keine Formen geknüpften Verwaltungsverfahren vor den ordentlichen Verwaltungsbehörden steht das streng geregelte Streitverfahren vor den Verwaltungsgerichten gegenüber[62]) und zwischen beide ist das Beschlußverfahren eingeschoben, das auf kollegialer Behandlung vor den Kreis- bez. Stadtausschüssen, Bezirks- und Provinzialräthen beruht. Die Rechtsmittel im Verwaltungs- wie im Beschlußverfahren heißen Beschwerden, diejenigen im Streitverfahren dagegen Klagen. Die Beschwerden gehen an die vorgesetzte Verwaltungsbehörde und sind überall ausgeschlossen, wo die Klage zugelassen ist[63]).

---

[57]) OG. § 3, KrO. § 76 u. 77. — Zwangsbefugnisse § 230 d. W. — Ueber die Möglichkeit noch ausgedehnterer Kompetenz s. des Verfassers „Weiterführung der Pr. Verwaltungs-Organisation“ (Berlin b. Springer 1878) S. 24 u. 25.

[58]) OG. § 29. Zuständigkeit vgl. Anm. 61. Zusammensetzung u. Geschäftsgang § 75 (S. 96), Verfahren § 55 d. W. Heranziehung Königlicher Beamten zu den Geschäften desselben CR. v. 9. Mai 1874 (MB. 119).

[59]) § 57 u. 75 (S. 96) d. W.

[60]) OG. § 30—33, KrO. § 170. — Stadtkr. Magdeburg § 173, 174 u. 175.

[61]) Außer dem Verfahren hat die neue Organisation abweichend von der früheren Gesetzgebung auch die Zuständigkeit (Kompetenz) auf den einzelnen Verwaltungsgebieten allgemein geregelt ZustG. v. 26. Juli 1876 (GS. 297). Diese Bestimmungen kommen bei den Einzelgebieten zur Darstellung. — Vgl. üb. das Verfehlte dieses Vorgehens S. 10 u. 11 der (Anm. 57) angeführten Schrift.

[62]) § 57 d. W.

[63]) OG. § 41. — Ausnahme bei Polizeiverfügungen § 231 d. W.

Das Verwaltungsverfahren entbehrt der einheitlichen Regelung[64]; Das Beschlußverfahren ist dagegen gleichmäßig geordnet[65]). Die kollegiale Verhandlung wird von dem Vorsitzenden geleitet, der zugleich die Behörde nach Außen vertritt. Er kann in unaufschieblichen oder klar liegenden Fällen selbstständig verfügen, so weit nicht ein kollegialer Beschluß vom Gesetz gefordert oder von den Parteien beantragt wird, oder in zweiter Instanz über Beschwerden gegen Beschlüsse zu entscheiden ist. Ingleichen kann er endgültige Beschlüsse mit aufschiebender Wirkung bei dem nächst höheren Verwaltungsgericht anfechten[66]). Die erstinstanzlichen Beschlüsse des Provinzialraths sind in der Regel endgültig. Gegen sonstige Beschlüsse steht den Betheiligten wie dem Vorsitzenden die Beschwerde an die nächst höhere Beschlußbehörde zu, welche endgültig entscheidet[67]). Die Frist beträgt 2 Wochen. Sie schließt jede spätere Beschwerde aus (Ausschluß- oder Präklusivfrist) und hat, soweit nicht ein Hinausschieben der Ausführung das Gemeinwesen benachtheiligen würde, aufschiebende Wirkung (Suspensiveffekt). Gegen unverschuldete Fristversäumniß ist Wiedereinsetzung zugelassen[68]).

§ 56.

b) **Geschäftsgang.** Alle bei den Behörden eingehenden Sachen (Eingänge) werden unter fortlaufenden Nummern in ein Verzeichniß (Journal) eingetragen, welches den Eingang wie die demnächstige Erledigung nachweist. Die Erledigung erfolgt, soweit die Eingänge nicht bloß für die Behörde selbst bestimmt sind und „zu den Akten" gehen, durch Schreiben. Diese können im Anschluß an die Eingänge selbst gefertigt und mit diesen abgesendet werden (Erledigung in Urschrift oder brevi manu) und heißen, wenn sie auf die Eingänge selbst gesetzt werden, Rand- (Marginal-) Schreiben. Sie finden Anwendung, wenn die Eingänge bei der Behörde nur durchlaufen oder sonst für dieselbe keine dauernde Bedeutung haben, oder wenn ihre Rückgabe erfordert ist, was durch den Zusatz „unter Beding der Rückgabe" sub petito oder sub voto remissionis) angedeutet wird. In allen andern Fällen werden die Schreiben selbstständig entworfen. Der in abgekürzter Form vollzogene (sig-

[64]) OG. § 6. — Besondere Arten des Verfahrens in Disciplinarsachen § 62, Militärsachen (Ersatzgeschäft) § 87 d. W., Kassensachen § 114, Polizeisachen § 228—231, Armensachen § 286, Bergsachen § 322 (S. 365), Ablösungen § 331, landwirthschaftlichen Auseinandersetzungen § 333, gewerblichen Konzessionssachen § 350, Enteignungen § 363. — Zwangsbefugnisse der Verwaltungsbehörden § 230 d. W. Zwangsweise Beitreibung V. v. 7. Sept. 1879 (GS. 591) u. Ausf.Anw. v. 15. Sept. 1879.

[65]) OG. § 49, 50 u. 60. — Oertliche Zuständigkeit der Beschlußbehörden das. § 46—48. — Verhandlung, Beschlußfassung u. Geschäftsgang das. § 51, 52 u. 61, Gesch.Reg. f. d. Prov.- u. Bezirksrath v. 23. Sept. 1876 (MB. 217), f. d. Kreisausschuß v. 2. April 1878 (MB. 73). — Gegenseitige Rechtshülfe OG. § 59. — Dienstliche Aufsicht § 58.

[66]) Das. § 49, 50 u. 60.

[67]) Das. § 55—57.

[68]) Das. § 42—44 u. 65. Berechnung CProzO. § 199 u. 200. Gleiche Frist für Klagen im Streitverfahren § 57 u. für Beschwerden gegen Polizeiverfügungen § 231 d. W.

nirte) Entwurf verbleibt bei der Behörde, während die von besonderen Beamten (Kanzlisten) gefertigte Reinschrift (Mundum), nachdem sie mit dem Original verglichen (kollationirt) und vollzogen ist, zum Abgang gelangt. Die Eingänge, Koncepte und sonstigen Verhandlungen werden nach Gegenständen gesondert, nach der Zeitfolge geordnet (Akten) und in besonderen Räumen (Registraturen) aufbewahrt[69]).

Die Schreiben, für welche bei allen Reichs- und Staatsbehörden einheitliches Format vorgeschrieben ist[70]), unterscheiden sich in Form und Ausdruck, je nachdem sie an vorgesetzte, untergebene (subordinirte), oder an gleichstehende (koordinirte) Behörden und Privatpersonen gerichtet sind. Im ersteren Fall heißen sie Berichte, im zweiten: Verfügungen und im dritten: Schreiben. Berichte werden unter Bezeichnung des Inhalts (Rubrum) auf gebrochenem Bogen geschrieben; die üblichen Ausdrücke sind: „bitten", „geneigtest" und „gehorsamst" (in Immediatberichten „allergnädigst" und „allerunterthänigst")[71]). In den Schreiben wird „ergebenst ersucht", in Verfügungen „angewiesen". Uebrigens sollen alle unwesentlichen Formen[72]) und ungebräuchlichen Fremdwörter[73]) vermieden werden. Der Styl soll der des gegenwärtigen Lebens, nicht der vergangener Zeiten (Kurialstyl) sein[74]).

Die Geschäftssprache ist die deutsche. Nichtdeutsche Eingaben sind nur in dringlichen Fällen zu berücksichtigen. Für die Verhandlungen einzelner Schulvorstände, Gemeinde- und Kreisversammlungen ist die polnische, litthauische, dänische und französische Sprache vorläufig bis zum 2. Okt. 1886 zugelassen[75]). — Die Veröffentlichungen (Publikationen) erfolgen durch bestimmte Blätter[76]).

Gebühren werden, abgesehen von einzelnen Amtshandlungen (Paßausfertigung, Zwangsvollstreckung), in Verwaltungssachen nicht mehr erhoben[77]).

69) Aussonderung u. Vernichtung alter Akten. CR. v. 10. Nov. 1876 (MB. 254); b. d. Justiz Vf. v. 24. Juni 1848 (JMB. 224), v. 22. Sept. 1879 (JMB. 376) u. v. 17. Sept. 1880 (JMB. 213).

70) 33 cm Höhe u. 21 cm Breite CR. v. 9. März 1877 (MB. 85).

71) CR. v. 21. Okt. 1858 (MB. 203).

72) So die Bezeichnung „Hochlöblich", „Wohllöblich" nicht die Anrede „Hochwohlgeboren". StMB. v. 14. Jan. u. CR. v. 13. März 1849 (MB. 7 u. 41).

73) CR. v. 30. März 1849 (MB. 42). — Die Ausscheidung entbehrlicher Fremdwörter ist neuerdings in der Gesetzgebung wie in der Verwaltung bewirkt, erscheint aber noch weiterer Ausdehnung fähig.

74) V. v. 27. Okt. 1810 (GS. 3) Abschn. „D. Staatsmin." a. E. — Bei mehrstelligen Zahlen sind die Gruppen zu 3 Ziffern durch Zwischenräume, die Dezimalstellen durch Kommas zu bezeichnen, StMBeschl. v. 8. März 1881 (MB. 90, JMB. 58).

75) G. v. 28. Aug. 1876 (GS. 389) § 1—3, 10, 11 u. V. v. 12. Okt. 1881 (GS. 329). — Gerichtssprache GerVerfG. v. 27. Jan. 1877 (RGB. 41) § 186—193, DolmetscherO. v. 9. Nov. 1880 (JMB. 252).

76) Für das Reich bestehen das R.Ges.Bl. u. das CentralBl. (§ 13 d. W.), für den preuß. Staat die Ges.-Samml. u. das Min.Blatt der inn. Verw. (§ 37 d. W.), für Prov. u. Reg.bezirke die Amtsblätter (das.), für die Kreise die Kreisblätter.

77) V. v. 22. Nov. 1842 (GS. 309), f. d. neuen Prov. G. v. 27. Feb. 1868 (GS. 177) u. daneben f. Schlesw.-Holstein V. v. 22. Juli 1872 (GS. 585).

4. Verwaltungsgerichtsbarkeit.

§ 57.

Mit der Organisation der Selbstverwaltung ist die Verwaltungsgerichtsbarkeit in Verbindung gebracht, indem ein Theil der Verwaltungssachen durch unabhängige Verwaltungsgerichtshöfe und in einem sich in festen Formen bewegenden Verfahren entschieden werden soll[78]). Gleich der Verwaltungs-Organisation ist diese Regelung für den ganzen Staat mit der Maßgabe erfolgt, daß sie in Posen, den westlichen und neuen Provinzen erst bei demnächstiger Einführung der neuen Kreis- und Provinzialordnung in Kraft tritt[79]).

Der Verwaltungsgerichtsbarkeit unterliegen alle im Gesetz als solche bezeichneten Streitigkeiten aus dem öffentlichen Recht (Streitsachen). Der Entscheidung privatrechtlicher Verhältnisse im Rechtswege wird dadurch nicht vorgegriffen[80]). Die Streitigkeiten erscheinen entweder als Kollision des Einzelrechts mit dem Gesammtinteresse oder als Streit zwischen Privaten über ihre dem öffentlichen Recht entspringenden Rechte und Pflichten.

Als Verwaltungsgericht besteht für jeden Kreis ein Kreisverwaltungsgericht, für jeden Regierungsbezirk und den Stadtkreis Berlin ein Bezirksverwaltungsgericht und für den Staat das Oberverwaltungsgericht. Gegen erstinstanzliche Entscheidungen der Kreis- und bez. Bezirksverwaltungsgerichte geht die Berufung an die Bezirksverwaltungsgerichte bez. an das Oberverwaltungsgericht[81]). Letzteres bildet außerdem — und dieses ist der bedeutsamste Theil seiner Thätigkeit — die Revisionsinstanz gegen zweitinstanzliche und sonstige eine Berufung nicht mehr zulassende Entscheidungen der Verwaltungsgerichte. Dem Oberverwaltungsgerichte fällt damit

[78]) Den Ausgangspunkt der Einrichtung bildet die Trennung der Justiz v. d. Verwaltung (§ 167 d. W.). In England, wo diese Trennung niemals durchgeführt wurde, fließt auch die Verw.ger.-barkeit u. Jurisdiktion in der Hand des Friedensrichters zusammen. — Frankreich kennt in den contentieux eine eigne Verw.justiz, doch fehlt ihr, da sie von absetzbaren Beamten ausgeübt wird, die Unabhängigkeit (§ 26 d. W.). Eine unabhängige Verw.ger.barkeit hat sich erst in den letzten Jahrzehnten in Deutschland entwickelt. Am Weitesten ging Preußen, welches die Verw.ger.höfe in der Mittel- und oberen Instanz selbstständig einrichtete und ihnen auch die Entscheidung über Klagen gegen die Staatsbehörde übertrug. Zunächst stehen Baden u. Würtemberg, die aber nur je einen Verw.-ger.hof besitzen. In Hessen ist die Verw.-ger.barkeit auf solche Angelegenheiten beschränkt, in denen Private oder Gemeinden einander als Parteien gegenüberstehen. Gleiches gilt von Sachsen, wo auch der Gerichtshof nicht als völlig unabhängiges Organ gebildet ist. Der 1875 in Oesterreich eingerichtete Verw.ger.hof bildet wesentlich nur eine Kontrolinstanz für richtige Gesetzesanwendung.

[79]) OG. § 7, G. v. 3. Juli 1875 (GS. 375), unter Ausdehnung auf den ganzen Staat geändert G. v. 2. Aug. 1880 (GS. 315) u. in dieser veränderten Gestalt neu veröffentlicht Bek. v. 2. Aug 1880 (GS. 327).

[80]) Das. § 1 u. GerVerfG. v. 27. Jan. 1877 (RGB. 41) § 13. — Die sachliche Zuständigkeit erster Instanz wird durch besondere Gesetze bestimmt § 3, vgl. Anm. 61. Oertliche Zuständigkeit § 31—34a.

[81]) Das. § 2—5. Mündlichkeit § 6; Rechtshülfe u. Aufsicht § 7.

die wichtige Aufgabe zu, die Einheit der Rechtssprechung zu sichern und durch Aufstellung fester Grundsätze, rechtsbildend in die Verwaltung einzugreifen.

Kreisverwaltungsgericht ist der Kreis- (Stadt-) Ausschuß[83], während die höheren Verwaltungsgerichte selbstständig als solche organisirt sind.

Das Bezirksverwaltungsgericht besteht aus 5 Mitgliedern und bez. Stellvertretern. Je zwei derselben und zwar einen Richter und einen höheren Verwaltungsbeamten ernennt der König, einen zugleich als Direktor. Die übrigen 3 Mitglieder und bez. Stellvertreter wählt der Provinzialausschuß auf 3 Jahre. Nicht wählbar sind Ober- und Regierungs-Präsidenten, Vorsteher Königlicher Polizeibehörden und Landräthe. Alle Mitglieder und Stellvertreter unterliegen den für Richter maßgebenden Disciplinarvorschriften[84].

Das Oberverwaltungsgericht besteht aus dem Präsidenten und den Senatspräsidenten und Räthen. Alle Mitglieder werden auf Lebenszeit ernannt und müssen zu einer Hälfte für das Richteramt, zur andern für die höhere Verwaltung befähigt sein[85].

Das Verfahren gewährt unbeschadet der Rechte der Parteien dem Gericht ziemlich freie Bewegung. Dieses kann unzulässige oder unbegründete Klagen durch Beschluß zurückweisen, bei scheinbar begründeten Ansprüchen dagegen — ähnlich wie im gerichtlichen Mahnverfahren[86] — dem Beklagten durch Bescheid die Klaglosstellung des Klägers aufgeben; es kann sofort in die mündliche Verhandlung eintreten oder vorher einen Schriftenwechsel oder eine Beweisaufnahme anordnen. Auch die Entscheidung fällt das Gericht nach der freien aus dem ganzen Inhalt der Verhandlung und Beweise geschöpften Ueberzeugung[87]. Zur Erhebung von Kompetenzkonflikten sind auch in streitigen Verwaltungssachen die Central- und Provinzialverwaltungsbehörden befugt. Die Entscheidung erfolgt durch die Verwaltungsgerichte und wenn sich in derselben Sache Verwaltungsbehörde und Verwaltungsgericht zuständig erklärt haben, durch das Oberverwaltungsgericht[88].

---

[82]) Das. § 5 Abs. 2. Sammlung der diesem Zweck dienenden Entscheidungen seit 1877 (Berlin C. Heymann).

[83]) Das. § 8; OG § 62; vgl. § 75 Nr. 1 (S. 96) d. W. — Das Kr.Verw.Gericht ist nur als Kreis (Stadt)-Ausschuß zu bezeichnen. Vf. v. 15. Jan. 1876 (MB. 13). — Ausnahmsweise Zuständigkeit der Magistrate ZustG. § 128 Abs. 5.

[84]) VGG. § 9—16^a, 84^2, 85—87^a; Gesch.Reg. v. 23. Dez. 1876 (MB. 1877 (S. 1) nebst CR. v. 13. Feb. 1876 (MB. 41). — Rang der Direktoren Anm. 75 (S. 74).

[85]) GVG. § 17—30^a, 83^a, 88; Regul. v. 30. Jan. 1878 (MB. 69), Rang Anm. 67 (S. 73).

[86]) § 195 Nr. 2 d. W.

[87]) Verfahren in erster Instanz VGG. § 35—51; in der (zweiten) Berufungsinstanz § 52—62; in der (dritten) Revisionsinstanz u. Wiederaufnahme des Verfahrens § 63—70^a; Beschwerde § 81^a; Wiedereinsetzung in den vorigen Stand § 82. — Kosten § 71—78, CR. v. 8. Nov. 1876 (MB. 245) u. v. 26. Mai 1880 (MB. 161), Vollmachtsstempel CR. v. 7. Nov. 1877 (MB. 276). — Vollstreckung § 79 vgl. Anm. 64. — Fristen § 54, 65, 81, verb. Anm. 68. — Besonderes Streitverfahren in Gewerbe-, Disciplinar- u. Armensachen VGG. § 84, verb. Anm. 64, in Waldschutzsachen § 339 (S. 388) d. W.

[88]) VGG. § 83.

So berechtigt das Streben nach einem ausgedehnten Rechtsschutz an sich ist, hat doch die praktische Durchführung, welche die Verwaltungsgerichtsbarkeit in Preußen gefunden hat, wesentliche Bedenken hervorrufen müssen. Geht man davon aus, daß für die unbefangene und sachgemäße Entscheidung aller geltend zu machenden Ansprüche in den neben den staatlichen Verwaltungsbehörden bestehenden Beschlußbehörden (Kreisausschüssen, Bezirks- und Provinzialräthen) bereits sehr weitgehende Garantieen geboten sind, daß ferner durch ein die richtige Gesetzesanwendung überwachendes Ober-Verwaltungsgericht jeder einseitigen Rechtsauffassung der Verwaltungsbehörden vorgebeugt werden kann, so erscheint die weitere Einschiebung von Verwaltungsgerichten zwischen die Verwaltung und die ordentlichen Gerichte als eine über das Bedürfniß hinausgehende Häufung der Garantieen, die in ihrer Vielgestaltigkeit und Schwerfälligkeit den Gang der Verwaltung lähmen und verwickeln muß[89]). Dabei läßt sie den beabsichtigten Zweck nur unvollkommen erreichen, da die Scheidung zwischen streitigen und nicht streitigen, zwischen Rechts- und Zweckmäßigkeitsfragen jedes festen Grundprinzips entbehrt, und deßhalb trotz einer sehr eingehenden umständlichen und wiederholt umgearbeiteten Zuständigkeitsgesetzgebung nicht zu einem befriedigenden Abschluß gelangen kann[90]). Mit dem Ueberwuchern der formellen und Zuständigkeitsfragen über die Fragen des materiellen Rechtes tritt außerdem die Gefahr einer Verknöcherung für unsere Rechtsbildung ein. Die Bevölkerung zeigt sich für die ersteren Fragen nur wenig empfänglich und das allgemeine Rechtsbewußtsein erfährt durch dieselbe keine Förderung. Die neue Justizorganisation hat sich deßhalb dieser Fesseln zu entledigen gesucht und als leitenden Gesichtspunkt die Beherrschung des formellen durch das materielle Recht aufgestellt[91]). Die Gestaltung, die die Verwaltungsgerichtsbarkeit angenommen, hat unsere administrative Entwickelung leider in die entgegengesetzte Bahn gedrängt.

---

[89]) Nähere Ausführung S. 25—30 der (Anm. 57) erwähnten Schrift.

[90]) S. Anm. 61 u. üb. die bedenkliche Kombination des Verwaltungs- u. Streitverfahrens in Polizeisachen § 231 d. W.

[91]) § 192 (S. 229) d. W.

IV. Die Staatsbeamten[1]).

1. Begriff und Arten.

§ 58.

Das durch die Verfassung verheißene allgemeine Staatsdienergesetz[2]) ist nicht ergangen; nur die Disciplinarverhältnisse und das Pensionswesen sind neu geregelt[3]). Uebrigens bildet noch das Landrecht die Grundlage[4]).

Staatsbeamter ist jeder im unmittelbaren oder mittelbaren Dienst des Staats mit öffentlicher Autorität (Amt) Angestellte[5]). Mittelbar heißen diejenigen Staatsbeamten, die bei einer dem Staate untergeordneten öffentlichen Korporation (Provinz, Kreis, Gemeinde, Sozietät u. s. w.) angestellt sind.

Eine besondere Stellung nehmen die richterlichen Beamten, vermöge der ihnen gewährten größeren Unabhängigkeit ein[6]).

Nach der Art ihrer Thätigkeit werden höhere, Subaltern- und Unterbeamte unterschieden. Bei den höheren Beamten wird eine wissenschaftliche, bei den Subalternbeamten eine geschäftliche Vorbildung vorausgesetzt, während die Unterbeamten vorwiegend zu nur mechanischen Verrichtungen angestellt sind.

2. Anstellung.

§ 59.

Die Ernennung erfolgt durch den König[7]), entweder unmittelbar[8]) oder in seinem Auftrage durch die oberen Behörden[9]). Der Angestellte er-

[1]) Beamter ist jeder, der auf Grund eines dauernden Dienstverhältnisses zur Ausübung staatlicher Funktionen berufen wird. — Die besonderen Verhältnisse der für einzelne Verwaltungszweige angestellten Beamten finden sich bei diesen vermerkt. Richterliche Beamte § 184; Gemeindebeamte § 72 Nr. 1 (S. 82); Provinzialbeamte § 76 (S. 100); gesandtschaftliche Beamte Anm. 21 u. 23 (S. 104); Kassenbeamte § 114; Forstbeamte § 120; Zoll- u. Steuerbeamte § 147; Polizeibeamte § 224—7; Medizinalbeamte § 263; Baubeamte § 276—278; Lehrer § 307—9; Bergbeamte § 322 (S. 365); Veterinärbeamte § 343; Fischereibeamte § 348; Eisenbahnbeamte § 372 (S. 443) d. W. — Wegen der Reichsbeamten s. § 20—23.

[2]) VU. Art. 98.

[3]) § 62 u. 69 d. W.

[4]) LR. Theil II Tit. 10, nebst Ergänzungen eingeführt in Hohenzollern E. v. 6. Feb. 1854 (GS. 80); in die neuen Prov. V. v. 23. Sept. 1867 (GS. 1619) u. in Lauenburg G. v. 25. Feb. 1878 (GS. 97) § 1, 2 u. 6[1] u. v. 31. Mai 1879 (GS. 363).

[5]) Vgl. StGB. § 359. — Die Begriffsbestimmung des LR. ist unvollständig. Wenn dasselbe den Beamten auch die Geistlichen (II 11 § 19 u. 96) u. Militärbedienten (II 10 § 4—67) zuzählt, so ist ersteres mit der der Kirche durch VU. Art. 15 gewährten Selbstständigkeit nicht mehr vereinbar, letzteres im Begriffe richtig, aber der völlig gesonderten Organisation des Militärwesens nicht entsprechend.

[6]) § 184 d. W.

[7]) VU. Art. 45 u. 47.

[8]) V. v. 27. Okt. 1810 (GS. 3). Der König ernennt die Räthe bei allen Central- und Prov.behörden u. die im Range höher od. gleichstehenden Beamten (das. Abschn. Staatsmin. Nr. 5); ferner die Richter einschließlich der Handelsrichter G. v. 24. April 1878 (GS. 230) § 7; die Universitätsprofessoren u. die Direktoren der

hält in der Regel eine Bestallung und hat den Dienst- und Verfassungseid zu leisten[10]).

Unter den gesetzlichen Bedingungen sind die öffentlichen Aemter für Jedermann gleich zugänglich[11]). Die Bedingungen sind:

1. Reichs- bezw. Staatsangehörigkeit, die indeß mit Anstellung im Staatsdienst von selbst erworben wird[12]);
2. Vollbesitz der bürgerlichen Ehrenrechte[13]);
3. Kautionsleistung bei Verwaltung oder Verwahrung von Geld oder geldwerthen Gegenständen[14]), wobei die Kaution durch Verpfändung von Staats- oder Reichsobligationen zum Faustpfand bestellt wird und für alle zu vertretenden Schäden, Mängel und Kosten haftet[15]);
4. Befähigung, die durch Prüfung, Supernumerariat, Militäranwartschaft oder Probedienstleistung erworben und bez. nachgewiesen wird, übrigens für die einzelnen Verwaltungszweige verschieden geregelt ist[16]).

Die in der höheren Verwaltung Anzustellenden werden nach dreijährigem Studium der Rechte und Staatswissenschaften und Ablegung der ersten juristischen Prüfung zwei Jahre hindurch bei den Gerichtsbehörden beschäftigt und hierauf zu Regierungs-Referendarien ernannt. Nach weiterer zweijähriger Thätigkeit in der Verwaltung und Bestehen einer zweiten Prüfung vor der Prüfungs-Kommission für höhere Verwaltungsbeamte erfolgt die Ernennung zum Regierungs-Assessor[17]). Die Stellen der Mitglieder und Abtheilungsdirigenten bei den Regierungen, der Mitglieder der Verwaltungsgerichte und Provinzialsteuerdirektionen, der Hülfsarbeiter

---

Gymnasien, Real- und höheren Bürgerschulen u. Seminarien V. v. 27. Okt. 1810 Abschn. Min. d. Inn. u. V. v. 9. Dez. 1842 (GS. 1843 S. 1) § 3.

[9]) Reg.Instr. v. 23. Okt. 1817 (GS. 248) § 12.

[10]) VU. Art. 108 u. V. v. 22. Jan. u. v. 6. Mai 1867 (GS. 132 u. 715).

[11]) VU. Art. 4.

[12]) RG. v. 1. Juni 1870 (RGB. 355) § 9. — Die Reichsangehörigen stehen in Betreff der Zulassung zu öffentlichen Aemtern einander gleich. RVerf. Art. 3. — Den in den Reichsdienst od. Elsaß-Lothringischen Landesdienst übertretenden Beamten bleibt die Wiederaufnahme in den Preuß. Staatsdienst ohne Verlust am Diensteinkommen u. Dienstalter gesichert AE. v. 2. Feb. 1881 (MB. 46, JMB. 56).

[13]) StGB. § 34 [3].

[14]) G. v. 25. März 1873 (GS. 125). Einf. in Lauenburg Anm. 4. — Die kautionspflichtigen Beamten u. die Höhe der Kautionen werden gemäß §§ 3, 7 u. 8 bezeichnet im Gebiet des Staats- u. des Finanz-Min. durch V. v. 10. Juli 1874 (GS. 260), v. 24. März u. 9. April 1877 (GS. 109 u. 127), v. 19. Jan. 1878 (GS. 17) u. v. 20. April 1881 (GS. 280); des Kriegs-Min. (Zeughaus-Verw.) V. v. 16. Okt. 1881 (GS. 340); des Justiz-Min. V. v. 7. Sept. 1879 (GS. 611); des Kultus-Min. V. v. 20. Juli 1874 (GS. 283) u. Nachtr. I v. 17. Sept. 1875 (GS. 584), II v. 5. April 1880 (GS. 257) u. III v. 23. März 1881 (GS. 279); der Min. für Handel rc. u. f. öffentliche Arbeiten V. v. 8. Aug. 1874 (GS. 288), Nachtr. v. 30. April 1880 (GS. 265); der Min. des Innern u. f. landwirthsch. Angel. V. v. 17. Aug. 1874 (GS. 303) u. v. 2. Juni 1881 (GS. 299) insbes. der Strafanstaltsbeamten CR. v. 22. Okt. 1874 (MB. 263).

[15]) § 5 u. 10 des Ges.

[16]) Vgl. die Hinweise in Anm. 1.

[17]) G. v. 11. März 1879 (GS. 160) u. Regl. v. 29. Mai 1879 (MB. 141).

bei den Ober- und Regierungs-Präsidenten sind den Regierungs-Assessoren und neben diesen mit einigen Maßgaben den zum höheren Justizdienst Befähigten ausschließlich zugänglich[18]).

Die Militäranwartschaft wird auf Grund längeren Militärdienstes durch den Civilversorgungs- oder den Civilanstellungsschein erworben. Der erstere wird vorzugsweise bei Invalidität verliehen und geht letzterem, zu dem schon eine 12 jährige Dienstzeit als Unterofficier berechtigt, vor. — Den Militäranwärtern sind die staatlichen Stellen der Unterbeamten, Kanzlisten und Gefängnißinspektoren ausschließlich vorbehalten. Bei Besetzung der Subalternbeamtenstellen der Provinzial- und anderen Behörden gleichen oder geringeren Ranges sind abwechselnd Militär- und Civilanwärter zu berücksichtigen. Durch Kabinets-Ordre kann im Interesse des Dienstes Bewerbern für eine bestimmte Stelle die Anstellungsberechtigung verliehen werden. Die so Begünstigten stehen den Militäranwärtern gleich[19]). Den Angestellten wird die etwa erdiente Militärpension bis zur Erfüllung ihres doppelten Betrages oder gewisser Minimalbeträge belassen[20]).

Die Pflanzschule für die Subalternstellen, soweit sie nicht mit Militäranwärtern zu besetzen sind, bildet das Civil-Supernumerariat. Für den Eintritt als Supernumerar wird vorausgesetzt:

1. Erfüllung der Militärpflicht,
2. Fähigkeit sich 3 Jahre hindurch selbst zu erhalten,
3. Reifezeugniß für die erste Klasse eines Gymnasiums oder einer Realschule 1 ster Ordnung[21]), Abgangszeugniß aus einer höheren Bürgerschule oder vorzügliche praktische Brauchbarkeit und Ausbildung durch mehrjährige Beschäftigung bei den Behörden.

Die Annahme erfolgt bei den Regierungen[22]) und ähnlich bei den übrigen Provinzialbehörden[23]).

---

[18]) G. § 9—13. — Befähigung zum Landrathsamt § 54 (S. 60) d. W.

[19]) RG. v. 27. Juni 1871 (RGB. 275) § 75—77, 81—93 u. v. 4. April 1874 (RGB. 25) § 10—12. — Regl. v. 16. Juni 1867 (MB. 280); Ausdehnung auf die neuen Prov. StMB. v. 27. Juni 1868 (MB. 267) u. auf das nordd. Bundesgebiet StMB. v. 17. Mai 1870 (MB. 221). Aenderung des § 4 des Regl. AE. v. 17. April 1873 (MB. 205). — Verfahren zur Ermittelung der Militäranwärter AE. v. 12. April 1875 (JMB. 170). — Anstellung der Gendarmen § 225, der Schutzleute § 226, der Forstschutzbeamten § 120 d. W. — Berücksichtigung der Militäranwärter Seitens der Provinzen, Anm. 47 (S. 100), der Gemeinden Anm. 17 (S. 82), der Privateisenb.Gesellsch. Anm. 15 (S. 444).

[20]) RG. v. 1871 § 103—108 u. v. 1874 § 15, 16, 22; AusfBest. v. 22. Feb. 1875 (MB. 146).

[21]) CR. v. 22. Dez. 1859 (MB. 1860 S. 13).

[22]) AO. v. 31. Okt. 1827 (KA. XI 869), v. 10. Nov. 1855 u. CR. v. 4. Feb. 1856 (MB. 57).

[23]) Prov. Steuer-Direktionen CR. v. 22. Mai 1877 (MB. 201), v. 18. März u. 15. Juni 1874 (MB. 151) u. v. 15. Nov. 1880 (MB. 1881 S. 1). — Katasterverwaltung R. v. 10. April 1856 (MB. 215) u. v. 16. Aug. 1871 (MB. 318). — Eisenbahn-Direktionen zwei Regl. v. 19. Aug. u. Regl. v. 30. Nov. 1874 (MB. 1875 S. 125, 127 u. 129).

Bei Besetzung der nicht auf rein mechanische Dienstverrichtungen beschränkten Unterbeamtenstellen wird eine Probedienstleistung erfordert. Ihre Dauer beträgt in der Regel sechs Monate[24]).

3. Pflichten.

§ 60.

a) **Ueberhaupt.** Für die Beamten erscheint die allen Staatsangehörigen obliegende Pflicht zu Treue und Gehorsam gegen den Landesherrn und die Regierung noch erhöht[25]). Sie haben ihr Amt gewissenhaft und gesetzmäßig zu verwalten[26]) und sind namentlich zur Amtsverschwiegenheit verpflichtet[27]). Sie haften in der Amtsführung subsidiär für mäßiges Versehen, sowohl dem Staate als den Privaten gegenüber[28]). Die Klage der letzteren auf Ersatz verjährt in drei Jahren[29]). Die rechtliche Inanspruchnahme der Beamten wegen Ueberschreitung ihrer Amtsbefugnisse ist an die Genehmigung der vorgesetzten Behörde nicht gebunden[30]), doch ist die Frage, ob eine Ueberschreitung der Amtsbefugnisse oder die Unterlassung einer Amtshandlung vorliege, durch Vorentscheidung des Oberverwaltungsgerichts festzustellen[31]).

§ 61.

b) Der Beamte ist ferner zur **vollen** (uneingeschränkten und unbeeinflußten) **Gewährung seiner Thätigkeit** verpflichtet. Er darf sich weder eigenmächtig einen dritten substituiren[32]), noch ohne besondere Genehmigung (Urlaub) aus dem Amt entfernen[33]). Eine Ausnahme tritt ein, wo dies zur Erfüllung allgemeiner staatlicher Verpflichtung nothwendig wird, wie beim Eintritt in den Reichs- oder Landtag[34]), bei Einziehung zum Militär[35]) und bei Berufung als Schöffe oder Geschworener[36]). Der Urlaub wird von der vorgesetzten Behörde ertheilt. In der allgemeinen Verwaltung ist dies die Regierung bez. für Beamte der letzteren und für Landräthe der Regierungs-Präsident; bei längerer Dauer des Urlaubes ist der Ober-Präsident oder Minister zuständig[37]). Außerdem

[24]) StMB. v. 19. Sept. 1836 (KA. XXI 1) u. Regl. v. 16. Juni 1867 (MB. 280) § 27—30.

[25]) LR. II 10 § 2, 3 u. II 13 § 1, 16.

[26]) RegInstr. v. 23. Okt. 1817 (GS. 248) § 8.

[27]) KO. v. 21. Nov. 1835 (GS. 237).

[28]) LR. II 10 § 88—91; Beamten-Kollegien § 127—145.

[29]) LR. I 6 § 54 u. Dekl. v. 31. März 1838 (GS. 252) Nr. 2.

[30]) VU. Art. 97.

[31]) Ges. v. 13. Feb. 1854 (GS. 86), RG. v. 27. Jan. 1877 (RGB. 77) § 11 u. G. v. 3. Juli 1875 (neue Fassung GS. 1880 S. 328) § 83 [8].

[32]) LR. I 13 § 41—45.

[33]) LR. II 10 § 92, 93; G. v. 21. Juli 1852 (GS. 465) § 8—13.

[34]) RVerf. Art. 21 u. VU. Art. 78. Die Stellvertretungskosten der Reichs- u. Landtags-Abgeordneten trägt der Staat. StMB. v. 4. Okt. 1867 (MB. 326) u. v. 24. Okt. 1869 (MB. 276).

[35]) Vgl. § 84 d. W. — Gehalt § 66 das.

[36]) ER. v. 24. Aug. 1849 (MB. 189). — Gewisse Beamten sind zu diesem Dienst überhaupt nicht heranzuziehen GerVerfG. v. 27. Jan. 1877 (RGB. 41) § 34 [4]; G. v. 24. April 1878 (GS. 230) § 33.

[37]) RegInstr. v. 23. Okt. 1817 (GS. 248) § 39 [6]; KO. v. 31. Dez. 1825

fällt, wenn der Urlaub über $1\frac{1}{2}$ Monat dauert, das halbe, wenn er über 6 Monat dauert das ganze Gehalt fort, soweit nicht Gesundheitsrücksichten die Veranlassung sind [38]).

Aus gleichen Gründen bedarf es der Genehmigung zur Annahme von Orden und Geschenken [39]), und zur Uebernahme von Nebenämtern und Nebenbeschäftigungen [40]). Dies gilt von Gemeindeämtern [41]), Vormundschaften [42]), Gewerbebetrieben [43]) und von der Betheiligung bei Gründung oder Verwaltung von Aktien-, Kommandit- und Bergwerksgesellschaften. Die Betheiligung ist, wenn sie mit Remuneration verbunden ist, überhaupt unzulässig [44]).

§ 62.

c) Die Verletzung der Amtspflichten kann die strafrechtliche Verfolgung des Beamten nach sich ziehen und es bestehen neben den allgemeinen einige besondere Strafvorschriften für Beamte [45]). Die Amtspflichten reichen aber noch über das Strafgesetz hinaus. Ihre Verletzung, sowie jedes den Anforderungen des Berufs nicht entsprechende Verhalten [46]) kann deßhalb außer dem Strafverfahren auch im Disciplinarwege verfolgt werden. Die **Disciplinarbestrafung** für nicht richterliche Beamte [47]) erfolgt durch Verhängung von Ordnungsstrafen (Warnung, Verweis, Geldstrafe und gegen untere Beamte Arrest bis zu höchstens 8 Tagen) oder durch Entfernung aus dem Amte (Strafversetzung und Dienstentlassung). Erstere steht innerhalb bestimmter Grenzen jedem Dienstvorgesetzten zu [48]); der letzteren muß, soweit es sich nicht um blos widerruflich angestellte Beamte handelt [49]), ein förmliches Disciplinarverfahren voran gehen, welches in Voruntersuchung und mündliche Verhandlung zerfällt [50]). Die erste Instanz bildet für die

(GS. 1826 S. 1) § 11 [4 h]; CR. v. 29. Juli 1856 (MB. 194).

38) KO. v. 15. Juni 1863 (MB. 137).

39) R. v. 15. Juni 1856 (MB. 219) fordert Ministerialgenehmigung; CR. v. 17. Okt. 1874 (MB. 252) verbietet Annahme von Eisenbahnfreikarten. — Strafe der **Bestechung StGB.** § 331—335.

40) KO. v. 13. Juli 1839 (GS. 235). — Baubeamte s. § 278 d. W.

41) StMB. v. 24. März 1851 (MB. 38) u. rhein. LandgemG. v. 15. Mai 1856 (GS. 435) Art. 13. — Gemeindeaufsichts-, richterliche u. Polizeibeamte, Geistliche u. Lehrer sind nach den Gemeindeverf.Gesetzen (§ 73 u. 74 d. W.) von Gemeindeämtern ausgeschlossen.

42) VormO. v. 5. Juli 1875 (GS. 431) § 22.

43) RGewO. v. 21. Juni 1869 (RGB. 245) § 12 u. GewO. v. 17. Jan. 1845 (GS. 41) § 19. — Musikmachen der Beamten E. v. 19. Mai 1879 (MB. 158).

44) G. v. 10. Juni 1874 (GS. 244).

45) Anm. 22 (S. 21).

46) Dazu gehört Verschwendung, Schuldenmachen und Verletzung der Amtsverschwiegenheit. KO. v. 31. Dez. 1825 (GS. 1826 S. 5) D. X. s. Anm. 27.

47) Disciplinar G. v. 21. Juli 1852 (GS. 465). AusfG. in Waldeck V. v. 18. Jan. 1869 (GS. 209). — Richterliche Beamte § 184 d. W.

48) DiscG. § 14, 15, 17 u. 18—21. Bezeichnung der unteren Beamtenklassen beim Steuerwesen. StMB. v. 28. Feb. 1853 (MB. 113), in der Polizei, StMB. v. 6. Okt. 1853 (MB. 263), im Eisenbahn- u. Bauwesen StMB. v. 26. Nov. 1853 (MB. 1854 S. 2).

49) DiscG. § 83—86.

50) Das. § 14, 16, 17, 22, 23, 32—40.

vom König oder von den Ministern angestellten Beamten der Disciplinarhof zu Berlin, für alle übrigen Beamten die vorgesetzte Provinzialbehörde, die für diese Entscheidungen zu einem Kollegium von mindestens 3 Mitgliedern zusammentritt[51]). Die Berufung geht an das Staatsministerium[52]). Urtheile, durch welche die Entlassung eines vom König ernannten Beamten endgültig ausgesprochen wird, bedürfen der Königlichen Bestätigung[53]).

Bei Einleitung des Verfahrens oder im Laufe desselben kann die vorläufige Dienstenthebung (Amtssuspension) mit einstweiliger Einbehaltung des halben Gehalts verfügt werden. Im Fall einer Verhaftung oder einer (noch nicht rechtskräftigen) auf Dienstentlassung lautenden Entscheidung tritt sie kraft Gesetzes ein[54]).

Mit entsprechenden Maßgaben findet das Gesetz Anwendung auf:

1) nicht richterliche Justizbeamte[55]),
2) Beamte der Selbstverwaltung[56]) und
3) Beamte der Militärverwaltung[57]).

§ 63.

d) **die Versetzung in den Ruhestand** kann auch unabhängig von dem Disciplinarverfahren erfolgen. Im Interesse des Dienstes können unmittelbare Beamte bei eintretender Dienstunfähigkeit gegen ihren Willen pensionirt oder auf Wartegeld gesetzt werden[58]). Uebrigens ist die Stellung auf Wartegeld (zur Disposition) nur bei Umbildung der Behörden oder in Bezug auf bestimmte Beamtengattungen zuläßig. Hierzu gehören Unterstaatssekretäre, Ministerialdirektoren, Ober- und Regierungs-Präsidenten, Intendanten, Staatsanwaltsbeamte, Vorsteher Königlicher Polizeibehörden und Landräthe. Das Wartegeld beträgt bei Gehältern über 3600 M. die Hälfte. Bei geringerem Gehalt wird der Procentsatz entsprechend höher. Wartegeldempfänger sind bei Stellenbesetzungen vorzugsweise zu berücksichtigen[59]).

Abweichung in der Verhandlung vor den Verw.Gerichten. G. v. 3. Juli 1875 (neue Fassung GS. 1880 S. 328) § 84 ².

[51]) DiscG. § 24—31. — Auf Grund des § 26 ist die Zuständigkeit der Prov.-behörden durch StMB. v. 23. Aug. 1853 (MB. 227), v. 16. März 1854 (MB. 75) u. v. 30. Mai 1864 (MB. 137) weiter ausgedehnt. Die richterlichen Mitglieder des Disciplinarhofs (§ 30) werden nach Aufhebung des Ob.Tribunals dem Ob Landesgericht zu Berlin entnommen G. v. 9. April 1879 (GS. 345) § 13.

[52]) DiscG. § 41—46.

[53]) Das. § 47.

[54]) Das. § 48—54. CR. d. JustMin. v. 9. Aug. 1853 (MB. 229, JMB. 334).

[55]) Das. § 55—57 u. G. v. 1879.

[56]) DiscG. § 78. — J. d. Kreis-Ordnungsprov. für Gemeinde- u. Gutsvorsteher ZustG. § 61 u. KrO. v. 13. Dez. 1872 (GS. 1881 S. 180) § 65. Amtsvorsteher u. Kreisbeamte KrO. § 68 u. 134³; Mitglieder der Kreisausschüsse OG. § 32, der Bezirks- u. Provinzialräthe das. § 13 u. 27, der Provinzialausschüsse ProvO. v. 29. Juni 1875 (GS. 1881 S. 234) § 51; für Provinzialbeamte das. § 98. — Hohenzollern Amts- und Landes-O. v. 2. April 1873 (GS. 145) § 47 u. 77.

[57]) DiscG. § 79—82.

[58]) Das. § 87—96 u. PensionsG. v. 27. März 1872 (GS. 268) § 30.

[59]) DiscG. § 87 u. AE. v. 14. Juni u. 24. Okt. 1848 (GS. 153 u. 338).

§ 64.

e) **Defekte** der Beamten bei Kassen und anderen öffentlichen Verwaltungen sind nach Betrag und Ersatzpflicht durch Beschluß der Aufsichtsbehörde festzustellen. Die von den Provinzialbehörden dieserhalb erlassenen oder genehmigten Beschlüsse sind sofort vollstreckbar. Gleiches gilt von den Seitens der Kreisausschüsse als Aufsichtsinstanz der Gemeinde- und Amtskassen erlassenen Beschlüssen. Gegen den Defektenbeschluß ist neben dem Rekurs an die vorgesetzte Behörde der Rechtsweg während eines Jahres zulässig[60]). Im Beschluß ist zugleich über die Kosten des Verfahrens zu entscheiden[61]).

4. Rechte.

Den Pflichten der Beamten stehen Rechte gegenüber. Das Strafgesetz, welches die Uebergriffe der Beamten mit Strafe bedroht[45]), bietet ihnen anderseits besondern Rechtsschutz gegen Beleidigungen und Widersetzlichkeiten[62]). Außerdem gewährt der Staat den Beamten gewisse Ehren- und Vermögensrechte. Erstere bestehen in Rang, Titel und Uniform (a), letztere (b) in Gehalt (c) und sonstigen Vergütungen (d) während des Dienstes und in Pension (e), Wittwen- und Waisenversorgung (f) nach Beendigung desselben.

§ 65.

a) **Rang und Titel** nebst damit verbundenen Vorrechten werden mit der Bestallung erworben[63]). Sie können besonders verliehen werden, sind aber meist schon Folge des Eintritts in eine bestimmte Beamtenstellung[64]).

Die höchste Klasse im Rang der Beamten ist durch das Prädikat Excellenz bedingt, welches dauernd erst mit Ernennung zum „Wirklichen Geheimenrath" erworben, vorübergehend aber auch von den Staatsministern während der Dauer dieser Stellung geführt wird[65]). Uebrigens bestehen für die höheren Beamten 5 Rangklassen:

I. Klasse: Unterstaatssekretäre und Abtheilungsdirektoren in den Ministerien, Ober-Präsidenten und Präsidenten der Ober-Rechnungs-Kammer[66]) und des Ober-Verwaltungsgerichts[67]).

---

60) V. v. 24. Jan. 1844 (GS. 52); ZustG. § 50²; KrO. v. 13. Dez. 1872 (GS. 1881 S. 180) § 55b Nr. 2.

61) StMB. v. 31. Aug. 1863 (MB. 194).

62) LR. II 13 § 16. — StGB. § 113, 114, u. 196. — Recht zum Waffengebrauch für Grenzaufsichtsbeamte Anm. 23 (S. 181), für Forst- und Jagdbeamte Anm. 47 (S. 149), für Polizeibeamte Anm. 21 (S. 261), für Gefängnißbeamte Anm. 7 (S. 215).

63) LR. II 10 § 84. — Strafe unbefugter Führung StGB. § 360⁸. — Verlust bei Aberkennung der bürgerlichen Ehrenrechte das. § 33 u. 34³ u. bei Dienstentlassung im Disciplinarverfahren G. v. 21. Juli 1852 (GS. 465) § 16².

64) V. v. 7. Feb. 1817 (GS. 61).

65) AE. v. 19. Feb. 1849 (MB. 39).

66) § 1—5 der V.

67) AE. v. 6. Nov. 1875 (GS. 602). — Die Senatspräsidenten stehen zwischen der 1. u. 2 Klasse AE. v. 28. Juli 1879 (GS. 571).

II. Klasse: Vortragende Räthe der Ministerien mit dem Titel „Geheimer Ober-Regierungs- (Finanz-, Justiz-, Kriegs-, Berg-) Rath", Regierungs-Präsidenten, Berghauptleute[66]), Ober-Verwaltungsgerichtsräthe[67]), Ober-Rechnungsräthe[68]), Oberlandesgerichts-Präsidenten[69]), Universitäts-Rektoren[70]) und der Polizei-Präsident von Berlin[71]).

III. Klasse: Sonstige vortragende (Geheime Regierungs- rc.) Räthe, Direktoren der General-Kommission und der Seehandlung[66 u. 72]), Provinzialsteuer-Direktoren[73]), Präsidenten der Ober-Landesgerichtssenate und Landgerichte, Ober-Staatsanwälte[69]), Räthe des General-Auditoriats[74]).

Hinter dieser Klasse rangiren die Ober-Regierungsräthe, Ober-Forstmeister und Polizei-Präsidenten außer Berlin[66]), die Ober-Präsidialräthe und Verwaltungsgerichts-Direktoren[75]), die Bevollmächtigten zur Kontrole der Reichssteuern[76]), die Oberpost- und Telegraphen-Direktoren[77]), die Korps-Auditeure und der Gouvernements-Auditeur zu Berlin[74]).

IV. Klasse: Regierungs-, Oberberg-, Konsistorial- und Landräthe, Polizei-Direktoren[66]), Forstmeister[78]), Landgerichts-Direktoren, Oberlandesgerichts-, Landgerichts- und Amtsgerichts-Räthe, erste Staatsanwälte[69]), Oberpost- und Post-Räthe[79]), Gouvernements- und Garnison-Auditeure[74]), ordentliche Professoren[80]) und der Landes-Direktor von Waldeck[81]).

V. Klasse: Assessoren, Rechnungs-, Steuer- und Polizei-Räthe[66]), Amtmänner in Hessen-Nassau und Waldeck-Pyrmont, Kirchspiels- und Hardesvögte in Schleswig-Holstein[81]), Oberförster[82]), Land- und Amtsrichter, Staatsanwälte[69]), außerordentliche Professoren[80]), Provinzial-Archivare[83]), Post- und Telegraphen-Direktoren und Inspektoren[84]), Bau- und Maschinen-Inspektoren[85]) und Strafanstalts-Inspektoren[86]).

Die Rechtsanwälte rangiren nach den Richtern; den älteren wird der Titel „Justizrath" verliehen[87]).

---

[68]) AE. v. 8. Okt. 1868 (GS. 1869 S. 961).

[69]) AE. v. 11. Aug. 1879 (GS. 579).

[70]) KO. v. 31. Dez. 1818 (KA. III 427).

[71]) KO. v. 26. Jan. 1834 (GS. 19).

[72]) Die Ernennung älterer Regierungs- u. Landräthe zu „Geheimen Regierungsräthen" ist nur eine Titelverleihung.

[73]) R. v. 15. Dez. 1826 (KA. X 934).

[74]) KO. v. 30. Mai 1871 (MB. 226).

[75]) Anm. 18 (S. 56) u. AE. v. 4. Aug. 1880 (GS. 349).

[76]) ER. v. 2. Okt. 1875 (MB. 264).

[77]) AE. v. 27. Dez. 1871 (RGB. 1872 S. 7).

[78]) AE. v. 18. Sept. 1850 (GS. 489) Nr. 3.

[79]) AE. v. 1. April 1871 (RGB. 103).

[80]) KO. v. 13. Nov. 1817.

[81]) AE. v. 26. April 1869 (GS. 648).

[82]) KO. v. 21. Okt. 1878 (MB. 284).

[83]) AE. v. 26. Nov. 1855 (MB. 1856 S. 26).

[84]) AE. v. 3. April u. 4. Sept. 1850 (GS. 300 u. 399) u. v. 17. Juli 1876 (RGB. 186).

[85]) AE. v. 1. Dez. 1879 (MB. 1880 S. 4) u. v. 17. Juni 1881 (MB. 178).

[86]) AE. v. 25. Nov. 1868 (GS. 1067).

[87]) R. v. 27. März 1878 (KJ. XI 235) u. KO. v. 1. Nov. 1835 (GS. 230).

Die **Subalternen** zerfallen in 4 **Klassen**, deren erste der 5ten der höheren Beamten entspricht:

I. **Klasse**: Ministerial-Sekretäre.

II. **Klasse**: Referendarien.

III. **Klasse**: Ministerial-Kanzlei-Sekretäre und Kanzlisten, Regierungs-Sekretäre[88]), Kreis- und Oberamts-Sekretäre[89]) und Postmeister[90]).

IV. **Klasse**: Regierungskanzlei-Sekretäre und Kanzlisten[88]), und Telegraphen-Sekretäre[91]).

Das Rangverhältniß der Civilbeamten gegenüber den Personen des Soldatenstandes und Geistlichen ist nicht näher geregelt.

Im Anschluß an die Rangklassen bestimmt sich die **Uniform** der Beamten[92]), welche bei feierlichen Gelegenheiten und beim Erscheinen vor dem König anzulegen ist[93]).

§ 66.

b) Das **Diensteinkommen** kann im Rechtswege in Anspruch genommen werden[94]). Seine Beschlagnahme, Verpfändung und Uebertragung unterliegt im Interesse der Subsistenzfähigkeit des Beamten mehrfachen Einschränkungen[95]). Gleiches gilt von der Besteuerung desselben Seitens der Gemeinden[96]). Durch Einberufung zum Militärdienst dürfen Beamte in ihrem Civilverhältniß keinen Schaden erleiden. Dies gilt vom Dienstalter (Anciennetät) wie vom Gehalt. Von letzterem wird deßhalb nnr die etwaige Offizier-Besoldung in Abzug gebracht und auch diese, wenn der Einberufene einen eignen Hausstand mit Weib und Kind hat und seinen Wohnort verlassen muß, nur insoweit, als Militär- und Civilgehalt zusammen den Betrag von 3600 Mark übersteigen[97]).

---

[88]) V. v. 7. Feb. 1817 (GS. 61) § 6 B.

[89]) KO. v. 25. Nov. 1843 (GS. 1844 S. 15); AE. v. 13. April 1874 (GS. 142).

[90]) AE. v. 4. Sept. 1850 (GS. 399).

[91]) AE. v. 12. Feb. 1856 (GS. 120).

[92]) KO. v. 10. Juni 1817 (KA. III 293); Zusammenstellung v. 21. April 1832 (KA. XVI 328), erg. in Betr. der Polizeibeamten CR. v. 31. Jan. 1845 (MB. 296) u. AE. v. 30. März 1873 (MB. 114), der Baubeamten Regl. v. 15. Sept. 1854 (MB. 178), der Steueraufsichtsbeamten CR. v. 17. Feb. 1844 (MB. 132), der Forstbeamten CR. v. 6. Mai 1847 (MB. 267), Regl. v. 29. Dez. 1868 (MB. 1869 S. 41) u. Zusatz vom 31. Jan. 1877 (MB. 59), der Gestütsbeamten AE. v. 17. März u. 15. Sept. 1862 (MB. 202 u. 303).

[93]) KO. v. 6. Okt. 1824 (KJ. XXIV 311).

[94]) G. v. 24. Mai 1861 (GS. 241) § 1 bis 8.

[95]) CProzO. § 715⁷ u. 749⁷ ᵘ· ⁸, StProzO. § 495.

[96]) S. § 72 Nr. 4 (S. 83 u. 84) d. W.

[97]) RMilG. (Fassung des G. v. 6. Mai 1880 RGB. 103) § 66; Ausf. StMB. v. 19. Juli 1850 (MB. 234). — Referendarien u. ähnlichen in der Vorbereitung befindlichen Beamten wird die demnächstige Anciennetät um die im Militär zugebrachte Zeit vordatirt. Nr. 15 das., AE. v. 7. April u. StMB. v. 8. Juni 1852 (MB. 157 u. 158). Unanwendbarkeit auf Militärbeamte StMB. v. 29. Jan. 1873 (MB. 25).

§ 67.

c) Die **Besoldung** (Gehalt) wird vierteljährlich im Voraus gezahlt[98]). Ein Anspruch auf Gehaltsverbesserung findet abgesehen von den Richtern[99]) nicht statt. Der Gehalt besteht in Geld, ausnahmsweise auch in Naturalbezügen (Erleuchtung und Feuerung[1]), Dienstgrundstücken und Dienstwohnung[2])).

Eine Aufbesserung der Gehälter ist durch Einführung der Wohnungsgeldzuschüsse bewirkt, welche den unmittelbaren Beamten und Lehrern, die nicht schon Anspruch auf freie Dienstwohnung oder Miethsentschädigung haben nach Maßgabe des Ranges und der Zugehörigkeit des Dienstortes zu einer der Militär-Servis-Klassen zugleich mit dem Gehalt gezahlt wird[3]).

Neben dem Gehalt wird den Beamten, welche in ihrem Dienst regelmäßige Aufwendungen für Bureau, Pferde und dergl. zu machen haben eine Dienstaufwandsentschädigung gewährt. Sie wird in der Regel als Pauschquantum festgesetzt und zugleich mit dem Gehalte gezahlt. Gleiches gilt von der den Beamten gewährten Schreibmaterialienvergütigung[4]).

§ 68.

d) Neben den regelmäßigen beziehen die Beamten in gewissen Fällen **besondere Vergütungen.** Bei Dienstgeschäften in einer Entfernung von mindestens 2 km. vom Wohnorte werden Tagegelder und Reisekosten gewährt, die nach dem Range der Beamten abgestuft sind[5]). Nach dem Range werden auch die Umzugskosten bemessen, auf welche die Beamten bei Versetzungen neben den persönlichen Tagegeldern und Reisekosten Anspruch

[98]) G. v. 6. Feb. 1881 (GS. 17) § 1. — Verjährung der Rückstände in 4 Jahren im Gebiet des LR. G. v. 31. März 1838 (GS. 249) § 2[5], des gem. Rechts V. v. 6. Juli 1845 (GS. 483) § 2[5].

[99]) § 184 d. W.

[1]) Diese können Unterbeamten in Dienstgebäuden, welche Heiz- 2c. Vorräthe unter sich haben, v. d. Provinzialbehörden gegen Entgelt widerruflich bewilligt werden. AE. v. 28. Jan. 1862 (MB. 326).

[2]) Regul. v. 26. Juli u. CR. v. 27. Okt. 1880 (MB. 263, JMB. 330).

[3]) G. v. 12. Mai 1873 (GS. 209) u. Ausf.Vf. v. 16. Mai 1873 (MB. 167). — Klasseneintheilung G. v. 3. Aug. 1878 (RGB. 243) Beil. II.

[4]) StMB. v. 11. Mai 1863 (MB. 189).

[5]) G. v. 24. März 1873 (GS. 122), Ausf. CR. v. 28. Aug. 1873 (MB. 253). Die Sätze sind erhöht und in Markrechnung u. Metermaß übergeführt G. v. 28 Juni 1875 (GS. 370) Art. II u. V. v. 15. April 1876 (GS. 107). Beamte ohne bestimmten Rang werden durch den Verwaltungschef klassificirt G. v. 28. Juni Art. I § 10. So erging für Forstbeamte CR. v. 27. Mai 1876 (MB. 142), Katasterkontroleure v. 6. Juli 1873 (MB. 359), Beamte der geistl., Unterrichts- und Medizinalverw. v. 17. Okt. 1879 (MB. 1880 S. 3), Archivbeamte v. 18. Juni 1873 (MB. 171). — Besondere Sätze für Justizbeamte Anm. 1 (S. 222), Medizinalbeamte Anm. 11 (S. 291), Gendarmen Anm. 22 (S. 261), Strafanstaltsbeamte im Aufsichtsdienst außerh. der Anstalt Anm. 44 (S. 271), Auseinandersetzungsbehörden Anm. 77 (S. 380), Staatseisenbahnbeamte Anm. 15 (S. 444).

haben. Außeretatsmäßige Beamte erhalten nur die letzteren, Beamte ohne Familie nur die Hälfte der Umzugskosten[6]).

Gratifikationen und Unterstützungen werden nur an einzelne Beamtenklassen, Remunerationen nur für außergewöhnliche Leistungen bewilligt[7]).

§ 69.

e) Den unmittelbaren Staatsbeamten und den Lehrern an höheren Unterrichtsanstalten mit Ausschluß der Universitäten wird beim Ausscheiden aus dem Dienst eine **Pension** gewährt[8]). Dabei wird eingetretene Dienstunfähigkeit und in der Regel eine mindestens 10jährige Dienstzeit vorausgesetzt[9]). Die Summe wird nach dem zuletzt bezogenen Diensteinkommen und nach der Dienstzeit in der Weise bemessen, daß sie mit vollendetem 11ten Dienstjahre $^{20}/_{80}$ des Gehalts beträgt und mit jedem weiter zurückgelegten Dienstjahr um $^{1}/_{80}$ bis überhaupt auf $^{60}/_{80}$ steigt[10]). Die Entscheidung hat der Departementschef. Bei Beamten die vom König ernannt sind ist Königliche Genehmigung erforderlich[11]). Der Bezug der Pension ruht bei Verlust des Indigenats oder bei Eintritt in ein Reichs- oder Staatsamt, insoweit Gehalt und Pension zusammen das frühere Gehalt übersteigen[12]).

§ 70.

f) Die **Fürsorge für die Hinterbliebenen** umfaßt die Sterbe- und Gnadenmonate und die Wittwenpension.

Um den Hinterbliebenen der Beamten den Uebergang in die neue meist beschränktere Stellung zu erleichtern, wird der Gehalt außer dem Sterbemonat noch für ein Gnadenquartal fortgewährt. Die Wohlthat umfaßt auch die Dienstwohnung mit Ausnahme der Arbeits- oder Sessionsstube[13]).

Die Gnadenbewilligung kommt der Wittwe, den Kindern und Enkeln zu, kann aber mit Ministerialgenehmigung auch armen Eltern, Geschwistern, Geschwisterkindern und Pflegekindern belassen werden, die vom Verstorbenen ernährt wurden. Sie ist der Beschlagnahme Seitens der Gläubiger und der Kommunalbesteuerung nicht unterworfen[14]). Von Pensionen wird außer dem Sterbemonat noch ein Gnadenmonat gewährt[15]).

---

6) G. v. 24. Feb. 1877 (GS. 15); Ausf. CR. v. 4. Mai 1877 (MB. 112), f. Forstbeamte v. 17. April 1877 (MB. 145). — Besondere Sätze für Gendarmen u. Staatseisenbahnbeamte Anm. 5.

7) CR. v. 7. Mai 1850 (MB. 301), d. JustM. v. 25. Aug. 1850 (JMB. 299).

8) PensionsG. v. 27. März 1872 (GS. 268). — Verfahren CR. v. 24. Sept. 1874 (MB. 249) u. in Betr. der indir. Steuerverw. v. 6. Jan. 1875 (MB. 66). Zwangsweise (unfreiwillige) Pensionirung dienstunfähiger Beamten § 63 d. W.

9) PG. § 1—7 u. 20.

10) Das. § 8—19.

11) Das. § 21—23.

12) Das. § 27—29; CR. v. 5. Feb. 1881 (MB. 77).

13) G. v. 6. Feb. 1881 (GS. 17) § 2 bis 4; KO. v. 27. April 1816 (GS. 134) Nr. 3 — Anwendbarkeit auf städtische Beamte KO. v. 22. Jan. 1826 (GS. 13) — Schullehrer s. § 307 d. W.

14) KO. v. 15. Nov. 1819 (GS. 45); G. v. 11. Juli 1822 (GS. 184) § 10 c.

15) PensionsG. § 31.

Der Bezug der Wittwen-Pension ist durch den Beitritt zur Königlichen allgemeinen Wittwen-Verpflegungs-Anstalt bedingt. Durch Friedrich II. als Gegenseitigkeits-Anstalt unter Staatsgarantie gegründet[16]), wurde sie später wegen Unzulänglichkeit der Mittel auf diejenigen Beamten beschränkt, denen der Beitritt gesetzlich zur Pflicht gemacht war, demnächst aber auf alle pensionsberechtigten unmittelbaren Staatsbeamten und die Assessoren bei den Provinzialverwaltungs- und Gerichtsbehörden ausgedehnt[17]). Damit war sie zur reinen Staatsanstalt geworden. Weiter wurden die Beiträge dem Altersverhältniß der Ehegatten entsprechend neu abgestuft und gleichzeitig die Antrittsgelder, Retardatzinsen für verspäteten Beitritt und das Karenzjahr (Einbehaltung der ersten Jahrespension) beseitigt[18]). Dagegen ist es bei der Beschränkung verblieben, wonach, wenn der Mann im ersten Jahr nach der Aufnahme stirbt, die Pension ausfällt und wenn er im zweiten oder dritten stirbt, nur $1/3$ derselben fällig wird[19]). — Die Verwaltung führt die dem Finanz-Minister untergeordnete General-Direktion der allgemeinen Wittwen-Verpflegungs-Anstalt[20]). — Alle unmittelbaren etatsmäßigen Staatsbeamten mit mehr als 750 Mark Diensteinkommen müssen bei ihrer Verheirathung eine Pension von mindestens $1/5$ des Gehalts bei der Anstalt versichern[21]). Befreit sind die Beamten, welche dieser Verpflichtung bei der allgemeinen Berliner Wittwen-Kasse genügen[22]) oder Mitglieder solcher Kassen in den neuen Landestheilen sind[23]).

Die Erfüllung der Verpflichtung ist von den Vorgesetzten zu kontroliren und dieserhalb die übrigens aufgehobene Verpflichtung zur Einholung des Heirathkonsenses[24]) für die beitrittspflichtigen Beamten beibehalten[25]).

V. Die Kommunalverbände.

1. Uebersicht.

§ 71.

Der Staat gliedert sich in Provinzen, Kreise und Gemeinden[1]) und diese Glieder haben die doppelte Bedeutung als Bezirke der staatlichen Verwaltung und als Körperschaften zur Erreichung selbstständiger wirthschaft-

[16]) Regl. v. 28. Dez. 1775 (NCC. V c 381). — Versorgung der Schullehrer-Wittwen- u. Waisen § 307 d. W.

[17]) KO. v. 27. Feb. 1831 (GS. 3) u. v. 6. Juli 1838 (GS. 378).

[18]) G. v. 17. Mai 1856 (GS. 477).

[19]) Das. § 1 c.

[20]) Publ. v. 17. Jan. 1838 (GS. 11) III 1.

[21]) Bek. v. 12. Nov. 1824 (GS. 216). KO. v. 14. Dez. 1833 (GS. 1834 S. 2). — Aufn.Bedingungen Bek. v. 17. Sept. 1872 (MB. 270). — Die bei d. Verheirathung nicht beitrittspflichtigen Beamten sind nachträglich nicht heranzuziehen CR. v. 5. Jan. 1864 (MB. 49).

[22]) CR. v. 11. Aug. 1841 (MB. 262).

[23]) V. v. 23. Sept. 1867 (GS. 1619) § 4.

[24]) Anh. § 70 z. LR. II 1. — KO. v. 9. Juli u. StMB. v. 17. Aug. 1839 (JMB. 302).

[25]) KO. v. 17. Juli 1816 (GS. 214) u. Dekl. v. 3. Sept. 1817 (GS. 301).

[1]) § 51, insbes. Anm. 11 d. W.

licher Zwecke. In den Gemeinden ist letztere Bedeutung die ursprüngliche und überwiegende. Ihre Bezirke und Organe sind zunächst für die eignen Angelegenheiten eingerichtet und erst später vom Staate für dessen Zwecke herangezogen. Umgekehrt bildeten die Provinzen und Kreise anfänglich Verwaltungsbezirke mit staatlichen Organen und erst die auf die Selbstverwaltung gerichteten Bestrebungen unserer Zeit haben sie als Verbände höherer Ordnung mit korporativen Rechten und eignen Organen ausgestattet. Diese Bestrebungen traten bereits in den während der zwanziger Jahre erlassenen Kreis- und Provinzialordnungen hervor, haben aber erst in der im letzten Jahrzehnt erfolgten Reorganisation einen festen Abschluß gefunden[2]). Hiernach wird — zunächst für die Provinzen Ost- und Westpreußen, Brandenburg, Pommern, Schlesien und Sachsen — bei vollständiger Ueberweisung einzelner Verwaltungszweige an die Selbstverwaltungskörper auch die Mitwirkung der letzteren bei Geschäften der allgemeinen Staatsverwaltung in ausgedehntem Umfange in Anspruch genommen[3]). Im Wesentlichen ist diese Gesetzgebung eine provinzielle geblieben und die Verfassung hat ausdrücklich festgesetzt, daß die Vertretung und Verwaltung der Gemeinden, Kreise und Provinzen durch besondere Gesetze bestimmt werde[4]).

Die Dreitheilung in Gemeinden, Kreise und Provinzen gestattet die Erfüllung aller staatlichen und Verbandszwecke, ohne daß es weiterer Zwischenglieder bedarf und dies tritt um so mehr hervor, jeweiter die Organisation dieser Verbände entwickelt ist. Die Beseitigung der zwischen Provinzen und Kreisen noch bestehenden kommunalständischen Verbände bildet hiernach nur eine Frage der Zeit. Auch die Einschiebung von Sammt- und Amtsgemeinden zwischen Kreis und Gemeinde erscheint nur als verfehlter Versuch, der dem Mangel einer gehörigen Landgemeindeorganisation Abhülfe schaffen soll[5])

---

[2]) § 75 u. 76 d. W. — Geschichte § 30 Abs. 4 das. — Wesen u. Bedeutung der Selbstverwaltung S. 2—7 der oben (Anm. 6 S. 54) erwähnten Schrift. — **Preußen wie im Wesentlichen auch Deutschland schlägt den Mittelweg ein zwischen dem streng centralisirten Frankreich, welches die Selbstverw. nur als genau umschriebenes und eng eingegrenztes Glied der staatlichen Verw. kennt und dem frei gestalteten England, das die gesammte örtliche Verw. bis auf Justiz u. einen Theil der Polizei in Gemeinde u. Grafschaft verweist u. dem Staat nur eine ergänzende Thätigkeit beläßt.**

[3]) § 51 Abs. 2 u. in Betr. der Verw.-Gerichtsbarkeit § 57 d. W.

[4]) VU. Art. 105 (Fassung des G. v. 24. Mai 1853 GS. 228). Nach der ursprünglichen Fassung war eine gemeinsame Regelung beabsichtigt. Demgemäß ergingen die GemeindeO. u. die Kreis-, Bezirks- u. ProvO. v. 11. März 1850 (GS. 213 u. 251). Beide sind aufgehoben u. die früheren Vorschriften wieder in Kraft gesetzt. G. v. 24. Mai 1853 (GS. 238).

[5]) Kommunalständische Verbände bilden die Ober- u. die Niederlausitz u. die sechs Provinziallandschaften in Hannover f. d. Fürstenth. Kalenberg, Grubenhagen u. Göttingen, d. Fürstenth. Lüneburg, d. Grafschaft Hoya-Diepholz, d. Herzogth. Bremen-Verden, d. Fürstenth. Osnabrück, d. Fürstenth. Ostfriesland u. d. Fürstenth. Hildesheim. V. v. 22. Sept. 1867 (GS. 1635). — Aufgehoben sind dagegen die Verbände f. d. Neumark G. v. 19. Jan. 1881 (GS. 10) u. f. Alt- u. Neuvorpommern. G. v. 18. Jan. 1881

Die Organisation der Selbstverwaltung beruht auf den Elementen des Grundbesitzes und der Mehrheitswahl der Betheiligten. Auf dieser Grundlage bilden sich Vertretungen (Gemeinde-, Stadtverordneten-Versammlungen, Kreis- und Provinziallandtage), welche die Verwaltung kontroliren, während diese selbst von enger begrenzten Vertretungskörpern (Magistraten, Kreis-, Provinzialausschüssen) und von gewählten Einzelbeamten (Gemeindevorstehern, Bürgermeistern, Landesdirektoren) geführt wird.

Mit der Erweiterung der Selbstverwaltung hat auch das Finanzwesen der Kommunalverbände, welches auf ähnlichen Grundlagen wie dasjenige des Staats[6]) beruht, eine erhöhte Bedeutung gewonnen. — Als Einnahmen finden sich neben Vermögenseinkünften, Gebühren und Steuern auch Dotationen, die vom Staat oder den höheren Verbänden bei Uebertragung einzelner Verwaltungszweige oder zur Ausgleichung der zwischen Bedürfniß und Leistungsfähigkeit in den Verbänden hervortretenden Mißverhältnisse gewährt werden. Die Vermögenseinnahmen sind nur für die Gemeinden von einigem Belang[7]). Den Schwerpunkt bilden überall die Steuern und auch hier treten die Gemeinden in den Vordergrund, da auf diese vielfach der Bedarf der höheren Verbände vertheilt wird und so die Steuern der letzteren zusammen mit den Gemeindesteuern zur Veranlagung und Hebung gelangen[8]).

2. Die Gemeinden.

§ 72.

a) **Gemeinden überhaupt.** (Begriff und Geschichte). Die Gemeinde bildet den Grundstein des ganzen Staatsorganismus, den nicht weiter auflösbaren untersten Knoten, in dem alle Fäden des öffentlichen Lebens zusammenlaufen. Sie ist gleichzeitig wirthschaftlicher und politischer Verband und wurzelt bei diesem Doppelcharakter sowohl in der ältern Marken- wie in der früheren Gerichtsverfassung. Sie ist dabei die Heimstätte aller Selbstverwaltung, wenngleich diese Bedeutung in den verschiedenen Phasen der staatlichen Entwickelung nicht immer in gleichem Maße zur Geltung gekommen ist. Während des Mittelalters konnte die Gemeinde sich ziemlich frei bewegen. Einschränkungen erlitt sie höchstens durch die Grundherrschaft; der Staat trat ihr nirgends in den Weg. Mit dem Wachsen der landesherrlichen Gewalt während der drei letzten Jahrhunderte trat die selbstständige Bedeutung der

(GS. 7). — Die Regierungs-Bezirke bilden keine Verbände, soweit sie nicht mit der Provinz zusammenfallen, wie in Schlesw.-Holstein oder an Stelle derselben treten, wie in Hessen-Nassau u. Hohenzollern § 76 d. W. — Ueb. Sammtgemeinden s. § 73 (S. 87) insbes. Anm. 48 d. W.

6) S. üb. Etats-, Kassen- u. Rechnungswesen § 113—115, üb. Staatsgüter u. Forsten § 119, Staatsschulden. § 123, Gebühren § 128, Steuern § 129 d. W.

7) § 72 Nr. 3 das.

8) Nr. 4 das. — Bedeutung dieser Repartition S. 37 u. 38 der oben (Anm. 6 S. 54) erwähnten Schrift.

Gemeinde dagegen zurück. Der absolute Staat sah in derselben nur den Verwaltungsbezirk, im Gemeindevorsteher nur den Staatsbeamten, in der Gemeindesache nur die Staatsangelegenheit. Die weiteste Ausbildung fand dieses System in Frankreich[2]), dessen Einrichtungen auf das westliche Deutschland nicht ohne Einfluß geblieben sind. Immerhin hatten sich einzelne Keime des freien Gemeindewesens durch diesen Zeitraum hindurch gerettet und an diese hat die Gesetzgebung unseres Jahrhunderts wieder angeknüpft und die kommunale Selbstständigkeit mit dem heutigen Staatswesen zu vereinigen gesucht. Den Beginn machten die Städte, denen schon durch die Unabhängigkeit vom Grundherrn eine freiere Stellung verblieben war. Vorbild wurde die **Preußische Städteordnung** des Freiherrn v. Stein, die in freisinnigster Weise die Bürger zur Mitthätigkeit in der Gemeinde heranzog[9]), in den später erworbenen Landestheilen jedoch in einer die Staatsaufsicht stärker betonenden revidirten Gestalt zur Geltung gelangte[10]). Nach Beseitigung des Planes einer einheitlichen Regelung[4]) ist die Gemeindegesetzgebung wieder in die früheren Bahnen zurückgekehrt, in denen sowohl die einzelnen Landestheile als innerhalb derselben die Stadt- und Landgemeinden ihre gesonderte Ordnung fanden. Nur einzelne Gegenstände haben eine **gemeinsame Regelung** erfahren. Insbesondere ist unbeschadet der verschiedenartigen inneren Verfassung[11]) die äußere Stellung der Gemeinde im Wesentlichen gleichartig festgestellt[12]):

1. Die Gemeinde bildet eine Korporation[13]) und hat besondere Rechte

---

9) StädteO. v. 19. Nov. 1808 (GS. $18\frac{06}{10}$ S. 324).

10) Revid. StädteO. v. 17. März 1831 (GS. 9).

11) § 73 u. 74 d. W.

12) **Uebersicht der Stadt- u. Landgemeinden u. Gutsbezirke** (1875):

Provinz	Zahl der			Prozentsatz der Bevölkerung in			Durchschnittliche Einwohnerzahl der			Von den Landgemeinden und Gutsbezirken hatten			
	Städte	Landgemeinden	Gutsbezirke	Städten	Landgemeinden	Gutsbezirken	Städte	Landgemeinden	Gutsbezirke	unter 200 Einwohner	200—500 Einwohner	500—1500 Einwohner	über 1500 Einwohner
st- u. Westpreußen .	121	7 614	4 024	23	60	17	6 179	251	134	4 303	2 384	897	30
randenburg (außer Berlin)	135	3 182	1 998	36	53	11	5 751	363	115	1 198	1 404	425	58
ommern	73	2 158	2 506	33	42	25	6 568	288	144	1 065	783	299	11
osen	138	3 431	2 003	28	50	22	3 215	233	181	1 958	1 176	288	9
chlesien	148	5 473	3 667	26	65	9	6 718	460	91	1 716	2 101	1 472	187
achsen	144	3 025	1 083	40	57	3	6 055	406	64	1 056	1 239	651	79
chl.-Holstein	56	1 688	331	34	57	9	6 484	362	303	597	823	261	34
annover	115	4 032	167	28	71	1	4 910	357	79	1 553	1 624	790	65
estfalen	102	1 509	21	31	69	—	5 736	874	101	222	455	607	225
essen-Nassau	108	2 224	197	34	66	—	4 564	435	34	572	1 003	607	42
heinprovinz	140	3 158	9	39	61	—	10 670	731	45	720	1 132	971	334
ohenzollern	7	119	—	18	82	—	1 743	456	—	30	43	45	1
Staat	1 288	37 613	16 006	34	58	8	6 826	397	126	14 990	14 167	7 413	1 075

13) LR. II 6 § 25, II 7 § 19. Code civ. Art. 2227; vgl. § 252 d. W. — Erwerb von Vermächtnissen LR. I 12 § 39, 423 u. 424. — Gerichtsstand CProzO. § 19; Zustellungen das. § 157 u. 169; Zwangsvollstreckung EinfG. v. 30. Jan. 1877 (RGB. 244) § 15[4], Preuß. Gerichts-O. Anhang § 153 nebst

und Pflichten, die vorzugsweise durch ihre Stellung als Bezirk der staatlichen Lokalverwaltung bedingt erscheinen[14]. — Die Gemeindebehörden sind in der Regel mit allen Geschäften der letzteren betraut. Eine Ausnahme macht die Polizeiverwaltung, insofern diese in den größten Städten durch Königliche Behörden und in den Landgemeinden der meisten Provinzen durch besondere zwischen Kreis- und Gemeindebehörde eingeschobene Organe wahrgenommen wird[15]. In Schleswig-Holstein und in den westlichen Provinzen sind diesen Zwischenorganen auch anderweite Verwaltungsgeschäfte übertragen[16]. — Die Gemeindebeamten haben Rechte und Pflichten der mittelbaren Staatsbeamten[17].

2. Die Gemeindemitgliedschaft berechtigt zur Benutzung der Gemeindeanstalten und verpflichtet nach Ablauf von drei Monaten zur Tragung der Gemeindelasten[18]. Sie wird lediglich durch Wohnsitznahme erworben und diese darf nur unter bestimmten Voraussetzungen versagt oder beschränkt werden[19]. Personen, die ohne im Gemeindebezirk zu wohnen daselbst Grundbesitz haben oder ein stehendes Gewerbe, eine Pachtung oder Bergbau betreiben, werden Forensen (Ausmärker) genannt. Die Gemeindemitgliedschaft

R. v. 17. Nov. 1847 (MB. 277) u. (im Geb. der KreisO.) ZustG. § 43 [3].

[14]) Verpflichtung zur Armenpflege § 286, zur Unterhaltung der Volksschule § 305 (S. 336), zum Wegebau § 368, zu Kriegs- u. Friedensleistungen § 101—103, zur Stammrollenführung § 87, zur Hebung der Staatssteuern § 133, zur Haltung der GS. u. des AmtsBl. § 37 (Anm. 86), zur Tragung der sächlichen Polizeiverwaltungskosten § 222 d. W. — Streitigkeiten üb. die den Landgemeinden gesetzlich obliegenden Pflichten entscheidet im Geb. der KrO. der Kreisausschuß ZustG. § 51.

[15]) S. § 222 d. W.

[16]) V. v. 22. Sept. 1867 (GS. 1587) § 4; Westf. LGO. (Anm. 59) § 74; Rhein. GO. (das.) § 108. — Die Amtshauptmänner in Hannover u. die Amtmänner in Nassau gehören ihrem Wesen nach zu den Kreisverwaltungsbehörden Anm. 52 (S. 60).

[17]) LR. II 10 § 69. Vgl. § 58 d. W. — Städtische Subaltern- u. Unterbeamtenstellen sind mit Versorgungsberechtigten (§ 59 Anm. 19 d. W.) zu besetzen, soweit nicht eine höhere od. eigentliche Geschäftsbildung erforderlich ist Dekl. v. 29. Mai 1820 (GS. 79) u. Regl. v. 16. Juni 1867 (MB. 280) § 11. Letztere Voraussetzung trifft bei Kämmereirendanten u. Kommunalkassen-Beamten zu KO. v. 1. Aug. 1835 (GS. 179). — Geltung dieser Gesetzgebung in Neuvorpommern KO. v. 23. Jan. 1846 (GS. 25), in den neuen Provinzen AE. v. 22. Sept. 1867 (GS. 1667), in Lauenburg G. v. 25. Feb. 1878 (GS. 97) § 6 [1]. — In den Landgemeinden wird die Versorgungsberechtigung an sich nicht erfordert CR. v. 30. Sept. 1840 (MB. 340). — Die Stellen der Gemeinde- u. Instituts-Forstbeamten unterliegen den besondern Bestimmungen v. 9. April u. 13. Sept. 1880 (MB. 119 u. 307). Pensionsberechtigung dieser Beamten in der Rheinprov. G. v. 11. Sept. 1865 (GS. 980). — Anspruch auf Gnadenquartal Anm. 13 (S. 77). — Disciplinarbestrafung § 62 nebst Anm. 56.

[18]) FreizügigkeitsG. v. 1. Nov. 1867 (BGB. 55) §. 8.

[19]) § 10 d. W. — Die Wohnsitznahme beruht auf der Absicht, dauernd an einem Orte zu bleiben u. diese kann ebensowohl aus bestimmten Erklärungen als aus Handlungen oder Thatsachen (Uebernahme eines Amtes, Beginn eines Handels oder Gewerbebetriebs, Einrichtung einer Wirthschaft) gefolgert werden. Preuß. GerO. I 2 § 10—14, R. v. 10. Okt. 1855 (MB. 178). Aehnlich Code civil Art. 102—109.

fällt hiernach weder mit dem Unterstützungswohnsitz[20]) noch mit dem das Gemeindewahlrecht und die Theilnahme an den Bürgernutzungen in sich schließenden Bürgerrecht[21]) zusammen.

3. Das Gemeindevermögen (Kämmereivermögen) steht dem Gemeindeglieder- oder Bürgervermögen gegenüber, dessen Nutzung einzelnen Gemeindegliedern als solchen zusteht[22]). Die Verwaltung des Gemeindevermögens unterliegt der staatlichen Aufsicht, um jede Vergeudung zum Nachtheil der folgenden Generationen auszuschließen. Besonders ausgedehnt ist diese Aufsicht bei **Gemeindeforsten,** deren Erhaltung zugleich durch allgemeine Rücksichten geboten erscheint[23]). In den älteren Provinzen hat die Bewirthschaftung dieser Forsten unter Anstellung befähigter Personen nach Betriebsplänen zu erfolgen, die der Genehmigung des Regierungs-Präsidenten (bez. der Regierung) unterliegen und die Nachhaltigkeit des Betriebs sichern sollen[24]). Daneben können die Gemeinden im Landeskulturinteresse unter theilweiser Beihülfe des Staats zur Aufforstung unkultivirter Grundstücke angehalten werden[25]). In Theilen der Provinz Hannover und in Hessen-Nassau ist die staatliche Aufsicht zur vollständigen Bewirthschaftung durch Staatsforstbeamte gesteigert (Beförsterung)[26]).

4. Die Gemeindesteuern genießen als öffentliche Abgaben ähnliche Vorrechte, wie die Staatssteuern[27]). Auch sie zerfallen in Personal- und Realsteuern. Die Beitragspflicht in Betreff der ersteren wird durch die Gemeindemitgliedschaft bestimmt[28]). Militärpersonen sind ganz frei[29]); besoldete Beamte, in Betreff deren der Sitz ihrer Behörde als Wohnort gilt und

[20]) § 286 d. W.

[21]) § 74 Nr. 1 u. Anm. 80. — Der Gewerbebetrieb ist vom Besitz des Bürgerrechts unabhängig; doch müssen Gewerbetreibende auf Verlangen das Bürgerrecht nach Ablauf von 3 Jahren erwerben. GewO. v. 21. Juni 1869 (RGB. 245) § 13.

[22]) Unzulässigkeit der Verwandlung in Privatvermögen Anm. 50 (S. 376).

[23]) § 339 d. W.

[24]) In den 7 östlichen Provinzen G. v. 14. April 1876 (GS. 373), (Aenderung der Frist in § 11 auf 2 Wochen ZG. § 42); AusfInstr. v. 21. Juni u. (zu § 14) v. 19. Juli 1877 (MB. 259 u. 204). — Westliche Provinzen V. v. 24. Dez. 1816 (GS. 1817 S. 57). — Hohenzollern V. v. 2. Aug. u. 25. Sept. 1848. — Gemeindeforstbeamte Anm. 17. — Alle diese Vorschriften gelten auch von Anstalts- u. Genossenschaftsforsten Anm. 54 (S. 388).

[25]) Oestliche Prov. G. v. 1876 § 8, 9; Rheinprov. Gem. G. v. 15. Mai 1856 (GS. 435) Art. 23 u. V. v. 1. März 1858 (GS. 103).

[26]) Fürstenth. Hildesheim V. v. 21. Okt. 1815 Nr. I u. II; Fürstenth. Kalenberg, Göttingen-Grubenhagen G. v. 10. u. Bek. v. 26. Juli 1859 (Hann. GS. I 725 u. 739), ausgedehnt auf Hohenstein G. v. 30. Okt. 1860 (das. 164). — Kurhessen G. v. 21. Juni 1821 (Kurh. GS. 29) § 132, Ausschr. v. 28. Aug. 1824 (das. 71). — Nassau Ed. v. 9. Nov. 1816. — Geltung dieser Vorschriften für Anstalts- u. Genossenschaftsforsten Anm. 54 (S. 388).

[27]) Diese betreffen die Verjährung, die Zulässigkeit des Rechtswegs (vgl. Anm. 39 S. 99), die Beitreibung im Verwaltungswege u. die Stellung im Konkurse § 131 d. W.

[28]) S. oben Nr. 2 u. § 4 der Städteordnungen f. d. ält. Provinzen (Anm. 75 u. 92).

[29]) § 90 Anm. 69 (S. 118) d. W.

Pensionäre genießen einige Begünstigungen. Ihr Diensteinkommen darf nur besteuert werden, wenn alle Pflichtigen nach dem Maßstabe ihres persönlichen Einkommens herangezogen werden und ist dabei nur halb so hoch als das letztere und mit höchstens 1 bis 2 Proz. zu veranlagen. Besoldung und Ruhegehalt der Geistlichen und Elementarlehrer, Pensionen und Wartegelder unter 750 M. und Dienstaufwandsentschädigungen, Wittwen- und Waisenpensionen, Sterbe- und Gnadenquartale sind überhaupt nicht Gegenstand der Besteuerung[30]. — Den Realsteuern sind nur die im Gemeindebezirk belegenen Steuerobjekte unterworfen. Gänzlich befreit sind alle zum öffentlichen Gebrauch dienenden Grundstücke und Gebäude[31].

Die Aufbringung der Gemeindesteuern ist verschiedenartig, da die Feststellung des Maßstabes in der Regel dem Beschluß der Gemeinden unter Genehmigung der Aufsichtsbehörden überlassen ist. Die Feststellung einheitlicher Grundsätze, obwohl zur Vermeidung von Doppelbesteuerungen[32] unerläßlich, ist bislang vergeblich erstrebt. Es stehen sich zwei Systeme gegenüber, jenachdem die Abgaben durch Zuschläge zu den Staatssteuern oder in der Form selbstständiger Gemeindesteuern aufgebracht werden[33]. In Preußen wird zur Vermeidung doppelter Veranlagung und aller Konflikte mit der Staats-

[30]) G. v. 11. Juli 1822 (GS. 184). Anwendbarkeit auf mittelbare Staatsbeamte KO. v. 14. Mai 1832 (GS. 145), auf Pensionen u. Erziehungsgelder, die aus Allerhöchst genehmigten Versorgungsanstalten fließen Dekl. v. 21. Jan. 1829 (GS. 9). Diese Vorschriften gelten in den älteren Provinzen (Gem. VerfGesetze Anm. 45, 59, 75 u. 92, Neuvorpommern G. v. 23. Feb. 1870 GS. 133) u. sind auf Frankfurt a. M. ausgedehnt V. v. 25. März 1867 (GS. 401) § 11, während übrigens ähnliche Grundsätze besonders in die neuen Provinzen eingeführt wurden V. v. 23. Sept. 1867 (GS. 1648).

[31]) Aeltere Provinzen s. d. StädteO. (Anm. 75 u. 92) § 4 u. KO. v. 8. Juni 1834 (GS. 87). Die Grundstücke des Reichs stehen den Staatsgrundstücken gleich RG. v. 25. Mai 1873 (RGB. 113) § 1. — Dienstwohnungen gelten i. S. des GebäudestG. v. 21. Mai 1861 (GS. 317) § 3 [2] als zum öffentlichen Gebrauch bestimmt. Abweichend d. Hannov. StädteO. (Anm. 98) § 13. Grundsätze f. Heranziehung der Eisenbahngesellschaften ER. v. 29. Sept. 1856 (MB. 256) u. v. 5. Juni 1879 (MB. 160), der Versicherungsanstalten ER. v. 23. Sept. 1873 (MB 266) u. v. 31. Jan. 1879 (MB. 52).

[32]) Die Freilassung des Einkommens aus auswärtigem Grundbesitz u. Gewerbebetrieb ist in den Gemeindegesetzen nicht gleichmäßig geregelt. Vgl. StädteO. f. d. östl. Prov. (Anm. 75) § 53, f. Westfalen (Anm. 92) § 52 u. f. d. Rheinprov. (das. § 49).

[33]) Auch in dieser Frage stehen England u. Frankreich mit einander im Gegensatz (Anm. 2). England besitzt ein völlig selbstständiges Gemeindesteuersystem, welches ursprünglich auf der als lokalisirter Einkommensteuer erhobenen Armensteuer beruhte. An diese reihten sich weitere Zuschläge an (rate), die für jedes einzelne Bedürfniß besonders erhoben wurden (Zwecksteuersystem). Die Schätzung (communal taxation) ist die Grundlage für die staatliche income tax (Anm. 69 S. 175) geworden; übrigens besteht keine Beziehung zwischen den Gemeinde- u. Staatsfinanzen. — In Frankreich stehen neben starker Belastung des Verkehrs und Verbrauchs (Anm. 6 S. 178) die Gemeindesteuern als Zuschläge (centimes additionelles) in völliger Abhängigkeit von dem Staatssteuersystem.

steuer das erstere System mit Vorliebe angewendet[34]). Als selbstständige Gemeindesteuern kommen daneben in Betracht:

a) Die Gemeindeeinkommensteuer erscheint nur als eine besondere Form für die Zuschläge zur staatlichen Klassen- und Einkommensteuer, mittelst deren die Heranziehung der Forensen, juristischen und sonstigen Personen bezweckt wird, die von der Staatssteuer nicht getroffen oder ganz oder theilweise befreit sind[35]).

b) Die Hundesteuer kann mit 1,50 bis 9 M. für den Hund von den Gemeinden eingeführt werden[36]).

c) Das Feilbieten und Verauktioniren aus Wanderlagern ist neben der staatlichen Hausirgewerbesteuer einer Gemeindeabgabe unterworfen, die in der ersten Gewerbesteuerabtheilung 50 M., in der zweiten und dritten 40 M. wöchentlich beträgt. In der vierten Abtheilung und in Hohenzollern kommt sie mit 30 M. für die Kreis- bez. Amtsverbände zur Hebung[37]).

d) Die Miethsteuer[38]).

e) Abgaben von Tanzlustbarkeiten zu Armenzwecken[39]).

f) Die indirekten Gemeindesteuern[40]), zu denen die Abgaben c. bis e. bereits den Uebergang bilden, sind auf die zur örtlichen Konsumtion bestimmten Gegenstände beschränkt[41]) und haben sich seit Aufhebung der staatlichen Mahl- und Schlachtsteuer erheblich vermindert, da die zugelassene Forterhebung der Schlachtstener als selbstständiger Gemeindesteuer sich wegen der hohen Erhebungskosten von 10 bis 21 Proz. als minder vortheilhaft erwies[42]). Außer dieser Steuer bestehen Zu-

[34]) Die Zuschläge umfaßten (1876) etwa 63 Proz. aller Gemeindesteuern. Letztere betrugen ausschließlich der Naturalleistungen u. der besonders gehobenen Kirchen-, Schul-, Armen-, Kreis- u. Provinzialsteuern 139¼ Mill. M.; auf den Kopf 5,42 M. (9½ M. in den Städten, 3¼ M. in den Landgemeinden) u. 92 Proz. der Staatssteuern.

[35]) G. v. 25. Mai 1873 (GS. 213) § 9ª u. v. 10. März 1881 (GS. 126) § 3.

[36]) Aeltere Provinzen: KO. v. 29. April 1829 (KA. XIII 354 u. MB. 1849 S. 243). Ausdehnung auf die Landgemeinden KO. v. 18. Okt 1834 (KA. XVIII 1092). — In Schl.-Holstein ist die Steuer auf die Städte beschränkt Pat. v. 20. März 1807 u. v. 24. Mai 1834 (Chron. Sammlung 85 u. bez. 377), in Hannover dagegen auch den Amtsverbänden gestattet Ausschr. v. 2. Sept. 1865. Nassau V. v. 24. Okt. 1864 (VBl. 150). In Kurhessen u. d. großh. hessischen Theilen ist die Forterhebung der früher staatlichen Abgabe den Gemeinden gestattet. V. v. 28. April 1867 (GS. 538) § 16 u. v. 26. Sept. 1867 (GS. 1666) § 2.

[37]) G. v. 27. Feb. 1880 (GS. 174).

[38]) Für Berlin V. v. 26. Jan. 1816 (GS. 3) Nr. IV. — Bedeutung der Steuer Anm. 28 (S. 170) — Begünstigung der Reichsbeamten Anm. 33 (S. 22).

[39]) S. § 287 d. W.

[40]) Bedeutung der indirekten Besteuerung § 129 d. W.

[41]) ZollVertr. v. 8. Juli 1867 (BGB. 81) Art 5 § 7.

[42]) G. v. 25. Mai 1873 (GS. 222) § 2—4. Die Steuer ist in Potsdam, Breslau, Posen, Gnesen, Koblenz mit Ehrenbreitstein u. Aachen mit Burtscheid beibehalten. Die indirekte Steuer betrug 1876 nur 5 Proz. des Gesammtauf-

schläge zur Braumalzsteuer und in den neuen Provinzen, insbesondere im Regierungsbezirk Kassel einzelne Abgaben von Weizenmehl, Fleisch, Getränken und Essig. — Die Erhebung von Einzugsgeldern ist überall beseitigt[43]).

§ 73.

b) **Landgemeinden und Gutsbezirke.** Zu den Landgemeinden (Gutsbezirken) gehören alle Gemeinden, auf welche die Städteordnungen keine Anwendung finden[44]). Ihre Verfassung ist nach drei Gruppen zu betrachten, von denen die erste die sieben östlichen, die zweite die beiden westlichen und die dritte die drei neuen Provinzen nebst Hohenzollern umfaßt.

1. Die Landgemeindegesetzgebung der sieben östlichen Provinzen reicht bis auf das Landrecht zurück und ist trotz späterer Ergänzungen desselben weder formell noch materiell zu einem befriedigenden Abschluß gebracht[45]). Formell entbehrt sie der erforderlichen Uebersichtlichkeit, obgleich sie von Organen gehandhabt werden muß, die eine einfache leicht zu übersehende Gesetzgebung am Wenigsten zu entbehren vermögen. Materiell fehlen die geeigneten Anhaltspunkte, nach denen die Gemeinde überall zweckentsprechend gebildet und eingerichtet werden kann. Das Gesetz bestimmt zwar, daß jedes Grundstück mit einem Gemeinde- oder Gutsbezirk vereinigt werden soll und giebt hierfür wie für sonstige Veränderungen der Gemeindebezirke nähere formelle Vorschriften[46]). Das Verfahren ist indeß zu schwierig, auch haben sich keine festen Verwaltungsgrundsätze für die Gemeindebildung entwickelt und diese ist deßhalb eine ziemlich unvollständige geblieben[47]). Dieser Mangel ist ebenso fühlbar bei dem Aufbau der Verbände höherer Ordnung, als bei den Versuchen zur Regelung der auf der Gemeindepflicht beruhenden Gebiete des Armen-, Schul- und Wegewesens hervorgetreten.

kommens der Gemeindesteuer gegen 22[37] Proz. im Jahre 1869. — Mit der Schlachtsteuer kann die Wildpretsteuer verbunden werden AE. v. 14. April 1848 (GS. 131).

[43]) G. v. 2. März 1867 (GS. 361) u. FreizügigkeitsG. v. 1. Nov. 1867 (BGB. 55) § 8. — Bürgerrechtsgewinn- u. Einkaufsgelder in das besondere Bürgervermögen sind nicht ausgeschlossen. Anm. 59 u. 83.

[44]) S. § 74 d. W.

[45]) LandR. II 7 Abschn. 2. Einf. in d. vormals westfälischen Theile der Prov. Sachsen Zwei V. v. 31. März 1833 (GS. 61 u. 62). Das LR. gilt nicht in Neuvorpommern u. kommt auch übrigens nur subsidiär insoweit zur Anwendung, als nicht Provinzialgesetze (Schles. DorfPolO. u. SchulzenInstr. v. 1. Mai 1804 Schles. Edikten Samml. IX 79 u. 118), Verträge (Urbarien), Privilegien od. Herkommen (Observanz ER. v. 20. Juli 1839 KA. XXIII 128) ein Anderes bestimmen. — In allen sieben Provinzen gilt das LandgemVerfG. v. 14. April 1856 (GS. 359) nebst Instr. v. 14. Juli 1856 (MB. 180). Mit Ausnahme von Posen kommt ferner die KrO v. 13. Dez. 1872 (neue Fassung GS. 1881 S. 180) § 21—15 nebst Instr. v. 20. Sept. 1873 (MB. 259) u. das ZustG. v. 26. Juli 1876 (GS. 297) § 40—43, 45, 49—51, 60 u. 61 zur Anwendung.

[46]) LGemG. v. 1856 § 1, 2 nebst Instr. Art. 2, 3 u. ZustG. § 40, 41 u. 42 [1]. — Anlegung von Kolonien § 280 d. W.

[47]) Vgl. die Uebersicht Anm. 12. — Die Hälfte aller Landgemeinden im

Die wichtigste Frage bildet hier die angemessene Umgrenzung der Landgemeindebezirke. Wo ein geschlossenes Zusammenleben in dem zur Erfüllung der Gemeindezwecke erforderlichen Umfange sich vorfindet, ist dieselbe schon thatsächlich gelöst. Wo dagegen diese Voraussetzung nicht zutrifft, muß die Verwaltung nachhelfen, indem sie die zerstreuten Elemente zusammen- oder an bestehende Gemeinden anschließt (Inkommunalisirung.) Die Grenzen dürfen dabei weder so weit gezogen werden, daß die Möglichkeit des unmittelbaren örtlichen Zusammenwirkens und der gemeinsamen Benutzung der Gemeindeeinrichtungen darüber verloren geht, noch zu eng, da alsdann die Gemeinde die zur ordnungsmäßigen Erfüllung ihrer Aufgaben erforderliche Leistungsfähigkeit nicht besitzen würde. Die organisirte Kreishülfe schafft übrigens in letzterer Beziehung wesentliche Erleichterungen. In diesen Grenzen müssen alle zur Entwickelung einer regen kommunalen Thätigkeit unfähigen Glieder auch gegen ihren Willen verbunden werden können. Sie sind nur Scheingemeinden, nur todtes Holz am Baum des Gemeindelebens und dieser kann nur, wo dasselbe entfernt wird, gedeihen und Früchte tragen.

Auf diesen thatsächlichen Grundlagen vollzieht sich die Gemeindeorganisation in einfachster und natürlichster Weise, ohne daß es der Einrichtung von Sammtgemeinden bedarf, die immer auf ein künstliches Zusammenschweißen auseinander strebender Elemente hinauslaufen werden und weder die Gemeinde ersetzen, noch überhaupt zu einer festen Stellung zwischen dieser und dem Kreise gelangen können[48]).

Nach gleichen Grundsätzen findet die vielbestrittene Frage der Zulässigkeit der Gutsbezirke ihre naturgemäße Lösung[49]). Diese bieten zwar für das geregelte Zusammenwirken einer Mehrzahl von Gemeindegliedern und sonach für die Entwickelung eines eigentlichen Gemeindelebens keine Gelegenheit. Die Gemeindethätigkeit bildet jedoch bei aller Wichtigkeit immer nur

Staate hat weniger als 260 Einwohner. Für Ostpreußen sinkt diese Einwohnerzahl auf 150, während sie für Westfalen auf 560 steigt. — Die Gesammtzahl der Landgemeinden hat sich übrigens seit 1875 bereits durch Zusammenlegung kleinerer Orte etwas vermindert. — Grundsätze der Gemeindebildung S. 26 bis 32 der oben (Anm 6 S. 54) erwähnten Schrift.

48) Nähere Ausführung S. 9—15 das. — Die Sammtgemeinden u. die für einzelne Verwaltungszwecke gebildeten Amts- oder Verwaltungsgemeinden stehen der Ausbildung des Ehrenamtes u. der natürlichen Entwickelung des Gemeindelebens gleich hindernd im Wege, da sie die in der Ortschaft gegebene natürliche Grundlage verlassen, die Organisation verwickeln u. die Kräfte u. Mittel zersplittern. S. auch § 222 (S. 260) d. W. — Ein Bedürfniß für diese willkürlichen Bildungen liegt nicht vor und so ist von der in § 53 der KrO. gegebenen Möglichkeit, die für Zwecke der Polizeiverwaltung gebildeten Amtsbezirke u. Amtsverbände (§ 222 nebst Anm. 10 d. W.) zu Kommunalverbänden zu erweitern kein Gebrauch gemacht. Aehnliches gilt von den westlichen Provinzen Westf. LandGO. (Anm. 59) § 5. Rhein. GemO. (das.) § 8.

49) Begriff der Gutsbezirke R. v. 14. April 1859 (MB. 172), v. 31. März 1860 (MB. 73) u. v. 21. Feb. 1880 (MB. 107). Vgl. d. Ausführung des OVG. (Entsch. II 120—123.)

ein Mittel zum Zweck und wird gegenstandlos, wenn der Gemeindezweck bereits auf anderem Wege erreicht wird. Insoweit deßhalb eine Besitzung einen abgegrenzten kommunalen Interessenkreis darstellt und zugleich die zur Erreichung der Gemeinde- und örtlichen Staatsverwaltungszwecke erforderliche Leistungsfähigkeit besitzt, darf ihr die Gleichstellung mit den Gemeinden nicht versagt werden. Das Gemeindeleben kann dabei nur gewinnen, da diese Besitzungen die übrigen in der Regel weit überragen und die Elemente der Gemeindeverwaltung sich bei solcher Ausscheidung weit gleichartiger und zweckentsprechender gestalten werden. Wo dagegen eine dieser Voraussetzungen nicht zutrifft, wo namentlich eine vermengte Lage der Gutsbezirke und Gemeinden sich findet, müssen erstere in derselben Weise mit den Gemeinden vereinigt werden, wie es bezüglich aller übrigen für ein selbstständiges Gemeindeleben ungeeigneten Glieder zu geschehen hat.

Organe der Gemeinde sind der Gemeindevorsteher und die Gemeindeversammlung. Der Gemeindevorsteher (Schulze, Dorfrichter) hat neben der Gemeindeverwaltung auch alle örtlichen Geschäfte der staatlichen Verwaltung zu besorgen[50]). Er wird gleich den zu seiner Unterstützung und Vertretung berufenen Schöffen (Schöppen, Gerichtsmännern) auf sechs Jahre von der Gemeinde gewählt und vom Landrath bestätigt und vereidigt[51]). Der Bestätigung bedarf auch die Wahl der übrigen Gemeindebeamten[52]). Die Gemeindeversammlung besteht aus den Gemeindemitgliedern. Das Stimmrecht in derselben wird durch die Ortsverfassung bestimmt und kann, wo es dunkel oder unvollständig ist, unter Genehmigung oder nach Vorschrift des Kreisausschusses neu festgestellt werden. Grundlage und Maßstab bildet hierbei der Grundbesitz[53]). An Stelle der Gemeindeversammlung kann unter Genehmigung des Kreisausschusses eine Gemeindevertretung eingeführt werden[54]). — In den Gutsbezirken tritt an Stelle des Gemeindevorstehers der Gutsvorsteher[55]); die Gemeindeversammlung fällt hier fort.

[50]) LR. II 7 § 46, 52—71; KrO. § 29, 30 u. 65. — Zwangsbefugnisse § 230 d. W. — Als Amtszeichen sind Schulzenstäbe u. Armbinden gestattet KO. v. 1. u. ER. v. 26. Mai 1843 (MB. 1855 S. 135).

[51]) KrO. § 22—27 u. ZustG. § 45 u. 61 (Klagefrist 2 Wochen OG. § 42). — Schulze und Schöffen bilden das Dorfgericht zur Aufnahme von Beglaubigungen, Taxen u. Inventuren LR II 7 § 79, 80, 82—86 u. Instr. v. 11. Mai 1854 (JMB. 206); Beaufsichtigung Vf. v. 16. Juni 1857 (JMB. 230) u. 12. Nov. 1881 (JMB. 266). — Schulzen sollen des Lesens u. Schreibens nothdürftig kundig, von untadelhaften Sitten (LR. II 7 § 51) u. in der Regel nicht Schankwirthe sein (ER. v. 24. April 1871 MB. 153). — Dienstunkostenentschädigung KrO. § 28 u. 34 a. — Aufhebung der Lehn- u. Erbschulzen das. § 36—45.

[52]) LR. II 6 § 159 u. 160; KrO. § 26 a u. 34 a; vgl. Anm. 17. — Gemeinde-Polizeibeamte § 227, Feld- u. Forsthüter § 340 (S. 391) d. W.

[53]) LGemG. § 3 u. 4 u. ZustG. § 42 2 u. 45 (Klagefrist wie Anm. 51). Grundsätze für die Feststellung LGemG. § 5—7 nebst Instr. Art. 4. Vgl. S. 33 der ob. (Anm. 6 S. 54) erwähnten Schrift. — Beschlüsse, Urkunden u. Vollmachten LGemG. § 10, ZustG. § 43 2, LR. II 7 § 18—27, 52 u. II 6 § 51—80, 86—90.

[54]) LGemG. § 8, 9 nebst Instr. Art. 5 u. ZustG. § 42 3, 45 (Klagefrist wie Anm. 51).

Für die Vertheilung der Abgaben und Dienste sind ähnliche Grundsätze maßgebend, wie für die des Stimmrechtes[56]). Die Verwaltung des Gemeindevermögens unterliegt mehrfachen Einschränkungen, insbesondere wird zu Schulden und Grundstücksverkäufen die Genehmigung des Kreisausschusses erfordert[57]). Dem letzteren und in höherer Instanz dem Bezirksrath ist die Aufsicht über die Landgemeinden allgemein übertragen[58]), eine Bestimmung, die indeß nur insoweit praktische Bedeutung hat, als es sich um Genehmigung oder Entscheidung bestimmter Einzelfälle handelt, da alle auf fortgesetzter persönlicher Thätigkeit beruhenden Funktionen der laufenden Aufsichtsführung ihrer Natur nach dem Landrath und Regierungs-Präsidenten von selbst zufallen.

In Posen, wo die Kreisordnung vorläufig nicht gilt, werden die dem Kreisausschuß zugestandenen Befugnisse noch von der Regierung und theilweise vom Oberpräsidenten wahrgenommen.

2. Die beiden westlichen Provinzen besitzen eine formell abgeschlossene Landgemeindegesetzgebung[59]) und größere vielfach mit Vermögen ausgestattete Gemeindeverbände[47]). Gleichwohl ist hier die kommunale Selbstthätigkeit unter dem Drucke der bureaukratischen Amtmanns- und Bürgermeistereieinrichtung und mehrfacher einschränkender Aufsichtsbestimmungen nur schwach entwickelt. Die westfälischen Aemter und rheinischen Bürgermeistereien, die eine Mehrzahl von Einzelgemeinden umfassen, sind auch als Kommunalverbände nur zu geringer korporativer Bedeutung gelangt[48]) und vorwiegend Verwaltungsbezirke geblieben. Amtmänner und Bürgermeister werden vom Staat ernannt[60]) und vorzugsweise dem Subalternbeamtenthum entnommen. Gleichwohl ruht der größte Theil der Gemeindeverwaltung völlig in ihrer Hand. In Westfalen können Gemeinde und Gemeindevorsteher nur unter unmittelbarer Aufsicht und Mitwirkung des Amtmanns in Thätigkeit treten[61]). Alle Gemeindebeschlüsse müssen ihm vorgelegt und können von ihm beanstandet werden[62]). Die Gemeindewahlen werden von ihm geleitet, alle Unterbeamten

---

55) KrO. § 31—34a. Vgl. Anm. 50.

56) LGemG. § 11—13; ZustG. § 42 4 u. § 49 (Klagefrist wie Anm. 51) u. LR. II 7 § 31, 37—44. Vgl. § 72 Nr. 4 d. W. u. S. 37—43 der ob. (Anm. 6 S. 54) erwähnten Schrift.

57) LR. II 7 § 35 u. ZustG. § 43 1. Vgl. § 72 Nr. 3 d. W. — Theilnahme an den Nutzungen u. Erträgen LR. II 7 § 28—32 u. ZustG. § 49 (Klagefrist wie Anm. 51).

58) ZustG. § 60. — Entscheidung über Disciplinarsachen § 61, üb. Rechnungsabnahme und Defekte § 50, üb. die den Gemeinden gesetzlich obliegenden Leistungen § 51 das.

59) Westfäl. Land-GemO. v. 19. März 1856 (GS. 265) nebst Instr. v. 9. Mai u. 31. Juli 1856 (MB. 147 u. 198); Einkaufsgeld G. v. 24. Juni 1861 (GS. 146); vgl. Anm. 43. — Rheinische GemO. v. 23. Juli 1845 (GS. 523) nebst ErgG. v. 15. Mai 1856 (GS. 435), Instr. v. 18. Juni u. 31. Juli 1856 (MB. 166 u. 221).

60) Westf. LGO. § 70 u. 71; Rhein. GemO. § 103.

61) Westf. LGO. § 41, 48, 49 u. 65

62) Das. § 31 u. 37.

von ihm bez. vom Landrath ernannt[63]). — Noch weiter geht die stark französisch angehauchte Rheinische Gemeinde-O., welche dem Bürgermeister die eigentliche Gemeindeverwaltung überträgt und den Ortsvorsteher zum bloßen Organ desselben macht[64]). Die Fälle des Eingreifens der Aufsichtsinstanz sind vermehrt[65]); auch die Vertreter der Gemeinden und Bürgermeistereien der Bestätigung unterworfen[66]), während alle Organe der Gemeindeverwaltung vom Staat ernannt werden[67]). Im Uebrigen ist in beiden Provinzen die Theilnahme an den öffentlichen Geschäften (das Gemeinderecht) von einem Minimalsteuersatz abhängig. Die demgemäß Berechtigten bilden die Gemeindeversammlung. Steigt die Mitgliederzahl über achtzehn, so werden unter Zugrundelegung des Dreiklassensystems Gemeindeverordnete gewählt[68]).

3. In den neuen Provinzen wurden für Schleswig-Holstein die Landgemeinde-Verhältnisse in Anlehnung an die Einrichtung in den älteren Provinzen neu geregelt[69]). — Uebrigens sind die früheren Gesetze im Wesentlichen erhalten geblieben. Das hannoversche Landgemeindegesetz hat den Grundsatz freier Selbstverwaltung am Vollständigsten zum Ausdruck zu bringen gewußt und für deren Durchführung bestimmte Anhaltspunkte gegeben, ohne einer freien Handhabung und einer eingehenden Berücksichtigung der thatsächlichen Verhältnisse beengende Schranken zu ziehen[70]). Hessen-Nassau besitzt abgesehen von Frankfurt a./M. eine für Land- und Stadtgemeinden gemeinschaftliche Gesetzgebung[71]). Die Ausführung hat der Bürgermeister, die Verwaltung der Gemeinderath, die Kontrole der Gemeindeausschuß, in kleineren Gemeinden die Gemeindeversammlung[72]). In Nassau finden sich daneben Feldgerichte für die Mitwirkung in der freiwilligen Gerichtsbarkeit, welche aus dem Bürgermeister und 3 bis 9 der Klasse der vermögenden Guts- oder

---

[63]) Das. § 28 u. bez. § 43, 44.

[64]) Rhein. GemO. § 76, 85 u. 63.

[65]) Das. § 64, 87, 88 u. 97.

[66]) Das. § 58 u. 111.

[67]) Das. § 77 — 79, 104 u. ErgG. Art. 20.

[68]) Westf. LGO. § 14 — 27. Rhein. GemO. § 44—59; ErgG. Art. 11—14. Die Gemeindeberechtigten heißen hier Meistbeerbte (Meistbesteuerte), die Gemeindeversammlung Gemeinderath (Schöffenrath). — Dreiklassensystem § 41 d. W.

[69]) Schl.-Holsteinsche V. v. 22. Sept. 1867 (GS. 1603), Einf. in Lauenburg G. v 2. Nov. 1874 (WochB. 277).

[70]) Hann. LandgemG. u. Bek. v. 28. April 1859 (Hann. GS. I 393 u. 409), verb. Landes-VerfG. v. 6. Aug. 1840 (das. 141) § 46, 48, 52—54, 57—59, 78, ergänzt durch G. v. 5. Sept. 1848 (das. 261) u. G. u. Bek. v. 28. April 1859 (das. 389 u. 397).

[71]) Kurhess. GemO. v. 23. Okt. 1834 (Kurh. GS. 181) erg. G. v. 15. Mai 1863 (das. 18). — Nassausches GemG. v. 26. Juli 1854 (VB. 166). — Großh. hess. GemO. v. 30. Juni 1821 (RegB. 359) nebst G. v. 8. Jan. u. v. 2. Juni 1852 (das. 33 u. 299) u. 3. Mai 1858 (das. 189). — Landgräfl. Hess. G. v. 9. Okt. 1849 u. v. 6. Dez. 1852 (Archiv 477 u. 704). — Frankfurter Land-GO. v. 12. Aug. 1824 (Frankf. GS. III 263).

[72]) Kurh. GemO. § 36 — 41. Nass. GemG. § 3—19. Aufhebung der Lebenslänglichkeit der nass. Bürgermeister u. Gemeindevorsteher (Gemeinderathsmitglieder) G. v. 26. April 1869 (GS. 629).

Hausbesitzer entnommenen Schöffen bestehen[73]). In Hohenzollern gelten noch die früheren Landesgesetze[74]).

§ 74.

c) **Die Städte.** Die Verfassung der Städte zeigt gegenüber der der Landgemeinden eine größere Gleichartigkeit, hat aber auch nach ihrer geschichtlichen Entwickelung einzelne provinzielle Verschiedenheiten bewahrt.

1. Unter den Städteordnungen behauptet die für die sieben östlichen Provinzen mit Ausschluß Neuvorpommerns erlassene, die größte Bedeutung[75]), sowohl wegen des Umfangs ihres Geltungsgebiets, als wegen des Einflusses, den sie auf mehrere andere Städteordnungen ausgeübt hat (Nr. 2). Sie beruht auf dem Grundsatz voller Selbstverwaltung[76]) und ist gegenüber den einschränkenderen Bestimmungen der revidirten zu der freieren in der Steinschen Städte-Ordnung herrschenden Auffassung zurückgekehrt[77]). Ihre Anwendung auf eine Gemeinde bestimmt sich nach deren historischen Charakter als Stadt und dieser wird entweder durch die seitherige Vertretung im Provinziallandtage oder durch die frühere Geltung einer der älteren Städteordnungen bestimmt. Für die in der Mitte zwischen Land- und Stadtgemeinden stehenden Flecken, sowie für alle Städte bis zu 2500 Einwohnern ist unter Wegfall des Magistrats und Verringerung der Stadtverordnetenzahl bis auf sechs eine vereinfachte Verfassung zugelassen[78]). — Von der Gemeindemitgliedschaft[79]) hebt sich das durch einen bestimmten Besitz, Gewerbebetrieb oder Staatssteuersatz bedingte Bürgerrecht ab, welches aktives und passives Wahlrecht in sich schließt, dagegen auch zur Uebernahme von Gemeindeämtern verpflichtet. Das Ehrenbürgerrecht ist nicht von diesen Voraussetzungen abhängig und mit keinen Verpflichtungen verbunden[80]). — Organe der Stadt sind die Stadtverordnetenversammlung, der Magistrat und der Bürgermeister. Die Stadtverordnetenversammlung, deren Mitgliedrr auf sechs Jahre nach dem Dreiklassensystem von den Bürgern und zwar zur Hälfte aus den Hausbesitzern zu wählen sind[81]), vertritt die Stadtgemeinde und kontrolirt die Verwaltung[82]). Sie beschließt

---

[73]) Naff. GemG. § 20—23.

[74]) GemO. f. H.-Sigmaringen v. 6. Juni 1840 (Hohenz. GS. V 241) nebst G. v. 5. Aug. 1837 (das. IV 539) u. LandGO. f. H.-Hechingen v. 19. Okt. 1833.

[75]) Städte-O. v. 30. Mai 1853 (GS. 261) u. Instr. v. 20. Juni 1853 (MB. 138).

[76]) StO. § 9. — Recht zu statutarischer Anordnung § 11, Instr. Nr VII; Fälle derselben § 5, 12, 21, 29 u. 59; vgl. Anm. 87.

[77]) § 72 (S. 81) d. W.

[78]) StO. § 1, 72, 73.

[79]) Oertliche Zugehörigkeit zur Gemeinde StO. § 2, Instr. Nr. IV; persönliche Zugehörigkeit (Gemeindemitgliedschaft) StO. § 3, vgl. § 72 Nr. 2 (S. 82) d. W. Auf beiden beruht die Gemeidesteuerpflicht StO. § 4, vgl. § 72 Nr. 4.

[80]) StO. § 5—8, 74 u. 75 nebst G. v. 25. März 1873 (GS. 213) § 9 b u. v. 10. März 1881 (GS. 126) § 3.

[81]) StO. § 12 — 28. — Dreiklassensystem § 41 d. W. u. die beiden in Anm. 80 angeführten Gesetze.

[82]) StO. § 10, 35—37; Geschäftsführung § 38—48, Instr. Nr. XIII.

über die Benutzung des Gemeindevermögens[83]), Aufbringung der Gemeindesteuern und Dienste[84]), Feststellung des Haushaltsetats[85]) und Abnahme der Gemeinderechnung[86]). — Der Magistrat besteht aus dem Bürgermeister, einem Beigeordneten (zweiten Bürgermeister) als Stellvertreter und aus Schöffen (Stadträthen, Rathsherrn, Rathsmännern), denen nach Bedürfniß besoldete Mitglieder (Syndikus, Kämmerer, Baurath, Schulrath u. s. w.) hinzutreten[87]) Alle Mitglieder werden von den Stadtverordneten gewählt, die unbesoldeten auf sechs, die besoldeten einschließlich des Bürgermeisters auf 12 Jahr oder auf Lebenszeit. Die letzteren bedürfen der Bestätigung und haben — wie alle Gemeindebeamten — Pensionsanspruch[88]). Der Magistrat bildet die Ortsobrigkeit und hat zugleich als Gemeindeverwaltungsbehörde das Gemeindevermögen, die Gemeindeeinkünfte und Anstalten zu verwalten, die Beschlüsse der Stadtverordneten vorzubereiten und auszuführen, die Gemeindebeamten anzustellen und die Stadt nach Außen zu vertreten[89]). — Der Bürgermeister leitet und beaufsichtigt den ganzen Geschäftsgang der Stadtverwaltung, führt alle örtlichen Geschäfte der Landesverwaltung und handhabt in der Regel die Ortspolizei[90]). Die Aufsicht über die Stadtgemeinden

[83]) StO. § 49, 51 u. 55. Genehmigung der Aufsichtsbehörde ist erforderlich zur Veräußerung von Grundstücken u. von Gegenständen, welche einen wissenschaftlichen, historischen od. Kunstwerth haben, zu Anleihen, zur Veränderung im Genuß von Gemeindenutzungen StO. § 50, zur Abtragung od. Veränderung der Stadtmauern KO. v. 20. Juni 1830 (GS. 113) u. Instr. v. 31. Okt. 1830 (KA. XIV 774). — Vgl. § 72 Nr. 3 (S. 83) d. W. — StO. § 52 ist aufgehoben u. das Bürgerrechtsgewinngeld u. Einkaufsgeld neugeregelt G. v. 14. Mai 1860 (GS. 237). Wegfall des Einzugsgeldes Anm. 43.

[84]) StO. § 53, 54; Anw. v. 17. Juli 1854 (MB. 128). Genehmigung der Aufsichtsbehörde ist für alle Einkommensteuer- u. indirekten u. für solche Steuerzuschläge erforderlich, die nicht nach gleichen Sätzen vertheilt werden oder 50 pCt. übersteigen. — Vgl. § 72 Nr. 4 d. W. — Normal-Reg. f. d. städtische Einkommensteuer CR. v. 31. Mai 1864 (MB. 140). — Steuereinziehung StO. § 68.

[85]) StO. § 66, 67. Besoldungsetat § 58 u. Instr. Nr. X.

[86]) Das. § 69—71.

[87]) Das. § 29—34; G. v. 25. Feb. 1856 (GS. 129); Instr. Nr. IX. — Amtszeichen (Kette, Medaille) werden vom König verliehen KO. v. 9. April 1851 (MB. 86), ebenso der Titel „Oberbürgermeister“. Die Bezeichnung der Magistratsmitglieder als Stadträthe, Rathsherrn kann dagegen durch Ortsstatut eingeführt werden; erstere in d. Regel in Städten üb. 10 000, letztere in solchen üb. 5 000 Einw. CR. v. 15. Feb. 1873 (MB. 59). Das Prädikat „Stadtältester“ kann den Magistratsmitgliedern nach neunjähriger Dienstzeit von den städtischen Vertretungskörpern verliehen werden StO. § 34. Die Vereidigung der Magistratsmitglieder (das.) erfolgt nach der für Beamte gegebenen Norm. Anm. 10 (S. 68).

[88]) StO. § 65; Instr. Nr. XI.

[89]) StO. § 10 u. 56. Anstellung der Beamten § 56 [6] u. Instr. Nr. XII, vgl. Anm. 17. — Geschäftsgang StO. § 57, Instr. Nr. XIII Abs. 1. — Bestellung von Deputationen für einzelne Geschäftszweige § 59 (Schuldeputationen Instr. Nr. XIII Abs. 2, V. v. 26. Juni 1811 KA. XVII 659, CR. v. 17. Feb. 1854 MB. 46, R. v. 19. Okt. 1868 MB. 1869 S. 12) u. von Bezirksvorstehern StO. § 60. — Verwaltungsberichte § 61.

[90]) StO. § 58, 62 u. 63; Instr. Nr. XIV; Amtsanwalts- u. Standesamtsgeschäfte § 181 u. 209, Ortspolizeiverwaltung § 222 d. W.

wird mit Ausnahme der Provinz Posen vom Regierungs-Präsidenten in höherer Instanz vom Ober-Präsidenten geführt. Eine Mitwirkung der Verwaltungsgerichte, Provinzial- und Bezirksräthe findet nicht statt; die diese bezweckende Ergänzung des Zuständigkeitsgesetzes ist nicht zu Stande gekommen. Die Rekursfrist dauert 4 Wochen[91]).

2. Den Städteordnungen für Westfalen und für die Rheinprovinz hat die vorerwähnte Städte-Ordnung zum Vorbild gedient[92]); jedoch wird daselbst die erstinstanzliche Aufsicht über Städte bis zu 10 000 Einwohnern von den Landräthen, übrigens von den Regierungen ausgeübt. Letzte Instanz ist in allen Fällen der Ober-Präsident. Nach der rheinischen Städte-Ordnung werden ferner die Magistratsgeschäfte der Regel nach durch einen Bürgermeister versehen, dem ein oder mehrere Beigeordnete zur Seite stehen und auch der Vorsitz in der Stadtverordnetenversammlung zufällt[93]). — Die Städteordnungen für Schleswig-Holstein und für Frankfurt a./M. schließen sich eng an die für die älteren Provinzen erlassenen an[94]). Doch ist das Dreiklassensystem verlassen und die staatliche Bestätigung auf Bürgermeister und Beigeordnete beschränkt. Der Instanzenzug wird wie in den westlichen Provinzen mit dem Ober-Präsidenten abgeschlossen[95]). In Schleswig-Holstein treten die Stadtverordneten in der Regel nur in gemeinschaftlicher Sitzung mit dem Magistrat zusammen[96]).

3. Einen selbstständigen Charakter hat dagegen die Gesetzgebung in den übrigen Landestheilen bewahrt. In Neuvorpommern sind unter Feststellung besonderer Stadtrezesse die älteren Verfassungen aufrecht erhalten;

[91]) StO. § 76 nebst CR. v. 26. Jan. 1860 (MB. 17), wonach in polizeilicher Beziehung Städte bis zu 10 000 Einwohnern unter dem Landrath stehen. Vgl. OrgG. § 17 u. 41. Die Aufsicht umfaßt das Recht zur Beanstandung der Gemeindebeschlüsse StO. § 77, zur Erzwingung der der Gemeinde obliegenden Leistungen § 78 (vgl. § 72 Nr. 1 d. W.), zur Auflösung der Stadtverordnetenversammlungen, die indeß eine Kgl. V. voraussetzt StO. § 79 u. zur disciplinarischen Verfolgung der Magistratsmitglieder u. Gemeindebeamten, das. § 80 u. 58. Vgl. § 62 d. W. — Genehmigung der Gemeindebeschlüsse Anm. 83 u. 84.

[92]) StO. f. Westfalen v. 19. März 1856 (GS. 237); Instr. v. 9. Mai u. (zu § 52) v. 31. Juli 1856 (MB. 144 u. 198), erstere erg. CR. v. 13. Okt. 1873 (MB. 300). — StO. f. d. Rheinprovinz v. 15. Mai 1856 (GS. 406); Instr. v. 18. Juni u. (zu § 49) v. 31. Juli 1856 (MB. 161 u. 221), erstere erg. CR. v. 13. Okt. 1873 (MB. 300). Verleihung dieser StO. an Städte unter 10 000 Einwohner AE. v. 15. Mai 1856 (GS. 405) u. Instr. v. 18. Juni 1856 (MB. 164). — Auf beide Städte-Ordnungen finden die Anm. 80, 81, 83 u. 84 d. W. angeführten Ergänzungen Anwendung.

[93]) Westf. StO. § 76, 77 u. Rhein. StO. § 81, 82 u. bez. 9, 28, 66—68, s. auch § 35, 53 u. 74. Einzelne weitere Abweichungen enthalten § 46, 49, 32 u. 71.

[94]) Schl.Holst.Städte-u.FleckenO. v. 14. April 1869 (GS. 589); Einf. in Lauenburg G. v. 16. Dez. 1870 (WochBl. 521). — GemVerfassG. f. Frankfurt a.M. v. 25. März 1867 (GS. 401). Finanzielle Auseinandersetzung mit dem Staat G. v. 5. März 1869 (GS. 379).

[95]) S. Holst. StO. § 44, 32 u. 91. Frankf. GVG. § 35, 40, 42 u. 79. Der erste Bürgermeister wird hier aus den von der Stadt präsentirten Kandidaten vom König ernannt.

[96]) S. Holst. StO. § 50—52.

die Bürgermeister werden lebenslänglich vom König ernannt[97]). — **Hannover** besitzt eine besondere revidirte Städte-Ordnung. Die städtischen Kollegien (Magistrat und Bürgervorsteher) können hier — wie in Schleswig-Holstein — zu gemeinsamer Verhandlung zusammentreten. Die Mitglieder des Magistrats (Senatoren) werden auf Lebenszeit von diesem und einer gleichen Zahl Bürgervorstehern in vereinigter Versammlung gewählt[98]). — In **Hessen-Nassau** außer Frankfurt und in **Hohenzollern-Sigmaringen** gelten für die Städte dieselben Normen wie für die Landgemeinden[99]).

3. Die Kreise.

§ 75.

Die Kreisverbände, die sich überall mit den Kreisverwaltungsbezirken decken, umfassen eine Mehrzahl von Gemeinden oder fallen, wo schon die einzelne Gemeinde den Voraussetzungen des Kreises entspricht, mit dieser zusammen (Stadtkreise)[1]). Veränderungen der Kreisbezirke, soweit sie nicht in Folge veränderter Gemeindegrenzen eintreten, erfordern ein Gesetz[2]). Die Kreise bilden Korporationen zur Erfüllung öffentlicher Zwecke[3]). Ihre Leistungen sind ihnen entweder vom Staate auferlegt[4]) oder mittelst eigener Entschließung übernommen. Die letztere Thätigkeit ist nicht genau begrenzt und greift namentlich in das den Gemeinden zugewiesene Thätigkeitsgebiet hinüber, indem der Kreis diesen bei unzureichender Leistungsfähigkeit ergänzend und aushelfend zur Seite tritt. Zur Erfüllung dieser Zwecke sind den Kreisen neben dem Besteuerungsrecht besondere Dotationen[5]) und gewisse Einkünfte[6]) überwiesen. Verwaltung und Verwendung dieser Mittel bilden den Gegenstand des Kreishaushalts[7]).

---

[97]) G. v. 31. Mai 1853 (GS. 291). Anwendung der (Anm. 84 erwähnten) Instr. auf die Gemeindesteuern ER. v. 17. Juli 1854 (MB. 133). Die Aufsicht führt der Regierungs- u. der Ober-Präsident. S. oben Nr. 1 a. E. u. Anm. 91.

[98]) **Hannov.** StO. v. 24. Juni 1858 (Hann. GS. I 141); verb. die (Anm. 70 erwähnten) Vorschriften des LandesVerfG. — Ernennung u. Pensionirung städtischer Beamten AE. v. 8. Mai 1867 (GS. 728).

[99]) Vgl. § 73 Nr. 3 d. W. u. Anm. 71—74. — Für Hechingen gilt die StO. v. 15. Jan. 1833.

[1]) § 51 insbes. Anm. 12 u. 13 d. W.

[2]) KrO (Anm. 9) § 3—5 u. G. v. 8. Juli 1875 (GS. 497) § 27.

[3]) KrO. § 2. — Ebenso die übrigen Kreisverfassungsgesetze (Anm. 20 u. 25). — Gerichtsstand, Zustellungen, u. Zwangsvollstreckungen s. die in Anm. 13 (S. 81) aufgeführten Bestimmungen.

[4]) Kriegsleistungen § 103 u. 104 d. W.; Impfungskosten Anm. 30 (S. 292).

[5]) G. v. 30. April 1873 (GS. 187) § 1—3. — Zuweisung der nach dem Feldzug den Reservisten gewährten Darlehen G. v. 31. März 1873 (GS. 176).

[6]) Jagdscheingelder § 346 d. W. — Besteuerung der Wanderlager § 72 Nr. 4[c] (S. 85) d. W.

[7]) Nach der **Finanzstatistik der Landkreise** im Rechnungsjahr 1877/8 betrugen die Ausgaben 45 Mill. M. (11 Mill. außerordentlich), die Einnahmen 44 Mill. M. (2 Mill. außerordentlich). — Von den **Ausgaben** entfielen $48\frac{1}{2}$ pCt. auf Verkehrsanlagen (die Hälfte dieser Aufwendungen auf Brandenburg, Schlesien u. Hannover), 17 pCt. auf Schuldentilgung u. Verzinsung, $11\frac{1}{2}$ pCt. auf die Kreis- u. Amtsverwaltung (überwiegend

Die Kreisverfassung wurde in Preußen während der zwanziger Jahre durch provinzielle Gesetze eingeführt und in den vierziger Jahren durch das den Kreisen beigelegte Besteuerungsrecht wesentlich erweitert. Diese Gesetze sind nach Aufhebung einer auf den ganzen Staat berechnet gewesenen Organisation[8]) wieder in Kraft getreten und haben zu ähnlichen Einrichtungen auch in den neuen Provinzen geführt. Zu vollen Kommunalverbänden haben sich die Kreise aber erst in den neuesten Reformgesetzen entwickelt, die zunächst in die Provinzen Ost- und Westpreußen, Brandenburg, Pommern, Schlesien und Sachsen (Kreisordnungsprovinzen) und in Hohenzollern Eingang gefunden haben. In Posen und den westlichen, sowie in den drei neuen Provinzen stehen dagegen die älteren Vorschriften noch in Anwendung. Die Provinzen sind hiernach in drei Gruppen zu betrachten:

1. In den 6 Kreis-Ordnungsprovinzen ist die neue Kreis-Ordnung der Ausgangspunkt für eine wesentlich erweiterte Selbstverwaltung geworden[9]). Innerhalb ihrer Vorschriften sind Kreisstatuten und Reglements über besondere Kreiseinrichtungen zulässig[10]). — Die Kreisangehörigkeit, die durch Wohnsitz innerhalb des Kreises bedingt wird, berechtigt zur Theilnahme an der Verwaltung und Vertretung desselben, sowie an der Benutzung seiner Einrichtungen und Anstalten, verpflichtet dagegen zur Uebernahme unbesoldeter Aemter und zur Steuerleistung[11]). Den Kreisabgaben liegt ein nach den direkten Staatssteuern festgestellter Maßstab zu Grunde, der von 5 zu 5 Jahren einer Revision unterzogen werden darf. Nach diesem wird der Bedarf sowohl auf die Gemeinden, als innerhalb der Landgemeinden auf die einzelnen Pflichtigen vertheilt, während den Städten mit Rücksicht auf deren mehr entwickelte Organisation diese Untervertheilung selbst überlassen ist[12]). — Organe der Kreisverwaltung sind der Kreistag, der Kreisausschuß und der Landrath. Die Zahl der Mitglieder des Kreistags wird nach der

im Kreisordnungsgebiet), 11 pCt. auf Leistungen an die Provinz, der übrige Theil auf Wohlthätigkeits-, Besserungs-, Sanitäts-, Unterrichts- u. landwirthschaftliche Einrichtungen. — Die Einnahmen wurden mit 52 pCt. durch Steuern, größtentheils nach dem Maßstabe der Staatssteuern aufgebracht. 19 pCt. erfolgten aus Zuschüssen der Provinzen (vorwiegend in den Kreisordnungsprovinzen und Hannover), 12 pCt. aus Anleihen, der Rest aus Vermögens- u. Anstaltseinkünften u. Jagdscheingeldern. — Die Schulden betrugen 93 Mill. M. (die Hälfte in Inhaberpapieren), die Aktivas 43 Mill. M.

[8]) Anm. 4 (S. 79).

[9]) KrO. v. 13. Dez. 1872 (GS. 661), ohne grundsätzliche Neuerungen geändert durch G. v. 19. März 1881 (GS. 155) Art. I—III und gem. Art V in dieser veränderten Gestalt neu veröffentlicht Bek. v. 19. März 1881 (GS. 179). Erläuterung CR. v. 26. März 1881 (MB. 69). Der zweite Titel der KrO. dessen § 78—83 ganz weggefallen sind, handelt in § 21—77 von den Landgemeinden, Amtsvorstehern u. Landräthen, die — nicht eben zutreffend — nur als Glieder und Aemter des Kreises zur Darstellung kommen. (Vgl. § 73 Nr 1, § 222 u. 54 d. W.) — Anwendung d. KrO. in den drei Grafschaften Stolberg KrO. § 181 u. G. v. 18. Juni 1876 (GS. 245).

[10]) KrO. § 20 u. 176 [1].

[11]) Das. § 6—9.

[12]) Das. § 10—12, 119, 124 u. 176 [3]. CR. v. 10. Juni 1874 (MB. 155) u. v.

Volkszahl bemessen und nach demselben Maßstab auf Stadt und Land vertheilt. Die Vertretung des Landes geht zur einen Hälfte aus den zu Wahlbezirken vereinigten Landgemeinden, zur anderen aus dem Verbande derjenigen größeren Grundbesitzer und Gewerbetreibenden hervor, welche zu einem Minimalsatz der Grund- und Gebäudesteuer (in der Regel 225 M.) oder mindestens zum Mittelsatze der Gewerbesteuerklasse A I. veranlagt sind[13]). Der Kreistag hat den Kreis-Kommunalverband zu vertreten und über die Kreis- und sonstigen ihm zugewiesenen Angelegenheiten zu berathen und zu beschließen[14]). Die laufende Verwaltung führt der Kreisausschuß, der aus dem Landrath als Vorsitzenden und sechs vom Kreistag auf 6 Jahre gewählten Mitgliedern besteht[15]). Der Kreisausschuß bildet zugleich die Beschlußbehörde in Landesverwaltungssachen und das Verwaltungsgericht erster Instanz[16]). In diesen beiden Beziehungen entspricht ihm in Stadtkreisen der Stadtausschuß[17]). — Die Staatsaufsicht über die Landkreise wird vom Regierungs-Präsidenten, in höherer und letzter Instanz vom Ober-Präsidenten ausgeübt[18]).

In ähnlicher Weise sind in Hohenzollern die vier Amtsverbände eingerichtet. Die Amtsversammlungen gehen indeß, da Großgrundbesitz und Städte sich weniger scharf abheben, allgemein aus Wahlen der Gemeinden hervor, auf welche die Abgeordneten nach der Volkszahl vertheil werden. Nur dem Fürsten Hohenzollern ist als Besitzer des Domanialguts in jeder der Amtsversammlungen eine Virilstimme beigelegt[19]).

2. In den Provinzen Posen, Westfalen und in der Rheinprovinz sind die Kreistage aus den drei Ständen der Rittergutsbesitzer, Städte und

1. Nov. 1879 (MB. 1880 S. 11). — Mehr oder Minderbelastung einzelner Kreistheile KrO. § 13, 119, 176 [2] nebst letzterem ER. — Heranziehung der Forensen, juristischen Personen, Handels- u. Bergwerksgesellschaften u. des Fiskus KrO. § 14, 15, der Eisenbahn- u. bez. Versicherungsgesellschaften ER. v. 8. Juni bez. v. 30. Sept. 1874 (MB. 157 u. 1875 S. 76). — Unzulässigkeit der Doppelbesteuerung KrO. § 16. — Befreiungen das. § 17, 18. — Beschwerden das. § 19.

[13]) KrO. § 84—114 u. 183 nebst beigefügtem Wahl-Reglement. Ausführung Instr. v. 10. März 1873 (MB. 81), ergänzt durch ER. v. 1. Mai u. v. 21. Juli 1876 (MB. 121 u. 223).

[14]) KrO. § 115 — 117; Geschäftsgang § 118—125 u. ER. v. 7. Juli 1873 (MB. 215). Eingaben u. Petitionen § 126. Kreishaushalt § 127—129. Genehmigung der Beschlüsse § 176; vgl. Anm. 1, 10. u. 12.

[15]) KrO. § 130 — 134, 136 — 139, 164 (§ 135, 140—163 u. 165 sind weggefallen), § 55 a—c; Geschäftsgang § 166 u. Reg. v. 2. April 1878 (MB. 73); Disciplinarverhältniß Anm. 56 (S. 72); Kreis-Kommissionen KrO. § 167, 168.

[16]) § 54 (S. 61), § 55 u. bez. § 57 d. W.

[17]) KrO. § 169, 170; verb. § 54 (S. 61) d. W. — Der aus mehreren Stadtgemeinden zusammengesetzte Stadtkreis Magdeburg ist ähnlich den Landkreisen eingerichtet. Das. u. KrO. § 171—175.

[18]) KrO. § 177 — 180. S. Anm. 10, 12 u. 14.

[19]) Hohenzoll. Amts- u. Landes O. v. 2. April 1873 (GS. 145). Auch die Verwaltungsgerichtsbarkeit (§ 57 d. W.) u. die neue Verwaltungsorganisation (§ 51 d. W., diese mit einer Maßgabe (Org. § 5) kommen zur Anwendung. Die Bestimmung der Zuständigkeit der Amtsausschüsse auf dem Gebiet der Landesverwaltung ist dabei richtiger (s. Anm. 61 S. 61) der Spezialgesetzgebung vorbehalten.

Landgemeinden zusammengesetzt (Kreisstände). Die Rittergutsbesitzer führen Virilstimmen, Städte und Landgemeinden entsenden Abgeordnete[20]). Die Kreisstände sollen den Kreis-Kommunalverband vertreten, die Kreis-Kommunalangelegenheiten unter Leitung des Landraths verwalten und die Verwaltung des letzteren in den vorgesehenen Fällen begleiten und unterstützen[21]). Sie haben die Befugniß, Ausgaben zu beschließen, welche die Eingesessenen verpflichten[22]) und drei Kandidaten für die Stellung der Landräthe und Kreisdeputirten aus der Zahl der angesessenen Rittergutsbesitzer bez. Notabeln zu wählen[23]). Aufsichtsbehörde in ständischen Angelegenheiten ist der Ober-Präsident[24]), in höherer Instanz der Minister des Innern.

3. Nach ähnlichen Grundsätzen sind die Kreisstände in den neuen Provinzen eingerichtet. Der erste Stand wird hier durch die nach einem Mindestbetrag der Grundsteuer bestimmten größeren Grundbesitzer gebildet und soll in der Regel nicht mehr als $^1/_3$ der gesammten Stimmen führen. Im Regierungs-Bezirk Wiesbaden fehlt letztere Beschränkung. Auch treten daselbst an Stelle der städtischen und ländlichen Vertreter die Bezirksräthe der zugehörigen Aemter. Die Aufsicht führt in allen drei Provinzen die Regierung (Landdrostei)[25]). — Die Kreistage haben sich in Hannover und im Regierungs-Bezirk Wiesbaden, wo neben denselben die früheren Vertretungen (für engere Verbände) bestehen blieben[26]), zu keiner namhaften Thätigkeit emporschwingen können. Für eine doppelte Vertretung findet sich auf diesem begrenzten Felde kein Raum[27]) und die weitere Organisation kann nur auf die Verschmelzung beider Körperschaften hinauslaufen.

---

[20]) KrO. f. Posen v. 20. Dez. 1828 (GS. 1829 S. 3), f. Westfalen und Rheinprovinz v. 13. Juli 1827 (GS. 117). — Ergänzung f. d. Rheinprov., wo bei Nichtvorhandensein von 5 Rittergutsbesitzern in einem Kreise Abgeordnete der meistbegüterten ländlichen Besitzer hinzutreten V. v. 26. März 1839 (GS. 102), ferner KO. v. 5. April 1836 (GS. 171). Im Kreise Meisenheim besteht noch der frühere Bezirksrath V. v. 20. Sept. 1867 (GS. 1534) § 4. Verfahren bei Löschung der Rittergüter KO. v. 11. Jan. 1835 (GS. 9), bei ständischen Wahlen V. v. 22. Juni 1842 (GS. 213). Vertretung der Standesherrn Dekl. v. 7. Feb. 1829 (GS. 17).

[21]) § 1 u. 3 der KrO. — Petitionsrecht KO. v. 27. Jan. 1830 (GS. 7).

[22]) V. f. Posen u. Westfalen v. 25. März 1841 (GS. 58 u. 62), f. d. Rheinprovinz v. 9. April 1846 (GS. 161).

[23]) Rheinprov. u. Westfalen Regl. v. 17. März 1828 (KA. XII. 32). Befähigung Anm. 53 (S. 60), Niederlegung des Amts bei Verlust des Grundbesitzes KO. v. 23. März 1839 (GS. 154). — Für Posen ruht das Wahlrecht KO. v. 2. Feb. 1833 (KA. XVII. 33).

[24]) Anm. 21 (S. 56).

[25]) Schleswig-Holstein V. v. 22. Sept. 1867 (GS. 1587) § 5—42; Lauenburg G. v. 23. Juni 1876 (GS. 169) § 8 nebst G. v. 5. Feb. 1880 (GS. 45). — Hannover V. v. 12. Sept. 1867 (GS. 1497) § 8—38. — Hess.-Nassau: RB. Kassel V. v. 9. Sept. 1867 (GS. 1473); RB. Wiesbaden V. v. 26. Sept. 1867 (GS. 1653). — Kreiseintheilung Anm. 12 (S. 55).

[26]) Amtsvertretung in Hannover G. u. Bek. v. 28. April 1859 (Hann. GS. I 423 u. 431); Bezirksräthe in Nassau V. v. 24. Juli 1854 (VBl. 160) u. V. v. 26. Sept. 1867 § 13, in den vormals großherzogl. u. bez. landgräfl. hessischen Theilen G. v. 10. Feb. 1853 (RegBl. 37) u. bez. v. 9. Okt. 1849 (Archiv 476).

[27]) Vgl. § 73 (S. 87) d. W.

4. Die Provinzen.

§ 76.

Die Provinzialverbände fallen regelmäßig mit den staatlichen Verwaltungsbezirken zusammen. Gleiches gilt von dem Stadtkreise Berlin und dem Kommunalverband Hohenzollern[28]). Veränderungen der Provinzialbezirke erfolgen, soweit sie nicht in Folge veränderter Gememeindegrenzen eintreten, durch Gesetz[29]). Die Provinzialvertretungen sollten ursprünglich neben der Verwaltung ihrer Kommunalangelegenheiten auch alle Provinzial- und gewisse allgemeine Gesetze vorberathen[30]). Diese Thätigkeit hat seit Einführung der Landesvertretung ihre eigentliche Bedeutung verloren. Sie erscheint nicht mehr als Mitwirkung bei der Gesetzgebung, sondern nur als eine allgemeine Begutachtung der provinziellen Gesetzentwürfe, deren Einholung und Berücksichtigung lediglich in der Hand der Regierung liegt. Auf der andern Seite ist die verwaltende Thätigkeit der Provinzen wesentlich dadurch erweitert, daß ihnen unter Zuweisung von Renten aus der Staatskasse (Provinzialfonds) verschiedene früher dem Staate vorbehaltene Verwaltungszweige übertragen sind[31]). Diese Wirksamkeit umfaßt neben der Gewährung von Beihülfen an die unteren Verbände auch die unmittelbare Verwaltung der zugehörigen Einrichtungen, Anstalten und Fonds und ist durch besondere Reglements geordnet[32]).

Die Provinzialverfassung, welche gleich der Kreisverfassung während der zwanziger Jahre in die einzelnen Provinzen Eingang fand[33]), hat seit-

---

28) Desgl. § 51 insbes. Anm. 11. — Beseitigung der früheren Abweichungen, ProvO. (Anm. 35) § 1 u. 3. — Abweichung in Schl.-Holstein u. Hessen-Nassau s. unten Nr. 3.

29) ProvO. § 4.

30) G. v. 5. Juni 1823 (GS. 129) Art. III.

31) Provinzialfonds in Hannover G. v. 7. März 1868 (GS. 223); im RB. Kassel G. v. 16. März 1867 (GS. 1528), ergänzt durch G. v. 16. Sept. 1879 (GS. 225) § 5, 6 u. AE. v. 25. März 1869 (GS. 525); im RB. Wiesbaden auß. Frankfurt G v. 11. März 1872 (GS. 257). Die Gleichstellung der übrigen Landestheile erfolgte durch G. v. 30. April 1873 (GS. 187). Für das ganze Staatsgebiet erging ferner d. Dotationsg. v. 8. Juli 1875 (GS. 497). Vertheilung V. v. 12. Sept. 1877 (GS. 227). — Schl.Holstein erhielt einen besonderen Fonds zur Entschädigung der Kriegsersatzansprüche G. v. 9. Juni 1875 (GS. 367). Gegenstand der Provinzialverwaltung ist demgemäß das Landarmenwesen (§ 286 S. 309) nebst den Landarmen- und Wohlthätigkeitsanstalten u. milden Stiftungen (§ 287); das Korrigendenwesen einschließlich der Unterbringung verwahrloster Kinder (§ 239); die Fürsorge für das Hebeammenwesen (§ 273), für das Irren-, Taubstummen-, Blinden- und Idiotenwesen (§ 274), für Kunst und Wissenschaft (§ 311); das Feuersozietätswesen (§ 315); die Verwaltung der Hülfskassen (§ 318); das Landesmeliorations- u. landwirthschaftliche Unterrichtswesen (§ 334 u. 328) und der Wegebau (§ 367 insbes. Anm. 6 u. 7).

32) DotG. § 25. — Vgl. Anm. 37, 51 u. 53.

33) G. v. 5. Juni 1823 (GS. 129). Die demgemäß ergangenen u. noch gültigen Provinzialgesetze s. Anm. 50.

dem die Schicksale dieser Verfassung getheilt[34]). Die Provinzen sind wie bei dieser in drei Gruppen zu betrachten:

1. Für die sieben Kreisordnungsprovinzen (Ost- und Westpreußen, Brandenburg, Pommern, Schlesien und Sachsen) ist eine neue Provinzial-Ordnung ergangen[35]), mit Organen, die neben ausgedehnten Selbstverwaltungsbefugnissen vermöge der ihnen zustehenden Wahl der Laienmitglieder für die Bezirksverwaltungsgerichte, Bezirks- und Provinzialräthe auch in das Gebiet der staatlichen Verwaltung hinübergreifen[36]). — Ueber besondere Provinzialeinrichtungen sind Provinzial-Statuten und Reglements zulässig[37]). — Der Provinzialverband stellt sich als eine Zusammenfassung der zu demselben gehörigen Kreise dar, was besonders in der Provinzialangehörigkeit[38]), in der Beitragspflicht zu den Provinzialabgaben[39]) und in der Zusammensetzung des Provinziallandtags hervortritt. Zu diesem entsendet jeder Kreis nach der Einwohnerzahl einen oder mehrere Abgeordnete[40]). Der Provinziallandtag wird alle zwei Jahre mindestens einmal vom König berufen[41]). Er vertritt die Provinz, stellt die Verwaltungsgrundsätze, den Provinzialhaushaltsetat und die Einrichtung der Provinzialämter fest, beschließt über Kapitalverwendungen, Grundstücksveräußerungen, Anleihen und über die Ausschreibung von Abgaben und wählt die oberen Provinzialbeamten. Er besitzt das Petitionsrecht und hat die ihm von der Staatsregierung überwiesenen Gesetze und sonstigen Gegenstände zu begutachten[42]). Die Verwaltung der Angelegenheiten des Provinzialverbandes führt der Provinzialausschuß und der Landesdirektor, ersterer als beschließendes, letzterer als ausführendes Organ. Der Provinzialausschuß besteht aus einem Vorsitzenden und 7—13 vom Provinziallandtag gewählten Mitgliedern[43]). Zur

---

[34]) § 75 u. Anm. 4 (S. 79).

[35]) ProvinzialO. v. 29. Juni 1875 (GS. 335), ohne grundsätzliche Neuerungen geändert durch G. v. 22. März 1881 (GS. 176) Art. I, II u. gemäß Art. III in dieser veränderten Gestalt neu veröffentlicht Bek. 22. März 1881 (GS. 233). — Der die Bezirks- und Provinzialräthe betreffende Theil (§ 62—86 d. W.) ist durch das OG. (§ 51 d. W.) beseitigt.

[36]) § 54 u. 57 d. W. Die Funktionen der kommunalen und staatlichen Verwaltung und der Verwaltungsgerichtsbarkeit finden sich somit nicht — wie beim Kreisausschuß — in einer Hand vereinigt.

[37]) ProvO. § 8, 35, 95 Abs. 2, 119¹ u. 120; Fälle § 11, 38, 46, 47, 91, 93, 95 u. 96; die Veröffentlichung erfolgt durch die Amtsblätter.

[38]) Das. § 5 u. 6.

[39]) Das. § 7, 105—109 u. 119⁴; Mehr- od. Minderbelastung einzelner Theile § 110, 111 u. 119²; Reklamationen § 112 u. 113. Aus der in § 112 irrthümlich erfolgten Bezugnahme auf § 146 des nicht zu Stande gekommenen neuen ZustGes. folgert das ER. v. 26. März 1881 (MB. 72) Nr. II die Zuständigkeit der Verwaltungsgerichte auch in den Fällen, wo bisher (LR. II 14 § 79; G. v. 24. Mai 1861 GS. 241 § 9 u. 10) der Rechtsweg statthaft war.

[40]) ProzO. § 9—24 nebst beigefügtem Wahl-Regl. u. § 100.

[41]) Das. § 25—33. Als Königlicher Kommissar (§ 27) fungirt der Ober-Präsident § 52 d. W.

[42]) ProvO. § 34—44; Provinzialhaushalt § 101—104; Provinzialabgaben Anm. 39; Genehmigung der Beschlüsse § 119 u. 120. S. Anm. 37 u. 39.

[43]) Das. § 45—51 u. 100; Berufung § 52, GeschäftsO. § 53—57, Geschäfte

Wahrnehmung der laufenden Geschäfte wird ein Landesdirektor (Landeshauptmann) unter Königlicher Bestätigung auf 6—12 Jahre vom Provinziallandtag gewählt, der von Amtswegen Mitglied des Ausschusses ist[44]). Die Provinzialbeamten, die neben den dem Landesdirektor zugeordneten oberen Beamten[45]) auch die erforderlichen Büreau-, Kassen- und Anstaltsbeamten umfassen[46]), sind mittelbare Staatsbeamte[47]). Die Staatsaufsicht über die Provinzialverbände wird vom Ober-Präsidenten, in höherer Instanz vom Minister des Innern ausgeübt[48]).

Auf ähnlichen Grundlagen beruht die Einrichtung des Landes-Kommunalverbandes in Hohenzollern. In den Kommunallandtag entsenden die 4 Oberämter je 3 und die Fürsten Hohenzollern, Fürstenberg und Turn und Taxis, sowie die Städte Hechingen und Sigmaringen je einen Abgeordneten. Der Vorsitzende ist zugleich Vorsitzender des aus 4 Mitgliedern bestehenden Landesausschusses und ausführendes Organ desselben[49]).

2. In den Provinzen Posen, Westfalen und in der Rheinprovinz besteht der Provinziallandtag aus Abgeordneten der drei Stände (Ritterschaft, Städte und Landgemeinden). In den beiden westlichen Provinzen treten als besonderer (erster) Stand die vormals unmittelbaren Reichsstände hinzu, welche Virilstimmen führen und sich durch geeignete Bevollmächtigte vertreten lassen dürfen[50]). Die Ausdehnung der Vermögensverwaltung hat weitere Verwaltungsorgane nöthig gemacht, die für Posen in der provinzialständischen Verwaltungs-Kommission, für Westfalen in dem Verwaltungsausschuß und für die Rheinprovinz in dem Provinzialverwaltungsrath und Landesdirektor ins Leben traten[51]).

---

§ 58—61. — Disciplinarverhältniß § 51. — Provinzial-Kommissionen § 99 u. 100.

[44]) Das. § 87—92, 103 u. 46.

[45]) ProvO. § 93. Sie führen den Titel „Landesrath" oder (als technische Beamte) „Landesbaurath", „Landessyndikus" AE. v. 20. Jan. 1877 (MB. 37). — Gleiches gilt in der Rheinprovinz, in Schleswholstein u. HessNassau AE. v. 29. Okt. 1877 (MB. 280), wogegen sich in Hannover die wenig zutreffende Bezeichnung „Schatzrath" erhalten hat.

[46]) ProvO. § 94 u. 95.

[47]) Das. § 96. Die Besetzung der Stellen mit Militärinvaliden erfolgt nach den für Städte maßgebenden Vorschriften § 97; vgl. Anm. 17 (S. 82). Dienstvergehen ProvO. § 98.

[48]) Das. § 114—122. Vgl. Anm. 41 u. 42.

[49]) S. Anm. 19.

[50]) Auf Grund der allgemeinen V. (Anm. 33) ergingen für Posen G. v. 27. März 1824 (GS. 141), V. v. 15. Dez. 1830 (GS. 1832 S. 9) u. v. 19. Dez. 1845 (GS. 1846 S. 18); für Westfalen G. v. 27. März 1824 (GS. 108) u. V. v. 13. Juli 1827 (GS. 109); für die Rheinprovinz G. v. 27. März 1824 (GS. 101) u. V. v. 13. Juli 1827 (GS. 103), Ausdehnung des Verbandes auf den Kreis Meisenheim G. u. V. v. 24. Feb. 1872 (GS. 171, 172). — Ergänzungen in Betreff der ländlichen Bezirkswähler KO. v. 27. Feb. 1830 (GS. 46), der Berechnung der Besitzzeit V. v. 29. Nov. 1844 (GS. 706), des Abdrucks ständischer Gutachten KO. v. 2. Nov. 1833 (GS. 1834 S. 91). S. die Anm. 20 angeführten Vorschriften u. in Betreff der Staatsaufsicht Anm. 21 (S. 56).

[51]) Reglement für Posen v. 16. Aug. 1871 (GS. 385) mit Nachtr. v. 8. Dez.

3. In ähnlicher Weise wurden die Provinzialstände für die **neuen Provinzen** organisirt: nur blieb vom Provinzialverband Schleswig-Holstein der Kreis Lauenburg ausgeschlossen, während in Hessen-Nassau die Regierungs-Bezirke Kassel und Wiesbaden mit Ausschluß des Stadtkreises Frankfurt als Kommunalverbände an Stelle des Provinzialverbandes traten. Der erste Stand wird neben einzelnen Virilstimmberechtigten durch Abgeordnete der Ritterschaften und wo diese fehlen der größeren Grundbesitzer gebildet; in Hessen-Nassau erscheinen letztere als besonderer Stand neben ersteren; anderseits wählen im Verbande Wiesbaden an Stelle der Stände der Städte und Landgemeinden die Kreise je zwei Abgeordnete[52]). Die Ausdehnung der Vermögensverwaltung hat auch hier Verwaltungsausschüsse und Landesdirektoren ins Leben gerufen. In Hannover bildet der Landesdirektor mit den ihm zugeordneten oberen Beamten eine kollegiale Behörde (Landesdirektorium)[53]).

1875 (GS. 1776 S. 4); f. Westfalen v. 15. Sept. 1871 (GS. 457) u. f. die Rheinprov. v. 27. Sept. 1871 (GS. 469) mit Nachtr. v. 1. Nov. 1875 (GS. 600). Vgl. Anm. 45.

[52]) **Schlesw.Holstein** V. v. 22. Sept. 1867 (GS. 1581), Lauenburg G. v. 23. Juni 1876 (GS. 169) § 7, 8 u. v. 5. Feb. 1880 (GS. 45). — **Hannover** V. v. 22. Aug. 1867 (GS. 1349), Anschluß des Jadegebietes V. v. 10. Dez. 1873 (GS. 1874 S. 1). — **RB. Kassel** zwei V. v. 20. Sept. 1867 (GS. 1537 u. 1546). — **Verband Wiesbaden** V. v. 26. Sept. 1867 (GS. 1659).

[53]) Regl. f. SchlHolstein v. 14. Aug. 1871 (GS. 372), f. Hannover v. 1. Nov. 1868 (GS. 979), f. d. RB. Kassel v. 11. Nov. 1868 (GS. 999), f. d. Verband Wiesbaden v. 17. Juli 1871 (GS. 299). Vgl. Anm. 45.

Drittes Kapitel.

Auswärtige Angelegenheiten.

I. Einleitung.

§ 77.

Die Verwaltung der auswärtigen Angelegenheiten ist wesentlich Sache des Reichs geworden, nachdem auf das letztere neben dem ausschließlichen Recht der Kriegserklärung und Friedensschließung[1]) fast alle Verwaltungszweige übergegangen sind, welche den Gegenstand der Beziehungen zu auswärtigen Staaten bilden[2]). Das Reich ist damit dem Ausland als geeinigtes Ganzes in Achtung gebietender Stellung gegenübergetreten und vermag seinen Angehörigen einen Schutz zu gewähren, wie er während der früheren Zerrissenheit Deutschlands oft schmerzlich genug vermißt war.

Für die Einzelstaaten hat sich dagegen das Gebiet des auswärtigen Verkehrs wesentlich verengt. Ihr Verkehr mit außerdeutschen Staaten ist fast ganz geschwunden und auch die Beziehungen untereinander haben an Bedeutung verloren, seitdem die wichtigsten der früher durch Vertrag geregelten Verhältnisse in der Reichsgesetzgebung ihre Erledigung finden[3]). Die Verträge der Einzelstaaten tragen hiernach eine vorwiegend lokale Färbung und beschränken sich meist auf den Zusammenschluß mehrerer Staaten zu einzelnen gemeinsamen Organisationen[4]).

---

[1]) Verf. Art. 11 — Kriegserklärungen, soweit sie nicht durch einen Angriff veranlaßt sind, erfordern die Zustimmung des Bundesraths.

[2]) § 12 d. W.

[3]) Preußen, dessen Verträge vom König abgeschlossen werden, jedoch, wenn sie dem Staat Lasten oder den Staatsangehörigen Verpflichtungen auflegen, der Zustimmung des Landtags bedürfen (VU. Art. 48), hat von einer besondern Vertretung bei außerdeutschen Staaten abgesehen und unterhält solche nur innerhalb des Reichs. S. Anm. 23, 27 u. 21.

[4]) Militärkonventionen § 81 (S. 107) d. W.; Verträge über gemeinsame Land- u. Oberlandesgerichte Anm. 35 (S. 217), üb. den Thüringischen Zoll- u. Handelsverein § 147 u. üb. den Anschluß an Preußische General-Kommissionen Anm. 66 zu § 333 (S. 378).

Die Verträge des Reichs werden vom Kaiser abgeschlossen, der, wo ihr Gegenstand in das der Reichsgesetzgebung vorbehaltene Gebiet fällt, an die Zustimmung des Bundesraths und an die Genehmigung des Reichstags gebunden ist[1]). Dem Inhalt nach betreffen diese Verträge entweder Fragen des Völkerrechts[5]) und der höheren Politik, wie die Schutz- und Trutzbündnisse und Friedensschlüsse[6]) oder der inneren Verwaltung in ihrer Einwirkung auf den Verkehr der Staaten untereinander. Die letzteren lassen sich nach folgenden Gruppen zusammenfassen:

1. Zur Förderung von Handel und Verkehr dienen die Handelsverträge[7]). Zoll-, Freundschafts- und Schiffahrtsverträge sind theils mit diesen verbunden, theils neben denselben abgeschlossen. Einen mehr lokalen Charakter tragen die Stromschiffahrtsverträge[8]) und Gleiches gilt von den Verträgen über den Anschluß von Kanal- und Eisenbahnbauten. Allgemeine Bedeutung behaupten dagegen die Post- und Telegraphen-Verträge, unter denen durch seine weitreichende räumliche Ausdehnung der Weltpostverein besonders hervorragt[9]).
2. Andere Verträge bezwecken gegenseitige Unterstützung bei Verfolgung strafbarer Handlungen. Gegenstand dieser Verträge sind die Auslieferung von Verbrechern[10]) und Deserteuren (Kartelkonventionen)[11]), die Verfolgung der Zollvergehen (Zollkartelle) und der Feld-, Forst-, Jagd- und Fischereifrevel[12]), der Schutz des geistigen Eigenthums[13]) und der Waarenbezeichnungen[14]).
3. Eine dritte Gattung von Verträgen betrifft die persönlichen Verhältnisse der Staatsangehörigen, insbesondere ihre Niederlassung[15]), den Erwerb und Verlust der Staatsangehörigkeit[16]), die Uebernahme Auszuweisender und Unterstützung Verarmter[17]), die Zulassung zum Armenrecht in Prozessen[18]) und die Regulirung der Hinterlassenschaften[19]).

---

[5]) Vereinbarungen üb. Grundsätze des Seerechtes § 365 (S. 431) d. W.; Erklärung des Negerhandels als Seeraub Anm. 48 (S. 37); Genfer Konvention zur Linderung des Looses der im Felde Verwundeten § 98 (S. 126) d. W.

[6]) Anm. 5, 9 u. 13 (S. 6 u. 7).

[7]) Anm. 7 (S. 419). — Internat. Meterkonvention Anm. 53 (S. 424). — Konsularverträge Anm. 35. — Schifffahrtsverträge Anm. 22 (S. 431).

[8]) Anm. 65 (S. 434).

[9]) Anm. 5—7 (S. 447 u. 448).

[10]) Anm. 14 (S. 267).

[11]) Anm. 24 (S. 122).

[12]) Anm. 66 (S. 389).

[13]) Anm. 10 (S. 343).

[14]) Anm. 23 (S. 418).

[15]) Anm. 12 u. 19 (S. 9 u. 10).

[16]) Anm. 28 u. 30 (S. 35 u. 36).

[17]) Anm. 18 (S. 309).

[18]) Anm. 48 (S. 226).

[19]) Anm. 54 (S. 251).

II. Organe der auswärtigen Verwaltung.

§ 78.

1. Die Centralbehörde ist das **auswärtige Amt**, das aber nur ein Organ des Reichskanzlers bildet[20]). Es besteht seit 1870, wo das preußische Ministerium der auswärtigen Angelegenheiten auf das Reich übernommen wurde und zerfällt gleich diesem in die Abtheilungen für politische und in die für Handels-, Verkehrs- und ähnliche Angelegenheiten. Unmittelbar unter dem Reichskanzler stehen die Prüfungs-Kommission für das diplomatische Examen und die archäologischen Institute zu Rom und Athen. Von dem auswärtigen Amt ressortiren die Gesandtschaften und Konsulate[21]).

§ 79.

2. Die an der Spitze der **Gesandtschaften** stehenden Beamten zerfallen nach den unter den europäischen Mächten getroffenen Vereinbarungen[22]) in Botschafter, Gesandte und Ministerresidenten, die nach Rang und Stellung von einander verschieden sind[23]). Die Bestellung der Gesandten steht ebenso wie die Beglaubigung und der Empfang der fremden Gesandten dem Kaiser zu[24]).

§ 80.

3. Die **Konsulate** weisen in ihrem Ursprung auf die Handelsfaktoreien zurück, die im Mittelalter an größeren Handelsplätzen für die einzelnen Nationen gebildet waren und durch ihre Vorsteher die Rechte der Landsleute wahrnahmen. Ihre heutige Gestaltung fanden sie im Laufe des Jahrhunderts in Frankreich und England. Nach deren Vorgang wurde seit Entstehung des Reichs auch das deutsche Konsulatswesen geordnet.

---

[20]) § 19 d. W.

[21]) Strafe des dienstlichen Ungehorsams u. der Verletzung der Amtsverschwiegenheit StGB.§ 353 a. — Urlaub u. Stellvertretung der gesandtschaftlichen u. Konsularbeamten V. v. 23. April 1879 (RGB. 134). Tagegelder, Fuhr- u. Umzugskosten V. v. 23. April 1879 (RGB. 127) u. v. 7. Feb. 1881 (RGB. 27); Anwendbarkeit auf preußische gesandtschaftliche Beamte V. v. 1. Mai 1879 (GS. 351) u. v. 28. März 1881 (GS. 276). — Den Gerichtsstand haben gesandtschaftliche Beamte u. Berufskonsuln am letzten Wohnort im Reich, sonst in der Hauptstadt ihres Heimathsstaates CivProzO. § 16; StProzO. § 11. — Das auswärtige Gesandtschaftspersonal unterliegt der inländischen Gerichtsbarkeit nicht (Exterritorialität). In Betreff der Konsuln gilt dies nur, soweit es durch Vereinbarung festgesetzt ist. GerVerfG. v. 27. Jan. 1877 (RGB. 71) § 18—21.

[22]) Konvention zu Paris v. 19. März 1815 u. zu Aachen v. 21. Nov. 1818. — Schutzvertr. mit Marokko v. 3. Juli 1880 (RGB. 1881 S. 103).

[23]) Zur Zeit ist das deutsche Reich vertreten durch: 6 Botschafter (in Frankreich, Großbrittanien, Italien, Oesterreich, Rußland u. der Türkei), 13 Gesandte (in Belgien, den Niederlanden, der Schweiz, Dänemark, Schweden, Portugal, Spanien, Rumänien, Griechenland, China, Japan, Brasilien u. den Vereinigten Staaten) u. 9 Minister-Residenten (in Serbien, Marokko, Mexiko, Central-Amerika, Columbien, Venezuela, Peru mit Ekuador, Chile u. den La Plata-Staaten). — Preußen unterhält Gesandte in Baiern; Würtemberg; Baden; Hessen; Kgr. Sachsen (zugleich f. Altenburg, Anhalt u. Reuß); Sachs.Weimar (zugl. f. Gotha, Meiningen u. beide Schwarzburg); Oldenburg (zugl. f. Braunschweig u. beide Lippe) u. in Hamburg (zugl. f. Bremen, Lübeck u. beide Mecklenburg).

[24]) Verf. Art. 11.

Die Konsuln sind bestimmt, das Interesse des Reichs und seiner Angehörigen an außerdeutschen Handelsplätzen, namentlich in Bezug auf Handel, Schiffahrt und Verkehr zu schützen und zu fördern. Sie werden vom Kaiser ernannt[25]), dem auch die Genehmigung zur Anstellung fremder Konsuln im Reiche zusteht (Ertheilung des Exequatur)[26]).

Die Konsuln sind an den wichtigeren Plätzen als Beamte angestellt (Berufskonsuln), während an andern Orten Privatpersonen — meist Kaufleute — mit den Konsulatsgeschäften betraut werden (Wahlkonsuln). Den Generalkonsuln ist die Aufsicht über mehrere Konsuln und Vicekonsuln übertragen. Alle Konsuln können mit Genehmigung des Reichskanzlers Privatbevollmächtigte (Konsularagenten) bestellen[27]).

Aufgabe der Konsuln ist die Legalisation von Urkunden, Ausstellung von Attesten, Aufnahme von Notariatsakten, Sicherstellung von Verlassenschaften, die Vornahme von Zustellungen und die Abgabe schiedsrichterlicher Entscheidungen, ferner die Ertheilung von Pässen und der Schutz und die Kontrole der heimathlichen Schiffe[28]). Die Ankunft der Schiffe in einem Konsulatsbezirk ist dieserhalb von den Schiffsführern zu melden[29]). Auf Grund besonderer Ermächtigung sind außerdem einzelne Konsuln zur Abhörung von Zeugen, zur Abnahme von Eiden[30]), zur Beurkundung des Personenstandes[31]) und zur Ausübung der Konsulargerichtsbarkeit[32]) befugt. Berufungen in der letzteren gehen an das Reichsgericht[33]). — Die Gebühren der Konsuln sind gesetzlich festgestellt[34]).

Außerdem sind die Verhältnisse der Konsuln durch Konsularverträge mit einzelnen Staaten gegenseitig geregelt[35]).

---

[25]) Das. Art. 4⁷ u. 56. — Konsulats G. v. 8. Nov. 1867 (BGB. 137); Einf. in Süddeutschland Anm. 12 (S. 7).

[26]) Dieses Recht ist als einzige Ausnahme von dem übrigens vollständig erfolgten Uebergang des Konsulatswesens auf das Reich auch den Einzelstaaten für ihr Gebiet verblieben.

[27]) KonsG. § 2 u. 7—11. — Die Zahl der Konsulate beträgt 641, darunter 56 Berufs-Konsulate (17 Generalkonsulate, 37 Konsulate u. 2 Vice-Konsulate). — **Preußen** hat Konsuln in Bremen, Cuxhaven, Lübeck, Wismar u. Rostock bestellt.

[28]) Das. § 12, 14—21, 25—37.

[29]) G. v. 25. März u. AusfV. v. 28. Juli 1880 (RGB. 181 u. 183).

[30]) KonsG. § 20.

[31]) Das. § 13. G. v. 4. Mai 1870 (BGB. 599); Einf. i. Süddeutschland Anm. 12 (S. 7), i. Elf.-Lothringen G. v. 8. Feb. 1875 (RGB. 69) Nr. 2. — G. v. 6. Mai 1875 (RGB. 23) § 85.

[32]) G. v. 10. Juli 1879 (RGB. 197); Instr. v. 10. Sept. 1879 (CB. 575). — Für Egypten G. v. 30. Mai 1874 (RGB. 23) u. v. 5. Juni 1880 (RGB. 145), ferner V. v. 23. Dez. 1875 (RGB. 381) u. v. 23. Dez. 1880 (RGB. 192). — Für Bosnien u. Herzegowina G. v. 7. Juni u. V. v. 23. Dez. 1880 (RGB. 146 u. 191).

[33]) G. v. 10. Juli 1879 § 18 u. 36.

[34]) G. v. 1. Juli 1872 (RGB. 245).

[35]) Vertr. mit Italien v. 7. Feb. 1872 (RGB. 134), Spanien v. 12. Jan. 1872 (RGB. 211), Rußland v. 8. Dez. 1874 (RGB. 1875 S. 145), den Vereinigten Staaten v. 11. Dez. 1871 (RGB. 1872 S. 95). In Betr. der Niederlande ist d. Preuß. Vertr. v. 16. Juni 1856 auf das Reich ausgedehnt Dekl. v. 11. Jan. 1872 (RGB. 67). Marokko s. Anm. 22. Außerdem finden sich auf die Konsularverhältnisse bezügliche Bestimmungen in den Handelsverträgen Anm. 7 (S. 419).

Viertes Kapitel.

Militär und Marine.

I. Einleitung.

§ 81.

Die bewaffnete Macht ist vor Allem zum Schutz des Staats und seiner Angehörigen gegen äußere Feinde bestimmt[1]). Sie bildet die unerläßliche Ergänzung für jede auswärtige Aktion, die erst durch sie den festen Rückhalt und die erforderliche Sicherheit erlangt. Der Uebergang der bewaffneten Macht auf das Reich[2]) erschien hiernach als eine durch das Wesen desselben gebotene Nothwendigkeit; die Heereseinrichtung ist sogar selbst eine Haupttriebfeder für die Bildung des Reichs gewesen, da Deutschland in seiner von wohlgerüsteten Großmächten[3]) umschlossenen Lage eines starken bewaffneten Schutzes nicht entbehren konnte und hierzu sich die lockere Verbindung, welche die Truppenkörper im frühern deutschen Bunde zusammenhielt, als völlig unzureichend erwiesen hatte[4]).

Bei diesem Uebergange wurde die preußische Heereseinrichtung zu Grunde gelegt, welche die allgemeine Wehrpflicht bereits in ausgedehntester Weise zur Geltung gebracht hatte[5]). Sowohl das Landheer als die Flotte wurden ganz auf das Reich übernommen, beide aber in verschiedener Weise. Die Marine war preußisch und konnte ohne Vorbehalt und vollständig auf Kaiser und Reich übertragen werden[6]). Das Heer setzte sich dagegen aus den verschiedenen Kontingenten der Einzelstaaten zusammen und diese behaupteten insoweit ihr Recht, als neben der Reichs- eine Kontingentshoheit sich forterhielt. Diese Kontingentshoheit tritt indeß gegen die Reichshoheit wesentlich zurück, so daß der Einheitlichkeit der Einrichtung kein Abbruch geschieht. Das Heer erscheint namentlich nach Außen hin als festgeschlossenes Ganzes und darf deßhalb auch als „Deutsches Reichsheer" bezeichnet werden.

---

[1]) Verwendung zur Unterdrückung innerer Unruhen § 248 d. W.; Vornahme von Verhaftungen und vorläufigen Festnahmen Anm. 12 (S. 267).

[2]) Verf. Art. 4 [14].

[3]) Anm. 42 (S. 114).

[4]) § 5 d. W.

[5]) Bedeutung u. geschichtliche Entwickelung des Heeres u. der Wehrpflicht § 29 d. W.

[6]) Verf. Art. 53.

Zunächst wird der Gegensatz zwischen Reichs- und Kontingentshoheit schon dadurch wesentlich abgeschwächt, daß beide Hoheiten für Preußen und Elsaß-Lothringen in der Person des Kaisers zusammenfallen. Ein ähnliches Verhältniß ist dann in einer Reihe anderer Staaten durch Abschluß von Militärkonventionen herbeigeführt, mittelst deren die Kontingente derselben mehr oder weniger vollständig in dem preußischen Kontingent aufgegangen sind. Als besondere Kontingente sind nur Baiern, Würtemberg, Sachsen und Braunschweig stehen geblieben und das kleine braunschweigische Kontingent hat sich thatsächlich dem preußischen Verbande bereits ziemlich eng anschließen müssen. Anderseits sind Würtemberg und in noch weiterem Umfange Baiern gewisse Vorrechte eingeräumt[7]).

Ein gemeinsames ehernes Band umschlingt diese Kontingente in der Reichs-Militärverfassung und dieses Band hat sich im Laufe der Entwickelung immer fester und unauflöslicher gestaltet. Ihre Wirkung äußert diese Verfassung in drei Richtungen:

1. Der Heeresaufwand wird aus Reichsmitteln bestritten. Die Friedensstärke, die im Allgemeinen einem Prozent der Bevölkerung entsprechen soll, wird durch Reichsgesetz festgestellt und unterliegt der periodischen Bewilligung[8]). Die gesonderte Aufführung des baierischen, würtembergischen und sächsischen Kontingents im Etat hat nur formelle Bedeutung.

2. Das Heer steht in Krieg und Frieden unter dem Oberbefehle des Kaisers. Er hat das Recht der Inspektion und bestimmt über Präsenzstand, Gliederung[9]), Vertheilung (Dislokation) und Heeresdisciplin. Er befiehlt die Kriegsbereitschaft und den Belagerungszustand und ernennt alle höheren — in den durch Konvention verbundenen Kontingenten auch alle niederen — Offiziere. Die Bundesfürsten sind Chefs der zu ihren Kontingenten gehörigen Truppentheile und haben das Recht, diese zu inspiciren[10]). Der König von Würtemberg hat ein weitergehendes Ernennungs- und Dislokationsrecht; in Baiern steht dem Kaiser im Frieden überhaupt nur das Recht der Inspektion zu[7]).

3. Organisation, Ausbildung und Bewaffnung sind einheitlich geregelt. Diese Einheit tritt äußerlich darin hervor, daß, abgesehen von Baiern alle Truppentheile fortlaufend numerirt und mit vereinzelten Abweichungen auch gleichmäßig uniformirt sind. Für die einzelnen Kontingente bildet die Kokarde das Abzeichen[11]). Noch wichtiger ist die Uebertragung der preußischen Einrichtungen auf das Reich geworden. Die Wehrpflicht wurde als Grundgesetz festgestellt[12]) und die preußische Militärgesetzgebung

[7]) Verf Schlußbest. z. Abschn. XI u. f. Bayern Vertr. v. 23. Nov. 1870 (BGB. 1871 S. 9) III § 5; Würtemberg Vertr. $\frac{21}{25}$ Nov. 1870 (BGB. 658).

[8]) Verf. Art. 58, 60, 62 u. 67. — Das Nähere s. § 88 d. W.

[9]) Soweit beide nicht durch Gesetz festgestellt sind, s. daselbst.

[10]) Verf. Art. 63—66, 68 u. RMG. v. 2. Mai 1874 (RGB. 45) § 6—8.

[11]) Verf. Art. 63.

[12]) § 82 d. W.

in das Gebiet des norddeutschen Bundes eingeführt[13]). Sie hat inzwischen auf fast allen Gebieten einer allgemeinen Reichsgesetzgebung Platz gemacht[14]), wodurch die Gleichmäßigkeit des Heerwesens im Reiche dauernd sicher gestellt ist und zugleich dem Verordnungsrecht der Kontingentsherrschaften bestimmte enge Grenzen gezogen wurden.

Den wichtigsten Theil des Militärwesens bildet die Ergänzung und Zusammensetzung des Heeres (Nr. II). Dem Zwecke des letzteren dient eine besondere und über verschiedene Gebiete sich erstreckende Militärverwaltung (Nr. III). Neben der in der Wehrpflicht begründeten persönlichen Leistung fordert die Heereseinrichtung eine Reihe sachlicher Leistungen und Einschränkungen, zu denen theils die Reichsangehörigen direkt, theils die Gemeinden verpflichtet sind (Nr. IV). Endlich kommt die Einrichtung der Kriegsflotte (Marine) in Betracht (Nr. V).

II. Ergänzung und Zusammensetzung des Heeres.

1. Wehrpflicht.

§ 82.

a) Die **Wehrpflicht** bildet die Grundlage der gesammten Heeresverfassung und ist unter Ausschluß jeder Stellvertretung im ganzen Reiche eingeführt[1]). Alle Reichsangehörigen, die zum Waffendienst oder zu einer ihrem bürgerlichen Beruf entsprechenden militärischen Leistung tauglich erscheinen, sind pflichtig. Ausgenommen sind nur die Mitglieder der regierenden und der mit diesem Vorrecht versehenen standesherrlichen Familien[2]).

---

[13]) Verf. Art. 61, V. v. 7. Nov. u. v. 29. Dez. 1867 (BGB. 125 u. 185).

[14]) S. Anm. 1 (S. 108), 24 (S. 111), 73 (S. 118), 8 (S. 121), 1 (S. 127), 7 (S. 128), 14 (S. 129) u. 24 (S. 131).

[1]) Grundgesetz ist das RMilG. v. 2. Mai 1874 (RGB. 45), ergänzt durch G. v. 6. Mai 1880 (RGB. 103). — Die Wehrpflicht war bereits vorher eingeführt RVerf. Art. 57, 59 u. G. über d. Verpflichtung zum Kriegsdienst v. 9. Nov. 1867 (BGB. 131); Einf. in Süddeutschl. (Anm. 12 S. 7), insbes. in Bayern G. v. 24. Nov. 1871 (RGB. 398) u. in Elf. Lothringen G. v. 23. Jan. 1872 (RGB. 31). — Zur Ausführung sind unterm 28. Sept. 1875 (in nicht gerade übersichtlicher Form) erlassen:
a) eine WehrO. in zwei Theilen: ErsatzO. u. KontrolO. (CB. 535, MB. 1876. Beil. z. S. 8), ergänzt durch E. v. 31. Aug. 1880 (CB. 578, MB. 283);
b) eine HeerO., welche die WehrO. in militärdienstlicher Beziehung ergänzt, gleichfalls in zwei Theile (RekrutirungsO. u. LandwehrO.) zerfällt, einen Anhang üb. die militärärztlichen u. militärthierärztlichen Verhältnisse enthält u. durch KO. v. 26. Aug. 1880 (MB. 1881 S. 120) ergänzt ist.

[2]) KrDG. § 1. — Wehrpflicht der Einwanderer u. Ausländer ErsO. § 19. — Beschränkung der Auswanderung in Rücksicht auf die Militärpflicht Anm. 33 (S. 36) u. ErsO. § 25. — Ausgewanderte bleiben bis zum Erwerb einer anderweiten Staatsangehörigkeit militärpflichtig RMG. § 11. — Nach Verein-

Die Wehrpflicht beginnt mit dem Kalenderjahr, in dem der Pflichtige das 20 ste Lebensjahr vollendet. Ihre Dauer wird vom Diensteintritt ab berechnet und beträgt zwölf Jahre, wovon 3 bei der Fahne, 4 in der Reserve, und 5 in der Landwehr zugebracht werden. Die Reserve- und Landwehrdienstzeit wird von demselben Zeitpunkt ab berechnet, wie die aktive, endet aber erst mit der auf den Ablauf der Dienstzeit folgenden Frühjahrs- oder Herbst-Kontrolversammlung[3]). Im Kriege entscheidet lediglich das Bedürfniß über die Dauer der Wehrpflicht[4]).

Um die höhere wissenschaftliche und gewerbliche Ausbildung möglichst wenig durch die Militärpflicht zu stören, ist der einjährig freiwillige Dienst zugelassen. Junge Leute, welche die erforderliche Bildung durch Zeugnisse der hierzu berechtigten Lehranstalten oder durch Bestehen einer Prüfung nachweisen[5]) und sich selbst bekleiden und verpflegen, brauchen nur ein Jahr bei der Fahne zu dienen[6]). Die Einrichtung bildet zugleich die hauptsächliche Pflanzschule für die Reserve- und Landwehr-Offiziere. — Auch anderen Pflichtigen ist der freiwillige Eintritt zu drei- oder vierjährigem Dienst mit der Befugniß gestattet, bei körperlicher Tüchtigkeit schon nach vollendetem 17 ten Lebensjahre einzutreten und den Truppentheil zu wählen[7]). — Aus gleicher Rücksicht werden endlich Volksschul-Lehrer und Kandidaten nach kürzerer, in der Regel nur sechswöchentlicher Einübung zur Reserve entlassen[8]).

Die Wehrpflicht umfaßt neben der Militärpflicht auch die Reserve-, Landwehr- und Ersatzreservepflicht. Die in Erfüllung der letzteren begriffenen Personen heißen Mannschaften des Beurlaubtenstandes.

§ 83.

b) Die **Militärpflicht** ist die Pflicht, sich der Aushebung zu unterwerfen und umfaßt die für diese vorgeschriebenen Meldungen und Gestellungen. Die Gestellung findet am Orte des Aufenthaltes oder des Wohnsitzes statt, ohne daß die Landesangehörigkeit in Betracht kommt; es besteht militärische Freizügigkeit im ganzen Reich[9]).

---

barung mit der Schweiz sind die gegenseitigen Angehörigen nicht zum Militärdienst heranzuziehen CR. v. 26. Nov. 1859 (MB. 325). — Strafe für Verletzung der Wehrpflicht StGB. § 140—143; Verfahren s. § 201 Nr. 5 d. W.

[3]) KrDG. § 6 u. 7; RMG. § 50 u. 62 nebst G. v. 1880 Art. I § 4; ErsO. § 4—7 u. (mit den Ergänzungen v. 1880) § 11 u. 12.

[4]) KrDG. § 14; ErsO. § 18.

[5]) Zeugnisse ErsO. § 90; Verzeichniß der Lehranstalten v. 23. u. 24. März u. 5. Okt. 1881 (CB. 101, 410, 411, MB. 141, 155, 239, 240). Zur Begutachtung der Anträge auf Anerkennung der Berechtigung von Lehranstalten besteht die Reichs-Schul-Kommission. — Prüfung ErsO. § 91 u. 92 nebst PrüfO. (Anl. 2).

[6]) KrDG. § 11; RMG. (G. v. 6. Mai 1880 Art. II) § 14; ErsO. § 8, 88, 89, 93 u. 94, nebst Erg. v. 1880; RekrO. § 18, 19.

[7]) KrDG. § 10; RBG. (G. v. 1880 Art. II) § 10; ErsO. § 22, 83—87 nebst Erg. 1880.

[8]) RMG. § 51; ErsO. § 9.

[9]) KrDG. § 17; RMG. (G. v. 1880 Art. II) § 10, 12 u. 31; ErsO. § 20, 23. — Strafe RMG. § 33 (mit Erg. v. 1880).

Der Militärpflicht kann in vierfacher Weise genügt werden:

1) Bei völliger Brauchbarkeit und nach Maßgabe derselben wird der Pflichtige in der durch das Loos bestimmten Reihenfolge in einen Truppentheil eingestellt[10]).
2) Bei völliger Dienstunbrauchbarkeit wird derselbe befreit (ausgemustert), bei Unwürdigkeit (Bestrafung mit Zuchthaus oder Verlust der Ehrenrechte) ausgeschlossen[11]).
3) Bei bedingter Brauchbarkeit erfolgt die Ueberweisung desselben zur Ersatzreserve[12]).
4) Bei zeitiger (vorübergehender) Unbrauchbarkeit wird er im 1sten und 2ten Militärpflichtjahre bis zur nächsten Aushebung zurückgestellt im dritten aber gleichfalls der Ersatzreserve überwiesen[13]).

In gleicher Weise (Nr. 4) wird auch über diejenigen Militärpflichtigen entschieden, die wegen hoher Loosnummer als überzählig nicht zur Einstellung gelangen[14]), sich in Untersuchung befinden[15]) oder auf Reklamation wegen ihrer bürgerlichen Verhältnisse Berücksichtigung finden. Solche Berücksichtigung ist zulässig zur Unterstützung hülfloser Anverwandter, zur Erhaltung eines landwirthschaftlichen oder Fabrik-Betriebs, zum Zweck der Ausbildung und bei dauerndem Aufenthalt im Auslande. In den beiden letzten Fällen ist indeß nur die zeitweilige Zurückstellung, nicht die Ueberweisung zur Ersatzreserve zulässig[16]). Entsprechende Grundsätze kommen bei Entlassung derjenigen eingestellten Soldaten zur Anwendung, die nach dem Diensteintritt sich als unbrauchbar erweisen oder einen Reklamationsgrund geltend machen können[17]). Ihre Entlassung erfolgt zur Disposition der Ersatzbehörden. Außerdem werden alljährlich eine Anzahl Mannschaften nach zweijähriger Dienstzeit zur Disposition des Truppentheils entlassen, welche während des dritten Dienstjahres bei entstehendem Ausfall wieder eingezogen werden können. (Dispositions- oder Königs-Urlauber.) Auch hierbei finden häusliche Verhältnisse Berücksichtigung. Durch diese theilweise Zulassung einer zweijährigen Dienstzeit erfährt die Zahl der ausgebildeten Soldaten eine Erhöhung[18]). Die zur Disposition der Ersatzbehörden und Truppentheile entlassenen Soldaten gehören zur Klasse der Beurlaubten. Dasselbe gilt von den ausgehobenen und noch nicht zur Einstellung gelangten Rekruten[19]).

---

10) RMG. § 13; Minimalgröße für den Dienst mit der Waffe ist 1,57 m. ErsO. (mit Erg. v. 1880) § 29 ². Verb. ErsO. § 42, 79, 80 u. RekrO. § 3—6, 11, 12.

11) RMG. § 15 u. 18; ErsO. § 35 u. 36; RekrO. § 9.

12) § 85 d. W.

13) RMG. § 17; ErsO. § 29; RekrO. § 8.

14) RMG. § 13; ErsO. § 32.

15) RMG. § 18; ErsO. § 28. In diesem Falle ist die Zurückstellung bis zum 5. Dienstpflichtjahre zulässig

16) RMG. § 19—22; ErsO. § 30 u. 31.

17) RMG. § 52 u. (G. v. 1880 Art. II) § 53 54 u. 55; ErsO. § 81 (mit Erg. v. 1880) § 82; RekrO. § 14—17 u. Erg. v. 1880.

18) RMG. § 60 ⁵; KontrO. § 7 ⁸; RekrO. § 14 ²; LandwO. § 15.

19) RMG. § 34, 56 u. 60 ³⁻⁵.

§ 84.

c) Für die nach vollendeter Dienstzeit im stehenden Heere entlassenen Soldaten beginnt die **Reserve-** und nach dieser die **Landwehrpflicht.** Die Reservisten und Landwehrleute sind ausgebildete Soldaten und dienen zur Verstärkung des stehenden Heeres. Sie fallen hiernach ihrem Wesen nach zusammen und unterscheiden sich nur insofern von einander, als die Landwehr die älteren Jahrgänge umfaßt und diese vor den jüngeren mehrfach begünstigt sind. So erfolgen namentlich die Einberufungen jahrgangsweise und mit den jüngsten beginnend[20]). Zwei Abweichungen sind dabei zugelassen:

1) Wegen häuslicher und gewerblicher Verhältnisse können Reservisten bis zu 2 Proz. ihrer Gesammtzahl hinter den letzten Jahrgang ihrer Reserve (ausnahmsweise auch der Landwehr) und Landwehrleute bis zu 3 Proz. der Reserve- und Landwehr hinter den letzten Johrgang der Landwehr zurückgestellt werden. Ueber die Gesuche wird in den jährlichen Musterungsterminen von der verstärkten Ersatz-Kommission endgültig entschieden (Klassifikationsverfahren)[21]).
2) Unabkömmliche Beamte werden durch die oberen Militär- und Civilbehörden hinter die letzte Klasse der Landwehr zurückgestellt. Hierzu gehören die für Militärzwecke thätigen Beamten, deren Vertretung nicht thunlich erscheint, die einzelstehenden Geistlichen, Schullehrer, Lootsen, Kassen- und Grenzaufsichtsbeamten, ferner alle Post-, Telegraphen-, Eisenbahn- und Gestütsbeamte, Gendarmen und Schutzleute[22]).

Die Reservisten und Landwehrleute können zu einzelnen Uebungen herangezogen werden[23]) und stehen, wenn sie zu diesen oder zur Verstärkung des Heeres einberufen sind, unter den Militärgesetzen[24]). Uebrigens sind sie nur den allgemeinen Landesgesetzen unterworfen und unterliegen keinen anderen Beschränkungen, als den durch die militärische Kontrole gebotenen[25]). Sie können in das Ausland beurlaubt werden, auch darf ihnen die Auswanderung nicht versagt werden[26]). Nur die Offiziere und in deren Rang stehenden Aerzte bedürfen zuvoriger Verabschiedung[27]).

---

20) RMG. § 63, 67; KontrO. § 13 [1, 2 u. 8].

21) RMG. § 64; KontrO. § 13, [3–5], 17—19.

22) RMG. § 65; KontrO. § 20—23 u. Erg. v. 1880. Ueber die Einwirkung der Einberufung auf die Civilstellung insbesondere rücksichtlich des Gehaltes s. § 66 d. W.

23) KrDG. § 6—8 u. 12; KontrO. § 12 u. Erg. v. 1880.

24) RMG. § 38 B 1 u. MilStrafG. v. 20. Juni 1872 (RGB. 174) § 6.

25) KrDG. § 15; RMG. § 57 u. 61. — G. üb. d. Kontrole u. Disciplinarstrafmittel v. 15. Feb. 1875 (RGB. 65); KontrO. § 1, 2 u. 9—11 u. Erg. v. 1880.

26) RMG. § 58 u. 59. — KrDG. § 15 u. KontrO. § 7 [11]; Strafe § 360 [3]; Verfahren § 201 Nr. 5 d. W.

27) RMG. § 60 [1 u. 2.]; KontrO. § 7 [6].

§ 85.

d) Der **Ersatzreservepflicht** unterliegen die nur für den Kriegsfall einzustellenden Wehrpflichtigen. Die Ersatzreserve besteht für alle Waffengattungen mit Ausnahme der Kavallerie und zerfällt in zwei Klassen[28]).

Der ersten Klasse werden in dem erforderlichen Umfange diejenigen Wehrpflichtigen zugetheilt, die im Frieden nicht zur Einstellung kommen wegen:

1. hoher Loosnummer,
2. häuslicher Verhältnisse,
3. geringer Körperfehler und
4. vorübergehender Unbrauchbarkeit[29]).

Die Ersatzreservisten 1ster Klasse müssen jeden Wohnungswechsel der Militärbehörde anzeigen und sich für Mobilmachungen bereit halten[30]). Die zu 1 und 3 benannten Kategorien dürfen außerdem bereits im Frieden zu vier mehrwöchentlichen Uebungen herangezogen werden[31]). Diese Bestimmung soll die Ersatztruppen mit vorgebildeten Rekruten versehen, die im Fall eines bald nach der Mobilmachung eintretenden Bedarfs zunächst verwandt werden können. Die Bedeutung der Ersatzreserve ist damit eine andere geworden; die Uebungspflicht hat sie zu einem Bestandtheil des Heeres gemacht und ihre nur bedingte in eine wirkliche Dienstpflicht verwandelt.

Während die so geübten Mannschaften bis zum Aufhören der Wehrpflicht in der ersten Klasse verbleiben[31]), treten die übrigen nach 5 Jahren zur Ersatzreserve 2ter Klasse über. Diese Klasse, der außerdem alle überschüssigen und für die 1ste Klasse ungeeigneten Ersatzreservisten zugewiesen werden, gelangt nur bei außerordentlichem Bedarf auf Grund besonderer Aushebung zur Einstellung. Jede Ersatzreservepflicht erlischt mit vollendetem 31sten Jahre[32]).

2. Ersatzwesen.

Das Ersatzwesen umfaßt die zur Durchführung der Wehrpflicht gegebenen formellen Vorschriften und betrifft die Ersatz-Bezirke und Behörden und das Verfahren (Ersatzgeschäft).

§ 86.

a) **Ersatzbezirke und Ersatzbehörden.** Das Reich zerfällt in 17 Armeekorps-Bezirke, diese in je 4 Brigaden und diese gewöhnlich in je 4 Landwehr-Bataillons-Bezirke. Je zwei dieser Bataillone tragen als Landwehr-Regiment die Nummer des aus dem Bezirk sich ergänzenden Infanterieregiments.

---

[28]) RMG. § 16, 23; ErsO. § 13 (mit Erg. v. 1880); § 37 u. RekrO. § 7 mit Erg. v. 1880.

[29]) RMG. § 23—25, 29; ErsO. § 38 u. Erg. v. 1880.

[30]) RMG. § 69; KontrO. § 15 u. 15 A (mit Erg. v. 1880).

[31]) G. v. 6. Mai 1880 (RGB. 103) Art. I § 3.

[32]) RMG. § 23, 26—29; ErsO. § 39, 98; KontrO. § 16.

Ueberhaupt steht die Militär-Territorialeintheilung mit der Gliederung des Heeres in engster Verbindung, indem jeder Truppentheil seinen Ersatz aus einem bestimmten Bezirk empfängt und der Regel nach auch in diesem seine Garnison hat. Dies Verhältniß dient ebenso sehr zur Vereinfachung des Ersatzwesens, als zur Beschleunigung der Mobilmachung[33]).

An der Spitze der Bataillonsbezirke stehen Bezirks-Kommandos, welche die Vermittelung zwischen den Truppentheilen und dem Bezirk bilden, die Kontrole über die Beurlaubten ausüben und beim Ersatzgeschäft mitwirken.

Die Ersatzbehörden sind aus Offizieren und Civilbeamten zusammengesetzt und in drei Instanzen gegliedert. Die erste Instanz bildet für den mit dem Civilverwaltungsbezirke (Kreis) zusammenfallenden Aushebungsbezirk die Ersatz-Kommission, welche aus dem Landwehrbezirks-Kommandeur und dem Civilverwaltungsbeamten (Landrath) besteht. Entsprechend ist als zweite Instanz für jeden Infanterie-Brigade-Bezirk die Ober-Ersatz-Kommission aus dem Brigade-Kommandeur und einem höheren Verwaltungsbeamten zusammengesetzt. Für Entscheidungen, bei denen die bürgerlichen Verhältnisse der Pflichtigen in Frage kommen, wird die Ersatz-Kommission durch 1 Offizier und 4 bürgerliche Mitglieder, die Ober-Ersatz-Kommission durch ein solches Mitglied verstärkt. Diese Mitglieder werden von den kommunalen Vertretungen (Kreis- und Provinziallandtagen) auf drei Jahre gewählt. Die dritte Instanz bildet für den Bezirk des Armeekorps der kommandirende General, in Preußen mit dem Ober-Präsidenten, übrigens mit dem Chef der Landesverwaltungsbehörden.

Die Leitung aller Ersatzangelegenheiten führt als Ministerial-Instanz das preußische Kriegs-Ministerium im Verein mit der obersten Civil-Verwaltungsbehörde, in Preußen mit dem Minister des Innern.

Neben den Ersatz-Kommissionen bestehen für bestimmte Bezirke (in Preußen für die Regierungsbezirke) Prüfungs-Kommissionen für einjährig Freiwillige, die den Ersatzbehörden dritter Instanz untergeordnet sind[34]).

§ 87.

b) Das **Ersatzgeschäft** beginnt mit der Vertheilung des Ersatzes. Diese erfolgt auf die Bundesstaaten und Brigadebezirke nach dem Stande der ortsanwesenden Bevölkerung unter Abrechnung der Ausländer und Militärpersonen; auf die Aushebungsbezirke dagegen erst nach Maßgabe der bei der Musterung ermittelten dienstfähigen Mannschaft. In beiden Fällen kommen

[33]) RMG. § 5; ErsO. Anlage I zu § 1 (CB. 609); ergänz.: Bek. v. 11. Juli 1876 (CB. 380), v. 23. März 1877 (CB. 169), v. 20. Jan. 1879 (CB. 69) u. v. 4. Feb. 1881 (CB. 26).

[34]) RMG. § 30 $^{3-5}$; ErsO. § 1 u. 2 — Reisekosten der bürg. Mitglieder der ErsKomm. CR. v. 7. Mai 1876 (MB. 144) u. v. 10. Feb. 1880 (MB. 103).

die aus dem Bezirk eingestellten Freiwilligen in Anrechnung[35]). — Dem Ersatzgeschäft liegen Listen zu Grunde, die nach den Geburtsregistern und den von den Pflichtigen zu bewirkenden Meldungen aufgestellt sind. Sie zerfallen in die Stammrollen für die Gemeinden, die alphabetischen Listen für die Ersatz= und die Vorstellungslisten für die Ober=Ersatz=Kommissionen[36]).

Das Ersatzgeschäft theilt sich in die Musterung vor der Ersatz=Kommission, in welcher Zurückstellungen selbstständig verfügt werden können, übrigens der eigentlichen Entscheidung nur vorgearbeitet wird[37]) und in die Aushebung vor der Ober=Ersatz=Kommission, in welcher die endgültige Bestimmung erfolgt[38]). Im Kriege werden beide Akte vereinigt[39]).

Die Grundsätze dieses Verfahrens entstammen einer Zeit, wo die Verhältnisse der Militärpflichtigen einfacher lagen, als gegenwärtig, wo namentlich von der Bewegung noch nicht die Rede war, die jetzt einen großen Theil der Bevölkerung unausgesetzt hin= und herschiebt. Dieser gegenüber erscheint das Verfahren als zu schwerfällig und umständlich, was neben der Geschäftsvermehrung auch die Militärpflicht drückender macht, indem die Pflichtigen in der Regel erst nach längerer Zeit zu einer endgültigen Entscheidung gelangen[40]).

3. Das aktive Heer.

§ 88.

a) **Friedens=Formation.** Die Friedensstärke an Mannschaften ist einschließlich der Unteroffiziere vom 1. April 1881 ab für 7 Jahre auf 427 274 Mann festgestellt; die einjährig Freiwilligen kommen auf diese Zahl nicht in Anrechnung[41]). Unser Heer ist dadurch um etwa 6 Proz. vermehrt, was Angesichts der gestiegenen Bevölkerung und der in den Nachbarstaaten eingetretenen Heeresverstärkung[42]) unabweisbar geworden war. Dabei wurde der bereits im RMilG. (1874) eingeschlagene Weg einer periodischen Bewilligung festgehalten, während die Reichs=Verfassung die Festsetzung eines bis auf Weiteres maßgebenden Pauschquantums vorgesehen hatte[43]).

Nach der Formation zerfällt das Heer bei der Infanterie in 503 Bataillone, bei der Kavallerie in 465 Schwadronen, bei der Feldartillerie in

[35]) DienstpfG. § 9; RMG. § 9; ErsO. § 50—54 u. Erg. v. 1880; RekrO. § 1 u. 2.

[36]) RMG. § 31 u. 32; ErsO. § 43—49 u. Erg. v. 1880.

[37]) RMG. § 30[6 u. 7]; ErsO. 27, 33 u. 55—67 u. Erg. v. 1880.

[38]) RMG. § 30[6 u. 8]; ErsO. § 34, 68—73 u. Erg. v. 1880; § 76—78.

[39]) ErsO. § 95—100. — Gleiches gilt von den Schiffermusterungen § 110 d. W.

[40]) S. des Verfassers Schrift: Zur Vereinfachung der Pr. Verwaltung (Hannover 1869) S. 20.

[41]) RG. v. 8. Mai 1880 (RGB. 103) Art. I § 1.

[42]) Angesichts der Erfolge der deutschen Waffen sind auch Frankreich, Oestreich u. Rußland zur allgemeinen Wehrpflicht übergegangen. Ihre Armeen sind dadurch erheblich vergrößert.

[43]) RVerfArt. 62.

340 Batterien, von denen je 2 bis 4 eine Abtheilnng bilden, bei der Fuß-(Festungs)-Artillerie in 31, bei den Pionieren in 19 und bei dem Train in 18 Bataillone. In der Regel bilden 3 Bataillone Infanterie, 5 Schwadronen Kavallerie und 2 bis 3 Abtheilungen oder Bataillone Artillerie ein Regiment. 2—3 Regimenter bilden eine Brigade, 2 bis 3 Brigaden der Infanterie und Kavallerie eine Division, 2 Divisionen ein Armeekorps. Beim Garde-, 12. und 15. Korps sind die Kavalleriebrigaden besonders zu Kavallerie-Divisionen vereinigt. Eine dritte Division hat ferner das 11. Korps in dem großherzoglich hessischen Kontingent. Außer den Divisionen sind jedem Korps eine Feldartilleriebrigade, ein Fuß-(Festungs)-Artillerie-Regiment, ein Pionier- ein Train- und in der Regel auch ein Jäger-Bataillon zugetheilt[44]). Train und Jäger stehen zugleich unter je einer Inspektion. Die Feldartillerie, die Fußartillerie und die Pioniere (Ingenieurkorps) haben je eine General-Inspektion und mehrere Inspektionen.

Eine besondere Organisation bildet der Generalstab der Armee, der in den großen Generalstab und in die Generalstäbe bei den höheren Truppen-Kommandos zerfällt. Ersterem liegt die Sammlung und Verarbeitung des auf die Kenntniß der verschiedenen Armeeorganisationen und Kriegsschauplätze bezüglichen Materials ob; letztere sollen die General- und Divisions-Kommandos und die General-Inspektion der Artillerie in taktischer und strategischer Hinsicht unterstützen.

Das deutsche Heer besteht aus 18 Armeekorps, deren 3 bis 4 eine Armeeinspektion bilden. Dem Korps entspricht ein Korpsbezirk, der der Regel nach sowohl seinen Ersatz liefert, als seine Garnisonen umfaßt. In demselben ist unbeschadet der Souveränitätsrechte der Einzelstaaten der kommandirende General der Militärbefehlshaber[45]). — Das preußische Gardekorps rekrutirt aus ganz Preußen, den thüringischen Staaten[46]) und Elsaß-Lothringen. Die Korps 1 bis 11 entsprechen mit einigen durch die verschiedene Größenausdehnung bedingten Abweichungen den preußischen Provinzen, denen die kleineren Bundesstaaten zugelegt sind[47]). Das 12. Korps wird durch Sachsen, das 13. durch Würtemberg, das 14. durch Baden und das 15. durch Elsaß-Lothringen gestellt, während Baiern zwei besondere Korps besitzt.

---

[44]) RG. v. 1880 Art. I § 2 u. RMG. § 2—4.

[45]) RMG. § 5.

[46]) RekrO. § 2.

[47]) Dem 4. Korps (Prov. Sachsen) sind zugetheilt: Anhalt, S. Altenburg, beide Schwarzburg u. Reuß; dem 7. (Westfalen): beide Lippe; dem 8. (Rheinprov. u. Hohenzollern): das oldenb. Fürstenth. Birkenfeld; dem 9. (Schlholstein): beide Mecklenburg, die Hansestädte u. das oldenb. Fürstenth. Lübeck; dem 10. (Hannover): Braunschweig u. Oldenburg u. dem 11. (Hessen-Nassau): Waldeck, S. Weimar, S. Gotha u. S. Meiningen. Anlage 1 zu § 1 der ErsO.

§ 89.

b) Die **Kriegsformation** wird durch die Mobilmachung hergestellt, deren Anordnung dem Kaiser für das ganze Reich zusteht[48]). Sie umfaßt die Bildung der Feldarmee und die Aufstellung der Ersatz- und Besatzungstruppen[49]) und besteht in der Einberufung der Mannschaften und Beschaffung der erforderlichen Pferde, Vorräthe und Bestände. Behufs schneller Aktion ist möglichste Beschleunigung geboten, die durch gehörige Vorbereitung (Mobilmachungsplan) und demnächstige Inanspruchnahme aller verfügbaren Mittel und Kräfte (Telegraphen, Eisenbahnen, Behörden) erreicht wird[50]).

In der Feldarmee wird die Friedensarmee, die neben drei Jahrgängen der Militärpflichtigen noch fünf Jahrgänge der Reserve heranzieht, mehr als verdoppelt. Die Friedensarmee ist hiernach weniger Selbstzweck, als Mittel zum Zweck: sie bildet die Schule für das „Volk in Waffen" und den Rahmen, innerhalb dessen die einberufenen Verstärkungsmannschaften ihren festen Halt finden. Die Verstärkung erfolgt durch Einziehung der Reservisten, nöthigen Falls auch der jüngsten Jahrgänge der Landwehr. Bei den Spezialwaffen (Artillerie, Pioniere und Jäger), wo Reserve und Landwehr nicht unterschieden sind, findet letztere ausschließlich diese Verwendung, während bei Infanterie und Kavallerie daneben besondere Landwehrkörper gebildet werden, die zur Besatzung im Inlande, nöthigen Falls auch als Reserve der Feldarmee gegen den Feind Verwendung finden[51]).

Ersatztruppen werden bei allen selbstständigen Truppenkörpern gebildet, um den unvermeidlichen Abgang zu ersetzen und so die Nachhaltigkeit der Aktion zu sichern. Die Kavallerie läßt dieserhalb die 5te Schwadron in der Garnison zurück, die übrigen Waffengattungen bilden besondere Truppenkörper (Ersatz-Bataillone, Kompagnien und Batterien). Ihr Stamm besteht aus denselben Mannschaften, wie der der Feldtruppen; zur Ergänzung ist die Ersatzreserve bestimmt.

Die Besatzungstruppen werden aus der zu vorstehenden Zwecken nicht zur Verwendung gelangenden Landwehr der Infanterie und Kavallerie gebildet. Sie dienen zur Besetzung der Etappenstraßen, Festungen und wichtigeren Garnisonen, zur Bewachung der Kriegsgefangenen und dergl.[52]).

Neben dem Heere tritt im Fall feindlichen Ueberfalls auf Grund eines Aufgebots durch Kaiserliche Verordnung der Landsturm zusammen.

---

48) RMG. § 6

49) Die Kriegsstärke stellt sich — abgesehen vom Landsturm u. etwaigen besonderen Formationen — auf:

Feldarmee	733 000 Mann
Ersatztruppen	259 000 „
Besatzungstruppen	377 000 „
zusammen	1 369 000 Mann

und unter Einrechnung der Offiziere ꝛc. auf etwa 1,4 Mill. Mann.

50) Diesem Zweck dient der Kriegsschatz § 163 d. W. — Die vorläufige u. theilweise Mobilmachung wird Kriegsbereitschaft genannt.

51) KrLG. § 4 u. 5; RMG. § 63.

52) KrLG. § 5.

Dieser besteht aus allen nicht dem Heere oder der Marine angehörigen Wehrpflichtigen vom 17ten bis 42sten Jahre. Im Frieden sind die Landsturmpflichtigen von jeder Kontrole und Uebung befreit; im Fall des Aufgebots werden sie dagegen in Abtheilungen formirt und mit Abzeichen versehen; auch sind sie alsdann den militärischen Straf- und Disciplinargesetzen unterworfen[53]).

4. Rechtsverhältnisse der Militärpersonen.

§ 90.

Die Militärpersonen, denen alle zum Heer und zur Marine gehörigen Offiziere, Soldaten, Aerzte und Militärbeamten zugerechnet werden[54]), sind in Ausübung ihres Berufes, soweit der dienstliche Zweck oder die eigene Sicherheit es erfordern, zum Waffengebrauch berechtigt[55]). Außerdem sind sie gegen Thätlichkeit und Beleidigung durch besondere Strafbestimmungen geschützt[56]).

Eine eigene Gerichtsbarkeit über Militärpersonen besteht nur in Strafsachen[57]). In Civilsachen bestimmt sich der Gerichtsstand derselben nach der eweiligen, bei Truppen im Auslande nach der letzten deutschen Garnison[58]). Zwangsvollstreckungen sind der Militärbehörde anzuzeigen und in Militärdienstgebäuden (auf Kriegsfahrzeugen) nur von dieser vorzunehmen. Auch bezüglich des Gegenstandes ist die Vollstreckung mehrfach eingeschränkt[59]).

Der Genehmigung ihrer Vorgesetzten bedürfen Militärpersonen zur Verheirathung[60]), zum Gewerbebetrieb[61]) und zur Uebernahme von Kommunalämtern und Vormundschaften. Die letzteren dürfen sie ablehnen[62]). Zu Schöffen und Geschworenen sind sie überhaupt nicht zu berufen[63]). Das Wahlrecht zum Reichs- und Landtag ruht für dieselben. Ausgenommen sind nur die Militärbeamten. Endlich ist den Militärpersonen die Theilnahme an politischen Vereinen und Versammlungen untersagt[64]).

In Kriegsfällen können ausrückende Militärpersonen letztwillige Ver-

---

53) Das. § 3 u. 16 u. RG. v. 12. Feb. 1875 (RGB. 63).

54) RMG. § 38; MilStrG. v. 20. Juni 1872 (RGB. 174) § 4, 5 u. Anlage.— Militärbeamte s. Anm. 1 (S. 120).

55) G. v. 20. März 1837 (GS. 60); Einf. i. d. neuen Prov. V. v. 25. Juni 1867 (GS. 921) Art. II G. — Heranziehung bei Aufläufen V. v. 17. Aug. 1835 (GS. 170) § 8—10. — Theilnahme a. d. Feuerpolizei KO. v. 29. Aug. 1818 (GS. 155).

56) StrafGB. § 113 u. 196.

57) § 93 u. 94 d. W.

58) RMG. § 39 u. CProzO. § 14 u. 15.

59) RMG. § 45. — CProzO. § 673, 699, 715 [6], [7] u. 749 — StProzO. § 495.

60) RMG. § 40; PersonenstandsG. v. 6. Feb. 1875 (RGB. 23) § 38. Die nicht genehmigte Ehe ist strafbar, nicht ungültig MilStrafG. § 150.

61) RMG. § 43; Preuß. GewO. v. 17. Jan. 1845 (GS. 41) § 19 u. RGewO. v. 21. Juni 1869 (BGB. 245) § 12.

62) RMG. § 41 u. 47.

63) G. v. 27. Jan. 1877 (RGB. 41) § 34 [9] u. 85.

64) RMG. § 49.

ordnungen unter erleichterten Formen errichten (privilegirte Testamente)[65]). Im Ausland und beim Verlassen des Standquartiers nach der Mobilmachung können Akte der freiwilligen Gerichtsbarkeit von den Auditeuren aufgenommen werden, welche dem Amtsgericht des Standortes zu behändigen sind[66]). Die Beurkundung des Personenstandes außerhalb des Reichs erfolgt in diesem Falle unter schriftlicher Vermittlung der Vorgesetzten[67]).

Das Diensteinkommen der Unteroffiziere und Soldaten ist überhaupt, das der übrigen Militärpersonen im Mobilmachungsfall von der Staatssteuer befreit[68]). Von der Kommunalsteuer sind alle Einnahmen aktiver Militärpersonen frei, insoweit sie nicht aus Grundbesitz oder Gewerbebetrieb herrühren. Gleiches gilt von den dienstlichen Bezügen der auf Inaktivitätsgehalt gesetzten oder zur Disposition gestellten Offiziere, von allen Militärpensionen unter 750 Mark und von den Wittwen- und Waisenpensionen, Gnaden- und Sterbemonaten[69]).

Unter den militärdienstlichen Vergütungen (Sold, Gehalt, Wohnungsgeldzuschuß[70]), Reisekosten[71]), Umzugskosten[72])) nehmen die Pensionen insofern besonderes Interesse in Anspruch, als die Eigenthümlichkeit des Militärdienstes ein rascheres und leichteres Eintreten der Pensionirung mit sich bringt. Die Pensionsansprüche der seit dem letzten Kriege invalide gewordenen Offiziere und Soldaten des Heeres und der Marine sind einheitlich im Reiche geordnet[73]). Sie können innerhalb 6 Monaten nach endgültiger Entscheidung der Militärbehörde im Rechtswege geltend gemacht werden, wobei indeß nur die letztere über die persönlichen Voraussetzungen und über die Frage zu entscheiden hat, ob ein Kriegs- oder Friedensverhältniß vorliegt[74]). Die Pensionssätze werden für Offiziere und im Offizierrange stehende Aerzte nach ähnlichen Grundsätzen berechnet, wie für Reichsbeamte[75]), doch erhalten erstere, wenn sie durch den Krieg invalide geworden sind, eine Erhöhung und im Fall der Verstümmelung oder sonstigen unheilbaren schweren Beschädigung eine weitere Zulage. Sind sie im Kriege geblieben oder in Folge desselben gestorben, so erhalten ihre Wittwen und Kinder eine besondere

---

65) Das. § 44. — In Preußen sind sie im Kriegsfall auch an Miethskontrakte nur bis zum Ablauf des Quartals gebunden LR. I 21 § 378.

66) G. v. 8. Juni 1860 (GS. 240) § 1, 2 u. v. 24. April 1878 (GS. 230) § 111. RMG. § 39 Abs. 3.

67) Anm. 17 (S. 246).

68) RMG. § 46.

69) V. v. 22. Dez. 1868 (BGB. 571) f. d. nordd. Bund, laut Militärkonvention auch f. Baden u. Hessen RMG. § 48. — Verhältnisse der zur Disposition gestellten Offiziere LandwO. Anlage 3.

70) G. v. 30. Juni 1873 (RGB. 166).

71) V. v. 15. Juli 1873 (CB. 248).

72) V. v. 23. Mai 1878 (CB. 326).

73) G. v. 27. Juni 1871 (RGB. 275), erg. G. v. 4. April 1874 (RGB. 25); Einf. in ElsLothringen G. v. 8. Feb. 1875 (RGB. 69) Nr. 3. AusfBest. v. 22. Feb. 1875 (CB. 142, JMB. 175), ergänzt Bek. v. 9. Mai 1877 (CB. 252). — Sicherstellung der Ansprüche durch den Reichs-Invalidenfonds § 163 d. W.

74) G. v. 1871 § 113—116 u. v. 1874 § 18.

75) § 23 Nr. 4 d. W.

Beihülfe[76]). — Abweichend ist die Versorgung der Unteroffiziere, Soldaten und unteren Militärbeamten geregelt. Diese tritt ein, wenn die Betheiligten durch Dienstbeschädigung oder nach achtjähriger Dienstzeit invalide geworden sind oder mindestens 18 Jahre gedient haben. Durch 12 jährige Dienstzeit erlangen sie bei guter Führung den Anspruch auf Civilversorgung. Es werden Ganz- und Halb-Invaliden unterschieden. Erstere sind zu keinem Militärdienst, letztere noch zum Garnisondienst tauglich. Die Pension ist nach dem Range bemessen und außerdem nach dem Grade der Invalidität und Erwerbsunfähigkeit und nach der Dienstzeit in 5 Klassen abgestuft. Sofern die Ganzinvalidität durch den Krieg herbeigeführt oder eine Verstümmelung eingetreten ist, werden Pensionszulagen gewährt. An Stelle der Pension kann die Verwendung im Garnisondienst oder die Civilversorgung eintreten. Die Hinterbliebenen erhalten unter ähnlichen Voraussetzungen Beihülfen wie die der Offiziere[77]). Die Inhaber des eisernen Kreuzes 1. Klasse empfangen einen besondern Ehrensold[78]).

Dem Zweck der Versorgung dienen folgende besondere Einrichtungen:

1. Die Militär-Wittwenkasse für verheirathete Offiziere und Beamte[79]).
2. Die Lebens-Versicherungs-Anstalt für die Armee und Marine, welche Offizieren, Militärbeamten und Unteroffizieren die Gelegenheit zur Lebensversicherung gewährt, die ihnen durch Privatgesellschaften nicht oder nur unter besonderen Opfern geboten wird[80]).
3. Die Kaiser-Wilhelm-Stiftung, welche den in Folge des Krieges erwerbsunfähig gewordenen oder des Ernährers beraubten Personen Hülfe und Unterstützung leisten will[81]).
4. Die Generalstabs-Stiftung, welche neben Förderung militär-wissenschaftlicher Zwecke auch auf Unterstützung unbemittelter und strebsamer Offiziere und Beamten des Generalstabs gerichtet ist[82]).

---

[76]) G. v. 1871 § 2—47 u. v. 1874 § 2—6, u. 19.

[77]) G. v. 1871 § 58—102, 109—112 und v. 1874 § 10—14, 17, 20, 21 u. 23. — Civilversorgung u. daneben stattfindende Einziehung, Weiter- oder Wiedergewährung der Pension. § 59 (S. 69) d. W. — Die Unterbringung in Invalideninstituten findet nicht mehr statt.

[78]) Anm. 98 f. (S. 42).

[79]) Regl. v. 3. März 1792; Ergänzungen KO. v. 19. Juli 1810 (GS. 1055), v. 3. Jan. 1816 (GS. 93), v. 20. Mai u. 24. Juli 1820 (GS. 77 u. 165), v. 18. Okt. 1824 (GS. 214) u. Ges. v. 17. Juli 1865 (GS. 817) nebst Instr. v. 26. Sept. 1865 (MB. 311).

[80]) AO. v. 26. Dez. 1871 (Drucksach. des Reichst. 1878 2. Sess. Nr. 37).

[81]) Statut v. 1. Juni 1871 (MB. 190).

[82]) G. v. 31. Mai 1877 (RGB. 523) u. Statut v. 21. März 1878 (RGB. 13).

III. Militärverwaltung[1]).

1. Allgemeine Verwaltung.

§ 91.

a) Die oberste Verwaltungsbehörde für Preußen und die ihm angeschlossenen Kontingente bildet das **Preußische Kriegs-Ministerium**, welches — ebenso wie die für Baiern, Würtemberg und Sachsen bestehenden besondern Kriegsministerien — als Organ der Reichsmilitärgewalt anzusehen ist[2]). Dasselbe umfaßt neben der Central- und der Abtheilung für persönliche Angelegenheiten das Allgemeine Kriegs-Departement, das Militär-Oekonomie-Departement, das Departement für das Invalidenwesen, die Abtheilung für das Remontewesen und die Militär-Medizinal-Abtheilung[3]).

§ 92.

b) Provinzial-Verwaltungsorgane des Kriegsministeriums sind die **Intendanturen**, deren eine für jedes Armee-Korps besteht. Sie sind gleichzeitig Organe des kommandirenden Generals. Ihr Geschäftskreis umfaßt die gesammte Militär-Oekonomie (Unterbringung, Verpflegung und Betleidung der Truppen, Kassen- und Rechnungswesen)[4]). Insoweit es sich um Leistungen der Gemeinden und Einzelnen für militärische Zwecke handelt, sind die Regierungs-Präsidenten (Regierungen) zuständig[5]). Den Intendanturen sind die Divisionsintendanturen[6]), die Magazin-, Garnison-, Lazareth- und Garnisonbauverwaltungen unterstellt.

2. Militär-Rechtspflege.

Die Militärgerichtsbarkeit beschränkt sich auf Strafsachen[7]). Die Eigenthümlichkeiten der Heereseinrichtung und die vorwiegende Rücksicht auf die Erhaltung der Disciplin haben besondere materielle und formelle Vorschriften über das Militärstrafrecht nöthig gemacht.

§ 93.

a) In materieller Beziehung ist entsprechend dem allgemeinen Reichs-Strafgesetzbuch und im Anschluß an dasselbe ein einheitliches **Militär-Strafge-**

---

1) Militärbeamte, Klasseneintheilung V. v. 29. Juni 1880 (RGB. 169). S. § 20—23 d. W. insbes. Anm. 4, 15, 29 u. 40 (S. 20, 23).

2) § 81 d. W. — Die Vermittelung bildet der Bundesrathsausschuß für Militärwesen (§ 14 d. W.), in dem die genannten Staaten vertreten sind.

3) Publ. v. 18. Feb. 1809 (GS. 785).

4) KO. v. 1. Nov. 1820 (KA. IV 904).

5) Gesch.Anw. f. d. Reg. v. 31. Dez. 1825 (das. IX 821) B Abs. 3 u. OG. § 17.

6) KO. v. 27. Jan. 1860 (MB. 155) u. v. 20. Dez. 1862 (MB. 1863 S. 60).

7) RMG. § 39. — GerVerfG. v. 27. Jan. 1877 (RGB. 41) § 16 u. EinfG. (das. 77) § 7.

setzbuch für das Reich geschaffen[8]). Dasselbe enthält Strafbestimmungen für militärische Verbrechen und Vergehen und schließt soweit dies der Fall die Anwendung der allgemeinen Strafgesetzbestimmungen auf Militärpersonen aus[9]). Die Strafen bestehen in:

1. Todesstrafe, die durch Erschießen vollstreckt wird[10]),
2. Freiheitsstrafe, welche bis zu 6 Wochen als (Stuben-, gelinder, mittlerer oder strenger) Arrest, darüber hinaus als Gefängniß und als Festungshaft bezeichnet wird[11]) und
3. Ehrenstrafe (Entfernung aus dem Heer, Dienstentlassung gegen Offiziere, Versetzung in die zweite Klasse gegen Unteroffiziere und Gemeine, Degradation gegen Unteroffiziere)[12]).

Die mit Freiheitsstrafe bis zu 5 Jahren bedrohten strafbaren Handlungen heißen militärische Vergehen, die mit längerer Freiheits- oder Todesstrafe bedrohten militärische Verbrechen[13]). Soweit diese Strafvorschriften das Verhältniß der Militärpersonen im Felde zum Gegenstande haben, werden sie als Kriegsgesetze bezeichnet[14]). Die übrigen Vorschriften betreffen die Verletzung der besonderen militärischen Dienstpflichten[15]).

§ 94.

b) In formeller Beziehung steht noch die preußische **Militär-Straf-Gerichtsordnung** in Geltung[16]). Der Militärgerichtsbarkeit sind Militärpersonen in Straf- und Injuriensachen unterworfen[17]); bloße Polizei-Kontraventionen, die nur mit Geldbuße bedroht sind und nicht die Militärpolizei betreffen, sind jedoch von den Civilbehörden zu entscheiden[18]). Die Gerichtsbarkeit zerfällt in die höhere, welche alle Straffälle der Offiziere und höheren Militärbeamten sowie die mit strengerer Strafe bedrohten Handlungen der übrigen Militärpersonen betrifft und in die niedere Gerichtsbarkeit. Das General-Auditoriat bildet die allgemeine Beschwerde- und Aufsichtsinstanz, während in erster Instanz die Korps-, Divisions-, Garnison- und Regiments-

---

8) MilStrafgesetzbuch f. d. deutsche Reich v. 20. Juni 1872 (RGB. 174) EinfG. (das. 173)

9) StGB. § 10; MilGB. § 3. — Begriff der Militärpersonen § 90 d. W.

10) MilStG. § 14. — StGerO. (Anm. 16) § 183.

11) MilStG. § 15—29.

12) Das. 30—42.

13) Das. § 1.

14) Kriegsverrath u. Gefährdung der Kriegsmacht im Felde § 57—63; eigenmächtiges Beutemachen, Plünderung, Bedrückung der Landeseinwohner Seitens der Nachzügler (Marodiren) § 127—136.

15) Fahnenflucht (Desertion) § 69—79 u. EinG. § 2; Feigheit MStG. § 84—88; Insubordination § 89—113 u. Berichtigung RGB. 1873 S. 138.

16) Preuß. MilStGerO. v. 3. April 1845 (GS. 287) Theil II. Die Einführung in das Reich ist verheißen (RVerf. Art. 61), bislang aber nur erfolgt im norddeutschen Bundesgebiet (V. v. 29. Dez. 1867 BGB. 185) u. in Baden (G. v. 24. Nov. 1871 RGB. 401). — In Baiern und Würtemberg stehen noch die landesgesetzlichen Vorschriften in Kraft.

17) MilStGO. § 1—18.

18) Das. § 3 u. KO. v. 19. Aug. 1847 (GS. 334).

gerichte zuständig sind, die aus dem Kommandeur als Gerichtsherrn, dem Korps-, Divisions- oder Garnisonauditeur (bei Regimentsgerichten dem untersuchungsführenden Offizier) als richterlichem Mitglied und mehreren nach Verschiedenheit der Fälle kommandirten Militärpersonen als Beisitzern bestehen. Für jeden Fall wird das Untersuchungs- und Spruchgericht besonders bestellt. Das Spruchgericht heißt, wo es sich um höhere Gerichtsbarkeit handelt, Kriegsgericht, andern Falls Standgericht[19]). Dem entsprechend ist das Verfahren ein kriegsrechtliches[20]) oder standrechtliches[21]). In ersterem erfolgt die Bestätigung der Erkenntnisse nach Verschiedenheit der Fälle durch den Kaiser, den Kriegsminister oder einen Truppen-Kommandeur, in letzterem durch den Gerichtsherrn[22]). Besonders geregelt ist das Verfahren bei Beleidigungen[23]) und das Kontumazialverfahren in Bezug auf Deserteure, gegen welche Geldstrafe bis zu 3000 M. zulässig ist[24]).

Die Militär-Justizbeamten (Auditeure) müssen als Richter befähigt sein und unterliegen den für letztere gegebenen Disciplinarvorschriften[25]).

§ 95.

c) Neben der militärgerichtlichen ist bei Dienstvergehen die **Disciplinarbestrafung** der Militärpersonen zugelassen und zwar auch für die leichteren im Militär-Straf-Gesetz vorgesehenen Fälle[26]). Die näheren Vorschriften erläßt der Kaiser[27]).

Ferner bestehen unabhängig von den Militärgerichten **Ehrengerichte** zur Aburtheilung solcher Handlungen und Unterlassungen der Offiziere, die nicht an sich strafbar, gleichwohl aber dem Ehrgefühl oder den Verhältnissen des Offizierstandes zuwider sind. Ihre Entscheidung kann auf Warnung, Dienstentlassung oder Entfernung aus dem Offizierstande lauten und bedarf der Allerhöchsten Bestätigung. Die Ehrengerichte bestehen für Subalternoffiziere aus den Offizierkorps und für Stabsoffiziere aus den Stabsoffizieren

---

19) Das. § 19—88. — Außerordentliche Kriegsgerichte im Fall des Belagerungszustandes § 248 d. W.

20) MStGO. § 91—195.

21) Das. § 196—228.

22) Das. § 150—153, 205 u. AE. v. 1. Juni 1867 (BGB. 260).

23) MStGO. § 229—241.

24) Das. § 242—259; G. v. 11. März 1850 (GS. 271, BGB. 1867 S. 301); EinfG. z. MStGB. § 2. — Die üb. die Auslieferung von Deserteuren abgeschlossenen Kartel-Konventionen (Oesterreich GS. 1819 S. 61, Dänemark das. 1821 S. 23, Niederlande das. 1819 S. 13 u. 1828 S. 88, Frankreich das. 1828 S. 111, Rußland das. 1857 S. 765) sind nach Ablauf nur mit Oesterreich erneuert.

25) RMG. § 7. — G. v. 31. März 1873 (RGB. 61) § 158; GerVerfG. v. 27. Jan. 1877 (RGB. 41) § 8 u. EinG. (das. 77) § 13; G. v. 7. Mai 1851 (GS. 218) § 65, 70—77. — Rang § 65 (Anm. 74 S. 74).

26) EinfG. z. MStGB. § 3.

27) RMilG. § 8; Disciplinar StrafO. f. d. Heer v. 31. Okt. 1872 (ArmeeVBl. S. 330). — Disciplinarmittel gegen Mannschaften des Beurlaubtenstandes G. v. 15. Feb. 1875 (RGB. 65) § 6, 7, des Landsturms G. v. 12. Feb. 1875 (RGB. 63) § 4.

der Division. Zur Vorbereitung der Entscheidungen wählen die Ehrengerichte alljährlich einen Ehrenrath[28]). Jedermann ist zu eidlicher Zeugnißablegung vor demselben verpflichtet[29]). Den Ehrengerichten ist ferner zur Verhütung des Zweikampfes die schiedsrichterliche Entscheidung in Ehrenstreitigkeiten und Beleidigungen der Offiziere untereinander übertragen[30]).

3. Militär-Kirchenwesen.

§ 96.

Nach der Preußischen Militär-Kirchen-Ordnung[31]) werden die Militärgeistlichen der einzelnen Konfessionen im Kriege wie im Frieden nach Bedürfniß angestellt. Die evangelischen stehen unter dem Feldprobst der Armee, welcher als Organ der das Militär-Kirchenwesen leitenden Minister des Kultus und Krieges erscheint und der gesammten Militärgeistlichkeit unmittelbar vorgesetzt ist. Bei den Korps sind in der Stellung der Superintendenten Militär-Oberprediger und unter diesen Divisions-, Garnison- und Anstalts- (Instituts-) Geistliche angestellt. Neben diesen geistlichen Vorgesetzten sind die Militärgeistlichen als Militärbeamte den betreffenden Militärbefehlshabern unterstellt[32]). Die Wahl des Feldprobstes und Garnisonpredigers zu Berlin erfolgt durch den Kaiser, die der übrigen Geistlichen durch den Feldprobst[33]). Die Seelsorge in Garnisonen, in denen kein Militärgeistlicher angestellt ist, wird einem Civilgeistlichen übertragen, dem alsdann Rechte und Pflichten der Militärgeistlichen beiwohnen. Aeußersten Falls wird dieselbe durch Bereisung bewirkt[34]). Außer Seelsorge und Kirchenbuchführung[35]) haben die Militärgeistlichen auch bei den Unterrichtsanstalten mitzuwirken[36]). Jedem Geistlichen ist ein Militärküster beigegeben[37]).

Zu den Militärgemeinden gehören die Militärpersonen, deren Frauen und im Hause befindliche Kinder[38]). Die Militär- und Garnisonkirchen stehen im Eigenthum des Staats und unter landesherrlichem Patronat[39]).

---

[28]) V. v. 20. Juli 1843 (GS. 299); Geltungsgebiet wie Anm. 16.

[29]) KO. v. 18. Juli 1844 (GS. 299).

[30]) V. v. 20. Juli 1843 (GS. 308) u. KO. v. 27. Sept. 1845 (GS. 681); Geltungsgebiet wie Anm. 16.

[31]) MilKirchenO. v. 12. Feb. 1832 (GS. 69); Einf. in den Bereich des 9. Korps (Holstein) V. v. 25. Nov. 1868 (GS. 1869 S. 77), des 11. Korps (Hessen-Nassau) V. v. 12. Okt. 1867 (GS. 1849), in Hannover V. v. 24. Juni 1867 (GS. 919). — Ausschluß der Uebertragung auf das Reich Reichs-Verf. Art. 61.

[32]) MilKO. § 1—6, 21—33. Diensteinkünfte und Weiterbeförderung § 94 bis 108; Tagegelder AE. v. 2. Mai 1856 (MB. 176).

[33]) Das. § 7—20 u. AE. v. 19. Dez. 1867 (GS. 1868 S. 47).

[34]) MilKO. § 5 u. 58.

[35]) Das. § 50—82. Für jede Garnison u. bez. Militärgemeinde ist ein Kirchenbuch zu führen AE. v. 30. Mai 1868 (GS. 694).

[36]) MilKO. § 83—93.

[37]) Das. § 109—112.

[38]) Das. § 34—48.

[39]) Das. § 113—120.

Die Militär-Kirchenverfassung wird durch die neuere Kirchengesetzgebung nicht berührt[40]).

4. Militär-Erziehungs- und Unterrichtswesen[41]).

§ 97.

Dasselbe umfaßt die Vor- und die Weiterbildung der Offiziere, sowie die Erziehung und den Unterricht der Unteroffiziere und Mannschaften.

Das auf die Ergänzung des Offizier-Korps berechnete Militär-Erziehungs- und Bildungswesen wird durch eine General-Inspektion geleitet. Unter derselben stehen die Ober-Studien-Kommission, die Ober-Militär-Examinations-Kommission für Offizier- und Fähnrich-Prüfungen, die vereinigte Artillerie- und Ingenieur-Schule, das Kadetten-Korps und die Kriegsschulen. Für jede der drei letzteren besteht je eine Studien-Kommission. — Das Kadetten-Korps soll Söhnen von Offizieren die Mittel, anderen Personen die Gelegenheit zur Erziehung und Ausbildung für den Kriegsdienst bieten und bildet hierdurch die Pflanzschule für das Offizier-Korps[42]). — Die Kriegsschulen, welche unter einer eigenen Inspektion stehen, sind zur kriegswissenschaftlichen Ausbildung der Offizier-Aspiranten der Infanterie und Kavallerie bestimmt[43]). Gleichem Zwecke dient die vereinigte Artillerie- und Ingenieurschule zu Berlin im Bereich ihrer Waffen.

Die Weiterbildung der Offiziere vermittelt die Kriegs-Akademie zu Berlin, die in wissenschaftlicher Beziehung dem Generalstab, übrigens dem Kriegsminister unterstellt ist und eine besondere berathende und begutachtende Studien-Kommission zur Seite hat.

Behufs Heranbildung junger Leute zu Unteroffizieren bestehen Unteroffizierschulen[44]). Die darin Aufgenommenen sind zu demnächstiger vierjähriger aktiver Dienstzeit bei einem Truppentheil verpflichtet[45]). — Das

---

[40]) G. v. 11. Mai 1873 (GS. 191) § 29; Kirchengem. u. SynodO. v. 10. Sept. 1873 (GS. 1874 S. 151) § 48 [4].

[41]) Als Schulen für den Militärdienst selbst sind aufzuführen: die Militär-Schieß-Schule zu Spandau, die Artillerie-Schieß-Schule zu Berlin, das Militär-Reitinstitut zu Hannover, die Central-Turnanstalt zu Berlin u. das zur Förderung der Gleichförmigkeit im Infanteriedienst bestimmte Lehr-Bataillon zu Potsdam. Aerztliche u. thierärztliche Militärbildungsanstalten § 98 u. 99 d. W.

[42]) Aufnahme-Best. v. 18. Okt. 1878 (MB. 1879 S. 42). — Organisation AO. v. 18. Jan. 1877 (MB. 79). — Das Kadettenkorps umfaßt die Hauptanstalt zu Lichterfelde und die Provinzialinstitute zu Kulm, Wahlstatt, Potsdam, Plön, Oranienstein u. Bensberg.

[43]) Kriegsschulen bestehen zu Anklam, Neiße, Potsdam, Erfurt, Hannover, Kassel, Engers u. Metz.

[44]) Unteroffizierschulen bestehen zu Marienwerder, Potsdam, Weißenfels, Ettlingen, Bieberich u. Jülich nebst der Vorschule zu Weilburg u. Annaburg (in Verbindung mit dem dortigen Erziehungsinstitut).

[45]) ErsatzO. (Anm. 1 S. 108) § 86 u. RekrO. 13 [7]. Aufnahme-Bedingungen CR. v. 31. Jan. 1881 (MB. 66).

Militär=Knaben=Erziehungs=Institut zu Annaburg (Reg.=Bez. Merseburg), wurde 1738 von August III. von Sachsen begründet und ist zur Erziehung von Söhnen der im Dienst befindlichen oder mit den Invaliden=Wohlthaten ausgeschiedenen Soldaten bestimmt. In der damit verbundenen Militärschule werden gleichzeitig Zöglinge für die Unteroffizierschulen vorbereitet und die so Ausgebildeten müssen für jedes Jahr, welches sie auf Staatskosten unterhalten sind, zwei Jahre über die aktive Dienstzeit hinaus im Heere dienen[46]). Das Institut steht gleich den Unteroffizierschulen unter der Inspektion der Infanterieschulen zu Berlin[47]). — Das große Militär=Waisenhaus zu Potsdam wurde 1724 durch Friedrich Wilhelm I. begründet und 1829 unter Einrichtung des Mädchen=Waisenhauses zu Pretzsch auf Militär=Waisen=Knaben beschränkt, die daselbst gleichzeitig militärisch vorgebildet werden. Beide Anstalten stehen unter einem Direktorium, dessen Chef der Kriegsminister ist. Für Aufhebung der aus dem Insertionszwang und der Herausgabe der Intelligenzblätter bezogenen Einkünfte empfängt das Institut eine Entschädigungsrente aus der Staatskasse[48]). — In einzelnen größeren Garnisonen bestehen für die Kinder aktiver Unteroffiziere und Soldaten besondere Garnisonschulen.

5. Militär-Medizinalwesen[49]).

§ 98.

Die Militärärzte des aktiven Dienst= und des Beurlaubtenstandes bilden mit den Lazarethgehülfen und Krankenwärtern das Sanitäts=Korps und soweit sie im Offizierrange stehen das Sanitäts=Offizier=Korps. Die Rang= und Dienstverhältnisse des letzteren sind entsprechend denen des Offizier=Korps geregelt[50]). An der Spitze des Sanitäts=Korps steht der zugleich der Medizinal=Abtheilung im Kriegs=Ministerium vorstehende Generalarzt der Armee, während durch die Generalärzte der Verband der Militärärzte innerhalb der Armeekorps geleitet wird. Bei den Truppentheilen und Instituten sind Ober=Stabsärzte 1ster und 2ter Klasse und Unterärzte angestellt[51]). Das Sanitäts=Offizier=Korps ergänzt sich durch Mediziner, die

a) auf dem staatlichen medizinisch=chirurgischen Friedrich=Wilhelms=Institut (1795 als pepinière gegründet) und der damit vereinigten medizinisch=chirurgischen Akademie ausgebildet sind[52]) oder

[46]) ErsatzO. § 10. — Aufnahmegrundsätze CR. v. 31. Jan. 1881 (MB. 63).

[47]) Derselben sind außerdem die Militär=Schießschule u. Central=Turnanstalt (Anm. 41) unterstellt.

[48]) G. v. 21. Dez. 1849 (GS. 441).

[49]) Besondere Sicherungsmittel gegen ansteckende Krankheiten Reg. v. 8. Aug. 1835 (GS. 240) § 15, 34, 40, 42, 57, 62, 65, 69, 73, 82 u. 89.

[50]) V. üb. die Organisation des Sanitäts=Korps (SanitätsO.) v. 6. Feb. 1873, (Anhang 1 zur HeerO. Anm. 1 S. 108) § 1 u. 13—42.

[51]) Das. § 1, 2 u. 13; vgl. § 7—11.

[52]) Das. § 4; AufnahmeBest. v. 7. Juli

b) ihrer Dienstpflicht genügen[53]) oder

c) nach erlangter Qualifikation als Arzt auf Beförderung eintreten[54]).

Das militärärztliche Hülfspersonal im Frieden bilden die Lazarethgehülfen. Approbirte Apotheker genügen ihrer Dienstpflicht als einjährig-freiwillige Pharmazeuten in einer Militärapotheke. Im Beurlaubtenstande werden sie in Ober- und Unter-Apotheker eingetheilt[55]).

Für die Krankenpflege im Felde werden Krankenwärter und Krankenträger ausgebildet. Die Pflege Verwundeter ist durch Vertrag zwischen Preußen (nebst Baden, Würtemberg, Hessen) und Dänemark, Frankreich, Portugal, Spanien, Belgien, Holland, der Schweiz und Italien geregelt[56]).

6. Militär-Veterinärwesen.

§ 99.

Dasselbe ist einer besonderen vom Kriegs-Ministerium ressortirenden Inspektion für das Militär-Veterinärwesen unterstellt[57]). Das roßärztliche Personal, das sich der Regel nach durch Eleven der Militär-Roßarztschule ergänzt, besteht aus Korps- und Ober-Roßärzten und Roß- und Unterrroßärzten. Erstere sind obere Militär-Beamte, letztere gehören zu den Personen des Soldatenstandes mit dem Range der Wachtmeister[58]). Für den Hufbeschlag bei den Truppentheilen sind Fahnenschmiede angestellt[59]). Unter der Inspektion stehen die Militär-Roßarztschule und die Lehrschmieden[60]). Approbirte Thierärzte können ihrer Militärpflicht als ein- oder dreijährig-freiwillige Unter-Roßärzte genügen[61]).

IV. Militärlasten.

1. Uebersicht.

§ 100.

Außer dem persönlichen Militärdienst sind die Staatsangehörigen zu gewissen sachlichen Leistungen verpflichtet. Da grundsätzlich Entschädigung für dieselben geleistet wird, ihre Vertheilung auf die Pflichtigen auch nicht nach

1876 (MB. 1878 S. 39). — Regl. f. d. militärärztl. Prüfung v. 30. April 1869 (MB. 1870 S. 156).

53) Mediziner können der Dienstpflicht entw. ganz mit der Waffe genügen od. nach 6monatlichem Dienst sich zurückstellen lassen, um nach erlangter Approbation die übrigen 6 Monate als Unterarzt zu dienen SanO. § 5; RekrO. (Anm. 1 S. 108) § 21.— Unterärzte des Beurlaubtenstandes SanO. § 12 u. 24.

54) SanO. § 6.

55) RekrO. § 6 3 u. 20; LandwO. § 14 8.

56) Genfer Konv. v. 22. Aug. 1864 (GS. 1865 S. 841).

57) Bestimmungen über das Militär-Veterinärwesen v. 15. Jan. 1874 (Anhang 2 zur HeerO. Anm. 1 S. 108) § 1—4.

58) Das. § 5—18 (§ 9 geändert AO. v. 8. Aug. 1878). — Dienstverh. § 21—39 das.

59) Das. § 48—53.

60) Erstere befindet sich zu Berlin; Lehrschmieden bestehen zu Berlin, Königsberg, Breslau u. Gottesaue in Baden.

61) Das. § 19 u. 20 — Roßärztliches Personal des Beurlaubtenstandes § 35—37.

einem allgemeinen Maßstabe, sondern nach dem hervortretenden militärischen Bedürfniß sich richtet, so fallen sie unter den Begriff der Enteignung, nicht unter den der Besteuerung. Die Leistungen sind verschieden, je nachdem sie im Frieden oder im Kriege gefordert werden, oder als Eigenthumsbeschränkungen in der Umgebung von Festungen sich darstellen.

2. Friedensleistungen.

§ 101.

a) Besonders ist die **Quartierleistung** geregelt[1]). Für die Unterbringung der Mannschaften und Pferde in den Standorten der Truppen (Garnisonen) reichen die hierzu verfügbaren Gebäude (Kasernen) in der Regel nicht aus; auf Märschen und an Orten vorübergehenden Aufenthalts (Kantonnements) fällt diese Unterbringung ganz fort. In beiden Fällen müssen deßhalb Privatgebäude in Anspruch genommen werden und dieser Nothwendigkeit entspricht die Quartierleistungspflicht. Sie erstreckt sich ihrem Umfange nach auf die Gewährung von Wohnungs- und Stallräumen für Mannschaften und Dienstpferde. Bei Kantonnirungen, die nicht von vornherein auf länger als 6 Monate festgesetzt sind, müssen diese Räume auch für Offiziere und Beamte und deren Pferde und für Gelaß zu Geschäfts-, Arrest- und Wachtlokalen gewährt werden[2]).

Die Verpflichtung ist eine reale. Sie lastet auf allen benutzbaren Baulichkeiten, soweit diese nicht für den Wohnungsbedarf, Wirthschafts- oder Gewerbebetrieb unentbehrlich sind. Befreit sind Gebäude, die sich im Besitz regierender oder standesherrlicher Familien befinden, zu Gesandschaftswohnungen, zu einem öffentlichen Dienst oder Gebrauch, insbesondere zu kirchlichen, Unterrichts-, Armen-, Kranken- und Gefängnißzwecken dienen und Gebäude, die nach Ablauf des Kalenderjahres ihrer Erbauung noch nicht zwei Jahre gestanden haben[3]). Der Anspruch gegen die Gebäudebesitzer wird indeß nicht unmittelbar, sondern durch Vermittelung der Gemeinden und Gutsbezirke geltend gemacht. Auf diese wird die Einquartierung nach Grundsätzen vertheilt, welche für jeden Kreis im Voraus durch eine Kreis-Einquartierungs-Kommission festgestellt sind, während die Untervertheilung innerhalb der Gemeinden in Garnisonorten durch Aufstellung eines Katasters, übrigens durch Gemeindebeschluß oder Ortsstatut geregelt wird. Auf letzterem Wege kann auch die Unterbringung in gemietheten Quartieren und der Anschluß von Gutsbezirken an benachbarte Gemeinden in Beziehung auf die Einquartierungslast beschlossen werden[4]). Die Quartierpflicht kann durch Gestellung anderweiter Quartiere

---

[1]) Quartierleistungs-Gesetz v. 25. Juni 1868 (BGB. 523) u. Instr. v. 31. Dez. 1868 (BGB. 1869 S. 1). — Einf. i. Baden G. v. 22. Nov. 1871 (RGB. 400), Baiern u. Würtemberg Gesetze v. 9. Feb. 1875 (RGB. 41 u. 48).

[2]) QG. § 1—3 u. Anl. A; Instr. § 1.

[3]) QG. § 4; Instr. § 2.

[4]) QG. § 5—7, 9 u. 18; Instr. § 3,

erfüllt werden; ihre Nichterfüllung hat Zwangsmaßregeln, insbesondere Beschaffung des Quartiers auf Kosten der Pflichtigen zur Folge[5]).

Die Quartierleistung kann nur gegen Entschädigung (Servis) gefordert werden. Diese bestimmt sich nach einem Tarif, der auf Eintheilung aller Ortschaften in 5 Servisklassen beruht. Berlin hat besondere Sätze. Der Tarif wird von 5 zu 5 Jahren einer Revision unterzogen[6]).

§ 102.

b) Ein ferneres Gesetz regelt die **anderweiten Naturalleistungen im Frieden**[7]). Auch auf diese sieht sich die Militärverwaltung angewiesen; doch sollen sie nur insoweit in Anspruch genommen werden, als der militärische Bedarf nicht auf anderem Wege gedeckt werden kann[8]). Für die Leistungen wie für etwa vorkommende Beschädigungen wird Vergütung gewährt. Der Anspruch muß jedoch bei Verlust desselben, ersteren Falls im Laufe des folgenden Kalenderjahres, letzteren Falls binnen 4 Wochen geltend gemacht werden[9]). Die Leistungen werden von den Gemeinden oder von den Pflichtigen unmittelbar gefordert.

Die Vermittelung der Gemeinden tritt in folgenden Fällen ein:

1. Zur Vorspannleistung sind alle Besitzer von Zugthieren und Wagen verpflichtet, soweit letztere nicht zum Hofhalt der regierenden Familien gehören, im Besitz der Gesandtschaften, Gestüte oder Militärverwaltungen stehen oder zum Dienst oder Beruf der Offiziere, Beamten, Aerzte, Thierärzte und Posthalter erforderlich sind. Der Vorspann wird in der Regel nur für einen Tag und nur auf Märschen, in Lagern und Kantonirungen in Anspruch genommen. Die Vergütung erfolgt nach periodisch vom Bundesrath festgestellten Sätzen[10]).
2. Auf Märschen ist für Marsch- und Liegetage außer dem Quartier auch Naturalverpflegung zu gewähren, die in der Regel der eigenen Kost des Quartiergebers entsprechen soll. Die Vergütung beträgt vorbehaltlich der Erhöhung bei besonderen Preissteigerungen für die volle Tages-Kost 80 Pf., ohne Brod 65 Pf. Für Offiziere wird, soweit sich diese nicht auf den reglementsmäßigen Magazinverpflegungssatz beschränken, der doppelte Betrag gezahlt[11]).

4, 7—9. — Zuständigkeit im Geb. der KrO. Zust.G. § 80 u. 81, (Klagefrist 2 Wochen Org.G. § 42). — Umquartierung QG. § 14 u. Instr. § 14. — Form der Vertheilung durch Marschrouten, Quartieranweisung und Quartierbillets QG. § 8 u. Instr. § 5, 6, 10—12.

5) QG. § 10, 11; Instr. § 13. — Beschwerden QG. § 12, 13.

6) QG. § 1, 3. — Tarif u. Klasseneintheilung RG. v. 3. Aug. 1878 (RGB. 243), V. v. 22. Feb. 1881 (RGB. 35) u. QG. § 19. — Berechnung u. Geltendmachung QG. § 16, 17; Instr. § 15 u. (Fassung des Erl. v. 3. Sept. 1870 BGB. 514) § 16 u. 17.

7) RG. v. 13. Feb. 1875 (RGB. 52). — AusfInstr. v. 2. Sept. 1875 (RGB. 261) u. Ergänzung v. 11. Juli 1878 (RGB. 229).

8) RG. § 3, 5, 10 u. 12.

9) Das. § 16; Instr. Nr. 10.

10) RG. § 3, 9^1; Instr. Nr. 6; Erg. Nr. 2, 4; CR. v. 20. Feb. u. 25. April 1880 (MB. 125 u. 245).

11) RG. § 4, 9^2; Instr. Nr. 2 u. 6.

3. Fourage ist gleichfalls nur auf Märschen zu liefern. Die Vergütung erfolgt nach den monatlichen Durchschnittspreisen des Hauptmarktortes[12]).

Alle diese Leistungen werden nach ähnlichen Grundsätzen wie die Quartierleistung sowohl auf die Gemeinden, als innerhalb derselben vertheilt. Die Gemeindevorstände sind für die gehörige Beschaffung verantwortlich und eventuell zum Ersatz der aufgewendeten Kosten verpflichtet. Die Vergütungen werden auf Grund der über die Leistungen ertheilten schriftlichen Bescheinigungen an die Gemeindebehörden gezahlt[13]).

Unmittelbare Leistungen sind:

1. Die Stellung von Schiffsfahrzeugen für die Marine[14]);
2. die Eisenbahnbeförderung zu bestimmten Tarifsätzen[15]);
3. die Benutzung der Grundstücke (ausschließlich der Gebäude, Höfe, Gärten, Weinberge und Schonungen) zu Truppenübungeu und der Brunnen, Tränken, Schmieden für das militärische Bedürfniß. Die Ermittelung der Entschädigungen insbesondere bei Flurschäden erfolgt durch eine Abschätzungs-Kommission, der außer einem Civil-Kommissar, einem Offizier und einem Militärbeamten, mindestens zwei vom Kreistage zu wählende Sachverständige angehören müssen[16]).

3. Kriegsleistungen.

§ 103.

a) Die **allgemeinen Kriegsleistungen** sind in ähnlicher Weise reichsgesetzlich geordnet, wie die während des Friedens geforderten[17]). Auch sie sollen nur in dem unerläßlichen Umfange und in der Regel nur gegen Vergütung in Anspruch genommen werden[18]). Die Forderungen des Kriegs treten indeß viel umfassender und plötzlicher auf und fordern eine so schleunige und unmittelbare Befriedigung, daß die Kriegsleistungspflicht nothwendig zu einer ausgedehnteren wird und auch die Ersatzleistung einigen Einschränkungen unterworfen ist.

Die Verpflichtung zu Kriegsleistungen besteht nur während des mobilen Zustandes[19]) und ruht auf den Gemeinden, den Kreisen oder den einzelnen Pflichtigen. Die Heranziehung der letzteren erfolgt behufs Gestellung von Schiffsfahrzeugen und Pferden oder zur Gewährung der Eisenbahnbeförderung. In Betreff der Vergütungen bestimmt sich die Zulässigkeit des Rechtswegs

[12]) RG. § 5, 9[3]; Instr. Nr. 3, 6; Erg. Nr. 5.

[13]) RG. § 2, 6—9; Instr. Nr. 4—6; Erg. Nr. 1.

[14]) RG. § 10; Instr. Nr. 7.

[15]) RG. § 15; Instr. Nr. 9.

[16]) RR. § 11—14; Ergänzungs-Instr. Nr. 6 u. CR. v. 14. Aug. 1880 (MB. 245).

[17]) RG. v. 13. Juni 1873 (RGB. 129); AusfV. v. 1. April 1876 (RGB. 137).

[18]) RG. § 2.

[19]) Das. § 1 u. 32.

nach den Landesgesetzen. Die Festsetzung, soweit sie nicht speziell im Gesetz geordnet ist, erfolgt durch Abschätzungs-Kommissionen, die aus je einem Civil-Kommissar, einem Offizier, einem Militärbeamten und zwei von den Kreisen zu wählenden Sachverständigen bestehen[20].

Die Gemeinden haben Natural-Quartier und Verpflegung nebst Fourage, Vorspann, Arbeitskräften und Materialien zur Herstellung von Wegen, Befestigungen und zu sonstigen militärischen Zwecken zu gewähren und die für den Kriegsbedarf erforderlichen Grundstücke und Gebäude zu überweisen. Sie sind berechtigt, dabei die zu Gemeindebeiträgen Verpflichteten gegen die ihnen selbst gewährte Vergütung heranzuziehen. Diese Vergütung ist bei Naturalquartier, soweit dasselbe nicht an die Friedensgarnison, an Ersatz- und Besatzungstruppen gewährt wird, sowie für Ueberlassung aller nicht nutzbar verwertheten Gebäude und Grundstücke ausgeschlossen. Uebrigens wird dieselbe nach den Friedenssätzen oder nach den ortsüblichen Durchschnittspreisen geleistet, und zwar der Regel nach durch Anerkenntnisse, die auf den Namen lauten, verzinst und nach Maßgabe der verfügbaren Mittel eingelöst werden[21].

Von den Kreisen (Lieferungsverbänden) kann zur Füllung der Kriegsmagazine der anderweit nicht zu beschaffende Bedarf an Vieh, Brod, Hafer, Heu und Stroh gefordert werden. (Landlieferungen). Bei der Beschaffung können diese Verbände sich der Vermittelung der Gemeinden bedienen. Die Vergütung erfolgt wie bei den Gemeindeleistungen[22].

Schiffsfahrzeuge müssen für Kriegszwecke zu vorübergehender Benutzung oder dauernder Verwendung verfügbar gestellt werden. Die Entschädigung wird ersteren Falls wie bei den Gemeindeleistungen durch Anerkenntniß, letzteren Falls durch Baarzahlung geleistet[23].

Zur Beschaffung der Mobilmachungspferde müssen im Kriegsfall alle Pferdebesitzer ihre kriegstauglichen Pferde in dem erforderlichen Umfange gegen vollen und baaren Ersatz des Werthes der Militärverwaltung überlassen. Die Befreiungen entsprechen im Wesentlichen den Befreiungen vom Vorspann. Die Schätzung findet unter Leitung des Landraths durch periodisch für jeden Kreis gewählte Sachverständige Statt[24].

Die Eisenbahnverwaltung ist zur Beförderung der Mannschaften, Pferde und Geräthe und zur Hergabe ihres Personals und ihres Bau- und Betriebsmaterials verpflichtet. Die Entschädigung erfolgt nach festgestellten Tarifen, die Zahlung in ähnlicher Weise wie bei den Gemeindeleistungen.

---

[20] Das. § 33, 34; AusfV. Nr. 16.

[21] RG. § 3—15, 20—22; AusfV. Nr. 1—8 u 11 a. — Zuständigkeit im Geb. der KrO. ZustG. § 49 (Klagefrist 2 Wochen OrgG. § 42).

[22] RG. § 16—22; AusfV. Nr. 9, 10 u. 11 b. — Im Kriege $187\frac{0}{1}$ sind Landlieferungen nicht in Anspruch genommen.

[23] RG. § 23, 24; AusfV. Nr. 12.

[24] RG. § 25—27; zur Ausführung sind gemäß AusfV. Nr. 13 besondere Provinzial-Reglements erlassen. Vorspannbefreiungen s. § 102 Nr. 1 (S. 128) d. W.

Der Betrieb der Eisenbahnen auf dem Kriegsschauplatz oder in der Nähe desselben ist von den Anordnungen der Militärbehörde abhängig[25]).

§ 104.

b) Eine besondere Kriegsleistung bildet die **Unterstützung**, welche bei vorhandener Bedürftigkeit den **Familien** der nach erfolgter Mobilmachung einberufenen **Reservisten, Landwehrmännern und Ersatzreservisten** von den Kreisen zu gewähren ist. Sie erstreckt sich auf die Ehefrauen und Kinder unter 14 Jahren und, soweit sie von den Einberufenen zu unterhalten waren, auch auf ältere Kinder, Geschwister und Ascendenten. Sie beträgt monatlich mindestens 4—6 M. für die Frau und 1,50 M. für ein Kind und kann in Naturalien gewährt werden. Die Feststellung erfolgt durch eine vom Kreistag gewählte Unterstützungs-Kommission, die unter Vorsitz des Landraths und Beiordnung eines vom Bezirks-Kommando zu bestimmenden Offiziers zusammentritt[26]).

4. Grundeigenthumsbeschränkungen vor Festungen[27].)

§ 105.

Die Eigenthümlichkeit des Festungskriegs macht die Fernhaltung aller Anlagen aus der Umgebung der Festungen erforderlich, welche dem Angreifer irgend welche Deckung zu gewähren vermögen. Zu diesem Zweck ist die Umgebung je nach der Entfernung von der Befestigungslinie in drei Rayons mit einer Breite von 600, von 375 und von 1275 m eingetheilt. Der Raum zwischen voreinander liegenden Befestigungen wird als Zwischenrayon, der stadtwärts vor einer Citadelle liegende Rayon als Esplanade bezeichnet[28]). Terrainveränderungen und bauliche Anlagen innerhalb der Rayons sind theils von einer besonderen Genehmigung der Festungs-Kommandantur abhängig, theils ganz unzulässig. Diese Einschränkungen steigern sich mit der Annäherung an die Festung. Während im dritten Rayon nur dauernde Erhöhungen und Vertiefungen und thurmartige Bauten ausgeschlossen werden, sind im zweiten alle Massivkonstruktionen, im ersten alle Wohngebäude, Feuerungsanlagen und schwerer zerstörbaren Baulichkeiten untersagt. Ueber Genehmigung größe-

---

[25]) RG. § 28—31; AusfV. Nr. 14 u. 15.

[26]) Preuß. G. v. 27. Feb. 1850 (GS. 70); Einf. in Hohenzollern V. v. 17. Aug. 1870 (GS. 541), Bek. v. 12. Jan. 1871 (GS. 87) u. AmtsO. v. 2. April 1873 (GS. 145) § 91, in die neuen Prov. V. v. 31. Aug. 1867 (GS. 1637) u. im Geb. des nordd. Bundes V. v. 7. Nov. 1867 (BGB. 125) § 1[5]. — Ausdehnung auf die Ersatzreserve G. v. 8. April 1868 (BGB. 38). — Einf. des letzteren (u. damit indirekt auch des ersteren) Ges. in Baden G. v. 22. Nov. 1871 (RGB. 399). — Die im Kriege 187^{0}_{1} gewährten Unterstützungen wurden den Kreisen erstattet. G. v. 4. Dez. 1871 (RGB. 407).

[27]) RG. v. 21. Dez. 1871 (RGB. 459; Einf. in Els.-Lothringen G. v. 21. Feb. 1872 (RGB. 56).

[28]) RG. § 1—7. — Feststellung bei Neuanlage von Befestigungen § 8—12.

rer Anlagen innerhalb der Rayons, über Aenderungen der letzteren und über alle Beschwerden entscheidet die vom Kaiser berufene und vom Reichsschatzamt ressortirende Reichs-Rayon-Kommission[29]). Für Werthverminderungen in Folge des Rayongesetzes wird, insofern sie über die seitherigen Beschränkungen hinausgehen, Entschädigung geleistet. Sie besteht bei Werthverminderungen unter einem Drittel des Werthes in einer sich amortisirenden Rente, übrigens nach Wahl in Rente oder Kapital. Die Feststellung erfolgt unbeschadet des Rechtswegs im Verwaltungsverfahren[30]).

Im Fall der Armirung sind alle baulichen Anlagen, Materialvorräthe und Pflanzungen innerhalb der Rayons auf Erfordern zu beseitigen. Insoweit nicht nach der früheren Gesetzgebung die Pflicht zu unentgeltlicher Entfernung besteht oder die Errichtung im ersten oder zweiten Rayon nach Absteckung der Rayonlinie erfolgt ist, wird für die Beseitigung Entschädigung gewährt[31]). Für Grundstücke, die im Falle der Armirung in Anspruch genommen und nach eingetretener Desarmirung nicht zurückgegeben werden, wird die Entschädigung im Enteignungsverfahren festgestellt[32]).

Die Anlegung von Festungen steht gleich der Ernennung der Festungs-Kommandanten dem Kaiser zu[33]). Eine wesentliche Umgestaltung hat das deutsche Festungswesen neuerdings erfahren. Auf Grund der im letzten Kriege gesammelten Erfahrungen ist unter Aufgabe einzelner minder wichtiger Festungen die Herstellung größerer Waffen- und Vertheidigungsplätze durch Verstärkung und Erweiterung der beibehaltenen herbeigeführt. Diesem Zweck dient ein besonderer Reichs-Festungsbaufonds[34]).

---

[29]) Das. § 13—33.

[30]) Das. § 34—42. — Zuständigkeit im Geb. d. KrO. ZustG. § 159. — Oesterreich u. Rußland kennen keine Entschädigung, Frankreich hat sie erst bei der Befestigung von Paris zugestanden u. Holland sie neuerdings gesetzlich anerkannt. — In Preußen war die Entschädigungspflicht streitig, d. Obertribunal (Erk. v. 15. Nov. 1850 Entsch. XX. S. 101) hatte sie verneint.

[31]) RayonG. § 43 u. 44.

[32]) Kriegsleist.G. v. 13. Juni 1873 (RGB. 129) § 14. — Enteignung § 363 d. W.

[33]) RVerf. Art. 64 u. 65. Baiern hat sich eine selbstständigere Stellung vorbehalten Schluß-Prot. v. 23. Nov. 1870 (BGB. 1871 S. 23) XIV.

[34]) RG. v. 8. Juli 1872 (RGB. 289) Art. I. u. v. 30. Mai 1873 (RGB. 123). Aufgehoben wurden Stettin, Minden, Erfurt, Wittenberg, Kosel, Graudenz, u. bis auf die Küstenwerke Kolberg u. Stralsund (Art. VI. das.), endlich Landau Schluß-Prot. v. 23. Nov. 1870 XIV. § 3. — Die beibehaltenen wichtigeren Festungen sind westlich: Metz, Straßburg, Wesel, Köln, Koblenz, Mainz, Rastatt, Ulm (Vertrag v. 16. Juni 1874) u. Ingolstadt; östlich: Danzig, Königsberg, Thorn, Posen, Glogau u. Neiße; im Innern: Küstrin, Spandau, Magdeburg u. Torgau u. die Küstenfestungen Memel, Pillau, Swinemünde, Friedrichsort, Sonderburg, Düppel u. Wilhelmshaven.

V. Die Marine.

1. Uebersicht.

§. 106.

Die Marine[1]) ist ausschließliche Reichssache und als solche einheitlich gestaltet. Die Kriegsflagge ist schwarz-weiß-roth mit dem preußischen Adler und eisernen Kreuz. Der Kaiser führt den Oberbefehl über die Flotte, bestimmt deren Organisation und Zusammensetzung und ernennt die Offiziere und Beamten. Der Kieler- und der Jade-Hafen sind Reichskriegshäfen[2]).

Die Organisation der Marine und ihrer Verwaltung ist demgemäß eine selbstständige von der des Landheeres völlig getrennte (Nr. 2). Dagegen finden die Grundsätze über Ergänzung des letztern mit den durch die Sache gebotenen Maßgaben auch auf die Flotte Anwendung (Nr. 3). Gleiches gilt von den Rechten und Pflichten der Militär-Personen und den Friedens- und Kriegsleistungen (Nr. 4).

2. Organisation.

§ 107.

a) Die **Admiralität** bildet die oberste Behörde in Kommando und Verwaltung. Ihr Chef führt den Oberbefehl nach den Anordnungen des Kaisers und die Verwaltung unter Verantwortlichkeit des Reichskanzlers. Unter dem Chef steht der Admiralitäts-Rath zur Lösung schwierigerer organisatorischer und technischer Fragen. Die Admiralität zerfällt in die Central-Abtheilung, die militärische Abtheilung, das Marine-Departement und das hydrographische Amt. Letzteres bearbeitet die wissenschaftlichen und kartographischen, das Marine-Departement die technischen Angelegenheiten[3]). Zum Ressort der Admiralität gehört neben der Seewarte zu Hamburg[4]) das General-Auditoriat[5]) und der General-Arzt der Marine. Alle übrigen ihm unterstellten Kommando- und Verwaltungsbehörden theilen sich nach den Stationen für die Ost- und für die Nordsee zu Kiel und Wilhelmshaven.

[1]) Die Kriegsflotte zählt:*)

a) an Schlachtschiffen: 7 Panzer-Fregatten, 5 Panzer-Korvetten, zusamm. 12;

b) an Kreuzern: 11 (1) gedeckte, u. 7 (3) Glattdeckkorvetten, 4 Kanonenboote der Albatroß- u. 5 der 1sten Kl, zusamm. 27 (4);

c) an Küstenvertheidigungsfahrzeugen: 1 Panzerfahrzeug, 11 (2) Panzerkanonenboote, 7 (1) Torpedoboote u. 2 (1). Kanonenboote 2ter Kl., zusamm. 21 (4);

d) an Avisos 6 (2);

e) an Transportfahrzeugen 2;

f) an Schulschiffen 10;

g) an Hafendienstfahrzeugen 19 (1);

überhaupt 97 (11) Fahrzeuge.

*) Die Hauptzahlen geben die vorhandenen, die eingeklammerten Zahlen die im Bau begriffenen Fahrzeuge an.

[2]) RVerf. Art. 53 u. 55.

[3]) AE. v. 15. Juni 1871 (RGB. 272) u. v. 1. Jan. 1872 (RGB. 5).

[4]) § 365 (S. 432). d. W.

[5]) AE. v. 23. Mai 1876 (RGB. 165).

§ 108.

b) An der Spitze der **Kommandobehörden** stehen die beiden Stations-Kommandos zu Kiel und Wilhelmshaven. Die Stations-Kommandeure haben den Rang der Divisions-Kommandeure und sind Befehlshaber aller zur Station gehörigen Personen, Befestigungen und Fahrzeuge und Inspekteure der technischen und Bildungsinstitute.

Unter denselben stehen die beiden Matrosen- und die beiden Werft-Divisionen zu Kiel und zu Wilhelmshaven, das Seebataillon daselbst und die Schiffsjungen-Abtheilung zu Friedrichsort. — Die Matrosen-Divisionen haben die Matrosen militärisch auszubilden und sind das Depot für die Schiffsbesatzungen. Jede derselben umfaßt 4 Abtheilungen und eine Matrosen-Artillerie-Abtheilung zur Hafen- und Küstenvertheidigung. — Die Werft-Divisionen haben die Schiffe mit Maschinisten und Handwerkern zu versehen und die Werften mit Arbeitskräften zu unterstützen. Sie zerfallen in je eine Maschinisten- und eine Handwerkerabtheilung. — Die Schiffsjungen-Abtheilung soll Matrosen und Unteroffiziere heranbilden. — Das See-Bataillon ist für den Wachtdienst an Bord und in den Marine-Etablissements bestimmt.

§ 109.

c) **Marine-Verwaltungsbehörden**[6]) sind:

1. die beiden Stations-Intendanturen zu Kiel und Wilhelmshaven[7]);
2. die beiden Artillerie-Depots und die beiden Torpedo-Depots zu Friedrichsort und Wilhelmshaven;
3. die der Admiralität unterstellten Werften zu Danzig, Kiel und Wilhelmshaven für den Schiffs-, Hafen- und Maschinenbau;
4. die Marine-Bildungsanstalten zu Kiel, nämlich die Marine-Akademie zur wissenschaftlichen Ausbildung der Offiziere, die Marine-Schule zur Vorbereitung für die Seekadetten- und Seeoffizier-Berufs-Prüfung und die Maschinisten-, Steuermanns- und Torpedoschule.

3. Ergänzung der Marine.

§ 110.

Die Grundlage bildet gleichfalls die allgemeine Wehrpflicht, der alle Seeleute von Beruf einschließlich der Maschinisten und Schiffshandwerker durch Dienst in der Marine genügen. Als Seeleute werden diejenigen angesehn, die mindestens ein Jahr auf deutschen Handelsschiffen gedient oder die

---

6) Auf Marinebeamte findet das RBeamtenG. v. 31. März 1873 (RGB. 61), insbes. § 121 u. 122 u. die V. v. 2. Nov. 1874 (RGB. 129), insbes. § 7 u. 8 Anwendung. S. § 20—23 d. W., insbes. Anm. 4, 15, 29 u. 40 (S. 20—23).

7) AE. v. 18. Juni 1872 (RGB. 361).

Seefischerei gewerbsmäßig betrieben haben[8]). Die Wehrpflicht bestimmt sich nach den allgemeinen Grundsätzen[9]), mit folgenden Maßgaben. Die aktive Dienstzeit der Berufsseeleute und Maschinisten kann bei gehöriger technischer Vorbildung auf ein Jahr abgekürzt, die Entlassung eingeschiffter Mannschaften dagegen bei späterer Rückkehr in den Heimathshafen bis zu dieser verschoben werden. In Betreff des einjährig-freiwilligen Dienstes wird die Qualifikation auch durch Ablegung der Steuermannsprüfung erworben. Selbstbekleidung und Selbstverpflegung wird dabei nicht erfordert. Seeleute, die nach vorschriftsmäßiger Anmusterung in Dienst getreten sind, werden für die Dauer der letzteren im Frieden zum Dienst nicht herangezogen. Gleiches gilt von der Zeit des Besuchs einer Navigations- oder Schiffsbauschule. Die Marine-Reserve und Seewehr, der als Seewehr 2ter Klasse auch diejenigen Pflichtigen zufallen, welche im Landheere der Ersatzreserve zu überweisen sein würden, steht einschließlich der Offiziere unter Kontrole der Bezirks-Kommandos und kann zu Uebungen herangezogen werden[10]).

Das Ersatzwesen ist dasjenige des Landheeres[11]); doch finden zu Gunsten der Schiffahrt treibenden Militärpflichtigen an Orten, wo deren eine größere Zahl vorhanden ist, besondere Schiffermusterungen im Januar Statt. Die Pflichtigen können bis zu diesen zurückgestellt werden und erhalten in denselben ihre endgültige Entscheidung[12]).

4. Rechte und Pflichten der zur Marine gehörenden Personen. Friedens- und Kriegsleistungen.

§ 111.

Die zur Marine gehörenden Soldaten und Beamten zählen zu den Militärpersonen[13]) und haben Rechte und Pflichten der letzteren[14]). Insbesondere finden die Militärpensionsgesetze mit einigen Maßgaben auf sie Anwendung[15]). Gleiches gilt vom Militärstrafrecht[16]). — Urkunden über

---

8) RVerf. Art. 53. — KrDG. v. 9. Nov. 1867 (BGB. 131) § 13².

9) § 82—85 d. W.

10) KrDG. § 6, 13; ErsO. (Anm. 1 S. 108) § 14—17, 21, 87 u. 40; KontrO. (das.) § 12⁸⁻¹⁰ u. 13⁶.

11) § 86 u. 87 d. W.

12) ErsO. § 74 u. 75.

13) MilStrafG. v. 20. Juni 1872 (RGB. 174) § 4.

14) Vgl. § 90 d. W. — Der Satz ist in Betreff der im ReichsMilG. v. 2. Mai 1874 enthaltenen Vorschriften nicht zweifellos, weil der vorzugsweise von den Rechten und Pflichten der Militärpersonen handelnde dritte Abschnitt die Ueberschrift „Vom aktiven Heer" trägt und dieser Ausdruck sich anderweit (KrDG. § 2) im Gegensatz zur Marine angewendet findet.

15) § 90 (S. 118) d. W. — Besondere Vorschriften für die Marine: RG. v. 27. Juni 1871 (RGB. 275) § 48—57, v. 30. März 1880 (RGB. 99), u. v. 4. April 1874 (RGB. 25) § 7—9 u. 20.

16) § 93 u. 94 d. W. — Zusatzbestimmungen für die Marine enthalten § 162—166 des MilStrafGB. — Disciplinar-StrafO. für die Marine v. 23. Nov. 1872 (MarineVBl. Beilage zu Nr. 22).

Todesfälle auf in Dienst gestellten Schiffen sind dem Standesamt des letzten Wohnorts zuzufertigen[17].

Die Vorschriften über Friedens- und Kriegsleistungen[18] finden, soweit die Natur der Sache es zuläßt, auch auf die Marine Anwendung[19]. Speziell auf letztere bezieht sich die Pflicht zur Gestellung von Schiffsfahrzeugen[20].

---

[17] Anm. 17 (S. 246).

[18] § 100—104 d. W.

[19] Friedensleistungen Instr. v. 2. Sept. 1875 (RGB. 261) Nr. 11; Kriegsleistungen V. v. 1. April 1876 (RGB. 137) Nr. 17.

[20] § 102 u. 103 d. W.

Fünftes Kapitel.

Finanzen.

I. Einleitung.

§ 112.

Die Verwaltung der Finanzen (Staatswirthschaft) umfaßt die Beschaffung und Verwendung der zur Deckung des Staatsbedarfs erforderlichen Einnahmen. Umfang und Art dieses Bedarfs wird durch die Aufgaben bestimmt, welche der Staat auf den einzelnen Verwaltungsgebieten zu erfüllen hat. Die Entwickelung der Finanzverwaltung steht deßhalb mit der der allgemeinen Staatsthätigkeit in engstem Zusammenhang und reicht wie diese nicht über die Mitte des 17ten Jahrhunderts zurück[1]). Um diese Zeit rief die Vermehrung der bis dahin wesentlich aus den Einkünften der Domänen und Regalien bestrittenen Staatsbedürfnisse[2]) die Steuern hervor, die dem Finanzwesen ein neues Gepräge und eine mit den gesteigerten Ansprüchen an die Staatsthätigkeit immer wachsende Bedeutung verliehen haben[3]).

In den deutschen Staaten hat anderseits das Finanzwesen in neuester Zeit dadurch wesentliche Einschränkungen erfahren, daß ein Theil der staatlichen Aufgaben auf die Selbstverwaltungskörper, ein andrer auf das deutsche Reich überging[4]). Damit ist eine besondere Reichsfinanzverwaltung entstanden, die zwar mit den Finanzverwaltungen der Einzelstaaten, aus der sie hervorgegangen ist, noch vielfach verwachsen erscheint, gleichwohl mit zunehmender Entwickelung des Reichs zu immer größerer Selbstständigkeit heranreift.

Die preußische Finanzverwaltung, die, weil sie die Grundlage bildet, vor der des Reichs zu betrachten ist, umfaßt die Einnahmen und

---

[1]) Begründer des Finanzhaushalts war der französische Minister Colbert. — Entwickelung in Preußen § 29 d. W.

[2]) Die Verwaltung dieser Gegenstände durch Kammern gab der die Finanz- und die Polizeiwissenschaft umfassenden Kameralwissenschaft ihren Namen. Mit der veränderten Eintheilung der Verwaltungslehre ist der Ausdruck verschwunden. — Neueste Bearbeitung der Finanzwissenschaft von Stein (4. Aufl. Leipzig 1879) und von Wagner (auf Grund des Werkes von Rau. 2. Ausg. Leipz. u. Heidelb. 1877).

[3]) Geschichte der Steuern § 130 d. W.

[4]) § 76 (S. 98) u. § 12 d. W.

Ausgaben des Preußischen Staats[5]). Das Verhältniß beider zu einander und ihre gehörige Vertheilung wird durch den Etat (Voranschlag) festgestellt, während ihre Verwaltung im Kassen- und Rechnungswesen erfolgt. (Nr. II). Demnächst kommen — da die Ausgaben ihrem Wesen nach in die Einzelgebiete der Verwaltung fallen — die Einnahmen in Betracht, die theils auf privat- theils auf staatsrechtlichem Titel beruhen. Erstere fließen aus dem Staatsvermögen (Nr. III) und diesem stehen die zugleich als Einnahmequelle in Betracht kommenden Staatsschulden gegenüber (Nr. IV). Auf staatsrechtlichem Titel beruhen die staatlichen Nutzungsrechte (Regalien und Gebühren) (Nr. V) und die zur Deckung des gesammten übrigen Bedarfs von den Staatsangehörigen erhobenen Steuern (Nr. VI). Indem ein Theil der letzteren vom Reiche in Anspruch genommen wird, ist hiermit der Uebergang zu den Reichsfinanzen gegeben (Nr. VII).

Die Organisation der preußischen Finanzverwaltung ist nicht in allen Instanzen dieselbe. Als Centralbehörde verwaltet das Finanzministerium die Etats-, Kassen- und Rechnungssachen und die Steuern, während Domänen und Forsten dem landwirthschaftlichen Ministerium unterstellt sind[6]).

---

[5]) Die ordentlichen (dauernden) Einnahmen und Ausgaben des Preußischen Staats berechnen sich nach dem Etat 188$^1/_2$ unter Absatz der gegenüberstehenden Ausgaben bez. Einnahmen wie folgt:

I. Einnahme.		
1. Vermögenseinnahme aus Domänen u. Forsten 47, a. Berg-, Hütten- u. Salzwerken ohne Bergabgaben 10, a. Eisenbahnen 90, Seehandlung 3, a. Zurückzahlungen, Fonds u. dgl. 17, überhaupt	167	Ml. M.
2. Lotterieregal	4	„ „
3. Gebühren der Justiz, 51, Hafen-, Brücken- 2c. Gefälle 2, überhaupt	53	„ „
4. Steuern und zwar direkte (Anm. 3 S. 166) 142, indirekte, so weit sie Preußen zufallen (§ 164 d. W.), 49 Mil., zusammen	191	„ „
Summa	415	„ „
II. Ausgaben		
1. Civilliste.	12	„ „
2. Schulden	100	„ „
3. Matrikularbeiträge (§ 164 d. W)	39$^1/_2$	„ „
4. Dotationen d. Selbstverwaltungskörper (Anm. 5 S. 94 u. Anm. 31 S. 98)	38	„ „
5. Verwaltungsausgaben für Landtag, Staats- u. ausw. Min. 4; f. d. Fin.-Min. 35 (darunter ObPräs. u. Regierungen 12, Pensionen 16); Min. der öff. Arbeiten u. Min. f. Handel u. Gewerbe 16$^1/_2$; Min. der Justiz 68$^1/_2$; Min. d. Innern 36 (darunter Landräthe 7, Polizei in den Städten 9, Gendarmen 9 und Strafanstalten 9); Min. d. Landwirthschaft 7; Min. d. geistl. 2c. Ang. 47$^1/_2$ (darunter Universitäten 5$^1/_2$, höhere Schulen 4$^1/_2$, niedere 19$^1/_2$), überhaupt	214$^1/_2$	„ „
Summa	404	„ „

[6]) § 45 u. 50 d. W.

In der Mittel- und Unterinstanz ist dagegen die Verwaltung der indirekten Steuern besonderen Behörden übertragen[7]), während die der direkten Steuern zusammen mit den Domänen und Forsten von den Regierungen in besonderen Finanzabtheilungen wahrgenommen wird[8]). Diese verwalten die Domänen unmittelbar, die Forsten unter Vermittelung der Oberförster[9]), die direkten Steuern unter der der Landräthe als Veranlagungs- und der Kreis- und Steuerkassen als Erhebungsbehörden[10]).

II. Etats-, Kassen- und Rechnungswesen[1]).

§ 113.

1. Der **Staatshaushalts-Etat**[2]) hat eine staatswirthschaftliche und eine staatsrechtliche Bedeutung.

In staatswirthschaftlicher Beziehung soll er eine Uebersicht der zu erwartenden Einnahmen und Ausgaben gewähren, damit im Voraus das Gleichgewicht (Bilanz) zwischen beiden festgestellt werden kann. Einnahme und Ausgabe sind deßhalb, soweit deren Beträge nicht bereits feststehen, nach dem Durchschnitt der letzten Jahre mit möglichster Genauigkeit abzuschätzen[3]). Der Umstand, daß im Staat ein Theil der Ausgaben ein nothwendig gegebener ist, während in den Steuern ein bewegliches, den Umständen nach stärker anzuspannendes Einnahmeelement zur Verfügung steht, führt einen Unterschied der Staats- von der Privatwirthschaft herbei, da diese ihre Ausgaben lediglich nach den Einnahmen bemessen muß. Die Abhängigkeit der staatlichen Einnahmen von den Ausgaben ist aber keine unbedingte. Auch der Staat hat neben den nothwendigen anderweite Ausgaben, die nur mehr oder minder nützlich erscheinen und deßhalb nach den vorhandenen Mitteln zu bemessen sind, während anderseits auch der Besteuerung gewisse Grenzen gezogen sind[4]). Einnahme und Ausgabe können deßhalb nicht getrennt, sondern nur im steten Hinblick der einen auf die andere bemessen werden. Beide stehen in Wechselwirkung zu einander, denn jede richtig angelegte Ausgabe wirkt produktiv Sie thut dieses mittelbar, wenn sie nur auf Schutz- und Kulturzwecke gerichtet ist, unmittelbar, wenn sie sich auf die materiellen Interessen erstreckt. Indem sie mit der Steuerkraft die Staats-Einnahmen erhöht, gestattet sie bis zu einem gewissen Grade erneute und erhöhte staatliche Verwendungen.

---

7) § 147 d. W.

8) § 53 insbes. Anm. 29 u. 34 (S. 57).

9) § 120.

10) § 133.

1) Wirkungskreis der ersten Abtheilung des FinMin. § 45 d. W.

2) Etat bedeutet Voranschlag; die Bezeichnung „Budget" entstammt dem Beutel, in dem der Voranschlag dem englischen Parlament überreicht wird.

3) Zweijähr. Durchschnitt in Preußen ER. v. 21. März 1878 (MB. 79). — Für nicht im Voraus zu bestimmende Ausgaben kann der Etat den Behörden feste nicht zu überschreitende Summen (Kredite) zur Verfügung stellen.

4) § 129 d. W.

Die richtige Sparsamkeit im Staatshaushalt beruht deßhalb nicht darauf, daß die Ausgaben möglichst niedrig gehalten oder die Steuerkraft möglichst wenig angespannt wird; sie muß vielmehr in jedem Einzelfall den Werth abwägen, den eine Staatsleistung im Verhältniß zu den durch dieselbe erforderten Opfern hat.

Gelingt es nicht, das Gleichgewicht zwischen Einnahme und Ausgabe herzustellen, so entsteht ein Ueberschuß oder ein Defizit. Beide können ihren Ursachen nach vorübergehend oder dauernd sein. Dementsprechend hat die Verwendung und beziehungsweise Deckung sich zu gestalten. Ein einmal sich ergebender Ueberschuß, der nicht etwa in früher hervorgetretenen oder demnächst zu erwartenden Defizits aufgeht, darf für außerordentliche Zwecke (Schuldentilgung, einmalige Einrichtungen u. dgl.) verwendet werden, während ein dauernder zur Befriedigung fortlaufender Mehrbedürfnisse oder zur Verminderung der ordentlichen Steuern Anlaß bieten wird. In gleicher Weise darf nur für vorübergehend hervortretende Defizits, soweit sie nicht in vorhandenen oder bevorstehenden Ueberschüssen Deckung finden[5]), das außerordentliche Hülfsmittel des Staatskredits oder der Vermögensveräußerung in Anspruch genommen werden[6]), während bei dauerndem Defizit durch Ausgabenverminderung oder Steuererhöhung geholfen werden muß. Die Grenze zwischen beiden Fällen muß fest gezogen werden, wenn nicht ein einmaliges Defizit sich zum dauernden entwickeln und die akute zur chronischen Krankheit heranwachsen soll.

Die staatsrechtliche Bedeutung des Staatshaushalts-Etats ist eine Folge des konstitutionellen Systems. Das ursprüngliche Steuerbewilligungsrecht war in England durch Hinzufügung des Verwendungszwecks allmälig zum Budgetrecht geworden. Diesem Vorbild entsprechend fordert die preußische Verfassung, daß der Etat alljährlich im Voraus durch Gesetz festgestellt werde[7]). Dem englischen Grundsatz, daß gesetzlich feststehende Einnahmen und Ausgaben nicht Gegenstand parlamentarischer Bewilligung sind, ist nur insoweit Rechnung getragen, als die bestehenden Steuern so lange forterhoben werden dürfen, bis ein Gesetz sie ändert[8]). — Der genehmigte Etat bildet die bindende Form für die gesammte Verwaltung. Dies gilt auch in Betreff der einzelnen Etatstitel. Die Uebertragung etwaiger Ersparnisse eines Verwaltungszweigs auf einen andern (Transferirung, Virement) muß besonders vorgesehen sein. Ueberschreitungen des Etats bedürfen der nachträglichen Genehmigung des Landtags[9]).

Dir Aufstellung des Preußischen Etats erfolgt für das Etatsjahr,

---

[5]) Sind Ausgaben zu leisten, bevor die entsprechenden Einnahmen eingehen, so entsteht ein Kassen- oder Rechnungsdefizit, das durch Aufnahme schwebender Schulden (§ 121 d. W.) gedeckt werden darf.

[6]) § 118 u. 121 d. W.

[7]) VU. Art. 99. — Vgl. § 36 d. W. u. Anm. 4 (S. 4).

[8]) VU. Art. 109.

[9]) VU. Art. 104 Abs. 1.

welches zur Erleichterung der rechtzeitigen Fertigstellung auf die Zeit vom 1. April bis 31. März verlegt ist[10]). Auf Grund der von den Ministern und obersten Verwaltungschefs aufgestellten einzelnen Etats wird der allgemeine Staatshaushalts-Etat vom Finanzminister zusammengestellt[11]). Sein Umfang ist durch den Uebergang verschiedener Verwaltungszweige auf das Reich und die Selbstverwaltungskörper wesentlich eingeschränkt. Der Etat zerfällt in Einnahmen und Ausgaben; letztere sind in dauernde und einmalige (außerordentliche) geschieden. Daneben werden im Etat in Einnahme und Ausgabe getrennt aufgeführt:

A. die einen Ueberschuß abwerfenden Einnahmezweige (Domänen, Forsten, Bergwerke, Eisenbahnen und Steuern), denen als Ausgaben die Betriebs-, Erhebungs- und Verwaltungskosten gegenüberstehen;

B. die allgemeine Finanzverwaltung (Dotationen, Staatsschulden);

C. die Staatsverwaltung.

Alle diese Theile zerfallen in Hauptetats nach den Ministerien, in Spezialetats nach den ihnen untergeordneten Behörden und in Titel nach den Gegenständen.

§ 114.

2. Das **Kassenwesen** umfaßt die unmittelbare Vereinnahmung, Verwahrung und Verausgabung aller Staatsgelder und ist streng centralisirt. Den Mittelpunkt bildet die General-Staats-Kasse[12]), neben welcher nur die General-Lotterie-, die General-Militär- und die Staatsschulden-Tilgungs-Kasse als centrale Kassen beibehalten sind. Alle Einnahmen und Ausgaben der General-Staats-Kasse gehen durch die Regierungs-Haupt-Kassen (bez. in Hannover die Bezirks-Haupt-Kassen), die demgemäß gleichfalls Sammelkassen für die verschiedenen Verwaltungszweige innerhalb der Regierungsbezirke bilden. Unter ihnen stehen die Kreis-Kassen und als Spezialkassen für besondere Gegenstände die Domänen- und Forstkassen, die Steuerkassen für direkte Steuern, die Hauptzoll- und Hauptsteuerkassen für Zölle, indirekte Steuern und Gerichtskosten, die Berg- und Hüttenamtskassen und die Eisenbahnkassen.

Die Kassenbeamten heißen Rendanten; bei den Regierungs-Haupt-Kassen führen sie den Titel „Landrentmeister"[13]). Bei diesen wie bei allen größeren Kassen sind besondere Beamte für das Zahlungsgeschäft (Kassirer), für die Buchungen (Buchhalter) und für den Büreau- und Unterbeamtendienst (Kassenschreiber und Kassendiener) angestellt[14]). Die Thätigkeit der

---

[10]) G. v. 29. Juni 1876 (GS. 177). Bezeichnung der Quartale nach den Monaten (z. B. $\frac{\text{April}}{\text{Juni}}$ 1881) CR. v. 25. Nov. 1877 (MB. 1878 S. 3).

[11]) KO. v. 29. Mai 1826 (GS. 45), AusfO. v. dems. Tage (KA. X. 649) u. KO. v. 19. Juli 1844 (GS. 265).

[12]) Uebergang der Fonds in d. neuen Provinzen auf die Gen. St. Kasse V. v. 5. Juli 1867 (GS. 1072).

[13]) § 53 d. W. insbes. Anm. 36 S. 58).

[14]) LR. II. 14 § 46.

Kassenbeamten setzt besondere Sorgfalt und Zuverlässigkeit voraus. Die Anstellung ist deßhalb von Bestellung einer Kaution abhängig[15]). Daneben kann die vorgesetzte Behörde ihre Anrechte auf die Immobilien der Kassenbeamten eintragen lassen[16]). Unterschlagungen der letzteren sind mit besonderer Strafe bedroht[17]); ihre Defekte werden in einem eigenen Verfahren festgestellt[18]).

Das Kassenlokal in dem alle Kassenvorräthe und nur diese aufzubewahren sind, muß unbedingt sicher, insbesondere mit festen Fensterverschlüssen versehen sein[19]).

Das Verfahren in Kassensachen, welches durch allgemeine[20]) und besondere für die einzelnen Kassen gegebene Vorschriften[21]) geregelt ist, soll den Gang des Kassengeschäftes genau nachweisen und den Stand der Kasse jederzeit ersichtlich machen. Jede Einnahme und Ausgabe ist deßhalb sogleich in die Kassenbücher einzutragen[22]). Im Journal befinden sich sämmtliche Einnahmen und bez. Ausgaben nach der Zeitfolge zusammengestellt, während sie im Manual nach dem Verwaltungszweig (Etatstitel), im Kontobuch nach der Person des Einzahlenden oder Empfängers gesondert stehen. Zum Nachweis des Standes der Kassen in einem gegebenen Augenblick dienen die Kassen-Abschlüsse (Kassen-Extrakte). — Sie werden monatlich und vierteljährlich aufgestellt; der letzte Quartalabschluß umfaßt das ganze Jahresergebniß (Final-Abschluß)[23]). Die Extrakte, welche bei den Regierungen und im Finanz-Ministerium — bei diesem von der hierfür eingesetzten Haupt-Buchhalterei[24]) — zusammengestellt werden, gewähren einen Ueberblick über das Gesammtergebniß der Finanzverwaltung während eines bestimmten Zeitraums, welches später in der Rechnung den erforderlichen näheren Nachweis erhält. — Alle Einnahmen und Ausgaben sind durch Anweisungen (Ordres) der zuständigen Behörden zu rechtfertigen (justificiren), die Ausgaben außerdem durch Belege (Quittungen), die, insoweit es sich um stattgehabte Lieferungen oder Leistungen handelt, bezüglich der Richtigkeit bescheinigt sein müssen[25]). Als Belege sind Postanweisungsbescheinigungen bis zum Betrage von 400 M. zugelassen[26]). — Die Zahlungen finden in der Regel nur im Kassenlokal statt[27]) und sind in Reichsmünzen[28]) oder Reichs-Kassenscheinen[29]) zu leisten.

---

15) § 59 (S. 68) d. W.

16) LR. II 14 § 45—51, 60—64 u. KO. v. 2. Juli 1833 (GS. 81).

17) StrGB. § 350, 351 u. 353.

18) § 64 d. W.

19) CR. v. 4. Juni 1868 (MB. 1869 S. 7).

20) Kassen-Regl. v. 17. März 1828 (KA. XII 285).

21) Instr. f. d. Reg.-Haupt-Kassen v. 7. Juni 1857 (MB. 185 Auszug), f. d. Kreis-Kassen v. 18. Feb. 1856 (MB. 107).

22) Vernichtung der Rechnungs- u. Kassenbücher Regl. v. 5. Juli 1861 (MB. 224).

23) CR. v. 22. Feb. 1852 (MB. 77).

24) CR. v. 7. Jan. 1859 (MB. 25).

25) CR. v. 16. Aug. 1876 (MB. 190).

26) StMB. v. 1. Okt. 1879 (MB. 1880 S. 5).

27) LR. I 16 § 52, 53 u. I 11 § 776, 777.

28) Münz-G. v. 9. Juli 1873 (RGB. 233) Art. 14 § 1. — Reichssilber-Münzen müssen in jedem Betrag angenommen werden Art. 9; ebenso Thalerstücke zum

Jede Kasse bedarf zu ihrer Verwaltung eines Bestandes (Betriebsfonds), dessen Höhe von den zunächst bevorstehenden Einnahmen und Ausgaben abhängt. Entbehrliche Bestände sind der höheren Kasse sofort abzuliefern und nothwendige Zuschüsse von derselben rechtzeitig zu erbitten.

Zur Aufsicht über die Kassenverwaltung sind für die einzelnen Kassen Kassenkuratoren bestellt[30]). Zur Kontrole finden Kassenrevisionen statt, die ordentlichen in der Regel monatlich an bestimmten Tagen, die außerordentlichen (extraordinären) mindestens einmal jährlich zu unvermutheter Zeit[31]).

§ 115.

3. **Das Rechnungswesen.** Die Rechnung zeigt, wie sich nach Ablauf des Jahres der Plan erfüllt hat, der vor Beginn desselben im Etat aufgestellt war. Das Etatsjahr ist deßhalb zugleich Rechnungsjahr; die Titel des Etats sind auch die der Rechnung. Die letztere fügt dem etatsmäßigen „Soll“ das „Ist“ hinzu und ergiebt dadurch neben den erwachsenen Beständen oder Vorschüssen auch die den festen Etatssätzen gegenüber verbliebenen Einnahme- und Ausgabe-Reste. Diese Reste werden in der allgemeinen Rechnung weiter geführt; die besondere Restverwaltung ist aufgehoben[32]).

Aus den Spezialrechnungen über die einzelnen Verwaltungen wird die allgemeine Rechnung über den Staatshaushaltsetat jeden Jahres vom Finanz-Minister zusammengestellt und mit einer Uebersicht der Staatsschulden dem Landtag zur Entlastung (Decharge) der Staatsregierung vorgelegt[33]).

Den Mittelpunkt für die Rechnungslegung bildet die Ober-Rechnungskammer. Sie wurde 1723 zur Kontrole der ganzen Staatswirthschaft gegründet und bildete im absoluten Staate ein bloßes Verwaltungsorgan. Seit Erlaß der Verfassung hat sie die verfassungsmäßige Kontrole der Staatsrechnungen durch den Landtag zu unterstützen und vorzubereiten und ist dieserhalb durch Gesetz als selbstständige, unmittelbar dem König untergeordnete Behörde eingerichtet[34]). Ihre Mitglieder dürfen nicht Mitglieder des

---

Werth von 3 M. bis zu ihrer Außerkurssetzung Art. 15[1].

[29]) G. v. 30. April 1874 (RGB. 40) § 5.

[30]) KO. v. 19. Aug. 1823 (GS. 159) Nr. 1c. — Bei den Regierungs-Haupt-Kassen steht die Kuratel den Präsidenten, die spezielle Aufsicht den Kassenräthen zu Anm. 36 (S. 58).

[31]) KO. v. 19. Aug. 1823 (der daselbst vorgeschriebene Zeitraum ist d. Etatsjahr StMB. v. 21. März 1879 JMB. 100); Einf. i. d. neuen Provinzen V. v. 7. März 1868 (GS. 232). — Revision der Reg.-Haupt-Kassen Anm. 36 (S. 58), der Kreis-Kassen Anleit. v. 17. Mai 1867 (MB. 142).

[32]) CR. v. 10. Dez. 1855 (MB. 1856 S. 2) u. v. 21. Juni u. 28. Okt. 1869 (MB. 152 u. 1870 S. 8).

[33]) VU. Art. 104. Abs. 2.

[34]) Das. u. G. v. 27. März 1872 (GS. 278); Geschäftsgang das. § 7, 8 u. Regul. v. 22. Sept. 1873 (GS. 458), ergänzt (§ 5) durch AE. v. 11. Mai 1877 (GS. 130) u. (§ 6) durch AE. v. 27. Juli 1874 (GS. 294).

Landtags sein und sind rechtlich, insbesondere in Bezug auf ihr Disciplinarverhältniß den richterlichen Beamten gleichgestellt[35]). Die Ober-Rechnungskammer hat die Rechnungen über den Staatshaushaltsetat zu prüfen und festzustellen, wobei ihr alle Provinzial- und Lokalbehörden in Angelegenheiten ihrer Verwaltung untergeordnet sind[36]). Außerdem hat sie die allgemeine Rechnung über den Staatshaushalt, bevor sie dem Landtag vorgelegt wird, mit ihren Bemerkungen zu versehen[37]).

III. Staatsvermögen.

1. Staatsvermögen überhaupt.

§ 116.

Der Staat in seinen auf privatrechtlichem Gebiet liegenden Vermögensverhältnissen heißt Fiskus[1]), und ist als solcher den Vorschriften des Privatrechts und dem Urtheilsspruch der Gerichte in derselben Weise unterworfen, wie jeder Privatmann[2]). Die früheren Vorrechte des Fiskus sind fast ausnahmslos beseitigt[3]). Seine Befreiung von Steuern[4]), Stempel-[5]) und Gerichtskosten[6]) bildet kein Vorrecht, sondern folgt lediglich aus dem Zusammenfall des Berechtigten und Verpflichteten in einer Person.

---

[35]) G. v. 1872 § 2—6 nebst G. v. 9. April 1879 (GS. 345) § 8 u. 14. — Rang § 65 d. W.

[36]) VU. Art. 104 u. G. v. 1872 § 9—17.

[37]) VU. Art. 104 u. G. v. 1872 § 18 u. 19.

[1]) In einer weiteren Bedeutung umfaßt der Fiskus alle Vermögensrechte des Staats, auch die auf staatsrechtlichem (staatshoheitlichem) Titel beruhenden u. wird nach dem betreffenden Verwaltungszweig als Militär-, Domänen- oder Steuer-Fiskus bezeichnet. — Das LR. (II. 14 § 1) bezeichnet ihn zu eng als „Gesammtheit der Staatseinkünfte".

[2]) LR. II. 14 § 76, 77, 81, 82 u. G. v. 30. Jan. 1877 (RGB. 244) § 4. Der Fiskus stellt mit seinen Verwaltungsstellen (fiskalischen Stationen) auch nach gemeinem Recht nur ein Rechtssubjekt dar PlB. des OT. v. 20. Okt. 1850 (Entsch. XX. 19). Sein Gerichtsstand bestimmt sich nach dem Sitz der ihn vertretenden Behörde CProzO. § 20. In Rechtsstreitigkeiten im Gebiet der Justizverwaltung vertritt ihn die Regierung G. v. 24. April 1878 (GS. 230) § 86. — Schriftliche Form bei Grundstückskäufen CR. v. 20. Aug. 1875 (MB. 227).

[3]) Vorrechte in Betreff:
a) der Verjährung. LR. I. 9. § 629 bis 40, f. Domänen II. 14 § 36 bis 43;
b) der Verpflichtung z. Zahlung v. Zögerungszinsen im Kriegsfall. G. v. 7. Juli 1833 (GS. 79) u. v. 7. März 1845 (GS. 158);
c) der Einziehung vertragsmäßiger Forderungen, von denen die Erreichung bestätigter Etats abhängt V. v. 26. Dez. 1808 (GS. 1817 S. 282) § 42 u. KO. v. 31. Dez. 1825 (GS. 1826 S. 5) D. XII a.

[4]) GrundstG. v. 21. Mai 1861 (GS. 253) § 4a; GebäudestG. v. 21. Mai 1861 (GS. 317) § 3²; ErbschStG. v. 30. Mai 1873 (GS. 329), Tarif, Befreiungen 2e.

[5]) G. v. 7. März 1822 (GS. 57) § 3i; neue Prov. § 4a der V. v. 19. Juli u. v. 7. Aug. 1867 (GS. 1191 u. 1277).

[6]) RG. v. 18. Juni 1878 (RGB. 141) § 98 u. G. v. 10. Mai 1851 (GS. 622) § 4.

Die einzelnen Gegenstände des Staatsvermögens dienen entweder allgemeinen staatlichen Zwecken, wie die öffentlichen Straßen, Flüsse und Häfen[7]), und die Dienstgebäude[8]), oder sie sind lediglich oder doch vorwiegend zur Gewinnung von Staatseinnahmen bestimmt. Erstere fallen unter die Verwaltungszweige, denen sie dienen, letztere bilden Gegenstand der Finanzverwaltung. Sie bestehen in den unten (§§ 117—120) besonders behandelten Domänen und Forsten, in Kapitalfonds[9]) und in gewerblichen Anlagen[10]), deren bedeutendste die Seehandlung ist. Diese wurde 1772 zur Belebung des darnieder liegenden auswärtigen Handels gegründet, dann als selbstständiges Staatsinstitut neu organisirt[11]), später jedoch dem Finanzministerium untergeordnet[12]). Sie ist zum Betrieb kaufmännischer Geschäfte und industrieller Unternehmungen ermächtigt[13]) und wird gegenwärtig als staatliches Handels- und Geldinstitut verwaltet, welches Handel und Gewerbe unterstützen soll. Unter derselben steht das Kön. Leihamt[14]). An die Staatskasse zahlt die Seehandlung alljährlich die feste Summe von 3 Millionen Mark.

2. Domänen und Staatsforsten[15]).

§ 117.

a) **Geschichte.** Die Domänen (bis in das 18te Jahrhundert Kammergut genannt) führen in Deutschland ihren Ursprung auf zwei verschiedene Elemente zurück. Die Landesherren befanden sich im privatrechtlichen Besitz umfangreicher Güter, die sie durch Kauf, Erbschaft und andere privatrechtliche Erwerbsarten weiter vermehrten. Anderseits traten die früher den Landesherren in ihrer Eigenschaft als Reichsbeamten überwiesenen Reichsgüter

[7]) Das LR., welches in Theil II. Tit. 14 die Staatseinkünfte u. fiskalischen Rechte überhaupt u. in Tit. 15 u. 16 die einzelnen Rechte u. Regalien behandelt (vgl. Anm. 1 S. 157), scheidet die zum allgemeinen Gebrauch zugelassenen Vermögensgegenstände als „gemeines Gut" (II. 14 § 21) v. d. übrigen „besonderen Staatseigenthum" (Das. § 11).

[8]) Staatsbauten § 278, Dienstwohnungen § 67 d. W.

[9]) Diese sind, nachdem unter Aufhebung des früheren Staatsschatzes (G. v. 18. Dez. 1871 GS. 593) ein Reichskriegsschatz gebildet ist (§ 163 d. W.), nur noch von untergeordneter Bedeutung. — Der vormalige Kurhessische Hausschatz ist auf den Staat übergegangen G. v. 16. März 1881 (GS. 140).

[10]) Die wichtigsten sind die Staats-Bergwerke u. Eisenbahnen. Beide gehören indeß, weil sie neben den fiskalischen auch öffentliche Interessen verfolgen u. mit der Privatindustrie in engster Verbindung stehen, in die Wohlstandspflege (§ 322—6 u. 371—4 d. W.). Gleiches gilt von der Kön. Porzellan-Manufaktur (§ 355 das.). — Die Bank und die Staatsdruckerei sind auf das Reich übergegangen (§ 319 u. 163 das.).

[11]) G. v. 17. Jan. 1820 (GS. 25).

[12]) AE. v. 17. April 1848 (GS. 109). Nr. II. 2.

[13]) KO. v. 14. Feb. 1845 (GS. 98). — **Befugniß zum außergerichtlichen Verkauf verpfändeter Effekten KO. v. 31. Jan. 1827 (GS. 24), insbesondere der Wolle KO. v. 20. Mai 1826 (GS. 44).**

[14]) Anm. 58 (S. 357).

[15]) Waldkultur u. Forstpolizei § 339 u. 340, Gemeinde- u. Institutsforsten § 72 (S. 83) u. § 339 (S. 388) d. W.

und alle später durch Eroberung, Säkularisation[16]) und anderweite staatsrechtliche Titel erworbenen Güter hinzu. Beide Theile des Kammergutes waren nicht von einander geschieden. Es bedurfte auch solcher Scheidung nicht, so lange aus demselben alle Kosten des Hofhalts und der Landesverwaltung gedeckt werden konnten. Als aber hierzu unter Bewilligung der Landstände Steuern erhoben werden mußten, die in eine besondere von der Kammerkasse getrennte Landkasse flossen, trat das Kammergut in eine Mittelstellung zwischen das reine Privatvermögen des Fürsten und das Landvermögen. Die Landstände beanspruchten nunmehr eine Mitwirkung bei der Verwaltung desselben, während die Landesherren wegen des gemischten Charakters dieses Gutes dieselbe nicht zugestehen wollten. Die Frage, die seit Einführung der Verfassung noch brennender geworden ist, wurde meist erst nach längeren Kämpfen zum Austrag gebracht[17]).

In Preußen wies das LR. das Eigenthum an den Domänen dem Staate, die Benutzung dem Oberhaupte zu[18]). Der bereits 1713 ausgesprochene Grundsatz der Unveräußerlichkeit mußte in Folge der Unglücksjahre 1806/7 verlassen werden. Die Veräußerung wurde aber nur gegen Schadloshaltung und nur insoweit für zulässig erklärt, als die Staatsbedürfnisse und das Interesse des Königl. Hauses sie nothwendig oder vortheilhaft erscheinen ließen[19]). Abgesehen von dem Vorbehalt in Betreff des Königl. Hauses ist dieser Grundsatz auch auf die später hinzugetretenen Domänen ausgedehnt[20]). Bei Regelung des Staatsschuldenwesens wurde das Königl. Haus mit einer Rente von $7\frac{1}{2}$ Mill. M. (Kronfideikommiß) auf die Domänen angewiesen. Uebrigens wurden letztere den Staatsgläubigern als Sicherheit bestellt und damit als Staatsgut anerkannt[21]). — Gleiches gilt in Betreff der 1866 er-

---

[16]) Einziehungen geistlicher Güter fanden in Folge der Reformation u. des Reichs-Deputationshauptschlusses (1803) statt. Für Preußen Ed. v. 30. Okt. 1810 (GS. 32).

[17]) Hierbei wurden drei Wege eingeschlagen:

a. Anerkennung als Staatsgut unter Anweisung einer Rente (Civilliste) zu Gunsten des Landesherrn (Preußen, Baiern, Würtemberg, Sachsen, Schw.-Sondershausen);

b. Ueberweisung an die regierenden Familien als Eigenthum unter Vorbehalt eines festen Beitrags zur Landesverwaltung (Baden, S. Koburg-Gotha, Schw.-Rudolstadt, Reuß ä. L., Schaumburg-Lippe);

c. Theilung des Guts zwischen Herrscherhaus u. Landeskasse (Hessen, Oldenburg, S. Meiningen, S. Altenburg, Anhalt).

In S. Weimar, Braunschweig, Reuß j. L. u. Waldeck ist die Frage noch nicht abgeschlossen.

[18]) LR. II. 14 § 11.

[19]) Ed. u. Haus-G. v. 6. Nov. 1809 (GS. 1806/10 S. 604). Vgl. LR. II. 14 § 16—20.

[20]) S. in Betreff der durch Säkularisation erworbenen Domänen Dekl. u. V. v. 6. Juni 1812 (GS. 108), in Betr. der in den neu u. wieder erworbenen Landestheilen belegenen V. v. 9. März 1819 (GS. 73), in Betr. der in den 1866 erworbenen Provinzen vorhandenen V. v. 5. Juli 1867 (GS. 1182) § 1.

[21]) V. v. 17. Jan. 1820 (GS. 9) Nr. III, bestätigt VU. Art. 59. — Der

worbenen Provinzen[22]), in denen die früheren Herrscher durch besondere Entschädigungen abgefunden sind[23]).

§ 118.

b) **Veräußerung.** Für die Frage, ob eine Veräußerung des staatlichen Domänen- und Forstbesitzes[24]) angemessen sei, kommen neben den finanziellen auch volkswirthschaftliche Rücksichten in Betracht.

In Betreff der Staatsforsten ist sie jedenfalls zu verneinen. Bei der hohen Bedeutung der Erhaltung eines angemessenen Waldbestandes und der nur in beschränktem Umfange möglichen Einwirkung auf Gemeinde- und Privatforsten[25]) muß der Staat auch unmittelbar eingreifen, indem er die vorhandenen Forsten zu erhalten und durch Ankauf und Aufforstung geeigneter Flächen (Berghänge, Heide- und Oedland) zu erweitern sucht[26]).

Bestrittener ist die Frage in Betreff der Feldgüter. Für ihre Veräußerung wird der finanzielle Grund angeführt, daß bei Verwendung des Erlöses zur Schuldentilgung an Verwaltungskosten gespart und eine höhere Rente erzielt werde. Dieser Gewinn wird aber anderseits durch die Vortheile aufgewogen, die das Steigen der Grundrente und die höhere Sicherheit jeder Kapitalanlage in Grund und Boden gewährt. In volkswirthschaftlicher Beziehung wird dann darauf hingewiesen, daß die Domänen beim Uebergang in Privatbesitz besser bewirthschaftet werden könnten, auch bei Vermehrung der kleineren Betriebe die Besiedelung unbevölkerter Landstriche und die Schöpfung oder Hebung des Bauernstandes ermöglichen würden. Doch auch dieses Ziel ist nur ausnahmsweise zu erreichen, da kleineren Besitzern meist die zum Ankauf nöthigen Mittel fehlen werden. Dagegen gewährt ein ausgedehnter Grundbesitz nicht nur der Staatswirthschaft ein sicheres Reservekapital, sondern kommt dem Staate auch bei Erfüllung anderweiter Aufgaben (bei landwirthschaftlichen Lehr- und Versuchsanstalten, Meliorations-, Pferdezuchtanlagen u. dgl.) wesentlich zu statten. Hiernach ist abgesehen vom Fall der Noth der

---

Mehrbetrag der heutigen Civilliste (§ 38 S. 43 d. W.) erfolgt aus den allgemeinen Staatseinkünften.

[22]) V. v. 5. Juli 1867 § 1.

[23]) Die Abfindung des vorm. Hannoverschen Königshauses ist mit Rücksicht auf dessen feindselige Haltung mit Beschlag belegt V. v. 2. März 1868 (GS. 166), G. u. Bek. v. 15. Feb. 1869 (GS. 322 u. 323). — Die gleiche in Betr. des vorm. Kurfürsten v. Hessen ergriffene Maßregel ist mit dessen Tode weggefallen G. v. 26. Juli 1875 (GS. 583). Vorm. Kurhess. Fideikommißvermögen Anm. 9.

[24]) Bedingungen der Veräußerung CR. v. 27. April 1865 (MB. 294), der Licitation CR. v. 4. Juni 1869 (MB. 296); Zuständigkeit CR. v. 16. April 1870 (MB. 147); Voraussetzungen des freihändigen Verkaufs CR. v. 12. Feb. 1838 (KA. XXII. 36). — Patronatrechte werden nicht mit verkauft Kön. Bek. v. 9. Jan. 1812 (GS. 3). — D. Erwerb durch Domänen- und Forstbeamte des Bezirks fordert höhere Genehmigung Kön. Bek. v. 29. Feb. 1812 (GS. 16), KO. v. 5. Sept. 1821 (GS. 158).

[25]) § 339 d. W.

[26]) Entsprechende Verwendungen finden seit 1846 regelmäßig Statt. Der durchschnittliche Jahreszuwachs des Forstareals belief sich im Zeitraum 1856/71 auf 4000 ha.

Verkauf der vorhandenen Domänen[27]) der Regel nach nicht zu empfehlen und ausnahmsweise nur da zuzulassen, wo die Beibehaltung eines Domanialgutes mit Schwierigkeiten verknüpft ist oder sein Verkauf unter besonders günstigen Bedingungen bewirkt werden kann. Zweckentsprechend ist jedenfalls der Verkauf vereinzelt liegender Grundstücke (Streuparzellen), deren Verwaltungskosten meist nicht in richtigem Verhältniß zum Werthe stehen.

Aus letzterem Grunde empfiehlt sich auch die Ablösung der auf dem Staatsgut ruhenden Lasten und Abgaben. Die preußische Verwaltung hat sie sowohl im Interesse der Befreiung des Grundeigenthums, als in dem der Vereinfachung der Verwaltung fortgesetzt betrieben. Neben der allgemeinen Gesetzgebung[28]) sind mehrfach spezielle Gesetze für die Domänen und Staatsforsten ergangen[29]). Auch die Lasten, bei denen der Domänenfiskus als Berechtigter erscheint, sind großentheils abgelöst.

§ 119.

c) **Bewirthschaftung**[30]). Die Forsten werden vom Staate unmittelbar bewirthschaftet. Das Ziel ist die Beschaffung eines möglichst hohen und nachhaltigen Reinertrags. Hierdurch bestimmt sich die Kulturart, wie die Länge der Umtriebszeit[31]). Die Geschäfte der Forstverwaltung umfassen nächst der Beschreibung der Forsten (Statistik, Vermessung, Kartirung und Abschätzung[32])) die Kulturen, den Forstschutz[33]), den Betrieb (Hauung) und die Verwerthung. Letztere geschieht in der Regel durch Versteigerung[34]).

Die Nutzung der Domänen erfolgt dagegen regelmäßig durch Verpachtung größerer Gutskomplexe für einen längeren Zeitraum. Dem Pächter ist dabei in der Wahl der Bewirthschaftungsart ziemlich freie Hand gelassen. Auch hier bildet das Meistgebot die Regel[35]). Seine Anwendung, die in

---

27) Die geringen Erfolge derartiger in Preußen, Posen und dem Reg.-Bez. Köslin (1846) und in Neuvorpommern (1874) gemachten Versuche bestätigen dies. — Neuerdings ist zur erleichterten Begründung kleiner Besitzungen auf die Wiederherstellung des Erbpachtverhältnisses hingewiesen.

28) § 331 d. W., insbes. Anm. 41 u. 45.

29) Holz- u. Kohlennutzung im Oberharz V. v. 14. Sept. 1867 (GS. 1621). Fixirung der Bauholzabgaben i. d. vorm. Prov. Hanau u. Fulda auf die Gemeinden G. v. 6. Juni 1873 (GS. 350); Abstellung des Besoldungsholzes für Dorfschulzen in Hessen G. v. 1. April 1875 (GS. 197).

30) Anwendung der altpreußischen Einrichtung auf die neuen Provinzen V. v. 4. u. 5. Juli 1867 (GS. 1129 u. 1183). — Ertrag der Domänen (Etat 188$^{1}/_{2}$) 24, der Forsten 23 Mil. M.

31) Man unterscheidet Nadelholz, Laubholz u. gemischten Bestand u. beim Laubholz je nach der Länge der Umtriebszeit Hochwald, Niederwald u. den zwischen beiden stehenden Mittelwald.

32) Anleitung zur Waldwerthberechnung CR. v. 24. Mai 1866 (MB. 244). — Anwendung der neuen Maße u. Gewichte CR. v. 30. Okt. 1869 (MB. 1870 S. 141).

33) Ausführung des Forstpolizeiges. (§ 340) in Bezug auf Staatsforsten CR. v. 29. Mai 1880 (MB. 190).

34) Die Förderung des Absatzes durch den Forstwegebau gewinnt an Bedeutung, wogegen die Anlegung von Holzhöfen an belebten Stellen mehr abkommt.

35) Bedingungen der Verpachtung CR. v. 8. Juli 1872 (MB. 230), der Licita-

ähnlicher Weise auch hinsichtlich der mit dem Grundbesitz verbundenen Nutzungen (Jagd[36]), Fischerei und dergl.) stattfindet, ist vielfach angefochten. Die Einwendungen treffen indessen weniger das System, als dessen zu einseitig fiskalische Handhabung.

§ 120.

d) **Verwaltungsorgane**[30]). Die Central- und Provinzialverwaltung erfolgt durch das landwirthschaftliche Ministerium bezw. durch die Finanzabtheilungen der Regierungen[37]). Für die technische Bearbeitung der Forstsachen sind besondere Forstbeamte bestimmt. Im Ministerium sind unter einem Oberlandforstmeister mehrere Landforstmeister, bei den Regierungsabtheilungen Oberforstmeister als Mitdirigenten und Forstmeister als Mitglieder derselben angestellt[38]). Letztere verwalten gleichzeitig Forstinspektions-Bezirke und führen in diesen die Aufsicht über die Oberförster und die Kontrole des Forsthaushalts[39]). Die Oberförster sind die forstlichen Lokal-Verwaltungsbeamten[40]). — Alle diese Stellungen setzen neben der praktischen eine wissenschaftliche Vorbildung und die Ablegung zweier Prüfungen voraus. Nach der ersten (Tentamen) wird der Forsteleve zum Forstkandidaten, nach der zweiten (Staatsexamen) zum Oberförsterkandidaten ernannt[41]). Die wissenschaftliche Ausbildung erfolgt auf den Forstakademien zu Eberswalde und Münden[42]).

Unter den Oberförstern stehen die Forstschutzbeamten (Revierförster, Förster und Forstaufseher). Die Forstanstellungsberechtigung wird durch Militärdienst im Jägerkorps, praktische Beschäftigung und Unterweisung und das Bestehen zweier Prüfungen erworben[43]).

Die Staatsforstbeamten haben neben den allgemeinen Rechten der Beamten[44]) das Recht zum Waffengebrauch[45]) und können ein für alle Mal gerichtlich beeidigt werden[46]).

---

tion CR. v. 3. Juni 1869 (MB. 1870 S. 41). — Grundsätze für die ausnahmsweise freihändige Verpachtung von Domänen- u. Forstobjekten CR. v. 3. Juni 1877 (MB. 178) u. v. 15. Sept. 1881 (MB. 222). — Verdienten Domänenpächtern werden die Titel „Oberamtmann" u. „Amtsrath" verliehen.

[36]) Bedingungen CR. v. 16. Aug. 1872 (MB. 201), insbes. auf Domänenvorwerken CR. v. 22. Jan. 1880 (MB. 43).

[37]) § 50 u. 53 d. W. insbes. Anm. 29 u. 34 (S. 58).

[38]) Anm. 43 (S. 58) — Rang der Forstbeamten (§ 65 d. W.)

[39]) CR. v. 26. März 1834 (KA. XVIII 37).

[40]) Geschäfts-Anw. v. 4. Juni 1870 (MB. 1871 S. 69).

[41]) Best. v. 30. Juni 1874 (MB. 217).

[42]) Im Anschluß ist das forstliche Versuchswesen eingerichtet CR. v. 14. März 1872 (MB. 123). Elf.-Lothringen und Anhalt haben sich den preußischen Anstalten angeschlossen, Baiern, Würtemberg, Sachsen, Baden u. Braunschweig besitzen ähnliche Einrichtungen.

[43]) Regul. v. 15. Feb. 1879 (MB. 164), § 17 geändert V. v. 3. Feb. 1880 (MB. 99).

[44]) § 65—70. Uniform Anm. 92 (S. 75). — Brandversicherungsverein f. Preuß.

IV. Staatsschulden.

1. Begriff und Arten.

§ 121.

Durch Aufnahme einer Staatsschuld (Anleihe) wird die Ausgabe eines einzelnen Jahres auf eine Reihe von Jahren vertheilt. Dieselbe bildet sonach einen auf die Zukunft gezogenen Wechsel. Durch die Anleihe soll entweder das gestörte Gleichgewicht zwischen Ausgabe und Einnahme wiederhergestellt werden (Finanzschulden), oder es soll eine Anlage (Eisenbahn, Telegraph, Stromregulirung) ermöglicht werden, die wiedererzeugend wirkt und dadurch ihre Kosten demnächst mittelbar oder unmittelbar zurückerstattet (Anlageschulden). Beide Schuldarten sind wesentlich von einander verschieden. Die Finanzschulden haben den rein finanziellen Zweck ein Defizit[1]) zu decken. Die Bedeutung der Anlageschulden liegt dagegen auf volkswirthschaftlichem Gebiet. Sie sind erst in der neuesten Zeit entstanden und haben das Staatsschuldenwesen in ein völlig verändertes Licht gerückt. So lange es nur Finanzschulden gab, durfte aus der Zunahme der Schulden auf eine Verschlechterung der Finanzlage geschlossen werden[2]). Seitdem aber die Staaten größere gewinnbringende und gemeinnützige Unternehmungen in den Bereich ihrer Thätigkeit gezogen und dieserhalb Anleihen aufgenommen haben, trifft dieser Schluß nicht mehr zu. Die Anlageschulden sind nicht mehr ein Zeichen finanzieller Schwäche, sondern umgekehrt eines gewissen Aufschwungs. Der Wohlstand eines Staats kann deßhalb nicht mehr nach der Höhe seiner Schulden bemessen werden, es müssen vielmehr die durch die Anlageschulden geschaffenen Werthe ermittelt und entsprechend in Rechnung gestellt werden. Aus gleichem Grunde ist die Zulässigkeit einer Schuld nicht mehr nach den beschränkten für Finanzschulden maßgebenden Grundsätzen[1]) zu bemessen, es muß vielmehr wo es sich um Anlagen handelt das Verhältniß ermittelt werden, in dem ihr Werth zu dem Preise der Anleihe steht.

Der **Preis** einer Anleihe findet seinen Ausdruck in der Höhe des **Zinses** oder wenn letzterer feststeht des **Kurses**. **Kurs** ist der vom Nennwerth (Nominalwerth) abweichende Verkehrswerth, zu dem eine Schuld bei der ersten Begebung (Emission) oder bei einer späteren Uebertragung gehandelt wird. Zins und Kurs bedingen sich gegenseitig, so daß unter

---

Forstbeamte CR. v. 12. Juli 1880 (MB. 1881 S. 28).

[45]) G. v. 31. März 1837 (GS. 65) nebst KO. v. 6. Okt. 1837 (GS. 1838 S. 257), v. 21. Mai 1840 (GS. 129), v. 19. Feb. 1842 (GS. 111) u. v. 21. Aug. 1855 (GS. 633). Einf. i. d. neuen Prov. V. v. 25. Juni 1867 (GS. 921) Art. II F. — Strafe der Widersetzlichkeit StGB. § 117—119.

[46]) § 340 (S. 392) d. W.

[1]) § 113 (S. 140) d. W.

[2]) Noch Adam Smith prophezeite aus der wachsenden Staatsschuld den Untergang aller Staaten (wealth of nations Buch 5 Kap. 3).

übrigens gleichen Voraussetzungen der höhere Zinsfuß einem geringeren Kurse entspricht und umgekehrt.

Der Zins wird um so höher sein, je größer die Sicherheit ist, die durch eine Anlage geboten wird. Diese Sicherheit giebt der Staatskredit. Er beruht auf der Annahme, daß ein Staat die übernommenen Verbindlichkeiten erfüllen könne und wolle und gründet sich eben sowohl auf die Ordnung seines Haushalts und die Ergiebigkeit seiner Hülfsquellen als auf die politische Festigkeit seiner Stellung und die Gewissenhaftigkeit seines Auftretens.

Die Bedeutung des Schuldenwesens im Leben des Staats und seine Rückwirkung auf die Besteuerung hat im Verfassungsstaat zu einer parlamentarischen Kontrole geführt und sowohl die Aufnahme als die nähere Ordnung der Staatsschuld in den Weg der Gesetzgebung geleitet[3]).

In ihrer Gestaltung weicht die Staatsschuld in sofern wesentlich von der Privatschuld ab, als sie Seitens des Gläubigers unkündbar und in viele leicht übertragbare Antheile zerlegt erscheint. Sie ist hierdurch zu einem beliebten Mittel der Kapitalanlage geworden, bei der die Rücksicht auf Rückzahlung gegen die auf einen bequemen und gesicherten Zinsgenuß zurücktritt. In diesem Sinne wirkt die Staatsschuld anregend auf Sparsinn und Kapitalbildung und hebt soweit sie im Lande bleibt Wohlstand und Steuerkraft: das Volk wird zu seinem eignen Gläubiger[4]).

Die regelmäßige besonders in Deutschland übliche Form für Begebung der Anleihen ist die Ausstellung von Staatsschuldverschreibungen (Obligationen), welche auf den Inhaber lauten und mit Zinsscheinen (Koupons und Talons) versehen sind. Die Schuld wird hierdurch einfacher und zugänglicher, als es bei der früher in England und Frankreich angewendeten Eintragung in ein Schuldbuch der Fall war[5]). Zweckmäßiger ist andrerseits bei der englischen und französischen Schuld die Einrichtung, daß nicht die Rückzahlung eines Kapitals, sondern die Gewährung eines festen Zinses zugesichert wird. Die Staatsschuld wird dadurch zur Rentenschuld und diese Form entspricht besser dem Verhältniß der Unkündbarkeit, läßt die Differenz zwischen Kurs und Nennwerth verschwinden und gewährt dem Schuldenwesen eines Staats ein übersichtlicheres und einheitlicheres Gepräge[6]).

---

[3]) S. f. Preußen § 122, f. d. Reich § 163 d. W.

[4]) Dies Verhältniß, von dem die Anleihen während der französischen Revolution das erste umfassende Beispiel liefern, setzt einen entsprechenden Kapitalbesitz voraus. Die österreichischen, russischen u. auch die preußischen Schulden werden deßhalb im Auslande gehandelt, während in dem reicheren England und Frankreich fast alle Schulden im eigenen Lande untergebracht sind.

[5]) Auch in England findet seit 1865 neben der Eintragung der Schuldtitel (consols) in das „great book“, welches die Bank für den Staat führt, die Ausgabe von Inhaberpapieren statt. — In Frankreich, wo die gleiche Eintragung v. d. Finanzverw. besorgt wird u. bei allen Hauptsteuereinnahmestellen zugelassen ist, wurden schon früher Schuldverschreibungen (titres) in Form von Auszügen aus dem „grand livre“ ausgestellt.

[6]) Für Preußen s. § 123c. — Spa-

Neben die verzinsliche tritt eine unverzinsliche Schuld, wenn der Staat zur Ausgabe von Papiergeld (Staatsnoten) schreitet. Diese Staatsnoten sollen in gleicher Weise wie die Banknoten dem Bedürfniß nach bequemen Umlaufsmitteln entgegenkommen. Im Uebrigen sind beide wesentlich von einander verschieden. Während die Banknoten der Regel nach durch Niederlegung entsprechender Werthe sichergestellt (fundirt) und jederzeit einlösbar sind[7]), werden die Staatsnoten nur allgemein durch den Kredit und die Einnahmen des Staats verbürgt. Sie erscheinen also nur so lange und insoweit gesichert, als dieser Kredit reicht und Staatseinnahmen für dieselben verfügbar sind[8]). Ihre Einlösbarkeit durch Annahme derselben als Zahlungsmittel bei den Staatskassen ist nur so lange von Bedeutung, als Zahlungen an letztere zu leisten sind. Der Umstand, daß die Ausgabe von Papiergeld ein äußerst bequemes und vermöge der Zinsersparniß vortheilhaftes Mittel zur Geldbeschaffung ist, hat diese Grenze oft überschreiten lassen. Frankreich machte während der Revolution mit seinen Assignaten den Anfang und die Noth der napoleonischen Kriege ließ die übrigen europäischen Staaten folgen. Die Wirkungen blieben nicht aus. Sobald das Papiergeld, mit dem die Länder überschwemmt wurden, nicht mehr den nöthigen Abfluß in die öffentlichen Kassen fand, trat eine Werthverminderung ein. Der Zwangskurs, der ihm in Folge dessen auch für den allgemeinen Verkehr beigelegt wurde (Papierwährung, Papiervaluta), führte dahin, daß dasselbe nunmehr nur mit Aufgeld (Agio) gegen vollwerthige Zahlungsmittel eingetauscht werden konnte. Die fortgesetzte Entwerthung, die neben der Erschütterung des Staatskredits auch dem Privatverkehr die empfindlichsten Schäden zufügte, ließ nach bitteren Erfahrungen das Streben nach gesunderen Verhältnissen immer stärker hervortreten. Unter Neuordnung des Steuerwesens und Aufnahme regelmäßiger verzinslicher Schulden wurde nunmehr das nicht fundirte Papiergeld entweder ganz abgeschafft wie in England und Frankreich, oder auf eine mäßige Summe festgestellt wie in Preußen und demnächst im deutschen Reich[9]); nur Oesterreich, Italien und Rußland haben bei fortgesetzten politischen Wirren dies Ziel noch nicht zu erreichen vermocht.

Von der dauernden wird die schwebende Schuld unterschieden. Zu solcher wird die Finanzschuld, sobald sie durch bestimmte bevorstehende Einnahmen gedeckt werden soll, die nur wegen späterer Fälligkeit noch nicht zur Verwendung gelangen können; ihre Begebung erfolgt mittelst laufender Kredite (Kontokorrente), wie sie in England durch die Bank und in Frankreich durch die mit Hebung der Staatseinnahmen betrauten Generaleinnehmer gewährt werden[10]) oder mittelst der in Deutschland und Oesterreich üblichen

---

nien, Italien, Belgien und Holland haben gleichfalls das System der Rentenschuld.

[7]) § 319 d. W.

[8]) Das Papiergeld soll in d. Regel 1/3 der Jahreseinnahme nicht übersteigen.

[9]) § 163 d. W.

[10]) Für die englischen Finanzen bildet

Schatzanweisungen (verzinslichen Schuldverschreibungen mit bestimmten kurzen Fälligkeitsterminen)[11]). Das erstere System ist das vollkommenere und vortheilhaftere, da es eine wiederkehrende regelmäßige Benutzung ermöglicht und größere Betriebsfonds entbehrlich macht. Anderseits setzt es neben einem streng geordneten Finanzwesen das Vorhandensein einer größeren Kapitalmacht voraus, welche die Kredite jeder Zeit zu beschaffen vermag[12]).

Neben der Aufnahme der eigenen Schulden kann der Staat zur Förderurg gemeinnütziger Anlagen mit seinem Kredit auch anderen Unternehmern zu Hülfe kommen. Dies geschieht in der Form der Garantien, mittelst deren ein bestimmter Ertrag zugesagt und eintretenden Falls der erforderliche Zuschuß geleistet wird. Der Staatskredit erscheint hier als Bürge für den Privatkredit. Am Ausgedehntesten sind die Garantien beim Eisenbahnbau angewendet worden.

2. Geschichte der Preußischen Staatsschulden.

§ 122.

Die Entwickelung des Preußischen Staatsschuldenwesens ist im Ganzen denselben Grundsätzen gefolgt. Die Sparsamkeit der Preußischen Könige[13]) bildete im 18. Jahrhundert das System des Staatsschatzes aus, der im Frieden gesammelt wurde, um im Fall des Krieges außerordentliche Aufwendungen zu ermöglichen[14]). Die napoleonischen Kriege stürzten mit der Papiergeldwirthschaft den Staat in tiefe Schulden, deren Regulirung erst 1820 möglich wurde. Die Schulden wurden in einem Etat zusammengestellt und veröffentlicht und durch Verpfändung des gesammten derzeitigen Staatsvermögens, insbesondere der Domänen, Forsten und säkularisirten Güter sichergestellt[15]). Die gleichzeitige Zusage, daß neue Anleihen nur mit Zuziehung und unter Mitgarantie der zukünftigen reichsständischen Versammlung aufgenommen werden sollten, ist erst mit der Verfassung in Erfüllung gegangen, welche zur Aufnahme jeder Anleihe ein Gesetz erfordert[16]).

---

die Bank den Kassirer. In Frankreich leisten die Generaleinnehmer die nöthigen Vorschüsse gegen Wechsel auf die Bank, die sie dem Staat bei eintretender Fälligkeit als baar auf dessen Einnahmen in Zahlung bringen.

[11]) S. f. Preußen § 123a, f. d. Reich § 163 (S. 202) d. W.

[12]) Dementsprechend ist in Deutschland die Reichsbank zur Uebernahme der Kassengeschäfte in Betreff des Reichs verpflichtet, in Betreff der Bundesstaaten berechtigt RBankG. v. 14. März 1875 (RGB. 177) § 22.

[13]) § 29 d. W.

[14]) Friedrich d. Gr. übernahm einen Schatz v. 9 Mill. Thlr. (1740) u. hinterließ einen solchen v. 60 Mill. (1786). Ueb. den heutigen R.Kriegsschatz s. § 163 d. W.

[15]) G. u. Etat v. 17. Jan. 1820 (GS. 9 u. 17) u. KO. v. 17. Juni 1826 (GS. 57) Nr. I. — Die verzinsliche Schuld belief sich damals auf 180, die unverzinsliche auf 11 Mill. Thlr.

[16]) VU. Art. 103. — Vgl. § 36 d. W. u. Anm. 4 (S. 4). — Die Uebersicht der Staatsschulden ist alljährlich dem Landtage vorzulegen. Art. 104 Abs. 2.

Bis zum Jahre 1848 wurde die Schuld durch regelmäßige Tilgung wesentlich gemindert, von da ab durch neue Anleihen und Uebernahme der Schulden der 1866 erworbenen Landestheile[17]) wiederum vermehrt. Der Schuldenstand ist seitdem trotz fortgesetzter ordentlicher und außerordentlicher[18]) Tilgung beständig gestiegen. Ihm stehen jedoch so bedeutende Anlagewerthe gegenüber, daß die Finanzlage Preußens gleichwohl als eine äußerst günstige angesehen werden darf[19]).

Die große Mannigfaltigkeit der in 115 Titel zersplitterten Schuld hat im Jahre 1869 die Zurückführung derselben auf eine einheitliche Form veranlaßt[20])

3. Aufnahme, Verzinsung und Tilgung[21]).

§ 123.

a) Die Aufnahme erfolgt regelmäßig durch Ausgabe von Inhaberpapieren (Staatsschuldverschreibungen). Bis 1867 wurden alle Anleihen durch die Seehandlung begeben, seitdem werden sie entweder zu bestimmtem Preise an Bankhäuser überlassen, oder wenn genügende Nachfrage zu gewärtigen steht, zur öffentlichen Zeichnung ausgelegt. — Gleiches gilt von den zur vorübergehenden Deckung der Ausgaben ausgegebenen Schatzanweisungen (schwebende Schuld)[22]).

---

17) G. v. 29. Feb. 1868 (GS. 169) § 1 u. v. 5. März 1869 (GS. 379) § 2.

18) In den Jahren 1872/4 wurden aus Ueberschüssen und französischen Kontributionsgeldern 255 Mill. M. Schulden außerordentlich getilgt.

19) Im Jahre 1878 stand der Schuld von 1248 Mill. M. ein Eisenbahnanlage-Kapital von 1480 Mill. M. gegenüber, was abgesehen von sonstigen Vermögensstücken einen Ueberschuß von 240 Mill. M. darstellt. Die Schuldenlast beträgt in Preußen etwa 48 M. auf den Kopf der Bevölkerung, gegen 460 M. in England u. 500 M. in Frankreich.

Die Preußische Staatsschuld belief sich (31. März 1880) wie folgt:

a) Aus d. Zeit vor 1820 (Anm. 15) sind vorhanden an Staatsschuldscheinen 121½, an Kur- u. Neumärkischer Kriegsschuld 2, zus.	123½	Mill. M.
b) Anleihen 1850/68	168	" "
c) Schulden der neuen Landestheile .	89	" "
Latus	380½	Mill. M.
Transport	380½	Mill. M.
d) Konsolidirte Anleihe (zu 4½ Proz. 511½, zu 4 Proz. 573) zus. . . .	1084½	" "
e) Umlaufende Schatzanweisungen . .	25	" "
Zusammen .	1490	Mill. M.

Hierzu treten die noch nicht auf dem Etat der Staatsschulden übernommenen, für Ankauf mehrerer Privatbahnen gezahlten Kaufgelder. Anm. 3 (S. 441.)

20) Das Nähere s. § 123c. — Mit dem Ausdruck Konsolidation (Konsolidirung) wird außerdem die Verwandlung einer schwebenden oder einer Papiergeldschuld in eine bleibende Schuld bezeichnet.

21) Die Grundsätze sind auf d. neuen Prov. mit der Maßgabe ausgedehnt, daß schlesw. holsteinsche u. hannoversche Schuldverschreibungen auf den Namen umgeschrieben, letztere auch durch Auslosung getilgt werden können G. v. 29. Feb. 1868 (GS. 169) u. v. 11. Feb. 1869 (GS. 355).

22) Vgl. u. A. G. v. 28. Sept. 1866 (GS. 607), § 4, 6; Begriff § 121 (S. 153) d. W.

Die Staatsschuldverschreibungen dürfen zur Anlegung von Sparkassen- und Mündelgeldern verwendet werden (pupillarische Sicherheit)[23]) und dienen neben den Reichsschuldscheinen ausschließlich zur Bestellung der Amtskautionen[24]). Uebrigens unterliegen sie den allgemeinen Vorschriften über Inhaberpapiere. Dies gilt insbesondere von der Außer- und Wiederinkurssetzung, von der Umschreibung unbrauchbar gewordener und der Kraftloserklärung (Mortifikation)[25]) verlorener oder vernichteter Papiere[26]).

Eine besondere Art der Staatsschuld bilden die Hinterlegungsgelder (Depositalgelder), welche in den gesetzlichen Hinterlegungsfällen bei den Regierungs-Haupt-Kassen eingezahlt werden und in das Eigenthum des Staats übergehen. Sie werden mit $2^1/_2$ Prozent verzinst und nach Maßgabe der Bestände zu den durch Anleihen zu deckenden Ausgaben verwendet[27]).

b) In Betreff der Verzinsung bestehen zwei reichsgesetzliche Einschränkungen:

1. Papiergeld darf nur vom Reich ausgegeben werden; für die Einzelstaaten ist jede unverzinsliche Schuld ausgeschlossen[28]);
2. Prämien- d. h. solche Anleihen, bei denen der Zins ganz oder theilweise als Gewinn verloost wird, sind nur auf Grund eines Reichsgesetzes zulässig[29]).

Die Erhebung der Zinsen erfolgt gegen Koupons, die mit den Schuldscheinen für einige Jahre ausgegeben und nach Ablauf derselben gegen Einlieferung eines andern Scheines (Talon) erneuert werden[30]). Diese Erneuerung findet mit Rücksicht darauf, daß die Kraftloserklärung verlorener oder vernichteter Koupons ausgeschlossen ist[31]), alle 4 Jahre statt, ein Umstand, der ziemlich lästig wirkt und den Verkehr mit Staatspapieren nicht unwesentlich erschwert. — Die Zinsen sind bei allen öffentlichen Kassen einlösbar und verjähren in 4 Jahren nach der Fälligkeit[32]).

---

[23]) V. v. 12. Dez. 1838 (GS. 1839 S. 5) Nr. 5 u. VormundschO. v. 5. Juli 1875 (GS. 431) § 39.

[24]) Reichsbeamte § 21, Staatsbeamte § 59 d. W.

[25]) Die gleichfalls angewendete Benennung „Amortisation" bleibt besser für das Verfahren der allmäligen Tilgung der Schuld vorbehalten.

[26]) Vgl. § 317 d. W. — Die Kraftloserklärung erfolgt auf Grund eines gerichtlichen Aufgebotes, für dessen Verfahren die allgemeinen Grundsätze (CProzO. § 137—150 u. AusfG. v. 24. März 1879 GS. 281 § 20), für dessen Voraussetzungen u. Wirkungen dagegen noch die früheren Vorschriften (V. v. 16. Juni 1819 GS. 157 u. v. 3. Mai 1828 GS. 61) maßgebend sind.

[27]) Hinterl.O. v. 14. März 1879 (GS. 249) § 1—10, 94—96 u. V. v. 21. Mai 1879 (GS. 383). — S. § 217 d. W.

[28]) § 163 (S. 202) d. W.

[29]) RG. v. 8. u. AusfBek. v. 19. Juni 1871 (RGB. 210 u. 255). — Von der preußischen Prämienanleihe des Jahres 1855 waren 1880 noch 23 Mil. M. im Verkehr.

[30]) G. v. 18. März 1869 (GS. 490).

[31]) V. v. 16. Juni 1819 (GS. 157) § 13 u. KO. v. 18. Sept. 1822 (GS. 213). S. Anm. 26.

[32]) Konsolidirte Schulden G. v. 19. Dez. 1869 (GS. 1197) § 3; ältere preuß. Schulden G. v. 17. Jan. 1820 (GS. 9) XVII; Schulden der neueren Prov. G. v. 29. Feb. 1868 (GS. 169) § 4.

c) Die Tilgung ist entweder zwangsweise im Voraus durch Gesetz festgestellt oder wird frei nach der jedesmaligen Finanzlage bemessen. Ersteren Falls wird der Tilgungsbetrag entweder in Prozenten der jeweiligen Schuld (in der Regel ½—2 Proz.) oder in einem festen nach der ursprünglichen Schuld berechneten und gleichmäßig mit dem Zins bis zur Tilgung der Schuld fortgezahlten Prozentsatz bestimmt. Dem hierdurch entstehenden Tilgungsfonds (Tilgestamm, sinking fund) fließen die ersparten Zinsen in immer steigendem Maße zu, so daß der Tilgungsprozeß mit zunehmender Geschwindigkeit verläuft[33]).

Preußen betrat einen Mittelweg, indem es den Tilgungsbetrag auf 1 Proz. der ursprünglichen Schuld festsetzte, dabei aber eine Herabsetzung der Tilgungsbeträge von 10 zu 10 Jahren eintreten ließ. Diese Tilgungart, bei der die Schuldscheine angekauft und nur wenn sie nicht unter dem Nennwerth zu erlangen waren, ausgeloost wurden, ist für die früheren Schulden zwar noch jetzt maßgebend[34]), doch ist durch die Konsolidation die Umwandlung der gesammten Staatsschuld in eine Rentenschuld mit freier Tilgung eingeleitet[35]). Die Schulden der neuen Provinzen und die Schuldscheine aller nicht in den Umtausch willigenden Gläubiger blieben zunächst ausgeschlossen; da aber nunmehr alle Tilgungsmittel auf diese Schulden verwendet werden konnten, auch alle späteren Anleihen mit den konsolidirten vereinigt sind[36]), so ist die vollständige Durchführung der Maßregel gleichwohl in nicht allzuweite Ferne gerückt. Die Tilgung, die vorbehaltlich eines 1885 für den Staat eintretenden Kündigungsrechts durch Ankauf bewirkt wird, erfolgt aus den Ueberschüssen des Staatshaushalts, soweit der Etat nicht anderweit über dieselben verfügt[37]). Die Finanzverwaltung ist dadurch der Nothwendigkeit überhoben, ältere Anleihen zu tilgen, während gleichzeitig ein vermehrter Finanzbedarf zur Aufnahme neuer Anleihen zwingt, die mit Kosten oft auch mit lästigeren Bedingungen verbunden sind. Daneben ist durch die einheitliche Gestaltung der Staatsschuld die Verwaltung vereinfacht und der Verkehr mit Staatspapieren erleichtert. Letzteren ist damit auch im Auslande ein erweiterter Markt eröffnet.

4. Verwaltungsorgane.

§ 124.

Die Verwaltung führt die Hauptverwaltung der Staatsschulden. In Bezug auf Ausgabe, Verzinsung und Einziehung der Schulddokumente

[33]) Das System fand in England in Walpole (1716) u. später in Pitt seinen Förderer. Im Anfang dieses Jahrhunderts folgten Frankreich u. Oesterreich. In den dreißiger Jahren wurde dasselbe bereits wieder verlassen.

[34]) G. v. 17. Jan. 1820 (GS. 9) § V bis VII u. v. 24. Feb. 1850 (GS. 57) § 7, 8. Verb. Anm. 21.

[35]) G. v. 19. Dez. 1869 (GS. 117). — Gegenwärtiger Bestand Anm. 19.

[36]) Das. § 7. — Seit 1873 werden statt der 4½prozentigen 4prozentige consolidirte Anleihen begeben.

[37]) Das. § 2.

ist sie selbstständig und allein verantwortlich, übrigens ist sie dem Minister untergeordnet. Sie besteht aus einem Direktor und drei Mitgliedern. Unter ihr stehen die Staatsschulden-Tilgungs-Kasse und die Kontrole der Staatspapiere[38]. — Die Aufsicht über die Hauptverwaltung führt die Staatsschulden-Kommission, die aus dem Präsidenten der Ober-Rechnungs-Kammer und je drei auf drei Jahre gewählten Mitgliedern des Herren- und des Abgeordnetenhauses besteht[39]. — Die Mitglieder der Hauptverwaltung und der Präsident der Ober-Rechnungs-Kammer werden in öffentlicher Sitzung des Ober-Verwaltungs-Gerichts, die von den Häusern des Landtags gewählten Kommissionsmitglieder in öffentlicher Sitzung der letzteren eidlich verpflichtet[40].

V. Regalien und Gebühren.

1. Uebersicht.

§ 125.

Die Regalien (jura regalia) bildeten die Gesammtheit der dem Landesherrn als solchen zustehenden Rechte. Sie wurden später in höhere und niedere geschieden. Erstere betrafen die eigentlichen Hoheitsrechte; unter niederen verstand man die nutzbaren Rechte (Finanzregale) und diese wurden dann vorzugsweise Regalien genannt[1].

Der Ausdruck findet sich bereits in der Konstitution Kaiser Friedrichs I. (1158), welche nach Unterwerfung Mailands die Kaiserlichen Gerechtsame gegenüber den lombardischen Vasallen feststellte. Bei Abschwächung der Kaiserlichen Gewalt gingen sie zunächst auf die Kurfürsten[2], später auch auf die übrigen Territorialherren über. Sie bildeten deren finanzielles Reservatrecht, über das sie selbständig verfügen konnten, während die Erhebung von Steuern an Bewilligung der Stände gebunden war.

Die neuere Entwickelung unseres Staatslebens mit ihrer auf Befreiung

---

[38] G. v. 24. Feb. 1850 § 1—6, 16 u. 17. Die Verwaltung ist vorgesetzte Behörde für die Regierungen.

[39] Das. § 10—13, 15—17.

[40] Das. § 9 u. 13 u. G. v. 29. Jan. 1879 (GS. 10).

[1] So bezeichnet das Landrecht die Regalien als Nutzungsrechte des Eigenthums, welches der Staat an Land- u. Heerstraßen, Strömen, Meeresufern u. Häfen besitzt oder welches ihm aus seinem Recht auf herrenlose u. verwirkte Güter u. auf Abzugsgelder erwächst u. von demselben auf Kommunen u. Private übertragen werden kann (II 14 § 24—43). Im Einzelnen behandelt es dann im Tit. 15 die erwähnten Eigenthumsbeziehungen, denen das Fischerei-, Zoll-, Post- u. Mühlenregal zugezählt wird; im Tit. 16 die Regalien an erb- u. herrenlosen Gütern einschließlich des Jagd- u. Bergwerksregals u. im Tit. 17 als Nutzung der Gerichtsbarkeit das Konfiskations- u. d. Abzugsregal.

[2] In der goldenen Bulle (1356) werden demgemäß das Münz-, Zoll-, Bergwerks-, Salz-, Judenschutz- u. Abzugsrechte aufgeführt.

des Verkehrs und Gewerbes gerichteten Tendenz hat die Bedeutung der Regalien fast vollständig verwischt. Das Verkehrswesen wird vom Staate nicht mehr als Finanzquelle, sondern um seiner selbstwillen gepflegt; die Verwaltung des Post- und Münzwesens, der Straßen, Ströme und Häfen ist damit aus dem Kreise der Regalien in das Gebiet der Wohlstandspflege übergetreten und hat nur insoweit eine nebensächliche finanzielle Bedeutung bewahrt, als der Staat für die vorzugsweise Benutzung der von ihm erhaltenen Anstalten eine Entschädigung in Gestalt von Gebühren erhebt (Nr. 4). Nachdem ferner der Privaterwerb des Staats jedes Vorrechts entkleidet war[3]), mußten Jagd, Fischerei, Forsten und Bergwerke gleichfalls den Charakter des Regalität verlieren. Gleiches gilt von den mit Ausschluß privater Konkurrenz vom Staat betriebenen Handelsgeschäften (Monopolen). Nur als Erhebungsformen für gewisse Steuern erhielten einzelne derselben sich eine Zeit lang fort[4]). Andere Regalien endlich hörten entweder ganz auf, wie das Abzugsregal[5]), oder sie wurden zu Verbrauchssteuern umgewandelt, wie das Zoll- und das Salzregal[6]). Als Finanzobjekte sind die Regalien damit, wo sie nicht gänzlich verschwunden, wie in England und Frankreich, auf vereinzelte Ueberbleibsel zusammengeschrumpft. In Preußen besteht zur Zeit nur das Anfallsrecht auf herrenlose Gegenstände (Nr. 2) und das Lotterieregal (Nr. 3).

2. Anfallsrecht.

§ 126.

Das Anfallsrecht umfaßt den Anspruch des Staats auf herrenlose Güter (bona vacantia). Es betrifft erblose Verlassenschaften[7]) und alle sonstigen Gegenstände, die noch keinen Eigenthümer hatten oder — soweit es sich um Grundstücke handelt — von demselben verlassen sind[8]). Das Heimfallsrecht an Lehen ist dagegen mit Aufhebung des staatlichen Obereigenthums bis auf die Thron- und die außerhalb des Staats belegenen Lehen weggefallen[9]).

In Ostpreußen besteht von der Ordenszeit her das Bernsteinregal, das als Rest des früheren Bergregals anzusehen ist und vom Staat durch Verpachtung genutzt wird[10]). In Westpreußen und Pommern beschränkt sich der Anspruch des Fiskus auf den im Meere gefundenen Bernstein[11]).

---

3) § 116 d. W.

4) Preußen hatte vordem das Spielkarten- u. Salzmonopol. — Größere Bedeutung hat das in andern Ländern ausgebildete Tabacksmonopol § 158 d. W.

5) § 33 (S. 36) d. W.

6) § 153 u. 160.

7) LR. II 16 § 4, 16—29 u. I 9 § 481; cod. civ. Art. 768—773.

8) LR. II 16 § 1—3 u. 7—15. Der C. civ. (Art. 539 u. 713) weist dem Staat alle herrenlosen Gegenstände zu.

9) G. v. 2. März 1850 (GS. 77) § 2¹.

10) G. v. 22. Feb. 1867 (GS. 272).

11) LR. II 15 § 80. — Westpr. ProvR. v. 19. April 1844 (GS. 103) § 73, 74 u. G. v. 4. Aug. 1865 (GS. 873) Art. III.

3. Lotterieregal.

§ 127.

Die Staatslotterie wurde nur als Finanzquelle gegründet. In Preußen geschah dies in der Noth des siebenjährigen Krieges. Trotz mannigfacher Einwendungen ist sie seitdem beibehalten, wobei neben finanziellen Rücksichten auch die Annahme bestimmend war, daß das Lotteriespiel an sich nicht zu hindern, aber nur bei unmittelbarer staatlicher Leitung gehörig zu überwachen sei. Uebrigens hat die Einrichtung im Laufe der Zeit mehrfache Milderungen erfahren. Anfänglich bestand ein Lotto neben der Zahlenlotterie [12]). Zu Beginn des Jahrhunderts erfolgte eine Neuregelung [13]): das Lotto wurde umgestaltet [14]) und bald darauf ganz abgeschafft; die Klassenlotterie wurde beibehalten, erlitt aber verschiedene Einschränkungen [15]). Demgemäß erfolgt nunmehr die Ziehung nach einem bestimmten Plan in der Weise, daß jedesmal nur ein Theil der Gewinne gezogen und die Mehrzahl derselben für die letzte Ziehung aufgespart bleibt. Der Staat bezieht $12^1/_2$ Proz. von jedem Gewinn. Die Verwaltung führt die dem Finanzminister unterstellte General-Lotterie-Direktion [16]).

Zum Schutz der Staatslotterie dient das gleichzeitig im Interesse der öffentlichen Ordnung erlassene Verbot der unerlaubten Ausspielungen und des Spielens in auswärtigen Lotterien [17]), sowie das Verbot der Prämienanleihen [18]).

4. Gebühren.

§ 128.

Gebühren sind Vergütungen für besondere im Einzelinteresse erfolgende staatliche Leistungen. Es kann sich dabei um Amtshandlungen des Staats oder um Benutzung staatlicher Anstalten handeln. Ueberall wird indeß die Erfüllung eines allgemeinen Verwaltungszweckes vorausgesetzt und hierdurch unterscheidet sich die Gebühr von dem nur Finanzzwecke verfolgenden Regal. Dem Gegenstand nach erstrecken sich die Gebühren auf nahezu alle Verwaltungsgebiete und werden ebensowohl für den staatlichen Schutz geleistet, wie die Gerichts- und Verwaltungskosten als auf dem Gebiet der Kultur- und Wohlstandspflege, wie die Wege-, Hafen-, Post-, Telegraphen- und Münzgebühren,

[12]) Man unterscheidet die Zahlen u. die Klassenlotterie. Die erstere (Lotto) stammt aus Genua und wirkt bei kleinen Einsätzen u. hohen Gewinnaussichten besonders nachtheilig. Die Klassenlotterie entstand in Holland.

[13]) Lotterie-Edikt v. 28. Mai 1810 (GS. $18\frac{06}{10}$ S. 712), Einf. i. Hohenzollern G. v. 7. Mai 1853 (GS. 180). — Aufhebung der Lotterien in Hannover, Osnabrück, Frankfurt a. M. AE. v. 5. Juli 1867 (GS. 1056) — Reichsstempelabgabe von Lotterieloosen § 151 Nr. 3 d. W.

[14]) LotEd. § 2.

[15]) KO. v. 21. Juli 1841 (GS. 131).

[16]) LotEd. § 6 u. 12. — Die Lotterie liefert (Etat $188\frac{1}{2}$) einen Ertrag von 4 Mil. M.

[17]) § 257 d. W.

[18]) § 123b[2] das.

die Stolgebühren und das Schulgeld. Die spezielle Gestaltung des Gebührenwesens fällt in diese Einzelgebiete; hier kommen nur ihre allgemeinen Grundlagen in Betracht.

Die Gebühren können nur auf Grund eines Gesetzes erhoben werden[19]). Die festgestellte Gebühr heißt Taxe; ihre Gesammtheit bildet den Tarif. Die Hebung der Gebühren für Beamte als Theil des Gehalts (Sporteln) tritt mehr und mehr gegen die Einziehung derselben zur Staatskasse zurück. Die Gebühr darf die entsprechende Aufwendung des Staats nicht überschreiten, braucht sie aber nicht zu decken, kann vielmehr in dem Maße gegen dieselbe zurückbleiben, als durch sie zugleich allgemeine Zwecke gefördert werden. Auch in Betreff der Gebühren bricht sich der Gedanke immer weitere Bahn, daß der Staat seine Aufgaben um ihrer selbst und nicht um des finanziellen Erfolges willen zu verfolgen habe. Derselbe Prozeß, der die Verkehrsanstalten aus dem Kreise der Regalien ausscheiden ließ, hat hier zu einer stetigen Herabsetzung der Gebühren geführt[20]). Abgesehen von einzelnen besonders mit der Gebühr verbundenen Zwecken — wie Verminderung der Prozesse durch die Höhe der Gerichtsgebühren — hat nur die Rücksicht auf die Finanzlage diesen Entwicklungsgang zeitweilig aufzuhalten vermocht.

An die Gebühren schließen sich die Einnahmen an, welche dem Staat aus Strafen und Einziehungen (Konfiskationen) erwachsen[21]).

VI. Steuern.

1. Steuern im Allgemeinen.

§ 129.

a) **Grundlagen der Besteuerung.** Steuern sind Zwangsbeiträge zu den allgemeinen Staatsbedürfnissen, welche der Staat kraft seiner Finanzhoheit den Staatsangehörigen nach bestimmtem Maßstabe auferlegt. Diese allgemeine Bestimmung scheidet die Steuern von den Gebühren, welche für spezielle Gegenleistungen entrichtet werden.

Die Steuer muß unter Ausschluß aller Befreiungen allgemein und der Leistungsfähigkeit entsprechend, gleichmäßig vertheilt werden. Jede Steuer beruht auf dem Ertrage eines Gegenstandes (des Steuerobjektes). In Beziehung auf eine bestimmte zu besteuernde Person (Steuersubjekt) werden diese Erträge zum Einkommen. Man unterscheidet demgemäß Ertrags- und

[19]) VU. Art. 102.

[20]) § 125 d. W. — Aufgehoben sind die Verwaltungsgebühren Anm. 77 (S. 63), einzelne Stolgebühren Anm. 45 (S. 328), das Chausseegeld Anm. 5 (S. 436) u. die Bergamtsgebühren Anm. 11 (S. 365); ermäßigt das Briefporto Anm. 22 (S. 449). — Verheißene Aufhebung des Schulgeldes Anm. 27 (S. 335).

[21]) § 168 Nr. 3 u. 6 d. W.

Einkommenssteuern, je nachdem von dem Objekt oder Subjekt ausgegangen wird. Die Einkommensteuer faßt alle in einer Person vereinigten Ertragssteuern einheitlich zusammen. Da sie außerdem die Berücksichtigung der von dem einzelnen Ertrage unabhängigen persönlichen Verhältnisse (Schulden, Arbeitskraft, Krankheit u. s. w.) möglich macht, so würde sie an sich geeignet sein, alle einzelnen Steuern zu ersetzen. Hier tritt indeß die große Verschiedenartigkeit der einzelnen Einkommenszweige hindernd in den Weg. Das Einkommen setzt sich aus dem Ertrage des Grund und Bodens, des Kapitals und der Arbeitskraft zusammen. Grund- und Kapitaleinkommen ist durch Besitz gesichert (fundirt) und gewährt dadurch eine weit nachhaltigere steuerliche Leistungsfähigkeit als das Arbeitseinkommen. Ein fernerer Unterschied waltet zwischen Grund- und Kapitaleinkommen ob. Ersteres ist festliegend und jederzeit erkennbar und bietet dadurch der Veranlagung sichere Handhaben, während das bewegliche und schwer zu übersehende Kapitaleinkommen sich der Besteuerung leicht zu entziehen vermag. Diese Verschiedenheiten werden um so fühlbarer, je stärker die Steuerkraft angespannt wird und hieraus ist es zu erklären, daß überall, wo eine allgemeine Einkommensteuer eingeführt wurde, die bestehenden Ertrags- und die indirekten Steuern sich neben denselben erhalten und weiter entwickeln konnten[1]).

Die indirekten Steuern treffen gleichfalls das Einkommen, sie erreichen dasselbe aber nicht im Wege der Schätzung, wie die direkten, sondern im Anschluß an gewisse wirthschaftliche Vorgänge, aus denen ein Merkmal für die Steuerfähigkeit entnommen wird. Je schwieriger es bei Vermehrung der Steuern wurde, das zu besteuernde Einkommen im Wege unmittelbarer Schätzung vollständig und gleichmäßig zu erfassen, um so wichtiger mußte eine Besteuerung werden, die solche Schätzung entbehrlich machte. Der Einfluß, den die indirekte Steuer mittelst der Zölle auf den Handels- und gewerblichen Verkehr ausübt, hat diese Bedeutung noch gesteigert. Anderseits wird der indirekten Steuer zum Vorwurf gemacht, daß sie den Verkehr beschränke, die nothwendigsten Lebensmittel vertheure und sich der Steuerfähigkeit der zu Besteuernden nicht genügend anpasse. Diese Vorwürfe treffen nicht oder doch nur bedingt zu. Zunächst darf kein Land dem Grundsatz der Verkehrsfreiheit das Interesse seiner Industrie dauernd zum Opfer bringen. Die nothwendigsten Lebensmittel brauchen ferner der Besteuerung nicht oder doch nur mit der nöthigen Beschränkung unterworfen zu werden. Vor Allem weist aber die Vertheilung der direkten Steuern in ihrer thatsächlichen Gestaltung so zahlreiche Unregelmäßigkeiten auf, daß auch in dieser Beziehung ein Vorzug derselben nicht behauptet werden darf. Dabei fehlt der direkten

[1]) Frankreich, welches alle Steuern durch eine einzige zu ersetzen versuchte (1790), kehrte bald wieder zu seinen historischen Steuern zurück u. hat in seinem Steuersystem die indirekten Steuern sogar vorzugsweise entwickelt. S. Anm. 2 (S. 162) u. Anm. 6 (S. 178).

Besteuerung die ausgleichende Wirkung, welche bei der indirekten den Steuerdruck in stets beweglicher den örtlichen Verhältnissen und Handelskonjunkturen sich anpassender Weise auf Produzenten, Händler und Konsumenten vertheilt und diese sogar im Auslande zu erfassen vermag. Die direkte Steuer trifft endlich den Pflichtigen weit empfindlicher, weil sie zur vorgeschriebenen Zeit erhoben und nöthigen Falls zwangsweise beigetrieben wird, während die indirekte sich in Betrag und Fälligkeit dem Preise und Verbrauche der besteuerten Waare anschließt: die indirekte Steuer zahlt der Pflichtige, wenn er kann und will, die direkte dagegen, wenn er soll und muß.

Wegen dieser Vorzüge haben die übrigen Großstaaten, insbesondere England und Frankreich den weit überwiegenden Theil ihres Staatsbedarfs von jeher durch Zölle und Verbrauchssteuern gedeckt[2]). Deutschland und Preußen verfolgten den umgekehrten Weg[3]); insbesondere wurden die direkten Steuern den immer mehr anwachsenden kommunalen Lasten fast ausschließlich zu Grunde gelegt. Erst die neuste Zeit hat Wandlung geschaffen und eine Ausdehnung des indirekten Steuersystems angebahnt, welche nicht nur die hervorgetretenen Mehrbedürfnisse gedeckt hat, sondern auch eine Ermäßigung der drückenden direkten und kommunalen Steuerlast möglich macht.

Eine absolute Gleichmäßigkeit der Steuervertheilung steht hiernach nicht zu erreichen. Die Steuerpolitik muß sich darauf beschränken, sich diesem Ziele thunlichst zu nähern und dabei die Besteuerung so wenig drückend als möglich zu gestalten. Auch hier hat die neuere Zeit den volkswirthschaftlichen und sozialen Gesichtspunkt gegen den finanziellen mehr in den Vordergrund gerückt. Die Steuer darf niemals den unentbehrlichen Lebensunterhalt entziehen. Die Steuerfähigkeit wächst in Folge dessen in dem Maße, in dem ein Einkommen dieses Existenzminimum übersteigt. Dies hat in der indirekten Besteuerung zu geringerer Heranziehung der nothwendigen Lebensbedürfnisse, in der direkten zur Freilassung der untersten und zur Erleichterung der zunächst folgenden Stufe geführt. Der Steuersatz d. i. der Prozentsatz der Steuer im Verhältniß zum Einkommen darf demgemäß bis zu einem gewissen Grade steigen (Progressivsteuer)[4]).

---

[2]) Nach den Budgets 1876 entfielen von der Summe aller Einkommens- u. Verbrauchssteuern:

	auf die Einkommensteuer	auf die Verbrauchssteuer
in Deutschland . .	44 Proz.	56 Proz.
„ Oesterreich . .	36 „	64 „
„ Frankreich . . .	25 „	75 „
„ England . . .	13 „	87 „

Auf den Kopf der Bevölkerung werden an indirekten Steuern in Deutschland $10^1/_2$ M., in Oesterreich $16^1/_2$ M., in England $31^1/_2$ M. u. in Frankreich $47^1/_2$ M. erhoben.

[3]) Während Preußen in den letzten Jahrzehnten seine direkten Steuern mehrfach erhöhte, wurden an indirekten die Mahl- u. Schlachtsteuer (Anm. 70 S. 175), die Weinsteuer (Anm. 3 S. 178), die Zeitungssteuer (1874) u. das Chausseegeld (Anm. 5 S. 436) ganz beseitigt u. die Salzsteuer (Anm. 47 S. 199) u. Stempelsteuer (Anm. 32 S. 182) wesentlich ermäßigt. — Herabsetzung der indirekten Gemeindesteuern § 72 Nr. 4 f (S. 85) d. W.

[4]) Diesem Grundsatz entspricht in Preußen die Klassensteuer (§ 142 d. W.) u. die Eisenbahnabgabe (§ 141).

Der Höhe der Steuer wird indeß noch eine engere Grenze gezogen. Sie darf nicht oder doch nur äußersten Falls und vorübergehend bis dahin angespannt werden, daß sie die wirthschaftliche Weiterentwickelung, insbesondere die Kapitalbildung ausschließt. Aufgabe der Verwaltung ist es vielmehr, mit den ihr durch die Besteuerung zufließenden Mitteln auf diese Weiterentwickelung belebend einzuwirken und so die Steuerkraft immer von Neuem anzuregen und zu fördern. Die wiedererzeugende Kraft der Anlageschulden[5]) wohnt in diesem Sinne auch der Besteuerung bei.

Mit einer gewissen Vorliebe hat die neuere Gesetzgebung sich dem System der Steuerkontingentirung zugewendet. Man scheidet die direkten Steuern in Quotitäts- und Repartitions- oder kontingentirte Steuern. Bei ersteren steht der Steuerfuß fest, der Steuerbetrag (das Steuersoll) muß danach ermittelt werden; bei der Repartitionssteuer ist dagegen dieser Steuerbetrag (das Kontingent) fest bestimmt und wird auf die einzelnen Steuerobjekte nach Maßgabe der durch Schätzung gefundenen Werthe vertheilt[6]). Die Kontingentirung schließt damit jede einseitig fiskalische Einschätzung aus. Gleichzeitig kann mittelst derselben die Besteuerung beweglich gestaltet werden, indem sie nach Einheiten (Monaten, Simpeln) festgestellt wird, deren eine oder mehrere dem jeweiligen Finanzbedürfniß entsprechend gehoben werden können.

§ 130.

b) **Geschichte des Steuerwesens.** In den Steuern findet der Bedarf eines Staats nur insoweit seine Deckung, als dieser nicht durch andere Einnahmen zu beschaffen ist. Die Steuern konnten deßhalb erst entstehen, als die übrigen Einnahmen nicht mehr ausreichten. Ihre älteste Form bilden die Beeden, freiwillig von den Landständen übernommene Beiträge, die als Vermögenssteuern[7]) auf dem Grundbesitz lasteten. Daneben entwickelten sich einzelne Zölle zuerst mit dem Charakter des Schutzgeldes (Geleitszoll)[8]). Erst als nach dem dreißigjährigen Kriege die Leistungsfähigkeit des Grundbesitzes erschöpft schien, wurde in der verschiedene indirekte Steuern zusammenfassenden Accise eine Besteuerung des beweglichen Kapitals versucht. Diese wurde die gewöhnliche Steuerform für die Städte, während sich auf dem Lande die aus den Beeden hervorgegangene Grundsteuer unter verschiedenen Bezeichnungen (Kontribution, Schoß, Servis) ziemlich unverändert forterhielt.

---

[5]) § 121 d. W.; vgl. § 113.

[6]) Die Kontingentirung stammt aus Frankreich, wo die direkte Steuer auf die Departements vertheilt u. diesen zur Untervertheilung überlassen wird. In Preußen findet sie bei der Grundsteuer (§ 135) u. bei den Steuern der Selbstverwaltungskörper (§ 71 S. 80) Anwendung.

[7]) Die Vermögenssteuer ist — wenn die Zwangsanleihe nicht dazu gezählt wird — ihrem Wesen nach von der Einkommensteuer nicht verschieden. Nur die Art der Ermittelung des Steuerwerths bedingt einen Unterschied. Als Vermögenssteuer ist die (indirette) Erbschaftsabgabe (§ 150) anzusehen.

[8]) Zollregal § 125 d. W.

Den vermehrten Ansprüchen, welche im 18. Jahrhundert die Entwickelung der stehenden Heere und die Verschwendung der Höfe mit sich brachten, vermochten diese einfachen Steuern nicht mehr zu genügen. Es galt Mittel zu finden, die eine ausgiebigere und nachhaltigere Ausnutzung der vorhandenen Steuerkraft zuließen. Diesem Streben kam die erwachte Wissenschaft zu Hülfe. Die Volkswirthschaft lehrte die Bedingungen der Gütererzeugung[9]), die Philosophie den Zweck und die Aufgaben des Staats näher erkennen[10]) und unter diesen Einflüssen verdichteten die bislang ziemlich planlos aufgelegten Steuern sich zum Steuersystem.

In Preußen, wo sich gleichfalls Grundsteuer, Grenzzölle u. Accise[11]) entwickelt hatten, ward im Anfang des Jahrhunderts durch die verschiedenartige Gestaltung in den einzelnen Landestheilen und das vermehrte Finanzbedürfniß eine umfassende Regelung hervorgerufen[12]). Die gleichzeitige Verheißung, daß als Ersatz für das verschwundene Steuerbewilligungsrecht[13]) eine Nationalrepräsentation eingeführt und alle Exemtionen abgeschafft werden sollten, ging zwar erst in neuster Zeit in Erfüllung[14]), inzwischen wurde jedoch eine einheitliche Ordnung des Steuerwesens herbeigeführt und dabei den Anforderungen der Verkehrs- und Gewerbefreiheit ausgedehnte Rechnung getragen. Nachdem die Ausdehnung der Konsumtionssteuer von Brod, Fleisch, Bier und Brantwein auf das Land sich als nicht durchführbar erwiesen und deßhalb hier und in den kleinen Städten einer Personensteuer (Kopfsteuer) Platz gemacht hatte[15]), gaben die neuen Erwerbungen der Jahre 1814/5 in Verbindung mit der fortgesetzt durch den Krieg hervorgerufenen Finanznoth Anlaß zu einer erneuten Regelung des Abgabenwesens. Die indirekten Steuern wurden nach Beseitigung der Binnenzölle[16]) sowohl in Betreff der Grenzzölle[17]) als der Verbrauchssteuern[18]) neu geordnet, dann aber den engen Grenzen des Staatsverbandes entrückt und zunächst auf den Zollverein, später auf das Reich übertragen. Nur die 1822 für sich geregelte Stempelsteuer verblieb im

[9]) Den Anstoß gaben die Physiokraten in Quesnays bekanntem Wort; pauvre paysan, pauvre royaume: pauvre royaume, pauvre roi. Während sie nur die Grundsteuer anerkannten (§ 312 Nr. 2), stellte Ad. Smith bereits ein System auf, das in den 4 bekannten Sätzen gipfelt: Allgemeine Beitragspflicht im Verhältniß des Einkommens; bestimmte nicht willkürliche Steuer; Erhebung in der am Wenigsten unbequemen u. kostspieligen Weise; Bemessung nach dem Vortheile, den der Einzelne an der Verwaltung hat.

[10]) Unter den großen Philosophen des 18. Jahrhunderts bezeichnet Montesquieu (esprit des lois XIII) die Steuer als den einen Theil des Vermögens, den der Besteuerte hingiebt, um den andern sicherer u. besser zu genießen.

[11]) Die Accise wurde 1684 eingeführt u. 1766 nach französischem Vorbild als Regie eingerichtet. Ihre drückende Form veranlaßte die Wiederaufhebung (1787).

[12]) FinEd. v. 27. Okt. 1810 (GS. 25). — Im Anschluß ergingen besondere Gesetze für Accise u. Zölle, für Gewerbesteuer, Stempelsteuer und für die (1814 wieder beseitigte) Luxussteuer.

[13]) § 30 (S. 30) d. W.

[14]) § 131.

[15]) FinEd. v. 7. Sept. 1811 (GS. 253).

[16]) V. v. 11. Juni 1816 (GS. 193).

[17]) G. v. 26. Mai 1818 (GS. 65).

[18]) G. u. Ordn. v. 8. Feb. 1819 (GS. 97 u. 102).

Wesentlichen dem Preußischen Staat[19]). Die direkten Steuern erhielten 1820 eine neue Ordnung, welche noch jetzt deren Grundlage bildet[20]).

§ 131.

c) **Gemeinsame Vorschriften in Betreff der Steuern.** Nach der Verfassung dürfen Steuern nur auf Grund von Etats oder besondern Gesetzen erhoben werden; die bestehenden sind indeß fortzuerheben, bis ein Gesetz sie ändert[21]). Der fernere Grundsatz, daß Bevorzugungen nicht eingeführt und die bestehenden abgeschafft werden sollen[22]), hat demnächst mit der Grundsteuerregulirung seine volle Durchführung erlangt.

In Betreff der Verjährung müssen bei direkten Steuern Ansprüche auf Befreiung oder Ermäßigung innerhalb dreier Monate und Nachforderungen seitens des Fiskus vor Ablauf des Kalenderjahres geltend gemacht werden. Indirekte Steuern können nur in Jahresfrist zurück- oder nachgefordert werden. Die Erbschaftssteuern verjähren in 10, die Stempelgefälle sowie alle Rückstände der bereits zur Hebung gestellten direkten und indirekten Steuern in 4 Jahren[23]). Sind die Rückstände mit Kontraventionen verbunden, so verjähren sie mit diesen theils in 5 Jahren[24]), theils schon in 3 Jahren[25]).

Das gewöhnliche Rechtsmittel gegenüber der Besteuerung heißt Reklamation, in der höheren Instanz Rekurs. Der Rechtsweg ist zugelassen, wenn

1. die Eigenschaft einer Abgabe als Steuer oder
2. die Verpflichtung zur Entrichtung eines Werth- oder Vertragsstempels bestritten oder
3. die Tilgung oder Verjährung einer Steuer behauptet wird.

In den Fällen zu 2 und 3 muß der Anspruch binnen 6 Monaten geltend gemacht werden[26]).

Alle Steuern unterliegen der Beitreibung im Verwaltungswege Sie geschieht durch Vollstreckungsbeamte (Exekutoren). Das Verfahren ist mit Rücksicht auf die neue Prozeßgesetzgebung anderweit geregelt[27]). Subhastationen

[19]) § 148 u. 149 d. W.

[20]) § 132—144 d. W.

[21]) VU. Art. 100 u. 109.

[22]) Das. Art. 101; G. v. 24. Feb. 1850 (GS. 62).

[23]) G. v. 18. Juni 1840 (GS. 140) u. v. 12. Juli 1876 (GS. 288) § 1; Erbschaftssteuer G. v. 30. Mai 1873 (GS. 329) § 47; Stempelgefälle G. v. 31. März 1838 (GS. 249) § 2[8] u. v. 6. Juli 1845 (GS. 483) § 4[2].

[24]) G. v. 22. Mai 1852 (GS. 250) Art. V u. V. v. 25. Juni 1867 (GS. 921) Art. XI.

[25]) Brantweinsteuer EinfG. z. StrafGB. (RGB. 1870 S. 195) Art. 7; Erbschafts- u. Spielkartensteuer, Grenzzölle Brau- u. Tabackssteuer, s. die § 150, 152, 155, 157 u. 158 d. W. aufgeführten Gesetze.

[26]) G. v. 24. Mai 1861 (GS. 241) § 9—14; V. v. 16. Sept. 1867 (GS. 1515).

[27]) G. v. 24. März 1879 (GS. 281) § 14, V v. 7. Sept. 1879 (GS. 591) u. Ausf. Anw. v. 15. Sept. 1879. Dem Verfahren unterliegen die direkten u. indirekten Staats-, Kirchen- u. Gemeindeabgaben, die Gebühren, Strafen u. Kosten § 1 das. u. § 1 der V. f. d. östl. Prov. v. 30. Juli 1853 (GS. 909); f. Neuvorpommern v. 1. Feb. 1858 (GS. 85);

zur Deckung von Steuerstrafen sind nur zulässig, wenn der Grundbesitzer im Ausland wohnt und anderweites Vermögen nicht im Lande vorhanden ist[28]).

Im Konkurs hat der Fiskus für Steuerforderungen an beschlagnahmten Sachen die Rechte des Faustpfandgläubigers. Uebrigens nimmt er in der Reihe der Gläubiger die zweite Stelle ein[29]).

Bei Zuwiderhandlungen gegen die Steuervorschriften ist, soweit es sich nur um Geldstrafen handelt, vorbehaltlich des Rechtsweges ein Verwaltungs-Verfahren zugelassen[30]).

2. Direkte Steuern.

a) Direkte Steuern überhaupt.

§ 132.

aa) das heutige **direkte Steuersystem**[1]) umfaßt:

1. Die Grund- und Gebäudesteuer (b);
2. Die Gewerbesteuer einschließlich der Eisenbahn- und Bergwerksabgabe (c);
3. Die Klassen- und Einkommensteuer (d).

Alle diese Steuern sind durch Einführung in die neuen Provinzen[2]) zu allgemeinen Staatssteuern geworden[3]). Durch die Reichsgesetzgebung

f. Westfalen v. 30. Juni 1845 (GS. 444); f. d. Rheinprov. v. 24. Nov. 1843 (GS. 351); f. d. neuen Provinzen v. 22. Sept. 1867 (GS. 1553). Beschlagnahme des Arbeits- u. Dienstlohns BG. v. 21. Juni 1869 (BGB. 242) § 4².

[28]) Bek. v. 8. Okt. 1826 (GS. 106) u. 14. Okt. 1829 (GS. 27). — Verfahren § 196 (S. 235) d. W.

[29]) KonkO. § 41¹ u. 54². — Gleiche Rechte haben die Provinzial-, Kreis-, Amts- u. Gemeindeverbände.

[30]) StrafPrO. § 459—469; EinfG. dazu § 6³. — GebstG. v. 21. Mai 1861 (GS. 317) § 17 Abs. 4. — GewerbestG. v. 3. Juli 1876 (GS. 247) § 27—30 u. Anw. v. 30. Aug. 1876 (MB. 1877 S. 15.) — Klass- u. EinkstG. v. 1. Mai 1851 (GS. 193) § 12d u. 33. — Grenzzölle G. v. 23. Jan. 1838 (GS. 78) § 28—61; V. v. 29. Juli 1867 (GS. 1270) nebst G. v. dems. T. (GS. 1268) § 4, 5; ZollG. v. 1. Juli 1869 (BGB. 317) § 165. — RübenstG. v. 7. Aug. 1846 (GS. 335) § 29. — StempelG. v. 7. März 1822 (GS. 57) § 30 u. 31, KO. v. 13. April 1833 (GS. 33) u. § 21 d. V. v. 19. Juli u. 7. Aug. 1867 (GS. 1191 u. 1277).

[1]) Die Grundlage bildet das G. v. 30. Mai 1820 (GS. 134).

[2]) Schl. Holstein V. v. 28. April 1867 (GS. 543) nebst V. v. 7. April 1877 (GS. 129) u. v. 27. Juni 1881 (GS. 305), Lauenburg G. v. 23. Juni 1876 (GS. 169) § 9; Hannover V. v. 28. April 1867 (GS. 533), Jadegebiet G. v. 23. März 1873 (GS. 107) § 5; Kurhessen V. v. 28. April 1867 (GS. 538); Nassau, Hess.-Homburg u. Großh. Hess. Theile V. v. 11. Mai 1867 (GS. 593), vormals bairische V. v. 24. Juni 1867 (GS. 842); Kreis Meisenheim V. v. 4. Juni 1867 (GS. 761). — In Hohenzollern gelten nur die Gesetze betr. die Gewerbesteuer im Umherziehen u. die Klassensteuer; übrigens sind maßgebend G. v. 22. Feb. 1867 (GS. 269), V. v. 14. Okt. 1869 (GS. 1117) u. G. v. 25. März 1875 (GS. 181).

[3]) Ertrag der direkten Steuern (Etat 1880/1):

a) Grundsteuer 40, Gebäudesteuer 27½ = 67½ Mill. M.
b) Gewerbesteuer 19, Bergwerksabgabe 3, Eisenbahnabgabe 2½ = 24½ " "
c) Klassensteuer (nach Abzug des Erlasses

Summe 92 Mill. M.

werden dieselben nur insoweit berührt, als diese jede Doppelbesteuerung beseitigt und dieserhalb den Grundsatz festgestellt hat, daß das Einkommen aus Grundbesitz, Gewerbebetrieb, Gehalt und Pension nur von dem Staat besteuert werden darf, in dem es bezogen wird, während alles sonstige Einkommen stets da heranzuziehen ist, wo der Steuerpflichtige seinen Wohnsitz, bez. Aufenthalt hat[4]).

§ 133.

bb) Die **Verwaltung der direkten Steuern** wird in der Centralinstanz von der zweiten Abtheilung des Finanz-Ministeriums, in der Provinzialinstanz von den Finanzabtheilungen der Regierungen wahrgenommen[5]). In der Lokalinstanz erscheinen Veranlagung und Hebung von einander getrennt. Die Veranlagung geschieht durch die Kreis- und Gemeindebehörden unter ausgedehnter Mitwirkung von Kommissionen, die aus Steuerpflichtigen oder Vertretern der Selbstverwaltungskörper zusammengesetzt sind[6]). Die Hebung erfolgt in den östlichen Provinzen abgesehen von der unmittelbar an die Kreiskassen einzuliefernden Einkommensteuer durch die Gemeinden gegen eine Entschädigung von 3 — 4 Proz. der Steuer. Nur zur Hebung der Grundsteuer sind dieselben ohne Vergütung verpflichtet[7]). In den westlichen Provinzen werden sämmtliche Steuern durch Königliche Steuerempfänger (Steuerkassen) erhoben[8]) und diese Einrichtung, obwohl umständlicher und kostspieliger, hat auch in den neuen Provinzen Eingang gefunden[9]). Die Hebung geschieht monatlich, kann aber auch im 2ten oder 3ten Monat für 2 bez. 3 Monate vom Finanzminister angeordnet werden[10]).

Eine besondere Organisation bildet die Katasterverwaltung, welche die Veränderungen in die Grund- und Gebäudesteuerbücher nachzutragen hat (Fortschreibung). In bestimmten in der Regel mit den Kreisen zusammenfallenden Bezirken sind Katasterämter mit Kataster-Kontroleuren eingerichtet. Sie stehen unter den Regierungen und dem Finanzminister. Bei ersteren

---

Uebertragen	92	Mill. M.
§ 142) 31, Einkommensteuer (desgl.) 29	= 60	„ „
zusammen .	152	Mill. M.
nach Abzug der Erhebungskosten mit	10	„ „
	142	Mill. M.

[4]) BG. v. 13. Mai 1870 (BGB. 119); Einf. i. Süddeutschland Anm. 12 (S. 7), in Elf. Lothringen G. v. 14. Jan. 1872.

[5]) § 45 u. 53 d. W., Prov. Hannover Anm. 29 (S. 58), Berlin Anm. 45 (S. 59).

[6]) Tagegelder u. Reisekosten der Mitglieder G. v. 20. Dez. 1876 (GS. 1877 S. 3).

[7]) Grundst. G. v. 8. Feb. 1867 (GS. 185) § 40—49, Gebäudest. G. v. 21. Mai 1861 (GS. 317) § 14, Verfahren bei beiden Steuern Anw. v. 31. März 1877 (MB. 212). — Gewerbest. G. v. 30. Mai 1820 (GS. 147) § 34 u. 36. — Klassenst. G. v. 2. Jan. 1874 (GS. 9).

[8]) KO. v. 6. Feb. 1841 (GS. 29); Anw. f. Steuerempfänger v. 8. Aug. 1877.

[9]) G. v. 11. Feb. 1870 (GS. 85) § 11.

[10]) G. v. 25. Mai 1873 (GS. 213) Art. IV.

ist demgemäß je ein Katasterinspektor, bei letzteren ein Generalinspektor des Katasters angestellt[11]).

b) Grund- und Gebäudesteuer.

§ 134.

aa) **Einleitung.** Die Grundsteuer bildet eine Ertragssteuer von dem nutzbaren Grund und Boden. Die genauere Ermittelung dieses Ertrags fordert die spezielle Vermessung und Abschätzung (Bonitirung) aller einzelnen Flächen und erscheint vermöge ihres Umfangs und der damit verbundenen Kosten nur für einen längeren Zeitraum ausführbar[12]). Die Grundsteuer erlangt damit eine gewisse Stabilität[13]) und durch diese haben die älteren preußischen Grundsteuern sich trotz ihrer Ungleichmäßigkeit bis in die neuste Zeit hinein behaupten können. Eine allgemeine Neuregelung ist, nachdem schon vorher in den beiden westlichen Provinzen die Umlegung der besonders drückenden, während der Fremdherrschaft aufgelegten Steuern bewirkt war[14]), erst in neuerer Zeit erfolgt[15]).

In ihrer weiteren Bedeutung umfaßt die Grundsteuer auch die mit Gebäuden besetzten Flächen und die Gebäudesteuer war früher von der übrigen Grundsteuer nicht geschieden. Die in dem Gebäude hervortretende

---

[11]) S. Anm. 24 u. 30. — Annahme von Katastersupernumerarien Anm. 23 (S. 69). Tagegelder u. Reisekosten der Katasterbeamten Anm. 5 (S. 76) d. W. — Fortschreibungsgebühren i. d. östl. u. neuen Prov. Best. v. 31. März 1877 (MB. 271). — Tarif f. Grund- u. Gebäudesteuerauszüge i. d. westl. Prov. ER. v. 23. April 1873 (MB. 353). — Die General-Dir. des rheinisch-westf. Katasters (V. v. 12. Dez. 1864 GS. 683 § 2) ist aufgehoben AO. v. 7. Juni u. ER. v. 16. Aug. 1871 (MB. 314).

[12]) In England beruht die Besteuerung des Grund u. Bodens (land tax) auf einer oberflächlichen Schätzung des durch den Pachtwerth angezeigten Grundeinkommens. Diese Grundeinkommensteuer folgt hier lediglich den für die allgemeine income tax (Anm. 69) gegebenen Regeln. Den Gegensatz bildet die auf Spezial-Vermessung u. Abschätzung der Grundstücke beruhende eigentliche Grundsteuer (Grundertragssteuer). Die Ergebnisse der Ermittelung werden im Kataster (capitum registrum) zusammengefaßt, wie es zuerst in Oesterreich aufgestellt (censimento Milanese 1708—60) u. später von Frankreich nachgeahmt wurde (1807). Von hier ging das System mit den der Fremdherrschaft unterworfen gewesenen Landestheilen auf Preußen über, wo es demnächst (Anm. 15) zu allgemeiner Geltung gelangte.

[13]) Die Grundsteuer verliert dadurch im Laufe der Zeit die Natur der Steuer und wird, indem sie den Preis des einzelnen Grundstücks mitbestimmt, zur Reallast. In diesem Sinne wurde in England die ältere Grundsteuer 1798 für ablösbar erklärt u. in Preußen 1861 für Aufhebung der Grundsteuerbefreiungen eine Entschädigung gewährt.

[14]) G. v. 21. Jan. 1839 (GS. 30). Die durch V. v. 14. Okt. 1844 (GS. 596) angeordnete Revision des Katasters wurde mit Rücksicht auf die neue Grundsteuerregulirung wieder rückgängig gemacht G. v. 26. Sept. 1862 (GS. 336).

[15]) **Drei Ges. v. 21. Mai 1861 betr.:**
a) die Entschädigung für aufgehobene Grundsteuerbefreiungen (GS. 327),
b) die Grundsteuer von den Liegenschaften (Anm. 17),
c. die Gebäudesteuer (Anm. 25).

unlösbare Verbindung des Baukapitals mit dem Grundkapitale bietet indeß durch die größere Veränderlichkeit des Werthes und durch die Nutzbarkeit des Grundstückes als Wohnung so wesentliche Abweichungen, daß bei entwickelterem Steuerwesen eine gesonderte Behandlung der Gebäudesteuer unerläßlich geworden ist. So sind in Preußen alle mit Gebäuden besetzten Flächen nebst zugehörigen Hofräumen und Hausgärten der eigentlichen Grundsteuer entzogen und der Gebäudesteuer unterworfen[16]).

§ 135.

bb) Die Regelung der **Grundsteuer i. e. S.** (Grundsteuer von den Liegenschaften)[17]) erfolgte unter Feststellung einer Summe von 39 600 000 M., die nach Maßgabe des Reinertrags auf die einzelnen steuerpflichtigen Grundstücke vertheilt wurde (Kontingentirung)[18]). — Befreiung genießen alle Grundstücke, die dem Reich, dem Staat oder den Standesherren gehören oder zu öffentlichen Zwecken dienen[19]). — Den Reinertrag der Grundstücke bildet der bei Annahme einer gemeingewöhnlichen Kultur und Bewirthschaftung durchschnittlich zu erzielende Rohertrag nach Abzug der Gewinnungs- und Bewirthschaftungskosten und der Zinsen des Gebäude- und Inventarienkapitals. Zu letzterem gehört das forstliche Betriebs-, nicht aber das auf Meliorations- oder Schutzanlagen verwendete Kapital. Der wirthschaftliche Zusammenhang mit andern Grundstücken oder gewerblichen Anlagen wird eben so wenig in Anschlag gebracht, wie das Vorhandensein von Realrechten oder Reallasten. Die Ermittelung des Reinertrags bei Veranlagung der Grundsteuer erfolgte kreisweise durch Kommissionen Eingesessener unter Leitung staatlich ernannter Kommissarien[20]). Die Kosten trug der Staat[21]).

Mit Abschluß der Veranlagung, bei der die Grundsteuer sich zwischen 9 und 10 Proz. des Reinertrags berechnete, ist die Steuer in den Einzelbeträgen wie in der Gesammtsumme dauernd festgestellt. Die Ergebnisse sind in gemeindeweise angelegten Flurbüchern und Mutterrollen zusammengestellt. In ersteren finden sich die Grundstücke nach ihrer Lage, in letzteren nach ihren Eigenthümern aufgeführt[22]).

Die neue Grund- u. Gebäudest. wird i. d. älteren Provinzen seit 1865, in den neueren seit 1875 (Anm. 2) gehoben.

[16]) GrundstG. (Anm. 17) § 1.

[17]) GrundsteuerG. v. 21. Mai 1861 (GS. 253). Nach Einführung i. d. neuen Prov. (Anm. 2) erging für diese d. AusfG. v. 11. Feb. 1870 (GS. 85). — Lauenburg. V. v. 8. Okt. 1877 (GS. 229). — In Hohenzollern fand bislang nur eine Landesvermessung für Hechingen statt G. v. 11. April 1859 (GS. 190).

[18]) GrundstG. § 3, 7 u. 8; G. v. 8. Feb. 1867 (GS. 185) § 1—31 u. v. 11. Feb. 1870 § 2. — Besondere Vorschrift f. d. westl. Prov., wo die Vertheilung im Anschluß an das vorhandene Kataster (Anm. 14) erfolgte GrunstG. § 9 u. V. v. 12. Dez. 1864 (GS. 683) § 1 u. 6.

[19]) GrundstG. § 4 u. 5, G. v. 12. März 1877 (GS. 19) Art. I. u. RG. v. 25. Mai 1873 (RGB. 113) § 1.

[20]) GrundstG. § 6 nebst Anweisung.

[21]) G. v. 7. Jan. 1867 (GS. 26). In d. neuen Prov. wurde $1/3$ v. d. Grundbesitzern erstattet G. v. 11. Feb. 1870 § 10.

[22]) G. v. 8. Feb. 1867 § 6—10 u. V. v. 12. Dez. 1864 § 15.

Veränderungen der Grundsteuer (Ab- und Zugänge) finden nach Abschluß der Veranlagung nur statt, wenn Steuerobjekte durch Eintritt der Steuerfreiheit, Heranziehung zur Gebäudesteuer, Wegfall des Ertrags oder Untergang ausfallen oder im umgekehrten Fall neu hinzutreten[23]). Die Aenderungen und die vorkommenden Besitzwechsel bilden den Gegenstand der Fortschreibung[24]).

§ 136.

cc) Von der **Gebäudesteuer**[25]) sind diejenigen Gebäude befreit, die sich im Besitz der Königlichen Familie befinden, zu Reichs- oder Staatsgütern gehören, oder zu öffentlichen und Wohlthätigkeits-, zu landwirthschaftlichen oder gewissen gewerblichen Zwecken dienen[26]). — Die Steuer ist eine Quotitätssteuer und beträgt bei Wohngebäuden 4, bei anderen Gebäuden 2 Proz. des jährlichen Nutzungswerthes[27]). Der Nutzungswerth wird ermittelt:

1. in Städten und solchen Ortschaften, in denen entsprechende Vermiethungen vorkommen, nach dem mittleren Durchschnittsmiethwerth der letzten 10 Jahre,
2. übrigens durch Klassifizirung der Gebäude nach ihrer Größe, Bauart und Beschaffenheit in Verbindung mit den Gesammtverhältnissen der zugehörigen ländlichen Besitzungen und nutzbaren Grundstücke[28]).

Die Einschätzung erfolgt unter Aufsicht des Finanzministers und der Regierungen durch Veranlagungs-Kommissionen, die von den Kreistagen gewählt werden und unter Vorsitz staatlicher Ausführungs-Kommissarien zusammentreten[29]).

Steuererhöhungen in Folge von Neubauten oder Verbesserungen erfolgen erst nach Ablauf der beiden auf das Jahr ihres Eintritts folgenden Jahre.

---

23) GrundstG. § 10.

24) G. v. 8. Feb. 1867 § 32—39. — Anw. I. u. II. v. 31. März 1877 f. d. östl. u. neuen Prov. — Fortschreibung b. landwirthsch. Auseinandersetzungen Ges. v. 26. Juni 1875 (GS. 325). — Erhaltung der Uebereinstimmung der Kataster mit den Grundbüchern Vf. v. 5. u. 28. Juni 1877 (JMB. 103 u. 161).

25) GebäudesteuerG. v. 21. Mai 1861 (GS. 317); Einf. i. d. neuen Prov. Anm. 2.

26) Das. § 3 u. RG. v. 25. Mai 1873 (RGB. 113) § 1. — Die landwirthschaftlichen u. gewerblichen Gebäude werden als schon durch die Grund- u. Gewerbesteuer besteuert angesehen.

27) Gebst.G. § 4,5. — Der Prozentsatz ist wesentlich geringer bemessen, als bei der Grundst., weil bei dem Gebäudenutzungswerth Reparatur-, Abnutzungs- u. ähnliche Kosten nicht in Abzug gebracht sind.

28) Das. § 6—8. — Die erstere Besteuerung erscheint als Gebäudezins-, die letztere als Gebäudeklassensteuer. Beide sind Gebäudesteuern u. lasten als solche auf dem Hauseigenthümer. Die in Frankreich entstandene Miethsteuer (contribution des portes et fenêtres) bildet dagegen eine Einkommensbesteuerung des Miethers, für dessen Gesammteinkommen man in der gezahlten Miethe ein zweckmäßiges Merkmal zu erkennen glaubt. In Deutschland findet sie sich nur als Gemeindesteuer. S. § 72 (S. 85) d. W.

29) Gebst.G. § 9—13; vgl. Anm. 6.

Uebrigens müssen alle die Steuer beeinflussenden Veränderungen von dem Eigenthümer angezeigt werden. Diese Ab- und Zugänge bilden den Gegenstand der Fortschreibung[30]).

Die Veranlagung wird alle 15 Jahre revidirt[31]). Das Ergebniß der ersten dieser Revisionen steht seit dem Jahre 1880 in Kraft.

c) Gewerbesteuer.

§ 137.

aa) **Uebersicht.** Die Gewerbesteuer erfaßt zwei begrifflich verschiedene, thatsächlich aber unlösbar mit einander verbundene Elemente, denn sie trifft neben dem zu weiterer Produktion werbend angelegten Kapital auch die gewerbliche Arbeit (Arbeitsverdienst, Unternehmergewinn), die dieses Kapital erst beleben und fruchtbringend machen muß. Sie bildet deßhalb, obwohl an sich Ertragssteuer, doch bereits den Uebergang zur Einkommensteuer, da die persönliche Arbeit von dem Steuersubjekt nicht getrennt werden kann.

In Preußen erfolgte früher die Steuerentrichtung durch Lösung eines Gewerbescheins[32]). Diese Form erschien mit der demnächst eingeführten Gewerbefreiheit nicht vereinbar und wurde in Betreff des stehenden Gewerbes verlassen. Die Gewerbesteuer erscheint seitdem nicht mehr als Bedingung, sondern als Folge des Gewerbebetriebes (bb). Beibehalten wurde die Gewerbescheinpflicht nur beim Gewerbe im Umherziehen, dessen Besteuerung dadurch eine abweichende Gestalt annahm (cc). Eine besondere Regelung erfuhr endlich die Besteuerung der Bergwerke (dd) und der Eisenbahnen (ee)[33]).

§ 138.

bb) Die **Steuer vom stehenden Gewerbe**[34]) wird von jedem einzelnen Gewerbebetrieb (Laden, Komtoir, Firma) erhoben, ohne Rücksicht auf die Zahl der Theilnehmer[35]). Sie ist sonach wesentlich Ertragssteuer. Das Gesetz führt die steuerpflichtigen Gewerbe einzeln auf, hebt aber anderseits mehrere Gewerbebetriebe als befreit hervor, so die Bergwerke[36]), die Eisenbahnen[37]), die Brennereien[38]) und die Reichsbankanstalten[39]).

---

[30]) Das. § 15—19; Anw. III. v. 31. März 1877 f. d. östl. u. neuen Provinzen.

[31]) Gebst.G. § 20.

[32]) Ed. v. 2. Nov. 1810 (GS. 79); s. Anm. 12 (S. 164).

[33]) Eine Gewerbesteuer bildet daneben noch die Abgabe der Privatnotenbanken an das Reich § 319 d. W.

[34]) GewerbestG. v. 30. Mai 1820 (GS. 147). Nach Einf. i. d. neuen Prov. (Anm. 2) u. Erlaß zahlreicher Abänderungen — G. v. 19. Juli 1861 (GS. 697) nebst Anw. v. 12. Aug. 1861 (MB. 207), G. v. 20. März 1872 (GS. 285) u. v. 5. Juni 1874 (GS. 219) — erscheint eine Kodifizirung dieser verwickelten Gesetzgebung dringend erforderlich.

[35]) GwstG. § 4, 18 u. G. v. 19. Juli 1861 § 2 Abs. 4.

[36]) KO. v. 9. Jan. 1823 (GS. 16); besondere Bergwerksteuer § 140 d. W. — Der allgemeinen Gewerbesteuer unter-

Der Veranlagung liegt eine dreifache Klassifizirung zu Grunde. Nach den Gewerbearten werden Gewerbesteuer-Klassen, nach den Orten des Betriebes Gewerbesteuer-Abtheilungen und nach dem Umfang des letzteren Gewerbesteuer-Stufen unterschieden. Die Scheidung der Gewerbe in Klassen benimmt der Steuer die Einheitlichkeit, doch ist dieser Mißstand im Laufe der Zeit durch Verminderung der Klassen gemildert. Ueberhaupt werden die Mängel der Steuer weniger empfunden, da die Steuersätze mäßig bemessen sind und die Vertheilung meist durch die Steuerpflichtigen selbst erfolgt.

Die einzelnen im Gesetz durch Buchstaben bezeichneten Gewerbesteuer-Klassen sind:

1. der Großhandel, Klasse A I;
2. der Mittelhandel, Klasse A II und
3. der Kleinhandel, Klasse B[40]).

   Zum Handel (Nr. 1—3) gehören Leih-, Versicherungs-, Fabrik- und Rhedereigeschäfte[41]), Apotheker und Pfandleiher[42]), Privat-Versicherungsgesellschaften und andere gewerbliche Privatvereine[43]), Leihbibliotheken, andere Leih- und Badeanstalten; ferner der neben dem Ausschank betriebene Spirituosen-Kleinhandel[44]), die Abdeckerei[45]) und die früher in besondern Klassen veranlagten Gewerbe der Müllerei[46]), Bäckerei, Schlächterei und Brauerei[47]);
4. die Gast- und Schankwirthschaft und das Zimmervermiethen, Klasse C[48]);
5. das Handwerk, Klasse H[49]);
6. das Transportgewerbe der Schiffer, Fuhrleute und Pferdeverleiher, Klasse K[50]).

In Klasse K bestehen für alle Orte gleiche nach der Pferdezahl, Tragfähigkeit oder Dampfkraft bemessene Sätze[51]). In Betreff der übrigen Klassen sind dagegen die Gemeinden in denen der Betrieb stattfindet in vier (für Klasse A I in zwei) Gewerbesteuer-Abtheilungen geschieden[52]),

liegen dagegen Hütten- u. Hammerwerke G. v. 20. Okt. 1862 (GS. 351) § 5 u. KO. v. 17. Dez. 1833 (GS. 1834 S. 5.)

[37]) G. v. 3. Nov. 1838 (GS. 505) § 38; besondere Eisenbahnabg. § 141 d. W.

[38]) KO. v. 10. Jan. 1824 (KA. VIII. 48). Der für die Befreiung angeführte Grund, daß die Brennereien durch die Maischsteuer betroffen würden, ist nicht zutreffend, da Gleiches bei den Brauereien bezüglich der Brausteuer der Fall ist.

[39]) G. v. 14. März 1875 (RGB. 177) § 21.

[40]) G. v. 19. Juli 1861 § 1, 2 u. Anw. v. 12. Aug. 1861 (MB. 207) § 1, 6.

[41]) GwstG. § 2—6 u. 11.

[42]) KO. v. 11. Juni 1826 (GS. 61).

[43]) KO. v. 3. Mai 1828 (GS. 64).

[44]) G. v. 1861 § 3 u. 15; Agenten sind frei G. v. 5. Juni 1874 § 2 Abs. 2.

[45]) G. v. 31. Mai 1858 (GS. 333) § 1[II] u. v. 17. Dez. 1872 (GS. 717) § 3.

[46]) G. v. 20. März 1872 § 1 u. GwstG. § 14, 15.

[47]) G. v. 5. Juni 1874 § 1.

[48]) GwstG. § 2, 9, 10 u. G. v. 1861 § 16.

[49]) GwstG. § 2 u. 12; KO. v. 3. Mai 1829 (GS. 46); G. v. 1861 § 18 u. 21[2] nebst G. v. 20. März 1872 § 2.

[50]) GwstG. § 2, 16, 17.

[51]) Das. Beilage B Nr. 12 K u. G. 1861 § 19.

[52]) GwstG. Beil. B Nr. 1—7; G.

innerhalb deren für jede Klasse bestimmte Mittel- und niedrigste Steuersätze festgestellt sind[53]). Die Gewerbetreibenden der Gemeinde, in der 4ten Abtheilung des Kreises, (in Klasse A I mit Ausnahme Berlins des Regierungsbezirks) bilden je eine Steuergesellschaft[54]).

Der von jeder Klasse innerhalb der Abtheilung aufzubringende Gewerbesteuerbetrag wird durch Multiplikation des Mittelsatzes mit der Zahl der Gewerbetreibenden gefunden, auf letztere aber in der Weise vertheilt, daß die geringeren unter dem Mittelsatz veranlagt und die Ausfälle durch entsprechend höhere Leistungen der größeren Gewerbetreibenden gedeckt werden[55]). Die Vertheilung in den Klassen A I, A II und B geschieht durch gewählte Abgeordnete unter Leitung eines Beamten[56]), in den Klassen B und H durch die Kommunal- oder Kreisbehörde unter Zuziehung einzelner Gewerbetreibenden[57]).

Beginn und Ende des Gewerbes ist der Ortsbehörde bei Vermeidung einer der doppelten Jahressteuer gleichkommenden Geldstrafe anzuzeigen[58]).

§ 139.

cc) Die Entrichtung der **Steuer vom Gewerbebetrieb im Umherziehen**, die anderweit nicht genügend gesichert sein würde, erfolgt noch gegenwärtig durch Lösung eines Gewerbescheins[59]). Die Gewerbescheinpflicht fällt in

---

1861 § 5 u. 6 nebst V. v. 30. Aug. 1875 (GS. 569). F. d. neuen Prov. s. die Gesetze Anm. 1.

[53]) Für A I: G. 1861 § 8; für A II: das. § 10; für B: das. § 12 u. G. 1874 § 2; für C: G. 1861 § 14; für H: GwstG. Beil. B Nr. 12 H u. KO. v. 22. Juni 1833 (GS. 218). Die Mittel- u. niedrigsten Sätze stellen sich hiernach (monatlich in Mark) wie folgt:

Gewerbeklasse	1. Abtheilung		2. Abtheilung		3. Abtheilung		4. Abtheilung	
	Mittel-Satz	Niedrigster Satz	Mittel-Satz	Niedrigster Satz	Mittel-Satz	Niedrigster Satz	Mittel-Satz	Niedrigster Satz
Großhandel A 1. . .	24	12	18	12	—	—	—	—
Mittelhandel A 2. .	6	3	4	2	2,50	1,50	2,50	1,50
Kleinhandel B. . .	2	0,50	1,50	0,50	1	0,50	0,50	0,25
Gast- u. Schankwirthschaft C.	4,50	1	3	1	2	0,50	1	0,50
Handwerk H. . . .	2	1	1,50	0,50	1	0,50	1	0,50

[54]) GwstG. § 26 u. 27, G. 1861 § 4.

[55]) GwstG. Beil. B 8, 9. — Steigungssätze KO. v. 24. Nov. 1843 (GS. 350) u. G. v. 20. März 1872 § 3.

[56]) GwstG. § 28 u. 29, G. v. 5. Juni 1874 § 3 u. in Betr. der Kl. A I.: G. 1861 § 9; Wahl der Kommission Anw. v. 30. Sept. 1861 (MB. 252); Tagegelder u. Reisekosten Anm. 6.

[57]) GwstG. § 30 u. G. 1861 § 13, 2.

[58]) GwstG. § 19, 39 u. G. v. 3. Juli 1876 (GS. 247) § 17, 22. — Mit der steuerlichen fällt d. gewerbepolizeiliche Anzeige (Anm. 21 S. 406) zusammen.

[59]) G. v. 3. Juli 1876 (GS. 247) § 1—26 u. Anw. v. 3. Sept. 1876 (MB. 1877 S. 18).

der Regel mit der im polizeilichen Interesse für diesen Gewerbebetrieb vorgeschriebenen Legitimationsscheinpflicht[60]) zusammen. Der Gewerbeschein ist deßhalb meist mit dem Legitimationsschein verbunden[61]). Die im Voraus für das Kalenderjahr zu entrichtende Jahressteuer beträgt regelmäßig 48 Mark, kann aber bei ausgedehnterem Betrieb gewisser Gewerbe bis zu 144 Mark erhöht und bei geringerem Betrieb bis zu 6 M. ermäßigt werden[62]).

§ 140.

dd) Die **Bergwerksabgaben** entwickelten sich aus dem Bergregal[63]). Die Verleihung desselben erfolgte gegen eine Gebühr (Rezeßgeld) und unter Vorbehalt eines Gewinnantheils (Bergzehnt) und einer Aufsichtsabgabe (Quatember). Mit der Freigebung des Bergbaus nahmen diese Nutzungen bei wesentlicher Herabsetzung den Charakter der Steuern an.

Für das rechtsrheinische Gebiet wurde die Abgabe auf 2 Proz. des Werthes der abgesetzten Produkte (je 1 Proz. als Aufsichts- und als Bergwerkssteuer) ermäßigt[64]). Die Werthermittelung erfolgt durch die Bergbehörden; Eisenerzbergwerke sind frei[65]). Bei anderen Erzbergwerken findet ein verhältnißmäßiger Ersatz der Poch-, Wasch-, Hütten- und Zubereitungskosten statt; übrigens erfolgt die Veranlagung als Rohproduktensteuer nach dem Bruttoertrage. Die hierdurch herbeigeführte ungleichmäßige Besteuerung der unter ungleichen Bedingungen arbeitenden Werke findet nur in der Vorgeschichte der Abgabe ihre Erklärung.

Im linksrheinischen Gebiet war bereits durch die französische Gesetzgebung 1810 das Bergregal in eine Steuer verwandelt, welche demnächst ähnlich wie im übrigen Staatsgebiet geregelt wurde[66]).

§ 141.

ee) Die **Eisenbahnabgabe** wird nach dem Reinertrage bemessen, wie er nach den Ergebnissen des Kalenderjahrs unter Abzug der Betriebs- und Verwaltungskosten sowie der Beiträge zum Reservefonds und zur Verzinsung und Tilgung der Anleihen festgestellt wird. Die Sätze werden steigend bei einem Reinertrag bis 4 Proz. mit $^1/_{40}$, bis 5 Proz. mit $^1/_{20}$, bis 6 Proz. mit $^1/_{10}$

60) § 351 d. W.

61) § 6 Abs. 5 des G. — Leider bestehen einige Ausnahmen. Es giebt sogenannte selbstständige Gewerbescheine (ohne Legitimationsschein) u. umgekehrt, was die Sache unnöthig verwickelt.

62) Das. § 9 u. Berichtigung GS. 1876 S. 272.

63) § 125 d. W.

64) G. v. 12. Mai 1851 (GS. 261), erg. durch G. v. 21. Mai 1861 (GS. 225), v. 20. Okt. 1862 (GS. 351) u. v. 17. Juni 1863 (GS. 462). Instr. v. 29. Jan. 1866 (MB. 31). Einf. i. Schlesw.-Holst. G. v. 12. März 1869 (GS. 453) Art. IX, Hannover G. v. 8. Mai 1867 (GS. 601) Art. XXI, Kurhessen, Frankfurt a. M. u. die bair. Theile V. v. 1. Juni 1867 (GS. 770) Art. XVII, i. die Nassauschen, großh. u. landgräfl. Hess. Theile V. v. dems. T. (GS. 802).

65) GB. 1862 § 1.

66) Das. § 6.

und darüber hinaus mit $^2/_{10}$ erhoben[67]). Dieser hohe, durchschnittlich 10 Proz. des Ertrags darstellende Steuerbetrag wird mit der bevorzugten diesen Unternehmungen eingeräumten Stellung begründet.

Der Ertrag, der anfänglich zum allmäligen Ankauf der Privatbahnen verwendet werden sollte, fließt jetzt in den allgemeinen Staatsfonds[68]).

d) Klassen- und Einkommensteuer[69]).

§ 142.

aa) **Gemeinsame Bestimmungen.** Die Entwickelung, welche diese Steuer in Preußen genommen, stellt sich als stetiges Fortschreiten zu einer mehr und mehr spezialisirten Abstufung dar. In diesem Sinne wurde die 1811 eingeführte Kopfsteuer 1820 zur Klassensteuer, 1851 zur Klassen- und Einkommensteuer und 1873 thatsächlich zur bloßen Einkommensteuer umgewandelt. Gleichzeitig hat die Steuer ihr räumliches Gebiet erweitert. Die Kopfsteuer war als Ergänzung für die in den Städten erhobenen Konsumtionsabgaben auf das platte Land beschränkt. Als letztere 1820 in die Mahl- und Schlachtsteuer verwandelt wurden, trat die Klassensteuer zu derselben in ein ähnliches Verhältniß. Die Mahl- und Schlachtsteuer ist sodann durch die Klassen- und Einkommensteuer auf ein immer engeres Gebiet eingeschränkt und schließlich ganz von derselben verdrängt worden[70]).

Klassen- und Einkommensteuer, deren erstere bei einem Einkommen bis zu 3000 M., letztere bei einem höheren Einkommen eintritt, sind durch dasselbe Gesetz geregelt[71]). Steuersubjekt ist für beide die physische Person in der durch die Haushaltung gegebenen Vereinigung[72]). Bei der Klassensteuer sollten ursprünglich die Pflichtigen nicht nach ihrem Einkommen, sondern nach den allgemeinen Merkmalen ihrer äußeren Lebensstellung eingeschätzt werden. Diese Absicht erwies sich als nicht durchführbar, zumal seitdem die Klassensteuer auch in die größeren Städte Eingang gefunden hatte. Letztere ist deßhalb zur Einkommensteuer geworden und wird gleich dieser alljährlich unter spezieller Ermittelung des aus den einzelnen Einkommenszweigen fließenden

---

67) G. für inländische Aktiengesellschaften v. 30. Mai 1853 (GS. 449) u. für sonstige Eisenbahnen v. 16. März 1867 (GS. 465). — Einf. i. d. neuen Prov. V. v. 22. Sept. 1867 (GS. 1639).

68) G. v. 21. Mai 1859 (GS. 243).

69) Vaterland der allgemeinen Einkommensteuer ist England. Die berühmte income tax Robert Peels (1842) trifft nicht das Gesammteinkommen der Person, sondern das Einkommen in seinen Quellen, welches in 5 Gattungen (Grundeigenthum u. Grundgerechtigkeit; Pächtergewinn; Zinsgewinn; Gewerbe- und allgemeines Einkommen; Amtseinkommen) nach besondern Regeln behandelt wird. Sie bildet eine lokalisirte Einkommensteuer, die als solche in der Kommunalbesteuerung eine hervorragende Bedeutung gewonnen hat Anm. 33 (S. 84).

70) G. v. 25. Mai 1873 (GS. 222).

71) Klassen- u. EinkommstG. v. 1. Mai 1851 (GS. 193), erg. G. v. 25. Mai 1873 (GS. 213) u. v. 16. Juni 1875 (GS. 234); Einf. i. d. neuen Prov. Anm. 2.

72) K. u. EG. § 8 u. 16.

Einkommens festgestellt[73]) Der Unterschied zwischen Klassen- und Einkommensteuer liegt hiernach nur noch in der Art der Veranlagung (bb u. cc) und in der größeren Berücksichtigung, welche in der Klassen- (theilweise noch in den untersten Stufen der Einkommen-) Steuer den persönlichen Verhältnissen der Steuerpflichtigen zu Theil wird. Die soziale Idee hat hier wesentlich eingewirkt. Im Einzelnen kommt in Betracht:

1. Die Befreiungen von der Klassensteuer sind ausgedehnter, Personen mit geringerem Einkommen als 420 M. ganz frei[74]);
2. der Fuß der Klassensteuer ist progressiv, der der Einkommensteuer gleichmäßig prozentual;
3. die Einkommensteuer beträgt annähernd 3 Proz. des Einkommens; die Klassensteuer bleibt unter diesem Satz;
4. die Berücksichtigung nachtheiliger wirthschaftlicher Verhältnisse (Krankheit, Kinderlast u. s. w.) ist nur bei Klassensteuerpflichtigen und den Einkommensteuerpflichtigen der beiden untersten Stufen gestattet[75]);
5. die Klassensteuer ist, um dieselbe in festen Grenzen zu halten, auf den Betrag von 42 100 000 M. kontingentirt. Die veranlagte Steuer wird dementsprechend erhöht oder herabgesetzt[76]);
6. die dem Staat aus dem Mehrertrage der Zölle und Tabakssteuer zufließenden Einnahmen[77]) sind zum Erlaß von 3 Monatsraten der Klassensteuer und der 5 untersten Stufen der Einkommensteuer verwendet worden[78]).

§ 143.

bb) Die **Klassensteuerveranlagung** erfolgt alljährlich durch Einschätzungs-Kommissionen, die aus den Gemeindevorständen als Vorsitzenden und aus mehreren von der Gemeinde gewählten Mitgliedern zusammengesetzt sind. Die Feststellung der Steuer bewirkt die Regierung nach Vorrevision durch die Landräthe[79]). Gegen die Einschätzung ist binnen 2 Monaten die Rekla-

[73]) Klassensteuer: das. (Fassung des G. v. 1873) § 7, Einkommsteuer: das. § 19 u. für beide Steuern § 27—30 nebst Instr. v. 3. Jan. 1877 (MB. 44). Wegen der Doppelbesteuerung, die sich aus der nochmaligen Heranziehung des bereits von der Grund- u. Gewerbesteuer getroffenen Einkommens ergiebt vgl. § 129 d. W. — Dieselbe Besteuerungsart findet sich in den meisten norddeutschen Staaten; nur Anhalt und Braunschweig besitzen gleich den süddeutschen Staaten keine allgemeine Einkommensteuer, sondern ein aus den verschiedenen Ertragssteuern zusammengesetztes Steuersystem.

[74]) Klassensteuer K. u. EG. (Fassung des G. v. 1873) § 5; — Einkommsteuer § 16—18 u. G. v. 1873 Art. II.

[75]) K. u. EG. (Fassung des G. 1873) § 7 u. 20; G. v. 1875 Art. I.

[76]) K. u. EG. (Fassung der Gesetze v. 1873 u. v. 12. März 1877 GS. 19 Art. II) § 6. — Aenderung der Summe G. v. 25. Mai 1873 (GS. 222) § 5 u. v. 23. Juni 1876 (GS. 169) § 9 Abs. 4.

[77]) § 164 d. W.

[78]) G. v. 16. Juli 1880 (GS. 287) u. v. 10. März 1881 (GS. 126).

[79]) K. u. EG. (Fassung d. G. v. 1873) § 10 u. § 12; VeranlInstr. v. 29. Mai 1873 (MB. 189). — Verbindung mehrerer Gemeinden zu einem Einschätzungsbe-

mation an die Regierung, gegen deren Entscheidung binnen 4 Wochen der Rekurs an den Finanz-Minister zulässig. Die Reklamationsentscheidungen erfolgen nach eingeholtem Gutachten einer von der Kreisvertretung gewählten Kommission. Tritt die Regierung diesem Gutachten nicht bei, so entscheidet die Bezirks-Kommission für die Einkommensteuer[80]).

Bei außerordentlichen Verlusten kann die Regierung auch im Laufe des Jahres einen verhältnißmäßigen Erlaß bewilligen[81]).

§ 144.

cc) Die **Einkommensteuerveranlagung** erfolgt alljährlich unter Vorsitz eines Staats-Kommissars durch eine Einschätzungs-Kommission, deren Mitglieder von der Kreisvertretung zu $1/3$ aus ihrer Mitte und zu $2/3$ aus den Einkommensteuerpflichtigen gewählt werden. Gegen die Einschätzung steht dem Besteuerten binnen 2 Monaten die Remonstration bei der Einschätzungs-Kommission und gegen die Remonstrations-Entscheidung binnen 4 Wochen die Reklamation zu. Der Vorsitzende kann gegen die Beschlüsse der Einschätzungs-Kommission die Berufung einlegen[82]). Ueber Reklamationen und Berufungen entscheidet endgültig die Bezirks-Kommission, die für jeden Regierungsbezirk bez. für die Provinz Hannover und die Stadt Berlin unter Vorsitz eines Staats-Kommissars aus Mitgliedern gebildet wird, die zu $2/3$ aus Einkommensteuer- und zu $1/3$ aus Klassensteuerpflichtigen von der Provinzialvertretung auf 3 Jahre gewählt werden[83]).

Außerdem können Ermäßigungen im Laufe des Jahres nur beansprucht werden, wenn das Einkommen durch Verluste sich um mehr als ein Viertel vermindert[84]).

3. Indirekte Steuern.

a) Indirekte Steuern überhaupt.

§ 145.

aa) **Uebersicht.** Die Merkmale, nach denen die indirekte Steuer sich bestimmt[1]), sind der Verkehr oder der Verbrauch. Für den Verkehr hat sich seit Anfang des Jahrhunderts im Stempel eine allgemeine Erhebungsform

zirk G. v. 1875 Art. II u. (im Geb. der KrO.) ZustG. § 163. — Festsetzung in Berlin G. v. 1873 § 6.

[80]) K. u. EG. (Fassung des G. v. 1873) § 14 u. G. v. 1875 Art. IV.; Instr. üb. Erhebung, Ab- u. Zugänge, Reklamationen u. Rekurse v. 12. Dez. 1873 (MB. 1874 S. 26).

[81]) K. u. EG. (Fassung des G. v. 1875 Art. III) § 13b.

[82]) Das. § 21—23, 31, 32, 34 u. G. v. 12. März 1877 (GS. 19) Art. III. — Tagegelder u. Reisekosten Anm. 6.

[83]) K. u. EG. (Fassung des G. v. 1873) § 24 u. 25, § 26, 31—34. — Tagegelder u. Reisekosten Anm. 6.

[84]) Das. § 36 u. G. v. 1877 Art. IV

[1]) § 129 d. W.

ausgebildet (b). Die Verbrauchsgegenstände verschwinden dagegen mit dem Verbrauch und sind damit jeder ferneren Kontrolle entrückt. Für diese mußte sonach eine andere Form gefunden werden, die ohne allzugroße Belästigung und ohne unverhältnißmäßige Erhebungskosten ausreichende Kontrollmittel bot. Die Erhebung war deßhalb auf einen Zeitpunkt zu verlegen, wo die beim Verbrauch sehr vielfältig vertheilten steuerbaren Gegenstände sich noch ungetheilt in größeren Mengen bei einander fanden. Im Verkehr mit dem Auslande bot sich dieser Zeitpunkt bei Ueberschreitung der Grenze. Aus dem Zollregal[2]) gingen demgemäß die Grenzzölle hervor, die sich allgemein bis auf den heutigen Tag erhalten haben (c). Aehnliche Abgaben entwickelten sich zwar auch im innern Verkehr als Thorsteuer (Accise, Oktroi); diese waren aber ihrer Natur nach auf die größeren Städte beschränkt und selbst in diesen für den Verkehr so lästig, daß sie meist beseitigt wurden. Die Steuererhebung schloß sich nunmehr an die Herstellung an, die der Staat sich entweder ausschließlich selbst vorbehielt (Monopol) oder bei den Privaten überwachte und besteuerte (Fabrikationssteuer). In Deutschland sind im Interesse der gewerblichen Freiheit alle Monopole beseitigt: es kommen somit neben Stempeln und Grenzzöllen als innere Verbrauchssteuern nur Fabrikationssteuern in Betracht (d).

Die Scheidung der Grenzzölle von den innern Verbrauchssteuern ist zunächst eine nur äußerliche durch die Art der Erhebung bedingte. Ihre Objekte sind, soweit deren Herstellung überhaupt im Inlande stattfindet, ein und dieselben und beide Abgaben zerfallen nach diesen in Genußmittel- und Lebensmittelsteuern. Die Genußmittelsteuern sind wesentlich Luxussteuern. Sie schließen sich der Wohlhabenheit der Besteuerten an und sind demgemäß einer starken nur durch die Rücksicht auf den finanziellen Erfolg bedingten Anspannung fähig. Ihre wichtigsten Objekte sind im Auslandsverkehr die Kolonialwaaren, im innern Verkehr die Getränke Bier und Brantwein[3]), der Tabak und der Rübenzucker[4]). Die Lebensmittelsteuern treffen dagegen ohne solche Abstufung auch die minder wohlhabenden Klassen. Durch die direkte Erhebungsform wird ihr Druck zwar wesentlich abgeschwächt, doch sprechen übrigens dieselben volkswirthschaftlichen und sozialpolitischen Gründe gegen dieselben, wie gegen die Besteuerung der kapitallosen Arbeit[5]). In Deutschland sind sie bis auf die Salzsteuer sämmtlich abgeschafft und auch diese hat bedeutende Ermäßigungen erfahren[6]).

---

[2]) § 125 d. W.

[3]) § 156 u. 157 d. W. — Eine dritte Getränksteuer bildete die in Deutschland durch G. v. 15. April 1865 (GS. 265) beseitigte Weinsteuer.

[4]) § 158 u. 159 d. W.

[5]) § 129 u. 142 d. W.

[6]) § 160. — Die wieder eingeführten Getreide- u. Viehzölle (§ 154 Nr. 1) sind ihrem Wesen nach Schutzzölle. — In entschiedenem Gegensatz stehen die indirekten Steuersysteme in England u. Frankreich. England hat sowohl die Monopole als die Lebensmittelsteuern beseitigt, die indirekte Besteuerung auf nur wenige Genußmittel beschränkt u. auch bezüglich dieser alle lokalen Steuern ausgeschlossen. — In Frankreich haben sich dagegen die indirekten Steuern besonders üppig entfaltet. Die lokalen u.

§ 146.

bb) **Uebergang auf das Reich.** Die Grenzzölle stehen mit der Handels- und Gewerbepolitik in engem Zusammenhang[7]) und können ihrer Natur nach nur für ein größeres, abgerundetes Gebiet erhoben werden. Die einzelnen deutschen Staaten erschienen hierzu nicht geeignet. Die Zölle nebst den mit ihnen in Verbindung stehenden Verbrauchssteuern wurden deßhalb über die engeren Grenzen der Einzelstaaten hinaus geführt, um im Zollverein ein erweitertes und zweckentsprechenderes Gebiet zu erhalten[8]). Das deutsche Reich, für welches außerdem das Interesse der Beschaffung eigner Einnahmen hinzutrat, gab diesem Verhältniß eine festere und dauernde Gestaltung[9]). Die indirekte Besteuerung ist damit in der Hauptsache auf das Reich übergegangen. Nur die Stempelsteuer verblieb den Einzelstaaten, doch gelangten auch von dieser nach einander die Wechsel-, Börsen- und Spielkartensteuern an das Reich.

Als Reichssteuern kommen demnach die Wechsel-, Börsen- und Spielkartenstempelsteuern, die Grenzzölle und die vom Brantwein, Bier, Tabak, Rübenzucker und Salz erhobenen Verbrauchssteuern in Betracht. Die Ordnung dieser Steuern ist nunmehr Sache der Reichsgesetzgebung. Ihre Erträge fließen in die Reichskasse, ihre Verwaltung erfolgt jedoch durch die Einzelstaaten[10]). Dabei findet eine gegenseitige Ueberwachung durch Reichs-Kommissare[11]) und Stationskontroleure statt, welche den Provinzial- und bez. Lokalbehörden beigeordnet sind. In den Hansestädten besitzt das Reich eigne Hauptzollämter. Die Verwaltung der indirekten Steuern ist sonach trotz ihres theilweisen Uebergangs auf das Reich eine einheitliche geblieben[12]).

---

auf die Lebensmittel gelegten Steuern (octrois), die schon während der Revolution wieder eingeführt waren, bilden die Hauptquelle der Gemeindewirthschaft u. sind seitdem auch für den Staat in immer erweitertem Umfange nutzbar gemacht. Daneben besteht das hohe enregistrement (Anm. 24) u. das Monopol auf Taback (Anm. 24 S. 195), Schießpulver u. Schwefelhölzer. — Die in beiden Ländern sehr hohen indirekten Steuern sind hiernach in England möglichst intensiv, in Frankreich möglichst extensiv angelegt.

[7]) § 153 d. W.

[8]) § 5.

[9]) Zollvertr. v. 8. Juli 1867 (BGB. 81) u. RVerf. Art. 70 u. 33—40. — Ausgenommen sind Hamburg u. Bremen in Betr. der Zölle, Baiern, Württemberg u. Baden in Betr. der Bier- u. Brantweinsteuer u. Elf.-Lothringen in Betr. der Biersteuer § 164 d. W. — Hamburg wird indeß nach den dieserhalb geführten Verhandlungen unter Belassung eines beschränkten Freihafengebiets im Jahre 1888 dem Zollverbande beitreten. Mit Bremen sind die gleichen Verhandlungen noch nicht abgeschlossen.

[10]) Verfahren bei der Abführung CR. v. 23. März 1878 (MB. 80).

[11]) RVerf. Art. 36 — Rang § 65 d. W. — Tagegelder u. Reisekosten CR. v. 31. März 1876 (MB. 117).

[12]) Der Ertrag der indirekten Steuern stellte sich (Etat $188^{1}/_{2}$):

I. Für das Reich:

1. Zölle (im Zollgebiet), Aversum u. statistische Gebühr 194 Mil. M.*)
2. Tabackssteuer . . $4^{1}/_{2}$ „

Summe $198^{1}/_{2}$ Mil. M.

---

*) Zölle und Tabackssteuer fließen dem Reiche nur mit 130 Mil. M., übrigens den Einzelnstaaten zu § 164 nebst Anm. 43 d. W.

§ 147.

cc) Der **Verwaltung** der indirekten Steuern in Preußen haben die Fürstenthümer Lippe und Waldeck nebst einigen oldenburgischen[13]) und hanseatischen Gebietstheilen sich angeschlossen. Außerdem sind die sächsisch-thüringischen Staaten mit den anstoßenden preußischen Gebieten zum Thüringischen Zoll- und Handels-Verein zusammengetreten, innerhalb dessen diese Abgaben gemeinsam unter einem von Preußen ernannten General-Zoll-Inspektor verwaltet werden[14]).

Die indirekte Steuerverwaltung ist von den übrigen Verwaltungszweigen völlig gesondert. Die Centralverwaltung wird von der 3ten Abtheilung des Finanz-Ministeriums und die Provinzialverwaltung von den Provinzial-Steuer-Direktionen wahrgenommen[15]). Die Einrichtung der letzteren ist bureaukratisch[16]); an ihrer Spitze stehen die Provinzialsteuerdirektoren[17]). Ihre lokalen Verwaltungsorgane bilden die Hauptzollämter, die Nebenzollämter 1ster und 2ter Klasse und die Hauptsteuer- und Steuerämter[18]). Diesen Behörden ist außerdem die Einziehung der Gerichtskosten[19]) und die amtliche Vermessung der Schiffe übertragen[20]). Unter der Provinzialsteuerdirektion der Rheinprovinz stehen außerdem die Hypothekenämter[21]).

Die Grenz- und Steueraufsichtsbeamten haben das Recht zur

Uebertragen	$198^1/_2$	Ml.M.
3. Brantweinsteuer (i. d. Brantw.st.-gemeinschaft), Uebergangsabgabe u. Aversum . .	36	„
4. Brausteuer (i. d. Braust.gemeinschaft), Uebergangsabgabe u. Aversum	15	„
5. Rübenzuckersteuer	$49^1/_2$	„
6. Salzsteuer	36	„
7. Wechsel- u. Spielkartenstempel . .	7	„
Summe	342	Ml.M.
II. Für Preußen:		
1. Stempel- u. Erbschaftssteuer (nach Absatz der Verwaltungskosten) .	15	„
2. Antheil a. d. Zöllen u. d. Tabackssteuer	34	„ *)
Summe	49	Ml.M.

[13]) Bek. v. 5. Juni 1879 (GS. 567.)

[14]) Vtr. v. 8. Juli 1867 (BGB. 81) Art. 16.

*) S. vorig. Seite.

[15]) Diese wurden seit 1823 allmälig für alle Provinzen eingeführt, während ursprünglich das gesammte Steuerwesen den Regierungen übertragen war Reg-Instr. v. 23. Okt 1817 (GS. 248) § 3[1]. Den Geschäftsbezirk bilden die Provinzen; doch ist d. Kr. Schmalkalden nebst den Aemtern Hohnstein u. Elbingerode zu Sachsen, d. Kr. Rinteln (ebenso wie die Lippischen Fürstenthümer u. Waldeck) zu Westfalen u. d. Kr. Wetzlar zu Hessen gelegt. Die Sitze der Provinzialsteuer-Direktionen sind bis auf Berlin, Altona u. Köln die der Ober-Präsidenten (Anm. 11 S. 55).

[16]) Vgl. KO. v. 3. Okt. 1824 (KA. VIII 1005) u. Gesch.Anw. v. 31. Dez. 1825 (Das. IX 821) IIC Abs. 2. Annahme von Supernumerarien Anm. 23 (S. 69) d. W., von Hülfsarbeitern CR. v. 16. Sept. 1874 (MB. 297).

[17]) Rang. Anm. 73 (S. 74) d. W.

[18]) Vereinszollg. v. 1. Juli 1869 (BGB. 317) § 18, 128, 131 u. 133.

[19]) G. v. 10. März 1879 (GS. 145) § 29, 30.

[20]) Bek. v. 5. Juli 1872 (RGB. 270) § 19, 20. — Revisionsbehörden sind die betreffenden Regierungen.

[21]) S. Anm. 5 (S. 252).

Vornahme von Haus- und Körperdurchsuchungen [22]) und zum Waffengebrauch [23]).

b) Stempelsteuer.

§ 148.

aa) **Einleitung.** Der Stempel bildet eine billige, praktische und darum beliebte Steuererhebungsform. Seine Hauptanwendung findet er bei den von Verkehrsgeschäften erhobenen Steuern und diese werden deßhalb selbst als Stempelsteuern bezeichnet [24]). Daneben werden auch einzelne Verbrauchssteuern und Gebühren in dieser Form erhoben [25]).

Neben der allgemeinen Stempelsteuer (bb) wurden besonders geregelt der Erbschaftsstempel (cc), der Wechsel- und Börsenstempel (dd) und der Spielkartenstempel (ee), die beiden letzteren als Reichssteuern. Zeitungs- und Kalenderstempelsteuer sind beseitigt [26]).

Die Verwaltung des Stempelwesens erfolgt überall durch die aufgeführten Behörden. Bei der Provinzial-Steuer-Direktion sind zur speziellen Aufsicht Stempelfiskale angestellt, welche zur Vornahme von Visitationen und zur Einsichtnahme aller amtlichen Verhandlungen berechtigt sind [27]). Außerdem haben alle Staats- und Kommunal-Behörden und Beamten die Stempelverwendung sowohl selbst zu beachten, als Kontraventionen Dritter zur Anzeige zu bringen [28]).

---

[22]) VZollG. § 19, 126, 127, 129 u. 132. — Uniformirung Anm. 92 (S. 75) d. W. — Unabkömmlichkeit bei Einberufung zum Militär § 84 d. W.

[23]) G. v. 28. Juni 1834 (GS. 83). Das G., dessen § 1—7 u. 13 in Schl.-Holstein eingeführt wurden (V. v. 29. Juli 1867. GS. 1265 § 1 u. 2 [1]) u. die entsprechend im Zollvereinsgebiet maßgebenden Grundsätze (G. v. 23. Jan. 1838 GS. 34 § 27) sind noch anwendbar VZollG. § 19.

[24]) Das enregistrement ist französischen Ursprungs (1790) u. wurde später in Italien (1861) und Oesterreich (1876) eingeführt u. besteht auch in Elf.-Lothringen, Rheinpfalz und Rheinhessen. Die civilrechtliche Vorschrift, wonach gewisse Rechtsgeschäfte zur Erlangung eines sicheren Datums der öffentlichen Eintragung bedürfen (Code civ. Art. 1328), ist durch Ausdehnung dieser Eintragung über ihren Zweck u. Belastung derselben mit einer hohen Abgabe zu einer ergiebigen Finanzquelle geworden. Die Abgabe erscheint sonach nicht als Gebühr, sondern als Steuer. — Für die Rheinprov. ist das enregistrement aufgehoben StempelG. (Anm. 29) § 1 u. G. u. v. 23. April 1824 (GS. 80).

[25]) § 152 d. W.; ebendahin gehört das Brief- u. Telegraphenporto § 377, 378. — In Baden, Württemberg, Hessen u. dem rechtsrheinischen Baiern finden sich Steuern und Gebühren im Stempel zusammengefaßt.

[26]) G. v. 7. Mai 1874 (RGB. 65) § 30.

[27]) StempelG. (Anm. 29) § 34. — Revision der Aktiengesellschaften G. v. 25. Mai 1857 (GS. 517). — Vgl. die Anm. 31, 55, 60, 61 u. 66 aufgeführten Gesetze.

[28]) StempelG. § 30—32, KO. v. 13. April 1833 (GS. 33) Nr. 2, 4, v. 28. Okt. 1836 (GS. 308) u. v. 23. Dez. 1842 (GS. 1843 S. 21). Die Befugniß der Gerichte zur Festsetzung der Stempelstrafen im Verwaltungswege ist aufgehoben G. v. 24. April 1878 (GS. 230) § 106. — Vgl. die Anm. 31, 55, 60, 61 u. 66 aufgeführten Gesetze.

§ 149.

bb) Die **allgemeine Stempelsteuer** wird noch durch die ältere Gesetzgebung bestimmt[29]. Entsprechende Vorschriften sind mit Ausschluß von Hohenzollern[30] und dem Jadegebiet in die neuen Provinzen eingeführt[31]. Einige Stempelsätze wurden später ermäßigt, andere wie die von Gesuchen, Bescheiden, Protokollen, Quittungen, Geburts-, Tauf-, Trau- und Todtenscheinen ganz beseitigt[32].

Stempelfrei sind Verhandlungen, die einen Werth unter 150 M. darstellen oder die Erfüllung allgemeiner Staats- (Militär-, Steuer- u. s. w.) Pflichten betreffen, Landeskultur-[33] und Enteignungssachen[34], Verhandlungen bei der polizeilichen Beaufsichtigung der Feuerversicherungen[35] und der Bauten, Bau-[36] und Schankkonsense[37] und vorläufige Straffestsetzungen[38]. Befreiung genießen ferner der Reichs- und der preußische Fiskus[39], die Kirchen, Unterrichts-, Waisen-, Armen-, Straf- und Besserungsanstalten und milden Stiftungen[40], die Gemeinden in Armensachen[41], die gemeinnützigen Baugesellschaften[42], die Erwerbs- und Wirthschaftsgenossenschaften[43].

Die Entrichtung des Stempels erfolgt unter Anwendung oder Kassirung von Stempelpapier oder Stempelmarken[44]. Die unterlassene Verwendung ist neben Nachbringung des Stempels mit einer auf das Vier-

[29] StempelG. v. 22. März 1822 (GS. 57). Dasselbe ersetzt das ältere StG. v. 1810 (Anm. 12 S. 164). Die zahlreichen Ergänzungen machen eine Codifizirung dringend wünschenswerth.

[30] G. v. 22. Juni 1875 (GS. 235).

[31] Prov. Schl.Holstein V. v. 7. Aug. 1867 (GS. 1277). — Prov. Hannover V. v. 19. Juli 1867 (GS. 1191), erg. G. v. 24. Feb. 1869 (GS. 366). — Prov. HessNassau dieselbe V. v. 19. Juli 1867, erg. G. v. 5. März 1868 (GS. 185); Einführung i. d. großh. u. landgräfl. hess. Theile AE. v. 14. Aug. 1867 (GS. 1346) u. (mit Ausschl. der Ergänzung) in Frankfurt V. v. 16. Aug. 1867 (das.), erg. G. v. 27. Juni 1875 (GS. 407).

[32] G. v. 26. März 1873 (GS. 131) nebst G. v. 10. März 1879 (GS. 145) § 9.

[33] StG, § 3 a–h.; Deich- und Vorfluthsachen. KO. v. 24. März 1839 (KA. XXIII. 346); Ent- und Bewässerungen G. v. 28. Feb. 1843 (GS. 41) § 51 u. v. 23. Jan. 1846 (GS. 26) § 8. — Verhandlungen der Auseinandersetzungsbehörden V. v. 20. Juni 1817 (GS. 161) § 213, der Rentenbanken G. v. 2. März 1850 (GS. 112) § 54, der Landeskulturrentenbanken G. v. 13. Mai 1879 (GS. 367) § 49.

[34] KO. v. 4. Mai 1833 (GS. 49) u. G. v. 11. Juni 1874 (GS. 221) § 43.

[35] G. v. 8. Mai 1837 (GS. 102) § 14; KO. v. 30. Mai 1841 (GS. 122).

[36] StMB. v. 18. Sept. 1838 (JMB. 1839 S. 242).

[37] KO. v. 7. Feb. 1835 (GS. 18) Nr. 2.

[38] G. v. 14. Mai 1852 (GS. 245) § 4.

[39] StG. § 3 i. u. RG. v. 25. Mai 1873 (RGB. 113) § 1.

[40] StG. § 3 i. u. Dekl. v. 27. Juni 1811 (GS. 313) § 4 2. u. 3.

[41] KO. v. 18. Aug. 1841 (GS. 288).

[42] G. v. 2. März 1867 (GS. 385).

[43] G. v. 4. Juli 1868 (BGB. 415) § 69.

[44] StG. § 12—15, 35—37, 39, 40. — Stempelmarken G. v. 2. Sept. 1862 (GS. 295), Anfertigung u. Verkauf der Stempelmaterialien G. v. 18. Feb. 1877 (GS. 11) u. ER. v. 10. März 1877 (MB. 98), Strafe der Fälschung u. Hinterziehung StGB. § 275, 276, 360 4. 5. u. 364 u. Uebereink. mit Oesterreich u. Liechtenstein Bek. v. 27. Mai u. 18. Juni 1865 (GS. 1019 u. 1020).

fache desselben bemessenen Geldstrafe bedroht[45]). Bei den Gerichten wird in Vormundschafts- sowie in den nach der Konkurs-, Civil- und Straf-Prozeß-Ordnung behandelten Sachen ein Stempel neben der Gebühr nicht erhoben[46]); übrigens wird er mit den Gerichtskosten gemeinsam verrechnet[47]).

Der Betrag des Stempels bemißt sich nach dem Gegenstande oder nach dem Werth[48]) der Verhandlung (Verhandlungs- oder Werthstempel). — Seine nähere Bestimmung enthält der dem Gesetz beigefügte alphabetische Tarif. Der Verhandlungsstempel bewegt sich zwischen 0,50 und 6 M. und betrifft amtliche Atteste in Privatsachen, Päſſe, Vollmachten, Ausfertigungen[49]), Ehe- und Erbfolgeverträge, Testamente und Kautionsinstrumente[50]), Auktions-, Notariats- und Rekognitionsprotokolle[51]), Verträge und Vergleiche[52]). Der Werthstempel beträgt bei Kauf- und Lieferungs-Verträgen über inländische Grundstücke 1 Proz., über Mobilien 1/3 Proz.[53]); bei Pacht- und Miethverträgen 1/3 Proz.; bei Fideikommißstiftungen 3 Proz.[54]).

§ 150.

cc) Die **Erbschaftssteuer** wird bei Erwerbung einer Erbschaft entrichtet. Da diese von schriftlicher Beurkundung nicht abhängig ist, kann die Erbschaftssteuer auch nicht in der Form eines Stempels erhoben werden. Sie bildet sonach keine Stempelsteuer, sondern eine derselben nur verwandte Abgabe. Die neuere Gesetzgebung hat sie deßhalb auch aus der früheren engen Verbindung mit der allgemeinen Stempelgesetzgebung gelöst und gesondert behandelt[55]). Die Steuer, von welcher Erbschaften unter 150 M., sowie diejenigen der Descendenten, Ascendenten, Ehegatten und Dienstboten (dieser im Betrage bis 900 M.), des Reichs- und preußischen Fiskus, der Kirchen, Armenverbände, Straf-, Besserungs-, Unterrichts- und Wohlthätigkeitsanstalten ganz befreit sind, beträgt übrigens je nach dem Grade der Verwandtschaft 1—8 Proz. der Erbschaft[56]). Die Verwaltung erfolgt unter den Provinzial-

45) StG. § 21, 22 u. 24. — Die Verwandlung in Haft ist ausgeschlossen KO. v. 24. Mai 1844 (GS. 238). — Verfahren und Verjährung § 131 d. W. Stempelstrafen geg. Beamte Anm. 28.

46) RG. v. 18. Juni 1878 (RGB. 141) § 2. — G. v. 21. Juli 1875 (GS. 548) Art. 4 § 3 u. v. 10. März 1879 (GS. 145) § 10.

47) G. v. 10. Mai 1851 (GS. 622) § 16. — G. v. 10. März 1879 § 4—8.

48) Berechnung StG. § 4—7.

49) Tarif u. KO. v. 18. Nov. 1828 (GS. 16).

50) G. v. 26. März 1873 (GS. 131) § 1.

51) Tarif u. G. v. 1873 § 2[3].

52) Tarif u. KO. v. 16. Jan. 1840 (GS. 18). — Lehrverträge KO. v. 3. Okt. 1845 (GS. 680) — Punktationen KO. v. 19. Juni 1834 (GS. 81).

53) Tarif u. KO. v. 13. Nov. 1828 (GS. 1829 S. 21). — Uebertragungen zwischen Ascendenten und Descendenten G. v. 22. Juli 1861 (GS. 754). — Stempel bei Grundbuchverhandlungen § 216 d. W.

54) Tarif u. KO. v. 18. Juli 1845 (GS. 506), erg. G. v. 30. Mai 1873 (GS. 329) § 2.

55) Erbschaftssteuer G. v. 30. Mai 1873 (GS. 329); Einf. i. Hohenzollern G. v. 22. Juni 1875 (GS. 235) Art. I. § 3.

56) Tarif zum G. u. RG. v. 25. März 1873 (RGB. 113) § 1.

Steuer-Direktionen durch Erbschaftssteuerämter[57]). Diese erhalten von den Standesämtern Auszüge aus den Sterberegistern und von den Gerichten Abschriften der eröffneten Testamente. Außerdem muß ihnen jeder steuerpflichtige Erbesanfall binnen 3 Monaten angezeigt und demnächst näher deklarirt werden[58]). Auf diesen Grundlagen ermitteln sie den reinen Werth der Erbschaftsmasse und stellen danach die Steuer fest[59]).

§ 151.

dd) Die **Wechselstempelsteuer** ist Reichssteuer. Sie stuft sich nach dem Werthe ab und beträgt bis zu 1000 M. für jede angefangenen 200 M. je 20 Pf. und für jede ferneren 1000 M. je 50 Pf. mehr, im Allgemeinen also $1/2$ vom Tausend. Die Entrichtung muß Statt finden, bevor ein Wechsel aus den Händen bez. weiter gegeben wird und erfolgt durch Verwendung von Stempelblankets oder Aufkleben von Stempelmarken[60]).

Auf gleiche Weise gelangt die sog. **Börsensteuer** zur Hebung[61]). Sie ist die jüngste aller Abgaben und bezweckt die Besteuerung der erst mit der neueren Verkehrsentwickelung entstandenen und seither steuerfrei gelassenen beweglichen Anlagewerthe. Ihre Gegenstände sind folgende:

1. Aktien, Renten und Schuldverschreibungen. Die Steuer beträgt bei ersteren 5, bei letzteren 1 und 2 vom Tausend. Die Steuerpflicht tritt mit der Ausgabe, bei ausländischen Werthen auch mit der Inverkehrsetzung der bereits ausgegebenen Papiere ein[62]).
2. Schlußnoten und Rechnungen über Geschäfte in Geld und Werthpapieren unterliegen der festen Abgabe (Fixstempel) von 20 Pf.[63]).
3. Lotterieloose sind mit Ausnahme der Ausspielungen zu milden Zwecken mit 5 Proz. besteuert[64]).

§ 152.

ee) Die **Spielkartensteuer** ist ihrem Wesen nach Verbrauchssteuer in Stempelform. Als solche ist sie auf das Reich übernommen, wodurch erst

---

57) § 29 des Ges.

58) Das. § 29—37.— Strafen § 41—45.

59) Das. § 5—26 u. 39.

60) Wechselstempelsteuer G. v. 10. Juni 1869 (BGB. 193); Einf. in Süddeutschland Anm. 12 (S. 7), in Elsaß-Lothringen G. v. 14. Juli 1871. — Anderweite Fassung des § 2 u. 3. G. v. 4. Juni 1879 (RGB. 151). — Ausf. Bek. v. 13. Dez. 1869 (BGB. 695), v. 23. Juni 1871 (RGB. 267), v. 23. Juni u. 12. Nov. 1879 (RGB. 153 u. CB. 663), v. 16. Juli u. 22. Nov. 1881 (RGB. 245 u. 271).

61) G. v. 1. Juli 1881 (RGB. 185); Ausf.-Vorschr. v. 7. Juli 1881 (CB. 283 u. 387). Die Bezeichnung als Reichsstempelabgabengesetz ist nicht ganz zutreffend, da zu diesen Abgaben auch Wechsel- u. Spielkartenstempel gehören. — Hebung der Steuer § 21—29 u. 31, d. G.; Befreiungen § 30; Verwendung der Steuer § 164 d. W. a. E.

62) Das. § 2—5; Tarif Nr. 1—3; AVorschr. Nr. II.

63) Das. § 6—11; Tar. Nr. 4; AVorschr. Nr. III.

64) Das. § 12—20; Tar. Nr. 5; AVorschr. Nr. IV.

der freie Verkehr mit Spielkarten innerhalb desselben möglich geworden ist. Sie beträgt 30 Pf., bei mehr als 36 Blättern 50 Pf. für das Spiel und wird entrichtet, sobald die Karten aus dem Auslande eingeführt[65]) oder in inländischen Fabriken hergestellt werden. Anlage, Einrichtung und Betrieb der letzteren stehen deßhalb unter Kontrolle der Steuerbehörden. Der Handel mit Spielkarten ist frei; die Vorräthe der Händler können jedoch von den Steuerbeamten eingesehen werden. Ungestempelte Karten unterliegen der Einziehung[66]).

c) Grenzzölle.

§ 153.

aa) **Einleitung.** Die Grenzzölle werden bei der Ein-, Aus- oder Durchfuhr von Waaren über die Landesgrenze erhoben[67]). Für das ein einheitliches Zollgebiet bildende deutsche Reich[68]) kommen nur die Einfuhrzölle in Betracht; die Aus- und Durchfuhrzölle, welche auch übrigens nur geringere Bedeutung haben, sind hier ganz beseitigt[69]).

In den Zöllen tritt neben dem finanziellen auch ein handelspolitisches Element hervor. Beide Elemente sind ihrem Wesen nach völlig von einander verschieden und auch durch die Bezeichnung als Schutz- und Finanzzölle getrennt. Gleichwohl treten beide in den einzelnen Zöllen meist zusammen auf; nur wenige der letzteren stellen sich als reine Finanz- oder Schutzzölle dar[70]).

In handelspolitischer Beziehung stehen auf diesem Gebiet das Schutzzoll- und das Freihandelsystem einander gegenüber.

Das Schutzzollsystem lehnt sich insofern an das frühere Merkantilsystem[71]) an, als es den Staat gegen das Eindringen fremder Waaren zu schützen sucht. In Mitteln und Wirkungen sind dagegen beide wesentlich von einander verschieden. Das Schutzzollsystem sieht von jeder Ausschließung, von

[65]) Der von den eingeführten Karten gezahlte Zoll (60 M. für 100 kg) enthält zugleich einen Schutzzoll Zolltarif v. 15. Juli 1879 (RGB. 207) Nr. 32.

[66]) RG. v. 3. Juli 1878 (RGB. 133); Ausf. Bek. v. 6. Juli 1878 (CB. 403, MB. 205); das angeschlossene Reg. üb. den Betrieb der Spielkartenfabriken ist ergänzt Bek. v. 15. April u. 7. Aug. 1879 (CB. 286 u. 516).

[67]) Die Ein- u. Ausfuhr kann außerdem aus politischen oder polizeilichen Rücksichten (Pferde- u. Waffenausfuhr im Kriegsfall; Einführung ansteckender Gegenstände bei Seuchengefahr) beschränkt oder verboten werden Vereinszoll-G. v. 1. Juli 1869 (RGB. 317) § 2. Diese Maßregeln fallen in den Bereich der betreffenden Verwaltungsgebiete.

[68]) RVerf. Art. 33, vgl. Anm. 9.

[69]) Die Zollfreiheit ist bei der Durchfuhr als Grundsatz, bei der Ausfuhr als Regel anerkannt VZollG. v. 1. Juli 1869, § 1, 5 u. 6. Ausfuhrabgaben werden seit Aufhebung des Lumpenzolles (G. v. 7. Juli 1873 GS. 241 § 1 II) nicht mehr erhoben.

[70]) Finanzzölle sind die Eingangsabgaben von solchen Waaren, die im Inlande weder selbst, noch in Surrogaten gefertigt werden. Finanzzölle waren ferner die Durchgangsabgaben, Schutzzölle dagegen die Ausgangsabgaben.

[71]) § 312 Nr. 1 (S. 346) d. W.

jedem Verbot fremder Waareneinfuhr (Prohibitivsystem[72])) ab und beschränkt sich darauf, der inländischen vor der auswärtigen Produktion durch beschränkte Besteuerung der letzteren einen mäßigen Vorsprung zu gewähren. Das System hat unverkennbar den Industrien in den einzelnen Staaten die wesentlichsten Dienste geleistet und ihr Emporkommen einer mächtigeren auswärtigen Konkurrenz gegenüber vielfach erst möglich gemacht. Soweit und so lange deßhalb durch Angebot des Auslandes der Preis einer Waare unter die mittleren inländischen Herstellungskosten herabgedrückt wird, ist ein Schutzzoll für dieselben unerläßlich. Dies gilt ebensosehr von der Land- und Forstwirthschaft wie von der Industrie, deren Interessen hier, wo es sich um Hebung des Gesammtwohlstandes einer Nation handelt, nicht von einander zu trennen sind.

Während das Schutzzollsystem von dem selbstständigen Wirthschaftsinteresse des einzelnen Staats bestimmt wird und einen auf dieses gegründeten (autonomen) Zolltarif verlangt, stellt sich der Freihandel auf einen internationalen und kosmopolitischen Standpunkt. In Anlehnung an die Lehren des Ad. Smith[73]) glaubt er durch die völlig freie Konkurrenz, durch den ungehinderten wirthschaftlichen Austausch der Nationen unter einander Produktion und Wohlstand am Sichersten zu fördern. Fände der Grundsatz bei allen Staaten gleichmäßige Annahme, so würden dieselben einigermaßen gleichberechtigt gegenüberstehen. So lange aber noch fast alle Verkehrsstaaten ihr Gebiet mit Schutzzollschranken umgeben haben, würde der einzelne Staat, der in diesem Sinne vorgehen wollte, die eignen wirthschaftlichen Interessen denen der übrigen Staaten zum Opfer bringen und sich einer Waffe begeben (Kampfzölle), die die übrigen fortgesetzt gegen ihn anwenden würden. Durch die Freihandelspolitik eines einzelnen Staats ist deßhalb ebensowenig die allgemeine Verkehrsfreiheit herzustellen, wie die Abrüstung desselben den allgemeinen Frieden zu begründen vermag. Außerdem kommt die Ungleichheit der Bedingungen in Betracht, unter denen die einzelnen Produktionszweige in den verschiedenen Staaten betrieben werden. In Folge dessen vermag ein Staat seine Waare zu geringeren Preisen anzubieten, als ein anderer. Die fortgesetzte Erleichterung des Verkehrs und die Verminderung der Transportkosten fördern diesen Konkurrenzkampf, dem jede Produktion des minder begünstigten Staats auf dem betreffenden Gebiete endlich erliegen müßte, wenn hier nicht durch Schutzzölle ein Ausgleich geschaffen würde. Die Freihändler wenden dagegen ein, daß die allgemeine Konkurrenz billige Preise und damit den allgemeinen Wohlstand fördere. Billige Preise haben indeß nur einen relativen Werth und bleiben immer noch für denjenigen zu hoch, der nicht in den Stand gesetzt wird, dieselben zu bezahlen. Das erste Erforderniß bleibt deßhalb, die Bevölkerung durch Förderung ihrer Erwerbsthätigkeit zahlungsfähig zu erhalten.

---

[72]) Vgl. § 358.

[73]) § 312 Nr. 3 (S. 347) d. W.

Erst unter dieser Voraussetzung vermag sie von der ihr durch die Einfuhr gebotenen Kaufgelegenheit überhaupt Gebrauch zu machen und höhere Preise und die durch sie bedingten höheren Löhne sind in diesem Sinne nicht nur als Anzeichen und Folge, sondern auch als Ursache der größeren Wohlhabenheit eines Landes anzusehen.

Die vollständige Durchführung der Freihandelsidee würde hiernach nur unter Preisgebung der wichtigsten Erwerbsinteressen möglich werden. Anderseits fordert die Verkehrs- und Erwerbsfreiheit, daß der Zollschutz nicht weiter ausgedehnt werde, als zur Erreichung des Zweckes unbedingt erforderlich ist, daß insbesondere nicht durch Fernhaltung der nöthigen Rohstoffe der eignen Produktion aus diesem Zoll ein Erschwerniß erwachse. Die Einhaltung dieser Grenzlinie gehört zu den schwierigsten Aufgaben der gesammten Verwaltung, da sie die stetige Berücksichtigung der mannigfaltigen und wechselnden Konjunkturen aller Erwerbszweige voraussetzt und daneben auch diejenigen Bestrebungen zu bekämpfen hat, die unter dem Deckmantel des Schutzzolles einseitige Geschäftsinteressen zu verfolgen bestrebt sind.

In Deutschland hatte der Zollverein die Grundsätze eines gemäßigten Schutzzollsystems von Preußen übernommen. Da er aber zu jeder zollpolitischen Maßnahme die Uebereinstimmung aller Vereinsglieder forderte, war die sachgemäße Ausbildung eines autonomen Zolltarifs von vornherein ausgeschlossen. Vor Allem war bei dem Mangel eines einheitlichen Gesammtorgans jede kräftige nationale Wirthschaftspolitik unmöglich geworden. Den Anstoß zu Tarifänderungen gaben nicht die eignen wirthschaftlichen Verhältnisse, sondern die Berührungen mit fremden Staaten, wie sie in den 1853 mit Oesterreich, und noch umfassender 1865 mit Frankreich und Oesterreich abgeschlossenen Einzelverträgen zum Ausdruck kamen. Deutschland konnte die Zugeständnisse dieser Staaten nur durch Abminderung seiner Eingangszölle erkaufen und indem es unter Verzichtleistung auf abweichende Zölle gegen andere Staaten (Differentialzölle) diese ermäßigten Sätze verallgemeinerte und demnächst noch vermehrte[74]), entzog es damit der heimischen Industrie einen großen Theil des bisher ihr gewährten Schutzes. Eines solchen vermochten die deutschen Staaten nicht zu entbehren. Ihren meist günstiger gestellten Nachbarn gegenüber zeigten sie sich um so weniger gewachsen, je mehr die Preisunterschiede an verschiedenen Orten durch billige und bequeme Transportwege ihren Ausgleich fanden. Nicht nur England zeigte sich begünstigt durch seine natürliche Lage, seine gewaltige Kapitalkonzentration, sein ausgedehntes Absatzgebiet und seinen durch längere Uebung erlangten technischen Vorsprung auf fast allen Gebieten weit überlegen, auch andere Staaten wie Frankreich, Belgien, Oesterreich hatten in einzelnen Gebieten

---

[74]) Tarif v. 1. Mai 1865 (GS. 209) — G. v. 17. Mai 1870 (RGB. 123) u. vom 7. Juli 1873 (RGB. 241).

Deutschland längst überflügelt. Anderseits verengte sich das Absatzgebiet mehr und mehr. Die Vereinigten Staaten, die früher ein solches gewährt hatten, traten, nachdem ihre eigene Industrie genügend erstarkt war, selbst mitwerbend auf dem Weltmarkte auf. Dabei wurde in fast allen Verkehrsstaaten die frühere Schutzzollpolitik beibehalten, theilweise sogar verstärkt[75]).

Die Wirkungen blieben nicht aus. Als nach dem übermäßigen Aufschwung zu Anfang des letzten Jahrzehnts ein allgemeiner Rückgang der geschäftlichen Thätigkeit eintrat, sah Deutschland sich dem Eindringen der weit über den Bedarf producirten fremden Waaren ziemlich wehrlos gegenüber. Der drohende gänzliche Verfall wichtiger Industriezweige machte eine Umkehr in der Handelspolitik unerläßlich und so kam es zu einer allgemeinen Revision des Zolltarifs (1879), bei der den Verhältnissen der inländischen Produktion wieder eine eingehendere Berücksichtigung zu Theil geworden ist.

Die finanzielle Bedeutung der Zölle tritt gegen die volkswirthschaftliche wesentlich zurück. Sie bietet keine Besonderheiten, da finanziell die Zölle nur eine durch die Entrichtung an der Grenze eigenartig gestaltete Erhebungsform für Verbrauchssteuern bilden, mit denen sie übrigens ihrem Wesen nach zusammenfallen.

§ 154.

bb) Der **Zolltarif**, der die zollpflichtigen Waaren in alphabetischer Reihenfolge einzeln aufführt, bildet den materiellen Theil der Zollgesetzgebung[76]). Alle Mengen unter 50, Postsendungen bis zu 250 Gramm, Erzeugnisse der im Grenzverkehr betriebenen Land- und Forstwirthschaft, gebrauchte Bekleidungsgegenstände, Haus-, Fabrik- und Handwerksgeräthe bei Umzügen und Reisen, als Transportmittel benutzte Wagen und Thiere, Fässer, Säcke u. s. w., Muster und Proben, Baumaterialien zu Seeschiffen, Kunstsachen und Alterthümer bleiben zollfrei[77]). Anderseits können die Zölle für Waaren aus solchen Staaten, welche deutsche Schiffe und Waaren ungünstiger

---

[75]) Nur in England siegte die Freihandelsidee nach längerem Kampfe. Den Beginn des letzteren bezeichnet der Streit um die Getreidezölle, seinen Abschluß der neue Zolltarif (1853) und der französische Handelsvertrag (1860). — Frankreich hat dagegen sein starres Schutzzollsystem bis in die neuere Zeit festgehalten, und erst in den Handelsverträgen (mit England 1860, mit dem Zollverein 1865) gemäßigtere Bahnen betreten. — Oesterreich schloß sich seit dem Vertrage mit d. Zollverein (1853) dessen gemäßigtem Schutzzollsystem an. — In Rußland und Amerika herrscht dagegen nach wie vor die strengste Schutzzollpolitik. — Die Höhe des Zolls stellt sich im Verhältniß zum Werth aller eingeführten Waaren auf 3 Proz. in Deutschl., 3½ Proz. in Oestr.-Ungarn, 5½ Proz. in England, 6 Proz. in Frankr., 12½ Proz. in Rußl., und 28 Proz. in Nordam. und im Verhältniß zu den gesammten Staatseinkünften auf 3½ Proz. in Oestr.-Ungarn, 7 Proz. in Deutschl., 9½ Proz. in Frankr., 11 Proz. in Rußl., 26 Proz. in Engl. u. 54½ Proz. in Nordamerika.

[76]) Zolltarif G. v. 15. Juli 1879 (RGB. 207). Die spezielle Anwendung regelt das amtliche Waarenverzeichniß VereinsZollG. (Anm. 91) § 12.

[77]) VZG. § 4, 5.

behandeln als diejenigen anderer Staaten, bis zu 50 Proz. über den Tarif erhöht werden[78]).

Die einzelnen Zollsätze sind für Gegenstände, die der Bearbeitung unterliegen, im Interesse der heimischen Industrie in der Weise abgestuft, daß Rohstoffe, soweit sie überhaupt zollpflichtig sind, am niedrigsten, Halbfabrikate höher und Ganzfabrikate am höchsten besteuert sind. Die Zölle sind der Regel nach für 100 kg bemessen und scheiden sich dem Zweck nach wie folgt:

1. Im Interesse der Land- und Forstwirthschaft sind die gegen Ende der sechsziger Jahre beseitigten Zölle großen Theils wiederhergestellt. Der Getreidezoll, der den heimischen Ackerbau gegen die Masseneinfuhr aus den billiger produzirenden südosteuropäischen und amerikanischen Ländern schützen will, beträgt im Allgemeinen 1 M., für Gerste dagegen wegen ihrer Verwendung als Rohstoff zu gewerblichen Zwecken nur 0,50 M.[79]). Der Zoll für den nur in geringem Umfange gebauten Flachs ist aufgehoben[80]), der für Mühlenfabrikate dagegen von 2 auf 3 M. erhöht. Gleichzeitig sind Weinbeeren wegen der möglichen Verwendung zu Wein einem Zoll unterworfen[81]).

   Die Zölle auf Vieh und animalische Produkte (Pferd 10, Ochs 20, Kuh und Stier 6, Schwein 2,50 M. das Stück und Fleisch 12, Butter und Käse 20, Schmalz 10, anderes Thierfett 2 M. für 100 kg) sind gleichfalls hauptsächlich gegen die amerikanische Einfuhr gerichtet[82]).

   Die Holzzucht ist durch Zölle auf Borke und Gerberlohe (0,50 M.) und auf Bau- und Nutzholz (0,10 und 0,25 M.) geschützt. Erstere wird vorzugsweise aus Oesterreich, letzteres daneben auch aus Schweden und Rußland eingeführt. Brennholz ist gleich den Kohlen frei[83]).

   Im Fall der Wiederausfuhr von Getreide und Holz ist deren zollfreie Niederlage in Transitlägern gestattet, auch wird bei Ausfuhr von Mühlenfabrikaten der Getreidezoll vergütet[84]).

2. Auf dem Gebiete des Bergbaus und der Montanindustrie stehen die Eisenzölle voran, die in Folge des französischen Handelsvertrags aufgehoben waren und zur Wiederbelebung der in Folge in- und ausländischer Ueberproduktion sehr darniederliegenden und gegen England nicht konkurrenzfähigen Eisenindustrie wieder eingeführt wurden. Der Zoll von Roheisen (1 M.) steigt bei schmiedbarem Eisen, Eisenblech und Draht bis zu 5, bei groben Eisenwaaren bis zu 15, bei feinen

---

[78]) Das. § 6. Die Maßregel bildet eine Anwendung des Retorsionsrechts.

[79]) Zoll-Tarif Nr. 9.

[80]) G. v. 6. Juni 1880 (RGB. 120).

[81]) G. v. 21. Juni 1881 (RGB. 121); AusfInstr. v. 25. Juni 1881 (CB. 247).

[82]) ZollT. Nr. 39, 37, 25 f. g. o., 26 c. 1 u. 4.

[83]) Das. Nr. 13 u. 34.

[84]) ZTarG. § 7. — Transitläger f. Getreide Reg. v. 13. Mai 1880 (CB. 285); Zollerleichterungen f. die von ausländischem Getreide hergestellten Mühlenfabrikate Best. v. dems. T. (Das. 300). — Erleichterte Abfertigung von Floßholz Best. v. 24. Mai 1880 (CB. 394).

bis zu 60 M. Blei und Zink sind, weil sie überwiegend ausgeführt werden, Kupfer und Zinn, weil sie ein wichtiges Material für die heimische Industrie darstellen, ebenso wie alle Erze und edlen Metalle frei[85]).

3. Für die Textilindustrie kommen Leinen, Baumwolle, Wolle und Seide in Betracht. Ihre Rohstoffe sind zollfrei. Als Halbfabrikate kommen die Garne, als Ganzfabrikate die Stoffe in Betracht. Dementsprechend sind nach der Feinheit der Waaren und im Interesse der Gewerbe der Spinnerei und Weberei die Zollsätze abgestuft. Die höchsten Zölle werden für Spitzen und Seidenwaaren mit 600 M. bezahlt. Auch auf diesem Gebiet hatte die Konkurrenz Englands, Oesterreichs und Belgiens und in Betreff der Seidenwaaren Frankreichs die deutsche Industrie erheblich geschädigt, was namentlich bei der früher durch die hohen französischen Zölle geschützten oberelsassischen Industrie hervortrat[86]).

4. Von sonstigen Industriezweigen ist die Fabrikation von Thonwaaren, von Glas, Papier, Leder, Kautschuk und von Waaren daraus, von Seife, Lichten und Oelen durch Zölle geschützt[87]).

5. Als Finanzzölle kommen die Zölle von Material- und Spezereiwaaren in Betracht. Den höchsten Ertrag liefern die Zölle von Wein (24, in Flaschen 48 M.) und Kaffee (40, gebrannter 50 M.). Daran schließen sich Thee (100 M.), Reis (4 M.), Südfrüchte (12, 24 und 30 M.), Gewürze (50 M.) und Petroleum (6 M.)[88]).

Auch die Zölle von Brantwein, Bier, Tabak, Zucker und Salz sind in dem der inländischen Verbrauchssteuer entsprechenden Umfange Finanzzölle. Abgesehen vom Salz ist der Zoll etwas höher als die Verbrauchssteuer und stellt insoweit einen Schutzzoll dar[89]).

Zum Zweck der Statistik des Waarenverkehrs mit dem Auslande müssen alle ein-, aus- und durchgeführten Waaren nach Gattung, Menge, Herkunfts- und Bestimmungsort schriftlich angemeldet werden. Befreit sind zollfreie Waaren in Sendungen bis zu 250 Gramm und die oben erwähnten von der Verzollung ausgeschlossenen Gegenstände. Dabei wird eine statistische Gebühr für die Reichskasse erhoben, welche 5 Pf. für je 5 Stück Vieh, je 500 kg verpackter oder 1000 kg unverpackter Waaren und 10 Pf. für je 10000 kg an Massengütern in Wagen- oder Schiffsladungen beträgt. Gebührenfrei sind zollpflichtige oder nur durchgeführte Waaren und Postsendungen[90]).

---

[85]) ZollT. Nr. 6, 7, 19, 42 u. 43.

[86]) Das. Nr. 2, 22, 30, 41 u. (Erhöhung des Zolles für leichtere Wollenwaaren) Ges. v. 19. Juni 1881 (RGB. 119) nebst AusfInstr. v. 25. Juni 1881 (CB. 247). Aufhebung des Flachszolles. Anm. 80.

[87]) ZollT. Nr. 38, 10, 27, 21, 17, 31, 23, 26 a.

[88]) Das. Nr. 25 e, m, w, s, h, i u. 29.

[89]) Das. Nr. 25 a, b, t. Vgl. § 156 bis 160 d. W.

[90]) RG. v. 20. Juli 1879 (RGB. 261); Bek. v. 20. u. Dienstvorschr. v. 21. Nov. 1879 (CB. 676 u. 687).

§ 155.

cc) Die **Zoll-Ordnung**, der formelle Theil der Zollgesetzgebung ist darauf gerichtet, den Eingang der Zölle unter möglichst geringer Belästigung des Verkehrs zu sichern[91]). Dies fordert eine entsprechende Leichtigkeit und Einfachheit des Verfahrens. Dazu treten mehrere spezielle Vergünstigungen. Gegenstände, die zur Verarbeitung mit der Bestimmung der Wiederaus- oder Wiedereinfuhr über die Grenze ein- oder ausgehen (Veredelungsverkehr), können vom Eingangszoll befreit werden[92]). Besonders wichtig ist der Zollkredit, der dem Zollpflichtigen den Vorschuß ersparen soll, den er bis zum Absatz der eingeführten Waare zu leisten haben würde. Er kann durch Stundung des Zollbetrags oder unter einstweiliger Sicherstellung der Waaren durch Hinausschiebung der Verzollung gewährt werden. Die Sicherstellung erfolgt durch Waarenverschluß oder durch Aufbewahrung in zollfreien Niederlagen[93]), die, wenn es sich um bloße Durchführung durch das Zollgebiet handelt, Transitläger genannt werden[94]). Rückzölle heißen hierbei die im Fall bereits stattgehabter Zahlung wieder erstatteten Zölle[95]).

Anderseits bestehen neben den erforderlichen Strafvorschriften[96]) besondere Kontrollen zur Unterdrückung des Schleichhandels (Schmuggels), namentlich im Grenzbezirk[97]). Die Verbindung zweier Staaten zu gegenseitiger Unterstützung bei Ueberwachung des Schleichhandels heißt Zollkartell[98]).

d) Verbrauchssteuern.

§ 156.

aa) **Brantweinsteuer.** Der Brantwein ist als Genußmittel, sowie durch die sittlichen und physischen Gefahren, die mit dem übermäßigen Genuß desselben verbunden sind, für eine hohe Besteuerung ganz vorzugsweise geeignet.

---

[91]) Diese Vorschriften bilden den Hauptinhalt des Vereinszollg. v. 1. Juli 1869 (RGB. 317) nebst ER. v. 23. Dez. 1869 (MB. 1870 S. 63). Das G. betrifft den Verkehr überhaupt (§ 16—35 u. 93), den Verkehr auf Landstraßen, Flüssen u. Kanälen (§ 36—58), auf Eisenbahnen (§ 59—73), zur See (§ 74—90), den Verkehr der Posten (§ 91) u. der Reisenden (§ 92).

[92]) VZG. § 111—118. Waarensendungen aus dem Inland durch das Ausland nach dem Inland § 111 u. Regul. v. 25. März 1878 (CB. 211).

[93]) VZG. § 94—110.

[94]) Getreide- u. Holzlager Anm. 84.

[95]) Diesen entsprechen bei den Verbrauchssteuern d. Steuervergütungen, die wenn sie den geleisteten Steuerbetrag übersteigen als Ausfuhrprämien bezeichnet werden.

[96]) VZG. § 134—164.

[97]) Das. § 16, 119—124. — Sicherung der Grenze gegen Hamburg und Bremen G. v. 1. Juli 1869 (RGB. 370) u. v. 28. Juni 1879 (RGB. 159).

[98]) Die Zollkartelle bilden ebenso wie die gegenseitigen Erleichterungen im Zoll- u. Grenzverkehr Gegenstand der Handelsverträge (Anm. 7 S. 419). Die Zollverträge, durch welche besondere vom allgemeinen Tarif abweichende Zollsätze u. Zollbefreiungen vereinbart waren, haben, weil sie der Entwickelung eines autonomen Zolltarifs hindernd im Wege standen, mit dem Jahre 1879 aufgehört.

Anderseits sprechen mehrfache Umstände gegen dessen zu starke Heranziehung. Der Grund, daß derselbe als Spiritus zu technischen Zwecken, insbesondere zur Herstellung von Essig und Chemikalien Verwendung findet, hat zwar an Bedeutung verloren, seitdem in dem Holzgeist ein Mittel zur Denaturirung des Brantweins gefunden ist und in Folge dessen eine Steuervergütung bei Verwendung zu gewerblichen Zwecken gewährt wird[1]). Wichtig bleibt dagegen der Umstand, daß die Brantweinfabrikation sich zu einem bedeutsamen Nebengewerbe der Landwirthschaft entwickelt hat, welches durch Verwendung der Kartoffeln eine ergiebige Ausnutzung des im Nordosten unseres Vaterlandes vorherrschenden Sandbodens ermöglicht und zugleich in den Rückständen (Schlempe) ein werthvolles Viehfutter liefert.

Ein weiterer Grund gegen die höhere Besteuerung liegt in der unvollkommenen Art der Veranlagung. Man unterscheidet im Allgemeinen die Fabrikat- von der Material- oder Rohproduktensteuer. Erstere wird von dem fertigen Brantwein oder Spiritus, letztere von dem verwendeten Material vor der Fabrikation oder in einem bestimmten Stadium derselben erhoben[2]). Der Materialsteuer wird zum Vorwurf gemacht, daß sie ihr Objekt nicht gleichmäßig trifft, da aus demselben Quantum Rohmaterial je nach seinem Gehalt und der Beschaffenheit der Apparate, eine verschiedene Ausbeute erzielt wird und daß sie damit die Verarbeitung geringhaltiger Stoffe ebenso wie den kleinen und weniger entwickelten Betrieb von der Konkurrenz ganz ausschließt. — Anderseits sind noch keine ausreichenden Mittel gefunden, welche den Eingang der Steuer vom Fabrikat ohne allzulästige Kontrolle sicherstellen[3]). Die Rohproduktensteuer ist aus diesem Grunde bis jetzt in Deutschland die herrschende geblieben.

Preußen vertauschte den 1810 eingeführten Blasenzins 1820 mit der noch heute angewendeten Maischbottichsteuer. Diese wird unter Annahme

[1]) G. v. 19. Juli 1879 (RGB. 259); AusfRegul. v. 23. Dez. 1879 (CB. 781) nebst B. Beschl. v. 19. u. 26. Juni 1880 (CB. 499) u. v. 7. Juli 1881 (CB. 282).

[2]) Zur Fabrikation (Brennerei) werden Zucker oder Stärkemehl enthaltende Pflanzenstoffe, meist Getreide, Kartoffeln od. Melasse (Anm. 35c.) verwendet. Der zerkleinerte, gekochte u. mit geschrotenem Malz u. Wasser vermengte Stoff bildet die Maische. Diese wird nach eingetretener Zuckerbildung durch Zusatz von Hefe oder anderen Gährmitteln zur Gährung gebracht u. liefert durch Abdampfung (Destillation) in einem geschlossenen Kessel (Blase) den Brantwein oder Spiritus. Der Gehalt, den derselbe neben Wassertheilen an Alkohol besitzt, wird nach dem von Tralles konstruirten Alkoholometer bestimmt. Dieser sinkt wegen des geringeren spezifischen Gewichts des Alkohol in die zu messende u. auf 12,5 Grad Reaum. temperirte Flüssigkeit um so tiefer ein, je mehr Alkohol dieselbe enthält. Das Maß des Einsinkens wird durch Grade (0 bis 100) bezeichnet. — Die Brantweinindustrie hat sich erst seit Beginn des Jahrhunderts entwickelt. Im Reichssteuergebiet wurden (1880) 27 682 Brennereien gezählt, von denen 77 Proz. Kartoffeln, $19\frac{1}{2}$ Proz. Getreide u. $3\frac{1}{2}$ Proz. Melasse brannten. Etwa $\frac{1}{6}$ des Produktes wird ausgeführt.

[3]) Die dieserhalb konstruirten Apparate (Siemens & Halske) zeigen noch vielfache Unvollkommenheiten. — Oesterreich ist aus diesem Grunde von der eingeführten Fabrikatsteuer wieder abgegangen (1865).

eines Satzes von $1^{9}/_{16}$ Sgr. oder 15,6 Pf. für das Quart von 50 Proz. bei jeder Einmaischung, für je 20 Quart Maischbottichraum mit 30 Pf., in kleineren landwirthschaftlichen Brennereien mit 25 Pf. erhoben[4]). Nur bei der übrigens ganz geringfügigen Verwendung nicht mehliger Stoffe (Obst, Treber) wird die Steuer nach dem Rohmaterial bemessen[5]).

Die Steuer fand ihre Einführung sowohl in den neuen Provinzen[6]) mit Ausschluß Hohenzollerns[7]) als im übrigen Reichssteuergebiet[8]). Nur Baiern, Würtemberg und Baden sind ausgenommen. Hier wird die Steuer als Landessteuer erhoben und im Verkehr mit dem übrigen Deutschland eine Uebergangsabgabe entrichtet[9]).

Der inländische Brennereibetrieb ist durch Eingangszoll (48 M. für 100 kg Brantwein)[10]) und Ausfuhrvergütung geschützt[11]).

§ 157.

bb) **Brausteuer.** Das Bier ist ein weit gesunderes Getränk als der Brantwein, und vermag bei weitergehender Verbreitung den Genuß des letzteren zu beschränken. Wenn durch diese Rücksicht der Höhe der Biersteuer eine Grenze gezogen wird, so bildet anderseits das Bier ein geeigneteres Steuerobjekt als der Brantwein, weil es weder als Rohprodukt für die Industrie, noch als Förderungsmittel der Landwirthschaft in Betracht kommt. Seine Fabrikation hat sich unabhängig von der letzteren völlig selbstständig entwickelt[12]), und einen Umfang gewonnen, der sie zu einer ziemlich ergiebigen Steuerquelle hat werden lassen[13]).

---

4) KO. v. 10. Jan. 1824 (KA. VIII 48), KO. v. 10. Aug. 1838 (GS. 431), G. v. 19. April u. V. v. 1. Juni 1854 (GS. 265 u. 266).

5) Regul. v. 21. Aug. 1825 (KA. XI. 900).

6) V. v. 11. Mai 1867 (GS. 633); Jadegeb. G. v. 2. Aug. 1867 (GS. 1309).

7) Hier gilt das BG. v. 4. Mai 1868 (BGB. 151) u. 15. Nov. 1874 (RGB. 133). — Daneben wird eine Wirthschaftsabgabe vom Wein- u. Brantwein-Schank u. Kleinhandel erhoben G. v. 21. Mai 1856 (GS. 457) u. v. 27. März 1875 (GS. 189).

8) BG. v. 8. Juli 1868 (BGB. 384); Einf. in Elf.-Lothr. G. v. 16. Mai 1873 (RGB. 111), in einzelne dem Zollverband angeschlossene Theile V. v. 19. Okt. 1868 (BGB. 513), v. 5. Juni 1869 (BGB. 241), G. v. 29. Dez. 1871 (RGB. 483) u. v. 16. Nov. 1874 (RGB. 134).

9) Reichsverf. Art. 35 u. Bek. v. 15. Jan. 1877 (RGB. 9), 25. Sept. 1878 (RGB. 347), 20. Mai u. 9. Nov. 1880 (RGB. 112, 189 u. 190), 7. Juli 1881 (RGB. 232).

10) Tarif v. 15. Juli 1879 (RGB. 207) Nr. 25 b.

11) G. v. 19. April 1854 § 2 nebst den in Anm. 9 erwähnten Ausf.-Vorschriften. — Ebenso § 5 der V. v. 11. Mai 1867 u. des BG. v. 8. Juli 1868.

12) Hierauf beruht es, daß die Brauerei abweichend von der Brennerei zur Gewerbesteuer herangezogen wird § 138 d. W.

13) Die Bierbereitung (Brauerei) erfolgt, indem Malz (gekeimtes Getreide, meist Gerste) geschroten, mit Wasser eingerührt wird (Einmaischung), sodann (in der Regel unter Zusatz von Hopfen) gekocht u. schließlich zur Gährung gebracht wird. Die Art der Gährung ist vor-

Die Steuer wird als Materialsteuer erhoben. Der Grund ist derselbe wie bei der Brantweinsteuer. Die Mängel treten auch hier hervor, obwohl bei der einfacheren Gestaltung der Fabrikation in geringerem Grade. Mit Ausschluß von Baiern, Würtemberg, Baden und Elsaß-Lothringen, wo die Biersteuer als Landessteuer erhoben und im Verkehr mit dem übrigen Deutschland eine Uebergangsabgabe gezahlt wird[14]), ist dieselbe für das Reich einheitlich geregelt[15]). Die Steuer beträgt von Malz 2 M., von verwendeten Malzsurrogaten (Reis, Stärke, Zucker, Syrup) 2 bis 4 M. für den Centner; sie kann aber auch auf einen Abfindungsbetrag festgestellt werden (Fixation). Der ohne Brauanlage zum eigenen Bedarf bereitete Haustrunk bleibt frei[16]). Die Versteuerung erfolgt in der Regel vor dem Einmaischen, ausnahmsweise vor dem Vermahlen des Malzes und bedingt eine steuerliche Kontrolle der zur Brauerei und zur Aufbewahrung der Braumaterialien dienenden Räume[17]). Die Strafbestimmungen entsprechen den für die Grenzzölle gegebenen[18]). Der inländische Brauereibetrieb ist durch Eingangszoll (4 M. für 100 kg)[19]) und Ausfuhrvergütung[20]) geschützt.

§ 158.

cc) **Tabackssteuer.** Seit Entdeckung Amerikas hat nicht nur der Gebrauch des Tabacks allgemeine Verbreitung gefunden, auch der Anbau und die Verarbeitung dieses Produkts hat sich in ausgedehnter Weise entwickelt[21]). Als Genußmittel vermag der Taback unbestritten eine hohe

---

zugsweise für die verschiedenen Biergattungen bestimmend. — Vom Centner Malz werden durchschnittlich 2 Hektoliter (oder 5,255 Centner) Bier gewonnen. — Die Zahl der Brauereien betrug (1880) im Reichssteuergebiet 11 647 (darunter 129 Aktienbrauereien), in Süddeutschland u. Elf.-Lothringen 15 585, im Reiche also 27 232. — Der Bierverbrauch hat sich während der beiden letzten Jahrzehnte verdoppelt. Er stellte sich im Durchschnitt der Jahre 1873/7 für den Kopf der Bevölkerung in Norddeutschland auf 64, in Baden auf 77, in Würtemberg auf 196 u. in Baiern auf 262 Liter.

[14]) Verf. Art. 35; f. Elsaß-Lothringen RG. v. 25. Juni 1873 (RGB. 161) § 4. — Uebergangsabgabe Bek. v. 15. Jan. 1877 (RGB. 9), 25. Sept. 1878 (RGB. 347), 3. März 1880 (RGB. 25), 10. Juni u. 7. Juli 1881 (RGB. 116 u. 232). — Die süddeutschen Biersteuern sind ungefähr doppelt so hoch, als die norddeutsche u. auch in der Form der Erhebung von derselben verschieden. — Der Versuch, durch Aenderung der letzteren eine Uebereinstimmung anzubahnen, ist bis jetzt nicht gelungen.

[15]) Brausteuer G. v. 31. Mai 1872 (RGB. 153 u. Berichtigung Beil. z. Nr. 16). — Aenderung des § 44 G. v. 23. Dez. 1876 (RGB. 237).

[16]) § 1—5 des Ges.

[17]) Das. § 9—26.

[18]) Das. § 27—42.

[19]) Tarif v. 15. Juli 1879 (RGB. 207) Nr. 25 a.

[20]) Braust. G. § 6 nebst der Anm. 14 erwähnten Ausf.-Vorschriften.

[21]) Die Tabacksindustrie umfaßt den Anbau, die Fabrikation u. den Handel. — In Deutschland wurde (1881) der Anbau auf 27 277 ha u. zwar wesentlich im Kleinen betrieben. Davon entfallen 30 Proz. auf Baden, 25 auf Preußen (Uckermark, Göttingen), 24 auf Baiern (Pfalz), 12 auf Elf.-Lothringen. — Die Fabrikation ist, weil sie ohne Kapital u. Arbeitstheilung möglich ist,

Steuer zu tragen; die Anlegung derselben bietet aber erhebliche Schwierigkeiten und diese steigern sich in dem Maße, als der Ertrag höher geschraubt werden soll und neben der Einfuhr die eigene Tabacksindustrie eines Landes vorgeschritten ist.

In den Ländern, wo Taback gebaut wird[22]), finden sich drei Besteuerungsarten: die Rohproduktsteuer, die Fabrikatsteuer und das Monopol.

Die Rohproduktsteuer wird als Flächen-, Gewicht- oder Werthsteuer erhoben. Die nach dem Quadratraum der Anbaufläche bemessene Flächensteuer ist die einfachste, aber auch unvollkommenste dieser Steuerarten, da weder Quantität noch Qualität des Produkts bei derselben Berücksichtigung finden. Bei der Gewichtsteuer bleibt zwar nur die Qualität unbeachtet; sie bedingt aber sehr lästige Kontrollen und zwingt die Tabacksbauer, die Steuer bis zur Verwerthung des Produkts baar vorzuschießen. Der Werthsteuer endlich steht die Schwierigkeit einer zureichenden Werthbestimmung entgegen.

Bei der Fabrikatsteuer finden Stempelmarken Anwendung, die bei Verpackung des Fabrikats angebracht werden müssen[23]). Auch sie ist mit Werthbestimmung und höchst lästigen Kontrolmaßregeln verbunden.

Unter diesen Umständen hat sich das Tabacksmonopol trotz aller vom Standpunkt der Theorie und des Handelsinteresse gegen Monopole zu Felde geführten Gründe in den meisten Ländern Europas behauptet[24]). Dasselbe giebt Fabrikation und Handel ausschließlich in die Hand des Staats, der damit in die Lage kommt, durch entsprechenden Preisaufschlag eine beliebige Steuer aufzulegen. Dieser Aufschlag kann ohne Schwierigkeit mit dem Werthe des Fabrikats gesteigert werden (Progressivsteuer) und so bildet das Monopol die einzige Steuerform, die eine gehörige Abstufung und dadurch eine hohe Belastung des Tabacks möglich macht. Wo das Monopol sich auf den Handel mit dem im Inland erzeugten Taback beschränkt und die

gleichfalls vorwiegend Kleinindustrie (Hausbetrieb). Zu derselben werden die getrockneten u. sortirten Blätter mit salziger Brühe eingemacht (saucirt) u. in eine gewisse Gährung gebracht (fermentirt). Hierauf erhalten sie, nachdem sie wieder getrocknet sind, die bestimmte Form als Cigarren, Rauch- od. Schnupftaback. — Der Handel wird nur im Großen betrieben. Seinen Hauptmarkt bildet Bremen, in zweiter Linie Hamburg.

[22]) In England ist der Tabacksbau seit Karl II. unbedingt verboten; die Steuer kann hier ausschließlich durch Grenzzölle erhoben werden.

[23]) Eine derartige Stempelabgabe wird in den Vereinigten Staaten u. in Rußland (Tabacksaccise) neben einer besondern Gewerbesteuer von der Tabacksindustrie erhoben.

[24]) Mit Ausnahme Englands u. Rußlands (Anm. 22 u. 23) u. Deutschlands beherrscht das Monopol alle Länder Europas 43,7 Proz. seiner Bevölkerung). — In Frankreich besteht es seit Ludwig XIV. Steuerfuß u. Steuerertrag sind beständig gestiegen. — In Oesterreich war es 1670 eingeführt und bis 1784 verpachtet. Auf Ungarn ist es erst 1851 übertragen.

Einfuhr gegen entsprechende Verzollung frei läßt, wird dasselbe als Rohtabacksmonopol bezeichnet. Die Mängel des Systems bestehen in dem Erforderniß eines großen Beamtenapparats und in der Nothwendigkeit, bei Neueinführung desselben die Tabacksindustriellen entsprechend abzufinden.

In Preußen, wo unter Friedrich dem Großen mit der Regie vorübergehend das Monopol bestanden hatte[25]), war 1819 die Flächensteuer eingeführt. Sie wurde 1868 auf das Gebiet des Norddeutschen Bundes ausgedehnt, ist dann aber einer für das Reich eingeführten Gewichtssteuer gewichen[26]). Diese wird mit 45 M. für 100 kg der zur Fabrikation bereiteten Blätter erhoben[27]). Die bepflanzten Flächen müssen in vorgeschriebener Weise behandelt[28]) und der Steuerbehörde angezeigt werden, worauf diese die Feststellung der zu versteuernden Mengen durch vorläufige Abschätzung vor der Ernte und durch Verwiegung nach derselben bewirkt[29]). Bei Entrichtung der so ermittelten Steuer treten mehrfache Vergünstigungen ein, so die Verwahrung des Tabacks in steuerfreien Niederlagen, die Uebertragung der Steuer auf den Käufer und die Kreditirung derselben[30]). Uebrigens ist die Flächensteuer mit 4,5 Pf. für den qm als Ausnahme für kleine Tabacksfelder unter 4 Ar beibehalten, da für diese der zur Gewichtsermittelung erforderliche Apparat zu umständlich sein würde[31]). Die Strafbestimmungen sind ähnlich wie bei den Grenzzöllen geregelt[32]).

Der Eingangszoll für 100 kg beträgt bei Rohtaback 85 M., bei Cigarren 270 M., bei andern Tabacksfabrikaten 180 M. Hierdurch sowie durch eine entsprechende Ausfuhrvergütung wird der inländischen Tabackskultur und Fabrikation ein Zollschutz gewährt[33]).

§ 159.

dd) Rübenzuckersteuer. Dem aus Ostindien stammenden und seit der Entdeckung Amerikas über alle Tropenländer verbreiteten Zuckerrohr ist im Laufe des Jahrhunderts durch die Zuckerrübe eine erhebliche Konkurrenz erwachsen. Die Rübenzuckerindustrie bezeichnet einen Sieg menschlicher Erfindung über die Macht des Klimas. Mit derselben hat der Zucker aufgehört Kolonialwaare zu sein. Die Entdeckung wurde 1747 durch Markgraf in Berlin gemacht, aber erst durch seinen Schüler Achard praktisch verwerthet.

---

25) S. Anm. 11 (S. 164).

26) Tabackssteuer-G. v. 16. Juli 1879 (RGB. 245); AusfBek. v. 25. März nebst Dienstvorschr. v. 29. Mai 1880 (CB. 153 u. 327).

27) Tab.st.G. § 2.

28) Das. § 22, 3 u. 4.

29) Das. § 5—15.

30) Das. § 16—21; Steuerfreie Niederlagen Regul. v. 29. Mai 1880 (CB. 386); Steuer-Kreditirung Regul. v. 16. Juni 1880 (CB. 468).

31) Tab.st.G. § 23—26; Verwendung von Surrogaten BBeschl. v. 27. Nov. 1879 (CB. 753).

32) Tab.st.G. § 32—47.

33) Das. § 1, 30, 31 u. Regul. v. 28. Mai 1881 (CB. 191).

Ueber die Schwierigkeiten, mit denen die junge Industrie zu kämpfen hatte, half die napoleonische Kontinentalsperre (1806—11) mit ihrer außerordentlichen Preissteigerung für alle Kolonialwaaren erfolgreich hinweg und seitdem hat dieselbe sich in Deutschland stetig weiter entwickelt[34]). Die während der letzten Jahrzehnte in der Fabrikation[35]) gemachten technischen Fortschritte haben diese Entwickelung mächtig gefördert.

Der Rübenzucker blieb, so lange die Produktion sich in beschränkten Grenzen bewegte, steuerfrei. Als indeß trotz fortgesetzter Steigerung des Konsums[36]) ein Ausfall in den Zolleinnahmen für Rohrzucker sich fühlbar machte, wurde eine Besteuerung eingeführt, zunächst in Form einer bescheidenen Kontrolabgabe von $^{1}/_{4}$ Sgr. für den Centner der zur Fabrikation ver-

[34]) Die Zahl der Fabriken stieg 1836 bis 1877 von 122 auf 340 (1880 nur noch 331, darunter 254 in Preußen), die der verarbeiteten Rüben von 50 000 auf 90 Mil. Centner. Die Kulturfläche umfaßt etwa 18 □Meilen. Der größte Theil entfällt auf die Provinz Sachsen, den südwestlichen Theil von Hannover u. die Herzogthümer Anhalt u. Braunschweig; sodann folgt das Odergebiet.

[35]) Die Zuckerfabrikation erfolgt in vier Stadien (Gewinnung des Rübensafts, Läuterung desselben, Darstellung des Zuckers u. Raffinirung desselben).

a. Der Rübensaft wurde früher nur durch Auspressen der zu Brei zerkleinerten Rüben gewonnen. Seit 1860 geschieht dies einfacher und vollständiger durch Auslaugung der in kleine Streifen (Schnitzel) zertheilten Rüben (Diffusion). Die vom Zuckersaft befreiten Rückstände dienen in beiden Fällen als Viehfutter.

b. Zur Befreiung des Saftes von den die Krystallbildung hindernden Salzen u. mineralischen Stoffen (Läuterung, Scheidung) wird Kalk zugesetzt, mit dem diese Stoffe sich verbinden u. mittelst Filtrirens durch Knochenkohle u. Anwendung von Kohlen- oder Phosphorsäure gemeinsam entfernen lassen.

c. Mit dem Erkalten des durch Einkochen verdickten Safts erfolgt die Krystallbildung. Der zurückbleibende Saft (Syrup) gestattet die mehrmalige Wiederholung dieses Verfahrens, wodurch ein zweites, drittes u. viertes Produkt gewonnen wird. Der eine Krystallisirung nicht mehr zulassende Syrup heißt Melasse u. wird als Viehfutter, neuerdings auch zur Spiritusbereitung verwendet. In jüngster Zeit ist das Osmose- u. das Elutionsverfahren auf weitere Gewinnung des in der Melasse unkrystallisirt verbliebenen Zuckers gerichtet worden.

d. Die Reinigung des so gewonnenen Rohzuckers von dem ihm anhaftenden, den Geschmack und die Farbe beeinträchtigenden Unreinigkeiten (Raffinirung) geschieht durch nochmaliges Einkochen u. Läutern u. zwar in der Regel in besondern Fabriken. Das Ausbringen des Rohzuckers zur Raffinade (Rendement) schwankt zwischen 60 u. 96 Proz.

Wichtig für den Handel wie für die Besteuerung ist die Bestimmung des Zuckergehalts. Das aus Holland stammende Verfahren der Feststellung nach Typen (Mustern, Proben) ist unzureichend, da Farbe u. Gestalt sich künstlich herstellen lassen. Man hat deßhalb die Polarisation angewendet, die auf dem Gesetz beruht, daß der durch ein Kalkspathkrystall gegangene (polarisirte) Lichtstrahl, wenn er durch eine Zuckerauflösung geführt wird, eine nach der Menge der in derselben enthaltenen Zuckertheile verschiedene Richtung annimmt. In diesem mittelst eines Instruments (des Saccharimeters) ausgeführten optischen Verfahren lassen sich indessen größere Zuckermengen nur dann bestimmen, wenn sie dieselbe Zuckerart unvermischt enthalten. Die Versuche zur Behebung dieses Mangels sind noch nicht abgeschlossen.

[36]) Auf den Kopf der Bevölkerung entfielen in Deutschland 1841 nur 5 Pfd., 1875 dagegen 14 Pfd. Dieser Satz gilt auch für Frankreich u. die Schweiz, wogegen England mit 57 Pfd. u. die Vereinigten Staaten mit 38 Pfd. weit voranstanden.

wendeten rohen Rüben (1840). Die Steuer wurde hierauf durch eine zwischen den Zollvereinsstaaten vereinbarte Verordnung gleichmäßig geregelt[37]) und demnächst, als die Rübenindustrie sich fortgesetzt weiter entwickelte und bei verbesserter Kultur und Technik aus dem gleichen Rübenquantum eine immer steigende Zuckerausbeute gewinnen ließ[38]), mehr und mehr erhöht. Gegenwärtig ist die Steuer, nachdem sie inzwischen Gegenstand der Reichsgesetzgebung geworden[39]), durch letztere auf 80 Pf. festgesetzt[40]). Gleichzeitig wurde der Eingangszoll für den Centner Rohzucker auf 12 M. und für Raffinade auf 15 M. bestimmt, auch eine Ausfuhrvergütung gewährt[41]).

Die Rübenzuckerindustrie genießt demgemäß ungeachtet wiederholter Herabsetzung der Eingangszölle[42]) noch gegenwärtig einen angemessenen Zollschutz. Unter dem Einfluß desselben hat die inländische Produktion fortgesetzt wachsen und sich ein ausgedehntes Absatzgebiet auch im Auslande erobern können. Dabei hat sich der Rübenzucker als ein ebenso angemessenes wie ergiebiges Steuerobjekt bewährt[43]).

Die Rübenzuckersteuer ist eine Rohproduktsteuer und leidet als solche an den oben bezüglich der Brantweinsteuer hervorgehobenen Mängeln. Der Einführung der Fabrikatsteuer stehen aber zur Zeit neben den Schwierigkeiten der Kontrolle auch die einer ausreichenden Werthbestimmung des Fabrikats entgegen[44]).

§ 160.

ee) **Salzsteuer.** Das Salz bildet kein Genuß- sondern ein Lebensmittel. Als solches erscheint es für eine höhere Besteuerung um so weniger geeignet, als sein Verbrauch sich nicht nach der Wohlhabenheit abstuft, auch

---

37) Preuß. V. v. 7. Aug. 1846 (GS. 335); Einf. (der auch im übrigen Zollvereinsgebiet gültigen V.) in Schleswig-Holstein V. v. 24. Juni 1867 (GS. 918), in einige dem Zollgebiet angeschlossene Theile V. v. 1. Okt. 1868 (GS. 957). — Aufhebung des § 13 u. 17[1] BG. v. 2. Mai 1870 (BGB. 311).

38) Der Ctr. Zucker erforderte 1836 noch 18 Ctr. Rüben, 1846 deren 14, jetzt durchschnittlich nur 11.

39) RVerf. Art. 35; Einf. in Elf.-Lothringen V. v. 17. Juli 1871 (RGB. 325) § 3.

40) RG. v. 26. Juni 1869 (RGB. 282) § 1.

41) Das. § 2—4.

42) Der Eingangszoll betrug mit geringen Veränderungen auf d. Ctr. bis 1844 für Rohzucker 15 M., für Raffinade 30 M., in den Jahren 1867/9 für Rohzucker 12,75 M., für Raffinade 22 M. u. wie erwähnt seit 1869 für Rohzucker 12 M., für Raffinade 15 M.

43) Vgl. Anm. 12 (S. 180); die Zuckersteuer beträgt 1,16 M. pro Kopf.

44) S. Anm. 35. — Eine Fabrikatsteuer ist bislang nirgends in größerem Umfange durchgeführt. In Oesterreich u. Rußland wird die Leistungsfähigkeit der Betriebseinrichtungen in Verbindung mit der Betriebszeit, in Belgien die Menge u. Dichtigkeit des ungeläuterten Rübensaftes der Besteuerung zu Grunde gelegt, während in Frankreich u. Holland die Steuer mittelst Schätzung dieses Saftes unter gleichzeitiger Kontrolle des Betriebes gefunden wird.

das Salz zu landwirthschaftlichen und technischen Zwecken Verwendung findet. Daß das Salz gleichwohl fast überall in hohem Maße besteuert wurde, erklärt sich aus seiner Geschichte. Von dem Bergregal wurde ein besonderes Salzregal abgezweigt[45]) und als Finanzquelle möglichst ausgebeutet. Der monopolartige Betrieb der Salzwerke bot hierzu einen bequemen Weg. So blieb auch, nachdem das Regal bereits den Charakter der Verbrauchssteuer angenommen hatte, das Monopol als zweckmäßigste Erhebungsform für dieselbe bestehen. Erst als in unserem Jahrhundert Bedeutung und Wesen dieser Steuer näher ergründet worden war, ist die Abgabe wesentlich herabgesetzt, vielfach auch das Monopol in eine Produktsteuer umgewandelt[46]).

Preußen hat lange am Monopol festgehalten. Der 1820 einheitlich geregelte Salzpreis war indeß 1842 ermäßigt und für Viehsalz noch weiter herabgesetzt. Zur Verhütung von Defraudationen bestand für einzelne Grenzbezirke ein Salzzwang (Salzkonskription), nach welchem auf jeden Kopf ein bestimmtes Quantum Salz entnommen werden mußte.

Im Jahre 1867 wurde dann auf Grund einer Uebereinkunft unter den Zollvereinsstaaten das Salzmonopol durch eine Salzsteuer ersetzt[47]), die jetzt als Reichssteuer erhoben wird[48]). Alles Salz mit Ausnahme des zur Ausfuhr, zu landwirthschaftlichen oder gewerblichen Zwecken bestimmten unterliegt einer Steuer von 6 M. für den Centner[49]). Salzwerke und Salzfabriken müssen im Fall der Neueröffnung oder Betriebsveränderung der Steuerbehörde angezeigt werden und stehen unter Kontrolle derselben[50]).

Der Eingangszoll ist für das seewärts eingehende Salz der inländischen Steuer gleich, übrigens aber (für 100 kg) um 0,80 M. höher gestellt[51]). Dieser Differentialzoll beruht auf der Konkurrenz Frankreichs, welches von ausländischem Salz eine um den gleichen Betrag höhere Abgabe erhebt.

Uebrigens hat die Eröffnung der reichen Steinsalzlager bei Staßfurt und Erfurt, sowie die vermehrte Salzgewinnung im Neckargebiet die inländische meist in den Händen des Staats befindliche Produktion so gesteigert, daß der ganze Konsum durch dieselbe gedeckt werden kann[52]).

---

[45]) § 125 d. W.

[46]) In England ist seit 1825 jede Salzabgabe aufgehoben. Frankreich führte für das in der Revolution beseitigte Monopol eine Produktionssteuer ein (1806). Auch Rußland besitzt eine solche, während Oesterreich u. Italien das Monopol beibehalten haben.

[47]) Uebereink. v. 8. Mai u. BG. v. 12. Okt. 1867 (BGB. 49 u. 41); Einf. in einige dem Zollgebiet angeschlossene Theile V. v. 1. Okt. 1868 (GS. 957).

[48]) R.Verf. Art. 35.

[49]) G. v. 1867 § 2 u. 20. — Die Unbrauchbarmachung zum menschlichen Genuß heißt Denaturirung. Herstellung v. Wermuthpulver zu diesem Zweck BBeschl. v. 25. März 1878 (CB. 223).

[50]) G. 1867 § 3—10; Strafen § 11—18.

[51]) Das. § 19 u. Tarif v. 15. Juli 1879 (RGB. 207) Nr. 25 t.

[52]) Im Jahre 1879/80 wurden im Zollgebiet in 79 Produktionsstätten 6½ Mil. Doppelctr. (100 kg) gewonnen u. fast 6 Mil. (13,2 kg pro Kopf) verbraucht; davon 1 Mil. zu landwirthschaftlichen u. 1½ Mil. zu gewerblichen Zwecken.

VII. Finanzen des Reichs.

1. Reichsschatzamt.

§ 161.

Das Finanzwesen des Reichs hat in dem Reichsschatzamt seine oberste Verwaltungsbehörde erhalten[1]), welche als Organ des Reichskanzlers[2]) das Etats-, Kassen- und Rechnungswesen, das Reichsvermögen, die Staatsschulden einschließlich des Reichspapiergeldes und Münzwesens und die Zoll- und Steuersachen zu verwalten hat.

Von demselben ressortiren außer den nachbenannten Finanzbehörden die Reichszollbevollmächtigten, die Reichszollämter in den Hansestädten[3]) und die Reichsrayon-Kommission[4]).

2. Reichs-Haushalt, Kassen- und Rechnungswesen.

§ 162.

Ueber den Reichshaushalt, der alle Einnahmen und Ausgaben umfaßt, wird für das Etatsjahr vor dessen Beginn ein Voranschlag (Etat, Budget) durch Gesetz festgestellt[5]). Das Etatsjahr läuft vom 1. April bis 31. März[6]).

Die Centralkassengeschäfte besorgt die Reichs-Haupt-Kasse, welche eine Geschäftsabtheilung der Reichsbank-Hauptkasse bildet[7]).

Ueber die Verwendung aller Einnahmen ist durch den Reichskanzler dem Bundesrath und Reichstag zur Entlastung jährlich Rechnung zu legen[8]). Die Vorprüfung und die Kontrolle der Durchführung des Etats erfolgt durch die preußische Ober-Rechnungs-Kammer[9]), die hierbei um einige Mitglieder verstärkt wird und unter der Benennung „Rechnungshof des Deutschen Reiches" eine besondere unabhängige Reichsbehörde bildet[10]).

3. Reichsvermögen und Reichsschulden.

§ 163.

Durch Uebertragung des Eigenthums an allen unmittelbar zum dienstlichen Gebrauch einer Reichsverwaltung dienenden Gegenständen ist das Reich

---

[1]) Erl. v. 14. Juli 1879 (RGB. 196).

[2]) § 19 d. W.

[3]) § 146.

[4]) § 105 (S. 132).

[5]) RVerf. Art. 69—71. — Bedeutung des Etats § 113 d. W., des Etatsgesetzes Anm. 4 (S. 4).

[6]) G. v. 29. Feb. 1876 (RGB. 121).

[7]) Bek. v. 1. Juni 1871 (RGB. 126) u. v. 29. Dez. 1875 (CB. 821). S. auch Anm. 12 (S. 153). — Gesch.A. v. 30. Dez. 1875 (Auszug MB. 1876 S. 64). — Abrechnung mit den Landeskassen II, zwei CR. v. 2. Juni 1878 (MB. 144 u. 146).

[8]) RVerf. Art. 72.

[9]) § 115 d. W.

[10]) G. v. 4. Juli 1868 (BGB. 433); § 3 geänd. G. v. 11. Feb. 1875 (RGB. 61). — Die Uebertragung ist alljährlich erneuert, zuletzt durch G. v. 1. Juni 1881 (RGB. 100). — Instr. f. d. Rechnungshof v. 5. März 1875 (CB. 157); § 4 geänd. Bek. v. 7. April 1877 (CB. 182).

zum selbstständigen Vermögenssubjekt geworden[11]). Der damit von den einzelnen Staatsfisken geschiedene Reichsfiskus hat in Betreff der Steuerbefreiungen und des Gerichtsstandes gleiche Rechte mit jenen[12]). Außerdem genießt er Befreiung von Porto[13]) und Gerichtskosten[14]).

Gegenstand des Reichsvermögens sind die Reichsbankanstalten[15]), die Reichsdruckerei[16]), die elsaß-lothringischen Eisenbahnen[17]) und verschiedene bei dem Reiche gebildete Fonds, vor Allem der Reichskriegsschatz und der Reichsinvalidenfonds.

Der Reichskriegsschatz besteht aus 120 Mill. M., welche der französischen Kriegsentschädigung entnommen wurden und in baarem gemünzten Gelde für Zwecke der Mobilmachung niedergelegt sind. Er soll die unverzügliche Durchführung der letzteren sichern und darf deßhalb weder zinsbringend belegt noch anderweit benutzt werden, muß auch bei stattgehabter Verwendung stets wieder entsprechend ergänzt werden[18]).

Der gleichfalls der französischen Kriegsentschädigung mit 551 Mill. M. entnommene Reichs-Invalidenfonds bezweckt die Sicherstellung der in Folge des Krieges 1870/1 an Militärpersonen und deren Hinterbliebene gesetzlich zu zahlenden Pensionen und Versorgungen[19]). Die Bestände werden zinsbar belegt[20]) und von der ähnlich der Reichsschuldenverwaltung zusammengesetzten Verwaltung des R.-Inv.-Fonds verwaltet[21]). Ueber die nach Erfüllung des Zweckes entbehrlich werdenden Bestände kann nur durch Reichsgesetz verfügt werden[22]). Die genannte Behörde verwaltet zugleich den Reichstagsgebäude-Fonds[23]) und den Festungsbau-Fonds[24]).

Dem Vermögen steht die Reichsschuld gegenüber[25]). Die Aufnahme von Anleihen und die Uebernahme von Garantien zu Lasten des Reichs erfolgt im Wege der Reichsgesetzgebung[26]). Die Verwaltung der Reichsschulden führt die Preuß. Hauptverwaltung der Staatsschulden[27]) unter der Benennung

---

[11]) G. v. 25. Mai 1873 (RGB. 113).

[12]) Das. § 1, 5 u. CProzO. § 20. Vgl. § 116 d. W.

[13]) G. v. 5. Juni 1869 (BGB 141) § 2.

[14]) G. v. 18. Juni 1878 (RGB. 141) § 98.

[15]) § 319 d. W.

[16]) G. v. 15. Mai 1879 (RGB. 139).

[17]) G. v. 18. Juni 1873 (RGB. 143).

[18]) G. v. 11. Nov. 1871 (RGB. 403). — Verwaltung V. v. 22. Jan. 1874 (RGB. 9). — Der Reichskriegsschatz hängt mit der Wehrverfassung (§ 89 d. W.) eng zusammen u. ist durch die in den Kriegsjahren 1866 u. 1870 mit dem preußischen Kriegsschatz gemachten günstigen Erfahrungen hervorgerufen. Er dient gleich diesem nur der ersten Ausrüstung, während der ältere in Preußen ohne Beschränkung des Betrags angesammelte Staatsschatz der Kriegführung überhaupt galt. (Anm. 14 S. 153 u. Anm. 9 S. 145).

[19]) G. v. 23. Mai 1873 (RGB. 117) § 1. — Erweiterte Bestimmung. G. v. 11. Mai 1877 (RGB. 495) § 1, v. 2. Juni 1878 (RGB. 99) u. v. 30. März 1879 (RGB. 119) § 2 u. 3.

[20]) G. v. 1873 § 2—10 u. v. 1879 § 1.

[21]) G. v. 1873 § 11—14 u. GeschA. v. 11. Juni 1874 (RGB. 104).

[22]) G. v. 1873 § 15.

[23]) G. v. 8. Juli 1873 (RGB. 217) § 1 u. v. 11. Mai 1877 (RGB. 495) § 2.

[24]) § 105 (Anm. 34) d. W.

[25]) Staatsschuldenwesen überhaupt § 121 d. W. u. Anm. 4 (S. 4).

[26]) RVerf. Art. 73; vgl. § 13 d. W.

[27]) § 124 d. W.

„Reichsschuldenverwaltung“ und unter Kontrolle der aus je drei Mitgliedern des Bundesraths und Reichstags und dem Vorsitzenden des Rechnungshofes zusammengesetzten Reichsschulden-Kommission[28]). Die Schulden werden nach bestimmtem Satze verzinst und nach jedesmaliger Festsetzung im Etat getilgt[29]). Verlorene oder vernichtete Schuldurkunden werden nach erlassenem Aufgebot für ungültig erklärt[30]). In Betreff ihrer Verwendung bei Anlegung von Mündelgeldern und Bestellung von Amtskautionen gelten gleiche Grundsätze wie für die preußische Staatsschuld[31]).

Zur Deckung vorübergehender Bedürfnisse — wie sie bei den unzureichenden Betriebsfonds des Reichs wiederholt sich geltend gemacht haben — werden Reichsschatzanweisungen ausgegeben. Dies sind verzinsliche Schuldverschreibungen mit höchstens einjähriger Umlaufszeit[32]).

Neben der verzinslichen[33]) ist durch Ausgabe von Reichs-Kassenscheinen eine unverzinsliche Reichsschuld geschaffen. Die Scheine müssen bei den öffentlichen Kassen angenommen werden, nicht aber im Privatverkehr. Die Ausgabe unverzinslichen Papiergeldes ist dem Reiche ausschließlich vorbehalten[34]) und damit das mannigfaltige Papiergeld der Einzelstaaten verdrängt, mit dem Deutschland zum Schaden des Verkehrs früherhin überschwemmt war.

4. Reichs-Einnahmen und Ausgaben[35]).

§ 164.

Der Bedarf des Reichs findet zunächst durch die Einnahmen aus den ihm überwiesenen Verwaltungen und Steuern seine Deckung.

Nur einzelne Verwaltungen weisen Mehreinnahmen auf, so das Münzwesen, die Reichsbank, die Reichseisenbahnen und das Post- und Telegraphen-

---

28) G. v. 19. Juni 1868 (BGB. 339) u. v. 30. April 1874 (RGB. 40) § 6, 7.

29) G. v. 9. Nov. 1867 (BGB. 157) § 2 u. 3—5, letztere i. d. Fassung des G. v. 6. April 1870 (RGB. 65).

30) Voraussetzungen u. Wirkungen. G. v. 1867 § 6 u. v. 12. Mai 1873 (RGB. 91); Einf. i. Elſ.-Lothringen G. v. 8. Feb. 1875 (RGB. 69) Nr. 4. — Aufgebotsverfahren CProzO. § 838—850.

31) § 123a d. W.

32) G. v. 9. Nov. 1867 § 8 u. v. 27. Jan. 1875 (RGB. 18) § 3.

33) Die verzinsliche Reichsschuld betrug (31. März 1880): 397½ Mill. M. (218 Mill. Anleihen, 20 Mill. Schatzanweisungen u. 159½ Mill. Reichskassenscheine).

34) RVerf. Art. 4³ u. G. v. 30. April 1874 (RGB. 40). — Die Reichskassenscheine sind mit dem dem Reichskriegsschatze (§ 163 d. W.) entsprechenden Betrage von 120 Mill. M., in Abschnitten von 5, 20 u. 50 M. ausgegeben, während die fundirten Reichsbanknoten auf 100 M. u. darüber lauten G. v. 14. März 1875 (RGB. 177) § 3 u. 16. Aeltere Befugniß einzelner Korporationen zur Papiergeldausgabe § 54 das. — Behandlung falscher u. unbrauchbarer Kassenscheine CR. v. 2. Juli 1876 (MB. 222).

35) Die ordentlichen fortdauernden Einnahmen und Ausgaben des Reichs berechneten sich nach dem Etat 1881/2 unter Absatz der gegenüberstehenden Ausgaben u. bezw. Einnahmen wie folgt:

wesen. Baiern und Würtemberg, welche letzteres selbst verwalten, haben an den daraus dem Reiche zufließenden Einnahmen keinen Theil[36].

An Steuern fließen dem Reiche die meisten indirekten Abgaben zu[37]. Die hierbei ausgeschlossenen Staaten[38]) haben dafür besondere Beiträge (Aversen) zu leisten.[39]) — Eine Reichsabgabe bildet ferner der von den Privatbanken für das Recht der Notenausgabe an das Reich zu zahlende Betrag[40]).

Die durch Steuern nicht gedeckten Bedürfnisse des Reichs werden durch Matrikularbeiträge der Einzelstaaten nach Maßgabe ihrer Bevölkerung aufgebracht. Die Festsetzung erfolgt durch den Etat, ihre Ausschreibung durch den Reichskanzler[41]). Der Vertheilungsmaßstab ist kein angemessener, gleichwohl der allein mögliche, solange es an einer gleichmäßigen Einschätzung im Reiche fehlt, die eine geeignetere Grundlage geben könnte.

Der Betrag der Matrikularbeiträge ist veränderlich. Bei der stetigen Zunahme des Bedarfs ist er beständig gestiegen, während anderseits jede Vermehrung der dem Reiche zugewiesenen Steuern die Verminderung oder Beseitigung dieser Beiträge nach sich gezogen haben würde. Das Bestreben, das Reich auf diesem Wege finanziell selbstständig zu stellen, schien der Verwirklichung näher gebracht zu sein, als das System der indirekten Besteuerung weitere Ausbildung fand und zunächst zu einer Erhöhung der Eingangszölle und der Tabackssteuer führte[42]). Entgegengesetzte Strömungen haben indeß die dadurch herbeigeführten Mehreinnahmen dem Reiche nicht voll zufließen lassen und ihm nur die feste Summe von 130 Millionen Mark aus den Erträgen dieser beiden Steuerarten überwiesen. Der Mehrbetrag wird den Bundesstaaten nach dem Maßstabe der von ihnen zu leistenden Matrikularbeiträge zugetheilt[43]) und dasselbe gilt von dem Ertrage der später eingeführten Börsensteuer[44]). Der Grundsatz der Uebertragung dieser Steuern auf das Reich erleidet insoweit eine Beschränkung.

I. Einnahme:

1. Verwaltungen: Post- u. Telegraphen $18\frac{1}{2}$, R. Eisenbahnen 11, Sonstige Verwaltungen $2\frac{1}{2}$, zus.	32	Mill. M.
2. R.-Inv.-Fonds . .	31	" "
3. Steuern (Anm. 12 S. 179, abzüglich des den Einzelstaaten zufließenden Betrags von 62 Mil. M. Anm. 43) . . .	280	" "
4. Matrikularbeiträge	103	" "
Summa .	446	Mill. M.

II. Ausgabe:

1. Reichsschulden . .	$10\frac{1}{2}$	Mill. M.
2. Reichstag, R.-Aemter, R.-Gericht .	$5\frac{1}{2}$	" "
3. Ausw. Vertretung	6	" "
4. Militär 339, Marine 27; Pensionen für beide 18, u. aus dem R.-Inv.-Fonds 31, zus.	415	Mill. M.
Summa .	437	Mill. M.

36) RVerf. Art. 52 Abs. 4.

37) Das. Art. 33—40. Vgl. § 146 d. W.

38) § 12 Nr. I. 1 u. 2 (S. 12) d. W.

39) RVerf. Art. 34, 35 u. 38. G. v. 25. Juni 1873 (RGB. 161) § 4.

40) § 319 (S. 359) d. W.

41) RVerf. Art. 70.

42) § 153 (S. 188) u. 158 (S. 196) d. W.

43) G. v. 15. Juli 1879 (RGB. 207) § 8. — Verwendung in Preußen § 142 d. W.

44) G. v. 1. Juli 1881 (RGB. 185) § 32.

Sechstes Kapitel.

Justiz.

I. Einleitung.

1. Uebersicht.

§ 165.

Den Gegenstand der Justizthätigkeit bildet das Privatrecht (Civil- oder bürgerliche Recht) und das Strafrecht (Kriminalrecht). Beide werden in materielles und formelles Recht geschieden. Die Gerichtsbarkeit (richterliche Gewalt) zerfällt ferner in die streitige und nicht streitige, je nachdem sie Streitfragen zwischen zwei Parteien zu entscheiden hat oder über anderweite Geschäfte sich erstreckt.

Die Rechtspflege, in der nur die streitige Gerichtsbarkeit zur Erscheinung kommt, bildet den eigentlichen Kern der Justizthätigkeit. Sie weist eine eigenthümliche Gestaltung auf und steht durch ihre strengeren Formen im Gegensatz zur Verwaltung (Nr. 3). Der Begriff der Justiz ist jedoch ein noch weiterer und schließt zugleich eine verwaltende Thätigkeit ein, die sich theils auf die Ordnung der eignen Angelegenheiten erstreckt (Justizverwaltung), theils auf dem Gebiete der freiwilligen Gerichtsbarkeit liegt.

Das materielle Recht ist in Betreff des Strafrechts ganz, in Betreff des Privatrechts aber erst theilweise einheitlich geordnet (II).

Das formelle Recht umfaßt die Organisation und das Verfahren. Die Organisation betrifft die Verfassung der Gerichte und die Organe der Justizverwaltung. Sie ist für Privat- und für Strafrecht, für streitige und freiwillige Gerichtsbarkeit ein und dieselbe und im ganzen Reiche übereinstimmend geordnet (III). Letzteres gilt auch vom Verfahren (Prozeß), welches in Civilprozeß, Strafprozeß und Konkurs zerfällt (IV).

Die freiwillige Gerichtsbarkeit umfaßt eine Reihe von Handlungen, die zur Begründung gewisser privatrechtlicher Verhältnisse dienen (V). Die Scheidung zwischen formellem und materiellem Recht erscheint hier nicht so streng durchgeführt, wie bei der streitigen Gerichtsbarkeit.

2. Geschichte.

§ 166.

Die Gerichtsbarkeit[1]) stand im älteren deutschen Reich dem Kaiser zu, der ihre Ausübung den Grafen, später den Landesherren übertrug. Daneben blieb eine konkurrirende Gerichtsbarkeit des Kaisers und Reichs bestehen, die in den Hofgerichten an dem jeweiligen Sitz des Kaisers (judex curiae) und in einzelnen Reichsgerichten zur Geltung kam. Aus den Hofgerichten entwickelte sich seit 1501 der Reichshofrath in Wien, aus den Reichsgerichten seit 1495 das Reichskammergericht zu Speier, später zu Wetzlar. Ersteres trug mehr den Charakter eines persönlichen Gerichts des Kaisers und entschied namentlich über Aberkennung von Fürstenthümern und Grafschaften; letzteres bildete der Hauptsache nach die zweite Instanz gegen Urtheile der Landesgerichte. Seine Zuständigkeit wurde indeß schon vor Auflösung des Reichs insofern durchbrochen, als die Kurfürsten und später alle übrigen größeren Landesherren sich durch s. g. privilegia de non appellando von derselben frei zu machen wußten. Die Weiterentwickelung der Justiz war damit vollständig in die Territorien verlegt.

Für Preußen wurde mit diesem Privilegium (1746) der erste Anstoß zu einer umfassenden Justizreform gegeben, die der Unklarheit und Unsicherheit der Rechtsbestimmungen und dem schleppenden Prozeßgang Abhilfe verschaffen sollte. Sie begann unter Friedrich dem Großen und endete gegen Ablauf des Jahrhunderts mit der Kodifikation des gesammten Rechts. Das Allgemeine Landrecht (1794) umfaßte neben dem Privatrecht auch das Straf-, Staats- und Kirchenrecht. Die Gerichts-Ordnung ordnete den Civilprozeß (1793), die Kriminal-Ordnung den Strafprozeß (1805). Daneben wurde eine Hypotheken- und eine Deposital-Ordnung erlassen (1783).

Diese Gesetzgebung hat unbeschadet einzelner Abänderungen bis in die neueste Zeit die Grundlage unseres Rechtslebens gebildet. Die wichtigste Aenderung trat mit der Verfassung ein. Die Privatgerichtsbarkeit und der privilegirte Gerichtsstand wurden aufgehoben und in Strafsachen ein mündliches und öffentliches Verfahren mit Geschworenen eingeführt[2]). Die richterliche Gewalt sollte fortan bei Wegfall aller Ausnahmegerichte nur im Namen des Königs durch unabhängige Richter ausgeübt werden[3]). Fast gleichzeitig erfolgte eine Umgestaltung des materiellen Strafrechts[4]).

---

[1]) Die Gerichtsbarkeit schied sich ursprünglich in Rechtssprechung (Urtheilsfindung) und Gerichtsherrlichkeit. Letztere schloß das Recht in sich, den Urtheilsspruch herbeizuführen und zu vollziehen. Sie war lediglich Aufgabe der vom Kaiser ernannten Richter (Grafen), während die Urtheilsfindung den aus der Gemeinde entnommenen Schöffen zufiel. Mit dem Aufhören der Gau- und Schöffengerichte nach Einführung der fremden Rechte fielen beide Funktionen in der Hand des Richters zusammen.

[2]) V. v. 2. u. v. 3. Jan. 1849 (GS. 1 u. 14).

[3]) VU. Art. 86, 87 u. 7.

[4]) StGB. v. 14. April 1851 (GS. 93).

Im neuen deutschen Reich ist das gesammte bürgerliche Recht, das Strafrecht und das gerichtliche Verfahren zum Gegenstand der Reichsgesetzgebung geworden[5]). Diese begann mit Einführung eines gemeinsamen Straf-, Handels- und Wechselrechts[6]) unter Einsetzung eines Reichsoberhandelsgerichts[7]) und mit Gewährung gegenseitiger Rechtshülfe unter den Einzelstaaten[8]). Demnächst schaffte sie eine gleichmäßige Gerichtsorganisation und ein einheitliches Verfahren im Civilprozeß, Strafprozeß und Konkurs[9]). Für das bürgerliche Recht, von dem außer dem Handels- und Wechselrecht bislang nur einzelne Gegenstände reichsgesetzlich 'geordnet sind, ist eine einheitliche Regelung angebahnt, aber noch nicht zum Abschluß gebracht[10]). Der Landesgesetzgebung verblieb hiernach neben der Ausführung der Reichsgesetze auch die Justizverwaltung und die freiwillige Gerichtsbarkeit, die nur in Betreff der Organe den durch das Reich geschaffenen Einrichtungen sich angepaßt hat[11]). Trotz dieser Lücken ist auf dem Gebiet der Justiz bereits eine so umfassende Rechtseinheit in Deutschland hergestellt, daß von derselben eine günstige Rückwirkung auf das nationale Bewußtsein mit Sicherheit erwartet werden darf.

3. Gebiet der Rechtspflege.

§ 167.

Die Trennung der Justiz von der Verwaltung erfolgte in Preußen bereits mit der Reorganisation der Behörden im Jahre 1808[12]). Der Grundsatz ist auch in der Reichsgesetzgebung festgestellt, die spezielle Grenzbestimmung zwischen beiden Gebieten dagegen Sache der Einzelstaaten geblieben[13]). Letztere bildet den Ausgangspunkt aller staatlichen Thätigkeit und erfolgt deßhalb ausschließlich im Wege der Gesetzgebung[14]). Den Gerichten sind im Allgemeinen die privat- und strafrechtlichen, den Verwaltungsbehörden die staatsrechtlichen Fragen zugewiesen[15]). Die Gerichte haben dabei ihre Ent-

[5]) RVerf. Art. 4 [13], erg. G. v. 20. Dez. 1873 (RGB. 379); Einf. in Elf.-Lothringen G. v. 8. Feb. 1875 (RGB. 69) Nr. 6.

[6]) Anm. 1 (S. 208) u. 26 (S. 211).

[7]) G. v. 12. Juni 1869 (BGB. 201).

[8]) RVerf. Art. 3 u. G. v. 21. Juni 1869 (BGB. 305).

[9]) Näheres § 176, 191, 197 u. 203 d. W.

[10]) Desgl. § 169.

[11]) Desgl. § 174, 175 u. 207.

[12]) Das Vorbild war das französische Dekret v. 24. Aug. 1790, mit welchem der Grundsatz zuerst in die Rheinprovinz überging. Die Trennung ist deßhalb hier auch am Vollständigsten durchgeführt; die Gerichte sind von der freiwilligen Gerichtsbarkeit größtentheils entbunden und auf die eigentliche Rechtspflege beschränkt Ressort-Regl. v. 20. Juni 1818 (KA. II. 619).

[13]) GerVerfG. v. 27. Jan. 1877 (RGB. 41) § 13; EinfG. (das. 77) § 4.

[14]) VU. Art. 96.

[15]) Allg. GerichtsO. Einl. § 1; LR. Einl. § 79 u. 80. Die KO. v. 4. Dez. 1831 (GS. 255) über die Grenzen zwischen landesherrlichen und fiskalischen Rechtsverhältnissen entzieht den Gerichten alle Streitigkeiten, bei denen der Staat als solcher (nicht als Erwerbsgesellschaft) betheiligt erscheint.

scheidungen lediglich nach Rechtssätzen zu fällen, während die Verwaltung gleichzeitig durch Zweckmäßigkeitsrücksichten geleitet wird. Im Einzelnen sind indeß diese Grundsätze aus praktischen Gründen und im Anschluß an die bestehenden Organisationen mehrfach verlassen. Einerseits ist den Gerichten die Justizverwaltung und die freiwillige Gerichtsbarkeit übertragen, andererseits sind die Verwaltungsbehörden mehrfach mit Entscheidung der in der Verwaltung unterlaufenden privatrechtlichen Streitfragen betraut (Administrativjustiz). Die neuere Gesetzgebung sucht auch in diesen Fällen den Privatrechten einen ausgedehnteren Rechtsschutz zuzuwenden und hat der Verwaltung über einzelne Gegenstände ein nur vorläufiges Entscheidungsrecht vorbehaltlich des Rechtsweges eingeräumt[16]), andere ihr ganz entzogen[17]). Endlich hat sie mit der Verwaltungsgerichtsbarkeit auch in den den Verwaltungsbehörden verbliebenen Sachen für gewisse die Privatrechte berührende Angelegenheiten ein an gerichtliche Formen und Voraussetzungen gebundenes Verfahren geschaffen[18]).

Streitigkeiten über Zulässigkeit des Rechtsweges können nur von den Central- oder Provinzialbehörden erhoben werden (Kompetenzkonflikte). Durch die Erhebung wird das Verfahren unterbrochen. Der besondere Gerichtshof zur Entscheidung der Kompetenzkonflikte besteht aus 11 Mitgliedern, von denen 6 dem Oberlandesgericht zu Berlin angehören, die übrigen zum Richteramt oder höheren Verwaltungsdienst befähigt sein müssen[19]).

II. Das materielle Recht.

Das materielle Recht kommt theils in der Reichs- und allgemeinen Landes-, theils in der Partikulargesetzgebung zur Geltung. Erstere umfaßt das Strafrecht und einen Theil des bürgerlichen Rechtes, während der größere Theil des letzteren noch Gegenstand der Partikulargesetzgebung ist.

---

16) Dahin gehören Enteignungen (§ 363), Gesinde- u. Miethsstreitigkeiten (§ 260) u. Straffestsetzungen bei Uebertretungen (§ 237) oder Steuerkontraventionen (§ 131 S. 166). — Rechtsweg gegen Polizeiverfügungen s. § 231 d. W.

17) G. v. 24. Mai 1861 (GS. 241), nach Maßgabe der V. v. 16. Sept. 1867 (GS. 1515) Art. I, II u. V i. d. neuen Provinzen u. nach Maßgabe des G. v. 25. Feb. 1878 (GS. 97) § 3 in Lauenburg eingeführt. Der Rechtsweg ist danach ausgedehnt:
a) auf vermögensrechtliche Ansprüche der Beamten (§ 1—8),
b) auf gewisse Fälle der Befreiung von der Staats- u. Gemeindesteuer (§ 9 u. 10 i. Verbindung mit LR. II 14 § 78, 79 u. V. vom 26. Dez. 1808 GS. 1817 S. 282 § 36 u. 41),
c) desgl. von der Stempelsteuer (§ 11 bis 14 des Ges.).
d) desgl. von Kirchen-, Pfarr- u. Schulabgaben. (Das. § 15, 16 u. KO. v. 19. Juni 1836 GS. 198).

18) § 57 d. W.

19) GerVerfG. vom 27. Jan. 1877 (RGB. 41) § 17 u. EinfG. (Das. 77) § 17. — V. v. 1. Aug. 1879 (GS. 573). — EinfG.(z. CivProzO.) v. 30. Jan. 1877 (RGB. 244) § 15[1]. — Verfolgung der Beamten wegen Ueberschreitung der Amtsbefugnisse § 60 d. W.

1. Reichs- und allgemeine Landesgesetzgebung.

§ 168.

a) Der erste Gegenstand, dessen die Reichsgesetzgebung auf dem Gebiet der Justiz sich bemächtigte, war das **Strafrecht.** Vorbild war das preußische Gesetz, doch hat das Reichs-Strafgesetzbuch[1]) den Gedanken einer fortschreitend milder werdenden Auffassung in noch stärkerem Maße zum Ausdruck gebracht. Die fortgesetzte Zunahme der Verbrechen legt die Frage nahe, ob hier nicht bereits die zulässige Grenze überschritten sei. Anderseits zeichnet sich das deutsche Strafgesetz durch seine knappe und klare Ausdrucksweise, wie durch seine übersichtliche Anordnung vortheilhaft vor vielen anderen Gesetzen aus. Schwierigkeiten bietet nur die Abgrenzung gegen das Landesstrafrecht, welches durch das Reichsstrafgesetz nicht beseitigt, sondern nur in denjenigen Materien ersetzt wird, die Gegenstand des letzteren bilden. Hiernach sind alle besonderen Strafvorschriften der Landesgesetze, namentlich die auf Presse, Vereine, Post, Steuern, Zölle, Feld- und Forstpolizei, Forstdiebstahl, Jagd und Fischerei bezüglichen in Kraft geblieben. Auch neue landesgesetzliche Strafbestimmungen können auf diesen Gebieten erlassen werden, doch dürfen die Strafen nur in Gefängniß bis zu höchstens 2 Jahren in Geldstrafe, Einziehung (Konfiskation) oder Amtsentsetzung bestehen[2]).

Die strafbaren Handlungen (Delikte) zerfallen nach der Höhe der angedrohten Strafen in drei Gattungen. Sie heißen Verbrechen, wenn Todes- oder Zuchthausstrafe oder eine Festungshaft von mehr als 5 Jahren in Frage steht, Vergehen, wenn geringere Festungshaft oder Gefängniß oder Geldbuße über 150 M. angedroht wird, Uebertretungen, wenn die Strafe nur in Haft oder geringerer Geldbuße besteht[3]). Auf die innerhalb des Reichs begangenen strafbaren Handlungen finden die Strafgesetze regelmäßige Anwendung; für die im Auslande begangenen kommen sie nur ausnahmsweise in Betracht[4]).

---

[1]) Reichs-Straf-Gesetzbuch; EinfG. v. 31. Mai 1870 (BGB. 195). — Einf. in Süddeutschland Anm. 12 (S. 7), insbes. i. Baiern G. v. 22. April 1871 (BGB. 87) § 7, in ElsLothringen G. v. 30. April 1871 (GBl. f. ElsLothr. 255). Das Strafgesetzbuch ist mit den inzwischen ergangenen Aenderungen (G. v. 10. Dez. 1871 RGB. 442 u. 26. Feb. 1876 RGB. 25) neu veröffentlicht Bek. v. 26. Feb. 1876 (RGB. 39).
Fernere Aenderungen:
a) Die Strafen des Bankerutts (§ 281 bis 283 u. EinfG. § 2 Abs. 3) sind durch die KonkO. ersetzt. § 206 d. W.
b) Die Strafbarerklärung des Wuchers hat die Einfügung der §§ 302 a—d u die Aenderung des § 360[12] herbeigeführt RG. v. 24. Mai 1880 (RGB. 109) Art. 1 u. 2.
c) Der Verkehr mit verfälschten u. verdorbenen Lebensmitteln (§ 367[7]) wird nach den erweiterten Bestimmungen des RG. v. 14. Mai 1879 (RGB. 145) § 10—17 bestraft.

[2]) EinfG. § 2 u. 5.

[3]) StGB. § 1.

[4]) Das. § 3—8. — Ausnahmen i. Betr. der Militärpersonen § 93 d. W., der Reichs- u. Landtagsmitglieder § 16 (S. 17) u. § 39 (S. 44) d. W.

Als Strafen sind folgende zugelassen:

1. Die Todesstrafe, die durch Enthauptung in umschlossenem Raume vollstreckt wird[5]), ist auf Fälle des Mordes und des gegen Kaiser oder Landesherrn gerichteten Mordversuchs eingeschränkt[6]).
2. Die Freiheitsstrafen bestehen in Zuchthaus, Gefängniß, Festung und Haft. Die Zuchthausstrafe ist mit Zwangsarbeit verbunden, wird lebenslänglich oder auf 1 bis 15 Jahre verhängt und zieht die dauernde Unfähigkeit zum Dienst im Militär und zur Bekleidung öffentlicher Aemter nach sich. Die ihr dem Wesen nach zunächst stehende Gefängnißstrafe kann mit angemessener Beschäftigung verbunden werden. Ihre Dauer beträgt 1 Tag bis 5 Jahre. Mit den geringsten Beschränkungen in Bezug auf die persönliche Freiheit ist die Festungshaft (custodia honesta) verbunden mit einer Dauer von 1 Tag bis zu 15 Jahren. Die Haft besteht in einfacher Freiheitsentziehung. Sie wird bis zu höchstens 6 Wochen und nur bei Uebertretungen und einzelnen Vergehen angewendet[7]).
3. Geldbußen sind im Fall der Unbeibringlichkeit in Freiheitsstrafen umzuwandeln, wobei ein Tag dem Betrage bis zu 15 M. entspricht[8]).
4. Auf Verlust der bürgerlichen Ehrenrechte kann neben der Todes-, Zuchthaus- oder mindestens dreimonatlichen Gefängnißstrafe auf 1 bis 10 Jahre erkannt werden. Die Wirkung tritt mit Ablauf der Freiheitsstrafe ein und erstreckt sich auf alle öffentlichen Rechte. Die Bestrafung kann sich indeß auch auf die Unfähigkeit zur Bekleidung öffentlicher Aemter beschränken[9]).
5. Die Polizeiaufsicht bildet gleichfalls eine Nebenstrafe[10]).
6. Der Einziehung (Konfiskation) unterliegen alle bei strafbaren Handlungen gebrauchten oder durch dieselben hervorgebrachten Gegenstände[11]).

Der Versuch ist bei Verbrechen uud bei einzelnen Vergehen strafbar, wenn er den Anfang der Ausführung enthält. Die Strafe ist jedoch milder als die der vollendeten That[12]). — Als Theilnahme gilt die Mitthäterschaft, die Anstiftung und die Beihülfe. Sie wird gleichfalls milder, letztere bei Uebertretungen überhaupt nicht bestraft[13]). — Ganz ausgeschlossen bleibt die Strafe bei vorhandener Unzurechnungsfähigkeit, Nöthigung, Nothwehr, Nothstand, Unkenntniß der die Strafbarkeit bedingenden Umstände und bei jugendlichem Alter vor vollendetem 12 ten Jahre. Im Alter bis zum 18 ten Jahre ist die Bestrafung milder und von der Voraussetzung abhängig,

---

5) StGB. § 13. — Vollstreckung StProz-O. § 485 u. 486.

6) StGB. § 80 u. 211.

7) Das. § 14—26, 31, 60 u. 77. — Vollstreckung s. § 238, polizeiliche Nachhaft (Detention) § 239 d. W.

8) StGB. § 27—30 u. 78.

9) Das. § 32—37.

10) Das. § 38, 39. — S. § 240 d. W.

11) StGB. § 40—42. Anwendungen § 152, 295, 296a, 360, 367 u. 369².

12) Das. § 43—46.

13) Das. § 47—50.

daß der Angeschuldigte die zur Erkenntniß der Strafbarkeit erforderliche Einsicht besaß[14]). — Antragsdelikte sind solche Handlungen, deren Bestrafung von Anträgen der Betheiligten abhängig ist. Die Anträge müssen binnen 3 Monaten gestellt werden[15]). — Verbrechen und Vergehen verjähren in 3 bis 20 Jahren, Uebertretungen in 3 Monaten, rechtskräftig erkannte Strafen in 2 bis 30 Jahren[16]). — Im Fall des Zusammentreffens strafbarer Handlungen tritt bei Verletzung mehrerer Strafgesetze durch dieselbe Handlung (ideale Konkurrenz) die schwerste der angedrohten Strafen ein. Werden durch mehrere selbstständige Handlungen ein oder mehrere Strafgesetze verletzt (reale Konkurrenz), so erleidet die schwerste der angedrohten Strafen eine entsprechende Verschärfung[17]).

Die einzelnen Delikte und deren Bestrafung bilden den zweiten (besondern) Theil des Strafgesetzbuchs[18]). Verbrechen und Vergehen finden sich gemeinsam aufgeführt. An die gegen die Staaten und deren Beherrscher gerichteten (politischen) Verbrechen und Vergehen[19]) schließen sich die gegen die öffentliche Ordnung und das Sittengesetz verstoßenden und die auf die Religion bezüglichen[20]). Hierauf folgen die gegen die Person insbesondere deren Ehre, Leben und Gesundheit[21]) und gegen das Eigenthum gerichteten Handlungen[22]). Daran schließen sich die gemeingefährlichen und im Amte begangenen Verbrechen und Vergehen[23]). Den Schluß bilden die Uebertretungen, die indeß nur zum geringeren Theil im Reichs-Strafgesetzbuch behandelt[24]), übrigens der Landesgesetzgebung überlassen sind.

§ 169.

b) Für das **bürgerliche Recht** steht die vorbehaltene Regelung durch die Reichsgesetzgebung zur Zeit noch aus. Die letztere hat sich bislang nur auf einzelne Gegenstände beschränkt, die zumeist auf dem Gebiet des Handels, Gewerbes und Verkehrs liegen. Auch die gemeinsame preußische

---

[14]) Das. § 51—59. — Unterbringung jugendlicher Verbrecher in Besserungsanstalten § 239 d. W.

[15]) StGB. § 61—65. — Form der Anträge StProzO. § 156.

[16]) StGB. § 66—72.

[17]) Das. § 73—78.

[18]) Diese speziellen Strafbestimmungen werden bei den einzelnen Verwaltungszweigen nachgewiesen.

[19]) Abschn. 1—6 (§ 80—122). — Aufruhr, Hoch- u. Landesverrath § 248 d. W.

[20]) Abschn. 7—13 (§ 123—184); insbesondere Hausfriedensbruch § 123, 124, Meineid § 153—163, Sittenverbrechen u. Vergehen Anm. 14 (S. 287). — Verletzung der Wehrpflicht Anm. 2 (S. 108). — Münzverbrechen u. Vergehen Anm. 73 u. 74 (S. 427).

[21]) Abschn. 14—18 (§ 185—241); insbes. Beleidigung § 185—200, Zweikampf (Duell) § 201—210, Mord u. Todschlag § 211—222, Körperverletzung § 223—233.

[22]) Abschn. 19—26 (§ 242—305), insbes. Diebstahl und Unterschlagung § 242—248, Raub und Erpressung § 249—256, Hehlerei § 257—262, Betrug § 263—265, Urkundenfälschung § 267 bis 280, Sachbeschädigung § 303—305.

[23]) Abschn. 27 (§ 306—330) u. 28 (§ 331—359).

[24]) Abschn. 29 (§ 360—370). Es betreffen den öffentlichen Schutz der Sicherheit u. Ordnung § 360—365, den der persönlichen Sicherheit u. Freiheit § 366, 367, den des Vermögens § 368—370. — Vgl. Anm. 2.

Landesgesetzgebung hat einige Gebiete des bürgerlichen Rechts beschritten; in der Hauptsache wird dasselbe jedoch noch durch die Partikulargesetzgebung bestimmt, wie sie in den drei Rechtsgebieten des allgemeinen Landrechts, des gemeinen und des französischen Rechts sich entwickelt hat[25]).

Dem Interesse des Handels, Gewerbes und Verkehrs diente vor Allem die Einführung des Handelsgesetzbuchs und der Wechselordnung als Reichsgesetz[26]). Daran schließen sich besondere Reichsgesetze über Schuldhaft und Zinssatz (Wucher), über Kommanditgesellschaften auf Aktien und Erwerbs- und Wirthschaftsgenossenschaften[27]), über das Urheberrecht an Schrift- und künstlerischen Werken und Photographien[28]), an Modellen und Mustern[29]) und über den Schadensersatz bei Tödtung und Körperverletzung im Betriebe der Eisenbahnen und Fabriken[30]). Durch allgemeines Landesgesetz wurde die Enteignung von Grundeigenthum geregelt[31]).

Weniger fruchtbar tritt die allgemeine Gesetzgebung auf dem Gebiet des Personenrechtes auf. Durch Reichsgesetz wurden den Konfessionen gleiche bürgerliche Rechte zuerkannt[32]) und nach Aufhebung der polizeilichen Ehebeschränkungen[33]) die Erfordernisse für letztere normirt[34]). Auf gleichem Wege ist der Beginn der Großjährigkeit auf das 21ste Jahr festgestellt[35]), während durch gemeinsames Landesgesetz die Geschäftsfähigkeit Minderjähriger[36]) und das Vormundschaftswesen[37]) geordnet wurden.

2. Partikulargesetzgebung.

§ 170.

a) Unter den preußischen Rechtsbüchern[38]) behauptet heute nur noch das **Allgemeine Landrecht** umfassendere Geltung, obwohl auch dieses bereits zahlreiche und eingehende Veränderungen erfahren hat[39]). Vor Allem gilt dies von den im Landrecht enthaltenen staatsrechtlichen Bestimmungen. — Das System dieses Gesetzbuches ist ein demselben eigenthümliches. Es geht nicht von dem objektiven Recht, sondern von der Person (dem Rechtssubjekt) aus. Der erste Theil betrifft nach den einleitenden Bestimmungen[40]) die

---

25) § 170—172 d. W.

26) G. v. 5. Juni 1869 (BGB. 379). Vgl. § 359 u. 317 d. W.

27) § 317, 320 u. 321 d. W.

28) § 310.

29) § 357.

30) § 353 (S. 412).

31) § 363.

32) Anm. 6 (S. 315).

33) G. v. 4. Mai 1868 (BGB. 149); Einf. i. Süddeutschland außer Baiern Anm. 12 (S. 7).

34) Anm. 22 (S. 247).

35) RG. v. 17. Feb. 1875 (RGB. 71).

36) G. v. 12. Juli 1875 (GS. 518); Einf. i. Lauenburg G. v. 25. Feb. 1878 (GS. 97) § 4².

37) § 210 d. W.

38) § 166 (S. 205) d. W.

39) Die bis 1803 erfolgten Aenderungen sind als **Anhang** bearbeitet u. den entsprechenden Stellen des LR. eingereiht Patent v. 1. April 1803.

40) Titel 1—7 u. zwar Rechtssubjekt u. Objekt (1 u. 2), Handlungen, Willenserklärungen u. Verträge (3—6), Besitz (7).

einzelne Person in ihrem wichtigsten und unbedingtesten Vermögensrecht: dem Eigenthum[41]), während der zweite Theil stufenweise die Verbindung der einzelnen Personen zu einer erweiterten Persönlichkeit behandelt, wie sie in der Familie[42]), in den Korporationen und Ständen[43]) und endlich im Staat selbst[44]) hervortritt.

Das Landrecht verdankte seine Entstehung der ausgeprägten Abneigung gegen ein in fremder Sprache geschriebenes Recht, gegen das Kastenthum der Richter und Advokaten und gegen die überhandnehmenden Kontroversen und Prozesse. Die Absicht, das Recht dem Volk näher zu bringen, hat es indeß nur unvollkommen erreicht. Es scheiterte an dem Versuch, alle möglichen Fragen im Voraus zu lösen, an seiner übergroßen Vollständigkeit. Die leitenden Grundsätze werden in Folge dessen derartig durch Folgerungen und Details überwuchert, daß sie oft nur schwer zu erkennen sind und die eigentliche Absicht der Gemeinverständlichkeit weit weniger erreicht ist, als in dem kürzer und übersichtlicher gefaßten französischen Gesetzbuch.

Die Geltung erstreckt sich über den bei der Einführung (1794) vorhanden gewesenen Länderbestand und die bis 1815 neu- und wiedererworbenen Landestheile[45]). Ausgeschlossen blieben das Gebiet des französischen Rechts, der Bezirk Ehrenbreitstein und Neuvorpommern mit Rügen[46]). Andererseits war in Hannover das Landrecht für Ostfriesland und für das Eichsfeld eingeführt worden. Wo das Landrecht an Stelle der fremdherrlichen Gesetzgebung getreten ist, behauptet es, da diese alle Provinzialrechte beseitigt hatte, ausschließliche Geltung. Uebrigens wollte es nur in die Stelle des ge-

---

41) Die Titel 8—23 behandeln das Eigenthum überhaupt (8), seine Erwerbung (9—13), Erhaltung und Verfolgung (14, 15), Beendigung (16) u. seine verschiedene Gestaltung als gemeinschaftliches (17) u. getheiltes Eigenthum (dingliche Rechte, 18—23). — Die im System des römischen Rechtes als selbstständige Theile aufgeführten Gebiete des Obligationen- und Erbrechts erscheinen hier nur als Ausflüsse des Eigenthums.

42) Tit. 1—5. — Der das Gesinde betreffende Tit. 5 ist durch die GesindeO. (§ 260 d. W.) ersetzt.

43) Tit. 6—12. — Die Vorschriften über Bauern-, Bürger- u. Adelstand (Tit. 7—9) sind mit dem Aufhören der politischen Bedeutung der Stände u. in Folge der neueren Kommunalgesetzgebung ziemlich bedeutungslos geworden, während das beim Bürgerstande eingeschaltete Handels- und Wechselrecht durch die Reichsgesetzgebung (§ 169 d. W.) beseitigt ist. Tit. 10 handelt vom Beamten-, Tit. 11 vom geistlichen Stande u. Tit. 12 vom Unterricht.

44) Tit. 13—20. — Der Staat wird allgemein (Tit. 13), in seinen Vermögensrechten (Tit. 14—16 vgl. Anm. 1 S. 157) und in seinen Schutzverhältnissen (Tit. 17—20) betrachtet. Dieser letztere Abschnitt, welcher die Gerichtsbarkeit (Tit. 17), Vormundschaft (Tit. 18), Armenpflege (Tit. 19) u. das Strafrecht (Tit. 20) umfaßte, ist durch die neuere Gesetzgebung beseitigt.

45) Publ. Pat. v. 5. Feb. 1794. — Einf. i. d. getrennt gewesenen u. wieder vereinigten Prov. Pat. v. 9. Sept. 1814 (GS. 89); i. d. Kulm- u. Michelauschen Kreis u. d. Großh. Posen, zwei Patente v. 9. Nov. 1816 (GS. 217 u. 225); i. d. vorm. sächs. Landestheile P. v. 15. Nov. 1816 (GS. 233); i. d. Herz. Westfalen Pat. v. 21. Juni 1825 (GS. 153); in zwischenliegende Enklaven V. v. 25. Mai 1818 (GS. 45); i. die bei Grenzregulirungen abgetretenen Gebiete KO. v. 29. März 1837 (GS. 71).

46) S. § 171 u. 172 d. W.

meinen Rechts treten und kommt gleich diesem dem Provinzialrechte gegenüber nur als ergänzendes (subsidiarisches) Recht in Betracht[47]. — Die Provinzialrechte sollten deßhalb im Wege der Kodifikation zusammengestellt werden, eine Absicht, die indeß nur für Ost- und Westpreußen zur Ausführung gelangte[48]. Ueberall ist dagegen sowohl durch die gerichtliche Praxis, welche statt des vielfach unsichern Provinzialrechts gern auf die festen Normen des Landrechts zurückgriff, als durch die spätere Gesetzgebung, welche die provinziellen Abweichungen beseitigte oder abschwächte, die Bedeutung des Provinzialrechts wesentlich zurückgedrängt.

§ 171.

b) Das **gemeine deutsche Recht**, welches sich aus der Aufnahme des römischen Rechts und dessen Modifikation durch das kanonische und das deutsche Recht gebildet hatte, blieb auch nach Erscheinen des Landrechts in seiner ursprünglichen nicht kodificirten Form bestehen für

1. Neuvorpommern und Rügen,
2. den ostrheinischen Theil des Reg.-Bez. Koblenz ausschließlich der Herrschaft Wildenburg (vormaliger Bezirk des Justizsenats Ehrenbreitstein) und
3. Hohenzollern.

Dieses beschränkte Gebiet erfuhr eine bedeutende Erweiterung mit dem Hinzutritt der neuen Provinzen, in denen fast ausnahmslos das gemeine Recht in Anwendung stand. Seine Geltung ist gleichfalls eine subsidiäre nach dem Satze: „Stadtrecht bricht Landrecht, Landrecht bricht gemein Recht.“

§ 172.

c) Das **französische bürgerliche Gesetzbuch** (code civil) bildet einen Theil der im code Napoleon zusammengefaßten französischen Gesetzgebung, welche während der Fremdherrschaft sowohl in dem zu Frankreich gezogenen linken Rheinufer, als im Gebiet des vormaligen Großherzogthums Berg eingeführt und nach Vereinigung dieser Landestheile mit Preußen beibehalten war. Sie galt demgemäß in der gesammten Rheinprovinz mit Ausschluß des oben (§ 171 Nr. 2) bezeichneten gemeinrechtlichen Gebiets und der Kreise

---

[47] Einl. z. LR. § 21 u. Publ. Pat. v. 1794 § III. — Die das Ehe- und Familienrecht enthaltenden Titel 1—3 des 2. Theils sind zu Gunsten der wesentlich abweichenden Provinzialrechte suspendirt für die Kur- u. Neumark Publ. Patent § VII. u. f. d. Herz. Westfalen Publ. Pat. v. 21. Juni 1825 § 4, (in Betreff des Ehegüterrechts aufgehoben durch G. v. 16. April 1860 GS. 165 § 21).

[48] Ostpreuß. Prov. R. v. $\frac{\text{4. Aug. 1801}}{\text{6. März 1802}}$ (Nov. corp. const. XI. 407 u. 871), Aenderung des § 13, Zus. 213: G. v. 10. März 1864 (GS. 149). — Westpr. Prov. R. v. 19. April 1844 (GS. 103); Einf. in Danzig G. v. 16. Feb. 1857 (GS. 86); Aufhebung in Posen G. v. 5. Juni 1863 (GS. 374), Aenderung des § 44 G. v. 11. Feb. 1850 (GS. 43).

Rees, Essen (Stadt und Land), Duisburg und Mühlheim a. d. Ruhr, in denen das Landrecht gilt. Während die übrigen Theile dieser Gesetzgebung durch die neuesten Reichsgesetze beseitigt sind[49]), steht das bürgerliche Recht noch in Kraft. Auf dem linken Rheinufer ist seine Geltung eine ausschließliche, da es in allen von demselben geregelten Gegenständen neben dem gemeinen Recht auch die Provinzialrechte beseitigt hatte[50]). Auf dem rechten Rheinufer, wo der Code nur kurze Zeit (1810—14) in Geltung stand, hat sich dagegen das Provinzialrecht zum Theil noch erhalten.

III. Justiz-Organisation.

1. Justiz-Verwaltung.

§ 173.

a) Das **Reichsjustizamt** hat die Justizangelegenheiten des Reichs wahrzunehmen, insbesondere die Reichsjustizgesetze vorzubereiten und die Verwaltung in Betreff des Reichsgerichts zu führen.

§ 174.

b) Das **Justiz-Ministerium** bildet die oberste Justizverwaltungsbehörde für Preußen[1]). Die Vorstände der Gerichte und Staatsanwaltschaften sind Organe desselben[2]). Seine Entscheidung ist auf Beschwerden über Disciplin, Geschäftsbetrieb und Verschleppungen beschränkt; eine Einwirkung auf die Rechtsprechung steht ihm nicht zu[3]). Unter dem Justizminister steht die für die ganze Monarchie eingesetzte Justiz-Prüfungskommission[4]).

§ 175.

c) Zu den **Gegenständen der Justizverwaltung** gehört die Aufsicht über das Justizpersonal[5]), die Verwaltung der Justiz-Grundstücke und Lokale[6]), insbesondere der gerichtlichen Gefängnisse[7]) und die Rechnungslegung[8]). Der **Geschäftsgang** ist im Wesentlichen der der Verwaltungs-

49) Es sind dieses die Codes penal, de commerce, de procedure civile u. d'instruction criminelle.

50) Französ. Ges. v. 20. März 1804 (30. ventose an XII). Art. VII.

1) V. v. 27. Okt. 1810 (GS. 3). Neue Prov. Vier V. v. 3. Okt. 1866. (GS. 603—6) u. V. v. 28. Jan. 1867 (GS. 140). — Uebertragung einzelner Geschäfte d. Just.-Min. auf die Provinzialbehörden Vf. v. 26. März 1874 (JMB. 109).

2) G. v. 24. April 1878 (GS. 230) § 77 u. 84.

3) Das. § 85.

4) G. v. 6. Mai 1869 (GS. 656) § 2.

5) S. § 183—189 d. W.

6) Zuständigkeit Vf. v. 1. April 1874 (JMB. 101). — Justizbauverwaltung AO. v. 20. April u. Vf. v. 14. Juli 1874 (JMB. 214).

7) Verwaltung der Gerichtsgefängnisse Vf. v. 14. Aug. 1879 (JMB. 242) u. Regl. v. 16. März 1881 (JMB. Beilage zu Nr. 11). — Verpflegungskostentarif v. 15. Nov. 1875 (JMB. 237). — Waffengebrauch der Gefängnißbeamten Best. v. 11. März u. CR. v. 26. April 1839 (JMB. 114 u. 157). — Gefängnisse überhaupt s. § 238 d. W.

8) Anw. v. 24. Juni 1880 (besonders

behörden[9]. Im Geschäftsverkehr mit dem benachbarten Auslande bestehen mehrere auf Gegenseitigkeit beruhende Erleichterungen[10].

Die amtlichen Veröffentlichungen im Gebiet der Justizverwaltung erfolgen seit 1839 in dem Justiz-Ministerial-Blatt. Die früheren sind in den Kamptzschen Jahrbüchern enthalten.

2. Gerichte.

§ 176.

a) **Uebersicht.** Die Verfassung der ordentlichen Gerichte ist durch Reichsgesetz geregelt[11]. Neben denselben sind besondere Gerichte nur in bestimmten Fällen zugelassen[12]. Die reichsgesetzliche Regelung betrifft nur die streitige Gerichtsbarkeit; in Preußen ist jedoch auch die freiwillige den neueingeführten ordentlichen Gerichten in demselben Umfange übertragen, in dem sie den früheren Gerichten zustand[13].

Die richterliche Gewalt wird durch unabhängige nur dem Gesetz unterworfene Staatsgerichte geübt, unter Ausschluß jeder Kabinetsjustiz, jeder privaten oder geistlichen Gerichtsbarkeit und aller Ausnahmegerichte[14].

Die Gerichte haben sich gegenseitig Rechtshülfe zu gewähren. Ihre Verhandlungen sind mit Ausnahme der Berathungen und Abstimmungen in der Regel öffentlich. Die Aufrechterhaltung der Ordnung (Sitzungspolizei) und die Leitung der Berathung und Abstimmung liegt dem Vorsitzenden ob. Die Gerichtssprache ist die deutsche. Während der vom 15. Juli bis 15. September währenden Gerichtsferien werden nur eilige Sachen erledigt. Diese Vorschriften finden auch auf die nicht zur ordentlichen streitigen Gerichtsbarkeit gehörigen Angelegenheiten entsprechende Anwendung[15].

Die ordentlichen Gerichte sind das Reichsgericht, die Oberlandesgerichte, Landgerichte und Amtsgerichte.

Die Zuständigkeit vertheilt sich auf diese Gerichte wie folgt:

1) In bürgerlichen Rechtsstreitigkeiten bildet die erste Instanz das

---

herausgegeben Vf. v. 15. Mai 1880 JMB. 156 u. Berichtigung 1881 S. 2); Behandlung der Einnahmen u. Ausgaben Anw. v. 30. Aug. 1879 u. Vf. v. 5. Nov. 1881 (JMB. 267).

[9] § 56 d. W.

[10] Gerichtsbezirk Warschau Vertr. v. $\frac{\text{4. Feb.}}{\text{23. Jan.}}$ 1879 (GS. 138), Ausf. Vf. v. 16. Dez. 1879 (JMB. 474); Schweiz Vf. v. 22. Jan. u. v. 12. Juli 1879 (JMB. 20 u. 232).

[11] Gerichts-Verfassungs-G. v. 27. Jan. 1877 (RGB. 41) — Einf.-G. (das. 77) — Preuß. Ausführungs-G. v. 24. April 1878 (GS. 230).

[12] § 182 d. W.

[13] GVG. § 13; Einf.-G. § 2—4; AusfG. § 16.

[14] GVG. § 1, 15, 16. — Diese Grundsätze waren in Deutschland bereits mit geringen Ausnahmen anerkannt. Für Preußen s. § 166 Abs. 3 d. W.

[15] GVG. § 157—204; AG. § 87—91. — Für die Gerichtssprache in nicht streitigen Sachen gelten die allgemeinen Vorschriften (§ 56 d. W.) — Amtstracht der Richter, Gerichtsschreiber, Staats- u. Rechtsanwälte in d. öffentlichen Sitzungen AG. § 89 u. AE. v. 12. Juli 1879 (JMB. 172).

Amtsgericht, in wichtigeren Sachen das Landgericht; die zweite Instanz in ersterem Fall das Landgericht, in letzterem das Oberlandesgericht[16]).

2) In Strafsachen findet eine Dreitheilung statt. Kleinere Straffälle werden vor den bei den Amtsgerichten gebildeten Schöffengerichten, Berufungen gegen deren Entscheidung und wichtigere Fälle vor den bei den Landgerichten gebildeten Strafkammern, schwere Fälle vor den ebendaselbst gebildeten Schwurgerichten verhandelt[17]).

Die dritte (Revisions-)Instanz bildet in beiden Fällen (1 und 2) das Reichsgericht[18]).

3) In Sachen der freiwilligen Grichtsbarkeit bilden die Amtsgerichte die erste und die Landgerichte die zweite Instanz, während als dritte — wo solche überhaupt zugelassen wird — das Oberlandesgericht zu Berlin für ganz Preußen bestellt ist[19]).

Alle diese Gerichte mit Ausnahme der Amtsgerichte sind Kollegialgerichte. Bei jedem derselben besteht eine Staatsanwaltschaft[20]).

Die Richter sind möglichst auf die eigentliche Rechtsprechung beschränkt und von dem nur geschäftlichen Dienste befreit. Zu schärferer Durchführung dieses Grundsatzes (der s. g. Passivität der Gerichte) ist nach dem französischen Vorbild der greffiers und huissiers das Institut der Gerichtsschreiber und Gerichtsvollzieher eingeführt, denen die Einleitung und Ausführung der getroffenen Entscheidungen zufällt[21]). Die Gerichtskostenhebung und das Hinterlegungswesen ist den Gerichten ganz abgenommen und auf die Verwaltungsbehörden übertragen[22]).

Neben den Richtern ist das Laienelement in ausgedehntem Umfange zu den Geschäften der Rechtsprechung herangezogen. Dies tritt in dem Institut der Handelsrichter, der Schiedsmänner und Schöffen hervor, welche neben der beibehaltenen Einrichtung der Geschworenen neu eingeführt wurden[23]).

§ 177.

b) **Das Reichsgericht** hat seinen Sitz in Leipzig[24]). Seine Mitglieder (Präsident, Senatspräsidenten und Räthe) werden auf Vorschlag des Bundesraths vom Kaiser ernannt. Die Zuziehung von Hülfsrichtern ist unzulässig[25]). Bei dem Reichsgericht sind mehrere Civil- und Strafsenate gebildet, welche bei abweichender Ansicht zu vereinigten Civil- und Strafsenaten zusammentreten[26]). Das Plenum entscheidet nur über innere Angelegenheiten[27]). Die Aufgabe des Reichsgerichts besteht in Wahrung der Rechtseinheit und der

---

16) GVG. § 23, 70, 71 u. 123$^{1 u. 4}$.
17) Das. § 27, 73—76, 80 u. 123^{2,3,5}.
18) § 177 d. W.
19) AusfG. § 25—32, 40—43 u. 51—57.
20) § 181 d. W.
21) § 186 u. 187 d. W.
22) § 190 u. 217.
23) § 179, 180 u. 188.
24) RG. v. 11. April 1877 (RGB. 415).
25) GVG. § 125—131 u. 134.
26) Das. § 132, 133, 137—140.
27) Das. § 128, 129, 131; Geschäfts-

gleichmäßigen Auslegung der Reichsgesetze. Der Umfang dieser Aufgabe ist mit den Institutionen des Reichs beständig gewachsen. So wurden dem zuerst ins Leben gerufenen Reichs-Oberhandelsgericht mehr und mehr auch solche Gegenstände übertragen, die mit dem Handelsrecht nicht mehr zusammenhingen. Die Erbschaft dieses nunmehr aufgehobenen Gerichts ist dem Reichsgericht zugefallen [28]). Außerdem entscheidet dasselbe über Revisionen gegen Entscheidungen der Oberlandesgerichte in Civilsachen [29]) und der Schwurgerichte und Strafkammern in Strafsachen [30]). In Staaten mit mehreren Oberlandesgerichten können diese Zuständigkeiten einem der letzteren übertragen werden [31]), eine Befugniß, von der indeß nur Baiern Gebrauch gemacht hat. Anderseits können auch andere nach den bisherigen Prozeßgesetzen von den obersten Landesgerichten zu entscheidende Sachen dem Reichsgericht zugewiesen werden [32]). Preußen hat von dieser Befugniß in einigen Fällen Gebrauch gemacht [33]). Endlich entscheidet das Reichsgericht in erster und letzter Instanz über Hoch- und Landesverrath gegen Kaiser und Reich [34]).

§ 178.

c) Die **Oberlandesgerichte**, deren Bezirke und Sitze in Preußen durch Gesetz bestimmt werden [35]), sind gleichfalls mit einem Präsidenten und mehreren Senatspräsidenten und Räthen besetzt und zerfallen in Civil- und Strafsenate. Sie bilden die Beschwerde- und Berufungsinstanz für die Landgerichte und — soweit es sich nicht um Verletzung von Reichsgesetzen handelt — auch die Revisionsinstanz für die Strafkammern. Als Nachfolger

---

gang § 141 u. GeschO. v. 8. April 1880 (CB. 190).

[28]) EinfG. § 14 u. RG. v. 16. Juni 1879 (RGB. 157).

[29]) GVG. § 135; § 194 Nr. 2 d. W.

[30]) GVG. § 136[2]; § 200 Nr. 2 d. W.

[31]) EG. § 8—10, verb. G. v. 11. April 1877 § 1.

[32]) EG. § 15—17. Einrichtung von Hülfssenaten zu diesem Zweck V. v. 27. Sept. 1879 (RGB. 299).

[33]) V. v. 26. Sept. 1879 (RGB. 287). Uebertragung aus anderen deutschen Staaten RGB. 1879 S. 288—298 u. 1881 S. 37 u. 38.

[34]) GVG. § 136[1].

[35]) AG. § 47, G. v. 4. März 1878 (GS. 109) § 1 u. 3. — Die Bezirke entsprechen den Provinzen (in HessNassau den Reg.Bezirken), doch sind zugelegt zu Sachsen die Aemter Elbingerode u. Hohenstein u. die Fürstenth. Schw. Sondershausen u. Anhalt (Vertr. v. 7 u. 9 Okt. 1878 GS. 1879 S. 173 u. 182), zu Hannover der Kr. Rinteln u. die Fürstenthümer Lippe (Vertr. v. 4. Jan. 1878 GS. 219) u. Pyrmont, zu Westfalen der landrechtliche Theil der Rheinprov. (§ 172 d. W.), zum R.-B. Kassel der Kr. Biedenkopf u. d. Fürstenth. Waldeck, zum R.-B. Wiesbaden der gemeinrechtliche Theil der Rheinprov. (§ 171 d. W.), zur Rheinprov. d. Fürstenth. Birkenfeld (Vertr. v. 20. Aug. 1878 GS. 1879 S. 165). — Die Sitze befinden sich zu Königsberg, Marienwerder, Berlin (Anm. 37, 38), Stettin, Posen, Breslau, Naumburg, Kiel, Celle, Hamm, Kassel, Frankfurt a. M. und Köln. — In Betreff der Kreise Schleusingen, Schmalkalden, welche zum Landgericht Meiningen (Vertr. v. 17. Okt. 1878 GS. 1879 S. 189) u. des Kreises Ziegenrück, welcher zum Landger. Rudolstadt gehört (Vertr. v. 17. Okt. 1878 das. 196), ist Preußen bei dem OLG. zu Jena betheiligt, Vertr. v. 23. April 1878 (das. 203). Die Art. 86 u. 87 d. VU. sind mit Rücksicht hierauf geändert G. v. 19. Feb. 1879 (GS. 18).

der Appellationsgerichte bearbeiten sie die Lehns- und Fideikommiß- und die nicht streitigen Angelegenheiten der Standesherrn[36]).

Das OLG. zu Berlin heißt Kammergericht[37]). Bei diesem ist der Geheime Justizrath gebildet, vor welchem die Mitglieder der Königlichen und der Hohenzollernschen Familie ihren persönlichen Gerichtsstand haben[38]). Die Revisions- und oberste Beschwerdeinstanz bildet das Reichsgericht[39]).

§ 179.

d) Die **Landgerichte**, deren Sitze und Bezirke in Preußen gleichfalls durch Gesetz bestimmt werden[40]), sind mit einem Präsidenten und mehreren Direktoren und Mitgliedern besetzt. Bei denselben sind Civil- und Strafkammern eingerichtet und Untersuchungsrichter für je ein Geschäftsjahr bestellt[41]). Die Civilkammern bilden die erste Instanz in allen Sachen, die nicht vor die Amtsgerichte gehören und die Rekurs- und Beschwerdeinstanz für die Entscheidungen der letzteren[42]).

Zur Entscheidung von Handelsstreitigkeiten können nach Bedürfniß bei den Landgerichten Kammern für Handelssachen gebildet werden, welche aus einem Mitgliede des LG. als Vorsitzendem und zwei Handelsrichtern bestehen. Letztere werden auf Vorschlag der Vertretung des Handelsstandes ehrenamtlich auf 3 Jahre ernannt[43]).

Die Strafkammern entscheiden in erster Instanz über die nicht vor die Schöffengerichte gehörenden Vergehen und über einzelne Verbrechen, in zweiter über Berufungen gegen Urtheile der Schöffengerichte[44]). Bei großer Entfernung des Landgerichtssitzes kann bei einem Amtsgericht für ein oder mehrere Amtsgerichtsbezirke eine (detachirte) Strafkammer gebildet werden[45]).

Ueber die sonstigen Verbrechen entscheiden die Schwurgerichte[46]). Diese treten bei den Landgerichten periodisch zusammen und bestehen aus 3 richterlichen Mitgliedern und 12 nur zur Entscheidung der Schuldfrage berufenen

---

[36]) GVG. § 119—124; AG. § 48—50 u. 57. — Besondere Zuständigkeit des OLG. Berlin § 176 Nr. 3 (S. 216) d. W.

[37]) AE. v. 1. Sept. 1879 (GS. 587).

[38]) AG. § 18 u. G. v. 26. April 1851 (GS. 181) Art. III. — EG. (z. CProzO.) v. 30. Jan. 1877 (RGB. 244) § 5; AG. v. 24. März 1879 (GS. 281) § 9; EG. (z. StProzO.) v. 1. Feb. 1877 (RGB. 346) § 4; EinfG. (z. KonkO.) v. 10. Feb. 1877 (RGB. 390) § 7.

[39]) EG. § 3 u. V. v. 26. Sept. 1879 (RGB. 287) § 2.

[40]) AG. § 37 u. G. v. 4. März 1878 (GS. 109) § 2—4. — Betheiligung Preußens bei den Landgerichten Meiningen u. Rudolstadt u. Zutheilung der Fürstenthümer S. Sondershausen, Pyrmont, Waldeck u. Birkenfeld zu den Landgerichten Erfurt, Hannover, Kassel u. Saarbrücken Anm. 35. — Bei Bildung der Landgerichtsbezirke wurde von einer Normaleinwohnerzahl von 250 000 ausgegangen.

[41]) GVG. § 58—69; AG. § 37, 38.

[42]) GVG. § 70, 71; AG § 39—43.

[43]) GVG. § 100—118; AG. § 46. Verzeichniß der Kammern. zwei Vf. v. 26. Juli 1879 (JMB. 210 u. 211), V. v. 20. Sept. u. 1. Okt. 1881 (das. 187 u. 242).

[44]) GVG. § 72—77.

[45]) Das. § 78 u. Vf. v. 25. Juli 1879 (JMB. 207).

[46]) GVG. § 80 u. EG. § 6. Unterschied zwischen Verbrechen u. Vergehen s. § 168 d. W. — In Preußen waren von 1848 bis 1853 für alle politischen u. Preß-

Geschworenen. — Das Amt der Geschworenen ist Ehrenamt; die Berufung zu demselben erfolgt nach gleichen Grundsätzen wie zum Schöffenamt[47]).

§ 180.

e) **Den Amtsgerichten**, deren Sitze und Bezirke durch Königl. Verordnung bestimmt sind, nach dem 1. Oktober 1882 aber nur durch Gesetz geändert werden können[48]), stehen Einzelrichter vor. Soweit sie mit mehreren Richtern besetzt sind, werden die Geschäfte örtlich oder sachlich unter diese vertheilt. Die Amtsgerichte sind zuständig für Vermögensansprüche bis zu 300 M., für Prozesse, die sich auf ein Miethss-, Gesinde- oder Arbeitsverhältniß, auf das Verhältniß Reisender zu Wirthen, Fuhrleuten, Schiffern und Handwerkern, auf Viehmängel, Wildschäden und Schwängerungen beziehen. Sie bearbeiten ferner das Aufgebotsverfahren[49]), die Konkurse und leiten die Zwangsvollstreckungen, auch wenn die Erkenntnisse von höheren Gerichten ergangen sind[50]). In nicht streitigen Angelegenheiten fallen ihnen die Verwaltung der Grundbuch-, Vormundschafts- und Stiftungssachen, die Führung der Handels-, Genossenschafts-, Muster- und Schiffsregister, die im Handels- und Genossenschaftsgesetze außerdem vorgesehenen Akte und mit den durch die rheinische Gesetzgebung bedingten Maßgaben das Verlassenschaftswesen und die Vollziehung, Beurkundung und Bestätigung der Rechtshandlungen zu[51]).

Für Strafsachen werden unter Vorsitz des Amtsrichters und unter Berufung zweier Schöffen für jede einzelne Sitzung Schöffengerichte gebildet. In ihnen sind abweichend von den gesondert tagenden und auf Beantwortung der Schuldfrage beschränkten Schwurgerichten die Laien mit dem Richter zu einem Kollegium vereint und zu voller Entscheidung berufen. Die Schöffengerichte sind zuständig für Uebertretungen und die mit höchstens 3 Monat Gefängniß oder 600 M. Geldbuße bedrohten Vergehen, ferner für einfache Beleidigungen und leichte Fälle des Diebstahls, Betrugs, der Unterschlagung, Hehlerei und Sachbeschädigung[52]). Das Amt der Schöffen ist Ehrenamt. Ausgeschlossen sind Personen, die in Folge von Bestrafung oder Konkurs hierzu unfähig, wegen Gebrechen ungeeignet oder noch nicht 30 Jahre alt sind, ferner solche, die noch nicht 2 Jahre in der Gemeinde wohnen oder Armenunterstützung empfangen, endlich Dienstboten, Religions-

---

vergehen die Schwurgerichte zuständig. Hiervon ist im GVG. ebenso abgesehen, wie von der seit 1853 bestandenen Verweisung des Hoch- u. Landesverraths vor einen besonderen Staatsgerichtshof.

47) GVG. § 79, 81—99; AG. § 44, 45.

48) AG. § 21. — V. v. 26. Juli 1878 (GS. 275) u. 5. Juli 1879 (GS. 393), ergänzt durch V. v. 1. Okt. u. 10. Nov. 1879 (GS. 615 u. 627), v. 26. Feb. 1880 (GS. 84) u. v. 9. Nov. 1881 (GS. 341). — Abhaltung von Gerichtstagen AG. § 22.

49) GVG. § 22—24; AG. § 23, 24.

50) § 205 u. 196 d. W.

51) AG. § 25—32; verb. § 14 u. 15.

52) GVG. § 25—30. — In den Schöffengerichten ist ein Theil der altgermanischen Gaugerichtsverfassung (Anm. 1 S. 205) wieder ins Leben gerufen.

lehrer, Volksschullehrer, Militärpersonen, richterliche, Staatsanwalts-, gerichtliche und polizeiliche Vollstreckungs- und gewisse höhere Beamte. Zur Ablehnung des Amtes berechtigt die Mitgliedschaft in einer deutschen gesetzgebenden Versammlung, die Erfüllung der Pflicht als Geschworener oder Schöffe im letzten Geschäftsjahr, die Stellung als Arzt oder Apotheker ohne Gehülfen, die Vollendung des 65sten Lebensjahres und die Unfähigkeit zur Tragung des erforderlichen Aufwandes [53]). — Die zu Schöffen geeigneten Personen werden alljährlich in Listen für die Gemeinden (Urlisten) und Amtsgerichtsbezirke zusammengestellt. Ein Ausschuß, der aus dem Amtsrichter, einem Verwaltungsbeamten und 7 von der Kreis- (Amts- oder Gemeinde-) Vertretung gewählten Vertrauensmännern zusammengesetzt ist, entscheidet endgültig über die erhobenen Einsprüche und die für das Geschäftsjahr zu berufenden Schöffen und Vertreter (Haupt- und Hülfsschöffen). Die Schöffen werden in der durch Ausloosung bestimmten Reihenfolge zu den Sitzungen herangezogen [54]).

§ 181.

f) Bei jedem Gericht besteht eine von demselben unabhängige **Staatsanwaltschaft.** Sie bildet eine einheitliche Behörde ohne kollegiale Verfassung und wird beim Reichsgericht durch den Ober-Reichsanwalt und die Reichsanwälte, bei den Oberlandesgerichten durch den Ober-Staatsanwalt und Staatsanwälte, bei den Landgerichten durch Stautsanwälte und bei den Schöffengerichten durch Amtsanwälte versehen [55]). Die Beamten des Polizei- und Sicherheitsdienstes haben als Hülfsbeamte der Staatsanwaltschaft den Anordnungen derselben Folge zu leisten [56]).

Die Zuständigkeit in streitigen Sachen bestimmt sich nach den Prozeßordnungen. Im Civilprozeß liegen der Staatsanwaltschaft nur wenige Funktionen ob [57]). Der Schwerpunkt ihrer Thätigkeit liegt in dem auf der Grundlage der öffentlichen Klage aufgebauten Strafprozeß, in welchem der Staatsanwaltschaft die Rolle des Anklägers zufällt [58]). Zugleich steht ihr die Strafvollstreckung zu [59]). In nicht streitigen Sachen ist die frühere Zuständigkeit bestehen geblieben [60]). Allgemein liegt hiernach der Staatsanwaltschaft die Einleitung der in Folge gerichtlichen Verfahrens nöthig werdenden Vormundschaften [61]) und die Ueberwachung der Erfüllung der durch das

---

[53]) GVG. § 31—35; AG. § 33. — Strafe unwahrer Entschuldigung StrafGB. § 138.

[54]) GVG. § 36—57; AG. § 34—36.

[55]) GVG. § 142—152; AG. § 58 bis 61, 66 u. 67. — Amtsanwälte § 62 bis 65 u. AmtsanwaltsO. v. 28. Aug. 1879 (JMB. 260). — Mittheilungen der Staatsanwaltschaft an andere Behörden über Untersuchungen u. Bestrafungen Vf. v. 25. Aug. 1879 (MB. 221, JMB. 251), Aenderung der Nr. 1 u. 3. Vf. v. 22. März 1880 (JMB. 58), der Nr. 7 Vf. v. 12. Juli 1881 (MB. 178, JMB. 159).

[56]) GVG. § 153. Vgl. § 233 d. W.

[57]) In Ehesachen CivProzO. § 569 u. in Entmündigungssachen das. § 595.

[58]) § 199 d. W.

[59]) StrafProzO. § 483.

[60]) AG. § 58.

[61]) VormO. v. 5. Juli 1875 (GS. 431) § 16.

Handelsgesetzbuch den Kaufleuten auferlegten Verpflichtungen[62]) ob. In den neuen Provinzen hat sie die Verwaltung des Gefängnißwesens[63]).

§ 182.

g) **Besondere Gerichte** neben den ordentlichen sind nur für wenige bestimmte Sachen zugelassen und auch letztere kann die Landesgesetzgebung den ordentlichen Gerichten übertragen[64]). In Preußen bestehen neben dem bereits erwähnten Kompetenzgerichtshof und Geheimen Justizrath[65]) nur:

1. Die Militärgerichte[66]);
2. die Disciplinargerichte für Richter[67]), Beamte[68]), Geistliche[69]) und Studirende[70]);
3. die Austrägalgerichte der Standesherrn[71]);
4. die auf Staatsverträgen beruhenden und in ihrer Organisation sich eng den ordentlichen Gerichten anschließenden Rheinschiffahrts- und Elbzollgerichte[72]);
5. die Gerichte in Ablösungs- und landwirthschaftlichen Auseinandersetzungssachen (General-Kommissionen und Ober-Landeskulturgericht[73]));
6. die Gewerbegerichte[74]).

Unberührt bleiben die nur in Angelegenheiten der nicht streitigen Gerichtsbarkeit zuständigen Dorfgerichte in den östlichen Provinzen, insbesondere in Schlesien und die Orts- und Feldgerichte in Hessen-Nassau[75]).

---

[62]) EG. v. 24. Juni 1861 (GS. 449) Art. 7 u. G. v. 24. März 1879 (GS. 281) § 28.

[63]) V. v. 25. Juni 1867 (GS. 921) Art. XIII.

[64]) GVG. § 14 u. 16; EG. § 3, 5. u. 6 (die durch GVG. § 14³ zugelassenen Gemeindegerichte finden sich nur in Würtemberg u. Baden).

[65]) § 167 (S. 207) u. § 178 (S. 218) d. W.

[66]) GVG. § 16; EG. § 7 (S. 94) d. W.

[67]) § 184 d. W.

[68]) § 22 u. 62 das.

[69]) § 292.

[70]) § 309 (S. 342).

[71]) EG. § 7. Vgl. § 35 (S. 38) d. W.

[72]) GVG. § 14¹; G. v. 8. u. 9. März u. V. v. 1. Sept. 1879 (GS. 129, 132 u. 609). — Durch die Rheinschifffahrtsakte v. 17. Okt. 1868 (GS. 1869 S. 798) Art. 33, 34 u. 40 hatte Holland, durch die ElbschiffA. v. 23. Juni 1821 (GS. 1822 S. 9) Art. 26 u. Add. Akte v. 13. April 1844 (GS. 458) § 46 - 51, Oesterreich (auch nach Aufhebung der Elbzölle G. v. 11. Juni 1870 BGB. 416) Anspruch auf solche Gerichte. — Die auf Deutschland beschränkten die Weser u. den Neckar betreffenden Gerichte sind weggefallen.

[73]) § 333 d. W.

[74]) Sie stammen aus Frankreich und finden sich abgesehen von Elf.-Lothringen auch in der Rheinprovinz G. v. 7. Aug. 1846 (GS. 403), AG. (zur CivProzO.) v. 24. März 1879 (GS. 281) § 10. Sie bestehen in Aachen, Barmen, Burtscheid, Düsseldorf, Elberfeld, Gladbach, Köln, Krefeld, Lennep, Mülheim a. Rh., Remscheid u. Solingen. — Ihre Einführung im übrigen Preußen (V. v. 9. Feb. 1849 GS. 110) hatte keinen Bestand.

[75]) Anm. 51 (S. 88) u. § 73 Nr. 3 (S. 90).

3. Justizpersonen.

§ 183.

a) **Uebersicht.** Die Justizbeamten[1]) scheiden sich in die selbstständig gestellten Richter und in die nicht richterlichen Beamten. Der Aufsicht des Justizministers und der Vorstände der Gerichte und der Staatsanwaltschaft sind zwar alle Justizbeamten unterworfen[2]), doch bleibt die aus dieser Aufsicht fließende Befugniß zur Ertheilung von Rügen und Verhängung von Ordnungsstrafen[3]), ebenso wie die eigentliche Disciplinarbestrafung[4]) auf die nicht richterlichen Beamten beschränkt, während für die Richter besondere Vorschriften bestehen. Zu den nicht richterlichen Beamten zählen die Staatsanwälte, Gerichtsschreiber und Gerichtsvollzieher; zu den Justizpersonen außerdem die Schiedsmänner, Rechtsanwälte und Notare.

§ 184.

b) Die **Richter** werden auf Lebenszeit vom König ernannt[5]).

Die Befähigung zum Richteramt wird durch Ablegung zweier Prüfungen dargelegt. Der ersten geht ein dreijähriges Rechtsstudium auf einer Universität — zur Hälfte auf einer deutschen —, der zweiten eine mindestens vierjährige praktische Beschäftigung bei den Gerichten, Staats- und Rechtsanwälten voraus. Der Ablegung der ersten Prüfnng folgt die Ernennung zum Referendar, der der zweiten die zum Gerichtsassessor[6]). Die in einem Bundesstaat bestandenen werden in jedem andern zur Vorbereitung, bez. zum Richteramt zugelassen[7]). Zu letzterem ist auch jeder ordentliche Lehrer des Rechts an einer deutschen Universität befähigt[8]).

Die Richter haben Anspruch auf Rang[9]) und Gehalt, auf letzteren nach festen dem Dienstalter entsprechenden Grundsätzen[10]). Damit soll die Unabhängigkeit der Richter sicher gestellt werden. Gleichem Zweck dient die Vorschrift, daß Richter unfreiwillig nur durch Richterspruch unter den gesetzlichen Voraussetzungen und Formen dauernd oder zeitweise ihres Amtes enthoben oder an eine andere Stelle oder in den Ruhestand versetzt werden dürfen[11]). Das Disziplinarverfahren gegen Richter, die ihre Amtspflichten

---

[1]) Tagegelder und Reisekosten V. v. 24. Dez. 1873 (GS. 1874 S. 2), erg. V. v. 8. Mai 1876 (GS. 119) u. auf den ObLandGBez. Köln ausgedehnt V. v. 11. Feb. 1880 (GS. 53). — Beurlaubung Vf. v. 14. Jan. 1880 (JMB. 15).

[2]) AG. § 77—79, 82 u. 83; GVG. § 152.

[3]) AG. § 80, 81.

[4]) § 62 d. W., insbes. Anm. 55.

[5]) GVG. § 6; AG. § 7.

[6]) GVG. § 2; G. v. 6. Mai 1869 (GS. 656), bestätigt u. ergänzt AG. § 1 u. 2; AusfRegl. v. 22. Aug. 1879 (JMB. 246), ergänzt Vf. v. 20. März u. 26. Nov. 1880 (JMB. 56 u. 270). — Prüfungs-Kommission § 174 d. W.

[7]) GVG. § 3 u. 5.

[8]) Das. § 4.

[9]) § 65 d. W. — Bei den Amts- und Landgerichten führen sie den Amtstitel „Amts-" u. „Landrichter" AG. § 8.

[10]) GVG. § 7 u. 9; AG. § 9—11 u. V. v. 16. April 1879 (GS. 318).

[11]) GVG. § 8. — Entsprechende Vor-

verletzen oder sich des durch den Beruf erforderten Ansehens und Vertrauens unwürdig zeigen, ist demgemäß abweichend von den allgemeinen Disciplinarvorschriften geregelt[12]).

§ 185.

c) Die **Staatsanwälte**[13]) gehören zu den nicht richterlichen Justizbeamten, müssen aber zum Richteramt befähigt sein. Die dieserhalb und für die Ernennung und das Rangverhältniß in Betreff der Richter gegebenen Vorschriften finden demgemäß auch auf die Staatsanwälte Anwendung[14]).

§ 186.

d) In dem **Gerichtsschreiber** findet sich der gesammte Subalterndienst bei einem Gericht (Gerichtschreiberei) vereinigt. Der Gerichtsschreiber führt das Protokoll in den Gerichtssitzungen, hat Anmeldungen, Gesuche, Wechselproteste, Inventuren und Siegelungen aufzunehmen und Beglaubigungen und Ausfertigungen zu ertheilen[15]). Die Anstellung der Gerichtsschreiber und Gerichtsschreibergehülfen erfolgt nach vorgeschriebener Vorbereitung und Prüfung gegen Gehalt[16]). Das erforderliche Schreibwerk müssen sie auf Verlangen gegen Entschädigung selbst beschaffen[17]).

§ 187.

e) Die **Gerichtsvollzieher** sind mit Vornahme der Zustellungen, Ladungen und Vollstreckungen betraut[18]) und zur Aufnahme von Wechselprotesten und Vornahme von freiwilligen Versteigerungen, Siegelungen und Inventuren zuständig[19]). Sie dürfen Gebühren erheben[20]).

---

schriften enthielt die VU. Art. 87. Das in der letzteren enthaltene Verbot der Uebertragung anderer besoldeter Staatsämter (Art. 88) ist dagegen wieder aufgehoben G. v. 30. April 1856 (GS. 297).

[12]) G. v. 7. Mai 1851 (GS. 218), ergänzt G. v. 26. März 1856 (GS. 201); Einf. i. d. neuen Prov. V. v. 23. Sept. 1867 (GS. 1613); Anpassung an die neue Gerichtsorganisation u. Einf. i. Lauenburg G. v. 9. April 1879 (GS. 345).

[13]) Vgl. § 181 d. W.

[14]) GVG. § 147—152; AG. § 60, 61, 66, 67.

[15]) GVG § 154; AG. § 68—72; Geschäfts-O. f. d. Gerichtsschreibereien der Amts- u. Landgerichte Vf. v. 3. Aug. 1879 (JMB. 230) u. Anl. I. u. II.; der Oberlandesgerichte Vf. v. 8. Sept. 1879 (JMB. 324) u. Anl. A u. B. — Nicht ganz entsprechend der sonst in d. Justizorganisation erstrebten deutschen Ausdrucksweise ist ihnen der Amtstitel „Sekretär“ und „Assistent“ beigelegt. Vf. v. 12. Dez. 1879 (JMB. 471).

[16]) G. v. 3. März 1879 (GS. 99) u. Vf. v. 5. Sept. 1879 (JMB. 317).

[17]) § 8 des Ges. u. Vf. v. 4. Sept. 1879 (JMB. 308).

[18]) CProzO. § 152 u. 674; StPO. § 37.

[19]) GVG. § 155 u. 156; AG. § 73—76. — Ger.Vollz.O. v. 14. Juli 1879 (JMB. 194) u. Anl. (§ 53 geänd. Vf. v. 25. Okt. 1881 JMB. 257); GeschAnw. v. 24. Juli 1879 (JMB. 206) u. Anl.

[20]) GebO. v. 24. Juni 1878 (RGB. 166), erg. G. v. 29. Juni 1881 (RGB. 178) Art. 3; Pr. AG. v. 10. März 1879 (GS. 145) § 32—41.

§ 188.

f) **Schiedsmänner** zur vergleichsweisen Entscheidung der Rechtsstreitigkeiten waren seit 1827 in ganz Altpreußen mit Ausnahme der Rheinprovinz eingeführt. Nachdem die neue Justizgesetzgebung das gerichtliche Einschreiten wegen der durch Privatklage zu verfolgenden Beleidigungen von dem zuvorigen erfolglosen Sühneversuch vor einer Vergleichungsbehörde abhängig gemacht hat[21]), ist das Institut auf den ganzen Staat ausgedehnt[22]). Zugleich ist den Schiedsmännern außer dem Fall der Beleidigung und Körperverletzung[23]) auch die gütliche Schlichtung aller übrigen privatrechtlichen Streitigkeiten übertragen, soweit solche von den Parteien beantragt wird. Alle demgemäß aufgenommenen Vergleiche haben die Wirkung der gerichtlichen[24]). Die Verhandlungen sind sportel- und stempelfrei[25]). Die Parteien haben damit Gelegenheit, die Weitläufigkeiten und Kosten des Prozeßverfahrens zu ersparen.

Für die einzelnen Gemeinden werden Schiedsmänner und Stellvertreter auf drei Jahre gewählt. Größere Gemeinden werden in Bezirke getheilt, kleinere zu solchen vereinigt. Die Wahl steht in letzterem Fall der Kreis- übrigens der Gemeindevertretung zu. Die Gewählten werden bestätigt und vereidigt. Sie haben die Rechte der Beamten und stehen unter Aufsicht des Land- und Oberlandes-Gerichtspräsidenten und des Justizministers. Das Amt ist Ehrenamt. Zur Wählbarkeit gehört ein Alter von 30 Jahren, Wohnsitz im Bezirk, Besitz der bürgerlichen Ehre und des Verfügungsrechts über das Vermögen. Staats- und besoldete Beamte der Kommunal- und Kirchenverwaltung bedürfen der Genehmigung. Zur Ablehnung berechtigt das Alter von 60 Jahren, anhaltende Krankheit, lange oder häufige Abwesenheit, Verwaltung eines unmittelbaren Staatsamtes oder die des Schiedsmannsamtes während der letzten 3 Jahre und sonstige Billigkeitsgründe. Unbefugte Ablehnung kann zeitweilig mit Verlust des Gemeinderechts und mit stärkerer Heranziehung zu den Gemeindelasten gestraft werden[26]).

§ 189.

g) Die **Rechtsanwälte**[27]) sind die berufenen Vertreter und Vertheidiger der Partei vor Gericht. Ihre Thätigkeit erstreckt sich sonach neben der Prozeßvertretung (Anwaltschaft, Prokuratur) auch auf die Rechtsvertheidigung (Advokatur).

Außerhalb der Anwaltsprozesse[28]) sind die bei einem Gericht zuge-

---

21) StPrO. § 420.

22) Schiedsmanns-O. v. 29. März 1879 (GS. 321).

23) SchO. § 33—39.

24) Das. § 12—32 u. 47.

25) Das. § 40—46.

26) Das. § 1—11; CR. v. 27. Aug. 1879 (MB. 209, JMB. 304) u. Vf. v. 11. März 1880 (JMB. 52).

27) RechtsanwO. v. 1. Juli 1878 (RGB. 177).

28) § 192 (S. 229) d. W.

lassenen Rechtsanwälte im ganzen Reiche zuständig[29]). Uebrigens ist die Zulassung durch die Fähigkeit zum Richteramt bedingt und nur unter bestimmten gesetzlichen Voraussetzungen zu versagen[30]). Mit dieser Einschränkung besteht freie Advokatur.

Das Verhältniß des Rechtsanwalts zum Auftraggeber ist an sich Gegenstand des Privatrechts, bringt aber dabei für ersteren mehrere besondere Obliegenheiten mit sich. Neben der Erfüllung dieser und der durch den Beruf an sich geforderten Pflichten muß der Rechtsanwalt sich auch innerhalb und außerhalb seines Berufs der durch denselben bedingten Achtung würdig zeigen[31]). Zuwiderhandlungen werden in einem besondern ehrengerichtlichen Verfahren verfolgt und mit Warnung, Verweis, Geldbuße oder Ausschließung von der Rechtsanwaltschaft bestraft[32]).

Die innerhalb eines Oberlandesgerichtsbezirks zugelassenen Rechtsanwälte bilden die Anwaltskammer. Diese wählt einen Vorstand von 9 bis 15 Mitgliedern, welchem die Verwaltung der gemeinsamen Angelegenheiten, die Aufsicht über die Anwälte, insbesondere die Handhabung der ehrengerichtlichen Strafgewalt und die Entscheidung von Streitigkeiten der Anwälte unter einander und mit ihren Auftraggebern obliegt[33]).

Die Gebühren der Rechtsanwälte sind durch Reichsgesetz nach ähnlichen Grundsätzen geregelt wie die Gerichtskosten[34]). Abweichende Verabredungen sind dadurch nicht ausgeschlossen[35]). Die Regelung, die zunächst nur für die nach der Konkurs-, Civil- und Straf-Prozeß-Ordnung zu verhandelnden Sachen erfolgt war, ist auf alle übrigen Fälle streitiger Gerichtsbarkeit und — soweit es sich um allgemeine Grundsätze handelt — auch auf die gesammte sonstige Berufsthätigkeit der Rechtsanwälte ausgedehnt[36]).

4. Gerichtskosten.

§ 190.

Die Gerichtskosten (Sporteln) bilden eine Gebühr[37]), die für die Benutzung der staatlichen Einrichtungen der Rechtspflege erhoben wird. Sie fallen im Civilprozeß der unterliegenden Partei zur Last[38]) und dienen somit zugleich als Schutzmittel gegen mißbräuchliche Benutzung der Gerichte durch ungegründete oder ungenügend vorbereitete Anträge.

Die Kosten in allen nach der Konkurs-, Civil- und Straf-Pro-

---

29) RAO. § 26 u. 27.

30) Das. § 1—25, 104, 107—110, 112—114, V. v. 25. Juni 1879 (GS. 387) u. AusfVf. v. 28. Juni 1879 (JMB. 151). — Zulassung beim RGericht RAO. § 98—101.

31) Das. § 28—40.

32) Das. § 62 -97, 115 u. 116. — Bestrafung der Ungebühr i. d. Gerichtssitzungen durch d. Gericht GVG. § 180—183.

33) RAO. § 41—61, 102, 105, 106 u. 111.

34) GebO. v. 7. Juli 1879 (RGB. 176).

35) GebO. § 93.

36) AG. v. 2. Feb. 1880 (GS. 43).

37) § 128 d. W.

38) CivProzO. § 87—100.

zeßordnung vor den ordentlichen Gerichten verhandelten Sachen sind reichsgesetzlich festgestellt. Die Klagen über Vertheuerung der Rechtspflege, insbesondere über die Höhe der Nebenkosten (Schreib-, Zustellungs- und Vollstreckungsgebühren), die sich namentlich bei kleineren Objekten unverhältnißmäßig hoch stellten, haben bereits eine Ermäßigung herbeigeführt[39]. Die Kosten werden nach festen Pauschsätzen bestimmt, die, soweit eine Werthschätzung des Gegenstandes in Frage kommt, nach dieser abgestuft sind[40]. Die Pauschsätze umfassen alle Abgaben von Prozessen, insbesondere auch die Stempel[41]. Außer denselben kommen nur baare Auslagen in Ansatz[42], zu welchen insbesondere die Gebühren der Zeugen und Sachverständigen[43] und die Tagegelder und Reisekosten der Justizbeamten[44] gehören. Befreit von allen Gerichtskosten sind der Reichs- und der preußische Staatsfiskus und vor den Landesgerichten auch alle öffentlichen Armen-, Kranken- und Besserungsanstalten, die Waisenhäuser, die Gemeinden in Armensachen, die Volksschulen und anderen Unterrichtsanstalten, die Kirchen und Pfarren, insofern sie keine Ueberschüsse abwerfen und nicht lediglich ein Interesse der Nutznießer in Frage steht, die gemeinnützigen Anstalten nach Bestimmung des Ministers[45], insbesondere die gemeinnützigen Baugesellschaften[46]. — Befreit sind ferner alle diejenigen, welche die Kosten neben dem eignen und der Familie Unterhalt nicht aufzubringen vermögen (Armenrecht)[47]. Ausländern steht diese Wohlthat nur im Fall der Gegenseitigkeit zu[48].

Die Kosten werden durch Erhebung eines Vorschusses sicher gestellt[49]. Ansatz und Einziehung sind speziell geregelt[50]. Die letztere ist den Gerichten abgenommen und auf die Behörden der indirekten Steuerverwaltung übertragen[51].

Die Grundsätze des Gerichtskostengesetzes sind demnächst auf die übri-

---

39) GerichtskostenG. v. 18. Juni 1878 (RGB. 141); Ermäßigung G. v. 29. Juni 1881 (RGB. 178) Art. 1 — Pr.A.G. v. 10. März 1879 (GS. 145) § 1—31.

40) GKG. § 7. — Civilsachen § 8—49 (mit den Aenderungen des G. v. 1881), AG. § 17, 18; Straffachen GKG. § 59 bis 78 (mit den Aenderungen des G. v. 1881); Konkurssachen das. § 50—58 desgl.

41) Das. § 2; AusfG. § 25, 26.

42) GKG. § 79, 80; G. v. 1881 Art. 2 § 80 a. u. 80 b; AG. § 24.

43) GebührenO. v. 30. Juni 1878 (RGB. 173). Sie findet auf alle vor besondere Gerichte gehörigen oder durch die Proz.-Ordnungen nicht betroffenen gerichtlichen Angelegenheiten Anwendung AG. § 42.

44) Anm. 1.

45) GKG. § 98. — G. v. 10. Mai 1851 (GS. 622) § 4. Hiernach sind auch Militärpersonen rücksichtlich der Testamente bei Mobilmachungen u. der Todeserklärungen im Kriege frei.

46) G. v. 2. März 1867 (GS. 385).

47) CProzO. § 106—118; StProzO. § 419 Abs. 3.

48) Italien Bek. v. 1. Okt. 1879 (RGB. 312); Belgien Uebereink. v. 18. Okt. 1878 (RGB. 1879 S. 316); Luxemburg v. 12. Juni 1879 (RGB. 318); Frankreich v. 20. Feb. 1880 (RGB. 1881 S. 81).

49) GKG. § 81—85, 90 u. 3.

50) Das. § 4—6, 86—94; AG. § 28 bis 30; Vf. v. 28. u. 29. Okt. 1879 (JMB. 425 u. 427).

51) Anw. v. 30. Aug. 1879. — Die Bundesstaaten haben sich bei der Einziehung Beistand zu leisten GKG. § 99; Anw. v. 23. April 1880 (CB. 278).

gen Fälle streitiger Gerichtsbarkeit allgemein[52]), auf die freiwillige aber nur insoweit ausgedehnt, als es sich um die Zuständigkeit und Festsetzung der Kosten und um die dieserhalb erforderliche Berechnung des Werthes und der baaren Auslagen handelt[53]). Uebrigens liegen den Kosten der freiwilligen Gerichtsbarkeit noch die bisherigen Gesetze mit der Maßgabe zu Grunde, daß im Oberlandesgerichtsbezirk Köln die an Stelle der Gerichtsgebühren gehobene Jurisdiktionssteuer weggefallen ist[54]).

Im Einzelnen gestalten sich diese Kosten wie folgt:

1) Die Kosten in Vormundschaftssachen sind einheitlich geregelt[55]);
2) dasselbe gilt von den Angelegenheiten der Handels-, Genossenschafts- und Schiffsregister, von den durch das Handelsgesetzbuch und Genossenschaftsgesetz den Gerichten zugewiesenen Angelegenheiten und von Erledigung der Ersuchen (Requisitionen)[56]).
3) Für Grundbuchsachen bestehen besondere Kostentarife[57]). In Hypothekensachen des OLGBez. Köln kommen Inskriptions- und Transkriptions-Gebühren zur Hebung[58]).
4) In allen anderen Angelegenheiten finden die älteren preußischen Bestimmungen weitere Anwendung[59]).

IV. Prozeß.

1. Civilprozeß.

a) Einleitung.

§ 191.

Das Rechtsverfahren ist ein Zweig des öffentlichen Lebens und kann bei vorgeschrittenem Verkehr der einheitlichen Regelung in einem größeren Gebiet nicht entbehren. Gleichwohl bestanden in Deutschland eine Reihe von Prozeßordnungen, die zum Theil auf ganz verschiedenen Grundsätzen beruhten.

---

52) AG. § 1—3.

53) Das. § 4—8, 21 u. 27.

54) Das. § 31 u. 22.

55) G. v. 21. Juli 1875 (GS. 548) nebst G. v. 10. Mai 1851 (GS. 622) § 7, 10³ u. AG. § 11 u. 21. — Einf. i. Lauenburg G. v. 25. Feb. 1878 (GS. 97) § 4⁵ u. AG. § 12, desgl. im vorm. AGerBez. Köln u. Frankfurt a. M. AG. § 10.

56) AG. § 13—16, 19 u. 20.

57) GrundbuchO. v. 5. Mai 1872 (GS. 446) § 141 u. Tarif; Zusätze f. d. Jadegeb. G. v. 23. März 1873 (GS. 111) § 30. — Prov. Hannover G. v. 28. Mai 1873 (GS. 253) § 56 u. Tarif. — Stempelabgabe in Grundbuchsachen G. v. 5. Mai 1872 (GS. 509).

58) KO. v. 15. Mai 1846 (GS. 169) u. G. v. 28. März 1875 (GS. 168).

59) G. v. 10. Mai 1851 (GS. 622), insbes. Tarif § 15—24 (§ 24 geändert AG. § 21) u. ZusatzG. v. 9. Mai 1854 (GS. 273) Art. 15 u. 16; Kosten in Nachlaßregulirungen G. v. 1. Mai 1865 (GS. 509) (§ 7 aufgeh. AG. § 21). — Einf. dieser Vorschriften i. SchlHolstein und HessNassau nach Maßg. der drei V. v. 30. Aug. 1867 (GS. 1369, 1385 u. 1399) u. des G. v. 7. März 1870 (GS. 193). — Subhastationskosten im Geb. der A. GerichtsO. G. v. 15. März 1869 (GS. 421) § 114 u. Tarif. — Im OLGBez. Köln kommt noch die Taxe f. Friedensgerichte v. 23. Mai 1859 (GS. 309) zur Anwendung.

Für Preußen hatten sich in der Allgemeinen Gerichts-O. und in dem rheinisch-französischen Verfahren zwei völlig entgegengesetzte Systeme entwickelt. Die Ger.-O. hatte getreu dem Geiste der Fridericianischen Justizreorganisation[1]) ein Instruktionsverfahren eingeführt, in dem der Richter von Amtswegen das zwischen den Parteien bestehende Rechtsverhältniß auf jede Weise erforschen sollte[1]). Dies Verfahren erwies sich als nicht ausführbar; spätere Gesetze (1833 und 1846) kehrten deßhalb zur Verhandlungs- und Eventualmaxime des gemeinen deutschen Prozesses zurück[2]) und suchten gleichzeitig durch Hinzufügung einer Schlußverhandlung Annäherung an das Prinzip der Mündlichkeit. Im Wesen blieb indeß in dem voraufgehenden Schriftenwechsel die schriftliche Grundlage bestehen. In dieser Umgestaltung wurde das Verfahren später (1849 und 1867) auf die Gebiete des gemeinen Rechts übertragen. Nur die Provinz Hannover blieb ausgeschlossen. In dieser wurde die dortige ProzeßO. beibehalten, welche ebenso wie der im rheinischen Rechtsgebiet maßgebend gebliebene Code de procedure civile den Grundsatz der Mündlichkeit zum vollsten Ausdruck gebracht hatte.

Die neue Civil-ProzeßO. hat alle verschiedenen deutschen Prozeßvorschriften durch neue Bestimmungen ersetzt und das Streitverfahren vor den ordentlichen Gerichten für das ganze Reich einheitlich geregelt[3]).

b) Grundlagen des Verfahrens.

§ 192.

Die Zuständigkeit wird sachlich durch die Gerichtsverfassung[4]), örtlich durch den Gerichtsstand (Forum) bestimmt. Dieser richtet sich nach dem Orte, an dem die Parteien wohnen, die streitige Sache belegen oder die fragliche Handlung vorgenommen ist[5]). In vermögensrechtlichen Sachen können die Parteien sich über ein an sich unzuständiges Gericht 1ster Instanz vereinbaren (Prorogation[6]). — Richter, die in der Sache befangen erscheinen, sind laut Gesetz oder nach Ablehnung Seitens der Parteien von der Entscheidung ausgeschlossen[7]).

Als Parteien dürfen alle Personen insoweit auftreten, als sie sich durch Verträge verpflichten können. Großjährige Hauskinder und Ehefrauen sind

---

[1]) § 166 Abs. 2 d. W.

[2]) Nach der Verhandlungsmaxime ist der Richter in seiner Entscheidung lediglich an die Vorträge der Parteien gebunden; nach der Eventualmaxime haben letztere alle Angriffs-, Vertheidigungs- u. Beweismittel bei Strafe des Ausschlusses auf einmal vorzubringen, auch wenn davon erst später u. unter Umständen (eventuell) Gebrauch gemacht werden soll.

[3]) CivProzO. v. 30. Januar 1877 (RGB. 83); EinfG. (das. 244). — Preuß. AusfG. v. 24. März 1879 (GS. 281). — Uebergangsbest. G. v. 31. März 1879 (GS. 332) § 1—34 u. 44—48.

[4]) § 176 (S. 216) d. W. — Werthbestimmung des Streitgegenstandes CPO. § 2—9.

[5]) Das. § 12—37 u. EG. § 9.

[6]) CPO. § 38—40.

[7]) Das. § 41—49.

als solche nicht beschränkt (Prozeßfähigkeit)[8]. In Streitsachen vor den ordentlichen Gerichten mit Ausschluß der Amtsgerichte ist die **Vertretung** durch einen bei dem Gericht zugelassenen Vertreter geboten (Anwaltsprozesse)[9]. In den übrigen Fällen können alle prozeßfähigen Personen als Bevollmächtigte oder Beistände auftreten[10]. Die **Vollmachten** müssen schriftlich ausgestellt und auf Verlangen der Gegenpartei beglaubigt sein. Spezialvollmachten werden nicht erfordert[11].

Im Verfahren ist der Grundsatz der **Mündlichkeit** zum vollsten Siege gelangt. Bestimmend war dabei die Erwägung, daß wenn das schriftliche Verfahren größere Sicherheit und Uebersichtlichkeit gewährt hatte, dafür im mündlichen Prozeß nicht nur eine wesentliche Abkürzung erreicht, sondern vor Allem die Sache über die Form, das materielle über das formelle Recht erhoben werden konnte. Die Mündlichkeit fordert die Unmittelbarkeit der Verhandlung vor dem erkennenden Richter. Die mündliche Verhandlung wird zum Hauptakt, in dem der ganze Rechtsstreit sich abspielt. Die Schriftsätze (Klage und Klagebeantwortung), im preußischen Prozeß die eigentlichen Grundlagen des Verfahrens, dienen nur noch zur Vorbereitung. Ihr Inhalt ist für den Richter nur insoweit maßgebend, als er in der mündlichen Verhandlung wiederholt wird. Die Eventualmaxime, durch welche im schriftlichen Verfahren der vollständige Abschluß jedes Schriftsatzes erzielt werden sollte, wurde damit entbehrlich und ist fortgefallen. Beweismittel und Einreden können bis zum Schluß der mündlichen Verhandlung und demnächst auch in der Berufungsinstanz vorgebracht werden. Die Verhandlungsmaxime ist beibehalten, erhält jedoch durch die richterliche Prozeßleitung die erforderliche Begrenzung[12].

Um ferner den Richter möglichst auf die Rechtsprechung zu beschränken, sind demselben alle Geschäfte abgenommen, die mit gleichem Erfolg von untergeordneten Personen oder von den Parteien selbst ausgeführt werden können. Die **Zustellungen** sind in die Hand der Parteien gelegt (Parteibetrieb), die indeß außerhalb der Anwaltsprozesse die Vermittelung der Gerichtsschreiber in Anspruch nehmen können. Die Zustellung wird durch die Gerichtsvollzieher entweder direkt oder durch die Post bewirkt. Zwischen Anwälten kann sie unmittelbar geschehen[13]. Der Regel nach erfolgt die

---

[8]) Das. § 50—73. — Die §§ 50, 55 u. AG. § 3 handeln von dem gesetzlichen u. dem amtlich bestellten Vertreter (Litiskurator), CPO. § 56—60 von der Streitgenossenschaft, § 61—73 von der Betheiligung Dritter am Rechtsstreit (Intervention).

[9]) Das. § 74, 121^{6} u. 230; verb. § 128 u. 132.

[10]) Das. § 75 u. 86. — Unfähige u. geschäftsmäßige Vertreter u. Beistände (Winkelkonsulenten) können in der mündlichen Verhandlung zurückgewiesen werden § 143.

[11]) Das. § 76—85.

[12]) Das. § 119—151.

[13]) Das. § 152—190. — Verfahren bei Zustellung durch Niederlegung der Schriftstücke bei den Polizei- oder Gemeindevorstehern CR. v. 14. April 1880 (MB. 129, JMB. 95).

Terminsansetzung durch den Richter, die Ladung durch die Parteien[14]).

Fristen können auf Gesetz, richterlicher Bestimmung oder Vereinbarung beruhen. Sie werden unter Einrechnung des Anfangstages berechnet und laufen mit dem Schlußtage, soweit dieser kein Sonn- oder Festtag ist, ab. Ihr Lauf ruht während der Gerichtsferien[15]). Dies gilt nicht von den im Gesetz als solchen bezeichneten Nothfristen (Fatalien), die außerdem jeder Einwirkung der Parteien entzogen sind[16]). Gegen Versäumung von Prozeßhandlungen und Fristen findet unter Umständen Wiedereinsetzung (Restitution) statt[17]). Ein Stillstand in dem einmal eingeleiteten Prozeß kann in Folge gesetzlicher Vorschrift eintreten, oder durch richterliche Bestimmung oder Vereinbarung der Parteien herbeigeführt werden (Unterbrechung, Aussetzung oder Ruhen des Verfahrens)[18]).

c) Verfahren in erster Instanz.

§ 193.

Das erstinstanzliche Verfahren findet entweder vor dem (kollegialen) Landgericht oder vor dem Einzelrichter (Amtsgericht) statt[19]). Im Verfahren vor den Landgerichten ist die Klage, die von einem beim Prozeßgericht zugelassenen Rechtsanwalt unterzeichnet sein muß, dem Gerichtsschreiber einzureichen und dem Verklagten nach Bestimmung des Termins durch den Präsidenten zuzustellen. Die zwischen Zustellung und Termin liegende Einlassungsfrist beträgt mindestens 1 Monat, in Markt- und Meßsachen 24 Stunden[20]). Die Klage bestimmt die Grundlage des Rechtsstreits; durch ihre Erhebung wird die Streitsache rechtshängig[21]). Innerhalb der ersten zwei Drittel der Einlassungsfrist hat der Beklagte dem Kläger eine Klagebeantwortung zustellen zu lassen[22]).

In der mündlichen Verhandlung[23]) entscheidet das Gericht auf Grund der Parteivorträge[24]) nach freier Ueberzeugung und zwar zunächst über etwa vorgebrachte prozeßhindernde (präjudizielle) Einreden[25]), sodann zur Hauptsache[26]). Der Entscheidung geht, — soweit die behaupteten Thatsachen nicht zugestanden oder offenkundig sind[27]) — die Beweisaufnahme

14) Das. § 191—197.
15) Das. § 198—207.
16) Das. § 201 u. 202. Beispiele s. § 304, 477, 514, 549, 835 u. 870.
17) Das. § 208—216.
18) Das. § 217—229. — Unterbrechung durch Kompetenzkonflikt § 167 d. W.
19) § 176 (S. 216) d. W.
20) CPO. § 230—234.
21) Das. § 235—243 u. 254.
22) Das. § 244, 245.
23) Vgl. § 192 Abs. 3 d. W.
24) CPO. § 251—253, 269, 270.
25) Das. § 247—249.
26) Das. § 259. Zulässigkeit des Sühneversuchs § 268, eines vorbereitenden Verfahrens in Rechnungs- u. ähnlichen Sachen § 250 u. 313—319.
27) Das. § 261—265. — Gleiches gilt von den gesetzlich vermutheten Thatsachen (gesetzliche Präsumtion) EG. § 16[1].

voraus. Sie erfolgt auf Grund der zugleich mit den Behauptungen anzugebenden Beweismittel[28]) durch Beweisantretung Seitens der Partei oder durch Beweisbeschluß Seitens des Gerichts. Sie findet regelmäßig vor dem Prozeßgericht statt und bildet keinen selbstständigen Akt, sondern nur einen Theil, einen Zwischenfall für das eigentliche von der Klage bis zum Urtheil ununterbrochen fortlaufende Verfahren[29]). Die Ergebnisse des Beweises unterliegen der freien Würdigung des Richters, der dabei durch Beweisregeln nur wenig eingeschränkt wird[30]).

Die Urtheile sind Zwischen- oder Endurtheile. Letztere entscheiden den Streit entweder unbedingt oder bedingt in Hinblick auf einen abzuleistenden Eid. Sie entscheiden ihn ganz, oder — wenn nur Theile des Streitgegenstandes spruchreif sind — theilweise (Theilurtheile). Die Zwischenurtheile beschränken sich auf Entscheidung einzelner selbstständiger Angriffs- und Vertheidigungsmittel oder eines Zwischenstreites. Das Urtheil wird im Termin oder in einem sofort und nicht über eine Woche hinaus anzusetzenden Termine verkündet und daneben den Parteien auf deren Betreiben zugestellt[31]). Versäumt eine Partei den Verhandlungstermin, so ergeht ein Versäumniß- (Kontumazial-) Urtheil, in dem der nicht erschienene Kläger abgewiesen und in Betreff des nicht erschienenen Beklagten das Zugeständniß der klägerischen thatsächlichen Anführungen angenommen wird[32]). Gegen das Versäumnißurtheil kann die Partei binnen 2 Wochen Einspruch erheben[33]).

Auf das Verfahren vor den Amtsgerichten kommen vorstehende Bestimmungen mit denjenigen Abweichungen zur Anwendung, welche das Verhältniß des Einzelrichters, den Wegfall des Anwaltzwangs[34]) und die geringere Bedeutung des Streitgegenstandes mit sich bringen[35]). Die Klageform ist erweitert; die Klage kann schriftlich oder zu Protokoll beim Gericht angebracht, in die Ladungsurkunde aufgenommen oder bei gleichzeitigem Erscheinen der Parteien an einem ordentlichen Gerichtstage mündlich vorgetragen werden[36]); die Einlassungsfrist ist auf 3 Tage, außerhalb des Gerichtsbezirks auf 1 Woche herabgesetzt[37]). Endlich findet gegenüber dem Parteibetrieb eine erweiterte gerichtliche Einwirkung statt, sowohl bei den Zustellungen[38]) als in der mündlichen Verhandlung[39]).

---

[28]) CPO. § 255, 256 u. 266. — Beweismittel sind Augenschein (§ 336, 337); Zeugen u. Sachverständige (§ 260 u. 338—379, Vereidigungsverfahren § 440—446, Gebühren Anm. 43 S. 226); Urkunden (§ 380—409, EG. § 16², 17) u. Eid (§ 410—446).

[29]) Das. § 257, 258, 320—335 u. (Sicherung des Beweises zum ewigen Gedächtniß) § 447—455.

[30]) Das. § 259 u. 260. — Die Beweisregeln betreffen namentlich die Beweise durch Urkunden u. Eid (Anm. 28).

[31]) Das. § 272—294.

[32]) Das. § 295—300.

[33]) Das. § 301—311.

[34]) Das. § 75, 79, 84, 86, 120, 152.

[35]) Das. § 456—471.

[36]) Das. § 457, 460 u. 461.

[37]) Das. § 459.

[38]) Das. § 458. Vgl. § 192 Abs. 4 d. W.

[39]) Das. § 464.

d) Rechtsmittel.

§ 194.

Die Rechtsmittel dienen zur Anfechtung richterlicher Entscheidungen vor einem höheren Richter und sind bei diesem anzubringen. Nicht zu den eigentlichen Rechtsmitteln gehören demnach die Wiedereinsetzungsanträge gegen Fristversäumniß[40]), der Einspruch gegen Versäumnißurtheile[41]) und die aus verschiedenen Gründen Behufs Wiederaufnahme eines rechtskräftig geschlossenen Verfahrens zugelassenen Nichtigkeits- und Restitutionsklagen[42]), da über alle diese Streitfragen der erste Richter entscheidet. Als Rechtsmittel kommen somit nur folgende in Betracht:

1. Gegen erstinstanzliche Urtheile ist binnen Monatsfrist die Berufung (Appellation) zulässig, welche lediglich eine Wiederholung des Rechtsstreits vor einem anderen Richter bezweckt[43]).
2. Im Interesse der Rechtseinheit ist in gleicher Frist gegen Endurtheile der Oberlandesgerichte die Revision an das Reichsgericht zugelassen. Voraussetzung ist, daß die Verletzung eines ein größeres Gebiet umfassenden Gesetzes behauptet wird und in Vermögenssachen der Werth den Betrag von 1500 M. übersteigt[44]).
3. Die Beschwerde an das nächst höhere Gericht findet gegen bestimmte eine vorgängige mündliche Verhandlung nicht erfordernde Entscheidungen statt, durch welche ein das Verfahren betreffendes Gesuch zurückgewiesen wird. Sie bewegt sich in einfachen Formen und ist abgesehen von dem Fall der „sofortigen Beschwerde“ an keine Frist gebunden[45]).

e) Besondere Arten des Verfahrens.

§ 195.

Ein außerordentliches summarisches Verfahren ist in der CivProzO. nicht vorgesehen, da das ordentliche Verfahren sich vermöge seiner Elasticität den verschiedenartigen Streitsachen genügend anpaßt. In Rücksicht auf die Nothwendigkeit einer beschleunigten Rechtshülfe oder auf die eigenthümliche Gestaltung des zur Entscheidung stehenden Rechtsverhältnisses ist nur in folgenden einzelnen Fällen ein besonderes Verfahren zugelassen:

1. Im Urkunden- und Wechselprozeß können durch Urkunden nachweisbare Forderungen auf Geld, Werthpapiere und vertretbare Sachen

---

40) § 192 Abs. 5 d. W.

41) § 193 Abs. 3 d. W.

42) CPO. § 541—554.

43) Das. § 472—506. — Instanzenzug § 176 (S. 216) d. W.

44) CPO. § 507—529, EG. § 6 u. V. v. 28. Sept. 1879 (RGB. 299), ausschl. des § 3 v. Reichstag genehmigt Bek. v. 11. April 1880 (RGB. 102). — EG. § 8.

45) CPO. § 530—540. Beispiele s § 46, 68, 97, 99, 118, 126, 229, 352, 374

verfolgt werden. Dem Verklagten ist dabei vorbehaltlich besonderer Geltendmachung anderweiter Einwendungen nur ein beschränktes Vertheidigungsrecht eingeräumt. Der Kläger erlangt hiermit eine beschleunigte vorläufige Rechtshülfe. Für Wechselklagen ist außerdem die Zuständigkeit des Gerichts des Zahlungsortes und eine kürzere Einlassungsfrist vorgeschrieben[46]).

2. Forderungen von Geld, Werthpapieren und vertretbaren Sachen, denen Gegenleistungen nicht gegenüberstehen, können im Mahnverfahren vor den Amtsgerichten geltend gemacht werden. Dasselbe gipfelt in einem Zahlungsbefehl, den der Richter für vollstreckbar erklärt, wenn nicht innerhalb zwei Wochen widersprochen wird[47]). Die Erklärung hat die Bedeutung eines Versäumnißurtheils[48]).

3. In Ehesachen ist das Landgericht zuständig und wegen des öffentlichen Interesses eine Mitwirkung der Staatsanwaltschaft zugelassen. Der Klage auf dauernde oder zeitweilige Trennung (Ehescheidung) und auf Herstellung des ehelichen Lebens muß ein Sühneversuch vor dem Amtsgericht vorausgehen. Außerdem kann eine Ehe von Amtswegen durch die Nichtigkeitsklage oder auf Antrag durch die Ungültigkeitsklage angefochten werden[49]).

4. Im Entmündigungsverfahren kann Geisteskranken oder Verschwendern auf Antrag der Betheiligten durch Beschluß des Amtsgerichts die Verfügungsfähigkeit entzogen werden[50]).

5. Das Aufgebotsverfahren besteht in einer öffentlichen gerichtlichen Aufforderung zur Anmeldung von Ansprüchen und Rechten mit der Wirkung, daß ihre Unterlassung einen Rechtsnachtheil zur Folge hat. Die Bekanntmachung erfolgt im Reichsanzeiger[51]). Zuständig ist das Amtsgericht[52]). Voraussetzungen und Wirkungen bestimmt, abgesehen von den reichsgesetzlich behandelten Wechseln, kaufmännischen

---

46) Das. § 555—567. — Ueber den auf ähnlichen Voraussetzungen beruhenden Arrestprozeß s. § 196 Abs. 5 d. W.

47) CPO. § 628—643.

48) Das. § 640; vgl. § 193 Abs. 3 d. W.

49) Das. § 568—592, 774 u. AG. § 8. — Oeffentlichkeit. GerVerfG. § 171. — Unberührt wegen ihres Zusammenhangs mit dem materiellen Recht bleiben die Bestimmungen des letzteren
a. über d. Verfahren bei Scheidungen auf Grund gegenseitiger Einwilligung EG. § 16[5]; LR. II 1 § 716; Code civ. Art. 233, 275—294 u. 305 u. C. de proc. civ. Art. 881;
b. über Verfahren u. Voraussetzungen bei böslicher Verlassung EG. § 16[6—8]; AG. § 5 u. 6; LR. II 1 § 680, 684, 685 u. 709 u. f. Hannover G. v. 1. März 1869 (GS. 357) § 32, 34;
c. die einstweilige Regelung des ehelichen u. des Elternverhältnisses EG § 16[4]; AG. § 7;
d. die ehelichen Gütertrennungsklagen des französ. Rechts EG. § 15[5]; AG. § 11; Code civ. Art. 1443.

50) CPO. § 593—627 nebst dem mit Bezug auf Art. 513—515 des C. civ. erlassenen § 10 des EG. — Oeffentlichkeit GerVG. § 172.

51) CPO. § 823—850.

52) GerVerfG. § 23.

Anweisungen und Konossementen[53]), die Landesgesetzgebung[54]), welche die CivProzO. in gewissen Grenzen ausschließen oder ersetzen darf[55]).

6. Innerhalb der für den Abschluß von Vergleichen gezogenen Grenzen können die Parteien sich durch Vereinbarung einem schiedsrichterlichen Verfahren unterwerfen (Schiedsvertrag). Die Entscheidung erfolgt durch ein oder mehrere erwählte Schiedsrichter auf Grund der Ermittelung des Sachverhalts. Der Schiedsspruch hat die Wirkung eines rechtskräftigen gerichtlichen Urtheils[56]).

f) Zwangsvollstreckung.

§ 196.

Die regelmäßige Voraussetzung der Zwangsvollstreckung (Exekution) bildet ein Urtheil, das rechtskräftig geworden[57]) oder für vorläufig vollstreckbar erklärt ist[58]) und mit der Vollstreckungsklausel versehen sein muß[59]). Die Vollstreckung erfolgt unter Leitung der Amtsgerichte[60]) durch die Gerichtsvollzieher[61]). Beim Tode des Schuldners wird sie in den Nachlaß fortgesetzt. Die Einwendungen des Benefizialerben bestimmt das bürgerliche Recht[62]).

Die Zwangsvollstreckung in bewegliche Sachen (Mobiliar-Exekution) erfolgt durch Pfändung; mit dieser erlangt der Gläubiger ein Pfandrecht[63]). Reicht die Pfändung zur Sicherstellung des Gläubigers nicht aus, so ist der Schuldner zur Vorlegung eines Vermögensverzeichnisses (Inventars) und zur Bekräftigung desselben durch den Offenbarungseid (Manifestationseid) verpflichtet. Im Weigerungsfalle kann er hierzu durch Haft an-

---

[53]) CPO. § 837—842; WechselO. (RGB. 1869 S. 382) Art. 73 u. HandGB. (das. 404) Art. 301 u. 302.

[54]) Die CPO. findet demgemäß ihre Ergänzung in den § 20—27 des AG., welche ihrerseits die Ergänzung zahlreicher Einzelgesetze bilden. S. über Staatsschuldscheine Anm. 26 (S. 155); Rentenbriefe Anm. 40 (S. 375); Landeskulturrentenbriefe Anm. 16 (S. 383); andere Inhaberpapiere Anm. 54 (S. 357); Hypotheken- u. Grundbuchurkunden Anm. 25 (S. 254); hinterlegte Gelder- u. Kostbarkeiten § 217; üb. die Todeserklärung Verschollener AG. § 22 u. 24, LR. II 18 § 821—855, II 1 § 692, 665—667 u. G. v. 24. Feb. 1851 (GS. 23); üb. d. Aufgebot der Fundsachen § 261 d. W., der Nachlaßgläubiger Anm. 62. Das Ineinandergreifen spezieller u. allgemeiner, landesgesetzlicher u. reichsgesetzlicher Vorschriften läßt die Gesetzgebung als besonders verwickelt erscheinen, was den zahlreich betheiligten Interessen wenig entspricht.

[55]) EG. § 11.

[56]) CPO. § 851—872. — Mit dem Schiedmannsverfahren hat dieses Verfahren nichts gemein.

[57]) Das. § 644—647.

[58]) Das. § 648—659.

[59]) Das. § 662—670. — Vollstreckung aus Urtheilen ausländischer Gerichte § 660 u. 661, aus sonstigen Schuldtiteln § 702—706.

[60]) Das. § 684—690 u. 698—701.

[61]) Das. § 674 — 677. Ausführung § 671—673, 678—683, Einstellung od. Beschränkung § 691, 692, Kosten § 697.

[62]) Das. § 693—696. Das Aufgebot der Nachlaßgläubiger, welches der Benefizialerbe beantragen kann (erbschaftliches Liquidationsverfahren) ist im Gebiet des LR. (s. I 9 § 455) auf Grund des EG. § 11 neu geregelt G. v. 28. März 1879 (GS. 293).

[63]) CPO. § 708—710.

gehalten werden[64]). Die Schuldhaft ist dagegen aufgehoben[65]). Körperliche Sachen werden durch Inbesitznahme gepfändet und bis zur Höhe der schuldigen Forderung im Wege öffentlicher Versteigerung verwerthet. Ausgeschlossen sind die zum Lebensunterhalt, Gewerbebetrieb oder Beruf unentbehrlichen Gegenstände[66]). — In Forderungen und andere Vermögensrechte geschieht die Vollstreckung, indem das Amtsgericht dem Drittschuldner die Zahlung an den Schuldner untersagt. Forderungen aus Wechseln und andern übertragbaren Papieren werden durch Inbesitznahme der letzteren gepfändet. Bei Pfändung der Forderungen auf Sachen sind diese abzunehmen und gleich gepfändeten körperlichen Sachen zu verwerthen. Nicht zu pfänden sind die zum Lebensunterhalt und im Interesse des Berufs unentbehrlichen Bezüge[67]). Gleiches gilt vom Arbeits- oder Dienstlohn[68]). — Reicht ein abgepfändeter und hinterlegter Geldbetrag zur Befriedigung der betheiligten Gläubiger nicht aus, so findet ein Vertheilungsverfahren vor dem Amtsgericht statt[69]).

Die Zwangsvollstreckung in das unbewegliche Vermögen ist gleichfalls den Amtsgerichten übertragen, übrigens wegen ihres Zusammenhanges mit dem Eigenthums- und Hypothekenrecht der landesgesetzlichen Regelung belassen[70]), welche sowohl über den Begriff des unbeweglichen Vermögens, als über das einzuhaltende Verfahren Bestimmung trifft. Letzteres kann durch Versteigerung (Subhastation), Verwaltung (Sequestration) oder hypothekarische Eintragung und Immission zum Austrag gebracht werden[71]). — Auch die Zwangsbeitreibung im Verwaltungswege geschieht, wenn sie gegen das unbewegliche Vermögen gerichtet ist, unter Vermittelung des Amtsgerichts[72]).

Die Zwangsvollstreckung auf Herausgabe bestimmter Sachen erfolgt bei beweglichen Gegenständen durch Abnahme, nöthigen Falls unter Auferlegung des Offenbarungseides, bei unbeweglichen durch Außerbesitz-

---

[64]) Das. § 711 u. 780—795.

[65]) G. v. 29. Mai 1868 (BGB. 237); Einf. i. Süddeutschl. Anm. 12 (S. 7), § 2 ist aufgehoben EG. § 13[1].

[66]) CPO. § 712—728.

[67]) Das. § 729—754 u. AG. § 16, 17.

[68]) Das. § 749[1] u. G. v. 21. Juni 1869 (BGB. 242); Einf. i. Süddeutschl. Anm. 12 (S. 7).

[69]) CPO. § 758—768.

[70]) Das. § 755—757.

[71]) Das G. v. 4. März 1879 (GS. 102) hat die bestehenden Vorschriften mit der CProzO. u. der KonkO. (s. § 39 derselben) in Einklang gesetzt, übrigens erstere nicht geändert. Diese Vorschriften sind vorzugsweise in den Hypothekengesetzen (§ 215 d. W.) u. in den Subhastationsordnungen enthalten. — Landrechtliches Gebiet: SubhO. v. 15. März 1869 (GS. 421), welche auch außerhalb der Zwangsvollstreckung auf Auseinandersetzungen Anwendung findet (Anm. 52 S. 250). Rhein.SubhO. v. 1. Aug. 1822 (GS. 105), ergänzt in Betr. der Entscheidung über Einwendungen KO. v. 9. April 1836 (GS. 171) u. v. 11. Dez. 1841 (GS. 1842 S. 15), in Betr. der Anwendung auf das Bergwerkseigenthum Bergg. v. 24. Juni 1865 (GS. 705) § 53 u. 248 u. in Betr. gewisser Immobiliarverkäufe G. v. 18. April 1855 (GS. 521) Art. 31—86.

[72]) V. v. 7. Sept. 1879 (GS. 591) § 54.

setzung. Handlungen sind auf Kosten des Schuldners durch einen Dritten zu bewirken, oder soweit dieses nicht möglich ebenso wie Unterlassungen durch Geldstrafe bis zu 1500 M. oder Haft zu erzwingen[73]).

Eine vorläufige Sicherungsmaßregel der Zwangsvollstreckung bildet der dingliche oder persönliche Arrest, falls es sich um Geldforderungen handelt[74]) und die einstweilige Verfügung, wenn eine Individualleistung oder die Regelung eines streitigen Rechtszustandes in Frage steht[75]).

2. Strafprozeß.

a) Einleitung.

§ 197.

Wie im Civilprozeß machte auch im Strafprozeß das Bedürfniß sich geltend, die verschiedenartigen Prozeßvorschriften in Deutschland einheitlich zusammenzufassen, zumal das materielle Strafrecht bereits eine einheitliche Gestalt angenommen hatte[1]). Die Anklageform und die Grundsätze der Mündlichkeit und Öffentlichkeit unter Zuziehung des Laienelements zu dem Amt der Rechtsprechung waren schon vorher in fast ganz Deutschland eingeführt[2]) und die auf diesen Grundsätzen beruhende neue Reichs-Straf-ProzeßO.[3]), welche die landesrechtlichen Vorschriften für das Strafverfahren vor den ordentlichen Gerichten ersetzt hat[4]), ist deßhalb mit geringeren Aenderungen verbunden gewesen, als die CivProzO. Als die wichtigsten sind die Einführung der Schöffengerichte[5]), die Zulassung der Privat- und Nebenklage[6]) und die Einschränkung der Rechtsmittel hervorzuheben[7]).

b) Grundlagen des Verfahrens.

§ 198.

Die Zuständigkeit wird sachlich durch die Gerichtsverfassung[8]), örtlich durch den Gerichtsstand (Forum) bestimmt. Der Gerichtsstand der begangenen That ist mit dem des Wohnsitzes bez. gewöhnlichen Aufenthalts des Beschuldigten gleichberechtigt, während der Gerichtsstand der Ergreifung nur

---

[73]) CPO. § 769—779.

[74]) Das. § 796—813.

[75]) Das. 814—822 u. EG. § 16[4].

[1]) § 168 d. W.

[2]) Nur in beiden Mecklenburg u. Lippe galt noch der gemeinrechtliche Inquisitionsprozeß u. nur in Lübeck u. Altenburg fehlte die Heranziehung des Laienelements.

[3]) StrafProzO. v. 1. Feb. 1877 (RGB. 253); EG. (das. 346). — Uebergangsbest. G. v. 31. März 1879 (GS. 332) § 35—48.

[4]) EG. § 3 u. 6.

[5]) § 180 d. W.

[6]) § 199 Abs. 1 d. W.

[7]) § 200 d. W.

[8]) StPO. § 1 u. 6. — S. § 176 (S. 216) d. W. — Zuständigkeit in zusammenhängenden Strafsachen StPO. § 2—5 u. 13.

als Ausnahme Anwendung findet[9]). In der Sache befangene Richter sind gesetzlich oder nach Ablehnung Seitens der Parteien ausgeschlossen[10]).

Die gerichtlichen Entscheidungen, welche in die das Hauptverfahren abschließenden Urtheile und in Beschlüsse oder Verfügungen zerfallen, werden den anwesenden Betheiligten verkündet, den abwesenden zugestellt[11]). Die Fristen werden nach gleichen Grundsätzen berechnet wie im Civil-Prozeß, jedoch durch die Gerichtsferien nicht unterbrochen[12]). Bei Versäumung in Folge unabwendbarer Anlässe kann Wiedereinsetzung beansprucht werden[13]).

Zur Feststellung des Thatbestandes dienen die Untersuchungshandlungen. — Zeugen sind in der Regel einzeln und eidlich zu vernehmen, Landesherren und Mitglieder der landesherrlichen und der Hohenzollernschen Familie nur in ihrer Wohnung, Minister und Mitglieder des Bundesraths oder einer gesetzgebenden Versammlung nur am Ort ihres Sitzes oder Aufenthalts. Von der allgemeinen Zeugenpflicht sind Verlobte, Ehegatten und nahe Verwandte, sowie in Rücksicht auf ihren Beruf Geistliche, Vertheidiger, Rechtsanwälte, Aerzte und Beamte ausgenommen. Das Erscheinen der Zeugen und die Zeugnißablegung kann durch Geld- und Haftstrafen erzwungen werden[14]). Die vom Richter nach Bedarf zuzuziehenden Sachverständigen erscheinen als dessen Gehülfen[15]). Für gewisse Fälle ist richterliche Inaugenscheinnahme vorgeschrieben[16]). — Andere Maßnahmen bilden die Beschlagnahme und Durchsuchung, und die Verhaftung und vorläufige Festnahme[17]). — Zur weiteren Aufklärung erfolgt die Vernehmung des Angeschuldigten[18]), dem die Vertheidigung in ausgedehntester Weise und in jeder Lage des Verfahrens gestattet ist[19]).

c) Verfahren in erster Instanz.

§ 199.

Das Verfahren setzt eine Klage voraus, welche für die Grenzen desselben bestimmend ist. Die öffentliche Klage wird von der Staatsanwaltschaft erhoben und vorbereitet mit der Maßgabe, daß bei Gefahr im Verzuge die erforderlichen Untersuchungshandlungen vom Amtsrichter vorgenommen werden können, und daß gegen ablehnende Bescheide der

---

9) Das. § 7—9; verb. § 10—21.

10) Das. § 22—32.

11) Das. § 33—41. — Die Zustellung erfolgt nach den Grundsätzen der CPO. (§ 192 Abs. 4 d. W).

12) StPO. § 42, 43; GerVerfG. § 202[1].

13) StPO. § 44—47.

14) Das. § 48—71. — Gebühren § 70; s. Anm. 43 (S. 226).

15) Das. § 72—85. — Gebühren § 84; s. Anm. 43 (S. 226).

16) Das. § 86—93. — Verfahren bei Leichenöffnungen § 87 u. Regul. v. 13. Feb. 1875 (JMB. 75).

17) StPO. § 94—132. — Die Ausführung erfolgt in der Regel durch die Polizei, s. § 234—236 d. W.

18) StPO. § 133—136.

19) Das. § 137—150.

Staatsanwaltschaft die gerichtliche Entscheidung vom Verletzten beantragt werden darf[20]). Neben der öffentlichen findet eine **Privatklage** statt, die aber nicht Jedermann (Popularklage), sondern nur dem Verletzten zusteht und nur für die auf Antrag strafbaren Beleidigungen und Körperverletzungen zugelassen ist[21]). Der zur Privatklage Berechtigte kann sich dem Staatsanwalt, wenn dieser Klage erhebt, im Wege der Nebenklage anschließen. Gleiche Befugniß haben diejenigen Personen, welche durch Antrag die Klageerhebung wegen einer gegen ihre Person oder gegen ihr Vermögen gerichteten Handlung herbeigeführt haben oder zur Forderung einer Buße berechtigt sind[22]).

Im Strafprozeß ist unbeschadet der Anklageform der Richter nicht wie im Civilprozeß an die Vorträge der Parteien gebunden, sondern zu selbstständiger Erforschung der Wahrheit verpflichtet. Diesem Zweck dient insbesondere die **gerichtliche Voruntersuchung**, welche die Frage klar stellen soll, ob der Angeschuldigte weiter zu verfolgen sei. Sie findet in Reichs- und Schwurgerichtssachen stets, in Strafkammersachen aber nur auf Antrag der Parteien statt. Bei den Schöffengerichten tritt sie überhaupt nicht ein[23]). Im Fall der weiteren Verfolgung wird das **Hauptverfahren** eröffnet; der Angeschuldigte wird zum Angeklagten[24]). Die **Hauptverhandlung** erfolgt nach der erforderlichen Vorbereitung[25]) in unmittelbarer Gegenwart der mitwirkenden Parteien und Gerichtspersonen, des Staatsanwalts und eines Gerichtsschreibers und setzt der Regel nach auch die des Angeklagten voraus[26]). Der Vernehmung des letzteren schließt sich die **Beweisaufnahme** an, bei welcher Zeugen und Sachverständige unmittelbar zu vernehmen, Urkunden zu verlesen sind[27]). Hieran reihen sich die **Schlußvorträge** des Staatsanwalts und des Angeklagten, wobei diesem das letzte Wort gebührt[28]). Das **Urtheil** wird nach freier, aus der Verhandlung geschöpfter Ueberzeugung gefällt. Es lautet auf Verurtheilung, Freisprechung oder — wenn es bei Antragsdelikten am Antrage fehlt — auf Einstellung des Verfahrens. Das Urtheil nebst Gründen ist am Schluß der Verhandlung oder spätestens eine Woche darauf durch Verlesung zu verkünden[29]). Die Entscheidungen

---

[20]) Das. § 151—175. — Antragsdelikte § 168 (S. 210) d. W.

[21]) Das. § 414—434. — Verb.StGB. § 185—187 u. 223 nebst § 195 u. 196. — Vorheriger Sühneversuch § 188 d. W.

[22]) StPO. § 435—446. — Verb. StGB. § 188 u. 231.

[23]) StPO. § 176—195. — In der dabei dem Staatsanwalt wie dem Beschuldigten eingeräumten Befugniß zu selbstthätiger Mitwirkung betritt die StPO. einen Mittelweg zwischen dem auch in der Voruntersuchung von dem Grundsatz der Oeffentlichkeit u. Mündlichkeit geleiteten englischen Prozeß u. dem mit geheimer u. schriftlicher Voruntersuchung verbundenen französischen Verfahren.

[24]) Das. § 196—211 u. § 155.

[25]) Das. § 212—224.

[26]) Das. § 225—236.

[27]) Das. § 237—256.

[28]) Das. § 257, 258.

[29]) Das. § 259—268 u. 275. — Beschluß der Unzuständigkeit § 269 u. 270. — Protokoll üb. die Hauptverhandlung § 271—274.

erfolgen nach Stimmenmehrheit; nur die dem Angeklagten nachtheiligen, die Schuldfrage betreffenden erfordern eine Zweidrittelmehrheit[30].

Die Hauptverhandlung vor den Schwurgerichten[31] beginnt mit Bildung der Geschworenenbank und Beeidigung der Geschworenen[32]. Den Parteivorträgen geht die Fragestellung des Gerichts an die Geschworenen voran, welche deren Entscheidung auf die mit „Ja" oder „Nein" zu beantwortende Schuldfrage beschränkt[33]. Die Entscheidung (Spruch) erfolgt nach einer Belehrung Seitens des Gerichtsvorsitzenden in abgesonderter Berathung. Die Schuldigsprechung fordert gleichfalls Zweidrittelmehrheit[34]. Auf Grundlage des Spruches fällt das Gericht sein Urtheil[35].

Gegen Abwesende kann eine Hauptverhandlung nur wegen solcher Handlungen stattfinden, die mit Einziehung oder Geldstrafe bedroht sind[36]. In allen anderen Fällen ist nur ein Verfahren zur Sicherung der Beweise zulässig; auch kann an Stelle der Verhaftung das inländische Vermögen beschlagnahmt werden[37].

d) Rechtsmittel.

§ 200.

Rechtsmittel[38] können von dem Staatsanwalt wie von dem Angeschuldigten oder dessen gesetzlichem Vertreter (Ehemann) eingelegt werden[39]. Gleiches gilt von der in bestimmten Fällen grober Rechtsverletzung zugelassenen Wiederaufnahme eines durch rechtskräftiges Urtheil geschlossenen Verfahrens[40]. Als eigentliche Rechtsmittel kommen folgende in Betracht:

1. Die Berufung (Appellation). Diese bezweckt eine Wiederholung der Entscheidung in ihrem ganzen Umfange. Sie erscheint mit dem Grundsatz der Mündlichkeit und freien Beweiswürdigung nicht wohl vereinbar und ist deßhalb nur gegen Urtheile der Schöffengerichte zugelassen. Die Einlegungsfrist beträgt eine Woche[41].
2. Die Revision beschränkt sich auf die Frage der Gesetzverletzung und läßt die thatsächliche Würdigung, welche der Straffall beim ersten Richter gefunden hat, unangetastet. Sie findet gegen Urtheile der Landgerichte (Strafkammern) und Schwurgerichte statt. Die Frist für die Einlegung beträgt gleichfalls eine Woche[42].

---

30) GerVerfG. § 198; StPO. § 262.
31) S. § 179 Abs. 4 d. W.
32) StPO. § 276—289.
33) Das. § 290—299.
34) Das. § 300—313.
35) Das. § 314—317.
36) Das. § 318—326.
37) Das. § 327—337.
38) Begriff § 194 d. W. — Instanzenzug § 176 (S. 216).
39) StPO. § 338—345.
40) Das. § 399—413.
41) Das. § 354—373.
42) Das. § 374—398.

3. Die Beschwerde richtet sich nur gegen Beschlüsse und Verfügungen. Sie geht an das nächst höhere Gericht und ist abgesehen von den Fällen der „sofortigen Beschwerde“ an keine Frist gebunden[43]).

e) Besondere Arten des Verfahrens.

§ 201.

Neben den ordentlichen kommen in folgenden Fällen besondere Arten des Verfahrens zur Anwendung:

1. Durch amtsrichterlichen Strafbefehl können für Uebertretungen und mit höchstens 3 Monat oder 300 M. Strafe bedrohte Vergehen[44]) Strafen bis 150 M. oder 6 Wochen nebst etwa verwirkter Einziehung festgesetzt werden (Mandatverfahren). Im Fall des Einspruchs entscheidet das Schöffengericht im gewöhnlichen Verfahren[45]).
2. Letzteres gilt auch beim Einspruch gegen polizeiliche Straffestsetzungen[46]).
3. Bei Zuwiderhandlungen in Betreff der Steuern und Gefälle ist unbeschadet des Antrags auf gerichtliche Entscheidung ein administratives Strafverfahren zugelassen, auch die Verwaltungsbehörde im gerichtlichen Verfahren zur eigenen Betreibung ermächtigt[47]).
4. Für Forst- und Feldrügesachen besteht ein abweichendes Verfahren[48]).
5. Gegen ausgetretene Wehrpflichtige ist als Ausnahme des oben (§ 199) erwähnten Grundsatzes ein Ungehorsamsverfahren zugelassen[49]).
6. Ein besonderes Verfahren findet endlich statt bei selbstständig erfolgender Einziehung einzelner Gegenstände[50]), sowie bei Vermögensbeschlagnahmen[51]).

f) Strafvollstreckung und Kosten.

§ 202.

Die Vollstreckung erfolgt nach beschrittener Rechtskraft durch die Staatsanwaltschaft ausschließlich der Amtsanwälte. Das Begnadigungsrecht steht

[43]) Das. § 346—353. Fälle der sofortigen Beschwerde § 28, 46, 122, 209, 270, 412, 463 u. 494.

[44]) GerVerfG. § 27 [1 u. 2].

[45]) StPO. § 447—452.

[46]) Das. § 453—458; EG. § 6 [3] u. § 5. — Poliz. Straffestsetzungen § 237 d. W.

[47]) StPO. § 459—469 u. EG. § 6 [3]. — S. in Betreff der Steuern § 131, insbes. Anm. 30 d. W., in Betr. der Postgefälle § 377, insbes. Anm. 19.

[48]) EG. § 3; Verfahren bei Feld- u. Forstfreveln u. Forstdiebstählen § 340 d. W.

[49]) StPO. § 470—476. S. Anm. 2 (S. 109).

[50]) StPO. § 477—479; vgl. StGB. § 42 u. NachdrucksG. v. 11. Juni 1870 (RGB. 339) § 21, 22 u. 25.

[51]) StPO. § 480; vgl. StGB. § 93 u. 140.

dem Landesherrn, in Bezug auf erstinstanzliche Entscheidungen des Reichsgerichts dem Kaiser zu[52]).

Die Kosten sind im Fall der Verurtheilung vom Angeklagten, im Fall der Freisprechung von der Staatskasse bez. vom Privatkläger zu tragen. Bei Anzeigen, die wider besseres Wissen oder fahrlässiger Weise gemacht sind, können sie auch dem Anzeigenden auferlegt werden. Bei Antragsdelikten fallen die durch Zurücknahme erwachsenden Kosten dem Antragsteller zur Last[53]). — Transport- und Haftkosten kommen als baare Auslagen in Ansatz[54]).

3. Konkurs.

§ 203.

a) **Einleitung.** Zweck des Konkurses ist die ausschließliche und gemeinschaftliche Befriedigung einer Mehrheit von Gläubigern aus dem Vermögen eines zahlungsunfähig gewordenen Schuldners.

Auch hier hat das Interesse des Verkehrs eine einheitliche Regelung im Reiche herbeigeführt[1]). Die Rechtssicherheit hat dadurch erheblich gewonnen, zumal dabei nach Vorgang der preußischen Konkurs-Ordnung (1855) die zahlreichen und verwickelten Vorrechte beseitigt wurden, die im gemeinen deutschen Prozeß das Verfahren erschwerten und verzögerten.

Geschichtlich hatte sich der Konkurs, der vorzugsweise bei Kaufleuten eintritt, zunächst nur für diese ausgebildet. So erscheint er als Falliment in den Staaten des Mittelalters und zwar zuerst in Italien. Die Beschränkung hat indeß ihre Bedeutung verloren, seitdem der Kaufmannsstand aus seiner früheren Abgeschlossenheit herausgetreten ist. Sie ist deßhalb in der neueren Gesetzgebung großentheils beseitigt[2]). Auch die noch in dem preußischen Gesetz festgehaltene Scheidung zwischen kaufmännischem und allgemeinem Konkurs ist von der deutschen Konkurs-Ordnung verlassen.

Im System steht der Konkurs dem Prozeß am nächsten, insbesondere der Zwangsvollstreckung. Er ist deßhalb als ein generelles Exekutionsverfahren bezeichnet worden. Anderseits erscheint in demselben mit dem formellen Recht, auf welches der Prozeß sich beschränken kann, auch das materielle Recht eng verbunden. Ferner fehlt dem Konkurs die Eigenschaft eines eigentlichen Rechtsstreits, in dem Parteien einander gegenüberstehen.

52) StPO. § 481—495.

53) Das. § 496—506.

54) G. v. 18. Juni 1878 (RGB. 141) § 79⁷ u. ⁸; G. v. 24. Juni 1878 (RGB. 166) § 13⁷.

1) KonkursO. v. 10. Feb. 1877 (RGB.351); EinfG. (Das.390). — Preuß. AusfG. v. 6. März 1879 (GS. 109).

2) Nordamerika 1867, England 1869, Dänemark 1872. — In Frankreich hat sich diese Beschränkung — welche den Konkurs in den code de commerce verweisen ließ — bis heute erhalten. — Deutschland hat dagegen schon seither dem Konkurs seine Stelle im allgemeinen Prozeß angewiesen u. ist hiermit vor dieser beschränkteren Auffassung bewahrt geblieben.

Beide Umstände verleihen ihm eine eigne Gestalt und weisen ihm naturgemäß die Stellung zwischen dem Prozeß und der freiwilligen Gerichtsbarkeit zu.

§ 204.

b) Durch das **Konkursrecht** werden die Ansprüche der Konkursgläubiger an die Konkursmasse näher bestimmt. Die letztere umfaßt das gesammte zur Zeit der Konkurseröffnung dem Gemeinschuldner (Kridar) gehörende Vermögen, soweit dasselbe der Zwangsvollstreckung unterliegt. Auch der Nießbrauch, welcher dem Schuldner während des Verfahrens am Vermögen seiner Angehörigen zusteht, fällt insoweit der Konkursmasse zu, als dieses nicht zu seinem und seiner Angehörigen Unterhalt erforderlich ist[3]). Konkursgläubiger sind alle, die zur Zeit der Konkurseröffnung einen begründeten persönlichen Vermögensanspruch gegen den Gemeinschuldner haben. Das gleiche Interesse derselben bedingt eine Gemeinschaft, die in dem gemeinsamen Anspruch auf gleichmäßige Befriedigung hervortritt[4]). Mit der Konkurseröffnung geht das Verfügungs- und Verwaltungsrecht von dem Gemeinschuldner auf einen Konkursverwalter über[5]). Gleichzeitig erleidet ersterer in Ausübung seiner bürgerlichen und politischen Rechte mehrfache Einschränkungen[6]).

Die vor der Konkurseröffnung eingegangenen Rechtsgeschäfte oder vorgenommenen Rechtshandlungen des Gemeinschuldners[7]) unterliegen der Anfechtung, wenn dadurch einzelne Vermögensstücke unrechtmäßig der Masse entzogen sind[8]). Nach gleichen Grundsätzen ist die Anfechtung außerhalb des Konkurses geregelt[9]). Gegenstände, die sich im Vermögen des Gemeinschuldners befinden, ohne diesem zu gehören, unterliegen der Aussonderung und Herausgabe an die Berechtigten[10]). Von hervorragender Bedeutung sind dabei die Ansprüche der Ehefrau, denen gegenüber die Gläubigerschaft neben dem Anfechtungsrecht durch die weitere Vorschrift geschützt ist, daß erstere die von ihr während der Ehe erworbenen Gegenstände nur in Anspruch nehmen kann, wenn sie nachweist, daß sie nicht mit Mitteln des Gemeinschuldners erworben sind[11]).

Aus der so umgrenzten Konkursmasse findet die abgesonderte Befriedigung derjenigen Gläubiger statt, die einen Anspruch auf bestimmte einzelne Vermögensstücke geltend machen können[12]). Dazu gehören vor Allem die

---

[3]) KonkO. § 1.

[4]) Das. § 2, 4, 10—12.

[5]) Das. § 5—9; AG. § 51—53. — Wirkung der Eröffnung auf Verjährung u. Miteigenthum KonkO. § 13 u. 14.

[6]) Er verliert das Wahlrecht zum Reichstag (§ 16 d. W.), die Fähigkeit zum Schöffen, Geschwornen u. Handelsrichter (§ 179, 180), zum Handelsmäkler (§ 360), Handelskammer- oder Innungsmitglied (§ 358 u. 352) u. zum Vormund (§ 210).

[7]) KonkO. § 15—21; AG. § 1.

[8]) Das. § 22—34.

[9]) G. v. 21. Juli 1879 (RGB. 277).

[10]) KonkO. § 35—38.

[11]) Das. § 37; vgl. AG. § 4 u. 17.

[12]) KonkO. § 3, 39—45; EG. § 17 AG. § 6 u. 7.

Realgläubiger in Betreff der Immobiliarmasse[13]) und die Faustpfandgläubiger in Betreff der Faustpfänder[14]). Hierauf dürfen die zur Aufrechnung (Kompensation) befugten Gläubiger ihre Forderungen außerhalb des Konkursverfahrens geltend machen[15]). Sodann folgen als Massegläubiger diejenigen, deren Ansprüche erst nach der Konkurseröffnung in Bezug auf die Konkursmasse entstanden und deßhalb vorweg aus derselben zu befriedigen sind[16]). Den Schluß bilden die auf das Konkursverfahren selbst angewiesenen Konkursgläubiger, die ihre Befriedigung nach einander in 6 Klassen und innerhalb derselben gleichmäßig nach Verhältniß der Beträge erhalten[17]).

§ 205.

c) Das **Konkursverfahren** ruht in der Hand bestimmter Organe. Zuständig ist das Amtsgericht, bei dem der Gemeinschuldner seinen Gerichtsstand hat[18]). Dasselbe ernennt den Konkursverwalter[19]), während als Organe der zu wesentlich selbstständiger Geltung gebrachten Gläubigerschaft der Gläubigerausschuß[20]) und die Gläubigerversammlung hervortreten[21]).

Die Eröffnung des Verfahrens erfolgt im Fall der Zahlungsunfähigkeit auf Antrag des Gemeinschuldners oder eines Gläubigers durch Beschluß des Gerichts[22]). Der Konkurs beginnt mit der Ermittelung und Feststellung der Theilungsmasse[23]) und der Schuldenmasse[24]) (Aktiv- und Passivmasse) und erreicht seine Endschaft durch Vertheilung, Zwangsvergleich oder Einstellung des Verfahrens. Die Vertheilung wird in Prozentsätzen der Forderungen ausgedrückt und erfolgt, sobald ausreichende baare Masse vorhanden ist, oder die Verwerthung derselben beendet oder etwa zurückbehaltene Beträge derselben frei geworden sind (Abschlags-, Schluß- oder Nachtragsvertheilung)[25]).

Schneller und einfacher führt der vergleichsweise Abschluß des Verfahrens zum Ziel, durch welchen gleichzeitig die bessere Ausnutzung schwer verkäuflicher Gegenstände und der Erwerbsthätigkeit und Geschäftsverbindungen des Gemeinschuldners ermöglicht und das Eintreten Dritter für denselben angebahnt wird. Das Gesetz läßt deßhalb unter Genehmigung des Gerichts auch einen Zwangsvergleich (Akkord) zu, sobald die Mehrzahl der Gläubiger

---

13) KonkO. § 39. — Die gemeinsame Absonderung aller Realgläubiger ist durch den Fortbestand der generellen stillschweigenden Hypotheken des gemeinen Rechts nothwendig geworden AG. § 2 u. 3.

14) KonkO. § 40. — Die nach gemeinem u. französischem Recht zugelassene Hypothek an Mobilien (ohne Besitz) ist damit beseitigt EG. § 14—16; AG. § 5.

15) KonkO. § 46—49.

16) Das. § 50—53.

17) Das. § 54—63; AG. § 8—11.

18) KonkO. § 64—69.

19) Das. § 70—78.

20) Das. § 79—84.

21) Das. § 85—91. — Stellung des Gemeinschuldners § 92, 93.

22) Das. § 94—106; AG. § 12—15.

23) KonkO. § 107—125; AG. § 16.

24) KonkO. § 126—136.

25) Das. § 137—159.

und die Dreiviertel-Mehrheit der Forderungen solchen beschließt[26]). — Die Einstellung des Konkurses erfolgt, wenn alle Betheiligten zustimmen oder die Masse sich als zu gering herausstellt[27]).

Besondere Bestimmungen gelten für das Konkursverfahren über:

1. Handelsgesellschaften und Genossenschaften[28]),
2. einen nicht oder mit der Wohlthat des Inventars angetretenen Nachlaß[29]),
3. das inländische Vermögen eines Ausländers[30]).

§ 206.

d) **Strafbestimmungen** sind für den betrügerischen, wie für den einfachen (leichtsinnigen) Bankerutt, sowie für jede absichtliche Verkürzung der Gläubiger ergangen[31]).

V. Freiwillige Gerichtsbarkeit.

1. Einleitung.

§ 207.

Zur Verhütung von Rechtsstreitigkeiten sind gewisse Rechtsgeschäfte und die Rechtsangelegenheiten gewisser Personen einer theils nothwendigen theils in das Ermessen der Parteien gestellten amtlichen Mitwirkung unterworfen. Obwohl diese Geschäfte nur theilweise den Gerichten übertragen sind, auch die neuere Gesetzgebung die Gerichte möglichst auf die eigentliche Rechtsprechung zu beschränken sucht[1]), wird doch diese Thätigkeit als freiwillige oder nicht streitige Gerichtsbarkeit bezeichnet. Der Grund für die amtliche Mitwirkung liegt entweder in der Wichtigkeit und Schwierigkeit der Rechtshandlungen selbst oder in der Unfähigkeit der handelnden Personen. Die freiwillige Gerichtsbarkeit umfaßt demgemäß die Vollziehung, Beurkundung und Bestätigung von Rechtshandlungen (Nr. 2), insbesondere die Beurkundung des Personenstandes (Nr. 3), ferner das Vormundschaftswesen (Nr. 4), die Stiftungs-, Familienfideikommiß- und Lehnssachen (Nr. 5), das Verlassenschaftswesen (Nr. 6), das Grundbuch- und Hypothekenwesen (Nr. 7) und das Hinterlegungswesen (Nr. 8). Eine besondere für die freiwillige Gerichtsbarkeit bestehende Einrichtung bildet das Notariat (Nr. 9).

---

26) Das. § 160—187.

27) Das. § 188—192.

28) Das. § 193—201 u. 214, insbes. Aktiengesellschaften § 193 u. 194 u. HandelsGB. (Fassung d. G. v. 11. Juni 1870 RGB. 375) § 240 u. 242; eingetragene Genossenschaften KO. § 195—197 u. G. v. 4. Juli 1868 (RGB. 415) § 34 ff.; offene Handelsgesellschaften, Kommanditgesellschaften u. Kommanditgesellschaften auf Aktien KO. § 198—201 u. HandGB. (RGB. 1869 S. 404) Art. 122 ff.

29) KonkO. § 202—206.

30) Das. § 207 u. 208.

31) Das. § 209—214 u. EG. § 3[3].

1) § 192 Abs. 4 d. W.

Durch die Reichsgesetzgebung wird abgesehen von der Beglaubigung öffentlicher Urkunden und der Beurkundung des Personenstandes die freiwillige Gerichtsbarkeit nur insoweit berührt, als:

1. ihre Geschäfte großentheils auf die durch die neue Justizorganisation geschaffenen Organe, insbesondere auf die Amtsgerichte übergegangen[2]) und
2. einzelne Grundsätze des neuen Verfahrens auf die freiwillige Gerichtsbarkeit für anwendbar erklärt sind. Dies gilt von den Vorschriften über Zustellungen[3]), über den Urkunden-, Zeugen- und Sachverständigenbeweis und über das Verfahren bei Eidesabnahmen[4]).

2. Vollziehung, Beurkundung und Bestätigung von Rechtshandlungen.

§ 208.

Die Beglaubigung von Urkunden ist Gegenstand der Reichsgesetzgebung[5]). Innerhalb des Reichs ist demgemäß jeder Legalisirungszwang für inländische öffentliche Urkunden beseitigt; für ausländische genügt die Legalisation durch einen Konsul oder Gesandten des Reichs[6]).

Die Frage, welche Rechtsgeschäfte von Gerichten oder anderen öffentlichen Organen beglaubigt, bestätigt oder vollzogen werden können oder müssen, bestimmt sich nach der allgemeinen Gesetzgebung[7]). Zuständig sind in allen Fällen die Amtsgerichte[8]). In dieses Gebiet fällt die Aufnahme von Verträgen und Testamenten[9]), von Taxen[10]), von Erklärungen über den Austritt aus der Kirche[11]), ferner die Ertheilung von Attesten und Ausfertigungen[6]), die Führung der Genossenschaftsregister[12]), der Muster-, Handels- und Schiffsregister[13]) und die Wiederinkurssetzung von Inhaberpapieren[14]).

---

[2]) G. v. 24. April 1878 (GS. 230) § 25—32. D. Nähere s. § 208, 210—212 u. 215 d. W.

[3]) AG. (z. CPO.) v. 24. März 1879 (GS. 281) § 1. — Vgl. Anm. 13 (S. 229).

[4]) AG. § 4 u. G. v. 10. März 1879 (GS. 145) § 42. — Vgl. Anm. 28 (S. 231).

[5]) RVerf. Art. 4[12].

[6]) G. v. 1. Mai 1878 (RGB. 89). Anerkennung der Urkunden öffentlicher Behörden und Beamten im Verkehr mit Oesterreich Vertr. v. 25. Feb. 1880, Bek. v. 2. Feb. u. 3. Aug. 1881 (RGB. 4, 8 u. 256); Ausdehnung auf Bosnien u. Herzegowina Vertr. v. 13. Juni u. Bek. v. 3. Aug. 1881 (RGB. 253, 255).

[7]) Die Vorschriften der GerO. (II 1) u. des LR. sind durch G. v. 23. April 1821 (GS. 43) weg. Aufhebung der Verlautbarung der Immobiliarverträge u. v. 11. Juli 1845 (GS. 495) üb. d. Form einiger Rechtsgeschäfte mehrfach geändert.

[8]) G. v. 24. April 1878 (GS. 230) § 26[2] u. im Gebiet des rhein. Rechts, wo diese Geschäfte fast ausschließlich durch die Notare erfolgen § 28. — Dorfgerichte Anm. 51 (S. 88).

[9]) LR. I 12 § 66. ff. u. GerO. II 4.

[10]) GerO. II 6. — Vereinfachung des Verfahrens bei Abschätzung der Grundstücke von geringerem Werthe G. v. 15. Juni 1840 (GS. 131) u. v. 4. Mai 1857 (GS. 445).

[11]) § 289 d. W.

[12]) Erwerbs- u. Wirthschaftsgenossenschaften § 321 d. W.; Wassergenossenschaften § 336 (S. 384) u. Waldgenossenschaften § 339 (S. 388).

[13]) § 357, 359 u. 365 d. W.

[14]) § 317 (S. 357) d. W.

3. Beurkundung des Personenstandes.

§ 209.

Während früher die Beurkundung des Personenstandes regelmäßig im Anschluß an die Seitens der Regierungsparteien damit verbundenen Akte vor sich ging, hat in neuster Zeit die selbstständige und staatsrechtliche Bedeutung, welche derselben beiwohnt, zu ihrer Uebertragung auf bürgerliche Behörden geführt. Sie erfolgte in Preußen unter Einwirkung der kirchlichen Wirren zugleich mit Einführung der obligatorischen Civilehe[15]). Das preußische Gesetz hat nach kurzer Geltung einem Reichsgesetz Platz gemacht, welches zugleich eine einheitliche Gestaltung des materiellen Eheschließungsrechts brachte, übrigens auf gleicher Grundlage beruht, wie jenes[16]).

Die Beurkundung der Geburten, Heirathen und Sterbefälle erfolgt ausschließlich durch Standesbeamte mittelst Eintragung in die vorgeschriebenen Geburts-, Heiraths- und Sterberegister. Die Eintragung ist kostenfrei. Die Beamten werden vom Staat für bestimmte Bezirke bestellt. In Bezirken, die den Bereich einer Gemeinde nicht überschreiten, werden die Standesamtsgeschäfte regelmäßig durch den Vorsteher oder einen von der Gemeindebehörde mit staatlicher Genehmigung angestellten Beamten versehen. Geistliche sind nicht zu bestellen, Gemeindebeamte dagegen zur Uebernahme des Amts verpflichtet[17]). Die Kosten tragen regelmäßig die Gemeinden, denen auch etwaige Gebühren und Strafen zufließen[18]). Die Aufsicht führt die Gemeindeaufsichtsbehörde, im Gebiet der KreisO. der Kreisausschuß[19]); die Anweisung zur Vornahme einer abgelehnten Amtshandlung, die Berichtigung der Register und die Aufbewahrung der jährlich einzureichenden Abschriften (Nebenregister) erfolgt indeß durch die Gerichte[20]).

Geburten sind innerhalb einer Woche, die Vornamen der Geborenen binnen längstens zwei Monaten anzuzeigen. Verpflichtet zur Anzeige ist der Vater, die Hebeamme, der Arzt, jede andere zugegen gewesene Person und die Mutter[21]). — Eheschließungen, die im ganzen Reich an dieselben

---

15) G. v. 9. März 1874 (GS. 95).

16) RG. v. 6. Feb. 1875 (RGB. 23). — Zuständige Behörden § 84, G. v. 24. April 1878 (GS. 230) § 107, Bek. v. 1. Dez. 1875 (MB. 275) u. v. 1. Juli 1879 (MB. 146). — Formulare Verf. v. 22. Juni 1875 (CB. 386) u. CR. v. 27. Juli 1875 (MB. 194). — Mittheilung der Todtenlisten an die Erbschaftssteuerämter G. v. 30. Mai 1873 (GS. 329) § 29, CR. v. 22. Juni 1875 (MB. 143) u. des Materials über die Bewegung der Bevölkerung an das statistische Bureau CR. v. 13. März 1875 (MB. 65).

17) RG. § 1—6 u. § 3 Abs. 5 des Preuß. G. (Anm. 15). — Führung der Standesregister RG. § 12—16; Beurkundung auf See § 61—64, für Militärpersonen außerhalb des Reichs oder auf in Dienst gestellten Marinefahrzeugen § 71, V. v. 4. Nov. 1875 (RGB. 313) u. v. 20. Jan. 1879 (RGB. 5), für die Landesherren u. deren Familie RG. § 72.

18) RG. § 7—10, 70 u. Tarif.

19) RG. § 11 u. 69; ZustG. § 160.

20) RG. § 11, 65, 66 u. 14.

21) RG. § 17—27 u. 68.

Erfordernisse geknüpft sind[22]), können rechtsgültig nur nach vorherigem Aufgebot durch eine in Gegenwart zweier Zeugen vor dem Standesbeamten abgegebene Erklärung geschlossen werden[23]). Vor diesem Zeitpunkt sind religiöse Ehefeierlichkeiten unzulässig[24]). — Sterbefälle sind spätestens am folgenden Wochentage vom Familienhaupt oder Eigenthümer des Sterbehauses dem Standesbeamten anzuzeigen. Eine vorherige Beerdigung ist nur mit Genehmigung der Ortspolizeibehörde gestattet[25]).

Mit dem Personenstand steht die Führung bestimmter Zunamen im Zusammenhang. Namensänderungen fordern staatliche Genehmigung[26]).

4. Vormundschaftswesen.

§ 210.

Die im römischen Recht als Privatrechtsverhältniß auftretende Vormundschaft hatte in Deutschland durch Hinzutritt der staatlichen, in der Regel von den Gerichten wahrgenommenen Aufsicht eine wesentliche Aenderung erfahren. Im Landrecht erscheint diese gemeinrechtliche Obervormundschaft so ausgedehnt, daß der Vormund zum bloßen Bevollmächtigten des Gerichts herabgesunken und letzteres mit zahlreichen wenig für dasselbe geeigneten Geschäften belastet war. Diese Mängel riefen Reformbestrebungen hervor, die in einem einheitlich den ganzen Staat umfassenden Gesetz ihren Abschluß gefunden haben. In diesem wird der Vormund wieder selbstständiger gestellt, während in den Familien- und Waisenräthen die neuen Elemente der Familie und Gemeinde in die vormundschaftliche Verwaltung hineingezogen sind[27]).

Als Vormundschaftsgericht ist das Amtsgericht des Wohnsitzes

---

[22]) Das. § 28—39 u. 77. — Die Dispensation von Ehehindernissen (§ 40 das.) erfolgt, wenn es sich um die Wartezeit der Wittwen handelt, durch das Amtsgericht V. v. 1. Jan. 1877 (GS. 4) u. AE. v. 7. Sept. 1879 (JMB. 366), sonst durch den Justizminister V. v. 24. Feb. 1875 (GS. 97). — Die polizeilichen Ehebeschränkungen waren schon früher beseitigt G. v. 4. Mai 1868 (BGB. 149); Einf. in Süddeutschland auß. Baiern Anm. 12 (S. 7). — Ausländer (einschließlich der Bewohner des rechtsrheinischen Baierns) müssen sich durch eine Eheerlaubniß ausweisen RG. § 38, PreußG. v. 13. März 1854 (GS. 123) u. ähnlich in den neuen Provinzen. Von dem Nachweise sind indeß befreit die Bewohner von Frankreich, Großbrittanien, Italien, Holland, Belgien, Schweden, Rußland, Oesterreich u. Nordamerika.

[23]) RG. § 41—55. — Dispensation vom Aufgebot G. v. 8. Jan. 1876 (GS. 3). — Eheschließung Reichsangehöriger im Ausland RG. § 85 u. G. v. 4. Mai 1870 (BGB. 599); Einf. in Süddeutschl. Anm. 12 (S. 7); Geltung in Elſ.-Lothringen G. v. 8. Feb. 1875 (RGB. 69) Nr. 2.

[24]) RG. § 67.

[25]) RG. § 56—60 u. 68.

[26]) KO. v. 15. April 1822 (GS. 108); Zuständigkeit des Reg.-Präs. (der Reg.) AE. v. 12. Juli 1867 (GS. 1310); Verfahren CR. v. 9. Aug. 1867 (MB. 246).

[27]) VormundschaftsO. v. 5. Juli 1875 (GS. 431); Einf. i. Lauenburg G. v. 25. Feb. 1878 (GS. 97) § 4⁴. — Kostenwesen § 190 Nr. 1 (S. 227) d. W.

zuständig[28]). Uebrigens wird die Vormundschaft über Minderjährige, über Großjährige und die Pflegschaft unterschieden.

a) Eine Vormundschaft über Minderjährige ist einzuleiten, sobald die väterliche Gewalt über dieselben fortfällt[29]). Die Bevormundungsfälle sind von den nächsten Verwandten und vom Standesbeamten dem Gericht anzuzeigen, welches aus der Zahl der vom Vater, von der Mutter oder durch das Gesetz hierzu berufenen Personen, sonst nach Anhörung des Waisenraths einen Vormund bestellt und verpflichtet. Zur Ablehnung berechtigt nur weibliches Geschlecht, Ueberschreitung des 60. Lebensjahrs, Führung von mehr als einer Vormundschaft oder Pflegschaft, Krankheit, Wohnsitz außerhalb des Gerichtsbezirks, Erforderniß einer Kautionsleistung und das Vorhandensein von fünf oder mehr eigenen ehelichen minderjährigen Kindern[30]). Dem Gegenvormund, der bei vorhandener Vermögensverwaltung in der Regel zu bestellen ist, fällt dabei eine kontrollirende Mitwirkung zu[31]).

Die Führung der Vormundschaft umfaßt die Sorge für die Person und die Vermögensangelegenheiten des Mündels einschließlich der Vertretung desselben. Der Vormund, der in bestimmten Fällen an die Genehmigung des Gegenvormundes und des Gerichts gebunden ist, haftet gleich ersterem für die Sorgfalt eines ordentlichen Hausvaters[32]).

Bei Beaufsichtigung der Vormünder[33]) stehen den Gerichten in den Waisenräthen Hülfsorgane zur Seite, welche bei der persönlichen Fürsorge für die Mündel in ähnlicher Weise mitzuwirken haben, wie die Gegenvormünder bei der Vermögensverwaltung. Als Waisenräthe werden für ein oder mehrere Gemeinden ein oder mehrere Gemeindemitglieder bestellt. Das Amt ist ein unentgeltliches Ehrenamt[34]). — Ferner hat das Gericht auf Antrag des Vormundes oder Gegenvormundes oder eines Verwandten vor einer von ihm zu treffenden Anordnung drei nähere Verwandte oder Verschwägerte zu hören[35]). Unter gleicher Voraussetzung kann aus höchstens 6 männlichen Verwandten oder Verschwägerten unter Vorsitz des Richters ein ständiger Familienrath gebildet werden, dem alsdann alle Rechte und Pflichten des Vormundschaftsgerichts zufallen[36]).

---

[28]) VormO. § 1—10; G. v. 24. April 1878 (GS. 230) § 26.

[29]) VormO. § 11—15.

[30]) Das. § 16—25.

[31]) Das. § 26; vgl. § 31—35 u. 41.

[32]) Das. § 27—50, insbes. Anspruch auf Vergütung § 33 u. 34; Vermögensverzeichniß § 35; Fälle, welche Genehmigung erfordern § 41 u. 42; Anlage der Kapitalien § 39; Hinterlegung derselben § 60 u. HinterlO. v. 14. März 1879 (GS. 249) § 47—52; Erbesauseinandersetzungen § 43; Veräußerung von Grundstücken § 44; Unzulässigkeit der Ehe zwischen Vormund und Mündel während der Vormundschaft RG. v. 6. Feb. 1875 (RGB. 23) § 37.

[33]) VormO. § 51, 56—60.

[34]) Das. § 52—54 u. G. v. 13. März 1878 (GS. 132) § 9.

[35]) VormO. § 55.

[36]) Das. § 71—80. — Der im franz. Recht allgemein vorgeschriebene Familienrath soll damit auf diejenigen Fälle be-

Die Vormundschaft wird beendet mit der Großjährigkeit oder Großjährigkeitserklärung (Emancipation) des Mündels oder mit dessen Wiedereintritt in die väterliche Gewalt. Sie hört ferner auf, wenn der Vormund stirbt, wegen Unfähigkeit entlassen oder wegen Pflichtwidrigkeit entsetzt wird[37].

b) Ueber Großjährige wird eine Vormundschaft eingeleitet, wenn diese für geisteskrank oder Verschwender erklärt oder durch Taubheit, Stummheit, Blindheit oder längere Abwesenheit an Besorgung ihrer Rechtsangelegenheiten gehindert sind. Der Vater ist in diesen Fällen gesetzlicher Vormund[38].

c) Eine Pflegschaft (Kuratel) wird bestellt, wo die Vertretung einer Person nur für ein einzelnes Geschäft oder für einen begrenzten Kreis von Angelegenheiten erforderlich wird. Diese Fälle treten ein, wenn die väterliche Gewalt oder Vormundschaft aus thatsächlichen oder rechtlichen Gründen, insbesondere wegen kollidirender Interessen nicht ausgeübt werden kann. Gleiches gilt, wenn das Interesse einer Leibesfrucht oder eines unbekannten Erben wahrgenommen werden muß[39].

5. Stiftungs-, Familienfideikommiß- und Lehnssachen.

§ 211.

Das zu einem bestimmten Zweck gewidmete Vermögen wird Stiftung genannt. Ist dasselbe einer bestehenden Korporation (Gemeinde, Kirche) zugewendet, so steht es in deren Eigenthum, anderenfalls bildet es selbst eine juristische Person[40]. Die Verwaltung der Stiftung gebührt den vom Stifter bestimmten Organen und in Ermangelung solcher dem Staat kraft seines Obervormundschaftsrechts. Ueber den Umfang dieses Aufsichtsrechts fehlt es ebenso an gesetzlichen Vorschriften, wie über die Frage, ob dasselbe von den Gerichten oder Verwaltungsbehörden auszuüben sei. Grundsätzlich ist die Wahrnehmung des öffentlichen Interesses der Verwaltung, dasjenige der Familien den Gerichten vorbehalten[41]. Als Gericht ist das Amtsgericht mit der Maßgabe zuständig, daß der Justizminister mit Rücksicht auf den Zweck der Stiftung oder die Absicht des Stifters auch das Land- oder das Oberlandesgericht beauftragen kann[42].

Werden die Vortheile der Stiftung einer bestimmten Familie zugewendet, so entsteht die Familienstiftung[43]) oder das Familien-

schränkt werden, in denen eine gedeihliche Wirksamkeit von demselben erwartet werden darf.

[37]) Das. § 61—70; verb. § 97—99.

[38]) Das. § 81—85.—Entmündigungsverfahren § 195 Nr. 4 d. W.

[39]) VO. § 86—91.

[40]) Das LR. gedenkt der Stiftungen nur nebenbei in der Lehre von den Körperschaften (II. 6 § 73—80 u. 193—195). Die juristische Persönlichkeit der Familienstiftungen findet sich in KO. v. 23. Mai 1845 (JMB. 178) anerkannt. — Beschränkung in Betreff der Zuwendungen § 252 d. W.

[41]) StMinB. v. 23. Dez. 1844 u. KO. v. 3. Jan. 1845 (MB. 33, JMB. 26).

[42]) G. v. 24. April 1878 (GS. 230) § 29 u. 94.

[43]) LR. II. 4 § 21—46.

Fideikommiß. Beide unterscheiden sich dadurch von einander, daß während die Familienstiftung eine juristische Person bildet, als deren Gläubiger der Genußberechtigte erscheint, das Familien-Fideikommiß im Eigenthum dieses Berechtigten steht und nur in Betreff der Veräußerung, Verpfändung und Vererbung einer dinglichen Beschränkung zu Gunsten der Nachfolger unterworfen ist. Die Familien-Fideikommisse, deren Zweck in der Sicherung und Erhöhung des Familienglanzes besteht, finden sich in Deutschland seit dem 17. Jahrhundert. Das Landrecht betrachtet sie mit ungünstigem Auge, indem es sie gegen die bisherige gemeinrechtliche Praxis bezüglich der Vermögensgegenstände enger begrenzt und auf landwirthschaftlich benutzte Grundstücke und Kapitalien von gewissem Werthe einschränkt[44]). Die Verfassung (Art. 40) hatte sie ganz untersagt, doch ist ihre Errichtung seitdem wieder zugelassen[45]). Eine wesentliche Voraussetzung für dieselben bildet eine bestimmte Erbfolgeordnung unter den Berechtigten (Agnaten) und nach dieser werden Seniorate, Majorate, Minorate und Primogenituren unterschieden[46]). Durch Familienschlüsse können Fideikommisse jederzeit aufgehoben oder abgeändert werden[47]). Zuständig in Fideikommißsachen sind regelmäßig die Oberlandesgerichte. Die Beschwerdeinstanz bildet der Justizminister[48]).

Dieselbe Zuständigkeit gilt in Lehnssachen[49]), insbesondere für die bei Auflösung des Lehnsverbandes (Allodifikation) geführten Verhandlungen[50]). Nur ausnahmsweise bildet das Landgericht den Lehnshof[51]).

6. Verlassenschaftswesen.

§ 212.

Gegenstand des Verlassenschaftswesens sind die Erbschaftsauseinandersetzungen, welche im Gebiet des Land- und des gemeinen Rechts in einem Verfahren und Erkenntniß zusammengefaßt werden[52]). Eben dahin gehört die Ausstellung der Erbbescheinigungen[53]), die Vornahme der Siegelungen

44) Das. § 47—61.

45) G. v. 5. Juni 1852 (GS. 319); Nachweis der Ahnen KO. v. 4. Sept. 1830 (GS. 129); Stempel KO. v. 18. Juli 1845 (GS. 506) u. G. v. 30. Mai 1873 (GS. 329) § 2. — Sonstige Rechtsverhältnisse LR. II. 4 § 64—133.

46) Das. § 134—226.

47) Ed. v. 9. Okt. 1807 (GS. 1806/10 S. 170) § 9 u. G. v. 15. Feb. 1840 (GS. 20).

48) G. v. 24. April 1878 (GS. 230) § 49 u. v. 5. März 1855 (GS. 175); Neuvorpommern G. v. 26. Mai 1873 (GS. 229) § 26; Schl.-Holstein V. v. 26. Juni 1867 (GS. 1073) § 25 IV; RB. Kassel V. v. 26. Juni 1867 (GS. 1085) § 14 IV u. G. v. 29. Mai 1873 (GS. 273) § 21 Abs. 5.

49) V. v. 2. Jan. 1849 (GS. 1) § 25 ^{4}; Pommern G. v. 11. Juli 1845 (GS. 474) § 1.

50) § 330 d. W.

51) G. v. 24. April 1878 (GS. 230) § 41, v. 3. Mai 1876 (GS. 112) § 3 u. v. 28. März 1877 (GS. 111) § 19.

52) GerO. I. 46 u. SubhastO. v. 15. März 1869 (GS. 421), insbes. § 112 ^{2} u. 113. — Im Gebiet des rhein. Rechts Code civ. Art. 815—842, Verfahren G. v. 18. April 1855 (GS. 521).

53) G. v. 12. März 1869 (GS. 473).

und Inventuren in Sterbefällen[54]). Zuständig sind überall die Amtsgerichte[55]).

7. Grundbuch- und Hypothekenwesen.

§ 213.

a) **Einleitung.** Die auf strenger Durchführung der Grundsätze der Publizität, Spezialität und Legalität[1]) beruhende altpreußische Hypotheken-Ordnung (1783) vermochte, so vortrefflich sie für ihre Zeit gewesen, doch den veränderten Zeitbedürfnissen nicht mehr zu genügen. Seit ihrem Erlaß hatten Zertheilung und Umsatz der Grundstücke außerordentlich zugenommen, während gleichzeitig die vermehrte Gelegenheit zu bequemer und lohnender Kapitalanlage den Geldmarkt mehr und mehr von dem schwerfälligen und kostspieligen Hypothekenverkehr ablenkte.

Dem gegenüber galt es, dem sinkenden Realkredit wieder Aufhülfe zu verschaffen. Das Verfahren mußte von allen lästigen Förmlichkeiten befreit werden, die unbeschadet der durch die Hypothek gebotenen Sicherheit entbehrt werden konnten. Daneben mußten auch die Verschiedenheiten der Gesetzgebung beseitigt werden, die dem Verkehrsgebiet der Hypotheken ohne Noth Schranken zogen. Dies sind die Ziele der Grundbuchgesetzgebung, die eine völlige Neuordnung des materiellen und formellen Hypothekenrechts herbeigeführt hat[2]). Zunächst für den Bereich des Landrechts erlassen, ist sie nach Maßgabe besonderer Gesetze auf fast alle Gebiete des gemeinen Rechts ausgedehnt[3]). Nur in den vormals nassauschen und großherzoglich hessischen

[54]) GerO. II. 5 u. LR. I. 9 § 461—464. — Im Geb. des rhein. Rechts Code de proc. civ. Art. 907—952. — Ausantwortung der Erbschaften im gegenseitigen Verkehr mit Rußland Hinterlassenschaftsvertr. v. 12. Nov. 1874 (RGB. 1875 S. 136).

[55]) G. v. 24. April 1878 (GS. 230) § 26[1], im Geb. des rhein. Rechts § 28[2].

[1]) Vermöge der Publizität kann Jeder, der ein Interesse nachweist, die Hypothekenbücher einsehen. Die Spezialität fordert die Verpfändung bestimmter Vermögensstücke u. schließt die das Gesammtvermögen umfassenden Generalhypotheken aus. Die Legalität endlich nöthigt den Richter, die Gesetzmäßigkeit des der Eintragung zu Grunde liegenden Rechtsgeschäfts nach Form und Inhalt zu prüfen.

[2]) Die Grundbuchgesetzgebung umfaßt:
a) das materielle Recht in dem G. üb. d. Eigenthumserwerb u. die dingliche Belastung der Grundstücke, Bergwerke u. selbstständigen Gerechtigkeiten v. 5. Mai 1872 (GS. 433);
b) das formelle Recht in der Grundbuch-O. v. 5. Mai 1872 (GS. 446) nebst Kostentarif (das. 503);
c) die Stempelabgaben im G. v. 5. Mai 1872 (GS. 509).

[3]) Neuvorpommern G. v. 26. Mai 1873 (GS. 229); gemeinrechtliches Gebiet der Rheinprov. (§ 171 Nr. 2 d. W.) G. v. 30. Mai 1873 (GS. 287) u. v. 3. Feb. 1879 (GS. 17); Hohenzollern G. v. 31. Mai 1873 (GS. 301), v. 22. Juni 1875 (GS. 235) Art. II u. v. 10. März 1879 (GS. 145) § 4—8; Schl.-Holstein G. v. 27. Mai 1873 (GS. 241) u. v. 31. Jan. 1879 (GS. 12); Hannover G. v. 28. Mai 1873 (GS. 253), v. 29. Jan. 1879 (GS. 11), v. 10. März 1879 (GS. 145) § 4—8 u. v. 24. März 1879 (GS. 281) § 13, Jadegebiet G. v. 23. März 1873 (GS. 111), v. 24. März 1879

Theilen blieben die älteren Vorschriften in Kraft[4]). Gleiches gilt vom Gebiet des rheinischen Rechtes[5]). — Die Verpfändung der Seeschiffe erfolgt unter Eintragung in die über diese geführten Schiffsregister[6]).

§ 214.

b) **Das materielle Recht** umfaßt den Erwerb des Grundeigenthums, die dinglichen Rechte an Grundstücken und die darauf haftenden Forderungen.

Die Erwerbung des Grundeigenthums, früher von Eintragung und Uebergabe abhängig, ist nur noch durch erstere bedingt. Damit ist die römische Traditionstheorie verlassen und die Doppelnatur dieser Erwerbsart beseitigt. Die Eintragung (Besitztitelberichtigung) muß im Fall freiwilliger Veräußerung vor dem Grundbuchrichter gleichzeitig mündlich von dem eingetragenen Eigenthümer bewilligt und von dem neuen Erwerber beantragt werden (Auflassung). Diese Erklärung bildet für sich den Rechtsgrund für den Eigenthumsübergang; es bedarf daher keines weiteren urkundlichen Nachweises über das demselben zu Grunde liegende Rechtsgeschäft (Kauf, Tausch oder Schenkung). Das Legalitätsprinzip ist sonach verlassen[7]). Der eingetragene Eigenthümer gilt rechtlich als solcher und ist insbesondere gegen die Verjährung geschützt. Nur derjenige, welcher weiß, daß eine Eintragung falsch sei, kann Rechte aus derselben nicht ableiten[8]).

Dingliche Rechte an Grundstücken, die auf privatrechtlichem Titel beruhen (Nießbrauch und Reallasten), erlangen nur durch Eintragung Wirksamkeit gegen Dritte. Ausgenommen hiervon sind Vorkaufsrechte, Grundgerechtigkeiten (Realservituten), Pacht und Miethe, die im Bergrecht begründeten Schürfungsrechte und Ablösungsrenten[9]). Die Rangordnung der Eingetragenen bestimmt sich nach der Zeitfolge der Eintragungen[10]).

---

§ 13, v. 3. Feb. 1879 (GS. 17) u. Bek. v. 19. Mai 1874 (GS. 142); ObLandsGBez. Kassel G. v. 29. Mai 1873 (GS. 273).

[4]) Die s. g. Stockbücher werden durch die Feldgerichte geführt, § 73 Nr. 3 (S. 90).

[5]) Das rheinische Recht (Code civ. Art. 2092—2203) kennt stillschweigende und generelle Hypotheken zu Gunsten der Ehefrauen u. Mündel; vgl. indeß Anm. 14 (S. 243). Die Hypothekenbücher enthalten keine Grundstücks- sondern nur Personalfolien. Die Führung erfolgt durch besondere dem Provinzialsteuerdirektor unterstellte Hypothekenbewahrer (Hypothekenämter). Bezirke G. v. 11. März 1850 (GS. 284) u. v. 28. Dez. 1868 (GS. 1869 S. 193). Inskriptions- u. Transskriptionsgebühren Anm. 58 (S. 227).

[6]) EG. z. HandGB. v. 24. Juni 1861 (GS. 449) Art. 59; Neuvorpommern EG. (Anm. 3) § 48, 49; Schl.-Holstein EG. (Anm. 3) § 48—52; Hannover G. v. 27. Juni 1879 (GS. 9). — Schiffsregister § 365 d. W.

[7]) EigenthG. (Anm. 2a) § 1 u. 2; Eintragung aus Erkenntnissen § 3, aus Enteignungen, Zwangsversteigerungen, Gemeinheitstheilungen u. Zusammenlegungen § 5 u. G. v. 26. Juni 1875 (GS. 325). — Vormerkung (Protestation) zur Erhaltung des Rechts auf Eintragung od. Auflassung EigthG. § 8, 9 u. 70, verb. § 16, 22 u. G. v. 24. März 1879 (GS. 281) § 18. — Eintragung auf Grund einstweiliger Verfügung CProzO. § 658 u. AG. v. 24. März 1879 (GS. 281) § 19.

[8]) EG § 4, 6, 7, 10 u. 11, verb. § 15.

[9]) Das. § 12—16.

[10]) Das. § 17, 34—36.

Forderungsrechte, welche auf Grundstücken haften, werden gleichfalls nur durch Eintragung erworben. Letztere erfolgt auf Antrag des Eigenthümers oder einer zuständigen Behörde, oder kraft eines Erkenntnisses und muß den Gläubiger, das verpfändete Grundstück und die Schuldsumme bestimmt bezeichnen. Enthält die Eintragung daneben den Schuldgrund, so heißt sie Hypothek; andernfalls wird sie Grundschuld genannt[11]). Die Grundschuld erscheint sonach als das von der persönlichen Verpflichtung des Schuldners losgelöste und auf das Grundstück gelegte Schuldverhältniß und bildet, während die römischrechtliche Hypothek nur als accessorisches Rechtsverhältniß erscheint, eine völlig selbstständige Realobligation. Der Schuldgrund liegt wie beim Wechsel nur in der Schuldform. Die Schuld wird ähnlich der Erwerbung des Grundeigenthums durch die Eintragung begründet; einer besonderen Schuldurkunde bedarf es nicht. Die wichtigste Folge dieses Verhältnisses ist, daß der Eigenthümer an seinen eigenen Grundstücken Grundschulden haben und solche mit dem Vorzugsrecht vor später eingetragenen Forderungen weiter begeben kann[12]). Uebrigens sind Grundschuld und Hypothek völlig gleichberechtigt. Dem Eigenthümer steht die Wahl der einen oder anderen Schuldform frei. Auch kann eine Hypothek unter Zustimmung der Betheiligten einschließlich der nachstehenden Gläubiger jeder Zeit in eine Grundschuld umgewandelt werden[13]). — Für das eingetragene Kapital nebst Zinsen und Kosten haftet das verpfändete Grundstück mit allen Theilen, Zubehörstücken, Früchten und Versicherungsgeldern[14]). — Der Anspruch wird durch die dingliche Klage, und wenn er vollstreckbar geworden, durch gerichtliche Zwangsverwaltung (Sequestration) oder Zwangsversteigerung (Subhastation) geltend gemacht[15]). — Die Abtretung (Cession) und Verpfändung bedarf keiner Eintragung. Grundschulden können ohne Namensangabe (Blanko) abgetreten werden[16]). — Die Aufhebung eines Hypotheken- oder Grundschuldrechts wird nur durch Löschung bewirkt, welche auf Antrag des Eigenthümers oder der zuständigen Behörde erfolgt[17]).

Auf das Bergwerkseigenthum finden diese Grundsätze mit einigen Maßgaben gleichfalls Anwendung[18]).

§ 215.

c) **Das formelle Recht (die Grundbuch-O.)** umfaßt die Form der Grundbücher und Urkunden, die Behörden, das Verfahren und die Kosten.

Die Grundbücher, deren Einsicht jedem Betheiligteu offen steht, sind für die Gemeinde- oder Grundsteuererhebungsbezirke angelegt. In

[11]) Das. § 18—26.
[12]) Das. § 27, 28 u. 63—67.
[13]) Das. § 29.
[14]) Das. § 30—33.
[15]) Das. § 37—51, 71; s. § 196 Abs. 3 d. W.
[16]) EG. § 52—56. — Pfändung einer Grund- oder Hypothekenbuchsforderung G. v. 24. März 1879 (GS. 281) § 16.
[17]) EG. § 57—62.
[18]) Das. § 68 u. 69.

dieselben werden nach den Grundsteuerregistern (Katastern) alle selbstständigen Grundstücke auf Grundbuchblättern (Folien) eingetragen[19]. — In der Regel erhält jedes Grundstück bez. jeder Gutskomplex ein eigenes Blatt, welches Titel und drei Abtheilungen (Rubriken) enthält (Formular I). Der Titel weist das Grundstück und die etwaigen Abschreibungen nach, während die Abtheilungen entsprechend der im materiellen Recht getroffenen Eintheilung für Angabe des Eigenthums, der dinglichen Rechte und der Hypotheken- und Grundschulden bestimmt sind[20]. Wo ein stark zertheilter und oft wechselnder Grundbesitz vorwaltet, kann der Richter das Formular II anwenden, in dem jeder Besitzer einen seine gesammten Grundstücke umfassenden Artikel erhält[21]. Ein Formular III ist für Bergwerke mit unbeweglichen Gewerkeantheilen (Kuxen) bestimmt[22]. Ueber die Hypotheken- und Grundschulden werden Hypotheken- und bez. Grundschuldbriefe ausgefertigt. Mit ersteren werden die Schuldurkunden verbunden; beide sind zur Erleichterung des Verkehrs möglichst einfach gestaltet[23].

Zuständige Behörde ist der Amtsrichter mit dem Gerichtsschreiber[24].

Das Verfahren[25] tritt in der Regel nur auf Antrag ein. Die Anträge können mündlich oder schriftlich erfolgen und bedürfen letzteren Falls, wenn sie Eintragungen oder Löschungen bezwecken, gerichtlicher oder notarieller Beglaubigung[26]. — Die Kosten enthält ein besonderer Tarif[27].

§ 216.

d) An **Stempelabgaben** wird entsprechend dem Stempel vom Kauf- und Dahrlehnsgeschäft[28] bei Auflassungen 1 Proz. des Werths[29], bei Eintragungen $^1/_{12}$ Proz. erhoben[30]. Die Löschungen sind frei[31].

---

[19] GrundbO. (Anm. 2 b) § 1—5 u. 19. — Herstellung der Uebereinstimmung mit dem Kataster § 135, insbes. Anm. 24 d. W. — Wiederherstellung zerstörter u. Anlegung neuer Grundbücher Grundb. O. § 132—140.

[20] Das. § 6—13.

[21] Das. § 6, 14—16.

[22] Das. § 6, 17 u. 18.

[23] Das. § 119—131.

[24] G. v. 24. April 1878 (G. 230) § 31, 32 u. GrundbO. § 26—29. — Die besonderen Grundbuchämter (das. § 20 bis 25) sind aufgehoben.

[25] Verfahren überhaupt GrundbO. § 30—47; Eintragung des Eigenthums (Abschreibungen) § 48—72, der Belastungen § 73—91, der Löschungen § 92—102 u. 114—118, insbes. auf Grund eines Aufgebots § 103—113 (§ 108 aufgeh. durch § 108 der Hinterleg.O.) (Anm. 32) u. G. v. 24. März 1879 (GS. 281) § 20 u. 21.

[26] GrundbO. § 30—33; Stempelfreiheit G. v. 26. März 1873 (GS. 131) § 2⁶, G. v. 10. März 1879 (GS. 145) § 9.

[27] GrundbO. § 141 u. Tarif. Vgl. § 190 Nr. 3 (S. 227) d. W.

[28] S. § 149 Abs. 4 d. W.

[29] G. üb. die Stempelabgaben (Anm. 2c) § 1—7, 12, 14 u. 15.

[30] Das. § 8—15.

[31] G. v. 26. März 1873 (GS. 131) § 2⁷.

8. Hinterlegungswesen.

§ 217.

Die Verschiedenartigkeit in der Einrichtung des Hinterlegungs- (Depositen-) wesens, die am stärksten zwischen der im landrechtlichen Gebiet gültigen Deposital-O. v. 1783 und der jede Mitwirkung der Gerichte ausschließenden rheinischen Verfassung sich geltend machte, ist nach Eintritt der neuen Gerichtsorganisation einer einheitlichen Ordnung gewichen[32]). Den Gerichten, denen die eigentlichen Depositalgeschäfte abgenommen wurden, verblieb nur:

1. die vorläufige Verwahrung von Geld, Kostbarkeiten und Werthpapieren, die nicht auf Namen lauten;
2. die Hinterlegung anderer Gegenstände, insbesondere der Werthpapiere auf Namen und letztwilligen Verfügungen[33]).

Uebrigens sind für die eigentliche Hinterlegung der zu a bezeichneten Gegenstände unter Aufsicht des Finanzministers die Regierungen zu Hinterlegungsstellen bestimmt. Die Bezirke wurden den Gerichtsbezirken entsprechend abgegrenzt[34]). — Das Verfahren ist für die Hinterlegung von Geld und für diejenige von Werthpapieren und Kostbarkeiten verschieden. Während ersteres zur Vermeidung nutzloser Kapitalansammlung in das Eigenthum des Staats übergeht und von diesem mit $2^1/_2$ Proz. verzinst wird[35]), werden letztere unverändert verwahrt[36]). Mit Ablauf von 10 Jahren hört, wenn nicht ein neuer Antrag erfolgt, die Verzinsung auf[37]); nach weiteren 20 Jahren kann das Geld gerichtlich aufgeboten werden[38]). Bei unverzinslichen Geldbeträgen, Werthpapieren und Kostbarkeiten tritt das Aufgebot erst nach 30 Jahren ein[39]).

9. Das Notariat.

§ 218.

Die Notare haben den Beruf, Urkunden mit öffentlichem Glauben zu fertigen. Ursprünglich waren sie vom Reich bestellt[40]). Später hat sich das Institut in den einzelnen Territorien verschieden entwickelt. In Preußen bestanden in Folge dessen selbst innerhalb der Gerichtsbezirke vielfach von einander abweichende Vorschriften; in einzelnen Landestheilen fehlte das Notariat ganz. Zur Abhülfe dieses Mangels ist im Anschluß an die neue Ge-

[32]) HinterlegungsO. v. 14. März 1879 (GS. 249).

[33]) HO. § 70—91; AusfVf. v. 9. Juli 1879 (JMB. 173).

[34]) HO. § 1—6. — Anw. v. 26. Aug. 1879 (JMB. 326). — Bezirke Best. (Nr. 2) v. 31. Juli 1879 (JMB. 217). — Hinterl. Stelle f. Berlin ist die Mil.- u. Bau-Kommission HO. § 2 u. Best. (Nr. 1) v. 31. Juli 1879 (JMB. 217).

[35]) HO. § 7—10 u. (Zinssatz) V. v. 21. Mai 1879 (GS. 383). — Einzahlung § 11—21; Auszahlung § 22—35. — Die Hinterlegungsgelder bilden einen Theil der Staatsschuld § 123 Abs. 3 d. W.

[36]) HO. § 36—52.

[37]) Das. § 53—57.

[38]) Das. § 58—62.

[39]) Das. § 63—69.

[40]) ReichsNotariatsO. v. 1512.

richtsorganisation eine Neuregelung erfolgt[41]), welche das Notariat in drei wesentlich gleichartige Gruppen zusammengefaßt hat:

1. Für den Ob.L.Ger.Bez. Köln kommt die Rheinische Notariats-O.[42]) mit einer Maßgabe[43]) fortdauernd zur Anwendung.
2. Im Ob.L.Ger.Bez. Celle gilt die Hannoversche Notariats-O.[44]), welche mehrfach ergänzt und auf den Kreis Rinteln ausgedehnt ist[45]).
3. Auf alle übrigen Theile ist das zunächst für das landrechtliche Gebiet erlassene altpreußische Notariatsgesetz[46]) ausgedehnt[47]).

Die Notare sind Staatsbeamte und zählen zu den nichtrichterlichen Justizbeamten[48]). Sie stehen unter Aufsicht des Justizministers, der Oberlandesgerichts- und Landgerichts-Präsidenten[49]), und unterliegen den Disciplinargesetzen[50]). Zur Anstellung wird die Befähigung zum Richteramt erfordert[51]). Die Zuständigkeit der Notare umfaßt die Aufnahme aller Akte der freiwilligen Gerichtsbarkeit, die nicht den Gerichten oder besondern Behörden vorbehalten sind[52]). Im rheinischen Rechtsgebiet, wo wegen der beschränkteren Thätigkeit der Gerichte auf diesem Gebiet der Wirkungskreis der Notare ein ausgedehnterer ist, sind dieselben auf ihr eigentliches Amt beschränkt[53]), während übrigens in der Regel die Rechtsanwaltschaft damit verbunden ist. Von der im Allgemeinen vorgeschriebenen Zuziehung zweier Zeugen oder eines zweiten Notars[54]) sind die Notare bei Beglaubigung von Unterschriften und Aufnahme von Protesten entbunden. Bei ersterer bedarf es auch keiner Protokollaufnahme[55]). Die Notare sind bezüglich ihrer Mühewaltung auf Gebühren angewiesen[56]).

---

[41]) G. v. 8. März 1880 (GS. 177).

[42]) Rhein. NotO. v. 25. April 1822 (GS. 109), ergänzt durch KO. v. 7. Mai 1840 (GS. 118) u. G. v. 18. April 1855 (GS. 521), sowie in Betr. der TaxO. durch V. v. 27. Juli 1855 (GS. 553), G. v. 3. Mai 1858 (GS. 221) u. v. 11. Juni 1876 (GS. 162).

[43]) Anm. 55.

[44]) HannNotO. v. 18. Sept. 1853 (GS. 1880 S. 188). Aufgehoben sind § 2 (Befähigung), § 3 (Nebenämter), § 4 (Diensteid), § 5 (Siegel), § 52 bis 58 (Kautionen), Abschn. VIII u. IX (Gebühren, Aufsicht u. Disciplin).

[45]) G. v. 8. März 1880 § 6—9.

[46]) G. v. 11. Juli 1845 (GS. 487); § 34 aufgeh. G. v. 28. Aug. 1876 (GS. 389) § 11[4].

[47]) G. v. 8. März 1880 § 1, 2 u. 4.

[48]) § 183 u. 58 d. W.

[49]) G. v. 9. April 1879 (GS. 345) § 23 u. v. 8. März 1880 § 7.

[50]) G. v. 7. Mai 1851 (GS. 218) Abschn. 2 u. 3, v. 9. April 1879 § 21, 22; Strafarten G. v. 30. April 1847 (GS. 196) § 12. Einf. in Hannover V. v. 23. Sept. 1867 (GS. 1613) Art. V § 73 u. G. v. 8. März 1880 § 8. — Rhein. NotO. Art. 47, 52 u. G. v. 21. Juli 1852 (GS. 465) § 66, 67 u. 77.

[51]) G. v. 6. Mai 1869 (GS. 656) § 1. — Vgl. § 184 d. W.

[52]) Vollstreckbarkeit der Notariatsurkunden CProzO. § 705. — Aufnahme von Wechselprotesten WechselO. (BGB. 1869 S. 382) Art. 87 u. G. v. 8. März 1880 § 33).

[53]) Rhein. NotO. Art. 5.

[54]) Preuß. NotGes. § 7, Hann. NotO. § 25, Rhein. NotO. Art. 21.

[55]) G. v. 8. März 1880 § 5; Gebühr § 9. — Aehnlich d. Hann. NotO. § 26.

[56]) G. v. 16. Mai 1851 nebst darin in Bezug genommenen Vorschriften des Gerichtskostentarifs v. dems. Tage (GS. 1880 S. 205 u. 209 u. Berichtigung S. 256); G. v. 8. März 1880 § 9—11. — Rhein. Rechtsgeb. s. Anm. 42.

Siebentes Kapitel.

Polizei[1]).

I. Begriff und Arten.

§ 219.

Der Begriff der Polizei hat sich historisch entwickelt. Ursprünglich umfaßte sie die gesammte innere Staatsthätigkeit. Später wurden die Kameralien (Finanzen und Volkswirthschaft) von derselben abgesondert[2]). Immerhin umschloß sie noch neben dem Schutz, den der Staat zu gewähren hat, die gesammte auf Förderung der Erwerbsthätigkeit gerichtete staatliche Wirksamkeit. Seit Beginn des Jahrhunderts wird auch diese letztere von der Polizei getrennt[3]). Der Begriff der Wohlfahrtspolizei, der früher der Sicherheitspolizei gegenübergestellt wurde, hat damit seine Bedeutung verloren[4]).

In dieser eingeschränkteren Bedeutung erstreckt sich die Aufgabe der Polizei gegenwärtig nur auf Abwehr der durch Naturereignisse oder Rechtsverletzungen herbeigeführten Gefahren und Nachtheile, die sie theils vorbeugend (präventiv), theils beseitigend (repressiv) zur Ausführung bringt.

Inzwischen hatte die Trennung der Justiz von der Verwaltung eine weitere Einschränkung der polizeilichen Thätigkeit herbeigeführt, indem die Justiz die repressive Abwehr der durch Rechtsverletzungen herbeigeführten Gefahren mit der Maßgabe ausschließlich übernahm, daß ihr dabei die Polizei vorbereitend und helfend zur Seite trat. Diese Thätigkeit bildet den Gegenstand der Kriminalpolizei (Nr. III). Erscheint die Polizei hierin nur als Gehülfin der Justiz, so verblieb ihr eine selbstständige Wirksamkeit sowohl in der Abwehr schädlicher Naturereignisse (Unfallspolizei), die sie nach wie vor präventiv und

---

[1]) v. Mohl Polizeiwissenschaft (3. Aufl. Tübing. 1866). — Förstemann Prinzipien d. Preuß. Polizeirechts (Berlin 1869).

[2]) Anm. 2. (S. 136).

[3]) In diesem Sinne bestimmt LR. II 17 § 10: Die nöthigen Anstalten zur Erhaltung der öffentlichen Ruhe, Sicherheit, und Ordnung und zur Abwendung der dem Publiko, oder einzelnen Mitgliedern desselben bevorstehenden Gefahr zu treffen, ist das Amt der Polizei.

[4]) Die frühere Wohlfahrtspolizei ist damit in das Gebiet der Wohlstandspflege (Kap. 9) übergetreten.

repressiv auszuüben hat (Nr. IV), als in der nur präventiven Abwehr der aus Rechtsverletzungen drohenden Gefahren. Diese Gefahren können äußere oder innere sein; sie können die allgemeine Sicherheit oder die öffentliche Ordnung und Sitte bedrohen und hiernach scheidet sich die Sicherheitspolizei (Nr. V)[5]) von der Ordnungs- und Sittenpolizei (Nr. VI).

Ihren Zwecken nach fällt somit die gesammte polizeiliche Thätigkeit in eins dieser vier Gebiete, der gerichtlichen, der Unfalls-, der Sicherheits- oder der Ordnungs- und Sitten-Polizei. Die Polizei ist jedoch keine in sich abgeschlossene selbstständige Funktion der inneren Verwaltung. Sie durchdringt vielmehr deren ganzes Gebiet, so daß fast jeder Theil derselben eine polizeiliche Seite bietet. Ein vorwiegend polizeiliches Gepräge tragen das Gesundheits-, Bau- und Armenwesen, so daß diese noch als Zweige der Polizei betrachtet werden dürfen (Nr. VII—IX). Die übrigen Zweige der polizeilichen Thätigkeit stehen dagegen wesentlich im Dienst der Wohlstandspflege und können nur mit dieser übersehen und betrachtet werden[6]).

II. Polizei-Verwaltung.

1. Polizei-Behörden.

§ 220.

a) **Centralinstanz** ist der Minister des Innern[1]). Seine Zuständigkeit erstreckt sich indeß nur auf die allgemeine Polizei, während unter dem Kultusminister die Gesundheitspolizei, unter dem Minister für öffentliche Arbeiten die Bau-, Eisenbahn- und Bergpolizei, unter dem Handelsminister die Hafen- und Schifffahrts- und der größte Theil der Gewerbepolizei und unter dem Landwirthschaftsminister die Landwirthschafts-, Forst-, Jagd-, Fischerei- und Veterinärpolizei stehen[2]).

§ 221.

b) Die **Landespolizei** bildet den Gegensatz zur Ortspolizei. Sie umfaßt ihrem Begriff nach die Abwehr der den Staat oder die Gesellschaft als solche bedrohenden Gefahren und fällt in diesem Sinn mit der höheren (politischen oder Staats-) Polizei zusammen. Thatsächlich werden indeß

---

[5]) J. w. S. umfaßt die Sicherheitspolizei auch die Polizei gegen Unglücksfälle.

[6]) Versicherungspolizei § 314, 315, Bergpolizei § 324 (S. 368), Wasserpolizei § 336—338, Feld- u. Forstpolizei §§ 340, 341, Viehseuchen- (Veterinär-) Polizei § 344, Jagdpolizei § 346, Fischereipolizei § 348, Gewerbepolizei § 350, 351, Marktpolizei § 360, Maß- u. Gewichtspolizei § 361, Schifffahrts-, Hafen- u. Strompolizei § 364 (S. 430), Wege- (Chaussee- u. Straßen-)polizei § 370 u. Eisenbahnpolizei § 374 d. W.

[1]) § 46 d. W.

[2]) S. diese Gegenstände oben Anm. 6

als landespolizeiliche alle diejenigen Funktionen angesehen, die ihrer höheren Bedeutung oder ihrer größeren Schwierigkeit wegen von einer unteren Behörde nicht wahrgenommen werden können. Landespolizeibehörde ist der Regierungs-Präsident (die Regierung)[3]. Seine Zuständigkeit erstreckt sich auf nahezu alle Gebiete der Polizeiverwaltung. Nur einzelne Spezialzweige, wie die Berg- und Eisenbahnpolizei, werden von besondern Behörden verwaltet. Auch dem Ober-Präsidenten sind abgesehen von einzelnen speziell bestimmten Gegenständen[4] nur die sich über mehrere Regierungsbezirke erstreckenden Angelegenheiten und die bei außerordentlichen Ereignissen und Gefahr im Verzuge erforderlichen Anordnungen vorbehalten[5].

§ 222.

c) Mannigfaltiger hat sich die **Ortspolizei** (Lokalpolizei) gestaltet. Sie wird zwar überall im Namen des Königs geübt, doch sind ihre Organe verschieden sowohl für Stadt und Land, als für die einzelnen Provinzen.

In den Städten wird die Polizei regelmäßig von den Bürgermeistern verwaltet[6], doch kann sie in bedeutenderen Städten besonderen Königlichen Behörden übertragen werden. In diesem Fall zahlt der Staat die persönlichen, die Stadt die sächlichen Kosten[7]. Die Behörden heißen Polizei-Präsidien oder Polizei-Direktionen; doch führen auch die Vorsteher der letzteren zum Theil den Titel als Polizei-Präsident[8]. Dem Polizei-Präsidium zu Berlin, dem neben den ortspolizeilichen auch landespolizeiliche Befugnisse beigelegt sind, ist die Polizeidirektion zu Charlottenburg unterstellt[9].

In Betreff der Landgemeinden hatte sich in den östlichen Provinzen

---

[3]) RegInstr. v. 23. Okt. 1817 (GS. 248) § 2^{2-4} u. OG. § 17. In Posen, den westl. u. neuen Prov. sind vorläufig noch die Regierungen zuständig. § 53 d. W. — Erlaß v. PolVerord. § 229 d. W.

[4]) Instr. v. 31. Dez. 1825 (GS. 1826 S. 1) § $11^{4.\,b-c}$.

[5]) Das. § 3^3 u. § 11^2.

[6]) Aeltere Prov.: G. üb. d. Polizeiverw. v. 11. März 1850 (GS. 265) § 1, StädteO. f. d. östl. Prov. (Anm. 75 S. 91) § 62, f. Westfalen (Anm. 92 S. 93) § 62, u. f. d. Rheinprov. (das.) § 57; neuere Prov.: V. v. 20. Sept. 1867 (GS. 1529) § 1, StädteO. f. Schl.-Holstein (Anm. 94 S. 93) § 89; f. Hess.-Nassau u. Hohenzollern sind die in Anm. 15 angeführten Gesetze u. f. Hannover, wo die Magistrate zuständig sind, StädteO. (Anm. 98 S. 94) § 71, 78 u. 79 maßgebend.

[7]) G. üb. d. Pol.V. § 2 u. 3, verb. Pl.B. d. OTr. v. 8. April 1861 (JMB. 116). Ausdehnung auf Schl.-Holstein StädteO. v. 14. April 1869 (GS. 589) § 89, u. Frankfurt a. M. V. v. 29. Juni 1867 (GS. 917). Die ähnlichen nur in der Art der Kostenvertheilung abweichenden Bestimmungen in den übrigen neuen Landestheilen (Anm. 6) sind aufrecht erhalten V. v. 1867 § 2 u. 3. — Kosten und Nutzungen der vorläuf. Straffestsetzung § 237 d. W.

[8]) Pol.Präsidien zu Berlin, Breslau, Königsberg, Frankfurt a. M. u. Köln; Polizeidirektionen zu Danzig, Stettin, Posen, Potsdam, Magdeburg, Hannover, Aachen, Wiesbaden, Kassel, Celle, Göttingen, Koblenz, Marburg, Hanau und Fulda. Die sechs letztgenannten werden als Nebenamt von dem Landrath (Kreishauptmann) verwaltet.

[9]) Regl. v. 18. Sept. 1822 (KA. VIII 491) u. KO. v. 16. Mai 1830 (das. XIV 359).

die mit dem Besitz eines Guts verbundene Polizeigewalt (gutsherrliche Polizei) mit einigen Unterbrechungen bis in die neuste Zeit behauptet. Diese ist nunmehr im Gebiet der Kreis-O. aufgehoben. Statt dessen sind besondere Amtsbezirke gebildet, innerhalb deren die Ortspolizei von Amtsvorstehern möglichst als Ehrenamt, nöthigen Falls aber unter kommissarischer Anstellung von Berufsbeamten verwaltet wird[10]). Aehnlich nur mit ausgeprägterem Beamtencharakter bestehen in Posen Distriktskommissarien[11]), in Westfalen Amtmänner[12]), in der Rheinprovinz Landbürgermeister[13]) und in Schleswig-Holstein Kirchspiels- und Hardesvögte[14]). — Abweichend wird in den Provinzen Hannover, Hessen-Nassau und Hohenzollern sowie im Kreise Eiderstedt (Prov. Schl.-Holstein) die Ortspolizei unter unmittelbarer Aufsicht der unteren Staatsverwaltungsbehörden von den Organen der Gemeindeverwaltung gehandhabt[15]). Dieser Einrichtung gebührt unbedingt der Vorzug, da durch dieselbe die Einschiebung von Zwischenbehörden zwischen Landrath und Gemeindebehörde vermieden wird, die die Verwaltung vertheuert, in ihrer unbestimmten Stellung den Geschäftsgang erschwert und verwickelt und in zahlreichen Fällen nur unter Einführung subalterner Elemente in die lokale Instanz durchführbar erscheint[16]).

§ 223.

d) Eine eigentliche **Kreispolizei** hat sich erst in neuster Zeit gebildet. Der Landrath war ursprünglich nur Kommissar der Regierung[17]) und hat erst allmälig selbstständige polizeiliche Funktionen erhalten. Die bedeutendsten sind die Aufsicht über die Ortspolizeibehörden und das Recht zum Erlaß von Polizeiverordnungen und polizeilichen Zwangsmaßregeln[18]). Erst damit ist der Landrath zur eigentlichen Polizeibehörde geworden.

---

[10]) KreisO. v. 13. Dez. 1872 (Neue Fassung GS. 1881 S. 180) § 46—63, 65, 73; ER. u. AusfInstr. v. 18. Juni 1873 (MB. 150 u. 153) Art. 2 u. 4. — Amtsunkosten KrO. § 69—73, ER. v. 10. Juni 1873 (MB. 137) u. v. 3. März 1881 (MB. 75). — Amtsausschüsse KrO. § 51 bis 55a, ER. v. 18. Dez. 1873 (MB. 1874 S. 13). — Amtsabzeichen der Amtsvorsteher ER. v. 17. Dez. 1878 (MB. 1879 S. 1). — Die Zahl der Amtsbezirke in den 6 KrOProvinzen belief sich (1875) auf 5658 mit durchschnittlich je 1600 Einwohnern u. 6 Gemeinden od. Gutsbezirken. 340 derselben umfaßten eigene Gemeinde- od. Gutsbezirke.

[11]) KO. v. 10. Dez. 1836 (KA. XX 943).

[12]) Westf. LGemO. v. 19. März 1856 (GS. 265) § 4 u. 69—74.

[13]) Rhein. GemO. v. 23. Juli 1845 (GS. 523) § 108.

[14]) V. v. 22. Sept. 1867 (GS. 1587) § 4. — Lauenburg G. v. 5. Dez. 1872 (WochBl. 367).

[15]) Hann. LGemG. v. 28. April 1859 (Hann. GS. I 393) § 69, 70. — Kurh. GemO. v. 23. Okt. 1834 (KGS. 181) § 61; Nass. GemG. v. 26. Juli 1854 (VB. 166) § 2 u. 18. u. V. v. 22. Feb. 1867 (GS. 273) § 9. — Sigm. GemG. v. 6. Juni 1840 (Hohenz. GS. V 241) § 38.

[16]) Nähere Ausführung S. 15—21 der Anm. 6 (S. 54) angeführten Schrift.

[17]) V. v. 30. April 1815 (GS. 85) § 33.

[18]) KrO. (Anm. 10) § 77. OrgG. § 78 u. 68. — Besondere Zuständigkeit in Chausseepolizeisachen Anm. 25 (S. 439).

2. Polizeibeamte.

§ 224.

a) **Uebersicht.** Neben den allgemeinen Bestimmungen über Beamte[19]) bestehen über die Befugnisse und Organisation der unmittelbar ausführenden (Exekutiv-) Beamten mehrfache besondere Vorschriften. Sie haben das Recht zur Festnahme von Personen, zur Beschlagnahme, zur Durchsuchung[20]) und im Fall der Noth zum Waffengebrauch[21]). In der Organisation werden die staatlich angestellten und besoldeten Gensdarmen und Schutzmänner von den Gemeinde-Polizeibeamten unterschieden.

§ 225.

b) Die **Gensdarmerie** war bereits 1812 gebildet, erhielt aber erst 1820 ihre heutige Gestaltung[22]), in welcher sie auch auf die neuen Provinzen übertragen wurde[23]). Sie ist in Rücksicht auf Oekonomie, Disciplin, Gerichtsstand und innere Verfassung militärisch organisirt, steht unter einem Militärchef und wird den Armeekorps entsprechend in Brigaden eingetheilt. Jede Brigade besteht aus einem Brigadier und einer Anzahl von Offizieren, Oberwachtmeistern, berittenen und Fuß-Gensdarmen. In ihren Dienstobliegenheiten stehen die Gensdarmen dagegen unter den Civilbehörden, denen sie zugewiesen sind, insbesondere unter den Landräthen. Den Ortspolizeibehörden sind sie nicht unterstellt, haben jedoch ihren Requisitionen zu entsprechen[24]).

Die Gensdarmen werden aus den geeigneten Unteroffizieren mit mindestens 9 jähriger Dienstzeit entnommen und nach sechsmonatlicher Probedienstleistung angestellt. Der Dienst in der Gensdarmerie wird bezüglich der Civilversorgungsansprüche dem Militärdienst zugezählt[25]).

§ 226.

c) Die Einrichtung der **Schutzmannschaft** entspricht mit Ausschluß der militärischen Organisation überall der der Gensdarmerie. Sie wurde 1848 in Berlin, späterhin auch in den übrigen Städten mit Königlicher Polizei-

---

[19]) S. § 58—70 d. W. üb. Staats- u. § 72 Nr. 1 (S. 82) üb. Gemdebeamte.

[20]) § 233—236 d. W.

[21]) GendInstr. (Anm. 22) § 28 u. V. v. 1867 (Anm. 23) § 18.

[22]) V. v. 30. Dez. 1820 (GS. 1821 S. 1) u. DienstInstr. v. dems. T. (das. S. 10). Das MStrGB. findet auf Gendarmen keine Anwendung EinfG. v. 20. Juni 1872 (RGB. 173) § 2. — Disciplinaruntersuchung KO. v. 22. Aug. 1829 (KA. XIII 560) u. ER. v. 12. Juni 1850 (MB. 179). — Reisekosten V. v. 1. April 1874 (GS. 131), 1. Nov. 1876 (GS. 459) u. 14. Okt. 1881 (GS. 339). — Umzugskosten V. v. 27. Jan. 1879 (GS. 22). — Pensionirung G. v. 27. März 1872 (GS. 268), vgl. § 4. — Unabkömmlichkeit bei militärischer Einziehung § 84 Nr. 2 d. W.

[23]) Hohenzollern Erl. v. 30. Dez. 1850 (GS. 1851 S. 703). — Für Schl.-Holstein, Hannover und Hess.-Nassau V. v. 23. Mai 1867 (GS. 777).

[24]) Vgl. KrO. v. 13. Dez. 1872 (GS. 1881 S. 180) § 65 Abs. 2.

[25]) Regl. v. 16. Juni 1867 (MB. 280) § 20. Vgl. § 59 (S. 69) d. W.

verwaltung eingeführt[26]). Die spezielle Aufsicht führt unter dem Polizeichef, in Berlin der Polizei-Oberst mit Polizei-Hauptleuten, Lieutenants und Wachtmeistern, in den übrigen Städten der Polizei-Inspektor mit den Polizei-Kommissarien. Letztere sind für bestimmte Zweige der Polizei-Verwaltung (Kriminal-, Fuhr-Kommissarien) oder Bezirke (Revier-Kommissarien) bestellt.

§ 227.

d) Die Gemeinde-Polizeibeamten sind Polizei-Sergeanten oder Polizei-Diener[27]). Die Anstellung setzt Civilversorgungsberechtigung[25]), eine 3 bis 6 monatliche Probezeit und Genehmigung des Regierungs-Präsidenten (der Regierung) voraus[28]). Ihre Beaufsichtigung erfolgt in mittleren Städten durch Polizei-Kommissarien, in größeren außerdem durch Polizeiinspektoren.

3. Zuständigkeit und Verfahren.

§ 228.

a) **Uebersicht.** Die Aufgaben der Polizei bieten mehrfache Besonderheiten. Vielfach dulden sie keinen Aufschub; das Eingreifen muß unmittelbar und schleunigst erfolgen. Ihre Wirksamkeit ist ferner nicht gegen bestimmte, sondern gegen mögliche oder doch nur wahrscheinliche Ereignisse und Handlungen gerichtet und muß dabei alle speziellen Verhältnisse des Lebens eingehend berücksichtigen, die sich in ihrer wechselnden Mannigfaltigkeit nicht im Voraus bestimmen lassen. Endlich bedarf die Polizei, um ihrer Aufgabe genügen zu können, der Autorität und muß in dieser geschützt werden.

Alle diese Umstände haben dazu geführt, die Polizei mit einer Reihe von Befugnissen auszustatten und dabei ihrem eigenen Ermessen einen ausgedehnteren Spielraum zu gewähren. Sie kann in diesem Sinne einzelne Gebiete unter Androhung von Strafen durch Polizeiverordnung allgemein regeln (b), sie kann daneben in gewisse Verhältnisse durch Polizeiverfügung bestimmend eingreifen und diese durch Zwangsmaßregeln durchsetzen (c u. d).

Diese Befugnisse sind regelmäßig mit Einschränkungen der Person und des Eigenthums verbunden. So lange Gesetz und Verordnung nicht geschieden waren, schien dies unbedenklich. Seitdem aber mit Beginn des Jahrhunderts der Grundsatz der Unterordnung der Verwaltung unter das Gesetz maßgebend geworden, ist man unausgesetzt bemüht, Rechtskontrolen zu schaffen, die gegen eine eigenmächtige oder zu weit gehende Anwendung dieser Befugnisse sichern sollen; die Frage, welche Einschränkungen hierbei

---

[26]) KO. v. 23. Juni 1848, v. 22. März 1852 (MB. 1855 S. 119) u. 20. Juli 1875 (MB. 201). — Waffengebrauch AE. v. 4. Feb. 1854 (MB. 69).

[27]) Uniformirung Anm. 92 (S. 75). — Gemeinde-Feld- u Forsthüter § 340 d. W.

[28]) Pol. VerwG. § 4 u. V. v. 1867 (Anm. 6) § 4.

möglich sind, ohne den Zweck der Polizei zu beeinträchtigen, bietet erhebliche Schwierigkeiten und ist zur Zeit noch nicht abgeschlossen.

§ 229.

b) Der Erlaß von **Polizei-Verordnungen** erscheint im Landrecht als Majestätsrecht[29]). Den Behörden stand diese Befugniß nur in beschränktem Umfange zu; die Regierungen waren dabei an höhere Genehmigung gebunden[30]), die Ortspolizeibehörden auf wenige Gegenstände der Feldpolizei eingeschränkt[31]).

Ein allgemeines Potizeiverordnungsrecht ist erst später eingeführt[32]) und demnächst — vorläufig für die Kreisordnungsprovinzen — erweitert und allen Polizeibehörden für ihren Bezirk und für Theile desselben beigelegt.

Hiernach können Polizeiverordnungen erlassen werden:

1) von den Ministern auf den ihnen ausdrücklich zugewiesenen und den Gebieten der Eisenbahn-, Strom-, Schifffahrts- und Hafenpolizei und in Betreff der Zubereitung und des Vertriebs von Giften und explodirenden Stoffen mit Strafandrohung bis zu 100 M.[33]);
2) von dem Ober- und dem Regierungs-Präsidenten über alle im Interesse des Bezirks zu regelnden Gegenstände, unter Zustimmung des Provinzial- bez. Bezirksraths — in eiligen Fällen auch vorbehaltlich derselben auf höchstens 3 Monat —, mit Strafandrohung bis zu 60 M.[34]);
3) vom Landrath in gleichem Umfange unter Zustimmung des Kreisausschusses mit Strafandrohung bis zu 30 M.[35]);
4) von der Ortspolizeibehörde, welche in den Städten bei allen nicht in das Gebiet der Sicherheitspolizei fallenden, übrigens nur bei Gegenständen der landwirthschaftlichen Polizei der Zustimmung des Gemeindevorstandes oder Amtsausschusses bedarf, mit einem Strafmaß von 9 M., bei Zustimmung des Regierungs-Präsidenten und in Stadtkreisen von 30 M.[36]).

Der Minister kann alle polizeilichen, der Regierungs-Präsident unter Zustimmung des Bezirksraths die kreis- und ortspolizeilichen Vorschriften außer Kraft setzen[37]). Der Richter hat nur die Gesetzmäßigkeit, nicht die Nothwendigkeit und Zweckmäßigkeit der Polizeiverordnung zu prüfen. Im Unvermögensfall erkennt er statt der Geldstrafe auf verhältnißmäßige Haft[38]).

---

[29]) LR. II 13 § 6.

[30]) RegInstr. v. 23. Okt. 1817 (GS. 248) § 11.

[31]) Feld-PolO. v. 1. Nov. 1847 (GS. 376) § 2, 10, 25, 40, 73, 74.

[32]) PVG. v. 11. März 1850 (GS. 265) § 5—17; neue Prov. V. v. 20. Sept. 1867 (GS. 1529) § 5—17; Lauenburg G. v. 7. Jan. 1870 (WBl. 13) § 5—17.

[33]) OG. § 72.

[34]) Das. § 73—77. — Die Bekanntmachung erfolgt durch die Amtsblätter; die Wirksamkeit beginnt nach 8 Tagen. — Verordnungen üb. Bergpolizei s. § 324 (S. 368) d. W., üb. Schiffahrts-, Hafen- und Strompolizei § 364 (S. 430) d. W.

[35]) OG. § 78 u. 80 Abs. 2; PVG. § 5 u. 6.

[36]) OG. § 79, 80; PVG. § 5—7.

[37]) OG. § 81; PVG. § 8—10 u. 16.

[38]) PVG. § 17, 18; StGB. § 18, 28 u. 29.

In Posen, den westlichen und neuen Provinzen kommen zur Zeit noch die früheren Vorschriften zur Anwendung, wonach das Polizeiverordnungsrecht nur den Regierungen und Ortspolizeibehörden beiwohnt[32]).

Die Zahl der Polizeivorschriften ist in Folge dieses Verordnungsrechts erheblich gewachsen und die Uebersicht über diese vielgestaltigen Bestimmungen eine sehr schwierige geworden. Man hat durch Zusammenstellungen zu helfen gesucht, aber ohne dauernden und gründlichen Erfolg. Verwaltung wie Gesetzgebung müssen hier auf eine möglichst eingeschränkte und zweckentsprechende Anwendung dieses wichtigen Rechts hinwirken.

§ 230.

c) Wesentlich von den Polizeiverordnungen verschieden — obwohl häufig damit verwechselt — sind die **Polizeiverfügungen.** Richten jene sich gegen eine Mehrheit von Fällen und Personen, so haben diese einen bestimmten Fall, meist auch eine bestimmte Person im Auge. Jene werden deßhalb veröffentlicht (publizirt), diese zugestellt (insinuirt). Der Hauptgegensatz liegt indessen in der Verschiedenheit ihrer Zwecke. Die Polizeiverordnung will ähnlich dem Strafgesetz eine Rechtsverletzung gesühnt sehen, die Polizeiverfügung ihr vorbeugen, indem sie eine bestimmte Handlung oder Unterlassung herbeiführt.

Zur Durchführung dieser polizeilichen Verfügungen stehen den Polizeibehörden **Zwangsbefugnisse** zu. Neben dem gesetzlichen Zwangsmittel der Androhung von Geld- und Haftstrafe können sie eine zu erzwingende Handlung auf Kosten des Inanspruchgenommenen durch Dritte bewirken lassen[39]). Das Recht ist — zunächst für die 6 Kreisordnungsprovinzen — auf alle obrigkeitlichen Anordnungen ausgedehnt und wie folgt näher bestimmt:

1. Die Ausführung der zu erzwingenden Handlung ist möglichst durch Dritte zu bewirken;
2. Persönliche Leistungen oder Unterlassungen sind durch Androhung und bez. Festsetzung von Geld- oder verhältnißmäßiger Haftstrafe zu erzwingen, bezüglich deren der Gemeinde- (Guts-)vorsteher bis 5 M. oder 1 Tag, die Ortspolizei- oder städtische Gemeindebehörde in Landkreisen bis 60 M. oder eine Woche, in Stadtkreisen gleich dem Landrath bis 150 M. oder 2 Wochen und der Regierungs-Präsident bis 300 M. oder 4 Wochen gehen darf;
3. Unmittelbarer Zwang ist nur äußersten Falls anzuwenden.

Das Rechtsmittel gegen die Androhung eines Zwangsmittels fällt mit dem Rechtsmittel gegen die eigentliche Anordnung zusammen. Gegen die Festsetzung und Ausführung findet nur die Beschwerde im Aufsichtswege mit zweiwöchiger Frist statt[40]).

---

[39]) PVG. § 20; neue Prov. § 18 der in Anm. 32 angeführten Vorschriften.

[40]) OG. § 68 u. 69. — Gesetzlich mit Strafe bedrohte Handlungen unterliegen nicht dem Zwangsmittelverfahren Erk. d. OVG. v. 26. Feb. 1879 (MB. 232).

§ 231.

d) Als **Rechtsmittel** gegen Verfügungen der Orts- und Kreispolizeibehörde ist — zunächst für die Kreisordnungsprovinzen — wahlweise (elektiv) neben der Beschwerde unter bestimmten Voraussetzungen auch die Verwaltungsklage zugelassen[41].

Wird auf diesem Wege eine Polizeiverfügung als gesetzwidrig oder unzulässig aufgehoben, so ist über die Vertretungsverbindlichkeit des Beamten nach den allgemeinen Rechtsregeln[42] im Rechtswege zu entscheiden[43]. Dem letzteren unterliegen auch nach wie vor alle privatrechtlichen Streitigkeiten[44].

Das geschilderte Verfahren erscheint ziemlich verwickelt und weitläufig, während gerade für Polizeisachen eine einfache Gestaltung und rasche Erledigung unerläßlich ist. Es belastet ferner das Oberverwaltungsgericht mit der Entscheidung von thatsächlichen und Zweckmäßigkeitsfragen, die dem Wesen und der Bedeutung dieses Gerichtshofes wenig entsprechen. Es kann endlich durch die wahlweise Zulassung zweier verschiedener Rechtsmittel zu einer völligen Rechtsverwirrung führen, sobald mehrere durch eine polizeiliche Verfügung Betroffene verschiedene Wege einschlagen und entgegengesetzte Entscheidungen herbeiführen. Die Unzuträglichkeit einer neben der Verwaltung hergehenden Verwaltungsgerichtsbarkeit[45] tritt auch hier deutlich zu Tage.

III. Kriminalpolizei.

1. Uebersicht.

§ 232.

Die frühere Gesetzgebung unterschied Kriminal- und Polizeigerichtsbarkeit und wies ersterer die Untersuchung und Bestrafung der (vorsätzlichen oder schuldbaren) Verbrechen, letzterer die der Uebertretungen zu[1]. Thatsächlich war die Polizeigerichtsbarkeit in der Regel mit der Polizeiverwaltung verbunden[2]. In diesem Zustand mußte eine Aenderung eintreten, als mit der Trennung der Justiz von der Verwaltung die Verfolgung aller Rechtsverletzungen zur Sache der Gerichte wurde[3]. Dabei blieb indeß die zur Erforschung und ersten Verfolgung berufene Staatsanwaltschaft in Ermangelung eigner Lokalorgane auf die Mitwirkung der örtlichen Polizeibehörden angewiesen (Nr. 2). — Ferner wurde den letzteren die vorläufige Straffestsetzung übertragen, die indeß

---

41) OG. § 63—66. — Vgl. §55 u. 57 d. W.

42) Anm. 28 (S. 70).

43) G. v. 11. Mai 1842 (GS. 192) § 1 u. 6; OG. § 67.

44) G. v. 1842 § 2—5; OG. § 63.

45) § 57 d. W.

1) LR. II 17 § 11 u. 16.

2) Das LR. (II 17 § 115) schien von besonderen Polizeigerichten auszugehen.

3) Vgl. § 167 d. W.

4) V. v. 3. Jan. 1849 (GS. 14) § 4.

der gerichtlichen Entscheidung nicht vorgreift (Nr. 3). — Der Vollstreckung der Strafe und der Erfüllung des Strafzweckes dienen endlich verschiedene Anstalten und Einrichtungen, welche den Verwaltungsbehörden unterstellt und somit als Gegenstände der Polizeiverwaltung zu behandeln sind. Hierzu gehören die Gefängniß-, Straf-, Arbeits- und Besserungsanstalten, die Polizeiaufsicht und die Transporte (Nr. 4—7).

2. Die Polizei als Hülfsorgan der Staatsanwaltschaft.

§ 233.

a) **Einleitung.** Die polizeiliche Thätigkeit auf diesem Gebiet (Kriminalpolizei) ist keine selbstständige, sondern eine nur aushelfende, ergänzende. Die Polizei erscheint dabei nur als Gehülfin der Staatsanwaltschaft. Schon nach Preußischem Recht hatte sie das Einschreiten der letzteren vorzubereiten und zu unterstützen[4]). Das französische Recht hatte diese Thätigkeit als gerichtliche Polizei zu einem eignen der Autorität der Gerichte unterstellten Zweig der Polizeiverwaltung ausgebildet[5]) und die neue Justizorganisation hat sich diesem Vorgang in soweit angeschlossen, als sie den Beamten des Polizei- und Sicherheitsdienstes ausdrücklich die Stellung von Organen der Staatsanwaltschaft zuweist[6]). Letztere sind demgemäß dem Staatsanwalt und dem Oberstaatsanwalt des Landgerichts unterstellt, welche, nachdem die vorgesetzte Behörde vergeblich um Abhülfe ersucht worden, zu Rügen und Ordnungsstrafen bis zu 100 M. gegen dieselben befugt sind[7]). Die Vorschrift erscheint nicht ohne Bedenken, da mit derselben ein Dualismus in die Polizeiverwaltung hineingetragen wird, der ihrem Wesen und der nothwendigen einheitlichen Leitung widerspricht. Zugleich werden damit Organe der Selbstverwaltung solchen Staatsbehörden unterstellt, die ihnen völlig fern stehen und an sich mit der Selbstverwaltung Nichts zu thun haben.

Die Polizei hat demgemäß bei Verübung strafbarer Handlungen den örtlichen Befund festzustellen und die unveränderte Erhaltung desselben zu sichern. Leichen von Personen, welche unbekannt oder eines nicht natürlichen Todes verstorben sind, dürfen nur unter Genehmigung des Staatsanwalts oder

— Der Polizeiverwaltung fallen demgemäß die durch Feststellung der strafbaren Handlung bis zur Ueberweisung an das Gericht entstehenden Haft-, Transport- u. sonstigen Kosten zur Last CR. v. 6. Mai 1850 (MB. 188).

[5]) Code d'instruct. crim. Art. 2.

[6]) GVG. v. 27. Jan. 1877 (RGB. 41) § 153. — Zu diesen Beamten gehören in Städten mit Kön. Polizeiverwaltung die Kommissarien; in anderen Städten die Bürgermeister und Polizei-Inspektoren und Kommissarien; auf dem Lande die Guts-, Amts- u. Gemeindevorsteher, die Hardes- und Kirchspielvögte in Schl.-Holstein, die Amtmänner in Westfalen und die Bürgermeister in der Rheinprov. u. in Nassau CR. v. 15. Sept. 1879 (MB. 265, JMB. 349) u. v. 20. Dez. 1879 (MB. 1880 S. 28).

[7]) G. v. 24. April 1878 (GS. 230) § 80, 81; CR. v. $\frac{7}{15}$. Okt. 1879 (MB. 1880 S. 2).

Amtsrichters beerdigt werden[8]). Uebrigens ist die Polizei zur Vornahme aller nothwendigen keinen Aufschub gestattenden Anordnungen ermächtigt[9]), dabei aber, in sofern damit Beschränkungen der verfassungsmäßig gewährleisteten Freiheit der Person und des Eigenthums verbunden sind, an Erfüllung bestimmter gesetzlicher Voraussetzungen und Formen gebunden. Im Einzelnen kommt die Freiheitsentziehung, die Durchsuchung und die Beschlagnahme in Betracht.

§ 234.

b) **Freiheitsentziehung.** Die persönliche Freiheit ist verfassungsmäßig gewährleistet und strafgesetzlich geschützt. Ihre Beschränkung ist nur unter bestimmten Bedingungen und Formen zulässig, welche (nach dem Vorbild der unter Karl II. in England erlassenen Habeas-Corpus-Akte) durch das Gesetz bestimmt werden[10]).

Demgemäß sind Verhaftungen nur auf Grund richterlichen Haftbefehls gegen Angeschuldigte zulässig, die der That und zugleich der Flucht oder einer Einwirkung auf Thatbestand oder Beweismittel verdächtig sind. Bei Fluchtverdacht ist die Freilassung gegen Sicherheitsleistung zulässig[11]).

Unter gleichen Voraussetzungen sind die Staatsanwaltschaften und die Polizei- und Sicherheitsbeamten zur vorläufigen Festnahme befugt, sobald Gefahr im Verzuge obwaltet. Wird ein Unbekannter oder der Flucht Verdächtiger auf frischer That betroffen, so ist Jedermann zur Festnahme befugt. Der Festgenommene ist unmittelbar dem Amtsrichter zuzuführen[12]).

Gegen zu Verhaftende, die flüchtig sind oder sich verborgen halten, können Richter und Staatsanwaltschaft, gegen Entwichene auch die Polizeibehörden Steckbriefe erlassen, welche unter Bezeichnung der Person und der Anschuldigung zur Verhaftung öffentlich auffordern[13]).

Die gegenseitige Auslieferung der Verbrecher ist mehrfach durch Verträge mit auswärtigen Staaten sichergestellt[14]). Sie fordert Genehmigung

---

8) StrProzO. § 157. — Erledigung bezüglicher Requisitionen des Untersuchungsrichters § 187.

9) Das. § 161.

10) VU. Art. 5; StrGB. § 234—241.

11) StrProzO. § 112—126, 130 u. 132. — Die Verfolgung Flüchtiger kann von den Sicherheitsbeamten eines Bundesstaats auf das Gebiet eines andern fortgesetzt werden GVG. v. 27. Jan. 1877 (RGB. 41) § 168.

12) StrProzO. § 127—129. — Zuständigkeit der Gemeindevorsteher KrO. (neue Fassung GS. 1881 S. 180) § 30[1]. — Verhaftung u. vorläufige Festnahme durch Militärwachen AO. u. Instr. v. 29. Jan. 1881 (MB. 60, JMB. 35).

13) StrProzO. § 131.

14) Vertr. mit Frankreich v. 21. Juli 1845, weiter anwendbar Vertrag v. 11. Dez. 1871 (RGB. 1872 S. 7) Art. 18 Abs. 4; — mit den Ver. Staaten v. Amerika v. 16. Juni 1852 (GS. 1853 S. 645), auf d. norddeutschen Bund ausgedehnt Vertr. v. 22. Feb. 1868 (BGB. 228) Art. 3; — mit Belgien v. 24. Dez. 1874 (RGB. 1875 S. 73 u. Berichtigung 1879 S. 2); — mit Brasilien v. 17. Sept. 1877 (RGB. 1878 S. 293); — mit Großbrittanien v. 14. Mai 1872 (RGB. 229) u. Ausf. v. 6. Aug. 1875 (MB. 190); — mit Italien v. 31. Okt. 1871 (RGB. 446), verb. Abkommen v. 25. Juli 1873 (CB. 271); — mit Luxem-

der Minister des Auswärtigen und der Justiz[15]). Inländer unterliegen derselben nicht[16]).

Abgesehen von dem Fall der Verhaftung und vorläufigen Festnahme sind die Polizeibehörden befugt, Personen in **Verwahrung** zu nehmen, sobald deren eigner Schutz oder die öffentliche Sittlichkeit, Sicherheit und Ruhe es erforderlich machen. Es muß jedoch spätestens im Laufe des folgenden Tages die Freilassung oder das zur Ueberweisung an die zuständige Behörde Erforderliche veranlaßt werden[17]).

§ 235.

c) **Durchsuchung.** Die Verfassung bezeichnet die Wohnung als unverletzlich und im Strafrecht wird der Hausfriedensbruch mit Strafe bedroht. Das Eindringen in die Wohnung und Haussuchungen sind nur in den gesetzlich bestimmten Fällen und Formen gestattet[18]). Es muß der Verdacht einer bestimmten strafbaren Handlung vorliegen und die Ergreifung des Verdächtigen oder die Auffindung von Beweismitteln bezweckt werden. Bei Nachtzeit sind Haussuchungen nur unter besondern Voraussetzungen zuläßig. Die Anordnung steht dem Richter, bei Gefahr im Verzuge auch der Staatsanwaltschaft und den zu deren Hülfsbeamten bestellten Polizei- und Sicherheitsbeamten zu. Bei den ohne Beisein des Richters oder Staatsanwalts vorgenommenen Durchsuchungen sind möglichst ein Gemeindebeamter oder zwei Gemeindemitglieder zuzuziehen[19]).

§ 236.

d) **Beschlagnahme.** Verfassungsmäßig ist das Eigenthum unverletzlich, insbesondere die Beschlagnahme von Briefen und Papieren nur in den gesetzlich bestimmten Fällen und Formen gestattet[20]). Demgemäß dürfen im Strafverfahren Gegenstände, die als Beweismittel dienen können oder der Einziehung unterliegen, in Verwahrung genommen, bez. wenn sie sich im Gewahrsam einer Person befinden, beschlagnahmt werden. Für die Anordnung der Beschlagnahme gelten gleiche Voraussetzungen, wie für die der Durchsuchung, doch kann die Beschlagnahme von Briefen, Postsendungen und Telegrammen, die an den Beschuldigten gerichtet sind, nicht durch die Polizei angeordnet werden[21]). Speziell ist die Beschlagnahme auf dem Gebiet der Presse geregelt[22]).

---

burg v. 9. März 1876 (RGB. 223); — mit Schweden u. Norwegen v. 19. Jan. 1878 (RGB. 110); — mit der Schweiz v. 24. Jan. 1874 (RGB. 113); — mit Spanien v. 2. Mai 1878 (RGB. 213). — Wegen Oesterreichs s. CR. v. 31. Dez. 1875 (MB. 1876 S. 50) u. in Betr. des Verfahrens v. 29. Dez. 1876 (MB. 1877 S. 40).

[15]) A. Erl. v. 26. Juli 1867 (GS. 1264).

[16]) StGB. § 9.

[17]) G. v. 12. Feb. 1850 (GS. 45) § 6.

[18]) VU. Art. 6; StGB. § 123, 124 u. 342.

[19]) StrProzO. § 102—111.

[20]) VU. Art. 9, 33 u. 6.

[21]) StrProzO. § 94—101.

[22]) § 250 d. W.

3. Vorläufige Straffestsetzung.

§ 237.

Die vorläufige Straffestsetzung, wie sie in Preußen bestand[23]), ist durch die Reichsjustizgesetzgebung[24]) nur wenig geändert.

Hiernach kann jeder Polizeiverwalter wegen der in seinem Bezirk verübten Uebertretungen[25]) Geld= oder verhältnißmäßige Haftstrafe bis zu 15 M. bez. 3 Tagen vorläufig festsetzen. Wird binnen einer Woche nach Zustellung der Verfügung gerichtliche Entscheidung beantragt, so tritt die Verfügung außer Kraft, andernfalls wird sie vollstreckbar. Gegen Versäumniß der Frist in Folge unabwendbarer Zufälle ist die Wiedereinsetzung in den vorigen Stand nach Entscheidung des Amtsgerichts zulässig.

Die Polizeiverwaltung und im Fall der Einsetzung einer Königl. Polizeibehörde die Gemeinde hat Anspruch auf die aus der Straffestsetzung fließenden Geldbußen und Konfiskate, aber auch die Pflicht zur Tragung entstehender uneinziehbarer Kosten[26]). Die von den Amtsvorstehern festgesetzten Strafen und Konfiskate fließen den Amtskassen zu[27]).

4. Gefängnisse und Strafanstalten.

§ 238.

Die Gefängnisse dienen zur Vollstreckung der Haft= und kürzeren Gefängnißstrafen[28]) und zur Unterbringung der in Untersuchungshaft befindlichen, sowie der vorläufig fest= und in polizeiliche Verwahrung genommenen Personen[29]). Sie zerfallen in Gerichts= und Polizeigefängnisse[30]). Die Unter=

[23]) G. v. 14. Mai 1852 (GS. 245). Das Gesetz ist in die neuen Prov. eingeführt (V. v. 25. Juni 1867 GS. 921 Art. II i) und gilt mit Ausschluß des rhein. Rechtsgebiets im ganzen Staat. — AusfRegl. v. 30. Sept. 1852 (MB. 259) u. v. 15. Sept. 1879 (MB. 261).

[24]) StrProzO. § 453—458; EinfG. v. 1. Feb. 1877 (RGB. 346) § 6³.

[25]) Dies sind die mit Haft od. Geldbuße bis zu 150 M. bedrohten Handlungen § 168 d. W.; ausgeschlossen sind indeß Steuerkontraventionen (G. v. 1852 § 11) u. Holzdiebstähle (Regl. § 2). — Zuständig sind in der Regel die Ortspolizeibehörden (§ 222 d. W.), im Geb. d. KrO. also die Amtsvorsteher (KrO. neue Fassung GS. 1881 S. 180 § 63), ausnahmsweise die Regierungs=Präsidenten (Regierungen) bez. die von ihnen beauftragten Behörden in Strompolizeisachen (R. v. 13. Jan. 1862 MB. 27) und die Landräthe bei Chausseepolizeikontraventionen (Anm. 25 S. 439) und Gesindedienstpflichtverletzungen, sobald der Polizeiverwalter betheiligt ist (Anm. 26 S. 288). — Aehnliche Befugniß der Seemannsämter § 365 (S. 433) d. W.

[26]) G. v. 26. März 1856 (GS. 225).

[27]) KrO. § 73.

[28]) § 168 (S. 209) d. W.

[29]) Vollzug der Haft= u. Gefängnißstrafe u. Untersuchungshaft Vf. v. 19 Feb. 1876 (MB. 30, JMB. 38), § 4 geändert ER. v. 21. Okt. 1877 (MB. 287). — Unzulässigkeit der Prügelstrafe als Disciplinarmittel R. v. 15. Mai 1869 (MB. 130).

[30]) In Hannover sind beide noch theilweise vereinigt Ausschr. v. 14. Mai 1859 (Han. GS. II 7).

haltung der ersteren erfolgt durch den Staat[31]), die der letzteren durch die zur Tragung der Polizeikosten verpflichteten Gemeinden[32]).

Die Zuchthaus- und längeren Freiheitsstrafen werden in den eigentlichen Strafanstalten vollstreckt[33]). Sie stehen unter Aufsicht des Ministers des Innern[34]) und der Regierungs-Präsidenten (Regierungen)[35]), in Hannover des Ober-Präsidenten und werden von besonderen Strafanstaltsbeamten[36]) verwaltet. Die Einrichtung ist im Allgemeinen eine gleichmäßige[37]). Abweichungen finden sich nur bei einigen größeren Gefängnißanstalten[38]) und bei den rheinischen Arrest- und Korrektionshäusern, die, obwohl zur Aufnahme aller Gefangenen mit Ausschluß der Zuchthäusler bestimmt, doch der Aufsicht der Verwaltungsbehörden unterstellt sind[39]). Alle Strafanstalten sind von Stempel- und Gerichtskosten, sowie von Erbschafts- und Gebäudesteuer befreit[40]).

---

[31]) Befreiung der Gemeinden von der Beitragsleistung (G. v. 1. Aug. 1855 GS. 579, f. Schl.-Holstein V. v. 26. Juni 1867 GS. 1073 § 2) u. v. d. Bewachung (KO. v. 11. Juli 1829 GS. 93). Die Gerichtsgefängnisse, zu denen das Strafgefängniß zu Plötzensee mit der Hülfsanstalt Rummelsburg, das Zellengefängniß zu Hannover, das Arresthaus zu Frankfurt a. M. u. d. Strafgefängniß zu Eberbach gehören, stehen unter den Justizbehörden Anm. 7 (S. 214).

[32]) G. v. 11. März 1850 (GS. 265) § 3 u. v. 1. Aug. 1855 § 3. — Neue Prov. V. v. 20. Sept. 1867 (GS. 1529) § 3.

[33]) Diese auch als Zuchthäuser und Strafgefängnisse bezeichneten Anstalten sind theils gemeinsam, theils gesondert nach Geschlechtern u. Konfessionen eingerichtet und finden sich zu Wartenburg, Insterburg, Rhein, Graudenz (i. Verbindung mit d. prov. ständ. Besserungsanstalt), Mewe, Moabit Brandenburg, Sonnenburg, Luckau, Naugard m. Hülfsanstalt in Gollnow, Rawitsch, Cronthal, Fordon, Brieg, Striegau (zugleich f. Untersuchungsgefangene), Jauer, Görlitz, Sagan, Ratibor, Halle, Lichtenburg, Delitsch, Rendsburg, Celle, Lüneburg, Lingen, Hameln (Bezirksgefängniß), Münster, Cassel, Ziegenhayn (Straf- und Korrektionsanstalt), Diez, Werden, Trier, Andernach (Hülfsstrafanstalt) u. Siegburg (dgl.). Die Zahl der Sträflinge in diesen und den in Anm. 38 u. 39 zu erwähnenden Anstalten belief sich 1878 auf 26 223 Köpfe. Die Vermehrung in dem Zeitraum 1871/8 stellte sich auf 84 Proz. Der tägliche Verpflegungssatz beträgt 34 Pf.

[34]) R. v. 2. Nov. 1836 (KA. XX 979); neue Provinzen V. v. 25. Juni 1867 (GS. 921) Art. XIV.

[35]) RegInstr. v. 23. Okt. 1817 (GS. 248) § 2² u. OG. § 17.

[36]) Kautionen Anm. 14 (S. 68). Rang der Str.A.Inspektoren Anm. 86 (S. 74). — Anstellung der Str.A.Geistlichen ER. v. 2. Okt. 1853 (MB. 265).

[37]) Anwendung des Regl. f. Rawitsch v. 4. Nov. 1835 auf die Strafanstalten i. d. 7 östlichen Provinzen ER. v. 25. Dez. 1835 (KA. XIX 1080) u. auf d. Strafanstalt zu Werden (RB. Düsseldorf) R. v. 22. Okt. 1837 (KA. XXI 1045). — Speisung u. Bekleidung ER. v. 29. Juli 1874 (MB. 176). — Die (als Strafe durch KO. v. 6. Mai 1848 GS. 123 aufgehobene) körperliche Züchtigung ist als Disciplinarmittel noch zugelassen.

[38]) Dies sind die Stadtvogtei zu Berlin, die neue Gefangenenanstalt z. Breslau und die Centralgefängnisse zu Kottbus und Hamm.

[39]) Für diese gilt die HausO. v. 23. Okt. 1827. — Zur Zeit bestehen die Arrest- u. Korrektionshäuser zu Aachen, Düsseldorf Kleve, Koblenz, Köln, Saarbrücken, Simmern, die Arresthäuser zu Bonn u. Elberfeld u. d. Hülfs-Strafanstalt zu Siegburg.

[40]) StempelG. v. 7. März 1822 (GS. 57) § 3ⁱ; neue Provinzen § 4ᶜ der V. v. 19. Juli u. v. 7. Aug. 1867 (GS. 1191 u. 1277). — GerichtskostenG. v. 10. Mai 1851 (GS. 622) § 4². — ErbschStG. v. 30. Mai 1873 (GS. 329) Tarif 2ᵍ. — GebäudeStG. v. 21. Mai 1861 (GS. 317) § 3ᶜ.

Eine einheitliche Regelung im Reich, wie sie bezüglich der Freiheitsstrafen durchgeführt ist, hat die Strafvollstreckung mit Rücksicht auf die verschiedenartige Einrichtung der Strafanstalten noch nicht erfahren. Die Reichsgesetzgebung hat sich bislang auf einzelne gemeinsame Grundsätze beschränkt.

Der leitende Gedanke jeder Strafvollstreckung ist die Besserung des Sträflings und die lebhafteste Erörterung hat hierbei seit lange die Frage der Einzelhaft hervorgerufen[41]). Durch einen allgemeinen Grundsatz steht dieselbe nicht zu lösen, da sie nach der Individualität des Sträflings eine verschiedenartige Beurtheilung fordert und der verkommene Verbrecher in der Einzelhaft eine Verschärfung erblickt, während sie für den auf der Bahn der Entsittlichung weniger vorgeschrittenen die mildere Form bildet und die Möglichkeit der Besserung in sich schließt. Das Strafgesetz überläßt deßhalb ihre Anwendung dem Ermessen der Verwaltung; nur darf sie ohne Zustimmung des Gefangenen nicht über drei Jahre ausgedehnt werden[42]).

In Verbindung damit steht die Beschäftigung, welche die geistige und körperliche Frische erhalten und einen redlichen Erwerb nach der Entlassung erleichtern soll. Für Zuchthäusler erscheint sie als Zwangsarbeit, für die mit Gefängniß Bestraften ist sie nur zugelassen[43]). Besondere Beachtung hat die Beschäftigung außerhalb der Anstalt gefunden, weil sie die Gesundheit vorzugsweise fördert, den Uebergang zur Freiheit erleichtert und eine bessere finanzielle und volkswirthschaftliche Ausnutzung der Arbeitskräfte zuläßt. Anderseits fordert diese Beschäftigung gewisse Rücksichten. Bei den mit Gefängniß Bestraften ist sie von deren Zustimmung abhängig, während Zuchthäusler nur getrennt von freien Arbeitern beschäftigt werden dürfen[44]).

Zur Erleichterung des Uebergangs in die Freiheit dient endlich die vorläufige Entlassung. Die zu längerer Zuchthaus- oder Gefängnißstrafe Verurtheilten können, wenn sie drei Viertel, mindestens aber ein Jahr der

---

[41]) Die Entsittlichung und Verwilderung, welche das Zusammenleben in den Strafanstalten zur Folge hatte, brachte 1786 in dem von der Gesellschaft zu Philadelphia begründeten pensylvanischen oder Zellensystem die Einzelhaft zur strengsten Durchführung. Dabei wurde unter dem Einfluß der herrschenden Sekte der Quäker der Hauptwerth auf religiöses Insichgehen gelegt, die Beschäftigung dagegen vernachlässigt. Die Folge war vielfach eine körperliche und geistige Erschlaffung der Bestraften und diese Erfahrung führte zu dem gemilderten Auburnschen System, nach welchem die Sträflinge getrennt schlafen, aber nach Maßgabe der Arbeitsfähigkeit in Klassen getheilt und gemeinsam unter strenger Aufsicht und Fernhaltung jedes gegenseitigen Verkehrs beschäftigt werden. Einen weiteren Fortschritt bezeichnet das seit 1854 besonders in England und der Schweiz verbreitete irische oder Progressivsystem, welches auch auf das deutsche Strafgesetz eingewirkt hat. Dasselbe beginnt mit einer nach der Individualität bemessenen durchschnittlich neunmonatlichen Einzelhaft, läßt dann eine mit zunehmenden Vortheilen und Erleichterungen verbundene gemeinsame Beschäftigung folgen, um mit einer widerruflichen Beurlaubung unter polizeilicher Aufsicht zu enden.

[42]) StGB. § 22.

[43]) Das. § 15 u. 16. — Vgl. § 168 d. W.

[44]) Das. Grundlage bildet das G. v. 11. April 1854 (GS. 143). — Entschädigung der Aufsichtsbeamten G. v. 21. Juni 1876 (GS. 257).

Strafe verbüßt haben, bei guter Führung durch den Justizminister auf Widerruf entlassen werden. Sie stehen unter spezieller Kontrolle der Ortspolizei[45]).

Zur religiös-sittlichen Hebung der Gefangenen und entlassenen Gefangenen sowie zur Vermittelung des Unterkommens und redlichen Erwerbs für die letzteren bestehen Gefängnißvereine, unter denen die rheinisch-westfälische Gefängnißgesellschaft durch ihre 50jährige erfolgreiche Wirksamkeit eine hervorragende Bedeutung in Anspruch nimmt[46]).

5. Arbeits- und Besserungsanstalten. Unterbringung verwahrloster Kinder.

§ 239.

Landstreicher, Bettler, Arbeitsscheue, Trunkenbolde und Dirnen können nach verbüßter Haftstrafe zum Zweck der Besserung bis zu 2 Jahren in ein Arbeitshaus untergebracht werden. Die Zulässigkeit spricht der Richter, die Festsetzung und Dauer der Regierungs-Präsident (die Regierung) aus[47]). Die Kosten ausschließlich der dem Staat zur Last fallenden Transportkosten tragen die Landarmenverbände (Provinzen)[48]). Auf diese sind deßhalb die Arbeitshäuser und Besserungsanstalten übergegangen[49]).

Eine besondere Bedeutung gewinnt das Einschreiten gegen Müßiggang und Liederlichkeit in seiner Anwendung auf jugendliche Personen, da diese der bessernden, erziehenden Einwirkung noch zugänglich, zugleich aber für die schädlichen Einflüsse einer schlechten Umgebung vorzugsweise empfänglich sind. Daneben bildet dieses Vorgehen eine nothwendige Ergänzung der Strafrechtspflege, die gegen jugendliche Uebelthäter nicht oder nur bedingt zur Anwendung gelangt. Demgemäß kann gegen Angeschuldigte zwischen dem 12. und 18. Jahre, die bei mangelnder Einsicht in die Strafbarkeit der begangenen Handlung freigesprochen werden müssen, auf Unterbringung in eine Besserungsanstalt erkannt werden[50]). Ferner können die strafrechtlich überhaupt nicht zu verfolgenden Kinder unter 12 Jahren von Obrigkeitswegen auf Beschluß des Vormundschaftsgerichts in gleicher Weise untergebracht werden, wenn die Beschaffenheit der von ihnen begangenen Handlung, die Persönlichkeit

[45]) StGB. § 23—26; Instr. v. 21. Jan. 1871 (MB. 47, JMB. 35). Ueb. d. zeitweilige Haftentlassung (Beurlaubung) bestimmt ER. v. 15. Juli 1870 (MB. 197) u. v. 29. Okt. 1879 (MB. 1880 S. 17).

[46]) ER. v. 1. Sept. 1879 (MB. 274).

[47]) LR. II 19 § 3; StGB. § 361$^{3-8}$ u. 362. — Vgl. § 258 u. 284 d. W.

[48]) G. v. 8. März 1871 (GS. 130) § 38

[49]) Die durch besondere Reglements geordneten Arbeitsanstalten (Korrektions- od. Werkhäuser) sind i. d. Regel mit den Landarmenanstalten (§ 287 d. W.) verbunden und bestehen in dieser Weise zu Tapiau, Graudenz (bis 1884 mit der Strafanstalt verbunden), Strausberg, Prenzlau, Landsberg, Lübben, Ückermünde, Neustettin, Kosten, Schweidnitz, Zeitz, Schadeleben, Himmelsthür b. Hildesheim, Benninghausen, Breitenau (Pr. Hessen), Brauweiler. Bloße Besserungsanstalten (Arbeitshäuser) bestehen zu Frankfurt a. O., Stralsund, Greifswald, Glückstadt, Wunstorf u. Moringen. — Alle diese Anstalten genießen Steuer- u. Sportelfreiheit gleich den Strafanstalten (Anm. 40). — Die Prügelstrafe als Disciplinarmittel ist unzulässig ER. v. 12. April 1873 (MB. 124). Vgl. Anm. 29.

[50]) StGB. § 56. Vgl. Anm. 52.

der Eltern oder Erzieher und die übrigen Lebensverhältnisse der Kinder solches erforderlich machen[51]). Die Ausführung ist Sache der Provinzialverbände, welche die Unterbringung in geeigneten Familien oder Anstalten zu vermitteln oder selbst solche Anstalten zu errichten haben[52]). In Ermangelung eignen Vermögens oder alimentationspflichtiger Verwandten fallen die Kosten der Einlieferung und ersten Ausstattung den Ortsarmenverbänden, die übrigen Kosten den genannten Verbänden und dem Staate je zur Hälfte zur Last[53]). Auch abgesehen von Begehung strafbarer Handlungen hat das Vormundschaftsgericht für Kinder, die von ihren Eltern mißhandelt, verleitet oder nicht versorgt werden, einzutreten und sie nach Umständen anderweit unterzubringen[54]).

6. Polizeiaufsicht und Verweisung aus dem Reichsgebiet.

§ 240.

Neben der Strafe kann das Gericht in bestimmten Fällen auf Polizeiaufsicht erkennen. Die Festsetzung erfolgt unter Berücksichtigung der Art des Verbrechens und der Führung während der Strafzeit durch den Regierungs-Präsidenten (die Regierung) für einen Zeitraum von 6 Monaten bis zu 5 Jahren und hat die Wirkung, daß Haussuchungen jederzeit stattfinden dürfen und dem Verurtheilten der Aufenthalt an bestimmten Orten untersagt werden kann[55]). Aehnlichen *Aufenthaltsbeschränkungen* unterliegen die in einem Bundesstaat wegen wiederholten Bettelns und Landstreichens Bestraften, welche während der nächsten 12 Monate von jedem andern Bundesstaat zurückgewiesen werden dürfen[56]). Ferner kann der Aufenthalt an bestimmten Orten den Angehörigen des Jesuitenordens, sowie den wegen unbefugter Ausübung von Kirchenämtern oder wegen sozialdemokratischer Agitation Verurtheilten untersagt werden[57]).

An Stelle der Polizeiaufsicht und Aufenthaltsbeschränkung tritt, wenn es sich um Ausländer handelt, die *Ausweisung aus dem Reichsgebiet*[58]). Diese darf außerdem gegen solche Ausländer verhängt werden, die wegen gewerbsmäßigen Glücksspiels, Landstreichens, Bettelns, Arbeitsscheu, Unzucht

[51]) StGB. (Fassung d. G. v. 26. Feb. 1876 RGB. 25) § 55 u. G. v. 13. März 1878 (GS. 132) nebst AusfVerf. v. 14. Juni 1878 (MB. 120).

[52]) Erziehungs- u. Besserungshäuser bestehen als Staatsanstalten zu Eckartsberga, St. Martin bei Boppard und Steinfeld bei Aachen; als Provinzialanstalt zu Zeitz. Daneben zahlreiche Privatanstalten.

[53]) G. v. 1878 § 7 (erg. G. v. 27. März 1881 GS. 275), § 8, 9, 12 u. 15.

[54]) Das. § 16 u. LR. II 2 § 90 u. 91. — Zurückführung entlaufener minderjähriger Kinder R. v. 26. Dez. 1852 (MB. 1853 S. 13).

[55]) StGB. § 38, 39 u. 361[1]. — Instr. v. 12. April 1871 (MB. 112). — Besondere Aufsicht über vorläufig entlassene Sträflinge § 238 (S. 271) d. W.

[56]) FreizG. v. 1. Nov. 1867 (BGB. 55) § 3.

[57]) § 299, 291 Nr. 1 u. 253 (S. 284) d. W.

[58]) StGB. § 39[2] u. § 361[2]; verb. Anm. 57. — Unzulässigkeit der Verwaltungsklage OrgG. § 66 Abs. 3. — Ausweisung Verarmter § 286, insbes. Anm. 18 d. W.

oder Obdachlosigkeit verurtheilt sind[59]). Die Kosten des Transports trägt bei Ausweisungen jeder Bundesstaat innerhalb seines Gebiets[60]).

7. Transporte.

§ 241.

Der Transport ist eine Haft, die durch den mit dem Transportanden vorzunehmenden Ortswechsel ihre eigenthümliche Gestalt gewinnt. Das Verfahren ist gleichmäßig geregelt[61]), wogegen die Verpflichtung zur Tragung der Transportkosten sich je nach dem Zweck des Transportes verschieden bestimmt[62]). Auch die zu treffenden Sicherungsmaßregeln sind nach den obwaltenden Umständen verschieden. Während in wichtigeren Fällen insbesondere bei Verbrechern und Deserteuren der Gensdarmerietransport Anwendung findet[63]), werden einfachere Transporte durch angenommene Civilpersonen besorgt. In minder gefährlichen Fällen ersetzt endlich die Ausstellung der Reiseroute (Zwangspaß) den Transport, in welcher dem Inhaber bei Strafe aufgegeben wird, sich ohne Aufenthalt auf vorgeschriebenem Wege nach dem Bestimmungsort zu begeben[64]).

IV. Unfalls-Polizei.

1. Uebersicht.

§ 242.

Während in Beziehung auf Rechtsverletzungen die Polizei nur präventiv zu selbstständiger Thätigkeit gelangt, da sie in die repressive Bekämpfung sich mit der Justiz zu theilen hat[1]), ist ihre Wirksamkeit in Bezug auf Unfälle an diese Schranke nicht gebunden. Sie wirkt hier präventiv wie repressiv und hat den Unfällen nicht allein vorzubeugen, sondern zugleich wenn sie eintreten, ihre nachtheiligen Einwirkungen durch Rettungs- und ähnliche Maßregeln

[59]) StGB. § 284, 361$^{3-8}$ u. § 362.

[60]) CR. v. 2. Juli 1873 (MB. 221).

[61]) GenTransportInstr. v. 16. Sept. 1816 (KA. XI 509), ergänzt CR. v. 23. Juli 1817 (KA. I Heft 3 S. 152) u. v. 3. Okt. 1818 (KA. II 1088). — Hann. Bek v. 9. Dez. 1862 (Hann. GS. II 27).

[62]) Die Verpflichtung der Gemeinden (LR. II 7 § 37[8]) ist in Betreff des Transports Aufgegriffener zum Sitz der Ortsobrigkeit aufrecht erhalten R. v. 9. Nov. 1857 (MB. 203). — Polizeitransporte in Strafsachen Anm. 4. — Gerichtlicher Transport im Strafprozeß § 202 d. W. — Transport in die Arbeitsanstalten § 239. — Auslandstransporte s. die Auslieferungsverträge (Anm. 14) u. § 240.

[63]) V. v. 30. Dez. 1820 (GS. 1821 S. 1) 12[5. 7].

[64]) CR. v. 23. Mai 1840 (MB. 165) u. v. 9. Sept. 1858 (MB. 193). — Hann. Bek. v. 23. Mai 1859 (Hann. GS. I 613). — Nothwendige Reiseunterstützungen der Zwangspaßinhaber gehören zu den Transportkosten und sind nicht Gegenstand der Armenpflege CR. v. 18. Aug. 1863 (MB. 197).

[1]) § 219 d. W.

zu beseitigen oder zu verringern. Jedermann ist hierbei zu entsprechender Beistandsleistung verpflichtet[2]). Für gefahrvolle Lebensrettung wird als Auszeichnung die Rettungsmedaille verliehen[3]). Für Wiederbelebungsversuche Scheintodter oder Verunglückter werden außerdem Prämien gewährt[4]).

Auch die Unfallspolizei kommt nach dem oben erwähnten Grundsatz[1]) hier nur insoweit in Betracht, als sie nicht in spezielle Verwaltungsgebiete fällt. Wo die Person in Leben und Gesundheit gefährdet erscheint, wird sie zur Gesundheitspolizei[5]), wo besondere Gründe des Unfalls in bestimmten Betrieben liegen, zur Bau-, Gewerbe-, Schifffahrts- oder Eisenbahn-Polizei[6]). Hier sind nur die allgemeinen Unfallsursachen zu erörtern und diese lassen sich zurückführen auf Herab- oder Einsturz (Nr. 2), auf Explosionen (Nr. 3), auf Feuer (Nr. 4) oder auf Thiere (Nr. 5).

2. Unfälle durch Herab- oder Einsturz.

§ 243.

Neben den in die Baupolizei gehörigen Vorschriften über Errichtung und Erhaltung der Gebäude beugt das Strafgesetz der Beschädigung durch Umstürzen und Herabfallen vor[7]). Auch gebietet es die gehörige Bedeckung oder Bewahrung der Brunnen, Gruben und Abhänge[8]). Diese Vorschrift ist in Betreff der Sand-, Thon-, Lehm- oder Kiesgruben und der Kalk- und Steinbrüche durch Polizeiverordnungen weiter ausgeführt, durch welche gleichzeitig die gehörige Abböschung der Seitenwände vorgeschrieben wird.

3. Unfälle durch Explosion.

§ 244.

Das Strafgesetz verbietet das Schießen und Abbrennen von Feuerwerkskörpern an bewohnten oder von Menschen besuchten Orten, sowie in gefährlicher Nähe von Gebäuden und feuerfangenden Sachen[9]) und die Uebertretung der Verordnungen, welche wegen Zubereitung, Aufbewahrung und Beförderung explodirender Stoffe ergangen sind[10]).

---

[2]) StGB. § 360[10]; bei Waldbrand, Feld- u. Forstpolizei-G. v. 1. April 1880 (GS. 230) § 44[4]; in Bergwerken BergG. v. 24. Juni 1865 (GS. 705) § 205, 207.

[3]) Anm. 98 (S. 42).

[4]) ER. v. 20. Okt. 1820 (KA. V 147).

[5]) § 264—269 d. W.

[6]) Baupolizei § 279—282, Bergwerkspolizei § 324, Schifffahrtspolizei § 364.

[7]) StGB. § 366[8]. — LR. I 8 § 74, 75.

[8]) StGB. § 367[12]; Feld- u. Forstpol. G. v. 1. April 1880 (GS. 230) § 29.

[9]) StGB. § 367[8] u. 368[7]. — Petroleum u. flüssige Mineralöle ER. v. 14. Dez. 1869 (MB. 1870 S. 17), v. 4. Sept. 1870 (das. 231) u. v. 10. Juni 1877 (MB. 168).

[10]) StGB. § 367[5]. — Polizeiverordnungen — z. deren Erlaß auch d. Minister befugt ist, OrgG. § 72 — sind nach den vom Bundesrath unterm 13. Juli 1879 (MB. 269) festgestellten Grundsätzen ergangen.

Spezielle Sicherungsvorschriften sind für Dampfkessel, Schießpulver-, Zündstoff- und ähnliche Fabriken gegeben[11]).

4. Feuerpolizei.

§ 245.

Die Polizei hat sowohl den Ausbruch des Feuers zu verhüten als für Löschung ausgebrochener Brände zu sorgen. Der erstere, präventive Theil der Feuerpolizei fällt, soweit er sich auf Gebäude bezieht, in das Gebiet der Baupolizei. Daneben verbietet das Strafgesetz die gefährliche Aufbewahrung leicht entzündlicher Gegenstände[12]) und die Annäherung mit Feuer oder Licht an dieselben[13]). Gleichem Zweck dient die polizeiliche Aufsicht über das Feuerversicherungswesen[14]).

Weit umfangreicher ist die repressive Feuerpolizei[15]), insbesondere das Feuerlöschwesen gestaltet. Bei Unglücksfällen oder gemeiner Noth und Gefahr muß auf polizeiliche Aufforderung Jedermann Hülfe leisten, soweit er dies ohne erhebliche eigene Gefahr zu thun vermag[2]). Daneben bedingt aber das Feuerlöschwesen eine über das ganze Land verbreitete Organisation, vermöge deren sowohl das nöthige Personal als die erforderlichen Geräthe überall vorhanden sein müssen. Die Beschaffung ist Pflicht der Gemeinden, bez. der einzelnen Gemeindemitglieder und bei Strafe geboten[16]). In Nothfällen tritt das Militär aushelfend ein[17]).

Im Einzelnen wird diese Verpflichtung durch Feuerlöschordnungen geregelt, welche sowohl über die Feuerlöschanstalten als über das Lösch- und Rettungsverfahren Bestimmung treffen. Die Regelung ist je nach Bedürfniß und Mitteln der einzelnen Gemeinden eine verschiedene. Die größeren Städte haben besondere, lediglich diesem Zweck dienende und für denselben ausgebildete Feuerwehren mit wesentlich vervollkommneten Lösch- und Rettungs-Apparaten. Sie haben sich außerordentlich bewährt und wo sie eingeführt sind, größere Feuersbrünste fast überall abgewendet. — In mittleren Orten sind zu gleichem Zweck freiwillige Feuerwehren gebildet, die theils aus freier Vereinigung der Bürger hervorgehen, theils sich an bestehende Turner-, Krieger- und ähnliche Vereine anlehnen. — Für kleinere Gemeinden beschränkt sich endlich die Feuerlöscheinrichtung auf den Besitz einer von den Gemeindegliedern selbst bedienten Feuerspritze nebst dem erforderlichen Zubehör an Feuer-

---

11) Vgl. § 250 Nr. 1 u. 2 d. W.

12) StGB. § 367⁶; Lagerung solcher Gegenstände u. Errichtung v. Gebäuden in der Nähe von Eisenbahnen § 374, insbes. Anm. 35 d. W.

13) StGB. § 368$^{5 u. 7}$. — In Betr. d. Waldungen § 368^{6} u. G. v. 1. April 1880 (GS. 230) § 44—46. — Im Feuer arbeitende Gewerbtreibende StGB. § 369^{3}.

14) § 315 d. W.

15) Statistik der Brände CR. v. 21. Sept. 1880 (MB. 231) u. v. 10. Juli 1881 (MB. 170).

16) LR. II 7 § 37$^{12 u. 13}$; StGB. § 368^{8}.

17) KO. v. 29. Aug. 1818 (GS. 155).

haken, Leitern und Eimern. Ganz kleine Gemeinden sind zu dieser Beschaffung miteinander vereinigt.

5. Unfälle durch Thiere.

§ 246.

Das Strafgesetz bedroht das zu schnelle Fahren und Reiten, sowie das mit Gefahr verbundene Einfahren und Zureiten auf öffentlichen Straßen und Plätzen, ferner in Städten das Schlittenfahren ohne feste Deichsel oder Geläute mit Strafe[18]). Gleiches gilt von dem Unterlassen der erforderlichen Vorsichtsmaßregeln in Bezug auf Thiere[19]). Speziell ist das Hetzen der Hunde auf Menschen verboten[20]). In den größeren Städten wird außerdem der Beschädigung durch Hunde mittelst des Maulkorbzwanges vorgebeugt, auch einer zu starken Vermehrung der Hunde durch Erhebung einer Kommunal-Hundesteuer entgegengewirkt[21]).

V. Sicherheits-Polizei.

1. Uebersicht.

§ 247.

Die Sicherheitspolizei hat diejenigen Rechtsverletzungen zu bekämpfen, welche entweder Staat und Gesellschaft oder die einzelnen Individuen gefährden. Die auf die Sicherheit der letzteren gerichteten Maßregeln gehören meist in die speziellen Gebiete der Polizei-Verwaltung, insbesondere in das der Gesundheits-, Bau- und Gewerbe-Polizei. Die allgemeine Sicherheits-Polizei hat es dagegen vorwiegend mit Bekämpfung der öffentlichen Gefahren zu thun und fällt hierdurch im Wesentlichen mit der höheren oder politischen Polizei zusammen[1]). Ihr liegt zunächst die Abwehr der direkten Angriffe ob, die in Gestalt von Aufruhr, Hoch- oder Landesverrath gegen den Staat gerichtet sind (Nr. 2). Sodann soll sie den Gefahren vorbeugen, welche aus der Freiheit des Reiseverkehrs, der Presse und des Vereinslebens dem Gemeinwesen erwachsen können (Nr. 3, 4 und 5). Diese Freiheiten sind verfassungsmäßig gewährleistet und die bezügliche Gesetzgebung, die abgesehen vom Vereinswesen vom Reich ausgegangen ist, bestrebt sich, die erforderlichen Einschränkungen auf das geringst mögliche Maß herabzusetzen. Für gewöhnliche Verhältnisse haben diese Vorschriften ausgereicht. Außerordentlichen Angriffen gegenüber haben sie sich dagegen nicht gewachsen gezeigt. Die

---

18) StGB. § $366^{2 \text{ u. } 4}$.
19) Das. § 366^{5} u. 367^{11}.
20) Das. § 366^{6}.
21) S. § 72 (S. 85) d. W. — Maßregeln gegen die Tollwuth § 344 Nr. 2 (S. 396).
1) § 221 d. W.

Gesetzgebung hat sich deßhalb bereits in dem sog. Kulturkampf mit der katholischen Kirche zu neuen Einschränkungen genöthigt gesehen[2]). In noch höherem Maße ist dies später gegenüber den gemeingefährlichen Bestrebungen der Sozialdemokratie der Fall gewesen (Nr. 6).

2. Tumult und Aufruhr. Belagerungszustand.

§ 248.

Nächst der äußeren ist die innere Sicherheit die erste Lebensbedingung jedes Staatswesens. Die Abwehr der gegen diese gerichteten Angriffe bildet die wichtigste Aufgabe der gesammten inneren Verwaltung. Die Gesetzgebung hat nach Vorgang der französischen[3]) dieserhalb Strafbestimmungen erlassen, und das Verfahren bei Aufständen geregelt.

Jede gegen die Person des Herrschers, gegen die Verfassung und das Gebiet des Reichs oder eines deutschen Staats gerichtete verrätherische Handlung wird als Hochverrath und jede Förderung einer feindlichen Macht zum Nachtheil des Reichs als Landesverrath bestraft[4]). Außerdem ist die öffentliche Aufreizung, der Aufruhr und die Zusammenrottung[5]), die heimliche oder verbotwidrigr Ansammlung von Waffen und die Führung (in Stöcken oder Röhren) verborgener Waffen mit Strafe bedroht[6]).

In Betreff des Verfahrens der Polizeibehörden bei Aufläufen sind die älteren Vorschriften anwendbar[7]). Die Polizeibehörde hat danach unverzüglich mit den ihr zu Gebote stehenden Mitteln einzuschreiten und wo diese nicht ausreichen die bewaffnete Macht in Anspruch zu nehmen. Letztere darf nur auf Grund solcher Requisition und in den gesetzlich bestimmten Fällen und Formen einschreiten[8]). Der versammelten Menge gegenüber ist eine dreimalige Aufforderung zum Auseinandergehen vorgeschrieben[9]). Im Nothfall darf das Militär von der Waffe Gebrauch machen[10]).

Für Beschädigungen bei Aufläufen sind alle Theilnehmer solidarisch, demnächst aber die Gemeinden verhaftet[11]).

Für den Fall eines Kriegs oder Aufruhrs kann bei dringender Gefahr für die öffentliche Sicherheit unter Außerkraftsetzung einzelner staatsbürgerlicher Rechte, insbesondere der Preß- und Vereinsfreiheit der Belagerungszustand erklärt werden, um damit eine strenge einheitliche Leitung der Vollzugsgewalt herbeizuführen. Die Erklärung erfolgt durch das Staats-Ministerium, in

---

2) § 291 d. W.

3) Franz. G. üb. Attroupements v. 21. Okt. 1879 u. Code penal I 4.

4) StGB. § 80—93; StProzO. § 480. — Verb. StGB. § 360^1.

5) Das. § 110 u. 111; — § 115 u. 116; — § 124, 125 u. 127.

6) Das. § 360^2 u. 367^9.

7) V. v. 30. Dez. 1798 § 1—8 u. v. 17. Aug. 1835 (GS. 170) § 8—10.

8) VU. Art. 36.

9) StGB. § 116.

10) G. v. 20. März 1837 (GS. 60).

11) V. v. 17. Aug. 1835 § 11 u. G. v. 11. März 1850 (GS. 199).

dringenden Fällen, insbesondere in Kriegsgefahr durch den obersten Militärbefehlshaber. Auf letzteren geht damit die gesammte vollziehende Gewalt über. Sicherheitswidrige Handlungen sind mit verschärfter Strafe bedroht und werden in einem abgekürzten Verfahren von Kriegsgerichten abgeurtheilt. Auch ohne Belagerungszustand können die gedachten staatsbürgerlichen Rechte außer Kraft gesetzt werden (sogen. kleiner Belagerungszustand). In dem einen wie in dem anderen Fall ist dem Landtag über die Maßregel Rechenschaft zu geben [12]).

Für das Reichsgebiet mit Ausschluß Baierns kann der Kaiser nach gleichen Grundsätzen den Belagerungszustand erklären [13]).

3. Paßwesen und Fremdenmeldung.

§ 249.

Die frühere Rechtlosigkeit der Fremden hat seit Beginn des vorigen Jahrhunderts in der Periode des Polizeistaats dem Grundsatz Platz gemacht, daß jede Reise an obrigkeitliche Erlaubniß gebunden und ohne solche strafbar sei. Diese Erlaubniß nahm den Charakter der Legitimation an, und bildet die Grundlage des Paßwesens. Als der wachsende Verkehr die volle Durchführung des Grundsatzes unmöglich machte, wurde die Paßpflicht auf bestimmte Reisen (Auslandsreisen) oder Klassen Reisender (Handwerksgesellen, Postreisende) eingeschränkt [14]). Die Reichsgesetzgebung endlich hat die Paßführung aus der obligatorischen zur fakultativen gemacht. Eine Paßpflicht kann nur ausnahmsweise und vorübergehend bei Gefährdung der staatlichen Sicherheit und öffentlichen Ordnung eingeführt werden. Gleichzeitig wurde die Paßertheilung nach einheitlichen und vereinfachten Grundsätzen geregelt [15]). — Den letzteren Zweck verfolgte bereits die unter den deutschen Staaten vereinbarte Einrichtung der Paßkarten, die noch gegenwärtig als Legitimationsmittel neben den Pässen zugelassen sind [16]). Das Paßgesetz hat die Verpflichtung, daß Jedermann sich auf amtliches Erfordern über seine Person auszuweisen hat, ausdrücklich aufrecht erhalten. Die Vorschrift hat indeß bei ihrer Unbestimmtheit keine große praktische Bedeutung gewonnen und insbesondere dem überhandnehmenden Vagabondenthum keinen

[12]) VU. Art. 111 u. G. v. 4. Juni 1851 (GS. 451); Einf. i. d. neuen Prov. V. v. 25. Juni 1867 (GS. 921) Art. II H.

[13]) RVerf. Art. 68 u. EinfG. (z. StGB.) v. 31. Mai 1870 (RGB. 195) Art. 4, (Baiern Vtr. v. 23. Nov. 1870, RGB. 1871 S. 9 Nr. III § 5 u. V).

[14]) So das seither gültig gewesene Paß Ed. v. 22. Juni 1817 (GS. 152).

[15]) PaßG. vom 12. Okt. 1867 (BGB. 33); Ausdehnung auf Süddeutschland Anm. 12 (S. 7); Ausf. CR. v. 30. Dez. 1867 (MB. 1868 S. 4). Paßpflicht besteht zur Zeit für die aus Rußland kommenden Reisenden V. v. 14. Juni 1879 (RGB. 155) u. v. 29. Dez. 1880 (RGB. 1881 S. 1).

[16]) Vertr. v. 21. Okt. 1850 (MB. 1851 S. 7) u. CR. v. 20. Sept. 1853 (MB. 235).

Einhalt gethan. Solches wird nur durch Wiedereinführung der Paßpflicht für das arbeitsuchende Publikum möglich werden, wozu durch Einführung der Arbeitsbücher für Arbeiter unter 21 Jahren[17]) ein wenigstens vorläufiger Schritt gethan ist.

Weder die Paßfreiheit, noch die Freizügigkeit hat die Vorschriften über Fremdenmeldungen beseitigt[18]), die entweder als Meldungen Reisender und Führung von Fremdenbüchern Seitens der Gastwirthe oder als Meldung aller An-, Ab- und Umzüge in einer Gemeinde[19]) durch Polizeiverordnungen näher geregelt sind. Aufenthaltsbeschränkungen dürfen mit diesen Meldungen nicht verbunden werden.

4. Die Presse.

§ 250.

Presse ist die Vervielfältigung des Gedankens durch den Druck. Diese erfolgt einmalig in dem Buch und in der Brochüre oder wiederkehrend in der periodischen und Tagespresse. Die Presse hat gleich nach Erfindung der Buchdruckerkunst die Aufmerksamkeit der Gesetzgeber auf sich gelenkt. Zuerst wurde jede Veröffentlichung von einer Erlaubniß abhängig gemacht. Dies System der Censur, als deren Erfinder Papst Alexander VI. gilt, fand in Deutschland in den Religionsstreitigkeiten des 16. Jahrhunderts die weitere Ausbildung. In Preußen war die Censur bis zum Jahre 1848 herrschend, wenn auch zeitweise in mildester Form. Seitdem ist sie beseitigt und das Recht der freien Meinungsäußerung grundsätzlich anerkannt. Den Ausschreitungen der Presse wird nicht mehr prohibitiv, sondern nur repressiv durch das Strafgesetz entgegengewirkt[20]).

Die damit begründete Preßfreiheit ist nach Uebergang des Gegenstandes auf das Reich noch erweitert[21]). Der Betrieb des Preßgewerbes ist frei und der Entziehung nicht unterworfen. Auf jeder Druckschrift muß der Name des Druckers und Verlegers (beim Selbstverlag der des Verfassers oder Herausgebers), bei periodischen (in monatlichen oder kürzeren Fristen erscheinenden) Druckschriften auch der des verantwortlichen Redakteurs angegeben sein. Die periodische Presse ist zur Aufnahme thatsächlicher Berichtigungen und gegen Einrückungsgebühren auch amtlicher Bekanntmachungen verpflichtet. Von jeder periodischen Druckschrift ist bei der Ausgabe ein Exemplar der Polizeibehörde unentgeltlich zu liefern. Letztere kann bei gewissen Zuwiderhandlungen die Druckschrift beschlagnahmen, hat aber in kurzen Fristen die gerichtliche Ent-

[17]) § 353 (S. 412) d. W.

[18]) Paß-G. § 10 u. FreizG. v. 1. Nov. 1867 (BGB. 55) § 10.

[19]) G. v. 31. Dez. 1842 (GS. 1843 S. 5) § 8.

[20]) VU. Art. 27 u. 28.

[21]) RVerf. Art. 4[16] und RPreßG. v. 7. Mai 1874 (RGB. 65), Ausschluß in Elf.-Lothringen § 31 das.

scheidung herbeizuführen. Die Gerichte haben bei strafbarem Inhalt die Unbrauchbarmachung aller Exemplare, Platten und Formen auszusprechen[22].

Die Verbreitung der Druckschriften kann solchen Personen verboten werden, denen ein Gewerbe-Legitimationsschein versagt werden darf[23]; auch dürfen abgesehen von amtlichen Bekanntmachungen nur Ankündigungen des täglichen Verkehrs durch Plakat oder Anschlag veröffentlicht werden[24]. Buch- und Steindrucker, Buch- und Kunsthändler, Antiquare, Leihbibliothekare, Inhaber von Lesekabineten, Verkäufer von Druckschriften, Zeitungen und Bildern müssen den Beginn ihres Gewerbebetriebs unter Angabe des Lokals, sowie jeden Wechsel des letzteren der Polizeibehörde anzeigen[25].

Ausländische periodische Druckschriften können, wenn sie wegen strafbaren Inhalts zweimal binnen Jahresfrist verurtheilt sind, für zwei Jahre vom Reichskanzler verboten oder des Postdebits verlustig erklärt werden[26].

5. Vereine und Versammlungen.

§ 251.

a) **Vereins- und Versammlungsrecht.** Verein und Versammlung decken sich nicht, stehen aber vielfach mit einander in Berührung und sind dieserhalb und wegen ihres gleichartigen polizeilichen Interesses stets gemeinsam von der Gesetzgebung behandelt.

Während die frühere Gesetzgebung eine scharfe Ueberwachung der Vereine und Versammlungen bezweckte und allgemein das Verbot derselben zuließ[27], findet sich gegenwärtig die Vereins- und Versammlungsfreiheit in Preußen grundsätzlich anerkannt[28]. Das Vereinswesen bildet Gegenstand der Reichsgesetzgebung[21]; ein Reichsgesetz ist indeß bislang darüber nicht erlassen.

Alle Preußen dürfen zu Vereinen zusammentreten, sofern deren Zwecke den Strafgesetzen[29] nicht zuwiderlaufen. Abgesehen von Wahlvereinen dürfen politische Vereine weder Frauen, Schüler und Lehrlinge aufnehmen, noch mit gleichartigen Vereinen durch Ausschüsse, Centralorgane u. dgl. in Ver-

---

[22] Das. u. StGB. § 41 u. 42.

[23] RPrG. § 5, GewO. v. 21. Juni 1869 (BGB. 245) § 43 u. (im Geb. d. KrO.) ZustG. § 130 u. 132.

[24] RPrG. § 30 u. G. v. 12. Mai 1851 (GS. 273) § 9.

[25] GewO. § 14, 15, Strafen das. (Fassung d. G. v. 17. Juli 1878 RGB. 199) § 148[3 u. 5].

[26] RPrG. § 14 u. PostG. v. 28. Okt. 1871 (RGB. 347) § 3.

[27] LR. II 6 § 1—10. — Der Bundes-Beschl. v. 5. Juli (Pat. v. 25. Sept.) 1832 (GS. 216) verbot politische Vereine und Volksversammlungen fast unbedingt.

[28] VU. Art. 29, 30 u. Vereins-G. v. 11. März 1850 (GS. 277); Einf. i. d. neuen Prov. V. v. 25. Juni 1867 (GS. 921) Art. II A, in Lauenb. (mit Ausschluß der § 20, 22 u. 23) G. v. 23. Juni 1876 (GS. 169) § 10. — Die strafprozeßrechtlichen Grundsätze d. Vereinsgesetzes (Schließung d. Vereine § 8 u. 16) werden durch die StProzO. nicht berührt EinfG. v. 1. Feb. 1877 (RGB. 346) § 6².

[29] StGB. § 128 u. 129. — Das Verbot der Arbeiterkoalition ist aufgehoben GewO. § 152.

bindung treten[30]). Vereine, welche eine Einwirkung auf öffentliche Angelegenheiten bezwecken, müssen Statuten und Mitgliederverzeichnisse binnen 3 Tagen nach der Stiftung oder eingetretenen Aenderung der Ortspolizeibehörde zur Kenntnißnahme einreichen. Ausgenommen sind die mit Korporationsrechten versehenen kirchlichen und religiösen Vereine[31]).

Versammlungen ohne Waffen und in geschlossenen Räumen bedürfen keiner Genehmigung, sind jedoch, sofern darin öffentliche Angelegenheiten erörtert oder berathen werden sollten, 24 Stunden vorher der Ortspolizeibehörde anzuzeigen, die sich darin durch ein oder zwei Abgeordnete vertreten lassen kann. Werden diese Vorschriften nicht beachtet oder Anträge oder Vorschläge erörtert, die eine Aufforderung oder Anreizung zu strafbaren Handlungen enthalten, so kann die Versammlung aufgelöst werden. Zu Versammlungen unter freiem Himmel und öffentlichen Aufzügen ist polizeiliche Erlaubniß erforderlich. Ausgenommen sind gewöhnliche Leichenbegängnisse, herkömmliche Hochzeitszüge nnd in hergebrachter Art stattfindende Prozessionen, Wallfahrten und Bittgänge[32]).

Auf das Heer finden diese Vorschriften nur beschränkte Anwendung[33]).

§ 252.

b) **Bevorrechtete Vereine.** Die Vereinsfreiheit erleidet eine Ausnahme, wo der Zweck des Vereins eine Erlaubniß bedingt[34]) oder besondere von staatlicher Genehmigung abhängige Vorrechte in Anspruch genommen werden.

Am Wichtigsten erscheint die Verleihung der Korporationsrechte. Der Verein als solcher bildet eine bloße Privatgesellschaft, in welcher die Theilnehmer nur persönlich gebunden sind, aber weder untereinander noch Dritten gegenüber als Einheit erscheinen. Durch die Korporationsrechte wird dagegen der Verein zur rechtlich anerkannten und geschützten Gesammtheit (Körperschaft, Korporation) und damit zu jeder vermögensrechtlichen Handlung befähigt[35]). Auch erlangt der Verein dadurch das übrigens nur den Behörden vorbehaltene Recht, Petitionen unter einem Gesammtnamen vorzubringen[36]). Anderseits unterliegen Korporationen bezüglich ihres Erwerbs einer Be-

---

30) VG. § 8 u. 21, Strafe § 16.

31) Das. § 2, Strafe § 13.

32) Das. § 1, 3—7, 9—12, 14, 15, 17—21.

33) VU. Art. 38 u. 39. — RMilG. v. 2. Mai 1874 (RGB. 45) § 49.

34) Dahin gehören Eisenbahn-, Kredit-, Versicherungs- u. ähnliche Gesellschaften. Das Nähere gehört in die Einzelgebiete.

35) Mit den Korporationsrechten erlangt eine Gesammtheit von Personen (universitas personarum) oder Sachen (universitas rerum) die Eigenschaft der juristischen (moralischen) Person u. damit die Fähigkeit als Rechtssubjekt aufzutreten u. Rechtshandlungen vorzunehmen. Voraussetzung ist in beiden Fällen der gemeinsame Zweck, der zu seiner Verwirklichung bestimmter Organe bedarf. Als sachliche Gesammtheiten erscheinen die Stiftungen (§ 211 d. W.), als persönliche die hier zu betrachtenden Körperschaften (Korporationen). In der Mitte zwischen beiden stehen die mit Korporationsrechten ausgestatteten Anstalten.

36) VU. Art. 32.

schränkung, indem freigebige Zuwendungen, durch welche juristische Personen ins Leben gerufen oder solche mit einem die Summe von 3000 M. übersteigenden Betrage bedacht werden sollen, an landesherrliche Genehmigung gebunden sind[37]). Damit soll der Vernachlässigung der Angehörigen durch eine zu weitgehende Freigebigkeit vorgebeugt werden.

In Betreff des Erwerbs der Korporationsrechte verweist die Verfassung auf das Gesetz[38]). Dieses fordert die Gemeinnützigkeit und Lebensfähigkeit des Vereins[39]) und läßt unter diesen Voraussetzungen die Ertheilung sowohl speziell für den einzelnen Fall, als allgemein für gewisse Gattungen von Vereinen zu[40]).

6. Maßregeln gegen die Sozialdemokratie.

§ 253.

Die Sozialdemokratie erstrebt die praktische Durchführung der Theorien des modernen Sozialismus und Kommunismus[41]). Trug die erste Organisation, welche die hierauf gerichtete Bewegung durch Lassalle in Deutschland fand (1863), noch ein einigermaßen reformatorisches und nationales Gepräge, so gewannen bald die radikaleren Elemente die Oberhand, die mittelst des internationalen Zusammenwirkens der arbeitenden Klassen aller Kulturstaaten der Umwälzung jeder bestehenden Staats- und Gesellschaftsordnung zustrebten.

Diesen Zielen entsprachen die angewandten Mittel. Eine energische Agitation suchte unter der ärmeren Bevölkerung (den Enterbten) Unzufriedenheit mit ihrer Lage und Haß gegen die besser gestellten Klassen zu erregen und jedes Gefühl der Religion und Sittlichkeit, der Ehrfurcht, Vaterlandsliebe und des Rechts zu ersticken. Sie erwies sich außerordentlich wirksam. Die Zahl und der Absatz der sozialistischen Blätter wuchs in auffälligster Weise, die Stimmenzahl, über welche die Partei bei den Wahlen verfügte, übertraf alle Erwartungen; vor Allem trat aber die sittliche Verwilderung bei wiederholten Anlässen, insbesondere bei den gegen die Person des Kaisers gerichteten Attentaten in grauenerregendster Weise hervor.

Diesen sichtlich und stetig wachsenden Gefahren gegenüber bedurfte es

[37]) G. v. 23. Feb. 1870 (GS. 118) nebst R. v. 10. Feb. 1872 (MB. 74). Einf. i. Lauenburg G. v. 25. Feb. 1878 (GS. 97) § 7³.

[38]) VU. Art. 31. Für Religionsgesellschaften § 289 d. W.

[39]) LR. II 6, § 25. Normalstatut für Vereine u. Hospitäler, die Korporationsrechte in Anspruch nehmen ER. v. 19. Juli u. 18. Dez. 1876 (MB. 193 u. 274). — Rechtsverhältnisse der Korporationen LR. II 6, § 26—202.

[40]) Beispiele sind der preußische und der Reichsfiskus (§ 116 u. 163 d. W.); die Gemeinden, Kreise und Provinzen (§ 72¹, 75 u. 76 d. W.); die Kirchen- und gewisse Religionsgesellschaften (Anm. 5 S. 315); die Schulgemeinden (Anm. 32 S. 336). — Vereine zu wirthschaftlichen Zwecken s. § 320 u. 321.

[41]) § 312 Nr. 4 d. W.

außerordentlicher Mittel, wie sie durch die bestehende Gesetzgebung nicht gegeben und nur durch ein Ausnahmegesetz zu erreichen waren.

Das hierzu ergangene Gesetz wendet sich speziell gegen alle sozialdemokratischen, sozialistischen oder kommunistischen Bestrebungen, soweit diese auf den Umsturz der bestehenden Staats- oder Gesellschaftsordnung gerichtet sind und in einer den öffentlichen Frieden, insbesondere die Eintracht der Bevölkerungsklassen gefährdenden Weise zu Tage treten. Vereine und Druckschriften, bezüglich deren diese Voraussetzung zutrifft, sollen von der Landes-Polizeibehörde (ausländische vom Reichskanzler) verboten werden. Beschwerden gegen diese Verbote entscheidet eine Kommission, für welche der Kaiser den Vorsitzenden, der Bundesrath vier Mitglieder aus seiner Mitte und fünf aus den Mitgliedern des höchsten Gerichts des Reichs oder eines Bundesstaats erwählt. Ferner sind Versammlungen und öffentliche Aufzüge, bei denen diese Bestrebungen hervortreten, polizeilich aufzulösen und Sammlungen, die zur Förderung derselben veranstaltet werden, in gleicher Weise zu verbieten. Für Uebertretung dieser Verbote sind Strafen angedroht, die bei Gast- und Schankwirthen, Buchdruckern und Buchhändlern auf Entziehung der Befugniß zum Gewerbebetrieb ausgedehnt, und gegen Agitatoren mit Aufenthaltsbeschränkungen (bei Ausländern mit Ausweisung) verbunden werden können. Für besonders gefährdete Bezirke und Ortschaften dürfen endlich von den Central-Landesbehörden mit Genehmigung des Bundesraths zeitweilige Beschränkungen in Betreff der Versammlungen, der Verbreitung von Druckschriften und des Waffentragens eingeführt werden[42]).

Das Gesetz ist streng durchgeführt und hat den Ausschreitungen der sozialdemokratischen Bewegung erfolgreich vorgebeugt. Weitergehende Erwartungen durften von vornherein nicht an dasselbe geknüpft werden, denn es ist ein Polizei- und kein Sozial-Reformgesetz. Die Zurückführung der irregeleiteten Bevölkerung in richtige Bahnen lag ebenso sehr außerhalb des Bereichs seiner Wirksamkeit, wie die Wegräumung der Ursachen, welche die ganze Bewegung hervorgerufen. Erstere, die sog. innere Heilung, ist nur durch allmälige Einwirkung der Religion und Schule und aller erhaltenden Elemente des Staatslebens zu erreichen. Die letztere ist Aufgabe der damit zu besonderer Bedeutung gelangten Sozialgesetzgebung[43]). Beiden hatte das Sozialistengesetz nur die Wege zu ebnen.

---

[42]) RG. v. 21. Okt. 1878 (RGB. 351). Die Geltungsdauer ist bis zum 30. Sept. 1884 verlängert u. § 28 ergänzt RG. v. 31. Mai 1880 (RGB. 117). — Gesch.-Reg. f. d. Reichs-Kommission v. 4. Nov. 1878 (CB. 601). — Die Beschränkungen (der s. g. kleine Belagerungszustand) sind zur Zeit für Berlin, Hamburg-Altona u. Leipzig eingeführt.

[43]) § 312 (S. 349) d. W.

VI. Ordnungs- und Sittenpolizei.

1. Uebersicht.

§ 254.

Die Polizei hat die Ruhe und Ordnung aufrecht zu erhalten. Die Erregung ungebührlichen Lärms und groben Unfugs ist ebenso mit Strafe bedroht, wie die Uebertretung der die Erhaltung der Ruhe und Reinlichkeit auf Plätzen und Straßen bezweckenden Vorschriften[1]). Außerdem bedarf es der Fernhaltung aller Verletzungen der Religion und Sittlichkeit.

In der Periode des Polizeistaats war dieser Zweig der polizeilichen Thätigkeit sehr ausgebildet. Unmäßigkeitsstrafen und Luxusreglements zeugen von dem speziellsten Eingehen auf die verschiedenen Lebensverhältnisse. Die neuere Gesetzgebung beobachtet eine größere Zurückhaltung. Sie geht von dem Gesichtspunkt aus, daß die Förderung der Religiösität und Sittlichkeit zunächst der individuellen Entwickelung unter Einwirkung der Kirche und Schule zu belassen sei und hat demgemäß neben der Abwehr der diesen Bestrebungen entgegentretenden Hindernisse vorwiegend nur die öffentlichen Verletzungen der Religion und Sitte zum Gegenstand ihrer Thätigkeit gemacht. Diese Grenzen sind auch in neuster Zeit nicht verlassen, obgleich die zunehmende sittliche Verwilderung eine strengere Handhabung der Ordnungs- und Sittenpolizei nothwendig gemacht hat.

Im Einzelnen sind die Maßregeln gerichtet gegen Entheiligung der Feiertage (Nr. 2), Mißbrauch und Uebermaß des Wirthshausbesuchs und der Lustbarkeiten (Nr. 3 und 4), Unsittlichkeit (Nr. 5) und Thierquälerei (Nr. 6). Endlich wird im Interesse der öffentlichen Ordnung bei Regelung des Verhältnisses zwischen Herrschaft und Gesinde, zwischen Miether und Vermiether sowie in Betreff gefundener Sachen die Mitwirkung der Polizei in Anspruch genommen.

2. Sicherung der religiösen Ordnung.

§ 255.

Das Strafgesetz verbietet Gotteslästerung, Beschimpfung der christlichen Kirchen und der mit Korporationsrechten versehenen Religionsgesellschaften, die Störung des Gottesdienstes, die Leichen- und Gräberschändung und sichert die Feiertagsheiligung[2]). Ueber letztere werden die näheren Vorschriften durch Polizeiverordnungen der Regierungen gegeben, welche gewisse Verrichtungen für den ganzen Feiertag, andere für die Stunden des Gottesdienstes untersagen und den doppelten Zweck verfolgen, äußere Störungen von dem Gottes-

[1]) StGB. § 360^{11} u. 366^{10}.

[2]) StGB. § 166—8, 304 u. 366^{1}.

dienst und der Sonntagsfeier fern zu halten und die der Theilnahme daran sich entgegenstellenden Hindernisse zu beseitigen[3]). Demgemäß dürfen Gewerbtreibende ihre Arbeiter nicht zur Arbeit an Sonn- und Festtagen verpflichten[4]).

3. Aufsicht über Wirthshausbesuch und Lustbarkeiten.

§ 256.

Trunkenbolde, die ihre Familien hülfslos lassen, können bestraft und in ein Arbeitshaus gebracht werden[5]). Uebrigens hat die Polizei den Folgen dieses Lasters durch die Aufsicht über Gast- und Schankwirthe entgegenzutreten.

Nächst den beschränkenden Vorschriften in Betreff der Konzessionirung[6]) wird die Uebertretung der Polizeistunde an dem Wirthe und wenn dieser die Gäste zum Fortgehen aufgefordert hat, an letzteren bestraft[7]). In der Regel ist diese Stunde auf 10 Uhr Abends festgestellt. In größeren Orten ist sie allgemein oder für die geeigneten Wirthschaften später hinausgerückt.

Durch Polizeiverordnung ist den Wirthen mehrfach die Verabreichung von Getränken an Trunkenbolde[8]) und an Schüler untersagt.

Den nachtheiligen Einwirkungen der Völlerei insbesondere des Brantweingenusses suchen die an verschiedenen Orten entstandenen Mäßigkeitsvereine entgegenzuwirken.

Allgemein sind durch Polizeiverordnung öffentliche Tanzlustbarkeiten von besonderer Erlaubniß abhängig gemacht[9]), die nur in beschränktem Umfange ertheilt wird. Aehnliche Vorschriften bestehen zum Theil in Bezug auf musikalische und deklamatorische Aufführungen.

4. Verbotene Spiele.

§ 257.

Das Strafgesetz verbietet gewerbsmäßige und öffentliche Glücksspiele, sowie die Gestattung solcher an öffentlichen Versammlungsorten[10]). Ver-

[3]) Hierzu waren die Regierungen schon vor dem PolVwG. (229 d. W.) durch KO. v. 7. Feb. 1837 (GS. 19) ermächtigt. — Für Schl.-Holstein besteht die Sonn- u. Festtags-O. v. 10. März 1840 nebst Erl. v. 18. Dez. 1869 (MB. 1870 S. 84), für Hannover d. SabbathsO. v. 25. Jan. 1822 (Hann. GS. I 65).

[4]) GewO. (Fassung des G. v. 17. Juli 1878 RGB. 199) § 105.

[5]) StGB. § 361[5] u. 362.

[6]) S. § 350 Nr. II, 4 d. W. — Verpflichtung der Gast- und Schankwirthe zur Bezeichnung des Raumgehalts der Schankgefäße Anm. 55 (S. 424).

[7]) StGB. § 365.

[8]) CR. v. 24. Dez. 1841 (MB. 1842 S. 16).

[9]) CR. v. 26. Nov. 1859 (MB. 339). — Abgaben von Tanzlustbarkeiten § 287 (Anm. 26) d. W.

[10]) StGB. § 284, 285 u. 360[14].

boten ist ferner das Spielen in auswärtigen Lotterien[11]. Die Veranstaltung öffentlicher Lotterien und Ausspielungen ist an obrigkeitliche Erlaubniß geknüpft, welche für kleinere Volksbelustigungen von der Ortspolizeibehörde, übrigens vom Oberpräsidenten, bei Ausdehnung über mehrere Provinzen vom Minister des Innern ertheilt wird[12].

Die öffentlichen Spielbanken sind im ganzen Reich aufgehoben[13].

5. Maßregeln gegen geschlechtliche Ausschweifung.

§ 258.

Das Strafgesetz verbietet neben den Sitten-Verbrechen und Vergehen die Erregung öffentlichen Aergernisses durch unzüchtige Handlungen und die Verbreitung oder Ausstellung unzüchtiger Schriften und Bilder[14].

Ferner sind mit Haftstrafe und demnächstiger Einsperrung in ein Arbeitshaus Weibspersonen bedroht, die unbeaufsichtigt gewerbsmäßig Unzucht (Prostitution) treiben oder im Fall der Beaufsichtigung den dieserhalb erlassenen Vorschriften zuwiderhandeln[15]. Diese Aufsicht ist nur über Frauenzimmer zu verhängen, deren Eigenschaft als Prostituirte durch bestimmte Thatsachen (Bestrafung wegen gewerbsmäßiger Unzucht oder syphilitische Krankheit) erwiesen ist. Sie erfolgt im Interesse der Gesundheit, Ordnung und Sitte und besteht in periodischer Untersuchung des Gesundheitszustandes, Verbot des Besuchs bestimmter Gebäude und Orte, des Bewohnens bestimmter Häuser, des Umhertreibens und jedes auffallenden Benehmens an öffentlichen Orten. Bordelle sind grundsätzlich für unzulässig erklärt[16].

Das außereheliche Zusammenleben von Personen verschiedenen Geschlechts (Konkubinat) ist gesetzlich nur insoweit verboten, als diesen die Eheschließung wegen begangenen Ehebruchs verboten ist. Dasselbe soll indeß durch polizeiliche Zwangsmaßregeln auch da verhindert werden, wo es zu einem öffentlichen Aergerniß Anlaß giebt[17].

6. Verbot der Thierquälerei.

§ 259.

Mit Strafe wird bedroht, wer öffentlich oder in Aergerniß erregender Weise Thiere boshaft quält oder roh mißhandelt[18]. Besondere Polizeiver-

[11] V. v. 5. Juli 1847 (GS. 261).

[12] StGB. § 286; Erl. v. 2. Nov. 1868 (GS. 991) u. Ausf. Vf. v. 14. Nov. 1868 (MB. 304).

[13] BG. v. 1. Juli 1868 (BGB. 367); Einf. i. Süddeutschl. Anm. 12 (S. 7).

[14] Doppelehe (Bigamie) StGB. § 171, Ehebruch § 172, verbotener Beischlaf, § 173, 174, widernatürliche Unzucht § 175, Verführung u. Nothzucht § 176 bis 179 u. 182, Kuppelei § 180, 181, öffentliches Aergerniß § 183, unzüchtige Schriften § 184.

[15] Das. § 361^{6} und 362. — Arbeitshäuser § 239 d. W.

[16] KO. v. 31. Okt. 1845.

[17] KO. v. 4. Okt. 1810 (KA. XVIII 785) u. ER. v. 11. April 1854 (MB. 71).

[18] StGB. § 360^{13}.

ordnungen bestehen in Betreff der zum Ziehen benutzten Hunde und zum Schutz nützlicher Vögel; letztere zugleich im Interesse der Landwirthschaft[19]).

Zur Verhinderung der Thierquälerei bestehen Thierschutzvereine.

7. Polizei in Gesinde- und Wohnungssachen.

§ 260.

Das Verhältniß zwischen Herrschaft und Gesinde beruht auf einem durch die Gesinde-Ordnungen[20]) näher bestimmten Vertrage, mittelst dessen der eine Theil sich auf feste Zeit zu häuslichen oder wirthschaftlichen Diensten gegen bestimmten Lohn verpflichtet. Der Miethsvertrag wird in der Regel durch Annahme des Miethgeldes geschlossen. Er gilt in Ermangelung anderweiter Abrede bei städtischem Gesinde für ein Vierteljahr, bei ländlichem für ein Jahr und verlängert sich um den gleichen Zeitraum, wenn nicht 6 Wochen bez. 3 Monat vor Ablauf desselben gekündigt wird[21]). Das Verhältniß ist ein wesentlich privatrechtliches, über welches endgültig nur der Richter zu entscheiden hat. Um aber den Störungen vorzubeugen, die bei Nichterfüllung des Vertrags inzwischen eintreten würden, ist der Polizei eine vorläufige Entscheidung übertragen[22]).

Zur Sicherung des Dienstvertrags sind Gesindedienstbücher eingeführt[23]), für welche unter Aufhebung aller Abgaben eine gleichmäßige Form in der ganzen Monarchie vorgeschrieben ist[24]). Die in einem Bundesstaat ausgestellten Dienstbücher gelten im ganzen Reich[25]). Die Verletzung der Dienstpflichten Seitens der Dienstboten und ländlichen Arbeiter ist in den älteren Provinzen und Schleswig-Holstein mit Strafe bedroht[26]).

In Betreff des Wohnungsmiethsverhältnisses hat die Polizei-

---

[19]) § 341 d. W.

[20]) Es ergingen Gesindeordnungen für das Gebiet des LR. v. 8. Nov. 1810 (GS. 101); für die Rheinprov. v. 19. Aug. 1844 (GS. 410), durch V. vom 21. Sept. 1847 (GS. 356) auf den landrechtlichen Theil dieser Prov. (§ 172 d. W.) ausgedehnt; für Neuvorpommern v. 11. April 1845 (GS. 391); für Schl.-Holstein v. 25. Feb. 1840 (S.-Holst. Samml. 35); in d. Prov. Hannover für die Bez. Hannover, Hildesheim und Lüneburg v. 15. Aug. 1844 (Hann. GS. I 161); für Hessen-Nassau: Kurh. GesO. v. 15. Mai 1797 u. 18. Mai 1801 nebst V. v. 29. Nov. 1823 (Kurh. GS. 57), u. Nass. Ed. v. 15. Mai 1819 (VB. 121).

[21]) GesO. v. 8. Nov. 1810 § 23, 41 u. 111—116. — Auflösung des Miethsvertrags ohne Aufkündigung Seitens der Herrschaft § 117—135, des Gesindes § 136—142, nach Aufkündigung § 143 bis 149.

[22]) Das. § 51, 160, 167 u. CR. v. 17. April 1812 (MB. 1841 S. 330). — Die Entscheidung stellt sich in Betreff des Verfahrens und der Rechtsmittel als polizeiliche Anordnung (§ 230 d. W.) dar Erk. d. OVG. vom 6. Dez. 1876 (Entsch. I 398).

[23]) G. v. 29. Sept. 1846 (GS. 467). — Hannover, G. v. 16. Feb. 1853 (Hann. GS. III 9), Ausschr. vom 9. Okt. 1844 (das. II 13) u. v. 13. Juli 1859 (das. I 755).

[24]) G. v. 21. Feb. 1872 (GS. 160).

[25]) Bek. v. 10. März 1873 (CB. 73).

[26]) G. v. 24. April 1854 (GS. 214), f. S.-Holstein v. 6. Feb. 1878 (GS. 86).

behörde die Räumungsfristen bei Ablauf der Miethszeit durch Polizeiverordnung zu bestimmen[27]), Streitigkeiten bei Ausübung des Zurückbehaltungsrechts wegen rückständiger Miethe interimistisch zu regeln und etwaigen Gewaltthätigkeiten vorzubeugen[28]).

8. Polizei in Betreff gefundener Sachen.

§ 261.

Die landrechtlichen Vorschriften[29]) haben in der neuen Justizgesetzgebung eine durchgreifende Äenderung erfahren. Die Anzeigepflicht des Finders und sein Anrecht auf den Fund — welches er bezüglich des Mehrwerthes über 300 M. mit der Ortsarmenkasse zu theilen hat[30]) — bestehen fort. Dagegen ist die Ablieferung an das Gericht aufgehoben und das öffentliche Aufgebot von dem Antrag eines Betheiligten abhängig gemacht. Durch das Aufgebot wird dem unbekannten Verlierer oder Eigenthümer der Anspruch auf Herausgabe des zur Zeit der Erhebung des Anspruchs vorhandenen Vortheils vorbehalten, jedes weitere Recht aber ausgeschlossen[31]).

Da die Mitwirkung der Polizeibehörde bei Fundsachen nur als eine von der gerichtlichen abgeleitete anzusehen ist, so würde sie mit Wegfall der Ablieferungspflicht und des Aufgebots von Amtswegen ebenfalls aufgehört haben. Gleichwohl wird sich die Polizei einer vermittelnden Thätigkeit in der Angelegenheit nicht entschlagen können, da ohne solche manche Verluststücke unbeachtet bleiben, manche Funde dem Verlierer nicht bekannt werden würden, auch den Unterschlagungen Seitens der Finder in vielen Fällen durch diese Vermittelung wirksam vorgebeugt werden kann.

VII. Gesundheitswesen.

1. Uebersicht.

§ 262.

Die Gesundheit ist die erste und wichtigste Voraussetzung jeder geistigen und wirthschaftlichen Entwickelung. Vielfach von Ursachen abhängig, die der Einzelne nicht zu beherrschen vermag, wird sie damit zu einem Gegenstand, dem der Staat seine besondere Fürsorge zuzuwenden hat.

Bis in den Anfang unseres Jahrhunderts hinein war diese staatliche Thätigkeit lediglich gegen die Krankheitsgefahr gerichtet. Sie beschränkte

27) G. v. 30. Juni 1834 (GS. 92) § 2.

28) LR. I 21 § 395; StGB. § 289; R. v. 8. Feb. 1839 (KA. XXIII 666).

29) LR. I 9 § 19—73, (§ 49—56 aufgehoben Anm. 31).

30) Das. § 70—73 u. 44—48.

31) AusfG. (z. CProzO.) v. 24. März 1879 (GS. 281) § 23 u. CR. v. 16. Juni 1880 (MB. 173).

sich auf die Einrichtung des Heilwesens und auf den Kampf gegen Ausbruch und Verbreitung der Seuchen[1]). Erst das Auftreten der Cholera (1830) lehrte erkennen, daß der Schwerpunkt des Gesundheitswesens in der Pflege der Bedingungen der Gesundheit selbst liege. Seitdem und besonders in neuster Zeit sind bedeutsame Fortschritte in dieser Richtung gemacht. Das Ziel ist aber noch längst nicht erreicht und es müssen, bevor dies geschieht, zahlreiche Vorurtheile überwunden werden, die namentlich die örtliche Gesundheitspflege zur Zeit noch beherrschen.

Die Thätigkeit des Staats erfordert besondere Organe (Nr. 2) und äußert sich entweder vorbeugend in Betreff der der Gesundheit drohenden Gefahren oder als Kampf gegen die bereits eingetretene Krankheit. Die erstere Thätigkeit ist wesentlich polizeilicher Natur. Sie bildet den Gegenstand der Gesundheitspolizei (Sanitätspolizei) (Nr. 3) und richtet sich gegen die Gefahren, welche durch ansteckende Krankheiten, durch den Verkehr mit Giften und die Berührung mit Leichen oder durch schädliche Ausdünstungen erwachsen (Nr. 3 a—c). Sie soll aber auch alle nachtheiligen Einwirkungen beseitigen, welche die mangelhafte Wartung, Nahrung, Wohnung oder Beschäftigung hervorrufen kann. Die auf die beiden letzteren gerichteten Bestrebungen fallen im Wesentlichen in die Gebiete des Schulwesens, der Bau- und Gewerbepolizei[2]), so daß hier nur die Fürsorge für gesunde Lebensmittel und Gebrauchsgegenstände (Nr. 3 d) und für die Kinderpflege (Nr. 3 e) zu betrachten ist.

Die Bekämpfung der Krankheiten bildet Gegenstand des Heilwesens (Medizinalwesens) (Nr. 4) und umfaßt die Fürsorge des Staats für das Vorhandensein geeigneter Medizinalpersonen (Aerzte, Apotheker und Hebeammen) und Heilanstalten.

2. Verwaltung des Gesundheitswesens.

§ 263.

Die Medizinal- und die Veterinärpolizei bilden Gegenstände der Reichsgesetzgebung[3]). Demgemäß ist die Lebensmittelpolizei, das Impfwesen und die Ausübung der ärztlichen Praxis durch Reichsgesetz geordnet[4]) und als technische Behörde ein Reichsgesundheitsamt eingesetzt.

Uebrigens erfolgt die Verwaltung durch die Landesbehörden. In der Centralinstanz besteht hierfür eine besondere Abtheilung des Kultusministeriums[5]); das Viehseuchen-(Veterinär-)wesen steht jetzt unter dem Land-

[1]) Preuß. Medizinal-Ed. v. 27. Sept. 1725 (Mylius V, Abthl. 4, Kap. 1, S. 219).

[2]) Baupolizei § 279—282, Schulwesen § 304—309 u. Gewerbepolizei § 350, 351 d. W.

[3]) RVerf. Art. 4[15]. — Der Ausdruck Medizinalpolizei ist nicht ganz zutreffend, da auch die Gesundheits- od. Sanitätspolizei einbegriffen ist.

[4]) § 264 Abs. 5, 268 u. 270 d. W.

[5]) § 47 d. W.

wirthschaftsminister[6]). Die Provinzialbehörde bildet, abgesehen von der dem Oberpräsidenten vorbehaltenen Konzessionirung der Apotheken[7]), der Regierungspräsident (die Regierung)[8]). Diesem wie dem Minister sind in den Medizinalräthen technische Beamte zugetheilt. Nur begutachtende Organe bilden daneben für das gesammte Staatsgebiet die wissenschaftliche Deputation für das Medizinalwesen[9]) und für die Provinzen die Medizinal-Kollegien[10]). In der Lokalinstanz sind neben den Kreis- und Lokalbehörden Kreisphysiker und Kreiswundärzte angestellt[11]).

Den Organen der Selbstverwaltung ist auf dem Gebiet des Gesundheitswesens insoweit eine Mitwirkung eingeräumt, als ein Theil der Heil- und Pflegeanstalten auf die Provinzen übergegangen[12]) und im Gebiet der KreisO. die zwangsweise Einführung sanitätspolizeilicher Einrichtungen in Landgemeinden dem Kreisausschuß, in Städten dem Bezirks- und Provinzialrath übertragen ist. Die Beschwerde geht an den Minister[13]).

3. Gesundheitspolizei.

§ 264.

a) Der Kampf gegen **ansteckende Krankheiten** (Seuchenpolizei) wurde früher, namentlich der orientalischen Pest gegenüber, durch vollständige Absperrung geführt. Dieser Weg ist als undurchführbar längst aufgegeben. Nur im Schiffsverkehr besteht noch eine Quarantäne[14]).

Bezüglich der übrigen ansteckenden Krankheiten (Epidemien) sind allgemeine und spezielle die einzelnen Krankheiten betreffende Maßregeln angeordnet[15]).

Die allgemeinen Maßregeln umfassen:

1. die Bildung von Sanitätskommissionen in den Städten[16]), zu der es indeß nicht gekommen ist;

---

6) Anm. 68 (S. 52).
7) Anm. 24 (S. 57).
8) § 53 d. W.
9) Instr. v. 23. Jan. 1817.
10) Instr. v. 23. Okt. 1817 (GS. 245). Neue Prov. V. v. 22. Sept. 1867 (GS. 1570), Lauenburg G. v. 23. Juni 1876 (GS. 169) § 5. Für Berlin ist das MedKoll. der Prov. Brandenburg zuständig OrgG. § 34, für Hohenzollern das der Rheinprov. G. v. 7. Jan. 1852 (GS. 35) § 1.
11) PrüfRegl. f. Kreisphysiker v. 10. Mai 1875 (MB. 120), Aenderung der § 1 u. 2 ER. v. 4. März 1880 (MB. 107). — Vergütungssätze f. die Med.Beamten G. v. 9. März 1872 (GS. 265); § 2 u. 5 geändert G. v. 17. Sept. 1876 (GS. 411); § 3 ergänzt G. v. 2. Feb. 1881 (GS. 13).
12) § 273 u. 274 d. W.
13) ZustG. § 82.
14) Regl. v. 3. Juli 1863 (MB. 163). — Das letzte Auftreten der Pest in Rußland (1879) hat vorübergehende Einschränkungen der Waareneinfuhr u. des Reiseverkehrs veranlaßt (Anm. 15 S. 279).
15) Regul. v. 8. Aug. 1835 (GS. 240). Strafen jetzt StGB. § 327.
16) Reg. § 1—8 u. 11.

2. die Verpflichtung zur Anzeige der Erkrankungsfälle[17];
3. die Abstellung größerer Vereinigungen (öffentlicher Lustbarkeiten, Märkte), nöthigen Falls Schließung der Kirchen und Schulen[18];
4. die möglichste Abschließung der Kranken und Verstorbenen[19];
5. die gehörige Reinigung (Desinfektion) der Personen und Sachen[20].

Die speziellen Vorschriften für die einzelnen Krankheiten[21] beziehen sich auf Cholera[22]; Typhus[23]; Ruhr; Pocken; Masern, Scharlach und Rötheln; kontagiöse Augenentzündung[24]; Syphilis[25]; Krätze; Weichselzopf; Kopfgrind; Krebs; Schwindsucht und Gicht. Durch Polizeiverordnungen wurde neuerdings die Diphtheritis hinzugefügt.

Im Wege der Reichsgesetzgebung ist das Impfwesen geregelt[26]. Alle Kinder müssen vor Ablauf des zweiten Lebensjahrs, alle Schüler im 12. Lebensjahr geimpft werden, soweit sie nicht die natürlichen Blattern überstanden haben. Bleibt die Impfung erfolglos, so ist sie im folgenden und bezw. dritten Jahr noch einmal zu wiederholen. Zur Impfung sind nur Aerzte und Wundärzte befugt[27]. Die erforderliche Lymphe wird aus den den Ober-Präsidenten unterstellten Schutzpocken-Impfanstalten abgegeben[28]. Für die nicht durch Privatärzte Geimpften findet die Impfung unentgeltlich durch Impfärzte Statt, welche für bestimmte Bezirke angestellt sind[29]. Die Kosten tragen in Preußen die Kreise[30].

§ 265.

b) Der Handel mit **Giften** ist von besonderer Genehmigung abhängig, die nur an zuverlässige, unbescholtene Personen ertheilt wird[31]. Vom An- und Verkauf im Umherziehen ist Gift ausgeschlossen[32]. Der Kleinhandel mit gewissen Giften ist ausschließlich den Apotheken vorbehalten[33]. Die unerlaubte Zubereitung oder Feilhaltung von Giften ist mit Strafe bedroht,

---

[17] Das. § 9. — Weiteres Verfahren § 10—12 u. CR. v. 26. Sept. 1842 (MB. 376).

[18] Reg. § 13—15.

[19] Das. § 16—18 u. 22.

[20] Das. § 19—21. — Spezielle Anweisung enthält Anlage A.

[21] Das. § 24—91. — (Die Vorschriften wegen der Viehseuchen sind durch neuere Gesetze beseitigt s. § 344 d. W.)

[22] Reg. § 24—34. — Erleichternde Vorschriften nebst Anleitung zum Verhalten CR. v. 1. u. 4. Aug. 1848 (MB. 226 u. 227). — Schließung der Schulen CR. v. 19. Dez. 1866 (MB. 1867 S. 72). — Hannover, V. v. 26. Juni 1832 (Han. GS. I 75).

[23] Reg. § 35—40; Kennzeichen des Flecktyphus CR. v. 21. Jan. 1881 (MB. 22).

[24] Reg. § 62—64 u. CR. v. 11. Nov. 1862 (MB. 328).

[25] Reg. § 65—73; Ueberwachung der Prostituirten § 258 d. W.

[26] Reichs-Impf-G. v. 8. April 1874 (RGB. 31).

[27] Das. § 8 Abs. 1 u. CR. v. 13. Mai 1876 (MB. 127).

[28] Das. § 9 u. Instr. v. 28. Dez. 1876 (MB. 1877 S. 10).

[29] Das. § 6, 7; Impflisten u. Impfscheine § 7, 8, 10 u. 11, Bundes-Beschl. v. 30. Okt. 1874 (MB. 255) u. v. 5. Sept. 1878 (MB. 242).

[30] G. v. 12. April 1875 (GS. 191).

[31] Anm. 35 (S. 408).

[32] RGewO. v. 21. Juni 1869 (RGB. 245) § 56⁵.

[33] § 272 (Anm. 86) d. W.

desgleichen die Nichtbefolgung der bezüglich der Aufbewahrung, Beförderung, Zubereitung und Feilhaltung erlassenen Sicherungsvorschriften[34]). Zum Erlaß der letzteren sind die Minister zuständig[35]). In diesem Sinne ergingen Verbote der Verwendung arsenikhaltiger Farben, insbesondere bei Drahtgeweben und Tapeten[36]), der bleihaltigen Verpackung des Schnupftabacks[37]) und der giftigen Färbung der Spiel-, Konditor- und Eßwaaren.

§ 266.

c) Der Transport von **Leichen** ist zur Verhütung von Ansteckungen nur auf Grund von Leichenpässen gestattet, deren Ausstellung durch die Landräthe erfolgt[38]). Mit mehreren deutschen Staaten und mit Oesterreich ist die gegenseitige Anerkennung dieser Pässe vereinbart.

Beerdigungen dürfen nur mit Vorwissen der Behörde nach erfolgter Feststellung des Todes stattfinden[39]). Dieserhalb wird der Ablauf einer dreitägigen Frist nach dem Ableben oder die spezielle Untersuchung durch den Arzt oder die Ortsbehörde erfordert[40]). In einzelnen größeren Orten ist eine regelmäßige Todtenschau polizeilich eingeführt[41]). Die Beerdigungen sollen weder in Kirchen noch an bewohnten Gegenden der Städte, noch ohne besondere Anzeige außerhalb der öffentlichen Begräbnißplätze (**Kirchhöfe**) stattfinden[42]). Die letzteren sind in der Regel Eigenthum der Kirchengesellschaften und von diesen zu unterhalten[43]). Ihre Benutzung darf indeß den Mitgliedern anderer aufgenommener Religionsgesellschaften, die eigne Kirchhöfe nicht besitzen, nicht versagt werden[44]). Die Anlegung neuer Kirchhöfe erfordert polizeiliche Genehmigung[45]). Die außer Gebrauch gesetzten dürfen aus Rücksichten der Sanitätspolizei und der Pietät erst nach 40 Jahren verkauft oder anderweit in Gebrauch genommen werden[46]).

---

34) StGB. § 367[3 u. 5].
35) § 229 Nr. 1 d. W.
36) CR. v. 3. Jan. 1848 (MB. 45), v. 2. März 1851 (MB. 37) u. v. 6. Mai 1869 (MB. 93). — Hannover, Bek. v. 2. Feb. 1864 (Han. GS. I 47). Hier ist Arsenik und Strychnin auch beim Vergiften der Feldmäuse ausgeschlossen Bek. v. 2. Juli 1861 (das. 212); desgl. in Schl.-Holstein bei Viehwäsche und Vertilgung von Ungeziefer R. v. 3. Sept. 1867 (MB. 254).
37) CR. v. 2. März 1865 (MB. 53). Hannover Bek. v. 5. Feb. 1865 (Han. GS. I 21).
38) LR. II 11 § 463 u. 464. — KO. v. 9. Juni 1833 (GS. 73) u. v. 19. Dez. 1857 (MB. 1858 S. 2).
39) LR. II 11 § 475 u. 476. — StGB. § 367[1 u. 2]. — Erforderniß vorheriger Eintragung i. d. Standesregister § 209 d. W.
40) R. v. 2. März 1827 (KA. XI 168).
41) RegB. Kassel V. v. 15. Mai 1824, Vf. v. 13. Juli 1868 (MB 207) Nr. 11.
42) LR. II 11 § 184, 186. — Rhein. Rechtsgeb. Franz. Dekr. v. 24. Juni 1804.
43) LR. II 11 § 183 u. 761.
44) Das. § 189 u. f. Westfalen V. v. 15. März 1847 (GS. 116).
45) LR. II 11 § 764 u. G. v. 3. Juni 1876 (GS. 125) Art. 24[6].
46) KO. v. 28. Jan. 1830 (KA. XIV 183).

§ 267.

d) Die **Verhütung schädlicher Ausdünstungen** durch Reinhaltung der Straßen bildet einen Theil der **Straßenpolizei**[47]). Nach Polizeivorschriften[48]) sollen schmutzige, insbesondere übelriechende oder der Verwesung unterliegende Gegenstände und Flüssigkeiten von der Straße ferngehalten, gleichzeitig aber letztere von dem gleichwohl sich ansammelnden Schmutz regelmäßig gereinigt werden[49]). Das Bedürfniß in beiden Beziehungen macht sich im Wesentlichen nur an bewohnten Straßen geltend und steigert sich mit der Größe und Bedeutung der Wohnplätze. In den Landgemeinden sind vor Allem die Abflüsse aus den Dungstätten auf die Straßen Gegenstand des Verbots geworden und ihre Abstellung liegt ebensowohl im Interesse der Gesundheit und des Verkehrs, wie in dem des Wegebaus und der Landwirthschaft.

In den Städten treten Einschränkungen in Betreff der Abfuhr des Düngers und der Räumung der Kloaken und Latrinen hinzu und hier hat die Frage, ob *Kanalisation oder Abfuhr* den Vorzug verdienen, in neuster Zeit lebhafte Erörterung hervorgerufen, ohne zu einem Abschluß gelangt zu sein. Für erstere wird die schnellere und vollständigere Ableitung der unreinen Flüssigkeiten sowohl aus den Zuleitungsröhren, als aus dem die Kanäle umgebenden Erdreich geltend gemacht, während die Gegner des Systems auf die mit dem Kanalbau verbundenen Kosten und Verkehrsstörungen, auf die dadurch hergeigeführte Vergeudung von Dungstoffen und auf die Möglichkeit der Abfuhr mittelst festverschlossener Gefäße (Tonnensystem) hinweisen. Eine gewisse Schwierigkeit ist der Kanalisation durch das Verbot der Einleitung unreinen Kanalwassers in die öffentlichen Flüsse erwachsen[50]) und es wird, wo nicht abgelegene Rieselfelder wie in Berlin und Danzig verfügbar sind, nur bei ausreichender Desinfizirung des Spülwassers möglich werden, der Kanalisirung weiteren Fortgang zu schaffen.

§ 268.

e) Die **Lebensmittelpolizei** soll Schutz gegen die Gefahren und Nachtheile gewähren, welche durch die zunehmende Verfälschung der Nahrungs- und Genußmittel sowie einzelner Gegenstände des täglichen Gebrauchs (Spielwaaren, Tapeten, Farben-, Eß-, Trink- und Kochgeschirre, Petroleum) entstehen[51]):

1. die Polizeibeamten dürfen zur Untersuchung Proben dieser Gegenstände aus den Verkaufsräumen gegen Entgelt entnehmen, auch die Verkaufsräume der wegen solcher Fälschungen bestraften Personen revidiren[52]);

---

47) Vgl. § 370 (S. 440) d. W.

48) StGB. § 366[10].

49) Die Reinigung ist Sache der Gemeinden R. v. 15. Mai 1829 (KA. XIII 341), innerhalb derselben aber meist auf die angrenzenden Hausbesitzer gelegt.

50) CR. v. 5. Juni u. 1. Sept. 1877 (MB. 158 u. 257).

51) RG. v. 14. Mai 1879 (RGB. 145). — Erläuternde Ausgabe v. Meyer u. Finkelnburg (Berlin 1880, C. Springer).

52) Das. § 1—4 u. 9.

2. der Verkehr mit diesen Gegenständen, insbesondere ihre Herstellung, Aufbewahrung und Feilhaltung kann polizeilich geregelt werden; dieses geschieht durch kaiserliche Verordnung, welche dem nächsten Reichstag vorzulegen ist und von diesem außer Kraft gesetzt werden kann[53]);
3. die Strafbestimmungen sind erweitert und verschärft; insbesondere ist die Fälschung als solche auch da für strafbar erklärt, wo weder die Voraussetzungen des Betrugs noch Gefährdungen der menschlichen Gesundheit vorliegen[54]).

Der Fleischkontrolle insbesondere dienen die Schlachthäuser und die mikroskopischen Untersuchungen des Schweinefleisches auf Trichinen und Finnen. Bei Errichtung öffentlicher Schlachthäuser kann durch Gemeindebeschluß angeordnet werden, daß in der Stadt und — soweit es sich um den städtischen Gewerbebetrieb der in der Stadt wohnenden Schlächter und Händler mit frischem Fleisch handelt — auch außerhalb derselben nicht geschlachtet werden darf und daß sowohl das geschlachtete Vieh als das von außerhalb eingebrachte Fleisch durch Sachverständige untersucht werden muß[55]). Die Trichinenuntersuchung beruht auf Polizeiverordnungen und wird durch amtlich angestellte Fleischbeschauer bewirkt[56]).

§ 269.

f) Die **Kinderpflege** muß, wenn es sich um die unentgeltliche Inpflegenahme von Kindern unter 6 Jahren (Haltekindern) handelt, der Polizei angemeldet werden, welche dieselbe im Hinblick auf gesundheitsmäßige Ernährung, Unterbringung und Pflege zu überwachen hat[57]).

Kindergärten und Warteschulen bezwecken die Beaufsichtigung und Entwickelung solcher Kinder, deren Eltern ihre hierauf bezüglichen Verpflichtungen zu erfüllen außer Stande sind. Sie bedürfen der Genehmigung der Ortsschulbehörden[58]). Die Klein-Kinderbewahranstalten wollen außerdem der sittlichen Verwilderung vorbeugen. Als Wohlthätigkeitsanstalten haben sie Korporationsrechte[59]) und Stempel- und Gebührenfreiheit[60]).

---

[53]) Das. § 5—8. — Bislang sind solche Verordnungen noch nicht ergangen.

[54]) Das. § 10—16. (Die seitherigen Vorschriften enthielt StGB. § 367⁷ verbunden mit § 263, 324 u. 325).

[55]) G. v. 18. März 1868 (GS. 277), v. 9. März 1881 (GS. 273) u. (im Geb. der Kr.O.) ZustG. § 145. — Gewerbl. Konzessionsverfahren § 350 I, 1 d. W.

[56]) CR. v. 20. April 1866 (MB. 77), v. 4. Jan. 1875 (MB. 49) u. v. 21. Juni 1878 (MB. 152). — Verwendung trichinöser u. finniger Schweine CR. v. 18. Jan. u. v. 16. Feb. 1876 (MB. 26 u. 45). — Dem gleichen Zweck dient das Verbot der Einfuhr gehackten oder zubereiteten Schweinefleisches aus Amerika G. v. 25. Juni 1880 (RGB. 151).

[57]) R. v. 18. Juli 1874 (MB. 173). — Die Regelung ist durch Polizeiverordnungen erfolgt, aber erst in weiterem Umfange möglich geworden, seitdem die RGewO. auf den Gegenstand nicht weiter für anwendbar erklärt ist GewO. (Fassung d. G. v. 23. Juli 1879 RGB. 267) § 6.

[58]) Instr. v. 31. Dez. 1839 (MB. 1840 S. 94) § 11.

[59]) LR. II 19, § 42 u. KO. v. 3. Juli 1842 (MB. 342).

[60]) KO. v. 28. Feb. 1842 (MB. 200).

4. Heilwesen.

§ 270.

a) **Aerzte** and Zahnärzte bedürfen der Approbation, welche auf Grund einer Prüfung von dem Kultusminister ertheilt wird und zur Führung des Arzt- oder eines gleichlautenden Titels im ganzen Reiche berechtigt[61]). Die Ausübung der Heilkunde ist nicht mehr von dieser Approbation abhängig; Begriff und Strafbarkeit der Medizinalpfuscherei (Quacksalberei) sind damit weggefallen. — Die Prüfung der Aerzte[62]) umfaßt auch die Geburtshülfe und Chirurgie. Die Scheidung der Wundärzte von den Aerzten ist entsprechend der neueren Anschauung von der Einheit der Heilkunde seit 1852 verlassen. — Eine Vereidigung der Aerzte findet nicht mehr Statt[63]).

Die Aerzte sind von der Verpflichtung zur Uebernahme der Gemeindeämter und des Schöffen- und Geschworenendienstes sowie zur Gestellung der zu ihrem Beruf nöthigen Pferde im Kriegsfall befreit[64]). Im Fall der Zuziehung zu Duellen bleiben sie straflos[65]). Die ihnen kraft ihres Standes anvertrauten Geheimnisse müssen sie bewahren und unterliegen bezüglich derselben keinem Zeugnißzwang[66]). Der frühere Zwang zur Hülfeleistung ist aufgehoben[67]). Die Bezahlung ist der Vereinbarung überlassen und erfolgt in Ermangelung einer solchen nach der Medizinaltaxe[68]).

Zum Bereiten und Verkaufen von Arzneimitteln (Dispensiren) sind die Aerzte nicht befugt[69]); doch bestehen folgende Ausnahmen:

1. An Orten, in deren Nähe sich keine Apotheke befindet, ist denselben das Halten einer Hausapotheke für die nothwendigsten Mittel in ihrer Praxis gestattet[70]);
2. Zahnärzte dürfen äußerliche Arzneimittel in ihrer Praxis bereiten und feilhalten[71]);

---

[61]) GewO. v. 21. Juni 1869 (BGB. 245) § 29 u. 40; Zurücknahme § 53 u. 54 u. (im Geb. der KrO.) ZustG. § 134[1]; Strafe unbefugter Bezeichnung GewO. (G. v. 17. Juli 1878 RGB. 199) § 147[3]. — Einf. der Vorschr. in Elsaß-Lothringen G. v. 15. Juli 1872 (RGB. 350). — Zulassung der beiderseitigen Medizinalpersonen im Grenzverkehr mit Belgien u. Holland Vtr. v. 7. Feb. u. 11. Dez. 1873 (RGB. 55 u. 1874 S. 99). — Als Auszeichnung wird den Aerzten der Titel „Sanitäts- u. Geheimer Sanitätsrath" verliehen, während der Titel „Medizinalrath" den Medizinalbeamten (§ 263 d. W.) vorbehalten ist.

[62]) Prüfung der Aerzte Vorschr. v. 25. Sept. 1869 (BGB. 635) Nr. I, der Zahnärzte das. Nr. II.

[63]) CR. v. 29. Dez. 1869 (MB. 1870 S. 74).

[64]) § 73, 74, 180, 179 u. 103 d. W.

[65]) StGB. § 209.

[66]) Das. § 300 u. CProzO. § 348[5].

[67]) RGewO. § 144 Abs. 2.

[68]) Das. § 80. — Taxe v. 21. Juni 1815 (GS. 109); bei Konsultation i. d. Wohnung des Arztes kommen die Sätze nur mit 2/3 in Rechnung KO. vom 16. Feb. 1824 (KA. VIII 286). — Einf. d. Pr. Taxe in Nassau V. v. 2. Juli 1867 (GS. 1119); Medizinaltaxe f. Kurhessen vom 10. Juli 1830 (Hess. GS. 29); f. Hannover v. 21. Jan. u. 6. Feb. 1835 (Han. GS. I 21 u. 34), ergänzt G. vom 20. April 1844 (das. 89).

[69]) LR. II 8 § 460; StGB. § 367[3].

[70]) ApothO. (Anm. 78) § 14.

[71]) R. v. 11. Feb. 1812 (KA. V 201).

3. Homöopathischen Aerzten kann das Dispensiren ihrer Arzneimittel nach Ablegung einer Prüfung erlaubt werden[72]).

Zur Unterstützung nothleidender Aerzte und ihrer Angehörigen bestehen verschiedene Hülfsvereine[73])

§ 271.

b) **Das ärztliche Hülfspersonal.** Die Ausübung der s. g. kleinen Chirurgie durch Heildiener (Chirurgengehülfen) ist nach der Gew.=O. gleichfalls frei. Dagegen kann denen, welche eine Prüfung bestehen, das Recht beigelegt werden, sich als geprüfte Heildiener zu bezeichnen[74]). Gleiches gilt von Hühneraugenoperateuren[75]). Militär=Lazarethgehülfen stehen als solche den geprüften Heildienern gleich[76]).

Die Krankenpflege wird daneben durch die in den Krankenhäusern ausgebildeten Krankenwärter und Wärterinnen, durch Diakonissen und die (katholischen) barmherzigen Brüder und Schwestern ausgeübt[77]).

§ 272.

c) Die Entwickelung der **Apotheken** hat mit der des Arztwesens gleichen Schritt gehalten. In Deutschland, wo dasselbe am vollständigsten ausgebildet erscheint, hat die Landesgesetzgebung die Apotheken von jeher als öffentliche, der staatlichen Genehmigung und Aufsicht unterliegende Anstalten angesehen nnd zum Betrieb derselben eine fachliche Bildung erfordert[78]). Die neuere deutsche Gesetzgebung greift nur insoweit in diese Verhältnisse ein, als sie die Fachbildung für das Reich einheitlich geordnet hat[79]).

Der Betrieb des Apothekergewerbes hat eine doppelte Voraussetzung:

1. Die Approbation des Apothekers. Sie erfolgt nach bestandener Prüfung in der Arzneikunde (Pharmazeutik)[80]). Die approbirten Apotheker werden vereidigt[81]).

---

[72]) Regl. v. 20. Juni 1843 (GS. 305). — Prüfung CR. v. 23. Sept. 1844 (MB. 290). — Einf. i. d. neuen Prov. Erl. v. 13. April 1869 (MB. 89).

[73]) Hufeland=Stiftung. KO. v. 21. Nov. 1830 (KA. XX 1036).

[74]) CR. vom 27. Dez. 1869 (MB. 1870 S. 74).

[75]) R. v. 20. Juli 1870 (MB. 229).

[76]) CR. v. 9. Mai 1870 (MB. 158).

[77]) Zulassung der mit d. Krankenpflege befaßten Orden der katholischen Kirche G. v. 31. Mai 1875 (GS. 217) § 2, 3 u. v. 14. Juni 1880 (GS. 285) Art. 6.

[78]) Die erste preußische ApothekerO. wurde 1693 erlassen. Sie fand im Med.=Edikt (Anm. 1) Aufnahme und wurde später durch die noch gültige ApothO. v. 11. Okt. 1801 (Nov. corp. const. XI 555) ersetzt. — Die altpreußischen Grundsätze sind im RegBez. Kassel eingeführt R. v. 13. Juli 1868 (MB. 207) Nr. 8; für Hannover gilt dagegen die ApO. vom 19. Dez. 1820 (Han. GS. 1821, I 17). — Eine gemeinsame deutsche ApothO. ist erstrebt, aber noch nicht zu Stande gebracht.

[79]) RGewO. § 6, 29, 40 u. 41 Abs. 2.

[80]) Das. § 29. — Prüfung der Apotheker Bek. v. 5. März 1875 (CB. 167); Aenderung des § 4² Bek. v. 25. Dez. 1879 (CB. 850, MB. 1880 S. 59), Zurücknahme d. Approbation wie Anm. 61. — Prüfung der Apothekergehülfen Bek. v. 13. Nov. 1875 (CB. 761, MB. 1876 S. 27), Aenderung v. 4. Feb. 1879 (CB.

2. Die Konzession der Apotheke. Diese erfolgt durch den Ober-Präsidenten[82]) und ist überall erforderlich, wo kein Realprivilegium vorliegt[83]). Man unterscheidet deßhalb konzessionirte und privilegirte Apotheken, ein Unterschied, der indeß dadurch ziemlich ausgeglichen ist, daß in der Praxis die Konzession beim Abgange eines Apothekers, stets dem von diesem oder seinen Erben vorgeschlagenen, befähigten Geschäftsnachfolger ertheilt wird[84]). Die Anlage neuer Apotheken erfolgt dagegen nur im Fall des Bedürfnisses bei wesentlicher Vermehrung der Volksmenge oder bedeutender Erhöhung ihres Wohlstandes[85]).

In Folge der Exklusivität des Apothekergewerbes dürfen gewisse Heilmittel, Droguen und chemische Präparate im Detailhandel nur in den Apotheken verkauft werden[86]). Anderseits müssen in denselben die Heilmittel nach spezieller Vorschrift (Pharmakopöe) zubereitet, aufbewahrt und vorräthig gehalten werden[87]). Die Arzneipreise werden durch Taxen festgestellt; Ermäßigungen auf Grund freier Vereinbarung sind indeß zulässig[88]).

Die Apotheken stehen unter Aufsicht des Kreisphysikus und unterliegen der periodischen Revision[89]). Für Apotheker gelten in Betreff der Bewahrung der im Gewerbe anvertrauten Geheimnisse und — soweit sie ohne Gehülfen arbeiten — auch in Betreff des Geschworenen- oder Schöffendienstes gleiche Grundsätze wie für Aerzte[90]).

§ 273.

d) Die Ausübung des Berufs der **Hebeammen** war seit Beginn des Jahrhunderts durch eine fachliche Vorbildung bedingt. Gegenwärtig ist nur die Führung dieses Titels, nicht mehr der Betrieb des Gewerbes von derselben abhängig[91]). Die Vorbildung wird auf Hebeammenlehrinstituten erworben, deren Verwaltung auf die Provinz übergegangen und durch beson-

91, MB. 30) u. v. 25. Dez. 1879 (CB. 850, MB. 1880 S. 59). Zulassung von Ausländern zur Prüfung CR. vom 10. Dez. 1880 (MB. 1881 S. 4).

[81]) CR. v. 29. Dez. 1879 (MB. 1870 S. 74).

[82]) Anm. 24 (S. 57).

[83]) ApO. 1801 Tit. I § 1—6. — In den unter französischer, bergischer und westfälischer Herrschaft gestandenen Landestheilen giebt es dieselben nicht.

[84]) Zu dieser älteren mit dem CR. v. 13. Aug. 1842 (MB. 320) verlassenen Praxis ist die KO. v. 5. Okt. 1846 (MB. 209) wieder zurückgekehrt.

[85]) V. v. 24. Okt. 1811 (GS. 359).

[86]) V. v. 4. Jan. 1875 (RGB. 5), ergänzt in Betr des Verkehrs mit künstlichen Mineralwassern V. v. 9. Feb. 1880 (RGB. 13). — Anw. über Aufbewahrung und Verabfolgung von Giftwaaren v. 10. Dez. 1800 (N. corp. const. X 3245) u. CR. v. 3. Juni 1878 (MB. 117).

[87]) ApO. 1801 Tit. III. — Die Pharmacopoea Germanica ist jetzt für das Reich vom Bundesrath festgestellt Bek. v. 21. Sept. 1872 (MB. 250).

[88]) GewO. § 80. — Die Arzneitaxe wird wegen Aenderung in den Einkaufspreisen alljährlich neu festgestellt.

[89]) ApO. v. 1801 Tit. II.

[90]) § 270 d. W., insbes. Anm. 64 u. 66.

[91]) GewO. § 30 u. 40, Erk. des OTrib. v. 9. Feb. 1870 (MB. 101). — Zurücknahme d. Approbation wie Anm. 61.

dere Statuten geregelt ist[92]). Die ausgebildeten und mit Prüfungszeugnissen versehenen Hebeammen werden vereidigt[81]) und dürfen sich im ganzen Reich als solche niederlassen. Daneben sind, um das Land mit den erforderlichen Hebeammen zu versorgen, für bestimmte Bezirke Bezirks-Hebeammen angestellt. Diese stehen unter Aufsicht des Kreisphysikus und empfangen eine feste Vergütung, wonach sie erforderlichen Falls zahlungsunfähigen Personen unentgeltliche Hülfe leisten müssen. Uebrigens können Taxen für dieselben festgestellt werden[93]). Der Gewerbebetrieb der übrigen Hebeammen wird durch diese Anstellungen nicht beeinträchtigt.

Die Hebeammen-Unterstützungs-Fonds zu Beihülfen und Prämien für Bezirkshebeammen sind gleichfalls auf die Provinzen übergegangen[92]). Die Abgaben, welche früher bei Trauungen und Taufen zu Gunsten dieser Fonds erhoben wurden, sind aufgehoben[94]).

§ 274.

e) Die **Heilanstalten** dienen der Krankenpflege überhaupt oder speziellen Zwecken derselben.

Die allgemeinen Krankenanstalten (Hospitale) sind ursprünglich aus Stiftungen hervorgegangen; demnächst erscheinen sie als Lehrmittel an den Universitäten und endlich als Ausflüsse der Ortsarmenpflege, in den Gemeinde- oder Kreisinstituten. Staatsinstitut ist nur die unmittelbar dem Kultusminister unterstellte Charité zu Berlin[95]), mit der eine Krankenwärterschule verbunden ist.

Die Irrenanstalten bestehen erst seit den zwanziger Jahren des Jahrhunderts. Da die Heilbarkeit der Geisteskrankheiten sich nicht im Voraus mit Sicherheit bestimmen läßt, hat man die frühere Unterscheidung zwischen Heil- und Bewahranstalten aufgegeben. Die Verwaltung ist gegenwärtig auf die Provinzen übergegangen und von diesen durch Reglements geordnet. Dasselbe gilt von den Blinden- und Taubstummenanstalten, die beide zugleich Unterrichtszwecke verfolgen[96]).

---

[92]) G. v. 8. Juli 1875 (GS. 497) § 12 u. 13. — Aenderung der Reglements ProvO. (Neue Fassung GS. 1881 S. 233) § 120. — Gefallene Mädchen sind in der Regel ausgeschlossen CR. v. 31. Mai 1872 (MB. 1880 S. 199). Hebeammenlehrinstitute, meist mit Entbindungsanstalten verbunden, bestehen zu Königsberg (staatlich), Gumbinnen, Danzig, Frankfurt a. O., Lübben (v. d. Landesdeputation der Niederlausitz verwaltet), Stettin, Posen, Breslau, Oppeln, Magdeburg, Wittenberg, Erfurt, Hannover, Celle, Osnabrück, Paderborn, Marburg (staatlich) u. Köln. — Eine bloße Entbindungsanstalt besteht zu Cassel (staatlich).

[93]) CR. v. 2. Juni 1870 (MB. 186). — Für Schl.-Holstein G. v. 23. April 1875 (GS. 201).

[94]) G. v. 28. Mai 1875 (GS. 223).

[95]) KO. v. 17. April 1846 (GS. 166); Regul. v. 7. Sept. 1830. Nach § 7 das. kann die Charitéverwaltung wegen aufgewendeter Kur- u. Verpflegungskosten die Gemeinden unmittelbar in Anspruch nehmen, ohne an die Formen u. Voraussetzungen der Armenpflege gebunden zu sein Bek. v. 29. Juni 1880 (MB. 168). Die allgemeinen Verpflegungssätze (Anm. 16 S. 309) sind indeß maßgebend CR. v. 25. Aug. 1877 (MB. 192).

[96]) G. v. 8. Juli 1875 (GS. 497

Gesundbäder und **Brunnen** kommen als Staats- und Privatanstalten vor. Erstere sind den Finanzabtheilungen der Regierungen unterstellt. Die Badepolizei wird durch staatlich angestellte Badekommissare verwaltet[97]).

Verschieden davon sind die **öffentlichen Badeanstalten**. Ihre gesundheitliche Bedeutung erscheint noch nicht genügend gewürdigt. Die Einrichtung derselben gehört zu den Aufgaben der Selbstverwaltungskörper.

Privat-Kranken-, Entbindungs- und Irren-Anstalten bedürfen der Genehmigung, die indeß nur bei thatsächlich begründeter Unzuverläßigkeit der Unternehmer oder bei gesundheitspolizeiwidriger Einrichtung versagt werden darf[98]). Sie unterliegen der medizinalpolizeilichen Aufsicht[99]).

---

§ 4[4] u. ProvO. (Neue Fassung GS. 1881 S. 233) § 128. Aenderung der Reglements § 120 das. — Prov. Hannover G. v. 7. März 1868 (GS. 223) § 1[3]. — RBez. Cassel Erl. v. 16. Sept. 1867 (GS. 1528) Nr. 2 u. G. v. 25. März 1869 (GS. 525) § 1[4]. — RBez. Wiesbaden G. v. 11. März 1872 (GS. 257) § 1[2].

Zur Zeit bestehen folgende Anstalten:

a) **Irrenanstalten** zu Allenburg (b. Wehlau), Schwetz, Eberswalde, Sorau, Stralsund, Greifswald, Uckermünde, Rügenwalde, Owinsk, Brieg, Bunzlau, Kreuzburg, Leubus, Plagwitz, Craschnitz (Idiotenanst.), Leschnitz (dgl.), Alt-Scherbitz (b. Schkeuditz), Nietleben (b. Halle), Schleswig, Göttingen, Hildesheim, Osnabrück, Lengerich (Bethesda), Marsberg, Hospital Marienthal (b. Münster), Marburg, Eichberg (Nassau), Andernach, Bonn, Düren, Grafenberg (b. Düsseldorf), Merzig, St. Thomas (staatlich) u. Sigmaringen (Fürst Karl-Landesspital, V. v. 31. Aug. 1874 GS. 308).

b. **Blindenanstalten** zu Königsberg (Bülow-Dennewitz-Stiftung, unter Staatsaufsicht), Steglitz (b. Berlin, staatlich), Stettin, Bromberg, Breslau, Barby, Kiel, Hannover, v. Vinkesche Anstalten zu Paderborn u. Soest, Düren.

c) **Taubstummenanstalten** zu Königsberg, Angerburg, Braunsberg, Marienburg, Berlin (staatlich, Regl. v. 4. April 1878, MB. 51), Wriezen, Stettin, Cöslin, Lauenburg, Posen, Bromberg, Schneidemühl, Breslau, Liegnitz, Ratibor, Erfurt, Halberstadt, Osterburg, Weißenfels, Schleswig, Emden (staatlich), Hildesheim, Osnabrück, Stade, Büren, Langenhorst, Petershagen, Soest, Homberg, Kamburg (Nassau), Brühl, Kempen, Neuwied u. Trier.

Prüfungs O. f Taubstummenlehrer u. Anstaltsvorsteher v. 11. Juni 1881 (MB. 167). — Ausbildung taubstummer Lehrlinge Anm. 68 (S. 413).

97) Staatliche **Bade- u. Brunnenanstalten** bestehen zu Kranz u. Norderney (Seebäder), Rehburg, Oeynhausen (unt. d. Ob. Bergamt zu Dortmund), Hofgeismar, Nenndorf, Wilhelmsbad, Ems, Fachingen, Nieder-Selters, Schlangenbad, Langenschwalbach, Weilbach u. Bertrich.

98) GewO. (Fassung des G. v. 23. Juli 1879, RGB. 267) § 30; Möglichkeit der Fristbestimmung für den Beginn § 49; Versagung § 40 u. (im Geb. der KreisO.) ZustG. § 129; Zurücknahme GewO. § 53, 54 u. ZustG § 134[1]. — Die Zahl hat seit der GewO. wesentlich zugenommen. Im Jahre 1878 wurden in Preußen 199 Kranken-, 81 Irren- u. 184 Entbindungsanstalten gezählt.

99) R. v. 30. Sept. 1870 (MB. 265). — Wasserheilanstalten Regl. v. 15. Juni 1842 (GS. 243) § 2—4 u. 7.

VIII. Bauwesen.

1. Uebersicht.

§ 275.

Der Staat bedarf zur Erfüllung der auf dem Gebiet des Bauwesens ihm obliegenden Aufgaben besonderer Organe, der Baubehörden und Baubeamten und zur Vorbildung der letzteren eigner Unterrichtsanstalten. Diese Einrichtungen in Verbindung mit den allgemeinen bei Staatsbauten zu beobachtenden Grundsätzen bilden den Gegenstand der Staatsbauverwaltung (Nr. 2).

Uebrigens äußert die staatliche Thätigkeit in Betreff des Bauwesens sich verschieden, je nachdem es sich um Hochbau, Wasserbau oder Straßen- und Eisenbahnbau handelt. Die letzteren Zweige des Bauwesens fallen in spezielle Verwaltungsgebiete[1]), so daß hier nur der Hochbau in Frage kommt. Die Wirksamkeit des Staates bezüglich desselben ist eine wesentlich polizeiliche und wird als Baupolizei bezeichnet (Nr. 3).

2. Staatsbauverwaltung.

§ 276.

a) **Baubehörden.** Die Centralinstanz ist der Minister der öffentlichen Arbeiten, in dessen Geschäftskreis das Bauwesen die dritte Abtheilung bildet. Unter ihm steht neben den Prüfungs-Kommissionen die Akademie des Bauwesens, welche wichtigere öffentliche Bauten in künstlerischer und wissenschaftlicher Beziehung zu vertreten hat und in die beiden Abtheilungen für Hochbau und für Ingenieur- und Maschinenwesen zerfällt[2]).

Die Provinzialbehörde bildet der Regierungs-Präsident (die Regierung), dem in den Baurätheu technische Beamte zugetheilt sind[3]).

Als Lokalbehörden fungiren die allgemeinen Polizeibehörden und neben diesen als technische Organe die Kreisbaubeamten. Die Thätigkeit der letzteren beschränkt sich nach Uebergang des Wegebaues auf die Provinzen im Wesentlichen auf Hoch- und Wasserbau. Wo letzterer von größerer Bedeutung ist, sind besondere Wasserbaubeamten angestellt. Die Königlichen Kreisbaubeamten führen den Titel Kreis-Bauinspektor[4]), während die von den Kreis-Korporationen angestellten als Kreisbaumeister zu bezeichnen sind[5]).

Amtliche Publikations-Organe sind die Zeitschrift für Bauwesen und das neben derselben seit 1881 erscheinende Centralblatt der Bauverwaltung.

---

[1]) Wasserbau § 336—338 u. 364; Wegebau § 369; Eisenbahnbau § 373 d. W.

[2]) AE. v. 7. Mai 1880 (GS. 261); Instr. v. 27. Aug. 1880 (MB. 212).

[3]) § 53 d. W. — Organisation in Hannover E. v. 27. Sept. 1869 (GS. 1178). — Besondere Organisation der Strombauverwaltungen § 364, insbes. Anm. 15 d. W.

[4]) CR. v. 27. April 1880 (MB. 116); — Rang u. Uniform § 65 (Anm. 85 u.

§ 277.

b) **Baubeamte.** Die Anstellung im Staatsdienst für das Bau- und Maschinenfach setzt eine bestimmte Vorbildung und die Ablegung zweier Prüfungen voraus. Auf Grund der ersten, welche bei einer der drei Prüfungs-Kommissionen zu Berlin, Hannover oder Aachen abgelegt werden kann, erfolgt die Ernennung zum Bauführer (Maschinenbauführer). Das Bestehen der zweiten vor der Ober-Prüfungs-Kommission zu Berlin abzulegenden Prüfung berechtigt zur Führung des Titels: Regierungs-Baumeister (Regierungs-Maschinenmeister)[6].

Die Vorbildung im Bauwesen wird durch die technischen Hoch-, die Provinzialgewerbe- und die Kunst- und Baugewerkschulen vermittelt[7].

§ 278.

c) **Verfahren.** Den Staatsbaubeamten liegt neben der staatlichen Aufsicht über das gesammte Bauwesen auch die unmittelbare Leitung der vom Staat auszuführenden Bauten ob. Privatbauten dürfen sie entwerfen, aber nur mit Ministerialgenehmigung selbst ausführen[8].

Für Staatsbauten sind gleichmäßige Grundsätze aufgestellt und die den Regierungen in dieser Beziehung ertheilten Vorschriften auch auf die übrigen Verwaltungsbehörden ausgedehnt[9].

Im Interesse geschäftlicher Vereinfachung und größerer Selbstständigkeit der mittleren und unteren Baubehörden ist die Veranschlagung[10], Revision und Abnahme durch Baubeamte auf Bauten mit einem 500 M. übersteigenden Werth beschränkt, während die ministerielle Superrevision nur für solche Anschläge erfordert wird, die 30000 M. (bei Reparaturbauten 9000 M.) übersteigen. Gleiches gilt in Betreff derjenigen Privatbauten, für welche eine diesen Beträgen entsprechende Staatsbeihülfe in Anspruch genommen wird[11].

Verdingungen erfolgen regelmäßig im Wege der Lizitation[12].

---

92) d. W. — Zuziehung zu Kirchen- u. Schulbauten CR. v. 20. Jan. 1881 (MB. 26).

5) CR. v. 4. Aug. 1880 (MB. 272).

6) Prüfungsvorschr. v. 27. Juni 1876 (MB. 176), ergänzt (§ 1, 3, 10) durch CR. v. 19. Feb. 1879 (MB. 78) u. 10. Aug. 1880 (MB. 211) u. (§ 13) durch CR. v. 20. Mai 1878 (MB. 104). — Bestimmungen üb. Vorbereitung u. Ausbildung v. 20. April 1880 (MB. 115).

7) § 355 d. W. — Mit der technischen Hochschule zu Berlin ist eine Prüfungsstation für Baumaterialien verbunden Regl. v. 23. Jan. 1880 (MB. 209); Aufsichts-Kommission Anm. 3 (S. 415).

8) CR. v. 15. Juli 1864 (MB. 241).

9) Instr. v. 18. Dez. 1824 (KA. IX 2) § 18.

10) Formelle Behandlung CR. v. 21. Juni 1881 (MB. 185).

11) RegInstr. v. 23. Okt. 1817 (GS. 248) § 21[9]. — KO. v. 30. März 1868 (MB. 152), v. 20. April 1874 (MB. 118), AE. v. 31. Mai u. CR. v. 20. Juni 1880 (MB. 177). — Aufstellung d. Revisionsnachweisungen CR. v. 20. Okt., v. 11. u. 25. Nov. 1880 (MB. 278 u. 1881 S. 1 u. 12).

12) RegInstr. § 13 u. CR. v. 20. Juni 1880 Nr. 2; Verfahren u. Bedingungen CR. v. 24. Juni 1880.

Im Kassen- und Rechnungswesen[13]) findet bei größeren Bauten die Bildung von Spezialbaukassen statt[14]). Bei Unternehmungsbauten sind entsprechende Abschlagszahlungen zulässig[15]).

Technische Vorschriften bestehen für die Bauten zu einzelnen besonderen Zwecken[16]), ferner über die Form der Dachziegeln[17]), über die Lieferung von Portland-Cement[18]) und über Verwendung der Schwemmsteine[19]).

3. Baupolizei.

§ 279.

a) Die durch die **Bauordnungen** dem Eigenthümer auferlegten Einschränkungen sind verschieden, jenachdem es sich um große, mittlere und kleinere Städte oder um Landgemeinden handelt. Sie weichen aber auch in den einzelnen Landestheilen nach der Bauweise von einander ab, wie sie durch Klima, Material und Lebensgewohnheit verschieden bedingt wird. In diesem Sinne bestehen besondere Bauordnungen sowohl für die Provinzen oder Bezirke als innerhalb derselben für die großen Städte und für Stadt und Land[20]). Die für Städte gültigen Vorschriften können auf die innerhalb derselben liegenden nnd zum platten Lande gehörigen Gebäude angewendet werden[21]).

§ 280.

b) Die **Genehmigung der Neu- und Umbauten** (den Bau-Konsens) ertheilt die Ortspolizeibehörde[22]). Bei Staatsbauten bedarf es nur der Anzeige[23]). Wer ohne Genehmigung baut oder von derselben abweicht, verwirkt Strafe und hat zu gewärtigen, daß der Bau, wenn er schädlich, gefährlich oder verunstaltend ist, auf seine Kosten abgeändert oder abgetragen wird[24]).

[13]) Instr. v. 8. Juni 1871 (MB. 255), CR. v. 29. März 1873 (MB. 124), v. 25. Juli u. v. 7. Aug. 1875 (MB. 187 u. 201).

[14]) Remuneration der Rendanten Reg. v. 26. Nov. 1853 (MB. 1854 S 82), CR. v. 15. Okt 1862 (MB. 308) u. v. 31. Aug. 1873 (MB. 276).

[15]) CR. v. 7. Aug. u. v. 9. Sept. 1874 (MB. 231 u. 232) u. v. 20. Juni 1880 (MB. 177) Nr. 3.

[16]) Kirchenbauten Anm. 52 (S. 322), Schulbauten Anm. 44 (S. 337).

[17]) CR. v. 13. Okt. 1870 (MB. 283).

[18]) CR. v. 12. Nov. 1878 (MB. 1879 S. 14).

[19]) CR. v. 15. Nov. 1873 (MB. 308).

[20]) Allgem. Grundsätze Vf. v. 19. Dez. 1880. — BauPolO. f. d. platte Land i. RB. Danzig v. 6. Dez. 1858 (MB. 1859 S. 55), i. d. Prov. Brandenburg v. 11. Okt. 1847 (MB. 1848 S. 7), i. Pommern v. 5. Nov. 1880 u. für die Städte von dems. Tage, f. d. Städte i. Schl.-Holstein v. 14. Mai 1875. Für Schlesien wurde unter Aufhebung der älteren Vorschriften der Minister zum Erlaß neuer Bestimmungen ermächtigt f. d. Städte (Erl. v. 2. März 1857 GS. 167, vgl. V. im RB. Breslau v. 1. Mai 1857 MB. 107) u. f. Landgemeinden (Erl. v. 23. Aug. 1862 GS. 338).

[21]) V. v. 17. Juli 1846 (GS. 399) u. (im Geb. der KrO.) ZustG. § 153.

[22]) LR. I 8 § 65—69. — Beschwerde weg. Versagung ZustG. § 155.

[23]) CR. v. 12. Okt. 1872 (MB. 258).

[24]) StGB. § 368^3 u. 367^{15}. — LR. I 8 § 71 u. 72.

Mit dem Bauerlaubnißgesuch sind Lage und Einrichtung des Gebäudes durch die erforderlichen Zeichnungen (Situationsplan, Grundriß und Aufriß, Facadezeichnung) ersichtlich zu machen. Bei der Genehmigung kommen die Rücksichten des Verkehrs[25]), der Festigkeit der Konstruktion, der Feuersicherheit[26]), der Gesundheit[27]) und der Schönheit in Betracht.

Diese Rücksichten fordern ferner eine ordnungsmäßige Anlegung der Straßen und Plätze[28]) und es können dieserhalb Straßen- und Baufluchtlinien im Voraus einzeln oder für größere Flächen (Bebauungspläne) mit der Wirkung aufgestellt werden, daß über die dadurch bestimmte Grenze nicht hinausgebaut werden darf[29]). Eine Entschädigungspflicht für die Gemeinde tritt erst ein, wenn das so ausgeschlossene Terrain zur Straße gezogen wird, von daraufstehenden Gebäuden freigelegt werden muß oder zu einem Bauplatz gehört, der bereits anderweit an eine fertige Straße und an eine festgestellte Baufluchtlinie grenzt[30]). Außerdem kann durch Ortsstatut festgestellt werden, daß

1. wenn Straßen noch nicht für den öffentlichen Verkehr und Anbau hergestellt sind, Wohngebäude, welche Ausgänge nach denselben haben, nicht errichtet werden dürfen[31]);
2. die Freilegung, erste Einrichtung, Entwässerung und Beleuchtungsvorrichtung neuer Straßen oder Straßentheile, sowie deren zeitweilige, jedoch höchstens 5 jährige Unterhaltung von den Unternehmern der neuen Anlage oder von den angrenzenden Eigenthümern übernommen werden muß[32]).

Bauten in der Nähe von Waldungen werden erst auf Grund eines die Verhütung von Feuersgefahr bezweckenden Verfahrens gestattet[33]).

Neue Ansiedelungen (Anbauten außerhalb einer im Zusammenhang

---

[25]) LR. I 8 § 78—80 verbietet die Verengung d. Straßen. Nach § 139 das. muß jeder Bau 3 Werkfuß von der Nachbargrenze entfernt bleiben. Das gemeine Recht verlangt 2 Fuß Bek. v. 8. Jan. 1845 (Han. GS. I 11) Nr. 1.

[26]) Entfernung der Gebäude von einander (Auseinanderbau auf dem Lande) u. von andern feuergefährlichen Anlagen (Eisenbahnen § 374, Anm. 35 d. W., gewerblichen Anlagen § 350 Nr. I, Pulvermagazinen KO. v. 5. Nov. 1822 u. R. v. 18. Okt. 1834 KA. XVIII 1109); Herstellung der Bedachungen, Feuerungen und Schornsteine aus feuersicherm Material nach Maßgabe d. Polizeiverordnungen Bek. v. 10. Sept. 1853 (GS. 754); Zugänglichkeit der Treppen und Ausgänge.

[27]) Die Wohnungen müssen trocken bezogen werden und für Luft und Licht zugänglich sein. — In der Regel sollen Gebäude — abgesehen von Gassen (Anm. 28) — nicht höher als die Straßenbreite sein und nicht mehr als vier bewohnte Geschosse enthalten.

[28]) G. v. 2. Juli 1875 (GS. 561), Instr. v. 28. Mai 1876 (MB. 131); Einf. in Lauenburg G. v. 25. Feb. 1878 (GS. 97) § 8[6]. — Die gewöhnliche Minimalbreite beträgt bei Hauptstraßen 30 m., bei Nebenstraßen 20 m. u. bei Gassen 12 m.

[29]) § 1—11 u. 16—18 d. G.

[30]) Das. § 13 u. 14.

[31]) Das. § 12, 13, 17 u. 18.

[32]) Das. § 15, 17 u. 18. — Die Bürgersteige, welche die Anlieger unbeschadet des öffentlichen Verkehrsinteresses benutzen dürfen, haben diese zu unterhalten LR. I 8 § 81 u. 82, Erk. d. OTrib. v. 3. Juli 1877 (MB. 1878 S. 55).

[33]) G. v. 1. April 1880 (GS. 230) § 47—52 u. Hohenzollern § 90.

gebauten Ortschaft) fordern in den östlichen Provinzen und in Westfalen eine besondere ortspolizeiliche Genehmigung, welche bei mangelnder Zugänglichkeit oder bei Gefährdung der benachbarten Felder, Gärten, Forsten oder der Jagd und Fischerei versagt werden kann[34]) Die Anlegung von Kolonien setzt außerdem vorherige Regelung der Gemeinde-, Kirchen- und Schulverhältnisse und in Landkreisen die Genehmigung des Kreisausschusses voraus[35]).

Besondern Beschränkungen unterliegen Neubauten innerhalb der Festungsrayons[36]).

§ 281.

c) **Ueberwachung der Bauausführung, Bauabnahme.** Mit Strafe ist sowohl die gefahrdrohende Verletzung der Regeln der Baukunst bedroht, als die Außerachtlassung der erforderlichen Sicherheitsmaßregeln beim Bauen[37]). Ein Nachweis der Befähigung oder Vorbildung Seitens der Bauhandwerker wird dagegen nicht mehr erfordert. Die Sicherheit der Bauausführungen ist dadurch wesentlich verringert, zumal auf dem Lande, wo es in der Regel an der genaueren technischen Ueberwachung fehlt. In den Städten sind meist mehrere technische Revisionen vorgeschrieben, nach Vollendung des Rohbaues und nach der des ganzen Baues, theilweise auch schon nach Legung der Fundamente. Das Beziehen der Wohnung ist vielfach erst gestattet, wenn eine bestimmte Frist nach der letzten Revision verstrichen ist.

§ 282.

d) **Einschränkungen bezüglich vorhandener Bauten** bestehen insoweit, als alle Feuerstätten in baulichem und brandsicherem Zustande erhalten, insbesondere Gebäude, welche den Einsturz drohen, auf polizeiliche Aufforderung ausgebessert oder niedergerissen werden müssen[38]). Im Fall der Unterlassung kann abgesehen von der Strafe das Gebäude auf Kosten des Eigenthümers hergestellt, auf seine Gefahr verkauft, der Gemeinde zugeschlagen oder abgebrochen werden[39]). Auch außerdem soll die Polizei Bauanlagen auf Straßen, welche den Passanten Gefahr drohen, nicht dulden[40]).

Zur Erhaltung der Kunst- und historischen Denkmäler ist unter dem Kultusminister ein besonderer Konservator der Kunstdenkmäler angestellt[41]). Die Wegnahme und Beschädigung öffentlicher Denkmäler ist untersagt[42]) und die Veränderung an öffentlichen Gebäuden und Denkmalen an Allerhöchste

34) G. v. 25. Aug. 1876 (GS. 405) § 13—17 u. 21—23.
35) Das. § 18—23.
36) S. § 105 d. W.
37) StGB. § 330 u. 367[14]; vgl. GewO. (Fassung des RG. v. 17. Juli 1878 RGB. 199) § 120 Abs. 3 u. 147[4].
38) StGB. § 368[4] u. 367[13].
39) LR. I 8 § 36—59. — Das rheinische Recht macht den Eigenthümer lediglich für den entstehenden Schaden verantwortlich Code civ. Art. 1386.
40) LR. I 8 § 73.
41) CR. u. Instr. v. 24. Jan. 1844 (MB. 38 u. 39).
42) LR. I 8 § 35; StGB. § 304.

Genehmigung geknüpft[43]). Gemeinden dürfen nach Vorschrift der Städte- und Landgemeindeordnungen Sachen, die einen historischen, wissenschaftlichen oder künstlerischen Werth haben, ohne Genehmigung weder veräußern noch verändern. Gleiches gilt von Stadtmauern, Thoren, Thürmen und Wällen[44]).

IX. Armenwesen.

1. Uebersicht.

§ 283.

Armuth ist die Noth, der Mangel der unentbehrlichen Lebensbedürfnisse Wo der Einzelne sich nicht mehr helfen kann, muß der Staat ergänzend eintreten. Dieses erscheint als Forderung der Humanität wie der Politik; denn Noth kennt kein Gebot und bietet dadurch vielfach Veranlassung zu Rechtsverletzungen. Die Hülfe des Staats ist eine doppelte. Er muß dem Eintreten der Armuth nach Möglichkeit vorbeugen, dann aber wo sie eingetreten ist dafür sorgen, daß sie wieder beseitigt oder doch möglichst unschädlich gemacht werde und daß kein Hülfsbedürftiger ohne die erforderliche Unterstützung bleibe[1]). Die erstere Thätigkeit bildet den Gegenstand der Armenpolizei (Nr. 2), die letztere den der Armenpflege (Nr. 3). Eine Verpflichtung zu unmittelbarer staatlicher Hülfsleistung ist hierdurch nicht gegeben. Der Staat hat nur die Unterstützungspflicht im Wege der Gesetzgebung festzustellen und ihre Erfüllung im Wege der Aufsicht zu überwachen[2]). Direkte Hülfe gewährt er nur bei außerordentlichen Nothständen[3]). Kleinere gelegentliche Unterstützungen werden daneben auch ohne gesetzliche Verpflichtung aus den zur Verfügung der höheren Verwaltungsbehörden stehenden Wohlthätigkeitfonds verabreicht[4]).

2. Armenpolizei.

§ 284.

Die Bekämpfung der eingetretenen Armuth ist danach wesentlich Sache der Armenpflege. Der Polizei fällt dabei nur eine vermittelnde vorläufige

[43]) KO. v. 4. Okt. 1815 (GS. 206)

[44]) KO. v. 20. Juni 1830 (GS. 113) u. Instr. v. 31. Okt. 1830 (KA. XIV 774).

[1]) LR. II 19, § 1.

[2]) KO. v. 22. Dez. 1836 (GS. 1837 S. 2) u. G. v. 8. März 1871 (GS. 130) § 33.

[3]) Fürsorge f. d. Oberschles. Typhuswaisen G. v. 13. Juni 1851 (GS. 462), Beseitigung des Nothstandes in Ostpreußen G. v. 23. Dez. 1867 (GS. 1929), desgl. in Pommern und Schl.-Holstein in Folge der Sturmfluth G. v. 24. April 1873 (GS. 185), in Oberschlesien G. v. 3. Feb. 1880 (GS. 17) u. 23. Feb. 1881 (GS. 25).

[4]) Die Provinzialbehörde kann Unterstützungen bis zu 60 M. bewilligen CR. v. 23. Juli 1868 (MB. 241).

Thätigkeit zu, welche in der Unterbringung Obdachloser und in Herbeiführung der unerläßlichen ersten Unterstützung für Hülfsbedürftige besteht[5]).

Die Armenpolizei liegt deßhalb weniger auf dem Gebiet der Repressiv- als auf dem der Präventivpolizei und ist hier wie die polizeiliche Thätigkeit überhaupt eine verschiedene, je nachdem die Ursache der Armuth eine unverschuldete durch Unglücksfälle herbeigeführte oder eine verschuldete durch Verletzung der Rechtsordnung veranlaßte ist. Die Abwehr der Unglücksfälle (Theuerungen, Geschäftskrisen, Arbeitsstockungen, Epidemien) fällt in die Einzelgebiete der Polizeiverwaltung, insbesondere in das der Gewerbe- und der Gesundheitspolizei[6]); hier ist dagegen die Bekämpfung der Rechtsverletzungen zu betrachten, welche die Gefahr der Verarmung in sich tragen.

Das Gesetz verbietet das zweck- und arbeitslose Umhertreiben (Landstreicherei und Vagabondage), die in Person oder durch Angehörige ausgeübte Bettelei, die Vernachlässigung der Angehörigen in Folge Spiels, Trunkes und Müßiggangs, die Arbeitsscheu solcher Personen, die aus öffentlichen Mitteln unterstützt werden und die verschuldete Obdachlosigkeit. Die Uebertretung dieser Verbote ist mit Haft bedroht. Außerdem kann gegen die Bestraften zum Zweck ihrer Besserung die Unterbringung in ein Arbeitshaus oder die zwangsweise Verwendung zu gemeinnützigen Arbeiten und bei Ausländern die Ausweisung verfügt werden[7]). — Die Polizei kann ferner Eheleute, eheliche Eltern und Kinder bez. die uneheliche Mutter und deren Kinder auf Grund vorgängiger Entscheidung zur Alimentation anhalten[8]).

Diese Vorschriften haben die fortgesetzte Ausdehnung des Vagabundenthums nicht zu hindern vermocht. Namentlich im letzten Jahrzehnt hat es bedenklich um sich gegriffen und nicht nur die Zunahme der Verbrechen gefördert, sondern auch ihre Verfolgung wesentlich erschwert. Die Erscheinung läßt sich auf mehrfache Ursachen zurückführen. Die Freigebung und fortgesetzte Erleichterung des Verkehrs hat vermehrte Gelegenheit zum Verdienst geboten, dabei aber den Sinn für ein stetiges und geregeltes Leben gemindert. Gleichzeitig hat die Einführung unbedingter Paßfreiheit die polizeiliche Beaufsichtigung dieses Verkehrs wesentlich erschwert[9]). Die Bestrafung der Landstreicherei ist in Folge dessen in verhältnißmäßig wenigen Fällen herbeizuführen. Gleiches gilt von der Bettelei, die, so lange sich

[5]) LR. II 19, § 15; R. v. 1. Feb. 1872 (MB. 46) Nr. 2 u. Erk. OVG. v. 13. Juni 1876 (Entsch. I. 337).

[6]) § 353, 354 u. 264—269 d. W. — Präventiv wirken außerdem die Spar-, Versicherungs- u. Kreditkassen der Verarmung entgegen. Ihr Wirkungskreis reicht indessen über das Gebiet des Armenwesens hinaus s. § 313—319 d. W.

[7]) StGB. § 361[3—5 u. 8] u. § 362. — Arbeitshäuser § 239 d. W.

[8]) G. v. 8. März 1871 (GS. 130) § 65—67 u. (im Geb. der KrO.) ZustG. § 76². — Im Gebiet des LR. sind außerdem Geschwister untereinander und Herrschaften gegen erkranktes Gesinde zur Alimentation verpflichtet LR. II 3 § 14 u. GesO. v. 8. Nov. 1810 (GS. 101) § 86, 94 u. 95. Dieser Anspruch ist im Rechtswege geltend zu machen.

[9]) § 249 d. W.

willige Geber finden, polizeilich nicht gehindert werden kann. Zur Beseitigung des letzteren Mißstandes sind in neuerer Zeit Vereine gegen Bettelei gegründet, deren Mitglieder sich zu gemeinsamer Ausübung einer begrenzten Wohlthätigkeit verbinden, jeder unmittelbaren Verabreichung von Almosen aber enthalten [10]. Die günstige Einwirkung dieser Vereine ist nicht zu verkennen; eine Ausrottung des Uebels darf von ihnen allein aber nicht erwartet werden.

3. Armenpflege.

§ 285.

a) **Geschichte.** Die Armenpflege war in der ersten Hälfte des Mittelalters wesentlich in den Händen der Kirche. Mit Entwickelung des Lehnswesens kam die Fürsorgepflicht des Lehnsherrn für seine Vasallen hinzu. Nach Eintritt der Reformation und dem Zerfall des Lehnsverhältnisses wurde diese Hülfe unzureichend, besonders als die Noth des dreißigjährigen Krieges die Zahl der Bedürftigen bedeutend vermehrte. Seitdem hat die Landesgesetzgebung sich der Armenpflege zugewandt und die Verpflichtung der Gemeinden auf diesem Gebiet bestimmter geregelt. In den meisten deutschen Staaten wurde dabei der Unterstützungsanspruch von der besonderen Verleihung des Heimathsrechts Seitens der Gemeinde abhängig und dadurch zu einer Beschränkung der Aufnahme Neuanziehender. Zur Vermeidung dessen hat die preußische Gesetzgebung den Anspruch an die thatsächliche Wohnsitznahme geknüpft und damit einen besonderen, mit der Gemeindeangehörigkeit nicht zusammenfallenden Unterstützungswohnsitz begründet. Nach Einführung der Freizügigkeit im Reich [11] ist dieses System auch in die Reichsgesetzgebung übernommen [12].

§ 286.

b) Die **Verpflichtung** ruht demgemäß in erster Linie auf den Ortsarmenverbänden. Sie fallen in der Regel mit den Gemeinden und selbstständigen Gutsbezirken zusammen; doch können auch mehrere der beiden letzteren zu Gesammtarmenverbänden vereinigt werden [13]. Außerdem sind

[10] CR. v. 28. Dez. 1879 (MB. 1880 S. 29).

[11] § 10 d. W.

[12] RG. üb. den Unterstützungswohnsitz v. 6. Juni 1870 (RGB. 360); Einf. in Südhessen Verf. v. 15. Nov. 1870 (BGB. 627) Art. 80 II, Baden u. Würtemberg G. v. 8. Nov. 1871 (RGB. 391). — In Baiern, wo die Armenpflege an das Heimathsrecht geknüpft ist u. in Elsaß-Lothringen gilt noch die Landesgesetzgebung. — Preuß. AusführungsG. v. 8. März 1871 (GS. 130), Instr. v. 10. April 1871 (MB. 132). — Einf. in Lauenburg G. v. 24. Juni 1871 (Woch.-Bl. 183) u. v. 9. März 1879 (GS. 134).

[13] RG. § 2—4 u. 6—8; AG. § 2 bis 25 u. (im Geb. der KrO.) ZustG. § 49 u. 74. — Gesammtarmenverbände finden sich in Schlesien, Neuvorpommern u. Hannover. Sie decken sich meist mit den Kirchspielsverbänden.

in einzelnen Bezirken gewisse Zweige der Armenpflege (Fürsorge für Irre, bei Seuchen u. dgl.) von den Kreis- und ähnlichen Verbänden übernommen[14]).

Wo ein Ortsarmenverband zur Leistung der Unterstützung nicht verpflichtet oder nicht vermögend ist, tritt der Landarmenverband ein, der in der Regel mit dem Provinzialverband zusammenfällt[15]).

Die Verpflichtung dieser Verbände ist eine vorläufige oder endgültige. Erstere liegt dem Ortsarmenverband ob, in dessen Bezirk die Hülfsbedürftigkeit hervortritt. Sie erfolgt vorbehaltlich des Kostenersatzes durch den endgültig verpflichteten Verband. Nur bei Erkrankung von Dienstboten, Gesellen und Lehrlingen fällt für die ersten 6 Wochen jeder Erstattungsanspruch hinweg[16]). — Die endgültige Verpflichtung eines Ortsarmenverbandes ist durch den Unterstützungswohnsitz innerhalb desselben bedingt, der durch Verehelichung, Abstammung oder ununterbrochenen zweijährigen Aufenthalt nach zurückgelegtem 24 sten Lebensjahre erworben wird und durch Erwerb eines anderweiten Unterstützungswohnsitzes oder zweijährige Abwesenheit nach zurückgelegtem 24 sten Lebensjahre verloren geht[17]). — Ausländer, zu denen in Armenpflegesachen auch die Baiern und Elsaß-Lothringer gehören, werden in Krankheitsfällen den Inländern gleich behandelt[18]).

Streitsachen der Armenverbände unterliegen einem besondern Verfahren, welches in den Kreisordnungsprovinzen vor den Verwaltungs-

---

[14]) AG. § 32.

[15]) RG. § 2, 5—8; AG. § 26—31, 34, 36—39. — ProvO. v. 29. Juni 1875 (Neue Fassung GS. 1881 S. 234) § 128. — Landarmenverbände für Ostpreußen Regl. v. 26. Sept. 1864 (GS. 621), Westpreußen Regl. v. 11. Sept. 1867 (GS. 1709), Brandenburg V. v. 25. Feb. u. v. 20. April 1878 (GS. 94 u. 143), Pommern V. v. 27. Dez. 1876 u. 15. März 1877 (GS. 1877 S. 2 u. 95), Posen V. v. 29. Juli 1871 (GS. 329), Schlesien V. v. 16. Aug. 1871 (GS. 345) u. v. 16. Feb. 1878 (GS. 91), Sachsen V. v. 16. März 1878 (GS. 127), Schl.-Holstein V. v. 1. Sept. 1871 (GS. 377), Hannover V. v. 1. Aug. 1871 (GS. 325), Westfalen V. v. 15. Sept. 1871 (GS. 461), Rheinprov. V. v. 2. Okt. 1871 (GS. 477) u. AE. v. 12. April 1873 (GS. 251), f. den RB. Cassel V. v. 29. Juli 1871 (GS. 323), f. d. Stadtkr. Frankfurt a. M. V. v. 29. Juli 1871 (GS. 324), f. d. übrigen RB. Wiesbaden V. v. 4. Sept. 1871 (GS. 378), f. Hohenzollern V. v. 16. Sept. 1874 (GS. 311).

[16]) RG. § 28—35. Für die Kostenerstattung unter preußischen Armenverbänden bestehen feste Sätze RG. § 30, AG. § 35 u. Tarif v. 2. Juli 1876 (MB. 259). — Besonderes Vorrecht der Charité zu Berlin Anm. 95 (S. 299).

[17]) RG. § 9—27.

[18]) Das. § 60; AG. § 64. — Verträge üb. wechselseitige Unterstützung u. Uebernahme Auszuweisender bestehen gegen Oesterreich Bek. v. 2. Sept. 1875 (CB. 475), die Schweiz v. 27. April 1876 (RGB. 1877 S. 3) Art. 3 u. 10, Italien v. 8. Aug. 1873 (CB. 281, MB. 1874 S. 70), Dänemark v. 11. Dez. 1873 (CB. 1874, S. 31, MB. 1874 S. 71), erg. Bek. v. 25. Aug. 1881 (CB. 407 u. 427, MB. 225), Belgien v. 7. Juli 1877 (CB. 411). — Gegen Baiern u. Els.-Lothringen kommt nach dem übrigens durch das Unterstützungswohnsitzges. beseitigten § 7 des FreizG. v. 1. Nov. 1867 (BGB. 55) noch der s. g. Gothaer Vertr. v. 15. Juli 1851 (GS. 711) nebst Vertr. v. 11. Juli 1853 (GS. 877) u. Bek. v. 6. Jan. 1854 (GS. 32) zur Anwendung RVerf. Art. 3 Abs. 4 u. Art. 4 Nr. 1. — Gleiches gilt gegen Oesterreich, CR. v. 8. Feb. 1860 (MB. 106).

gerichten, übrigens vorläufig noch vor den für die Provinzen bez. in Hessen-Nassau und Hohenzollern für die Regierungsbezirke gebildeten Deputationen für das Heimathwesen Statt findet[19]). Berufungen gehen an das Bundesamt für Heimathwesen zu Berlin, welches die letzte Berufungsinstanz in Streitigkeiten zwischen Armenverbänden verschiedener Staaten bildet, daneben aber von einzelnen Staaten, insbesondere von Preußen als letzte Instanz für die im eignen Gebiet vorkommenden Streitsachen anerkannt ist[20]). — Streitende Preußische Armenverbände können übrigens statt dieses Verfahrens die schiedsrichterliche Entscheidung des Kreisausschusses bez. einer Kreiskommission in Anspruch nehmen[21]).

Der Anspruch auf Unterstützung umfaßt Obdach, den unentbehrlichen Lebensunterhalt, Krankenpflege und angemessenes Begräbniß; Schulgeld fällt nicht darunter[22]). Er kann nur im Verwaltungswege geltend gemacht werden; Beschwerden gehen an die Heimathsdeputation, im Gebiet der Kreis-O. an den Kreisausschuß bez. an den Bezirks- und Provinzialrath[23]).

Diese Gesetzgebung ist vielfach angefochten. Manche der seit Erlaß derselben hervorgetretenen Mißstände werden indeß auf Rechnung der größeren Beweglichkeit der Bevölkerung und der während des letzten Jahrzehnts hervorgetretenen geschäftlichen Schwankungen zu setzen sein. Eine Wiedereinführung des Heimathsrechts würde sich auch weder mit der Freizügigkeit, noch mit der einheitlichen Regelung der Frage im Reich vereinigen lassen. Als eine Folge des Gesetzes wird man dagegen jedenfalls die große, sich stets mehrende Zahl der von jedem örtlichen Armenverbande losgelösten Landarmen und die schwierige Bestimmbarkeit des Unterstützungswohnsitzes setzen dürfen, die ein Streben nach Abwälzung der Armenlast und zahlreiche langwierige Streitigkeiten fortgesetzt hervorruft. Dieser Mißstand würde sich beseitigen lassen, sobald der Verlust des Unterstützungswohnsitzes durch Abwesenheit wegfiele. Dem Verlust würde dann stets der Erwerb eines neuen Unterstützungswohnsitzes entsprechen. Die Landarmen würden verschwinden und die Streitigkeiten nur zwischen je zwei Ortsarmenverbänden stattfinden. Würden dann die jetzt für Landarme verausgabten Mittel zur Unterstützung der im Verhältniß zu ihrer Leistungsfähigkeit durch die Armenpflege überlasteten Gemeinden verwendet[24]), so wäre damit eine gerechtere und zweck-

---

[19]) AG. § 40—48, im Geb. d. KrO. G. v. 3. Juli 1875 (neue Fassung GS. 1880 S. 328) § 4 u. 84³. (§ 57 d. W.)

[20]) RG. § 42—52, AG. § 57—59 u. GeschO. v. 6. Jan. 1873 (CB. 4). — Letzte Instanz ist das Bundesamt für Preußen, Hessen, Braunschweig, Anhalt, S.Weimar, Kob.Gotha, Altenburg, Reuß j. Linie, Waldeck, beide Schwarzburg u. Lippe, Lübeck u. Bremen. — Die Entscheidungen werden besonders herausgegeben. Erläuterung des RG. nach letzteren von Wohlers (2. Aufl. Berlin 1880).

[21]) AG. § 60—62 u. (im Geb. der KrO.) ZustG. § 76 Abs. 1.

[22]) AG. § 1 u. Entsch. des BundA. v. 15. Okt. 1872 (MB. 263).

[23]) AG. § 63 u. (im Geb. der KrO.) ZustG. § 75.

[24]) Vgl. AG. § 36.

entsprechendere Vertheilung der Mittel ermöglicht, als sie gegenwärtig Statt findet. Daneben würde das mühsame und zeitraubende Streitverfahren durch Verweisung der ersten Entscheidung an die Kreisausschüsse wesentlich vereinfacht werden können.

§ 287.

c) **Die Einrichtung** der Armenpflege fällt in das Gebiet der Gemeindeverwaltung und wird durch die neuere Gesetzgebung wenig berührt.

Die Kosten der Ortsarmenpflege werden, soweit nicht besondere Ortsarmenkassen bestehen, den Gemeindekassen entnommen. Diesen fließen neben etwaigen freiwilligen Beiträgen und Sammlungen die Einkünfte aus Stiftungen und Armenfonds, sowie die ihnen überwiesenen Ordnungsstrafen zu[25]. Eine besondere Armensteuer besteht nur insoweit, als die Gemeinden befugt sind, Abgaben von öffentlichen Lustbarkeiten für Armenzwecke zu erheben[26]. Unvermögenden Ortsarmenverbänden werden Beihülfen von den Landarmenverbänden gewährt. Die Landarmenkosten werden auf die einzelnen Kreise nach Maßgabe der Staatssteuern vertheilt[27].

Die Armenpflege erfolgt durch Gewährung direkter Unterstützung oder durch Unterbringung in geeignete Anstalten. Ueberall muß sie unter Berücksichtigung der individuellen Verhältnisse des zu Unterstützenden erfolgen und sich auf das unbedingt Nothwendige beschränken, da jede ungeeignete oder zu reichliche Versorgung entsittlichend einwirken würde. Die Naturalunterstützung verdient den Vorzug vor der Geldgewährung; auch empfiehlt sich die Verabreichung in kürzeren Terminen.

In größeren Gemeinden bestehen besondere Armendeputationen[28] und örtlich abgegrenzte Armenbezirke mit Armenkommissionen und Armenpflegern. Auch die Einrichtung der Armenanstalten ist nach Bedürfniß und Mitteln verschieden[29]. In kleineren Gemeinden kommen sie überhaupt nicht vor und die Verarmten werden reihenweise von den Verpflichteten versorgt. Bei etwas entwickelteren Verhältnissen finden sich Armenhäuser, in denen indeß nur Obdach gewährt wird. Die Fürsorge für erkrankte Arme ist noch ziemlich vernachlässigt und meist auf Vereinbarungen der Gemeinden mit Aerzten (Armenärzten) behufs unentgeltlicher Behandlung der Kranken beschränkt. Hier bietet sich den Kreis- und ähnlichen Verbänden die Aufgabe, durch Krankenanstalten ergänzend einzugreifen. — Vollständige Armenanstalten, in denen

---

25) LR. II, 19, § 25, 26 u. 28. — Anrecht auf Fundsachen s. § 261 d. W.

26) LR. II, 19, § 27; AG. § 74 Abs. 2 u. 3. — Schl.-Holstein R. v. 5. Mai 1868 (MB. 210). — Rheinprov. Franz. G. v. 27. Nov. 1796, Dekr. v. 9. Nov. 1809 u. StMB. v. 21. Aug. 1822 (KA. VI 714).

27) AG. § 36 u. 39.

28) Das. § 3—5.

29) Rechtsverhältnisse LR. II 19 § 32 bis 89.

alle Bedürfnisse der Armenpflege Berücksichtigung finden, besitzen nur die größeren Städte. Sie sind

1. mit Erziehungs- und Unterrichtszwecken verbunden (Waisenhäuser, Armen- und Warteschulen s. g. Krippen), oder
2. auf Krankenpflege gerichtet (Hospitäler, jetzt meist Krankenhäuser genannt, Entbindungsanstalten, Rettungsstationen) oder
3. Armenhäuser, theilweise mit Arbeitsanstalten verbunden.

Letztere Verbindung findet sich auch in den provinziellen Landarmenanstalten. In diesen pflegen, wenn auch unter räumlicher Trennung, zugleich die Korrigenden untergebracht zu werden[30]), was der Arbeitsleistung den Charakter der Strafe aufprägt. Da indessen die Unterstützung mittelst Zuweisung geeigneter Arbeiten nicht nur zulässig[31]), sondern in vielen Fällen nothwendig erscheint, so muß jedenfalls der Beschäftigung unterstützter Armer auch jeder Schein des Entehrenden benommen werden.

Von größter oft nicht genügend gewürdigter Bedeutung ist das Verhältniß der öffentlichen zur kirchlichen und privaten Armenpflege. Die Mittel und Kräfte der beiden letzteren, die durch Vereine, Sammlungen und Stiftungen noch erheblich verstärkt werden, sind schon an sich geeignet, bei entsprechender Verwendung die öffentliche Armenpflege wesentlich zu erleichtern, während der Mangel einheitlichen Vorgehens in der Regel zu einer Zersplitterung und zweckwidrigen Vertheilung führen wird. Oft wird auch die öffentliche Armenpflege die individuellen Verhältnisse nicht so eingehend berücksichtigen und mit der Unterstützung nicht in gleichem Maße die moralische Einwirkung verbinden können, wie es für die kirchliche und private Wohlthätigkeit mit ihren mannigfaltigen Vereinen und Anstalten (Kleinkinderbewahranstalten, Vereinen für arme Wöchnerinnen, Bürgerrettungsvereinen, Volksküchen u. dgl.) möglich erscheint.

---

30) S. diese Anstalten Anm. 49 (S. 272). — Besondere Landarmenanstalten finden sich daneben in Wittstock u. Trier. Für Hessen bestehen außerdem verschiedene Landkrankenhäuser.

31) AG. § 1 Abs. 2.

Achtes Kapitel.

Kulturpflege.

I. Kirche und Religionsgesellschaften.

1. Einleitung.

§ 288.

Die christliche Glaubensgemeinschaft wird Kirche genannt. Sie beruht (als unsichtbare Kirche) auf der Uebereinstimmung religiöser Ueberzeugung, fordert aber zugleich äußere Einrichtungen (sichtbare Kirche), die an die gemeinsame Andachtübung sich anschließen und in Verfassung und Recht ihren Ausdruck finden (Kirchenverfassung, Kirchenrecht)[1].

Die Kirche trat zuerst in Einzelgemeinden auf, an deren Spitze Aelteste (Presbyteren) standen. Diese sonderten sich allmälig vom Volk (Laien) als ein auserwählter Stand (Klerus), der in seiner streng gegliederten Organisation zum Hauptbindeglied für die zerstreuten Einzelgemeinden wurde. Die Aufsicht führten Bischöfe, die in den Hauptorten als Metropoliten (Patriarchen) zu besonderem Ansehen gelangten. Der Bischof von Rom (Pabst) nahm, gestützt auf die Bedeutung Roms als Welthauptstadt und die angebliche Einsetzung durch Christi Auftrag an den Apostel Petrus, einen besonderen Rang für sich in Anspruch. Günstige Umstände ließen die so entstandene römisch-katholische Kirche, die sich entsprechend der Verschieden-

---

[1]) Kirchenrecht ist das die Kirche betreffende Recht (jus ecclesiasticum). Daneben steht das von der Kirche ausgegangene Recht (jus canonicum), das sich mehrfach über nicht zur Kirche gehörige Gegenstände verbreitet hat und deßhalb mit jenem nicht überall deckt. — Neuere Bearbeitungen von Richter (8. Aufl., Leipzig, 1878), Thudichum (das. 187⁷/₈) u. Hinschius (Berlin 1879). — Das Pr. Landrecht, welches in Theil 2, Tit. 11 ein vollständiges Kirchenrecht enthält, leitet die Kirche ohne Rücksicht auf ihre innere Nothwendigkeit aus dem Begriff der Gesellschaft ab und unterscheidet als Religionsgesellschaften:
a) die zur öffentlichen Feier des Gottesdienstes verbundenen Kirchengesellschaften (Abschn. 1—11) u.
b) die zu anderen Religionsübungen vereinigten geistlichen Gesellschaften (Klöster, Stifter, Orden). Abschn. 12—20. Vergl. Anm. 44 (S. 321), 6 (S. 323) u. § 299 d. W.

heit in Sitte und Denkart vollständig von der morgenländischen (griechischen) Kirche getrennt hatte, rasch und mächtig emporwachsen. Thatkräftige Kirchenfürsten förderten dieses Wachsthum und machten gleichzeitig die Gewalt des Pabstthums innerhalb der Kirche zu einer nahezu unumschränkten. Mit solchen Mitteln gerüstet trat sie in den großen Kampf mit dem deutschen Kaiserthum ein, der in der ersten Hälfte des Mittelalters um die Weltherrschaft geführt wurde und mit dem Fall des Hohenstaufischen Kaiserhauses (1268) zu Gunsten der Kirche seinen Abschluß fand. Der innere Verfall, der sich derselben alsbald bemächtigte, schloß die weiteren Folgen des Sieges aus und gab den Anstoß zur Reformation, die in der bis dahin einheitlich gestalteten abendländischen Kirche eine dauernde Spaltung hervorrief und dadurch die Machtstellung derselben weiter erschütterte. Die neben der katholischen entstandene evangelische Kirche, die sich demnächst nach der lutherischen und reformirten Lehre in zwei Bekenntnisse (Konfessionen) spaltete, hat sich nach längerem Ringen zu völliger Gleichberechtigung in Deutschland emporgekämpft und dadurch den ersten Grundstein zur Glaubens- und Religionsfreiheit gelegt (Nr. 2).

Inzwischen hatte sich in Europa ein vollständiges Staatensystem entwickelt und bei der Zerrissenheit der Kirche erhielt in den Einzelstaaten die Staatsgewalt von Neuem das Uebergewicht. So entstand das Territorialsystem, welches nach dem Satz „cujus regio, illius religio“ die Kirche unbedingt vom Staate abhängig machte und die kirchlichen und landesherrlichen Befugnisse völlig zusammenwarf. — Dieser Zustand hat erst im Laufe unseres Jahrhunderts sein Ende erreicht. Der Staat hat der Kirche aus eigenem Antriebe eine selbstständige Stellung eingeräumt, dadurch aber eine genauere Bestimmung des Verhältnisses zwischen Kirche und Staat nothwendig gemacht (Nr. 3). Der Kirche als solcher sind mehrere gemeinsame Rechtsverhältnisse eigen (Nr. 4), doch findet sie ihre eigentliche Gestaltung gesondert für die katholische und für die evangelische Kirche (Nr. 5 u. 6). Gleiches gilt von den übrigen Religionsgesellschaften (Nr. 7).

2. Glaubens- und Religionsfreiheit.

§ 289.

In den Religionsfriedensschlüssen hatte der Grundsatz der Glaubens- und Religionsfreiheit nur beschränkte Anerkennung gefunden[2]). Erst im Laufe

[2]) Der westfälische Frieden (1648) ließ im Reich nur Katholiken und Protestanten (Lutheraner u. Reformirte) zu, denen er im Verhältniß zum Reich gleiche Rechte gewährte. In den Territorien, welche durch das bis dahin von den Landesherrn unbedingt ausgeübte Zulassungsrecht (Reformationsrecht, jus reformandi) bereits ein wesentlich konfessionelles Gepräge angenommen hatten, ließ der Friede dieses Recht mit der Einschränkung bestehen, daß den Konfessionen der Besitzstand des Normaljahrs (1624), der Vermögensbesitz im

des 18. Jahrhunderts gelangte derselbe zu umfassender Geltung. **Preußen** mit seiner aus verschiedenen Konfessionen zusammengesetzten Bevölkerung[3]) ging dabei voran. Schon das Landrecht hatte das System der Toleranz zum bestimmten Ausdruck gebracht[4]). Noch weiter ist später die Verfassung gegangen, die neben der Freiheit des Bekenntnisses und der Religionsübung auch die der Vereinigung zu Religionsgesellschaften mit der Maßgabe gewährleistet hat, daß Korporationsrechte von letzteren nur durch besondere Gesetze erworben werden können[5]). Ferner wurde der Genuß bürgerlicher und staatsbürgerlicher Rechte von dem religiösen Bekenntniß mit der Maßgabe unabhängig gemacht, daß den bürgerlichen und staatsbürgerlichen Pflichten hierdurch kein Abbruch geschehen darf. Auch soll bei den mit der Religionsübung im Zusammenhang stehenden Einrichtungen (Feiertagen, Eidesleistungen) lediglich die christliche Religion zu Grunde gelegt werden[6]).

Als Konsequenz der Religionsfreiheit ist es anzusehen, daß der in vorgeschriebener Form vor dem Richter erklärte **Austritt aus der Kirche** oder aus einer mit Korporationsrechten versehenen Religionsgesellschaft die Befreiung von den kirchlichen Verbandslasten nach sich zieht[7]).

Fall der Auswanderung, der Anspruch auf Hausandacht und ein gleiches bürgerliches Recht gesichert werde.

[3]) Dem ursprünglich fast rein evangelischen Staat sind seit Mitte des vorigen Jahrhunderts mehrere größere katholische Landestheile hinzugetreten. Seine Bevölkerung setzt sich zusammen aus 9 Mil. (33 1/3 Proz.) Katholiken u. 17 Mil. (65 Proz.) Evangelischen. Anderweite Religionsgesellschaften Anm. 59 (S. 330). Vorwiegend evangelisch sind Schl.-Holstein (98 Proz.), Brandenburg und Pommern (97 Proz.), Sachsen (93 Proz.), Hannover (87 Proz.) und Ostpreußen (86 Proz.). Gleiches gilt von den Reg.-Bez. Breslau u. Liegnitz. Vorwiegend katholisch sind dagegen Hohenzollern (96 Proz.), die Rheinprovinz (73 Proz.), Posen (63 Proz.), sowie die RegB. Münster und Oppeln.

[4]) LR. II 11 § 1—9 u. Pat. vom 30. März 1847 (GS. 121). — Eheliche Kinder aus gemischten Ehen sind, wenn die Eltern nicht über deren anderweite Erziehung einig sind, in der Religion des Vaters zu unterrichten Dekl. v. 21. Nov. 1803 (Nov. C. Const. XI 1931), Ausdehnung auf die westl. Prov. KO. v. 17. Aug. 1825 (GS. 221).

[5]) VU. Art. 12 u. 13. — Die Staatsgenehmigung (LR. II 11 § 10) ist damit weggefallen; die Religionsgesellschaften unterliegen nur den Beschränkungen des Vereinsgesetzes (§ 251 d. W.) und sind, wenn sie Korporationsrechte erlangt haben, auch von diesen befreit V. v. 11. März 1850 (GS. 277) § 2 Abs. 3. **Korporationsrechte** (§ 252 d. W.) besitzen zur Zeit die katholische u. evangelische Kirche LR. II 11 § 17, die v. d. Landeskirche sich getrennt haltenden Lutheraner Gen.-Konz. v. 23. Juli 1845 (GS. 516) Nr. 3, die Herrenhuter und böhmischen Brüder Gen.-Konz. vom 7. Mai 1746 u. v. 18. Juli 1763; die Synagogen-Gemeinden Ges. v. 23. Juli 1847 (GS. 263) § 37 u. die vom Staate aufgenommenen Stifter, Klöster und Orden LR. II 11 § 940. — Wegen Verleihung an Menoniten s. G. vom 12. Juni 1874 (GS. 238), an Baptisten G. v. 7. Juli 1875 (GS. 374).

[6]) VU. Art. 12 u. 14. — Im Reich, wo zur Zeit des Bundes der Grundsatz auf die drei christlichen Konfessionen beschränkt war (Bundes-Akte Art. 16), ist derselbe gegenwärtig allgemein anerkannt G. v. 3. Juli 1869 (BGB. 292), Einf. in Süddeutschl. Anm. 12 (S. 7).

[7]) G. v. 14. Mai 1873 (GS. 207), AusfVf. v. 13. Juni 1873 (JMB. 183).

3. Verhältniß des Staats zur Kirche.

§ 290.

a) In der Anerkennung der Religionsfreiheit tritt der Staat nur negativ der Kirche gegenüber. Seine Beziehung zu derselben erscheint damit aber noch längst nicht erschöpft, sie äußert auch ihre positive Wirkung. Der Inbegriff der hieraus fließenden Rechte wird im Gegensatz zu der von den Organen der Kirche selbst ausgeübten Kirchengewalt (jus sacrorum oder in sacra) als **Kirchenhoheit** (jus circa sacra) bezeichnet. Während die Einwirkung der Kirche auf bürgerliche Rechtsverhältnisse fast völlig beseitigt ist[8]), kann der Staat seinem eigensten Wesen nach auf gewisse Rechte gegenüber der Kirche nicht verzichten. Die Kirchenhoheit bildet demgemäß einen nothwendigen Bestandtheil der Staatshoheit. Sie umfaßt

1. das Schutz- und Schirmrecht (jus advocatiae), vermöge dessen der Staat sowohl den nöthigen strafrechtlichen und polizeilichen Schutz[9]), als die erforderliche Rechtshülfe bei vermögensrechtlichen Ansprüchen[10]) zu gewähren hat und
2. das Oberaufsichtsrecht (jus supremae inspectionis), mittelst dessen er allen seine eigne Sphäre verletzenden und gefährdenden Uebergriffen entgegentritt.

Diese staatliche Aufsicht ist nicht allein den einzelnen Konfessionen gegenüber eine verschiedene, sie hat sich auch je nach dem wechselnden Verhältniß zwischen Staat und Kirche im Laufe der Zeiten mehrfach geändert. Die Bestimmung ihrer Grenzen bietet große Schwierigkeiten und ist zur Quelle endlosen Streits geworden.

§ 291.

b) In Preußen war der Kirche durch die Verfassung die selbstständige Ordnung und Verwaltung ihrer eigenen Angelegenheiten, der ungehinderte Verkehr mit ihren Oberen und die freie Besetzung der kirchlichen Stellen gewährt[11]). In der fest und vollständig organisirten katholischen Kirche konnte diese Vorschrift ohne Weiteres zur Durchführung gelangen und durch milde Praxis des Staats sowie durch geschicktes und thatkräftiges Vorgehen der Bischöfe erhielt sie bald eine über ihre Absicht hinausgehende Anwendung. Die Aufsicht des Staats und die Unterordnung der Kirche unter die Staatsgesetze wurde allmälig ganz in Frage gestellt. Dazu kam, daß nach Auf-

---

[8]) In diesem Sinne erfolgte:
a) die Aufhebung der geistlichen Gerichtsbarkeit § 176 Abs. 2 d. W.,
b) die Einführung der Civilehe § 209,
c) die Beseitigung d. kirchlichen Schulaufsicht, § 304 Abs. 5 (S. 333).

[9]) § 255 d. W.

[10]) Dazu gehört die Regelung streitiger Bausachen Anm. 52 u. die Beitreibung d. kirchlichen Abgaben Anm. 53.

[11]) VU. Art. 15, 16 u. 18. — Das Erforderniß staatlicher Zustimmung zu kirchlichen Erlassen (jus placeti LR. II 11 § 117 u. 118) war damit beseitigt.

stellung des Unfehlbarkeitsdogma[12]) der Papst ein unbedingtes Anordnungsrecht für sich in Anspruch nahm, das bei dem universellen Charakter des katholischen Lehrbegriffs in das staatliche Gebiet weit hineingriff und vermöge der in dieser Kirche geübten strengen Disciplin in weiten Kreisen sich Geltung verschaffte. Demgegenüber mußte die vielfach verwischte Grenzlinie zwischen Kirchenhoheit und Kirchengewalt wieder bestimmter gezogen werden. Es durfte hierbei darauf verzichtet werden, dem Staat die durch die Verfassung beseitigte unmittelbare Verwaltung kirchlicher Angelegenheiten wieder einzuräumen; gleichwohl mußten ihm die erforderlichen negativen und repressiven Mittel gewährt werden, die eine wirksame Abwehr der Uebergriffe der Kirche ermöglichten. Dies ist die Absicht der s. g. **Maigesetzgebung**, die zunächst durch die Politik der katholischen Kirche hervorgerufen und wesentlich gegen diese gerichtet war, gleichwohl aber das staatliche Aufsichtsrecht allgemein — und sonach auch der evangelischen Kirche gegenüber — festgestellt hat. Um dabei jeden aus den Bestimmungen der Verfassung herzuleitenden Einwand abzuschneiden, wurden diese aufgehoben[13]) und auf der so frei gewordenen Bahn folgende einzelne Festsetzungen getroffen:

1. Die Uebertragung eines geistlichen Amts darf nur an solche Deutsche erfolgen, die ihre wissenschaftliche Bildung auf deutschen Gymnasien und Universitäten erworben und durch Staatsprüfung nachgewiesen haben, die nicht wegen gröberer Verbrechen und Vergehen verurtheilt oder verfolgt sind und nicht die Staatsgesetze oder den öffentlichen Frieden gefährden. Die Uebertragung ist erst zulässig, wenn der Anzustellende dem Ober-Präsidenten benannt und von diesem nicht innerhalb 30 Tagen wegen Mangels dieser Voraussetzungen Einspruch erhoben ist[14]). Kein Pfarramt darf über ein Jahr unbesetzt bleiben oder nur auf Widerruf besetzt werden[15]). — Alle Anstalten zur Vorbildung der Geistlichen (Konvikte und Seminare) sind der staatlichen Aufsicht unterworfen, Knabenkonvikte und Knabenseminare überhaupt nicht mehr gestattet[16]). — Zuwiderhandlungen sind mit Strafe bedroht[17]). Zugleich tritt die kommissarische Verwaltung des Vermögens der nicht oder nicht ordnungsmäßig besetzten Stellen ein, während das Ernennungsrecht auf den Patron oder die Gemeinde übergeht[18]). Bei unbe-

---

[12]) Constitutio: Pastor aeternus v. 18. Juli 1870.

[13]) G. v. 18. Juni 1875 (GS. 259).

[14]) G. v. 11. Mai 1873 (GS. 191) § 1—8, 15—17, 21, 25—29 u. G. v. 21. Mai 1874 (GS. 139) Art. 11. — Einrichtung der Staatsprüfungen Instr. v. 26. Juli 1873 (MB. 289). Ausschluß der im Auslande zu Priestern geweihten Staatsangehörigen KO. vom 23. Dez. 1845 (GS. 1846 S. 21).

[15]) G. v. 11. Mai 1873 § 18—20.

[16]) Das. § 9—14. — Evangelische Prediger-Seminare zur Fortsetzung der Universitätsstudien bestehen zu Wittenberg, Hannover, Kloster Loccum u. Herborn.

[17]) Das. § 22—24. — G. v. 21. Mai 1874 Art. 2 u. v. 14. Juli 1880 (GS. 285) Art. 6.

[18]) G. v. 21. Mai 1874 Art. 3—11. — Verwaltung erledigter katholischer

fugter Ausübung der Kirchenämter ist Aufenthaltsbeschränkung und äußersten Falls Entziehung der Reichs- und Staatsangehörigkeit zulässig[19]). Daneben wurden in Hinblick auf den Widerstand des Klerus gegen diese Gesetze die staatlichen Leistungen für die meisten Bisthümer und katholischen Geistlichen eingestellt[20]).

2. Dem Mißbrauch der Kirchengewalt wird mehrfach entgegengetreten. Die Geistlichen sind wegen staatsgefährdender Predigten und Veröffentlichungen mit Strafe bedroht[21]), während die Anwendung kirchlicher Straf- und Zuchtmittel, welche das kirchliche Gebiet überschreiten, die Ausübung staatlicher Rechte beeinträchtigen oder durch ihre Form ungehörig erscheinen, gleichfalls bei Strafe verboten ist[22]). Die kirchliche Disciplinargewalt über Kirchendiener darf nur von deutschen Behörden in einem bestimmten Verfahren ausgeübt werden; auch die Strafmittel sind begrenzt; strengere Bestrafungen sind dem Ober-Präsidenten anzuzeigen, dem auch die Aufsicht über die Demeriten- (Besserungs-) Anstalten zugewiesen ist[23]). Den Bestraften steht — in theilweiser Wiederherstellung des im deutschen Reich seit dem 16. Jahrhundert bestandenen recursus ab abusu — die Berufung an die Staatsbehörde zu[24]). Anderseits kann auch der Staat die Unfähigkeitserklärung zur Bekleidung des Amts in Betreff solcher Kirchendiener herbeiführen, welche die staatlichen Gesetze in einer mit der öffentlichen Ordnung unverträglichen Weise verletzen[25]).

3. Speziell für die katholische Kirche ist das Verbot der Orden und die Einführung der staatlichen Aufsicht über die Vermögensverwaltung berechnet[26]).

Diese Gesetzgebung ist bei der katholischen Kirche auf den heftigsten Widerstand gestoßen. Der alte Streit zwischen Kirche und Staat ist von Neuem entbrannt und der Kulturkampf, der nach Zielen und Mitteln als ein wesentlich politischer sich darstellt, lastet seitdem schwer und lähmend auf unserem staatlichen wie auf unserem kirchlichen Leben. Die katholische Kirche steht, wie die gleichzeitig in fast allen Kulturländern hervorgetretenen Zerwürfnisse beweisen, auf einem grundsätzlich der heutigen staatlichen Entwickelung widerstrebenden Standpunkt, so daß die Herstellung eines dauernden Friedens

---

Bisthümer G. v. 20. Mai 1874 (GS. 135), ergänzt G. v. 14. Juli 1880 Art. 1, 2, 3 u. 7. Befugniß der dabei für die Vermögensverwaltung bestellten Kommissarien G. v. 13. Feb. 1878 (GS. 87) u. OG. § 71.

19) RG. v. 4. Mai 1874 (RGB. 43).

20) G. v. 22. April 1875 (GS. 194), ergänzt G. v. 14. Juli 1880 Art. 1, 4 u. 7.

21) StGB. § 130a (Kanzelparagraph).

22) G. v. 13. Mai 1873 (GS. 205).

23) G. v. 12. Mai 1873 (GS. 198) § 1—9.

24) Das. § 10—23. — Kirchlicher Gerichtshof s. § 292 d. W.

25) Das. § 24—31, ergänzt G. vom 14. Juli 1880 Art. 1.

26) § 298 u. 299 d. W.

kaum zu erwarten ist und nur auf die Abstellung der durch den Kampf hervorgerufenen Mißstände, auf die Ermöglichung des friedlichen Nebeneinanderlebens (modus vivendi) der verschiedenen Konfessionsverwandten hingearbeitet werden kann. Ein in dieser Richtung gethaner erster Schritt[27]) ist bereits von einigem Erfolg begleitet gewesen.

§ 292.

c) Die **staatlichen Organe** in Kirchensachen sind der Minister der geistlichen Angelegenheiten[28]), die Ober- und Regierungs-Präsidenten und die Kirchen- und Schulabtheilungen der Regierungen[29]). Die Lokalbehörden handeln mit wenigen Ausnahmen[30]) nur im Auftrag dieser höheren Behörden. — Außerdem ist ein Gerichtshof für kirchliche Angelegenheiten eingerichtet, der mit den Garantieen richterlicher Unabhängigkeit ausgestattet und mit dauernd angestellten, in der Mehrheit aus Richtern bestehenden Mitgliedern besetzt ist. Er entscheidet endgültig über Disciplinarsachen der Kirchendiener[31]) und auf Berufung gegen gewisse Verfügungen der Verwaltungsbehörden[32]).

4. Gemeinsame Rechtsverhältnisse[33]).

§ 293.

a) Die Kirche kommt in einzelnen räumlich abgegrenzten Gemeinden (**Parochieen**) zur äußeren Erscheinung[34]). Während die katholische Kirche in ihnen nur Glieder der allgemeinen kirchlichen Gemeinschaft erblickt, bilden sie in der evangelischen den eigentlichen Mittelpunkt des kirchlichen Lebens und diese Bedeutung erscheint in der neusten Gesetzgebung, welche den einzelnen Gemeinden eine geordnete Vertretung gegeben hat[35]), noch schärfer ausgeprägt. In beiden Kirchen besitzen die Parochieen Korporationsrechte. Die eine Mehrzahl von Parochieen umschließenden Aufsichtsbezirke heißen Diözesen.

---

[27]) G. v. 14. Juli 1880 (GS. 285). S. Anm. 17, 18, 20, 25, sowie Anm. 16 (S. 325).

[28]) § 47 d. W.

[29]) Katholische Kirche Anm. 13, 14, (S. 324); evangelische Anm. 24 (S. 326).

[30]) In Hannover führen die Amtshauptmänner gemeinsam mit den Superintendenten als Kirchen-Kommissarien die Aufsicht über die Organe der evangelischen Kirchengemeinden Bek. v. 22. Okt. 1864 (Han. GS. I 449).

[31]) G. v. 12. Mai 1873 (GS. 198) § 32—37; GeschO. v. 29. Okt. 1873 (MB. 287, JMB. 329).

[32]) G. v. 11. Mai 1873 (GS. 191) § 13 u. 16, v. 20. Mai 1874 (GS. 135) § 3, v. 20. Juni 1875 (GS. 241) § 37 u. RG. v. 4. Mai 1874 (RGB. 43) § 3.

[33]) Die Grundlage bildet das Landrecht Th. II. Titel 11, s. Anm. 1.— Die Stellung der Kirche zum Staat hat sich inzwischen wesentlich verändert § 291 d. W.

[34]) LR. II 11 Abschn. 5 (§ 237—317).

[35]) § 298 u. 302 d. W. — Das LR. enthält nur allgemeine Grundsätze — Form der Zusammenberufung G. v. 23. Jan. 1846 (GS. 23).

Die Neubildung wie die Veränderung der Parochieen bestimmt der Staat, erstere unter Zuziehung der geistlichen Oberen, letztere nach Anhörung der Betheiligten[36]). Die innerhalb der Parochie abgezweigten Nebenkirchen heißen Tochter- oder Filialkirchen[37]), während die den Zwecken zweier Gemeinden von verschiedener Konfession dienenden Kirchen als Simultankirchen bezeichnet werden[38]). Zur Parochie gehören alle Anhänger des gleichen Bekenntnisses, die im Bezirk derselben wohnen[39]). Die Aufhebung der Parochieen fordert gleichfalls staatliche Genehmigung. Sie erfolgt, wenn 10 Jahre hindurch keine Mitglieder derselben vorhanden gewesen sind. Ihr Vermögen fällt in diesem Fall an die anderen Kirchen derselben Konfession und Provinz[40]).

§ 294.

b) Das **Patronat**, welches die unmittelbare Beaufsichtigung und die Sorge für Erhaltung und Vertheidigung einer Kirche in sich schließt, ist in seinem Ursprung auf die Grundherrlichkeit, auf Vertrag (insbesondere bei Schenkungen) oder auf die obrigkeitliche Gewalt zurückzuführen. Aus letzterer hatte sich nach der Säkularisation (1803) der Begriff des landesherrlichen Patronatrechts entwickelt. Dieses ist verschwunden; übrigens hat sich das Patronat, obwohl es eine Beschränkung der kirchlichen Selbstständigkeit und der Autonomie der Kirchengemeinden in sich schließt, bislang noch erhalten[41]).

§ 295.

c) **Kirchenvermögen und Kirchenlasten.** Reiche Zuwendungen hatten die Kirche in den Besitz eines ansehnlichen Vermögens gebracht. Erst seit dem 13. Jahrhundert erfuhren dieselben durch die Amortisationsgesetze einige Einschränkungen, weil das weltliche Gut beim Uebergang in die „todte Hand" der

---

[36]) LR. II 11 § 238—240; ältere Provinzen G. v. 3. Juni 1876 (GS. 125) Art. 23[6]; Schl-Holstein u. KonsBez. Wiesbaden G. v. 6. April 1878 (GS. 145) Art. 31[6]. — Das kanonische Recht setzt mindestens zehn Feuerstellen (mauri decem) voraus.

[37]) LR. II 11 § 245—251, 333, 348 u. 728. — Trennung der Küstereien V. v. 2. Mai 1811 (GS. 193).

[38]) LR. II 11 § 309—317.

[39]) Das. 260—292, 303—305 u. 108 bis 111. — Aufhebung der Exemtionen G. v. 3. Juni 1876 (GS. 154) — Aufhebung des kathol. u. evangel. Pfarrzwangs in d. Oberlausitz KO. v. 4. Sept. 1825 (GS. 226), in d. Niederlausitz KO. v. 15. Sept. 1826 (GS. 106). — Die über einen größeren Bezirk verstreuten Mitglieder einer Glaubensgemeinschaft bilden die Diaspora — Einzelne sich zu benachbarten Parochien haltende Gemeinden heißen vagirende oder Gastgemeinden LR. II 11 § 293—302; Aufhebung in Schlesien, wo sie sich besonders zahlreich entwickelt hatten G. v. 16. Feb. 1880 (GS. 51).

[40]) LR. II 11 § 306—308; G. v. 13. Mai 1833 (GS. 51).

[41]) LR. II 11 § 568—617; KirchengemO. f. d. östl. Prov. § 6 u. 23 nebst StaatsG. (Anm. 47[b] S. 328) Art. 8. Patronatrechte sind beim Domänenverkauf nicht mit zu veräußern KO. v. 9. Jan. 1812 (GS. 3) und ruhen für Güter, die sich im Besitz von Juden befinden V. v. 30. Aug. 1816 (GS. 207). — Das durch VU. Art. 17 verheißene G. üb. d. Kirchenpatronat u. die Bedingungen seiner Aufhebung ist nicht ergangen.

Kirche wegen der Unveräußerlichkeit dem Verkehr entzogen wurde[42]). Tiefer griffen die späteren Einziehungen des Kirchenguts zu staatlichen Zwecken (Säkularisationen) ein, wie sie durch den Wegfall des kirchlichen Zweckes, häufiger aber durch die Finanznoth der Staaten veranlaßt wurden[43]). Zum Theil wurde mit der Einziehung ein bestimmter Verwendungszweck verbunden[44]). Das **Kirchenvermögen** erscheint im Landrecht[45]) als Eigenthum der Kirchengemeinden[46]), welches von den Kirchenkollegien zu verwalten ist[47]). Gleiches gilt vom **Pfarrvermögen**, an dem indeß dem Pfarrer der Nießbrauch zusteht[48]). Die Kirche ist frei von Grund-, Gebäude-, Stempel- und Erbschaftssteuer[49]). Zum Kirchenvermögen gehören neben den Zehnten und sonstigen Grundabgaben[50]) auch die Kirchhöfe[51]) und **kirchlichen Ge-**

[42]) Schenkungen an Korporationen § 252 d. W.

[43]) Ed. v. 30. Okt. 1810 (GS. 32).

[44]) Dahin gehören insbesondere:

a) der **hannoversche Klosterfonds**, welcher das von vormaligen Klöstern u. ähnlichen Stiftungen herrührende Vermögen umfaßt und als fromme Stiftung juristische Persönlichkeit besitzt. Er wird zu Zuschüssen für die Universität Göttingen, für Kirchen, Schulen und zu milden Zwecken verwendet und zugleich mit einigen andern Stiftungsfonds von der dem Kultusminister unterstellten Kön. Klosterkammer verwaltet Pat. v. 8. Mai 1818 (Han. GS. I 45).

b) Die **Domstifter** zu Brandenburg (Regul. v. 30. Nov. 1826), Merseburg und Naumburg nebst dem Kollegiatstift zu Zeitz (AE. v. 18. Juni 1879) sind in der Mitte des 10. Jahrhunderts von Otto I. zur Erhaltung und Förderung der christlichen Kirche gegründet und auch nach der Reformation, mit welcher ihre Bestimmung als geistliche Korporation aufhörte, sowie nach d. RDepHauptschluß (1803), welcher die Stifts- und Klostergüter der Verfügung des Landesherrn zuwies, in ihrem korporativen Verbande erhalten geblieben. Ihre Einkünfte sind theils zur Dotirung hervorragender Staatsdiener mit Präbenden, theils zu Kirchen- u. Schulzwecken verwendet worden. — Das LR. behandelt diese Stifter als geistliche Gesellschaften II 11 Abschn. 20 (§ 1218 bis 1232).

c) Nach Aufhebung der geistl. Ritterorden ist im ehrenvollen Andenken an den früheren Johanniterorden zur Begründung u. Erhaltung von Krankenanstalten der **Preußische St. Johanniterorden** eingerichtet (Urk. v. 23. Mai 1812 GS. 109) u. als Balley Brandenburg neu organisirt (KO. v. 15. Okt. 1852 GS. 1853 S. 1).

[45]) LR. II 11 Abschn. 4 (§ 160—236), weg. Verw. der Kirchengüter Abschn. 9 (§ 618—771); ferner Zus. 191 des ostpr. u. § 31—46 des westpr. ProvRechts (Anm. 48 S. 213); f. d. Mark KO. v. 11. Juli 1845 (GS. 485); f. Schlesien: Guntersblumer Ed. v. 14. Juli 1793. — **Staatsaufsicht** in d. katholischen Kirche § 298 d. W.; in d. evangelischen Kirche f. d. ältern Provinzen G. v. 3. Juni 1876 (GS. 125) Art. 24—27 u. f. Schl.-Holstein u. d. KonsBez. Wiesbaden G. v. 6. April 1878 (GS. 145) Art. 32—35.

[46]) LR. II 11 § 160, 170, 183 u. 191.

[47]) Das. § 157 u. 217.

[48]) Das. Abschn. 10 (§ 772—856). Verpflichtung zu Reparaturen ER. v. 17. März 1842 (MB. 111). — Pfarrauseinandersetzung in d. vorm. sächs. Landestheilen G. v. 10. Mai 1855 (GS. 267), in d. bischöfl. Diözese Kulm V. v. 3. Juni 1842 (GS. 208).

[49]) GrundstG. v. 21. Mai 1861 (GS. 253) § 4e; GebäudestG. v. 21. Mai 1861 (GS. 317) § 3; Stempelsteuer Anm. 40 (S. 182), in d. neuen Prov. § 4 d. V. v. 19. Juli u. v. 7. Aug. 1867 (GS. 1193 u. 1279); ErbschaftsstG. v. 30. Mai 1873 (GS. 329) Tarif 2i.

[50]) LR. II 11 Abschn. 11 (§ 857—938). — Schles. Zehntverfassung G. v. 10. April

bäude[52]). Die Baukosten werden aus dem Vermögen oder aus Beiträgen der Eingepfarrten und Patrone beschafft. In Betreff der Vertheilung dieser und der sonstigen kirchlichen Lasten findet neben dem Landrecht das Provinzialrecht ausgedehnte Anwendung[53]).

§ 296.

d) Anstellung, Rechte und Pflichten der **Geistlichen und Kirchendiener** bestimmen sich, soweit dabei nicht das kirchliche Hoheitsrecht des Staats in Frage kommt[54]), zunächst nach der Verfassung der einzelnen Kirchen[55]); daneben sind ihnen einzelne Vorrechte auch unabhängig von derselben beigelegt[56]). Die Geistlichen können zwar, nachdem der Kirche die Selbstständigkeit beigelegt ist, nicht mehr als Staatsbeamte betrachtet werden, immerhin trägt ihre Stellung den Charakter eines öffentlichen Amtes. Sie genießen öffentlichen Glauben in Bezug auf die seither geführten Kirchenbücher[57]) und sind gegen Amtsbeleidigung geschützt[58]). Ihr Diensteinkommen kann nur unter denselben Beschränkungen beschlagnahmt werden, wie das der Staatsbeamten[59]) und ist von Grund- und Gebäudesteuer[60]), sowie von Kreis- und Gemeindesteuern frei[61]). Endlich sind Geistliche vom Militärdienst mit der Waffe[62]), von der Verpflichtung zur Uebernahme der Gemeindeämter[63]) und vom Schöffen- und Geschworenendienst befreit[64]).

1865 (GS. 172). — Ablösung d. Abgaben § 331 Nr. 3 d. W. — Vertheilung b. Zerstückelungen in d. östlichen Prov. Anm. 23 (S. 373).

[51]) § 266 d. W.

[52]) Ausführung der Kirchenbauten Reg. v. 10. Juni 1862 (MB. 239), ER. v. 27. Nov. 1870 (MB. 1871 S. 18) u. v. 30. Mai 1872 (MB. 326). Regelung der Streitigkeiten im Gebiet der Landeskirche G. v. 3. Juni 1876 (GS. 125) Art. 23², in Schl.-Holstein u. dem KonsBez. Wiesbaden G. v. 6. April 1878 (GS. 145) Art. 31².

[53]) LR. II 11 § 699—771 u. 790; Zus. 197 u. 200 des ostpr. u. § 38 des westpr. ProvRechts (Anm. 48 S. 213); Oberlausitz V. v. 11. April 1846 (GS. 164); vorm. sächs. Landestheile V. v. 11. Nov. 1844 (GS. 698). — Auf d. linken Rheinufer ist die dem franz. Recht entstammende Verpflichtung d. bürgerlichen Gemeinden (G. v. 14. März 1845 GS. 163) auf die Kirchengemeinden übergegangen G. v. 14. März 1880 (GS. 225). — Die Beiträge unterliegen der Beitreibung (KO. v. 19. Juni 1836 GS. 198 Nr. 1 u. 2 nebst Anm. 27 S. 165) und genießen ein Vorrecht im Konkurse KonkO. § 54³. — Zulässigkeit des Rechtswegs über die Beitragspflicht Anm. 17 (S. 207).

[54]) § 291 d. W.

[55]) § 297 Abs. 2 u. 301 Abs. 3 d. W. — Militärgeistliche § 96. — Strafanstaltsgeistliche Anm. 36 (S. 270).

[56]) Das LR. II 11 behandelt d. Geistlichen in Abschn. 2 (§ 58—107). Der Abschn. 3 (§ 113—155) handelt von Kirchenoberen, Abschn. 6 (§ 318—549) vom Pfarrer u. Abschn. 7 (§ 550—567) von weltlichen Kirchenbedienten.

[57]) Das. 481—505; G. v. 6. Feb. 1875 (RGB. 23) § 73.

[58]) StGB. § 196.

[59]) § 66 d. W.

[60]) GrundstG. v. 21. Mai 1861 (GS. 253) § 4e u. GebäudestG. v. 21. Mai 1861 (GS. 317) § 3⁵.

[61]) § 72 (S. 84) d. W.

[62]) G. v. 2. Mai 1874 (RGB. 45) § 65.

[63]) § 73, 74 d. W.

[64]) § 180 u. 179 d. W.

5. Die katholische Kirche.

§ 297.

a) Die **Verfassung** der katholischen Kirche beruht auf der festgegliederten Ordnung der Geistlichkeit (Hierarchie), die durch Priesterweihe und Cölibat von dem Laienstand streng abgeschlossen wird. Die Geistlichkeit bildet innerhalb der durch die Kirchenhoheit gezogenen Grenzen[1]) den Träger der Kirchengewalt. An der Spitze steht der Papst mit den ihn umgebenden Beamten (Kurie)[2]). Den Mittelpunkt der geistlichen Thätigkeit bilden dagegen die Bischöfe[3]). Sie sind die Kirchenoberen in den Diözesen[4]), jedoch, soweit sie nicht unmittelbar dem Papst untergeordnet (eximirt) sind, als Suffraganbischöfe unter den Erzbischof gestellt. Dem König haben sie Treue und Gehorsam zu schwören[5]). Zur Assistenz der Bischöfe sind die Weihbischöfe, zu ihrer Vertretung in Verwaltungssachen die Generalvikare bestimmt. Dem Bischof stehen die Kapitel zur Seite, deren Mitglieder (Kapitulare) bei dem Stift eine Pfründe (Kanonikat) besitzen und mit gottesdienstlichen Funktionen bei der Hauptkirche betraut sind[6]). Die Einrichtung und Ausstattung der Bisthümer und Kapitel geschah nach der Säkuralisation durch Bullen[7]), die unbeschadet der Hoheitsrechte landesherrlich genehmigt sind. Die Wahl der Bischöfe erfolgt unter Ausschließung der dem Landesherrn nicht genehmen Kandidaten (personae minus gratae) durch die Domkapitel[8]).

---

[1]) § 290 u. 291 d. W.

[2]) Die wichtigsten sind die Kardinäle, deren Kollegium zur Papstwahl berufen ist. Zur Erledigung auswärtiger Geschäfte werden Legaten, Nuntien und Internuntien bestellt.

[3]) Je nach dem Vorwalten des päpstlichen oder bischöflichen Einflusses unterscheidet man das Papal- (Kurial-) u. d. Episkopalsystem. Nach letzterem hat der Papst nur gewisse Vorrechte (Primat), bleibt aber übrigens der Gesammtheit der Bischöfe (dem ökumenischen Konzil) unterworfen. Zur völligen Lossagung vom Papstthum ist das Episkopalsystem in der anglikanischen Kirche gekommen. — In Deutschland hat das Unfehlbarkeitsdogma (Anm. 12 S. 317) die Altkatholiken zu einem ähnlichen Schritt geführt. Diese haben sich unter einem eignen Bischof (in Bonn) konstituirt (1873). Der Staat behandelt diesen Gegensatz als einen inneren und dogmatischen. Er sieht demgemäß die Altkatholiken als in der katholischen Kirchengemeinschaft stehend an, hat ihren Bischof anerkannt und ihnen, wo sie in einer Kirchengemeinde in erheblicher Zahl übertreten, einen Anspruch auf Benutzung des Kirchenvermögens eingeräumt G. v. 4. Juli 1875 (GS. 333).

[4]) LR. II 11 § 115—140.

[5]) V. v. 6. Dez. 1873 (GS. 479).

[6]) LR. II 11 Abschn. 12—14 (§ 939 bis 1056) u. Abschn. 17 (§ 1073—1159). — Rang u. Ascensionsverhältniß KO. v. 28. Mai 1836 (GS. 201). — Die Kapitel, deren Ursprung auf das Zusammenleben der Geistlichen bei den größeren Kirchen zurückzuführen ist, heißen bei erzbischöflichen Kirchen: Hochstifter, bei Stiftskirchen: Kollegiatstifter (Aachen).

[7]) Bullen sind feierliche (mit dem großen Siegel versehene) päpstliche Erlasse u. stehen im Gegensatz zu den in Briefform abgefaßten Breven.

[8]) Solche als Gesetze erlassene (nicht als Verträge zu Stande gekommene) Bullen bestehen:

a) für d. alten Provinzen: de salute animarum KO. v. 23. Aug. 1821 (GS. 113);

b) f. Hannover: Impensa Romanorum Pat. v. 20. Mai 1824 (Han. GS. I 87);

c) f. die neben Würtemberg, Baden u.

Unter den Bischöfen stehen die **Pfarrer**[9]), deren einzelne als Dechanten mit der Aufsicht über die übrigen betraut sind.

§ 298.

b) Die **Vermögensverwaltung** in den katholischen Kirchengemeinden war nach der Verfassung auf die Bischöfe übergegangen. Diese hatten in Widerspruch mit der Vorschrift des Landrechts[10]) alle kirchlichen Besitzthümer als allgemeines Vermögen der Kirche in Anspruch genommen und die Kirchenvorstände zu bloßen Organen des Bischofs herabgedrückt. Demgegenüber ist diese Verwaltung den Kirchengemeinden zurückgegeben und nach festen Grundsätzen geordnet worden[11]). Zu diesem Zwecke wählt die Gemeinde zwei Organe, den Kirchenvorstand, dem auch der Pfarrer angehört für die laufende Verwaltung und die Gemeindevertretung zur Kontrole der wichtigeren Verwaltungsakte[12]). Die Aufsicht gebührt den Kirchenbehörden; in einzelnen Fällen wird anstatt oder neben derselben die staatliche Genehmigung erfordert[13]). Die feste Ordnung dieses Gebiets und die Mitwirkung der Gemeindemitglieder auf demselben bezeichnet zweifellos einen Fortschritt; doch erscheint den zum Theil höchst einfachen Verhältnissen gegenüber der Verwaltungsapparat zu schwerfällig.

In ähnlicher Weise sind die **staatlichen Aufsichtsrechte über die Vermögensverwaltung der Diözesen** geregelt; nur sind dieselben etwas erweitert, um die hier fehlende Kontrolle der Gemeindevertretung zu ersetzen[14]).

Hess.Darmstadt, auch die Provinzen Hess.-Nassau u. Hohenzollern umfassende oberrheinische Kirchenprov.: Provida solersque u. Ad dominici gregis custodiam Kurh. V. v. 31. Aug. 1829 (Kurh. GS. 45) u. Nass. Ed. v. 9. Okt. 1810 (V. Samml. IV 465). — Zur Sicherung des staatlichen Aufsichtsrechts bei Ernennung der Geistlichen u. Verwaltung des Kirchenvermögens haben die betheiligten Staaten übereinstimmende Verordnungen unterm 30. Jan. 1830 u. 1. März 1853 erlassen.

Bisthümer wurden danach errichtet:

a) i. d. alten Prov. das Erzbisth. Köln mit den Bisthümern Trier, Münster (zugleich f. d. Großh. Oldenburg Vtr. v. 10. Mai 1837 GS. 125) u. Paderborn; d. Erzbisth. Gnesen, welches mit dem Bisth. Posen kombinirt u. üb. das Bisth. Kulm gestellt wurde und die eremten Bisthümer Breslau u. Ermland. (Die Grafschaft Glatz u. der Distrikt Katscher stehen unter den Erzbischöfen von Prag u. Olmütz, die indeß inländische Stellvertreter zu bestellen haben LR. II 11 § 138;

b) in Hannover die Bisthümer Hildesheim u. Osnabrück, letzteres zugleich für Schl.-Holstein;

c) in der oberrhein. Kirchenprovinz (Erzdiözese Freiburg), die Bisthümer Fulda u. Limburg und für Hohenzollern das für Würtemberg bestellte Bisthum Rottenburg.

[9]) Sterbequartal der Erben in den westl. Prov. rechts des Rheins V. v. 3. Juli 1843 (GS. 289).

[10]) § 295 d. W. (Anm. 46 u. 47). Aehnliche Grundsätze bestanden in den nichtlandrechtlichen Landestheilen.

[11]) G. v. 20. Juni 1875 (GS. 241).

[12]) Das. § 1—46, 56 u 57.

[13]) Das. § 47—55, 58 u. V. v. 27. Sept. 1875 (GS. 571).

[14]) G. v. 7. Juni u V. v. 29. Sept. 1876 (GS. 149 u. 401).

§ 299.

c) Die **Orden und ordensähnlichen Kongregationen** der katholischen Kirche[15]) hatten mit der ihr durch die Verfassung gewährten Selbstständigkeit eine außerordentliche Ausdehnung gewonnen. Ihre auf unbedingtem Gehorsam und strenger Abgeschlossenheit beruhende Organisation, sowie ihre hauptsächlich auf Jugendbildung und Seelsorge gerichtete einflußreiche Thätigkeit machten sie im Kampf der katholischen Kirche mit dem Staat zu besonders wirksamen und gefährlichen Werkzeugen der ersteren. Aus diesem Grunde sind sie aufgehoben. Nur die ausschließlich der Krankenpflege gewidmeten Orden können fortbestehen und neu errichtet werden, unterliegen aber der staatlichen Beaufsichtigung[16]).

Der Jesuitenorden ist vom Gebiet des Reichs ausgeschlossen. Gegen ausländische Angehörige desselben kann Ausweisung, gegen inländische Aufenthaltsbeschränkung verfügt werden[17]). Gleicher Vorschrift unterliegen alle ihm verwandten Orden und ordensähnlichen Kongregationen[18]).

6. Die evangelische[19]) Kirche.

§ 300.

a) **Uebersicht.** Im System der evangelischen Kirche wird die Presbyterial- und die Episkopalverfassung unterschieden. Nach ersterer ruht die Kirchengewalt in der Hand der aus der Wahl der Gemeinden hervorgehenden Organe, während sie nach letzterer von dem Landesherrn als oberstem Bischof ausgeübt wird. Insoweit dieser die Ausübung auf kollegiale Behörden (Konsistorien) überträgt, wird die Episkopalverfassung als Konsistorialverfassung bezeichnet.

Die Presbyterialverfassung nahm die apostolische Gemeinde zum Vorbild. Sie konnte sich nur da frei entwickeln, wo die Reformation nicht dem Landesherrn ihre Einführung verdankte und die Gemeinden sich deßhalb

[15]) Das LR. (II 11) behandelt die Orden in Abschn. 15 (§ 939—1021), Abschn. 15 (§ 1057—1069) u. Abschn. 18 (§ 1160 bis 1209). — Die Klöster mit Ausnahme der auf Jugenderziehung und Krankenpflege gerichteten, sowie der in den später erworbenen Prov. vorgefundenen waren durch Ed. v. 28. Okt. 1810 (GS. 32) aufgehoben.

[16]) G. v. 31. Mai 1875 (GS. 217), eingef. in Lauenburg G. v. 25. Feb. 1878 (GS. 97) § 5⁴ u. erg. G. v. 14. Juli 1880 (GS. 285) Art. 6.

[17]) RG. v. 4. Juli 1872 (RGB. 253), AusfBek. v. 5. Juli 1872 (das. 254) u. v. 20. Mai 1873 (das. 109). Der Jesuitenorden, der sich als geschickter und fanatischer Vorkämpfer der kathol. Kirche gegen alle anders Denkenden vorzugsweise hervorgethan, war 1774 vom Papst aufgehoben, hatte sich aber bis zu seiner 1814 erfolgten Wiederzulassung unter verschiedenen anderen Namen zu erhalten gewußt.

[18]) Dazu zählen die Redemtoristen, Lazaristen, die Kongregation vom heil. Geist u. der weibliche Orden vom heil. Herzen Jesu Bek. v. 20. Mai 1873 (CB. 159).

[19]) Die Bezeichnung wurde durch KO. v. 3. April. 1821 (KA. V 341) vorgeschrieben.

auf sich selbst angewiesen sahen. Dies war vorwiegend bei den Anhängern des reformirten Bekenntnisses und vor Allem in der schottischen Kirche der Fall, deren Flüchtlinge dem System in der Pfalz, in Holland und am Niederrhein Eingang verschafften.

Wo dagegen, wie es in den meisten deutschen Staaten und besonders in Preußen der Fall war, die Reformation durch die Fürsten eingeführt wurde, hat sich die evangelische Kirche nur in engster Anlehnung an den Staat zu entwickeln vermocht. Eine getrennte Staatsaufsicht konnte sich nicht ausbilden, da Kirchenhoheit und Kirchengewalt in der Hand des Landesherrn zusammenfielen und die Verwaltung der kirchlichen Angelegenheiten im Wesentlichen als Gegenstand der Staatsverwaltung angesehen wurde[20]).

Die dem Landesherrn über Lutheraner und Reformirte zustehende Ordnungsgewalt ist für die alten Provinzen unbeschadet des Bekenntnisses der Einzelgemeinden in der Union zu einer Gesammtordnung zusammengefaßt, welche der Ausgangspunkt für die preußische Landeskirche geworden ist. Sie beruht auf der Annahme, daß die Unterscheidungslehren beider Bekenntnisse für die vollständige Gemeinschaft am Gottesdienst, an den Sakramenten und an der Ausübung der Gemeinderechte kein Hinderniß abgeben[21]).

Im Verhältniß der Kirche zum Staat trat mit der Verfassung eine doppelte Aenderung ein. Der Kirche wurde erstens die Verwaltung und Ordnung ihrer eigenen Angelegenheiten übertragen[22]). Sodann erschienen, wenngleich die staatliche Kirchenhoheit mit der Kirchengewalt in der Person des Landesherrn nach wie vor zusammentraf (landesherrliches Kirchenregiment), doch zur Mitwirkung bei Ausübung dieser Befugnisse verschiedenartige Organe in Staat und Kirche berufen. Die für den Staat in der Gesetzgebung erforderte Zustimmung des Landtags fand auf die Kirche ebenso wenig Anwendung, als die in der Verwaltung gebotene Gegenzeichnung des Ministers[23]); es wurden vielmehr eigne vom Staat unabhängige Kirchenbehörden und kirchliche Vertretungskörper gebildet.

Nachdem im Gebiet der Landeskirche die Errichtung beider Organe durchgeführt war, ist die gesammte kirchliche Verwaltung auf dieselben übergegangen, so daß dem Staat nur die Aufsicht und Mitwirkung in denjenigen Fällen verblieben ist, die das staatliche Gebiet berühren und als solche speziell bezeichnet sind[24]). Gleiches gilt von der Kirchengesetzgebung;

---

[20]) Vgl. LR. II 11 § 14, 15, 20, 32, 33, 39—43, 62, 73—83, 86—91.

[21]) KO. v. 27. Sept. 1817 (KA. I Heft III S. 64), v. 30. April 1830 (GS. 64) u. v. 28. Feb. 1834 (KA. XVIII 74). — Statistik der Landeskirche ER. v. 11. Jan. 1875 (MB. 35). Die gesammte evangelische Bevölkerung (Anm. 3 S. 315) besteht aus 13½ Mil. Unirten, fast 3 Mil. Lutheranern u. ½ Mil. Reformirten. S. Anm. 53. — Gen. Konz. für die von der Landeskirche sich getrennt haltenden Lutheraner Anm. 5 (S. 315).

[22]) § 291 d. W.

[23]) § 36 u. 38 d. W.

[24]) Ges. v. 3. Juni 1876 (GS. 125) Art. 21—28, V. v. 9. Sept. 1876 (GS. 395) u. v. 5. Sept. 1877 (GS. 215)

auch diese wird, soweit sie sich auf das kirchliche Gebiet beschränkt, lediglich von den kirchlichen Organen ausgeübt. Nur wo sie das staatliche Gebiet berührt, bedarf es zu ihrer Gültigkeit ergänzender Staatsgesetze. Dieser Fall tritt ein, sobald es sich um Feststellung der Staatsaufsicht oder der Beziehungen der Kirche zum Staat handelt, wie sie bei Vertretung der ersteren nach Außen, beim Patronat, bei der Vermögensverwaltung und bei der Besteuerung hervortreten. Mit den Staatsgesetzen dürfen Kirchengesetze niemals in Widerspruch stehen[25].

§ 301.

b) **Kirchenbehörden.** Für die neun älteren Provinzen bildet der evangelische Oberkirchenrath die oberste Kirchenbehörde. Er ist kollegialisch organisirt nnd unmittelbar dem König untergeordnet[26]. Er vertritt die Landeskirche in vermögensrechtlicher Beziehung unter Mitwirkung des General-Synodalvorstandes und verwaltet ihre gesammten Angelegenheiten[27].

Die unter demselben für die einzelnen Provinzen[28] bestehenden Konsistorien sind gleichfalls kellegialisch eingerichtet[29], doch liegt dem zum Präsidium derselben gehörenden General-Superintendenten die persönliche Beaufsichtigung der Geistlichen ob[30]. Unter den Konsistorien stehen die Prüfungs-Kommissionen für die Kandidaten des evangelischen Predigtamts[31].

In den neuen Provinzen finden sich die dem Kultusminister unterstellten Konsistorien für Schl.-Holstein zu Kiel[32], für den Reg.-Bez. Kassel zu Kassel[33], für Frankfurt a. M. daselbst und für den übrigen Theil des Reg.-Bez. Wiesbaden zu Wiesbaden. — Für Hannover bestehen unter dem evangelisch lutherischen Landeskonsistorium[34] mehrere Provinzialkonsistorien, deren auch auf äußere Angelegenheiten ausgedehnte Zuständigkeit vorläufig nicht verändert ist[35].

Unter den Konsistorien stehen die Geistlichen (Pastoren, Prediger).

---

nebst CR. v. 10. Sept. 1877 (MB. 244). — Die kirchliche Verfassung stellt sich hiernach als eine Verbindung des Konsistorial- u. des Presbyterialsystems dar.

[25] G. v. 1876 Art. 13, 15 u. 17.

[26] AE. u. Regl. v. 29. Juni 1850 (GS. 343) § 2.

[27] Das. § 1 u. 3; G. v. 1876 Art. 19, 21 u. V. v. 5. Sept. 1877 (GS. 215) Art. I u. II.

[28] Für Ost- u. Westpreußen besteht nur ein Konsistorium zu Königsberg. — Hohenzollern steht unter dem der Rheinprov. G. v. 7. Jan. 1852 (GS. 35) § 1.

[29] Ihre Einrichtung beruht auf Instr. v. 23. Okt. 1817 (GS. 237) § 1, 2, 10—15, ihr ausschließlicher Charakter als Verwaltungsbehörde der ev. Kirche auf KO. v. 31. Dez. 1825 (GS. 1826 S. 5) B 1—7 u. V. v. 27. Juni 1845 (GS. 440).

[30] Instr. vom 14. Mai 1829 (KA. XIII 279).

[31] Anm. 38 u. 40.

[32] V. v. 27. Sept. 1867 (GS. 1669), auf Lauenburg ausgedehnt G. v. 23. Juni 1876 (GS. 169) § 5.

[33] AE. v. 13. Juni 1867 (GS. 583), u. v. 24. April 1873 (GS. 184).

[34] V. v. 17. April 1866 (Han. GS. I 105).

[35] OrgG. § 26.—Konsistorien bestehen zu Hannover, Stade, Otterndorf, Osnabrück, Aurich u. Nordhorn (Ober-Kirchenrath der Grafschaft Bentheim).

Einzelne derselben führen als Superintendenten[36]) die Aufsicht über die Geistlichen eines bestimmten Bezirks. Ihre Verhältnisse bilden, soweit sie nicht durch Staatsgesetze festgestellt sind[37]), Gegenstand der kirchlichen Gesetzgebung. Ihre Anstellung erfolgt nach zuvoriger Prüfung[38]) und Vereidigung[39]) durch die Konsistorien[40]), wobei den Gemeinden ein begrenztes Wahlrecht zugestanden ist[41]). Ihre amtlichen Verrichtungen sind durch die Kirchengesetze näher geregelt[42]), insbesondere die Trauungen[43]). Die Disciplin handhaben die Konsistorien und der Oberkirchenrath[44]). Die Geistlichen beziehen ein Diensteinkommen sowohl während des Dienstes[45]), als nach Beendigung desselben[46]).

§ 302.

c) Die **Kirchengemeinde- und Synodalverfassung** betrifft nicht die Glaubenslehren, sondern schafft nur die äußere Ordnung und die erforderlichen Organe für die der Kirche zugefallene Selbstverwaltung.

In diesem Sinne ist die Verfassung für die älteren Provinzen zum gemeinsamen Abschluß gebracht[47]). Zur Vertretung der Kirchengemeinden und

---

[36]) In Schl.-Holstein heißen sie Pröbste, in Nassau Dekane.

[37]) § 296 d. W. Vgl. f. d. östl. Prov. G. v. 3. Juni 1876 (GS. 125) Art. 23^7; f. Schl.-Holstein u. den KonsB. Wiesbaden G. v. 6. April 1878 (GS. 145) Art. 31^6.

[38]) LR. II 11 § 61, 62 u. 319; Publ. v. 24. Feb. 1817 (KA. I Heft 1 S. 131). — Prüfung und Anstellung der Geistlichen der neuen Prov. u. des nordd. Bundesgebiets im Geb. der Preuß. Landeskirche Vf. v. 20. Juni 1870 (MB. 181). — Hannover V. v 4. Mai 1868 (GS. 473).

[39]) Neue Provinzen V. v. 22. Jan. 1867 (GS. 132), insbes. Hannover V. v. 1. Juli 1868 (GS. 703).

[40]) KonsB. Kassel V. v. 22. Juli 1874 (GS. 271) — In Betreff der staatlichen Erfordernisse (§ 291 Nr. 1 d. W.) wird die wissenschaftliche Prüfung mit der theologischen verbunden; die besondere Anzeige ist aber entbehrlich, weil die Mitglieder der evangelischen Kirchenbehörden vom König ernannt werden.

[41]) KGemO. f. d. östl. Prov. (Anm. 47b) § 32; Rhein. Westf. KO. (Anm. 47a) § 53 bis 65 (§ 59 geändert AE. v. 22. Juli 1867 MB. 298); Schl.-Holst. KO. (Anm. 54a) § 46; Nass. KO. (Anm. 54b) § 48 bis 55. — Han. G. v. 22. Dez. 1870 (GS. 1871 S. 1); § 5^3 ergänzt G. v. 5. Juli 1876 (GS. 277).

[42]) Rhein. Westf. KO. § 66—116.

[43]) Aeltere Provinzen TrauungsO. v. 27. Juli 1880. — Han. G. v. 6. Juli 1876 (GS. 278), Aufhebung der Gebühren G. v. 16. Juni 1875 (GS. 303).

[44]) RL. II 11 § 532, KO. v. 12. April 1822 (GS. 105) u. v. 27. April 1830 (GS. 81). — KonsBez. Kassel AE. v. 27. Sept. 1873 (GS. 454). — Mitwirkung des Staats § 291 Nr. 2 (S. 318) d. W.

[45]) Pfarrverbesserung in Hannover G. v. 4. Juli 1876 (GS. 275).

[46]) Ruhegehalt in den älteren Provinzen G. v. 15. März u. V. v. 1. Juni 1880 (GS. 216 u. 267). — EmeritirungsO. für Hannover v. 16. Juli 1873 (GS. 386), Aenderung G. v. 2. Feb. 1876 (GS. 32).

[47]) In den älteren Provinzen ergingen:

a) f. Westfalen und Rheinprovinz die KirchenO. v. 5. März 1835 (KA. XIX 104), ergänzt AO. v. 13. Juni / R. v. 25. Aug. 1853 (MB. 229);

b) f. d. 7. östl. Prov. die Kirchengem. u. SynodO. v. 10. Sept. 1873 nebst Staatsg. v. 25. Mai 1874 (GS. 1874 S. 151 u. 147); — Einfügung der 3 Kreissynoden der Grafschaften Stolberg AE. v. 30. Dez. 1874 (GS. 1875 S. 2);

c) für beide Landestheile (b u. c) die General-Synodal-O. v. 20. Jan. 1876 (GS. 134) nebst Staatsg. v. 3. Juni 1876 (GS. 125), welches zugleich die Gesetze zu b ergänzt

Hohenzollern gehört auch zur Landeszur Förderung des sittlich religiösen Lebens sind Gemeindekirchenräthe (in den westlichen Provinzen Presbyterien) gebildet, die unter Vorsitz des Geistlichen aus den etwaigen übrigen Geistlichen und 4—12 von der Gemeinde gewählten Mitgliedern bestehen. In Gemeinden von 500 (in den westlichen Provinzen 200) und mehr Seelen wird daneben zur Beschlußnahme über wichtigere Angelegenheiten eine Gemeindevertretung bestellt. In kleineren Gemeinden erfolgt diese Beschlußnahme durch die Gemeindeversammlung[48]. — Die Gesammtheit der in einer Diözese belegenen Gemeinden wird durch die Kreissynode vertreten. Diese besteht aus dem Superintendenten als Vorsitzenden, allen ein Pfarramt verwaltenden Geistlichen und doppelt so viel (in den westlichen Provinzen ebensoviel) aus den Gemeinden gewählten Mitgliedern. Sie wird in der Regel einmal jährlich berufen und inzwischen durch den Kreissynodalvorstand (in den westl. Prov. Direktorium oder Moderamen genannt) vertreten. In Städten, die wie Berlin mehrere Kreissynoden umfassen, können letztere zu gemeinsamer Berathung zusammentreten[49]. — Die evangelische Kirche der Provinz wird durch die Provinzialsynode vertreten. Diese besteht aus Abgeordneten der Kreissynoden, den bis zur Zahl von $^1/_6$ derselben vom König zu ernennenden Mitgliedern und einem Mitgliede der evang.-theologischen Fakultät der Provinzial-Universität. In den westlichen Provinzen finden einige Abweichungen statt. Sie tritt in der Regel alle drei Jahre zusammen; inzwischen werden ihre Angelegenheiten durch ihren Vorstand versehen[50]. — Die evangelische Landeskirche der neun älteren Provinzen wird durch die Generalsynode vertreten. Diese besteht aus den Generalsuperintendenten, 150 von den Provinzialsynoden und 6 von den evang.-theologischen Fakultäten der Landes-Universitäten zu wählenden und 30 landesherrlich zu ernennenden Mitgliedern. Die Berufung erfolgt für 6 Jahre. Die Generalsynode tritt in der Regel alle 6 Jahre zusammen nnd wird inzwischen durch den General-Synodalvorstand vertreten. Außerdem geht aus derselben der Synodalrath hervor, der alljährlich einmal zur Berathung der Aufgaben und Angelegenheiten der Landeskirche mit dem Oberkirchenrath zusammentritt[51]. — Kirchengesetze fordern die Zustimmung der General- bezw. wenn ihr Geltungsbereich nicht über die Provinz hinausgeht der Provinzial-Synode

kirche, ist aber, weil es nur 3 ev. Gemeinden in der Diaspora (Anm. 39 S. 320) besitzt, nicht v. d. Organisation betroffen.

[48]) KirchGem. u. SynO. § 1—48 u. Staatsg. Art. 1—5. — Rh. Westf. KO. §1—33, erg. AE. v. 8. Dez. 1866 (MB. 1867 S. 32) u. v. 4. Mai 1868 (GS. 450). — Die Gemeindekirchenräthe sind öffentl. Behörden und als solche zur Wiederinkurssetzung von Inhaberpapieren (§ 317 d. W.) befugt ER. v. 11. Sept. 1880 (MB. 228).

[49]) K. u. SO. § 49—57 (§ 50 wird durch § 43 der GenSO. ersetzt, § 42 das.) u. StaatsG. v. 1876 Art. 2—9; Kosten K. u. SO. § 71—74 u. StaatsG. Art. 12. — Rhein. Westf. KO. § 34—43.

[50]) K. u. SO. § 58—70 (§ 59, 61 u. 62 durch GenSynO. § 44—46 ersetzt, § 42 das.) u. StaatsG. v. 1876 Art. 10, 11, 13 u. 16; Wahlkreise V. v. 1. Juni 1874 (GS. 213); Kosten wie vor. Anm. — Rhein. Westf. KO. § 44—52ᵇ u. StaatsG. Art. 13.

[51]) GenSynO. § 1—40 u. StaatsG. v. 1876 Art. 14—21.

und die Genehmigung des Landesherrn. Ihre Veröffentlichung erfolgt durch das kirchliche Gesetz- und Verordnungsblatt[52]).

Innerhalb der neuen Provinzen[53]) sind für Schleswig-Holstein und den Konsistorialbezirk Wiesbaden ähnliche Einrichtungen getroffen[54]). Die kirchliche Verwaltung ist hier gleichfalls vorbehaltlich einer speziell bestimmten Staatsaufsicht den Konsistorien übertragen, denen dabei in Ermangelung einer obersten Kirchenbehörde weitergehende Befugnisse zustehen[55]). — Die in der Provinz Hannover f. d. evangelisch-lutherische Kirche bestehenden Einrichtungen beruhen auf ähnlichen Grundlagen, tragen indeß einen etwas mehr pastoralen Charakter. Insbesondere ist wie in den westlichen Provinzen in den Bezirkssynoden die Zahl der geistlichen und weltlichen Mitglieder die gleiche[56]). Für die reformirte Kirche dieser Provinz ist gleichfalls eine Gemeinde- und Synodalverfassung angebahnt[57]). — Im Konsistorialbezirk Kassel, wo dem Landesherrn ziemlich ausgedehnte Befugnisse der Kirche gegenüber zustehen[58]) ist eine Neuregelung noch nicht zu Stande gekommen. Ebenso besteht in Frankfurt a/M. noch die frühere Kirchenverfassung.

7. Die übrigen Religionsgesellschaften[59]).

§ 303.

Nach Einführung der Glaubens- und Religionsfreiheit[60]) hat die Staatsgesetzgebung bezüglich der übrigen Religionsgesellschaften nur eine beschränkte Thätigkeit entfaltet[61]).

---

52) K. u. SO. § 65 3, GenSynO. § 6 bis 10. — Anerkennung durch StaatsG. § 300 Abs. 6 d. W.

53) Die evangelische Bevölkerung von Schl.-Holstein ist bis auf 2 reformirte Gemeinden lutherisch, in Hannover ist gleichfalls das lutherische Bekenntniß weit überwiegend, während in Hessen-Nassau Unirte, Lutheraner und Reformirte ziemlich gleichmäßig nebeneinander stehen.

54) a) Kirchengem. u. SynO. f. d. ev.-lutherische Kirche v. Schl.-Holstein v. 4. Nov. 1876 (GS. 1878 S. 155), auf Lauenburg ausgedehnt Erl. u. V. v. 7. Nov. 1877 (das. 189); dazu StaatsG. v. 6. April 1878 (GS. 145) Art. 1—12, 23—28 u. 38. — Die Kreissynode heißt in dieser Provinz Probsteisynode.

b) KGem. u. SynO. f. die ev. Gemeinden im KonsBez. Wiesbaden v. 4. Juli 1877 (GS. 1878 S. 192) nebst StaatsG. v. 6. April 1878 (GS. 145) Art. 13—28 u. 38.

55) Das. Art. 29—37. — Zuständigkeit V. v. 19. Aug. 1878 (GS. 287) u. v. 9. Juni 1879 (GS. 365 u. Berichtig. S. 386).

56) Han. Kirchenvorstands- u. SynO. u. Bek. v. 9. Okt. 1874 (Han. GS. 1 413 u. 441); verb. Anm. 30 (S. 319). — Die Regelung f. d. Jadegebiet ist vorbehalten G. v. 23. März 1873 (GS. 107) § 6.

57) AE. u. V. v. 4. Mai 1881 (GS. 285 u. 286).

58) Hess. Verf. Urk. v. 5. Jan. 1831 § 134.

59) Die christlichen Religionsgesellschaften (Herrenhuter und böhmische Brüder, Irvingianer, Baptisten, Mennoniten) zählten (1875) etwa 35000 Mitglieder. Juden gab es 339 790 (1,32 Proz. der Bevölkerung).

60) § 289 d. W.

61) Verleihung der Korporationsrechte s. Anm. 5 (S. 315). — Von den Maigesetzen findet nur das wegen der Straf- u. Zuchtmittel auf die nicht zur Kirche gehörenden Religionsgesellschaften An-

Besondere Vorschriften gelten für die Juden, in Betreff deren eine staatliche Mitwirkung bei der Vereinigung zu Synagogengemeinden, bei der Wahl der Vorstände und Kultusbeamten und bei der Vermögensverwaltung stattfindet[62]). Neben dem Austritt aus dem Judenthum[63]) ist in ähnlicher Weise wegen religiöser Bedenken der Austritt aus einer Synagogengemeinde gestattet, doch muß der Ausgetretene zu den bereits entstandenen Ausgaben noch eine Zeit lang beitragen[64]). — Die getrennte jüdische Armenpflege ist aufgehoben[65]) und die Eidesleistung gesetzlich geregelt[66]).

II. Unterricht.

1. Einleitung.

§ 304.

Durch den Unterricht soll der Erwerb der Bildung vermittelt werden. Der Staat hat die Bedingungen hierfür herzustellen, die der Einzelne nicht zu erfüllen vermag. Er hat daneben das unmittelbare Interesse, die Bildung seiner Angehörigen soweit gefördert zu sehen, daß diese ihren Aufgaben im Staatsleben genügen können.

Die geschichtliche Entwickelung des Unterrichtswesens ist allmälig vor sich gegangen. Während des Mittelalters befand sich dasselbe ausschließlich in den Händen der Kirche. Erst im 12ten und 13ten Jahrhundert wuchsen neben den Kloster-, Stifts- oder Domschulen in den aufblühenden Städten Stadtschulen empor. Mit der Reformation gewann das Schulwesen eine breitere Grundlage, doch wurde seine weitere Entwickelung durch den dreißigjährigen Krieg aufgehalten. Ein Aufschwung erfolgte erst im 18ten Jahrhundert, wo die thatkräftige Fürsorge einzelner einsichtigen Fürsten den Schulanstalten sich zuwandte und die allgemeine geistige Bewegung auch die Fragen des Unterrichts mächtig ergriff[1]).

---

wendung § 291 Nr. 2 d. W. — An Stelle der Eidesleistung ist einzelnen Religionsgesellschaften die bloße Betheuerung gestattet CProzO. § 446; Mennoniten V. v. 11. März 1827 (GS. 28); Philipponen KO. v. 19. Nov. 1836 (KJ. Bd 49 S. 175).

[62]) Aeltere Provinzen G. v. 23. Juli 1847 (GS. 263) § 35—58 u. ZustG. § 164. — Holst. G. v. 14. Juli 1863 (Holst. GB. 167) u. Schlesw. V. v. 8. Feb. 1854 (Verordnungen 124), beide ergänzt durch AE. v. 24. Juni 1867 (GS. 1308). — Han. G. v. 30. April 1842 (Han. GS. I 211) nebst Bek. v. 19. Jan. 1844 (das. I 43). — Kurhess. G. v. 30. Dez. 1823 (Kurh. GS. 87). — Nass. Bek. v. 7. Jan. 1852 (Nass. VB. 6). — Frankfurter Dekr. v. 30. Jan. 1812 (Frankf. RegBl. II 9).

[63]) S. § 289 Abs. 2 d. W.

[64]) G. v. 28. Juli 1876 (GS. 353). — Posen § 7 das. u. G. v. 24. Mai 1869 (GS. 838). — Altisraelitische Gemeinde zu Wiesbaden V. v. 24. März 1879 (GS. 273).

[65]) RG. v. 6. Juni 1870 (BGB. 360) § 6, G. v. 8. März 1871 (GS. 130) § 16.

[66]) G. v. 15. März 1869 (GS. 484).

[1]) Vorzugsweise traten die pietistische u. die philanthropische Richtung in Francke u. Basedow hervor. Ersterer gründete zu Anfang des vorigen Jahrhunderts in

In Preußen waren schon frühzeitig umfassende Schulordnungen erlassen[2]) und zahlreiche Schulen gegründet. Beides geschah durch die Regierung und unter diesen Einflüssen hatte das Schulwesen einen streng staatlichen Charakter angenommen. Die öffentlichen Schulen waren mittelbar oder unmittelbar zu Staatsanstalten, die Lehrer an denselben zu Staatsbeamten geworden. Diesen Standpunkt hat das Landrecht eingenommen[3]) und später die Verfassung zu noch bestimmteren Ausdruck gebracht[4]). Die Vorschriften der letzteren haben jedoch, da sie erst mit Erlaß eines Unterrichtsgesetzes in Kraft treten werden[5]), inzwischen nur die Bedeutung allgemeiner Verheißungen.

Der Privatunterricht unterliegt gleichfalls der staatlichen Aufsicht. Die Verfassung hat die Wissenschaft und ihre Lehre vorbehaltlich der nöthigen Befähigung der Lehrenden für frei erklärt. Inzwischen kommen noch die beschränkenden älteren Vorschriften zur Anwendung. Hiernach sollen Privatunterrichts- und Erziehungsanstalten nur bei vorhandenem Bedürfniß und bei nachgewiesener sittlicher und wissenschaftlicher Befähigung zugelassen werden. Der Sittlichkeitsnachweis wird für Hauslehrer, Erzieher und Erzieherinnen, der Befähigungsnachweis außerdem auch für Privatlehrer erfordert[6]).

Die staatliche Verwaltung führt an oberster Stelle der Kultusminister[7]). Die Universitäten ressortiren unmittelbar von demselben, während übrigens für die Elementar-, Bürger- und Privatschulen die Kirchen- und Schulabtheilungen der Regierungen[8]) und für die höheren Schulen einschließlich der Schullehrerseminare die Provinzial-Schul-Kollegien seine Organe bilden. Letztere waren ursprünglich Abtheilungen der Konsistorien, bestehen aber jetzt als selbstständige kollegiale Behörden für jede Provinz.

Halle seine verschiedenen Schulanstalten (Frankesche Stiftungen) und machte sich namentlich um Heranbildung eines tüchtigen Lehrerpersonals verdient. Basedow († 1790) suchte den Unterricht möglichst naturgemäß, leichtfaßlich u. durch Hineinziehung der Realien auch möglichst praktisch zu gestalten. Wahrhaft fruchtbringend hat auf diesem Wege erst Pestalozzi († 1827) gewirkt, dessen System zwar gleichfalls die natürliche Anschauung zu Grunde legte, durch diese aber vor Allem die eigene geistige Kraft des Schülers zu wecken und zu entwickeln suchte. Er wendete sich vorzugsweise den Armen u. Hülfslosen zu u. wird deßhalb als Vater des Volksunterrichts bezeichnet.

[2]) SchulO. v. 1573, 1713 u. General-Land-Schul-Regl. v. 1763.

[3]) Das Landrecht handelt in Th. II Tit. 12 nach den einleitenden Bestimmungen (§ 1—11), von gemeinen Schulen (§ 12—53), von gelehrten Schulen und Gymnasien, (§ 54—66) u. von Universitäten (§ 67—129).

[4]) VU. Art. 20 - 23. — Wegen der Volksschule s. Anm. 15.

[5]) Das. Art. 26 u. 112.

[6]) LR. II 12 § 3—8, AO. v. 10. Juni 1834 (GS. 135) u. StMinInstr. v. 31. Dez. 1839 (MB. 1840 S. 94), (§ 11 geändert ER. v. 22. Aug. 1866 MB. 211). — Die Ertheilung von Tanz-, Turn- u. Schwimmunterricht darf keinen anderen Beschränkungen unterworfen werden, als daß sie den wegen Sittlichkeitsvergehen Bestraften untersagt werden kann GewO. v. 21. Juni 1869 (BGB. 245) § 35; übrigens wird d. Unterrichtswesen durch d. GewO. nicht berührt das. § 6.

[7]) § 47 d. W.; Reichs-Schul-Kommission Anm. 5 (S. 109).

[8]) § 53 d. W

Den Vorsitz führt der Ober-Präsident[9]). Die bei den Regierungen angestellten Schulräthe sind zugleich Mitglieder der Provinzial-Schul-Kollegien[10]). Unter diesen Behörden stehen die wissenschaftlichen Prüfungs-Kommissionen für die Kandidaten des höheren Schulamtes[11]). — Während die Provinzial-Schul-Kollegien die ihnen zugewiesenen Angelegenheiten unmittelbar verwalten, bedienen die Regierungen sich hierbei besonderer Aufsichtsorgane. Als solche bestehen die Kreisschul-Inspektoren für einen mehrere Gemeinden umfassenden Bezirk und die Lokalschul-Inspektoren für die einzelnen Gemeinden. Erstere sind in der Regel die Superintendenten und Dechanten innerhalb ihrer Diözesen, letztere die Ortsgeistlichen[12]). Sie handeln aber nur im Auftrage des Staates, der diesen jederzeit widerrufen, andere Inspektoren ernennen und die Aufsichtsbezirke anderweit abgrenzen kann[13]). — Zu Veröffentlichungen auf dem Gebiet des Schulwesens dient seit 1859 das Centralblatt der Unterrichtsverwaltung.

Die weiteren Vorschriften sind besondere für die Volksschule (Nr. 2), für die höheren Lehranstalten (Nr. 3) und für die an oberster Stelle stehenden Universitäten (Nr. 4). Während das gemeinsame Ziel dieser Anstalten die Gewinnung allgemeiner Bildung ist, sind die Fachschulen auf spezielle Berufszweige berechnet. Diese fallen deßhalb unter die einzelnen Verwaltungsgebiete[14]).

2. Die Volksschule.

§ 305.

a) **Wesen und Bedeutung.** Die Grundsätze der Verfassung haben auch in Betreff der Volksschule bis zum Erlaß eines Unterrichtsgesetzes nur die Bedeutung allgemeiner Verheißungen[15]). Das Volksschulwesen beruht deßhalb noch auf der älteren Gesetzgebung[16]).

---

[9]) Instr. v. 23. Okt. 1817 (GS. 237) § 6—8, 10—15, KO. v. 31. Dez. 1825 (GS. 1826 S. 5) B 1, 9 u. AE. v. 26. Aug. 1859 (GS. 535); neue Prov. V. v. 22. Sept. 1867 (GS. 1570), Lauenburg G. v. 23. Juni 1876 (GS. 169) § 5. — Hohenzollern steht unter dem PrSchKoll. der Rheinprov. G. v. 7. Jan. 1852 (GS. 35) § 1, Berlin unt. dem für Brandenburg OrgG. § 34.

[10]) V. v. 27. Juni 1845 (GS. 440) § 7.

[11]) Instr. § 12 u. Regl. v. 20. April 1831 (KA. XV 311).

[12]) LR. II 12, § 12—17, 47 u. 49.

[13]) Schulaufsichts-G. v. 11. März 1872 (GS. 183); Einf. in Lauenburg G. v. 25. Feb. 1878 (GS. 97) § 5[1]. — Im Nebenamt stehen zur Zeit 700 Kreisschulinspektoren, darunter 670 Geistliche neben 177 besonders angestellten Beamten. Letztere überwiegen in der Rheinprov. u. in den RegBez. Oppeln u. Marienwerder. In der Prov. Posen befinden sich beide Arten im Gleichgewicht. In allen übrigen Landestheilen bilden die geistlichen Schulinspektoren die Mehrzahl.

[14]) Als Fachschulen, die bis auf die dem Unterrichtsminister unterstellten technischen Schulen (Anm. 51 S. 51) unter den Fachministern stehen, sind zu erwähnen die Militärschulen (§ 97 d. W.), Forstschulen (§ 120), Bauschulen (§ 277), Bergschulen (§ 322), Landwirthschaftsschulen (§ 328 Anm. 11), Gewerbeschulen (§ 355), Navigationsschulen (§ 365 Anm. 49) u. d. Hebeammenlehranstalten (§ 273).

Die Grundlage bildet die allgemeine **Schulpflicht** (der Schulzwang), wonach alle Einwohner ihre nicht anderweit gehörig unterrichteten Kinder vom zurückgelegten 5ten Jahre ab so lange zur öffentlichen Schule schicken müssen, bis sie sich die erforderliche Bildung angeeignet haben[17]). Durch Provinzialgesetze sind Anfangs- und Endpunkt der Schulpflicht zum Theil abweichend bestimmt. Die allgemeine Schulpflicht hat unser Staatswesen außerordentlich gefördert und ist ein Haupthebel für die Entwickelung desselben geworden. Deutschland steht hierin allen Großstaaten voran[18]).

Die Erfüllung der Schulpflicht setzt das Vorhandensein der nach Zahl und Einrichtung dem Bedürfniß entsprechenden **Schulanstalten** voraus[19]). Die Sorge hierfür liegt zunächst dem Staat ob, doch wirken dabei noch zwei andere Faktoren mit: die Kirche und die Gemeinde.

Die **Kirche** ist bei der Schule betheiligt, weil die Religion einen wesentlichen Bestandtheil des Volksunterrichts bildet[20]), der vermöge der Einheitlichkeit des letzteren sich nur schwer aus demselben herauslösen läßt. Die

---

[15]) VU. Art. 21, 23—25. — S. die einzelnen Grundsätze Anm. 21 u. 23, 27, 35, 38 u. 53, 61.

[16]) In den **älteren Provinzen** kommen neben dem ALR. II 12, § 12 bis 53 als Provinzialgesetze in Betracht: f. Preußen SchulO. v. 11. Dez. 1845 (GS. 1846 S. 1), insbes. § 38—72, — f. Neuvorpommern Reg. v. 29. Aug. 1831 (KA. XV 564), — f. Schlesien Land-Schul-Regl. v. 3. Nov. 1765 (Korn, Ed-Samml. VIII 780) u. Kathol. Schul-Regl. v. 18. Mai 1801 (Korn, Neue Ed-Samml. VII 266). Die Uebertragung der §§ 10—29 des letzteren auf evang. Schulen (LandtAbsch. v. 22. Feb. 1829) hat keine Gesetzeskraft Erk. d. OVG. v. 27. Dez. 1876 (Entsch. I 211). — In den **neuen Provinzen** gelten f. Schl.-Holstein SchulO. v. 24. Aug. 1814; f. Hannover Volksschul-G. v. 26. Mai 1845 (Han. GS. I 465), erg. G. v. 2. Aug. 1856 (das. 257); f. Nassau Schul-Ed. v. 24. Mai 1817.

[17]) LR. II 12 § 43—46 u. 48, auf die nicht landrechtlichen älteren Prov. ausgedehnt KO. v. 14. Mai 1825 (GS. 149) Nr. 1—3. Aehnliche Vorschriften in den neuen Prov. — Schulbesuch der in Fabriken beschäftigten Kinder § 353 (S. 413) d. W. — Die für Schulversäumnisse angedrohten Strafen sind im strafrechtlichen Wege, nicht durch polizeiliche Exekution (wie die Verwaltungspraxis annahm) zu ahnden E. d. KGH. v. 14. März 1863 (MB. 113, JMB). 126. — Unter den deutschen Staaten (außer Baiern) ist die Heranziehung schulpflichtiger Kinder am Aufenthaltsort gegenseitig vereinbart CR. v. 13. Nov. 1876 (MB. 272).

[18]) Die Ergebnisse werden statistisch nur an den alljährlich in das deutsche Heer eingestellten Militärpflichtigen ermittelt. Die Zahl der unter diesen befindlichen, des Lesens u. Schreibens unkundigen Personen (Analphabeten) ist in steter Abnahme begriffen. Sie betrug 1875 noch 2^{37} Proz., 1880 nur noch 1^{59} Proz. der Bevölkerung des Reichs. Diesen Durchschnitt überschritten Ostpreußen (7^{02} Proz.), Westpreußen (8^{75} Proz.), Posen (9^{91} Proz.), der RB. Oppeln (4^{33} Proz.) u. Elf.-Lothringen (2^{24} Proz.). — **England** hat es noch zu keinem Volksschulwesen, sondern nur zu einem staatlich unterstützten Privatschulwesen gebracht. — In **Frankreich** ist der Unterricht in seinen drei Abstufungen (instruction primaire Elementarunterricht, secondaire Vorbildung u. superieure Fachbildung) zwar speziell organisirt; die 1833 u. 1850 erlassenen Volksschulgesetze sind jedoch thatsächlich noch nicht vollständig durchgeführt. — Aehnliches gilt von dem 1869 für **Oesterreich** erlassenen Gesetz.

[19]) Im Jahre 1879 bestanden 58000 Volksschulen mit 40000 Lehrern u. 17000 Lehrerinnen.

[20]) Die preußische Schule steht dadurch im Gegensatz zur religionslosen Schule, wie sie seit 1806 in Holland durchgeführt ist.

durch die Verfassung den Religionsgesellschaften verheißene Leitung des Religionsunterrichts[21]), insbesondere die Mitwirkung der Ortsgeistlichen bei demselben bildet deßhalb kein selbstständiges Recht, sondern erfolgt nur im Auftrage und mit Erlaubniß des Staats[22]). — Dasselbe Verhältniß bedingt ferner die möglichste Berücksichtigung der konfessionellen Verhältnisse und die Konfessionsschulen bilden hiernach die Regel. Sie sind überall geboten, wo die auf eine Schule angewiesenen Schüler ausschließlich oder überwiegend einem bestimmten Bekenntniß angehören. Die Simultanschule, in der der Unterricht in allen Fächern mit Ausnahme der Religion ohne jede konfessionelle Färbung ertheilt und auch bei Wahl der Lehrer den verschiedenen Bekenntnissen gleiche Berücksichtigung zu Theil wird, ist dagegen nur zulässig, wenn entweder die Bildung leistungsfähiger Schulsysteme ohnedem nicht zu erreichen sein würde, oder wenn die Einrichtung von den Betheiligten beantragt wird und zugleich zu einer wesentlichen Verbesserung des Schulwesens beitragen kann[23]). Uebrigens kann auch in Konfessionsschulen bei gemischter Konfession die Minderheit — wenn sie keine verschwindende ist — abgesonderten Religionsunterricht auf Kosten der Schulgemeinde beanspruchen[24]). — Bei vorhandenem Bedürfniß können ausnahmsweise öffentliche jüdische Schulen eingerichtet werden[25]).

Die Verwendungen, mit welchen der Staat in immer steigendem Maße für das Schulwesen eingetreten ist, beruhen nur auf einer ergänzenden subsidiären Verpflichtung. Die eigentliche Trägerin der Schulunterhaltungspflicht, soweit der Bedarf nicht aus dem Schulvermögen[26]) oder dem Schulgelde[27]) gedeckt wird, ist die Gemeinde[28]). Sie genügt dieser Pflicht

[21]) VU. Art. 24 Abs. 2.

[22]) CR. v. 18. Feb. 1876 (MB. 68), PlBeschl. des OTrib. v. 12. Okt. 1874 (Oppenhof XV 655). — Mildere Handhabung des Grundsatzes wird durch ein CR. v. 5. Nov. 1879 zugelassen.

[23]) CR. v. 16. Juni 1876 (nicht veröffentlicht). — Das LR. verhält sich gegen die Konfessionalitätsfrage gleichgültig (II 12 § 10, 11 u. 30). Eine KO. v. 4. Okt. 1821 verwarf die Simultanschule als unzweckmäßig. Spätere Vorschriften (KO. v. 23. März 1829 u. Preuß. Landtagsabsch. v. 28. Okt. 1838 KA. XXII 505) ließen sie bedingungsweise zu. VU. Art. 24 Abs. 1 fordert möglichste Berücksichtigung der konfessionellen Verhältnisse. — Die Zahl der Simultanschulen betrug (1879) 442 od. 1[15] Proz. aller Schulen. Sie sind am zahlreichsten in Westpreußen, Posen u. den RegBez. Oppeln u. Düsseldorf. In den Städten Danzig, Posen, Bromberg, Ratibor, Leobschütz, Ohlau, Königshütte, Krefeld u. St. Johann sind alle Schulen simultan.

[24]) R. v. 11. Sept. 1873 (MB. 1874 S. 10).

[25]) G. v. 23. Juli 1847 (GS. 263) § 60—67.

[26]) Ueb. Ablösung der Grundabgaben § 331 Nr. 3 d. W., Vertheilung derselben bei Zerstückelungen § 330 (Anm. 23).

[27]) Die Regulirung steht der Regierung zu Instr. v. 23. Okt. 1817 (GS. 248) § 18f. — Die durch VU. Art. 25 Abs. 3 verheißene Beseitigung des Schulgeldes würde einen Einnahmeausfall herbeiführen, für den Angesichts des immer steigenden Bedarfs kaum Deckung zu finden sein dürfte.

[28]) Im Jahre 1833 betrug der Aufwand f. das Volksschulwesen 77½ Mill. M. od. 3 M. auf den Kopf der Bevölkerung. Hiervon entfielen 3 Proz. auf Schulvermögenseinkünfte, 14[7] Proz. auf Schulgeld, 75 Proz. auf Gemeindeleistungen u. 7[3] Proz. auf Staatszuschüsse. Gemeindeleistungen u. Staatszuschüsse sind

durch Erhebung von Abgaben[29]), welche ebensowohl zur Herstellung und Erhaltung der Schulgebäude und Schulutensilien[30]), wie zur Beschaffung des Lehrergehalts[31]) Verwendung finden. Die Verpflichtung ruht theils auf der politischen Gemeinde, theils auf der besonderen Schulgemeinde (Schulsozietät). Letzteres ist nach dem Landrecht der Fall, welches die Hausväter des Ortes und bez. der Konfession als Pflichtige bezeichnet[32]). Aehnliche Bildungen bestehen in Schleswig-Holstein und Hannover[33]). Die Provinzialgesetzgebung und die thatsächliche Entwickelung haben trotzdem an vielen Orten, insbesondere in den Stadtgemeinden die Schule zur Sache der politischen Gemeinde gemacht[34]). In Hessen-Nassau und Hohenzollern bildet dieses Verhältniß die Regel und ein demnächstiges Schulgesetz wird, wie die Verfassung es in Aussicht nimmt[35]), auch nur auf die politische Gemeinde zurückgreifen können.

Der Beitragspflicht der Gemeinde entspricht ihre Mitwirkung bei der Verwaltung, die für einzelne Schulen durch Schulvorstände[36]), für größere Schulsysteme in den Städten durch Schul-Deputationen[37]) ausgeübt wird. Die Beschränkung dieser Mitwirkung auf äußere Angelegenheiten[38]) erscheint den heutigen Selbstverwaltungsgrundsätzen nicht mehr ganz entsprechend[39]).

§ 306.

b) Die **Einrichtung der Volksschule** wird in Hinblick auf Aufgaben und Ziele derselben näher durch die Regulative bestimmt[40]). Die Lehrgegen-

inzwischen nicht unerheblich gewachsen. Der Etat 1881/2 weist an letzteren $49\frac{1}{2}$ Mill. M. auf, neben 5 Mill. M. für Ausbildung des Lehrerpersonals.

29) Schulabgaben unterliegen der zwangsweisen Beitreibung KO. v. 19. Juni 1836 (GS. 198) Nr. 1, 2, Anm. 27 (S. 165) u. genießen ein Vorrecht im Konkurse KonkO. § 54³. — Zuständigkeit bei Streitigkeiten üb. die Beitragspflicht u. die Nothwendigkeit u. Ausführungsart im Gebiet der KreisO. ZustG. § 77—79. Zulässigkeit des Rechtswegs Anm. 17 (S. 207).

30) S. Anm. 43.

31) S. § 307 d. W.

32) LR. II 12 § 29—38, ergänzt in Betr. der zugleich als Küstereien dienenden Schulhäuser G. v. 21. Juli 1846 (GS. 392) u. in Betr. der Beitragspflicht der Grundbesitzer i. d. vorm. sächs. Landestheilen V. v. 11. Nov. 1844 (GS. 698). — Die Schulgemeinde bildet eine Korporation PlB. d. OTr. v. 20. Juni 1853 (JMB. 299). — Die Abgrenzung erfolgt durch die Regierung Instr. v. 23. Okt. 1817 (GS. 248) § 18k u. ZustG. § 79.

33) Vgl. die Gesetze in Anm. 16.

34) Pr.SchulO. (Anm. 16) § 38—42. — Rhein. GemO. v. 23. Juli 1845 (GS. 523) § 86. — Die politischen Gemeinden können unter Genehmigung der Aufsichtsbehörden die Schullast den Schulgemeinden abnehmen ER. v. 30. Dez. 1865 (MB. 1866 S. 39) u. E. O-VG. v. 28. Nov. 1877 (Entsch. III 125)

35) VU. Art. 25 Abs. 1.

36) Aeltere Provinzen LR. II 12 § 12 bis 14 u. Instr. v. 28. Okt. 1812. Befugniß zur Vertretung der Schulgemeinde R. v. 22. Aug. 1863 (MB. 196). — Hannover G. v. 14. Okt. 1848 (Han. GS. I 301) § 26—28.

37) Besondere Schuldeputationen als technische Schulaufsichtsorgane sind nur für die östlichen Provinzen vorgesehen, Anm. 89 (S. 92).

38) VU. Art. 24 Abs. 3.

39) Einfügung des Schulwesens in das System der Selbstverwaltung s. 81 bis 84 der Anm. 6 (S. 54) erwähnten Schrift.

40) Dies sind die unterm 15. Okt. 1872 üb. das Volksschul-, das Präparanden- u. das Seminarwesen erlassenen fünf

stände sind Religion, deutsche Sprache (Sprechen, Lesen, Schreiben), Rechnen nebst den Anfängen der Raumlehre, Zeichnen, Geschichte, Geographie und Naturkunde, außerdem für die Knaben Turnen, für die Mädchen weibliche Handarbeiten. Diese Gegenstände vertheilen sich nach Maßgabe von drei dem Alter entsprechend gebildeten Stufen auf 20—30 wöchentliche Unterrichtsstunden [41]). Die Zahl der anzustellenden Lehrer bemißt sich nach der Schülerzahl. Die einklassige Schule mit einem Lehrer soll nicht über 80 Kinder umfassen. Eine größere Zahl kann zwar ausnahmsweise von einem Lehrer in zwei Abtheilungen unterrichtet werden (Halbtagsschule), doch sind in der Regel zwei Lehrer anzustellen, die in zwei, und wenn die Schülerzahl 120 übersteigt, in 3 Klassen unterrichten. Bei drei und mehr Lehrern werden die oberen Klassen nach dem Geschlecht getrennt [42]). Die Schulzimmer müssen einen mindestens 0,6 qm für jedes Kind umfassenden Flächenraum bieten und entsprechend ausgestattet sein [43]). Die Höhe ist auf 3,14 m festgesetzt, so daß ein Luftraum von 1,85 kbm für das Kind erzielt wird [44]).

Neben der Volksschule, welche auf Aneignung des Minimums der erforderten Bildung berechnet ist, können Mittelschulen (Bürger-, höhere Knaben-, Stadt-, Rektoratschulen) eingerichtet werden. Ihr Lehrplan betrifft dieselben Gegenstände wie die Volksschule, verfolgt aber höhere Ziele und umfaßt nach Bedürfniß daneben neuere Sprachen oder die Vorbereitung für das gewerbliche Leben. Diese Schulen müssen mindestens 5 Klassen mit höchstens je 50 Schülern haben, entsprechend ausgestattet und mit Lehrern besetzt sein, welche die für diese Schulen erforderte besondere Befähigung besitzen [45]).

Die Regulative stellen in streng sachlicher und bestimmter Weise Gegenstand und Gang der Volksbildung fest und tragen mit einer gewissen Elastizität den verschiedenartigen Bedürfnissen und Leistungsverhältnissen ausreichende Rechnung. Sie gewähren eine feste Grundlage für die Verwaltung des Volksschulwesens und haben bereits günstige Ergebnisse geliefert.

Als Ergänzung der Volksschule stellt die Fortbildungsschule sich dar, welche die Volksschulbildung befestigen und in ihrer Anwendung auf das praktische Leben erhöhen soll. In diesem Sinne werden gewerbliche und landwirthschaftliche Fortbildungsschulen unterschieden. Eine Schulpflicht findet sich nur unter gewissen Voraussetzungen für erstere anerkannt [46]). Im Uebrigen hat sich der Staat darauf beschränkt, Grundzüge für diese Schulen aufzustellen [47]) und ihre Gründung durch Beihülfen zu erleichtern.

Einzelverfügungen; vgl. Anm. 41, 45, 48, 50 u. 51.

41) Erste Verf. v. 15. Okt. 1872 (MB. 273) Nr. 12—38.

42) Das. Nr. 1—7.

43) Das. Nr. 8—11.

44) R. v. 20. Jan. 1872 (MB. 96). — Ausführung der Schulbauten CR. v. 30. Mai 1872 (MB. 326). Zuziehung der Staatsbaubeamten CR. v. 20. Jan. 1881 (MB. 26).

45) 2te Vf. v. 15. Okt. 1872 (MB. 279).

46) § 353 d. W. — In Sachsen, Oldenburg, Anhalt, Süddeutschland u. Oesterreich ist die Pflicht eine ausgedehntere.

47) Gewerbliche Fortbildungsschulen

§ 307.

c) Die **Volksschullehrer** empfangen ihre Ausbildung auf Seminarien. Die Vorbereitung zu der beim Eintritt in dieselben abzulegenden Prüfung[48]) wurde früher nur auf privatem Wege erworben. Zur Beseitigung des Lehrermangels sind indeß während des letzten Jahrzehnts Präparandenanstalten mit zwei aufsteigenden Klassen errichtet[49]). Der Unterricht in den Seminarien dauert drei Jahre und erfolgt in drei Klassen[50]). Zur Anstellung als Volksschullehrer, als Mittelschullehrer oder als Rektor wird das Bestehen je einer besonderen Prüfung erfordert[51]). Die Anstellung und bez. Bestätigung erfolgt durch die Regierung[52]). Die Verfassung verheißt die Betheiligung der Gemeinden[53]); zur Zeit beruht diese nur auf Spezialvorschriften[54]).

Die Schullehrer haben Pflichten und Rechte der Staatsbeamten[55]). Vermöge ihres Amts steht ihnen das Recht der Schulzucht zu[56]). Sie genießen Begünstigungen bei Ableistung der Militärpflicht und bei Einziehung im Kriegsfall[57]), sind mit ihrem Diensteinkommen frei von Grund- und Gebäudesteuer[58]), sowie von Kreis- und Gemeindesteuern[59]) und haben keine Verpflichtung zur Uebernahme des Schöffen- und Geschworenendienstes[60]). Die Verfassung sichert ihnen ein festes, den Lokalverhältnissen angemessenes Einkommen[61]). In diesem Sinne ist unter Annahme gewisser Minimalsätze bereits vielfach zur Verbesserung der Stellen geschritten[62]). Zu einem einheitlichen Vorgehen werden indeß bestimmtere Grundsätze auf die Dauer nicht entbehrt

CR. v. 17. Juni 1874 (MB. 1878 S. 30), ländliche CR. v. 2. Feb. 1876 (MB. 70).

48) 3te Vf. v. 15. Okt. 1872 (MB. 283).

49) CR. vom 27. Mai 1872 (Centr.-Bl. d. Unter.Verw. 372). — Zur Zeit bestehen 110 Seminare (8 für Lehrerinnen) und 31 Präparandenanstalten.

50) Lehrplan u. LehrO. 4te Vf. v. 15. Okt. 1872 (MB. 286).

51) LR. II 12 § 24, 25 und PrüfungsO. 5te Vf. v. 15. Okt. 1872 (MB. 292). — Möglichkeit besonderer Ausbildung als Turnlehrer s. Anm. 70. — Geprüfte Lehrerinnen und Schulvorsteherinnen (PrüfO. v. 24. April 1874) können gegenseitig angestellt werden nach Vereinbarung mit Hessen CR. v. 23. Dez. 1880 (MB. 1881 S. 3), S. Kob.-Gotha CR. v. 26. Sept. 1877 (MB. 253), S.-Weimar v. 13. Feb. 1879 (MB. 50), Anhalt v. 19. Jan. 1878 (MB. 33), Hamburg v. 20. Feb. 1878 (MB. 34) u. Bremen v. 26. Mai 1879 (MB. 230).

52) RegInstr. v. 23. Okt. 1817 (GS. 248) § 18a. — Vereidigung CR. vom 6. Okt. 1873 (MB. 1874 S. 11).

53) VU. Art. 24 Abs. 3.

54) LR. II 12 § 22 u. 23 überträgt der Gerichtsobrigkeit die Bestellung. — Vgl. f. Ost- u. Westpreußen SchulO. (Anm. 16) § 6 ff. u. 37[1], Neuvorpommern Regl. 1831 (das.) Art. 6, Schlesien KO. v. 30. Sept. 1812 (GS. 185).

55) § 304, verb. § 60—70 d. W.

56) LR. II 12 § 50—53 u. KO. v. 14. Mai 1825 (GS. 149) Nr. 4—6.

57) § 82 u. 84 d. W.

58) S. Anm. 60 (S. 322).

59) § 72 Nr. 4 (S. 84) d. W.

60) 180 u. 179 d. W.

61) VU. Art. 25 Abs. 2. — Pflicht der Gemeinden zur Herbeiholung neuer Lehrer LR. II 12 § 39—42. — Auseinandersetzung mit abgehenden Lehrern in d. vorm. sächs. Landestheilen G. v. 10. Mai 1855 (GS. 267).

62) Grundlage bildet das Aufsichtsrecht der Regierung RegInstr. v. 23. Okt. 1817 (GS. 248) § 18e. — RB. Kassel B. v. 29. Juli 1867 (GS. 1245). — Grundsätze der Feststellung CR. vom 7. Feb. 1867 (MB. 33).

werden können. Die Verschiedenheit in den örtlichen Verhältnissen und in der Leistungsfähigkeit der zunächst in Betracht kommenden Einzelgemeinden bieten hier unverkennbare Schwierigkeiten. Sie machen sich besonders fühlbar in Betreff der an sich dringend wünschenswerthen Gewährung von Alterszulagen und in Betreff der Pensionen. Für diese fehlt es zur Zeit noch an allgemeinen Vorschriften. In der Praxis wird im Anschluß an das Landrecht den Lehrern ein Drittel des Stelleneinkommens als Pension zugebilligt[63]).

Den Hinterbliebenen gebührt ein Sterbequartal nur provinzialrechtlich[64]). Dagegen ist die Wittwen- und Waisenversorgung allgemein dahin geregelt, daß jede Pension mindestens 250 M. jährlich beträgt. Die Mittel werden durch Beiträge der Lehrer und Gemeinden und erforderlichen Falls durch Zuschüsse des Staats beschafft. Die Kassenverwaltung führt die Regierung unter Mitwirkung der für die Kreise aus den Interessenten gebildeten Vorstände und der von diesen zu erwählenden Kuratoren[65]).

3. Die höheren Schulen.

§ 308.

In den höheren Schulen wird die nöthige wissenschaftliche Vorbildung erworben, die als Unterlage für die spätere Berufs- oder Fachbildung dienen soll[66]). Sie erscheinen zuerst in den Gymnasien, deren Mittelpunkt das Studinm des klassischen Alterthums bildet. Die Gymnasien umfassen sechs Klassen mit neunjährigem Kursus. Zur Vorbereitung dienen die Progymnasien. Die Ablegung der Reife- oder Abgangs-(Abiturienten-)Prüfung berechtigt zum Universitätsstudium[67]).

Die Entstehung dieser klassischen Lehranstalten reicht in das Zeitalter der Reformation zurück, in dem das Studium des Alterthums alle wissenschaftlichen Bestrebungen erweckte und beherrschte. In den protestantischen wie in den Jesuitenschulen wurde fast ausschließlich lateinisch unterrichtet und

[63]) LR. II 12 § 28 u. II 11 § 529. — Die Zulässigkeit der Festsetzung ist anerkannt Erk. KompGH. v. 23. Juni 1858 (JMB. 260). — Prov. Preußen § 26 der SchulO. (Anm. 16). — Lehrer an Seminarien, Kunst u. höheren Bürgerschulen s. Anm. 74.

[64]) Preuß. SchulO. § 24 u. 25. — In der Rheinprov. finden die für Geistliche gegebenen Vorschriften des Landrechts (II 11 § 833—856) auch auf Schullehrer Anwendung R. v. 12. Sept. 1817 (KA. I Heft 3 S. 86).

[65]) G. v. 22. Dez. 1869 (GS. 1870 S. 1) u. v. 24. Feb. 1881 (GS. 41), Instr. v. 31. Jan. u. v. 28. Juni 1870 (MB. 93 u. 298). Die Erziehung der Lehrerwaisen ist Zweck der Pestalozzistiftung.

[66]) LR. II 12 § 54—57 u. 61—64. — FerienO. v. 6. Nov. 1858 (MB. 1859 S. 27). — Maßregeln gegen Schülerverbindungen CR. v. 29. Mai 1880 (MB. 194).

[67]) PrüfungsRegl. v. 4. Juni 1834 (KA. XVIII 375). Zur Ausf. erging CR. v. 24. Okt. 1837 (KA. XXI 978) u. mit der Tendenz größerer Berücksichtigung der individuellen Befähigung CR. v. 17. Jan. 1856 (MB. 31). — Zur Zeit bestehen 245 Gymnasien u. 34 Progymnasien.

diese Unterrichtsweise hatte volle Berechtigung, so lange diese Sprache der alleinige Vermittler und das Alterthum die einzige Quelle des Wissens war. Als aber seit dem siebzehnten Jahrhundert die naturwissenschaftliche Forschung das vom Alterthum auf diesem Gebiete Geleistete weit hinter sich ließ und daneben die deutsche Sprache sich mehr und mehr entwickelte, begann ein Kampf gegen diese Alleinherrschaft. Im Verlauf desselben entstanden seit 1817 Realschulen meist als städtische Anstalten, in denen das mathematisch-naturwissenschaftliche Element gegen das philologisch-historische der Gymnasien in den Vordergrund trat. Sie erstrebten die Förderung der wirthschaftlichen Bildung, wie sie in den höheren Fachschulen ihren Abschluß fand und für das Militär-, Post-, Berg-, Bau- und Forstfach befähigte, während die streng wissenschaftliche Gymnasialbildung für das Universitätsstudium die nothwendige Voraussetzung blieb. Inzwischen machte das Realschulwesen weitere Fortschritte. Die Realschulen erhielten gleichfalls sechs Klassen. Die Schulen mit geringerer Klassenzahl wurden als höhere Bürgerschulen ausgeschieden und anderseits diejenigen Realschulen, die den vorgeschriebenen Lehrkursus und Lehrplan vollständig erfüllten, als Realschulen erster Ordnung besonders hervorgehoben. Die letzteren stehen hiernach, was das Maß der wissenschaftlichen Leistungen betrifft, den Gymnasien völlig gleich; nur die Richtung der Ausbildung ist eine verschiedene[68]). Im Anschluß hieran wurden die Realschulabiturienten zur philosophischen Fakultät der Universitäten und zum Lehramt im Gebiet der Mathematik, Naturwissenschaft und neueren Sprachen zugelassen[69]). Die gleiche Befugniß wird nunmehr in Betreff der Medizin und Jurisprudenz gefordert, während eine andere Strömung beide Anstalten durch Veränderung ihres Unterrichtsstoffes einander näher bringen und so die Einheitlichkeit der höheren Unterrichtsanstalten wieder herstellen will.

Die Lehrer im höheren Schulfach werden auf Grund einer Prüfung angestellt[70]), welche vor den für die Provinzen bestellten wissenschaftlichen Prüfungskommissionen[71]) abgelegt wird. Die Ernennung und bei Schulen,

---

[68]) Unterrichts- u. PrüfungsO. vom 6. Okt. 1859 (MB. 262). — Zur Zeit bestehen 84 Realschulen erster Ordnung (daneben 8 lateinlose Anm. 5 S. 416); 18 Realschulen zweiter Ordnung und 101 höhere Bürgerschulen. — Der Unterschied im Lehrplan der Gymnasien u. Realschulen erster Ordnung läßt sich dahin zusammenfassen, daß in letzteren keine griechischen und weniger lateinische, dafür aber englische und mehr französische Stunden ertheilt werden und daß in den Realschulen auf den Sprachunterricht durchschnittlich etwa 5 Stunden wöchentlich weniger entfallen, von denen eine der Geographie und vier den Naturwissenschaften zu Gute kommen.

[69]) CR. v. 7. Dez. 1870 (MB. 1871 S. 45).

[70]) Regl. v. 12. Dez. 1866 (MB. 1867 S. 11); Aenderung des § 3 Anm. 69, des § 7 R. v. 6. April 1870 (MB. 127). — Ausbildung als Turnlehrer Best. v. 1. Mai 1873 (MB. 179), PrüfungsO. v. 10. Sept. 1880 (MB. 269); Kön. Turnlehrerbildungsanstalt zu Berlin CR. v. 4. April 1878 (MB. 53). Vom Kultusminister ressortiren die pädagogischen Seminare zu Königsberg, Berlin, Stettin u. Breslau.

[71]) Die Kommissionen bestehen in Königsberg (zugleich für Westpreußen), Berlin, Greifswald, Breslau (zugleich für Posen), Halle, Kiel, Göttingen,

die nicht Königlichen Patronats sind[72]), die Bestätigung erfolgt durch das Provinzial-Schulkollegium oder den Minister, bei Direktoren der Gymnasien und Realschulen durch den König[73]). Die Lehrer haben Pflichten und Rechte der Staatsbeamten, insbesondere auch hinsichtlich der Pension, soweit diese aus Staatsfonds fließt[74]). Zum Eintritt in die allgemeine Wittwenkasse sind alle bei den höheren Schulen und Seminarien angestellten wirklichen Lehrer berechtigt und verpflichtet, nicht aber die Hülfslehrer[75]).

4. Die Universitäten.

§ 309.

Aufgabe der Universitäten (Hochschulen) ist die Förderung der Wissenschaft und die wissenschaftliche Ausbildung der Diener des Staats und der Kirche. Ursprünglich ständische, sich selbst regierende Korporationen haben sie sich, auch nachdem sie zu Staatsanstalten geworden, eine gewisse Selbstständigkeit zu bewahren gewußt[76]). Jede Universität zerfällt in die althergebrachten vier Fakultäten der Theologie, Jurisprudenz, Medizin und Philosophie[77]), welche für die Berufe der Geistlichen, Richter, Aerzte und Lehrer vorbereiten. Die philosophische Fakultät, welche alle nicht unter die anderen drei Fakultäten fallenden Lehrgegenstände umfaßt, vertritt außerdem diesen gegenüber die Einheit der Wissenschaft. An der Spitze der Universität steht der Rektor, an der Spitze jeder Fakultät ein Dekan. Diese Organe werden durch die Gesammtheit der ordentlichen Professoren gewählt, die außerdem

Münster, Marburg u. Bonn. — Vgl. Anm. 11.

[72]) LR. II 12 § 59 u. 60. Bei Anstalten, die stehende Staatszuschüsse erhalten, nimmt der Staat ein durch Kommissarien ausgeübtes Konpatronat in Anspruch KO. v. 10. Jan. 1817 (KA. I Heft 1 S. 157).

[73]) V. v. 9. Dez. 1842 (GS. 1843 S. 1) u. KO. v. 10. Nov. 1842 mitgetheilt durch CR. v. 2. Jan. 1863 (MB. 6); neue Prov. R. v. 13. März 1867 (MB. 113).

[74]) G. v. 27. März 1872 (GS. 268) § 6. — Andere Pensionen V. v. 28. Mai 1846 (GS. 214) nebst AE. v. 13. März 1848 (GS. 113), AusfV. v. 10. Dez. 1846 u. v. 22. Feb. 1847 (MB. 40 u. 44).

[75]) KO. v. 10. Dez. 1816 u. v. 17. April 1820 (KA. IV. 789). — Vgl. § 70 (S. 78) d. W.

[76]) LR. II 12 § 67, 68. Die Preußischen Universitäten und deren Stiftungsjahre sind: a) Die AlbertusU. zu Königsberg (1544); b) die Friedrich WilhelmsU. zu Berlin (1810); c) die U. zu Greifswald (1456); d) die U. zu Breslau (1702 als Leopoldina gestiftet und 1811 mit der 1506 zu Frankfurt a. O. gegründeten U. vereinigt); e) Friedrich WilhelmsU. zu Halle (1694 gest. und 1817 mit der 1502 zu Wittenberg gegründeten vereinigt); f) Christian AlbrechtsU. zu Kiel (1665); g) Georg AugustU. zu Göttingen (1737); h) U. zu Marburg (1527) u. i) Rheinische Friedrich WilhelmsU. zu Bonn (1818). Außerdem bestehen als katholisch-theologische Fakultäten: a) das Lyceum Hosianum zu Braunsberg u. b) die theologische-philosophische Akademie zu Münster (1773).

[77]) In Bonn und Breslau besteht eine fünfte Fakultät für katholische Theologie. Bezüglich derselben ist der bischöflichen Behörde eine besondere Einwirkung eingeräumt Allerh. Instr. v. 26. August 1776, Schles. SchulRegl. v. 26. Juli 1800 u. KO. v. 13. April 1825.

in einem Ausschuß (akademischen Senat) ihre Vertretung finden. Die staatliche Aufsicht übt der Kurator als Stellvertreter des Kultusministers[78]).

Die Universitätslehrer, welche in ordentliche und außerordentliche Professoren, Privatdozenten und Lehrer zerfallen, haben gleichfalls Pflichten und Rechte der Staatsbeamten[79]). Der unfreiwilligen Versetzung und Pensionirung unterliegen sie indessen nicht[80]).

Die Studirenden sollen mindestens drei Halbjahre auf einer inländischen Universität zubringen[81]). Sie erwerben die Mitgliedschaft bei der Universität (das akademische Bürgerrecht) durch Einschreibung in die Matrikel (Immatrikulation)[82]) und treten damit unter die akademische Disciplin, welche vom Rektor, Universitätsrichter und Senat ausgeübt wird. Die akademische Gerichtsbarkeit ist dagegen aufgehoben[83]); die Studirenden stehen unter den Bestimmungen des allgemeinen Rechts, doch begründet die Minderjährigkeit oder Unselbstständigkeit keinen Einwand gegen die Verpflichtung zur Zahlung des Honorars. Die über Stundung des letzteren vom Universitätsrichter aufgenommenen Anerkenntnisse haben die Glaubwürdigkeit öffentlicher Urkunden[84]). Zur Einziehung und Einklagung sind die Universitätskassen (Quästuren) legitimirt[85]). Die Dauer des Studiums beträgt 3, für Mediziner 4 Jahre[86]). Beim Abgang werden Zeugnisse ertheilt[87]).

III. Wissenschaft und Kunst.

1. Schutz des geistigen Eigenthums.

§ 310.

Die Erzeugnisse der Wissenschaft wie der Kunst haben neben ihrer geistigen auch eine wirthschaftliche Bedeutung, welche in der Verwerthung derselben durch mechanische Vervielfältigung zur Geltung gelangt. Das Recht hierauf bildet das geistige (litterarische) Eigenthum oder Verlags- (Urheber-) recht. Es tritt bereits in den Buchdruckerprivilegien des 16 ten Jahrhunderts hervor, hat sich aber erst im vorigen Jahrhundert zu einem selbstständigen

78) CR. v. 18. Juli 1848 (MB. 222).

79) LR. II 12 § 73. — Rang s. § 65 insbes. Anm. 70 u. 80 d. W.

80) G. v. 21. Juli 1852 (GS. 465) § 96.

81) KO. v. 30. Juni 1841 (GS. 139); Aufhebung der weitergehenden Verpflichtung in Schl.-Holstein Erl. v. 17. Sept. 1867 (GS. 1743). — Gleiche Vorschr. in Betr. der Richter GerVerfG. v. 27. Jan. 1877 (RGB. 41) § 2.

82) LR. II 12 § 74—81 u. Anhang § 132—134.

83) G. v. 24. April 1878 (GS. 230) § 13 Abs. 1 u. G. v. 29. Mai 1879 (GS. 389). — Vgl. LR. II 12 § 82—126 u. Anh. § 135—145. — Verbindungs- u. Duellwesen CR. v. 1. Feb. 1870 (MB. 73).

84) G. v. 29. Mai 1879 § 1 Abs. 3.

85) KO. v. 5. Feb. 1844 (GS. 69) u. v. 26. Sept. 1845 (GS. 681).

86) Dispensation CR. v. 2. u. 17. Juli 1851 (MB. 129). — Universitätsferien AO. v. 19. April 1844 (MB. 150) u. v. 17. Nov. 1851 (MB. 281).

87) LR. II 12 § 127—129.

Recht entwickelt. Als solches ist es durch Vererbung oder Vertrag übertragbar und gegen unbefugte Ausübung (Nachdruck) strafrechtlich geschützt. An sich ist es Gegenstand des Privatrechts, tritt indeß mit der Organisation dieses Schutzes zugleich in das Gebiet des Verwaltungsrechts ein.

Das geistige Eigenthum ist als Gegenstand der Reichsgesetzgebung [1]) von dieser geregelt [2]) und wird für die Lebensdauer des Urhebers und 30 Jahre nach seinem Tode geschützt [3]). Die Verletzung des Rechts begründet den Anspruch auf Schadensersatz und die strafrechtliche Verfolgung [4]). Ueber beide Gegenstände wird auf Antrag des Verletzten im gerichtlicheu Verfahren entschieden, wobei die technischen Fragen von den in den Einzelstaaten gebildeten Sachverständigenvereinen begutachtet werden [5]). Diese Grundsätze sind für Schriftwerke gegeben, finden aber auch Anwendung auf Abbildungen [6]) musikalische Kompositionen [7]) und auf die Aufführung dramatischer Werke [8]). In ähnlicher Weise sind Werke der bildenden Kunst mit Ausschluß der Baukunst, sowie Photographien, diese jedoch nur auf 5 Jahre, gegen Nachbildung geschützt [9]).

Der gegenseitige Schutz der litterarischen und Kunsterzeugnisse ist mehreren Staaten gegenüber durch Verträge (Litterarkonventionen) gesichert [10]).

2. Pflege der Wissenschaft und Kunst.

§ 311.

Die staatliche Fürsorge für Wissenschaft und Kunst erfolgt durch Gründung und Erhaltung eigner Anstalten oder durch Förderung der hierauf gerichteten Bestrebungen der Vereine und Privaten mittelst Gewährung von Beihülfen.

Wo die Gegenstände dieser Fürsorge im Auslande liegen, ist das deutsche Reich eingetreten. So hat dasselbe die früher preußischen, archäologischen

---

1) Verf. Art. 4[6].

2) G. v. 11. Juni 1870 (BGB. 339); Einf. i. Süddeutschl. Anm. 12 (S. 7) u. in Elſ.-Lothringen RG. v. 27. Jan. 1873 (RGB. 42).

3) § 1—17 u. 61 d. Ges.; Eintragsrolle § 39—42; ältere Werke § 57—59 u. 62.

4) Das. § 18—25; Verjährung § 33—38.

5) Das. § 26—32. Instr. f. d. Sachverständigenvereine v. 12. Dez. 1870 (BGB. 621), Aenderung des § 6 Bek. v. 16. Juli 1879 (CB. 490, JMB. 240).

6) Ges. § 43, 44.

7) Das. 45—49.

8) Das. § 50—56.

9) G. v. 9. u. v. 10. Jan. 1876 (RGB. 4 u. 8). — Sachverständigenvereine Best. v. 29. Feb. 1876 (CB. 117—119, JMB. 193), Aenderung des § 4 Bek. v. 16. Juli 1879 (CB. 490, JMB. 241). — Urheberrecht an Mustern u. Modellen § 357 d. W.

10) Vertr. Preußens (zugleich f. d. Kgr. Sachsen, die thüringischen Staaten, Anhalt u. Braunschweig) m. Großbritannien v. 13. Mai 1846 (GS. 343) u. v. 14. Juni 1855 (GS. 695), Beitritt v. HessDarmstadt (GS. 1861 S. 832). — Vertr. Preußens mit Frankreich v. 2. Aug. 1862 nebst Protok. v. 14. Dez. 1864 E (GS. 1865 S. 486 u. 506) u. Belgien v. 28. März 1863 (GS. 428). — Vertr. Norddeutschlands mit Italien v. 12. Mai 1869 (BGB. 293), mit d. Schweiz v. 23. Mai 1881 (RGB. 171) u. Bek. v. 28. Sept. 1881 (CB. 405). — In Bezug auf Oesterreich, Liechtenstein, Luxemburg u. Limburg kommen G. v. 11. Juni 1870 § 62 u. v. 9. Jan. 1876 § 21 zur Anwendung.

Institute in Rom und Athen übernommen (1874), die klassischen Stätten des alten Olympia erschlossen[11]) und die Bestrebungen zur Erforschung Central-Afrikas und der Polargegenden unterstützt. Außerdem gewährt es Beihülfen an das Germanische Museum in Nürnberg.

Der Schwerpunkt dieser Thätigkeit liegt indeß nach wie vor bei den Einzelstaaten. In Preußen begann diese Fürsorge mit dem vorigen Jahrhundert und wurde, nachdem sie unter dem mehr auf das Praktische gerichteten Friedrich Wilhelm I. geruht hatte, von Friedrich dem Großen um so energischer aufgenommen[12]). — Neben dem Staat sind auch die Provinzen zur Unterstützung von Kunst und Wissenschaft berufen[13]).

Der Wissenschaft dient die 1700 gegründete und 1744 neu organisirte Akademie der Wissenschaften zu Berlin. Sie zerfällt in eine physikalisch-mathematische und eine philosophisch-historische Klasse und umfaßt ordentliche, außerordentliche, Ehren- und korrespondirende Mitglieder[14]). Sie hält Sitzungen ab, stellt Preisaufgaben[15]) und veröffentlicht ihre Abhandlungen. — Andere wissenschaftliche Anstalten sind die öffentlichen Bibliotheken[16]), die dem Ministerpräsidenten unterstellten Staatsarchive[17]), das geodätische Institut für die europäische Gradmessung[18]), der botanische Garten, die Königliche Sternwarte zu Berlin und das astrophysikalische Observatorium bei Potsdam.

Den Sammelpunkt für die Bestrebungen auf dem Gebiete der Kunst bildet die Königl. Akademie der Künste zu Berlin, die sich über die bildenden Künste, die Musik und die künstlerischen Gewerbe erstreckt. Sie ist 1699 gegründet und besteht nach ihrer neuesten Organisation[19]) aus Senat und Mitgliedern. Sie zerfällt in die Sektionen für bildende Künste und für Musik und umfaßt außerdem die akademischen Meisterateliers, die als Unterrichtsanstalt wirksame allgemeine Akademie der bildenden Künste, die Königl. Kunstschule[20]) und die Hochschule für Musik[21]). Zum Ressort der Akademie

---

[11]) Vertr. mit Griechenland v. $\frac{13.}{25.}$ April 1874 (RGB. 1875 S. 241).

[12]) Orden auf dem Gebiet der Kunst u. Wissenschaft Anm. 98e (S. 42).

[13]) G. v. 8. Juli 1875 (GS. 497) § 4^6.

[14]) Staruten v. 18. März 1881.

[15]) Für deutsche Geschichte Pat. vom 18. Juni 1844 (GS. 403) u. AE. v. 22. Dez. 1862 (GS. 1864 S. 28).

[16]) Außer der Königl. Bibliothek zu Berlin bestehen die Bibliotheken der Universitäten, die Landesbibliotheken zu Wiesbaden und Düsseldorf und als ständische Anstalten die Bibliotheken zu Cassel u. Fulda. Verpflichtung der Verleger zur Abgabe von Pflichtexemplaren an die Königliche und an die Provinzial-Universitäts-Bibliothek G. v. 12. Mai 1851 (GS. 273) § 6 u. PreßG. v. 7. Mai 1874 (RGB. 65) § 30 Abs. 3.

[17]) AE. v. 20. März 1852 (MB. 80). — Instr. f. d. Archivbeamten in den Provinzen v. 31. Aug. 1867 (MB. 327) mit Nachtr. v. 9. Jan. 1876 (MB. 1) u. v. 12. Jan. 1877 (MB. 8). — Rang s. § 65 insbes. Anm. 83.

[18]) Stat. v. 22. Sept. 1877 (MB. 254).

[19]) AE. v. 6. April 1875 (CB. der Unter.verw. 313).

[20]) Sie zerfällt nach der $18\frac{69}{70}$ erfolgten Reorganisation in die allgemeine Kunstschule, zugleich Seminar für Zeichenlehrer u. in die Kunstgewerbeschule.

[21]) Statut v. 12. Jan. 1874 (CB. d. U.B. 316). Sie umfaßt die Abtheilungen für musikalische Komposition u. f.

gehören die Kunst- und Gewerkschulen[22]). Neben der Akademie bestehen einzelne Kunstakademien in den Provinzen[23]). — Kunstsammlungen bilden die Königl. Museen zu Berlin[24]), denen sich einzelne ähnliche Anstalten in den Provinzen anschließen[25]). — Endlich wendet der Staat seine Fürsorge auch der Erhaltung von Kunstgegenständen und Denkmälern der Vorzeit zu[26]).

Das Kunstgewerbe fällt bereits in das Gebiet des Bau- und des Gewerbewesens[27]).

---

ausübende Tonkunst u. d. Institut f. Kirchenmusik.

[22]) In Königsberg, Danzig, Breslau, Magdeburg und Erfurt. Die sonstigen Baugewerkschulen s. Anm. 6 (S. 416).

[23]) In Königsberg, Kassel, Düsseldorf.

[24]) Statut v. 25. Mai 1868 u. Best. v. 13. Nov. 1878 (CB. d. UB. 654). Die Museen enthalten Gemälde, Skulpturen, Alterthümer u. ethnologische Gegenstände. Daneben besteht die Nationalgallerie (seit 1861) für Werke deutscher Meister des 19ten Jahrhunderts und das Rauch-Museum für Modelle und Gypsabgüsse dieses Bildhauers.

[25]) In Breslau, Kassel (nebst Bildergallerie), sowie in Danzig, Kiel (Thaulow-Museum), Bonn u. Trier.

[26]) CR. v. 31. Okt. 1830 (KA. XIV 775) Nr. 4b u. v. 19. Aug. 1837 (das. XXI 599) Strafe der Zerstörung oder Beschädigung StGB. § 304. — Konservator der Kunstdenkmäler § 282 d. W.

[27]) § 355 (S. 416) d. W.

Neuntes Kapitel.

Wohlstandspflege.

I. Einleitung.

§ 312.

Der Staat hat für das wirthschaftliche Wohlergehen seiner Angehörigen zu sorgen, da die Bedingungen hierzu dem Einzelnen vielfach nicht erreichbar sind. Die Hebung des Wohlstandes des Einzelnen erhöht zugleich die Steuerkraft und kommt damit dem Staat auch unmittelbar zu Gute.

Während des Mittelalters kamen die wirthschaftlichen Bestrebungen nur im gegenseitigen Kampfe der ständischen Sonderinteressen zur Geltung. Einen einheitlichen Mittelpunkt fanden sie erst später, nachdem die Staatsidee zum Durchbruch gelangt war. Seitdem sind sie unausgesetzt Gegenstand staatlicher Fürsorge gewesen. Wesen und Umfang derselben sind zwar zunächst durch den Charakter des einzelnen Staats und den Zustand seiner Kultur und Entwickelung bedingt, doch sind sie zugleich auf das Stärkste von den nach einander herrschend gewesenen Systemen der Volkswirthschaft (Nationalökonomie) beeinflußt worden:

1. Das Merkantilsystem, welches im 17. Jahrhundert namentlich in Frankreich durch Colbert ausgebildet war und bis in die zweite Hälfte des 18. Jahrhunderts hinein maßgebend blieb, bemißt den Wohlstand einer Nation nach dem bei derselben vorhandenen Vorrath an edeln Metallen. In der Annahme, daß ihr Bestand durch Ausfuhr der Waaren vermehrt und durch ihre Einfuhr vermindert werde, wird nach dem Verhältniß beider zu einander (der Handelsbilanz) ermessen, ob eine Vermehrung oder Verminderung des Wohlstandes eingetreten sei. Der Irrthum liegt in der Verwechslung von Geld und Gut und in der Verkennung des Umstandes, daß auch die im Lande verbleibenden oder demselben zugeführten Waaren bei nutzbringender Verwendung den Wohlstand vermehren, und daß mithin nur unter Inbetrachtnahme dieser Verwendung eine zutreffende Bilanz gezogen werden kann.
2. Das physiokratische System, das in der zweiten Hälfte des vorigen

Jahrhunderts in Quesnay und Turgot seine Vertreter fand, sieht dagegen im Grund und Boden die alleinige Quelle aller Güter. Dies System verwechselt Stoff und Gut und verkennt die dem letzteren durch die menschliche Arbeit zu Theil werdende Werthverhöhung.

3. Die Bedeutung der Arbeit als Wohlstandsquelle ist erst durch Ad. Smith (1732—1790) gehörig gewürdigt. Damit war die Erzeugung der Güter auf ihre eigentlichen Ursachen zurückgeführt, wie sie in der Arbeit, in den Naturkräften und in dem Kapital hervortreten. Damit war zugleich das allgemeine Interesse aller Wirthschaftenden an die Stelle der einseitigen Interessen des Handels, des Gewerbes und des Landbaus gesetzt. Die Güterverteilung wird der neuen Konkurrenz als ihrem natürlichsten und sichersten Regulator überlassen. — Das System verbreitete sich rasch in Deutschland und hat unsere Gesetzgebung bis in die neueste Zeit bestimmt[1]).

4. Im entschiedensten Gegensatz zu dieser Lehre steht der Sozialismus, der das Einzelinteresse als bewegenden wirthschaftlichen Faktor verwirft, das Privatkapital in ein Gesammtkapital, die Einzelproduktion in eine Gesammtproduktion verwandelt sehen und so das Individuum ganz in der Gesammtheit aufgehen lassen will. Der Ursprung dieser Bewegung liegt in der Scheidung der Gesellschaft in Klassen und in dem natürlichen Streben des Einzelnen, in diesen Klassen aufzusteigen. Rechtlich steht diesem Streben im Verfassungsstaat keine Schranke entgegen. Thatsächlich tritt aber der kapitallosen Arbeit, die durch Kapitalerwerb zur wirthschaftlichen Selbstständigkeit durchdringen möchte, das Uebergewicht entgegen, welche das Kapital über diese Arbeit regelmäßig behaupten und geltend machen wird. Der Kommunismus hilft sich demgegenüber durch die Negation des Kapitals und damit des Eigenthums überhaupt, während der Sozialismus die Unterordnung des Kapitals unter die Arbeit erstrebt. — Die soziale Bewegung war in den dreißiger Jahren in Frankreich durch St. Simon und Fourrier in Fluß gekommen und seit Louis Blanc 1848 mit der demokratischen Bewegung in Verbindung gebracht. Von dort ist sie nach Deutschland übertragen, welches nunmehr zum Hauptheerd für die Agitation der Sozialdemokratie wurde[2]). Marx und vor Allem Lasalle bildeten ihre Lehre weiter aus, letzterer, indem er das sogenannte eherne Lohngesetz zu Grunde legte, nach welchem der durchschnittliche Arbeitslohn regelmäßig auf den Existenzbedarf des Arbeiters beschränkt sein soll[3]).

---

[1]) Einfluß auf die Besteuerung Anm. 9 (S. 164), auf die Handelspolitik § 153, auf die Landwirthschaftspflege § 327 d. W.

[2]) Mehring Die deutsche Sozialdemokratie (3. Aufl. Bremen 1879).

[3]) Verlauf und Bekämpfung der Bewegung § 253 d. W.

5. Hatte der Sozialismus, selbst wo ihm wie in Amerika freie Bewegung gegeben war, zu dauernden praktischen Ergebnissen nicht geführt, so gebührt der unter Anlehnung an Friedrich List († 1846) in neuester Zeit entstandenen historischen Schule das Verdienst, die sozialen Fragen in die richtigen Bahnen zurückgeleitet zu haben. Auch sie bildet einen Gegensatz zur Smith'schen Schule. Während diese alle Erscheinungen des wirthschaftlichen Lebens aus allgemeinen Wirthschaftsgesetzen abzuleiten sucht und damit einen kosmopolitischen Zug annimmt, geht die historische Schule von den verschiedenartigen Erscheinungen der einzelnen Staaten aus, und wird auf diesem Wege zu einer Berücksichtigung ihrer besonderen wirthschaftlichen Verhältnisse geführt. Gegenüber der schrankenlosen Freiheit des „Gehen- und Geschehenlassens" erkennt sie die Mitwirkung des Staats zum Schutze der Schwachen und zur Belebung des Gemeinsinns als berechtigt an und will nicht das Selbstinteresse als alleinige Triebfeder für die wirthschaftlichen Vorgänge gelten lassen, sondern auch sittliche und nationale Motoren darin anerkannt sehen.

Im 18. Jahrhundert lag in Preußen wie im übrigen Deutschland die Wohlstandspflege vollständig in den Händen des Staats; sie bildete einen Theil der Polizei[4]). Ihre freie Bewegung war dadurch umsomehr abgeschnitten, als auch aus der wirthschaftlichen Abgeschlossenheit des Mittelalters eine Reihe weiterer Einschränkungen zurückgeblieben waren.

Das 19. Jahrhundert hat diese Fesseln gesprengt. Den Ausgangspunkt bildet die Stein-Hardenberg'sche Gesetzgebung, welche die persönliche Abhängigkeit beseitigte, die Freiheit des Grunderwerbs, des landwirthschaftlichen und gewerblichen Betriebs herstellte, und dadurch die freie Entwickelung und die volle Verwendung der Fähigkeiten und Kräfte des Einzelnen ermöglichte[5]). Diese Grundsätze, denen später auch der der Verkehrsfreiheit hinzutrat, sind durch die nachfolgende Gesetzgebung wesentlich erweitert und schließlich in der Reichsgesetzgebung Gemeingut der ganzen Nation geworden[6]).

Die staatliche Thätigkeit war unter diesen Einwirkungen wesentlich zurückgetreten. Da gleichzeitig die Selbstverwaltungskörper und Vereine erstarkt waren und eine erfolgreiche Wirksamkeit auf wirthschaftlichem Gebiet entfalteten, so durfte der Staat seine ordnende Hand mehrfach auch von solchen Gegenständen zurückziehen, die für den Einzelnen unerreichbar blieben. Doch auch diese auf wirthschaftliche Freiheit und Selbstthätigkeit gerichtete Bewegung hatte ihre Grenzen. Die aus den Fesseln des Polizeistaats erlöste wirthschaftliche Thätigkeit durfte nicht nach der anderen Seite

4) § 219 d. W.

5) Vgl. RegInstr. v. 23. Okt. 1817 (GS. 248) § 7.

6) Vgl. § 329 u. 349 d. W.

hin dem starren Rechtsstaat verfallen, der nur den Rechtsschutz gewährt, alle Wohlfahrtszwecke dagegen von sich weist. Die Erfahrungen der jüngsten Zeit haben unsere wirthschaftliche Bewegung, die bereits diesen äußersten Zielen sich zu nähern begann, wieder in natürlichere Bahnen gelenkt. Die vermehrten Bedürfnisse des heutigen Lebens stellen Anforderungen, die nur vom Staate mit seinen umfassenderen und wirksameren Mitteln gehörig erfüllt werden können. Vor Allen zeigen aber die auf sozialem Gebiet hervorgetretenen Schäden und Nothstände, daß hier die Staatshülfe durch Selbsthülfe noch längst nicht ersetzt werden kann. Je entschiedener der Staat den Forderungen und Ausschreitungen der durch die Sozialdemokratie irre geleiteten Bevölkerung entgegentreten mußte[3], um so weniger durfte er sich gegen die berechtigten Bestrebungen auf sozialem Gebiet verschließen und der arbeitenden Bevölkerung die Bedingungen geistiger und physischer Entwickelung vorenthalten, die sie bei dem Mangel an Kapital sich selbst zu schaffen außer Stande ist. — Unserer Gesetzgebung ist damit ein sozialpolitischer Charakter aufgeprägt, der zwar gleich der sozialen Bewegung selbst auf wirthschaftlichem Gebiet seinen Ausgang nimmt und vorzugsweise in der Wohlstandspflege hervortritt, daneben aber auch auf andere Gebiete hinüber tritt. Die Sozialgesetzgebung bildet somit keinen für sich abgeschlossenen Theil der allgemeinen Gesetzgebung, sondern kommt in größerem oder geringerem Umfange in den verschiedensten Zweigen derselben zur Geltung[7]. — Die staatliche Thätigkeit bewegt sich in drei Richtungen; sie umfaßt:

1. die unmittelbare Verwaltung derjenigen gemeinnützigen Einrichtungen, bezüglich deren die private und genossenschaftliche Thätigkeit unzureichend erscheint (Banken, Eisenbahnen, Post und Telegraphen);
2. den Schutz der Schwachen und Hülflosen (Haftpflicht, Frauen- und Kinderarbeit);
3. die soziale Organisation, für die sie normative Grundsätze vorschreibt und überwachend eintritt (Innungen, Knappschafts- und Hülfskassen).

Das Ergebniß und zugleich die Voraussetzung jeder umfassenden wirthschaftlichen Thätigkeit bildet das Kapital und die Wohlstandspflege hat die Bedingungen für Bildung und Nutzbarmachung desselben herzustellen. (Nr. II). Sie hat ferner für die einzelnen Erwerbszweige zu sorgen und diese sind entweder auf Gewinnung der Naturprodukte gerichtet, wie im Mineralreich der Bergbau (Nr. III), im Pflanzen- und Thierreich die Land- und Forstwirthschaft, Jagd und Fischerei (Nr. IV), oder sie bezwecken deren weitere Verarbeitung im Gewerbe (Nr. V), oder ihren Umsatz im Handel (Nr. VI). Als gemeinsames Förderungsmittel aller Erwerbszweige schließt der Verkehr sich an (Nr. VII).

Bei ihrem allgemeinen Charakter entbehrt die Wohlstandspflege als solche

---

[7]) Besteuerung § 129 Abs. 5, Maßregeln d. Gesundheits- u. Baupolizei u. d. Armenpflege § 262—287, Schulwesen § 305 Abs. 2 u. 3 d. W.

besonderer Verwaltungs-Organe. Die Vielgestaltigkeit der wirthschaftlichen Fragen und ihr Zusammenhang mit dem praktischen Leben hat indeß in jüngster Zeit zur Errichtung eines Volkswirthschaftsraths geführt, der als berathendes Organ den obersten Staatsbehörden zur Seite steht und wichtigere das wirthschaftliche Leben betreffende Gesetzentwürfe begutachten soll. Er ist zunächst nur für Preußen eingerichtet und besteht aus 75 auf 5 Jahre berufenen Mitgliedern, von denen 45 aus der doppelten Zahl der von den Handelskammern, kaufmännischen Korporationen und landwirthschaftlichen Vereinen vorzuschlagenden Personen erwählt, die übrigen unmittelbar ernannt werden. Der Volkswirthschaftsrath zerfällt in die drei Sektionen des Handels, des Gewerbes und der Land- und Forstwirthschaft, welche durch ständige Ausschüsse vertreten werden. Den Vorsitz führt der Handels-, der öffentliche Arbeits- oder der Landwirthschaftsminister[8]).

II. Kapitalpflege.

Der Staat hat die Kapitalbildung zu fördern und die Kapitalnutzung zu erleichtern und zu regeln. Das erstere geschieht in den Sparkassen (Nr. 1) und Versicherungen (Nr. 2), das letztere im Kreditwesen (Nr. 3)[1]). Als wichtiges Hülfsmittel in beiden Beziehungen hat sich das wirthschaftliche Vereinswesen entwickelt (Nr. 4).

1. Sparkassen.

§ 313.

In den Sparkassen soll die Kapitalbildung durch Ansammlung und Verwaltung der in ihrer Zerstreuung unproduktiven Geldbeträge gefördert und zugleich ein Hülfskapital für Zeiten der Noth geschaffen werden. Die erste Sparkasse wurde 1778 in Hamburg begründet; die weitere Entwickelung des Sparkassenwesens gehört aber erst unserem Jahrhundert an, in dem es sich über ganz Europa verbreitet und rasch und stetig ausgedehnt hat[2]).

In Preußen sind die Sparkassen hauptsächlich von Kreisen und Gemeinden gegründet; nur ausnahmsweise gingen sie von größeren Verbänden aus[3]). Die Bedingungen der Annahme, Verzinsung und Rückzahlung

[8]) V. v. 17. Nov. 1880 (GS. 367).

[1]) Früher wurden diese Einrichtungen als präventive Armenpflege dargestellt. Die neuere Staatslehre weist ihnen richtiger einen selbstständigen Platz an, da ihre Thätigkeit auch da eintritt, wo eine Armenpflege gar nicht in Frage kommt.

[2]) Die Schweiz steht hierin voran. Hier kamen (1876) an Einlagen 86 M. auf den Kopf der Bevölkerung, gegen 50 M. in den skandinavischen Ländern, 40 M. in Deutschland, Oesterreich u. Großbrittanien, 17 M. in Italien, 11 M. in Frankreich, 9 M. in Belgien u. 5. M. in Holland.

[3]) Größere Sparkassenverbände bilden die Ober- u. die Nieder-Lausitz, die Altmark, Ostfriesland, Nassau (G. v. 25. Dez. 1869 GS. 1288 Abschn. III) u. Hohenzollern (Stat. v. 17. März 1854 GS.

der Ersparnisse sind ebenso wie die Belegung der Bestände und die Bildung der Reservefonds nach festen Grundsätzen durch Statuten geregelt[4]). Die Genehmigung zu letzteren ertheilt der Ober-Präsident; die Aufsicht führt die Kommunalaufsichtsbehörde[5]).

Die einzelnen Arten der Sparkassen scheiden sich theils nach dem besondern Zweck, dem sie dienen[6]), theils erscheinen sie als Phasen einer fortlaufenden Entwickelung, in der das Sparkassenwesen begriffen ist. In dieser Beziehung hat die versuchsweise zugelassene Einzahlung der Einlagen bei den Postanstalten[7]) keinen Erfolg gehabt und die Postsparkassen haben sich nur in solchen Staaten entwickeln können, wo eine einheitliche Organisation der Sparkassen als Staatsanstalten sich darbot[8]). Dagegen ist auch in Preußen von der Befugniß, die Bestände im Interesse des Kredits zu verwenden[9]), der ausgiebigste Gebrauch gemacht. Die Sparkassen sind damit zugleich zu Vorschuß- und Darlehnskassen geworden und vermitteln in dieser Doppelstellung nach Art der Bankinstitute den Geldverkehr zwischen Nachfrage und Angebot.

2. Versicherungswesen.

§ 314.

a) Die **Versicherung** will gleichfalls mittelst regelmäßiger Beiträge ein Kapital schaffen, verbindet damit aber den weiteren Zweck, daß dieses als Hülfe oder Entschädigung bei gewissen Ereignissen dienen soll und macht deßhalb die Fälligkeit von dem Eintritt der letzteren abhängig. Die Versicherungsurkunde heißt Polize, der Beitrag Prämie; die Entschädigung kann in Kapital oder Rente bestehen (Kapital- oder Renten-Versicherung).

Die Versicherung wurzelt in dem genossenschaftlichen Geist des germanischen Volkslebens und trieb ihre ersten Blüthen schon in den Gilden des Mittelalters. Zur eigentlichen Entfaltung brachte sie erst der Welthandel des

285 u. 592, V. v. 16. Jan. 1875 GS. 78 nebst AE. v. 11. Dez. 1874 u. 23. Feb. 1876). — Zu Anfang 1881 bestanden 1190 Kassen einschl. 123 Privat- u. Vereinssparkassen. Die Einlagen betrugen 1593 Mill. M. u. stellen unter Einrechnung der Separat- u. Reservefonds ein Vermögen von 1718 Mill. M. dar. — Die Sparkassenstatistik ist besonders geregelt ER. v. 23. April 1878 (MB. 1879 S. 31). — Genossenschaftssparkassen § 321 d. W.

[4]) Regl. v. 12. Dez. 1838 (GS. 1839 S. 5); Belegung der Bestände Nr. 5 das. u. KO. v. 26. Juli 1841 (GS. 287). — Musterstatut ER. v. 30. Okt. 1873 (MB. 295).

[5]) Nr. 2, 19 u. 20 des Regl. u. (im Geb. der KrO.) ZustG. § 152.

[6]) Fabriksparkassen unter Betheiligung der Arbeitgeber. Sie heißen Alterssparkassen, wenn die Einlagen bis zu einem bestimmten Lebensjahr unkündbar sind. Einrichtung in M. Gladbach MB. 1879 S. 81. — Empfohlen sind daneben Heuersparkassen für d. Schiffer u. Schulsparkassen zur Ausbildung des Sparsinns bei der Jugend.

[7]) R. v. 1. März 1873 (MB. 117).

[8]) Die Einrichtung besteht mit günstigstem Erfolg seit 1861 in England, wo die Einlagen in die Staatsschuld übergehen. Frankreich, Belgien u. Italien sind diesem Beispiel gefolgt.

[9]) KO. v. 23. Feb. 1857 (MB. 71).

16ten Jahrhunderts in der Seeversicherung. Später folgten die Städte mit Versicherung der Gebäude gegen Feuersgefahr und diese Immobiliarversicherung wurde im 18ten Jahrhundert Gegenstand umfassender staatlicher Organisationen in den öffentlichen Feuersozietäten. Im 19ten Jahrhundert bemächtigte sich die Privatindustrie des Versicherungswesens und nahm insbesondere die neu entstandenen Zweige der Mobiliarfeuer-, Hagel- und Lebensversicherung für sich in Anspruch. Die bis dahin auf Gegenseitigkeitsvertrag beruhende Versicherung wurde dadurch Gegenstand des Gewerbebetriebs und entfaltete sich in ausgedehnten durch Rückversicherungen mit einander verbundenen Anstalten, da nur bei ausgedehntem Betrieb die Gefahr (das Risiko) den nöthigen Ausgleich findet.

Die staatliche Thätigkeit wird durch die Versicherung in dreifacher Richtung in Anspruch genommen:

1. Die Versicherung kommt durch einen Vertrag zu Stande, dessen privatrechtliche Regelung im Versicherungsrecht erfolgt;
2. Sie unterliegt als Gewerbe der polizeilichen Beaufsichtigung;
3. Sie bildet die unerläßliche Voraussetzung eines ungestörten wirthschaftlichen Wohlergehens und wird dadurch zum Gegenstand der Wohlstandspflege.

Das Versicherungsrecht ist für See- und sonstige Versicherungen getrennt[10]). Im Uebrigen (Nr. 2 u. 3) kommen neben den gemeinsamen noch spezielle Bestimmungen für die einzelnen Arten der Versicherung in Betracht. Dies gilt namentlich von der Feuerversicherung[11]). Neben dieser und der bereits erwähnten Seeversicherung werden unterschieden die Fluß- und Eisenbahn-Transport-Versicherung; die Hagelschäden[12]) und die Viehversicherung[13]); die Hypothekenversicherung; die Lebensversicherung[14]); die Aussteuer-[15]), Wittwen- und Sterbe- und die Kranken- und Altersversorgungs-Kassen[16]).

Die Reichsgesetzgebung, zu deren Gegenständen auch das Versicherungswesen zählt[17]), hat sich abgesehen von dem Seeversicherungsrecht[10]) auf die Bestimmung beschränkt, daß Versicherungsagenten keiner Konzession bedürfen, Feuerversicherungsagenten jedoch die Uebernahme und Abgabe einer Agentur binnen 8 Tagen der Ortspolizeibehörde anzuzeigen haben[18]).

[10]) Ueb. die Seeversicherung bestimmt das HandGB. (§ 365 d. W.), üb. d. sonstige Versicherung LR. II 8 Abschn. 13 (§ 1934 bis 2358). — Aktiengesellschaften zu Versicherungszwecken § 320 d. W.

[11]) § 315.

[12]) Gemeinsame Bedingungen der Berliner, Magdeburger, Elberfelder u. Weimarer Gesellschaft (Union) CR. v. 13. Nov. 1872 (MB. 1873 S. 222); Best. üb. den Rechnungsabschluß v. 16. Nov. 1881 (MB. 233).

[13]) Rechnungsabschlüsse das. Erfolgreich wirken auf diesem Gebiet kleinere (gemeindeweise) eingerichtete Gegenseitigkeitsverbände (Viehladen).

[14]) Strafe der Täuschung durch ärztliche Zeugnisse StGB. § 277—280. — Ende 1880 wurden in Deutschland 36 Lebensversicherungsgesellschaften m. einem Versicherungsbestand v. 2250 Mill. M. gezählt.

[15]) CR. v. 5. Feb. 1852 (MB. 9).

[16]) Diese Versicherung findet ihre besondere Anwendung auf Beamte in den Pensions-, Wittwen- u. Waisenkassen (§ 23 u. 70 d. W.), auf Arbeiter in den Knappschaftskassen (§ 326) u. eingetragenen Hülfskassen (§ 354).

[17]) RVerf. Art. 4[1].

[18]) GewO. v. 21. Juni 1869 (RGB.

In den alten Provinzen bedürfen alle Unternehmer von Versicherungs-Anstalten der Genehmigung, die nur bei vorhandener Zuverlässigkeit und Unbescholtenheit zu ertheilen ist[19]).

§ 315.

b) Die besondern über die **Feuerversicherung** gegebenen Vorschriften sind theils durch feuerpolizeiliche Rücksichten hervorgerufen, theils auf die Entwickelung zurückzuführen, die die öffentlichen Feuersozietäten in Deutschland genommen haben.

Die Feuerversicherungspolizei soll der Ueberversicherung vorbeugen, welche die Gefahr absichtlicher oder fahrlässiger Brandstiftung in sich trägt[20]). Zu diesem Zweck sind neben den Doppel- und den Versicherungen über den gemeinen Werth auch alle den wirklichen Verlust übersteigenden Entschädigungen verboten und die Versicherungsgesellschaften und deren Agenten einer Beaufsichtigung unterworfen[21]). Die Polize darf dem Versicherer erst ausgehändigt werden, nachdem die Polizeibehörde solches für unbedenklich erklärt hat[22]) und eine Brandentschädigung erst ausgezahlt werden, wenn binnen 8 Tagen kein Einspruch dagegen erfolgt ist[23]). Erstere Bestimmung des übrigens auf Mobiliarversicherungen beschränkten Gesetzes ist auf Immobiliarversicherungen ausgedehnt[24]). Uebertretungen sind mit Strafe bedroht[25]). Gegen die polizeilichen Anordnungen findet im Gebiet der Kreis-O. die Verwaltungsklage Statt[26]).

Die für die einzelnen Landestheile bestehenden Feuersozietäten (Brandversicherungsanstalten) entstammen dem 18. Jahrhundert. Ihre Verhältnisse

245) § 6, 14 Abs. 2 u. (Fassung d. G. v. 17. Juli 1878 RGB. 199) § 148².

[19]) G. v. 17. Mai 1853 (GS. 293); AusfR. v. 31. Aug. u. 25. Okt. 1853 (MB. 236 u. 1854 S. 14); Strafe StGB. § 360⁹. — Zuständig ist d. R.-Präs. (d. Regierung), bei Ausländern der Minister § 2 des Ges., bei gemeinschaftl. Wittwen-. Sterbe- u. Aussteuerkassen der Ob.-Präs. KO. v. 29. Sept. 1833 (GS. 121). Vgl. im Geb. der KrO. ZustG. § 134². — In den neuen Provinzen wird eine Genehmigung theils gar nicht, theils nur bei Feuerversicherungsunternehmungen erfordert. Gewerbesteuerpflicht der Versicherungsanstalten § 138 Abs. 3 d W., Gemeindesteuerpflicht Anm. 31 (S. 84), Kreissteuerpflicht Anm. 12 (S. 96).

[20]) G. v. 8. Mai 1837 (GS. 102), Ausf. CR. v. 10. Juni 1837 (KA. XXI 503). — Aehnliche Vorschriften f. Hannover V. v. 24. Jan. 1828 (H.GS. I 3) u. v. 3. Juni 1839 (das. 149), Kurhessen StMinAusschr. v. 21. April 1830 (Kurh. GS. 119), Nassau Ed. v. 27. Mai 1834 (Nass. VB. 37) u. V. v. 9. Juli 1851 (das. 117).

[21]) § 1—6, 13, 16 u. 17 des Ges., s. Anm. 24. — Zulassung der Versicherung des vollen Werths in Hohenzollern G. v. 14. Juli 1876 (GS. 293).

[22]) Das. § 14, 15, 19. Die Polizeibehörde des Wohnorts ist auch bezüglich der außerhalb ihres Bezirks belegenen Gegenstände zuständig E.OV. v. 9. Juni 1879 (Entsch. V 296).

[23]) Das. § 18, 19.

[24]) KO. v. 30. Mai 1841 (GS. 122). — Die Gesetzgebung über die Immobiliarversicherung ist übrigens nur dürftig. Soweit nicht die Sozietätsreglements Platz greifen, muß auf das LR. (Anm. 10) zurückgegangen werden.

[25]) Das. § 20—28, 30—33. Betrügerische Brandstiftung StGB. § 265.

[26]) ZustG. § 148.

beruhen auf besondern, im Laufe des Jahrhunderts mehrfach umgestalteten Reglements. Sie sind dabei den neu entstandenen Privatgesellschaften gegenüber großentheils ihrer früheren Vorrechte, insbesondere aller Zwangs- und Ausschließungsrechte entkleidet[27]), anderseits aber durch Anschluß der kleinen Verbände an die größeren, durch Vereinfachung der Verwaltung, Erleichterung der Bedingungen und theilweise Ausdehnung des Betriebs auf Mobilien konkurrenzfähiger gemacht. Ihre Thätigkeit ist verschieden umgrenzt. Die Bezirke sind theils die der Provinzen oder Regierungen, theils die der alten landschaftlichen Verbände und ihre Wirksamkeit findet sich bald auf alle Grundstücke ausgedehnt, bald für städtische und ländliche oder für landschaftliche und nicht landschaftliche Grundstücke getrennt[28]). Dieselbe Vielgestaltigkeit zeigt die Verwaltung, die in einigen Fällen von besondern Organen, in anderen von denen der Provinzen und sonstigen Kommunalverbände wahrgenommen wird[29]). Die lokale Verwaltung wird in der Regel von den Landräthen geführt. — Die öffentlichen haben vor den privaten Versicherungsanstalten den Vorzug, daß sie nur dem Versicherungszweck und nicht zugleich dem eignen Gewinn dienen. Sie können in Folge dessen billigere Bedingungen stellen und für Erfüllung derselben größere Sicherheit gewähren. Sie wenden sich auch den weniger

[27]) AE. v. 2. Juli 1859 (GS. 394) u. v. 18. Sept. 1861 (GS. 790). — Aufhebung der Beitragspflicht für die nicht bei den Sozietäten versicherten Personen G. v. 31. März 1877 (GS. 121). — Zwangsversicherungsanstalten bestehen noch f. Ostfriesland u. die Reg.-Bez. Kassel, Wiesbaden u. Sigmaringen.

[28]) Zur Zeit bestehen 26 Feuersozietäten, und zwar in
- Ostpreußen: 1) d. landschaftliche, 2) d. ländliche u. 3) d. städtische FS.;
- Westpreußen: 1) d. landschaftliche den westpr. LandschBez. (Anm. 10 S. 382) umfassende u. 2) d. westpr. FS. für alle nicht zu ersterer beitragspflichtigen Grundstücke;
- Brandenburg: 1) d. StädteFS., 2) d. LandFS. f. d. Kurmark u. Niederlausitz u. 3) d. LandFS. f. d. Neumark;
- Pommern: 1) d. altpom. LandFS., 2) d. StädteFS. u. 3) d. Neuvorpom. FS. (G. v. 18. Jan. 1881 GS. 7) § 5;
- Posen: d. ProvFS.;
- Schlesien: 1) d. ProvLandFS. u. 2) d. StädteFS.;
- Sachsen: 1) d. ProvStädteFS.; 2) d. Magdeb. LandFS.; 3) d. LandFS. f. d. Herzogth. Sachsen u. 4) die ritterschaftliche FS. des Fürstenth. Halberstadt;
- Schl.-Holstein: d. Prov.-Brand-Vers.-Anstalt G. v. 23. März 1872 (GS. 286);
- Hannover: 1) d. Ostfriesische Brand-Vers.-Kasse u. 2) die die übrige Prov. umfassende vereinigte landsch. Brandkasse;
- Westfalen: d. ProvFS.;
- Hessen-Nassau: 1) d. hess. Brand-VersAnst. G. v. 18. März 1879 (GS. 136), 2) d. nass. BVA. G. v. 21. Dez. 1871 (GS. 610).
- Rheinprov.: d. ProvFS.;
- Hohenzollern: d. ImmobiliarFVA. G. v. 14. Mai 1855 (GS. 301).

[29]) Für die Feuersozietäten (Anm. 28) bestehen in Ostpr. zu 1, in Westpr. zu 1, in Brandenburg zu 2 u. 3 u. i. Sachsen zu 2 u. 3 Generaldirektionen; i. Ostpr. zu 2 u. 3, in Westpr. zu 2, in Posen, in Sachsen zu 1 u. 4 u. in Hannover zu 1 u. 2: Direktionen; alle übrigen Sozietäten werden von den Provinzial- u. Kommunalorganen verwaltet (die hohenzollernsche vom Reg.-Präs. unter Mitwirkung des Kommunallandtags Amts- u. LO. v. 2. April 1873 GS. 145 § 61[8]). — Aenderung der Regl. ProvO. v. 29. Juni 1875 (GS. 1881 S. 234) § 120.

gewinnbringenden Gegenständen zu und nehmen allgemein das öffentliche Interesse bei der Versicherung erfolgreicher wahr. Sie haben sich deßhalb, auch nachdem ihre mit dem Bedürfniß des freien Verkehrs nicht mehr zu vereinbarenden Vorrechte gefallen sind, nicht nur den Privatanstalten gegenüber behauptet, sondern im Konkurrenzkampf mit letzteren sogar vielfach zu vermehrter und lebendigerer Thätigkeit emporgerafft.

3. Kreditwesen.

§ 316.

a) **Kredit** ist die Fähigkeit einer Person, das Kapital einer anderen zur Benutzung heranzuziehen. Er vermittelt den Uebergang des Kapitals aus der Hand derjenigen Besitzer, die dasselbe nicht ausreichend zu verwerthen vermögen, auf solche, die desselben zu weiterem Erwerbe bedürfen und fördert dadurch zu gleicher Zeit die Kapitalbildung und die Produktion neuer Güter. Der durch Grundstücke gesicherte Kredit heißt Realkredit, der sonstige Personalkredit.

An sich ist der Kredit Sache des Einzelnen und der Darlehnsvertrag, der denselben zur Erscheinung bringt, Gegenstand des Privatrechts. Durch seine wirthschaftliche Bedeutung tritt er indeß in das Gebiet des öffentlichen Rechts und wird zum Gegenstand staatlicher Fürsorge, die theils in seiner Ordnung durch die Gesetzgebung (b), theils in der Errichtung von Anstalten für denselben (c u. d) zur Erscheinung gelangt.

§ 317.

b) Die **Kreditgesetzgebung** findet für den Realkredit in der Grundbuch-Ordnung[30]), für den Personalkredit vor Allem in der Wechsel-Ordnung ihren Ausdruck. Das Wechselrecht war schon vor Entstehung des Reichs für Deutschland geordnet und nach Maßgabe besonderer Einführungsgesetze in fast alle Bundesstaaten eingeführt[31]). Nunmehr ist dasselbe zum Reichsrecht geworden[32]) und damit jeder Aenderung durch die Landesgesetzgebung entzogen. — Mit dem Wechsel wird in bestimmt vorgeschriebener Form[33]) die Verpflichtung zu unbedingter und unmittelbarer Zahlung einer Schuld übernommen. Die Wechselfähigkeit fällt mit der Vertragsfähigkeit

[30]) § 213—216 d. W.

[31]) Abdruck der WechselO. im BGB. 1869 S. 382 u. der sog. Nürnberger Novelle das. S. 402. — EinfG. für Altpreußen v. 15. Feb. 1850 (GS. 53) u. v. 27. Mai 1863 (GS. 357), f. Hannover v. 7. April 1849 u. v. 31. Mai 1864, f. Nassau v. 25. Okt. 1848 u. v. 5. Juli 1867 (GS. 1108), f. Schl.-Holstein u. Kurhessen Gesetze v. 13. Mai 1867 (GS. 669 u. 737).

[32]) G. v. 5. Juni 1869 (BGB. 379), Einf. i. Süddeutschl. Anm. 12 (S. 7).

[33]) WO. Art. 4—7, Nov. Nr. 3 u. 4; Duplikate u. Kopien WO. Art. 66—72; Amortisation verlorner Wechsel Art. 73, 74; Wechselstempel § 151 d. W.

zusammen[34]). Wegen des mit derselben getriebenen Mißbrauchs hat man sie zu beschränken gesucht, jedoch bei der Schwierigkeit, welche die Bestimmung der wechselfähigen Personen bietet, ohne Erfolg. Der Anspruch, für den der Schuldner nach Aufhebung der Schuldhaft[35]) nicht mehr persönlich, sondern nur noch mit dem Vermögen haftet[36]), unterliegt einem abgekürzten Prozeßverfahren[37]). Die Verpflichtung zur Zahlung der Schuld kann von dem Aussteller übernommen werden (eigner oder trockener Wechsel)[38]) oder auf einen Dritten (Bezogenen) lauten (gezogener Wechsel oder Tratte)[39]). Der Empfangsberechtigte (Remittent) kann sein Recht durch Indossament (Giro) weiterbegeben[40]). Der Inhaber kann dem Bezogenen den Wechsel präsentiren[41]) und, wenn dieser die Annahme (den Accept)[42]) verweigert oder wenn die Wechselverbindlichkeit nicht erfüllt wird[43]) und nicht Dritte für den Verpflichteten eintreten (Intervention)[44]), den Wechselprotest erheben[45]) und auf Grund dessen Regreß gegen Aussteller und Indossanten nehmen[46]).

Einschränkungen der Kreditgewährung schließen anderseits die gegen den Wucher gerichteten Bestimmungen in sich, welche dem zu hohen Zins die Klagbarkeit versagen und ihn mit Strafe bedrohen. Die frühere gesetzliche Feststellung eines höchsten Zinsfußes ist zwar wegen der Mannigfaltigkeit der möglichen Fälle nicht aufrecht erhalten[47]), dagegen ist im Anschluß an die für mißbräuchliches Kreditgeben an Minderjährige ergangenen Strafvorschriften[48]) jede unter Ausbeutung der Noth, der Unerfahrenheit und des Leichtsinns erfolgende unverhältnißmäßige Ueberschreitung des gewöhnlichen Zinssatzes für strafbar und unverbindlich erklärt[49]). Die Frage, ob Wucher vorliegt, ist somit im einzelnen Fall vom Richter zu entscheiden.

Zu weiteren Einschränkungen hat die soziale Rücksicht auf die besitzlosen Klassen geführt. Neben der Aufhebung der Schuldhaft[35]) sind alle zum Lebensunterhalt nothwendigen Gegenstände von der Zwangsvollstreckung ausgenommen; der noch nicht fällige Arbeits- und Dienstlohn unterliegt überhaupt keiner Beschlagnahme[50]).

Die Ausgabe von Inhaberpapieren fordert Königliche Genehmigung[51]);

---

34) WO. Art. 1, 8, 84; falsche Wechsel Art. 75, 76; Verjährung Art. 77—80.

35) Anm. 65 (S. 235).

36) WO. Art. 2 u. 3.

37) § 195 Nr. 1 d. W.; WO. Art. 81 bis 83.

38) Das. Art. 96—100 u. Nov. Nr. 8.

39) WO. Abschn. II (Art. 4—94).

40) Das. Art. 9—17.

41) Das. Art. 18—20, 91—93 u. Nov. Nr. 5.

42) WO. Art. 21—24.

43) Das. Art. 30—40 u. Nov. Nr. 7.

44) WO. Art. 56—65.

45) Das. Art. 18, 41, 87—90. — G. v. 21. April 1876 (GS. 111), Einf. i. Lauenburg G. v. 25 Feb. 1878 (GS. 97) § 4[3]. — Zuständig sind außer den Notaren (Anm. 52 S. 256) auch die Gerichtsschreiber u. Gerichtsvollzieher § 186 u. 187 d. W.

46) WO. Art. 25—29, 41—55 u. Nov. Nr. 6.

47) BG. v. 14. Nov. 1867 (BGB. 159).

48) StGB. § 301, 302.

49) G. v. 24. Mai 1880 (RGB. 109).

50) Anm. 68 (S. 235).

51) G. v. 17. Juni 1833 (GS. 75),

nur in Betreff der Aktien erleidet dieser Grundsatz eine Ausnahme[52]). Unter bestimmten Voraussetzungen ist die Außer- und Wiederinkurssetzung dieser Papiere zugelassen[53]). Das Verfahren für die Amortisation ist für die einzelnen Landestheile verschieden[54]).

§ 318.

c) **Kreditanstalten** sind von Vereinen und Selbstverwaltungskörpern[55]) oder vom Staat gegründet und dienen entweder einem bestimmten Erwerbszweck[56]) oder dem Kredit überhaupt. Zu letzteren gehören die Pfandleihanstalten, welche wegen der damit verbundenen Gefahr einer besonderen polizeilichen Kontrolle unterliegen[57]). Dies gilt von Privat- wie von öffentlichen Anstalten; nur die vom Staat errichteten sind ausgenommen[58]).

Der Staat hat ferner außer den nur vorübergehend für den Fall der Noth begründeten Darlehnskassen die Provinzial-Hülfskassen eingerichtet, aus denen zu gemeinnützigen Anlagen und Anstalten, zu Gemeindebauten, zur Tilgung von Gemeindeschulden, zu Grundverbesserungen und gewerblichen Unternehmungen Darlehen unter günstigen Bedingungen und gegen allmälige Abtragung gewährt werden. Gegenwärtig sind diese Kassen auf die Provinzen übergegangen[59]).

Einf. in d. neuen Prov V. v. 17. Sept. 1867 (GS. 1518), in Lauenburg G. v. 25. Feb. 1878 (GS. 97) § 7[1]. — Tilgungsgrundsätze CR. v. 22. März 1875 (MB. 124). — Ausgabe von Prämienpapieren § 123 (S. 155) d. W.

[52]) § 320 d. W.

[53]) G. v. 16. Juni 1835 (GS. 133) nebst zwei G. v. 4. Mai 1843 (GS. 177 u. 179). Neue Prov. V. v. 16. Aug. 1867 (GS. 1457).

[54]) Die Vorschriften beruhen meist auf den Genehmigungsurkunden. Allgemein kommen in Betracht AGerO. I 51 § 120 ff. u. Anh. § 385 u. 388, f. Hannov. G. v. 20. Jan. 1836, f. Kurhess. G. v. 18. Dez. 1823, f. Nassau G. v. 2. Juni 1860. Aufgebot v. Aktien in Schl.-Holstein G. v. 10. März 1877 (GS. 90).

[55]) Benutzung der Sparkassen als Leihkassen § 313; Kreditgenossenschaften § 321 d. W.

[56]) Landschaftliche Kreditinstitute und Meliorationsfonds § 335 d. W.; Bergbauhülfskassen Anm. 38 (S. 368).

[57]) § 350 Nr. II 5 (S. 408) d. W.

[58]) G. v. 17. März 1881 (GS. 265) § 19—22. — Kön. Leihamt f. Berlin, wo die Errichtung einer städt. Leihanstalt abgelehnt war KO. v. 25. Feb. 1834 (GS. 23) u. AE. v. 12. Aug. 1850 (GS. 370). — F. Hessen bestehen als kommunalständische Anstalten d. Leihhaus zu Kassel, d. Leih- u. Pfandhaus zu Fulda u. die Leihbank zu Hanau G. v. 10. April 1872 (GS. 373).

[59]) G. v. 8. Juli 1875 (GS. 497) § 8 u. 9. — Prov.-Hülfskassen bestehen für Ostpreußen, Westpreußen, Pommern, Westfalen, Rheinprov., Schlesien u. Sachsen. In den beiden letztern Prov. haben daneben die Oberlausitz u. Altmark spezielle Hülfskassen. In d. Prov. Brandenburg finden sich nur solche für d. Kurmark, Neumark u. Niederlausitz. — In d. neuen Prov. stehen unter Prov.- bezw. Kommunalverwaltung d. Landeskredit-Anst. zu Hannover Stat. v. 18. Juni 1842 (Han. GS. I 87), G. v. 25. Dez. 1869 (GS. 1269), v. 24. Juli 1875 (GS. 567) u. v. 7. März 1879 (GS. 125), die Landes-Kreditkasse zu Kassel G. vom 25. Dez. 1869 (GS. 1279), die Landesbank zu Wiesbaden G. v. 25. Dez. 1869 (GS. 1288) u. die Hülfskasse daselbst.

§ 319.

d) **Banken.** Neben den Anstalten, welche dem Kredit im einzelnen Bedarfsfall entgegenkommen, braucht derselbe gewisse Mittelpunkte, in dem alle seine Fäden zusammenlaufen und der Kapitalumsatz die erforderliche Vermittelung findet. Dieser Aufgabe dienen die Banken, die hierdurch an die Spitze des gesammten Kreditwesens treten. Ihre Wirksamkeit äußert sich in sehr verschiedener Art. Die einfachste Form bildet die Depositenbank zur Verwahrung von Geld und geldwerthen Gegenständen. Mit dem Hinzutritt des Darlehnsgeschäfts entsteht, soweit die Gegenstände in Pfand gegeben werden, die Leih- oder Lombardbank und soweit das Darlehn gegen Wechsel unter Abzug des bis zur Verfallzeit auflaufenden Zinses (Diskonto) gewährt wird, die Wechsel- oder Diskontobank. Zur eigentlichen Vermittlerin zwischen mehreren Betheiligten wird die Bank erst als Girobank, indem sie Zahlungen zwischen denselben durch Umschreibung ihrer Guthaben herbeiführt. Solange die Banken sich auf diese Gebiete beschränkten, trieben sie lediglich Bankiergeschäfte im Großen und unterlagen deßhalb keiner staatlichen Genehmigung oder Beaufsichtigung[60]).

Eine Erweiterung dieser Wirksamkeit trat dagegen ein, als sie zur Notenausgabe übergingen. Die Noten- oder Zettelbanken geben in den Noten unverzinsliche Anweisungen aus, welche jedem Inhaber das Recht auf Rückzahlung gewähren und in der gegenseitigen Zahlungsfähigkeit aller bei der Bank betheiligten Unternehmungen ihre Sicherung finden. Die Bank vergrößert damit ihren Betriebsfonds, erzielt wegen der Unverzinslichkeit der Noten einen finanziellen Gewinn und schafft dem öffentlichen Verkehr bequeme Umlaufsmittel[61]). Dieses wichtige Recht trägt aber zugleich erhebliche Gefahren für die Sicherheit des Geldverkehrs in sich. Es ist deßhalb überall einschränkenden Kontrollmaßregeln unterworfen und vielfach dem vom Staat eingerichteten Anstalten ausschließlich vorbehalten worden.

In Preußen hatte noch ein anderer Umstand die engere Verbindung des Bankwesens mit dem Staate herbeigeführt. Als das Bedürfniß nach Bankinstituten um die Mitte des vorigen Jahrhunderts sich geltend machte, waren weder Privatkapital noch Privatindustrie genügend entwickelt, um die Aufgabe ihrerseits erfüllen zu können. Zudem würde die Lösung derselben durch Privatunternehmung dem Geiste der Zeit wenig entsprochen haben. So entstand die Preußische Bank als Staatsanstalt (1765). Erst in neuerer Zeit wurde die Betheiligung von Privaten gestattet (1846) und bald darauf auch anderen Privatbanken die bis dahin der Preußischen Bank vorbehaltene[62]) Befugniß zur Notenausgabe verliehen. Auf ähnliche Weise

[60]) Ihre Rechtsverhältnisse bestimmt d. HandGB. (Anm. 20 S. 421); vgl. Art. 5 Abs. 2 u. 272^2 das.

[61]) Sie erfüllen damit die Zwecke des Papiergeldes § 163 d. W., insbes. Anm. 34 (S. 202).

[62]) Nur die 1824 gegründete u. 1878 zusammengebrochene ritterschaftliche Pri-

waren in den neuen Provinzen und im übrigen Deutschland Notenbanken entstanden und so war bei dem gänzlichen Mangel einheitlicher Grundsätze ein ziemlich buntes Durcheinander entstanden, dem erst die Reichsgesetzgebung, der das Bankwesen überwiesen wurde[63]), ein Ende gemacht hat. Durch diese sind einheitliche Vorschriften für das Bankwesen getroffen und zugleich die Verhältnisse der Reichsbank geordnet[64]), nachdem die Preußische Bank auf das Reich übertragen war[65]). In der erstrebten Centralisirung der Notenausgabe für eine einzige größere Anstalt wird in Deutschland dasselbe Ziel verfolgt, welches auch für England und Frankreich das leitende gewesen war[66]).

Privatnotenbanken können Noten nur auf Grund eines Reichsgesetzes und nur in Stücken von 100, 200, 500, 1000 oder mehreren 1000 M. ausgeben; sie müssen sie auf Vorzeigung jederzeit voll einlösen und sind in ihrer Verwaltung gewissen Einschränkungen und Aufsichtsmaßregeln unterworfen. Eine Verpflichtung zur Annahme der Noten in Zahlung findet nicht Statt; ausländische auf Reichs- oder deutsche Landeswährung lautende Noten sind vom Reichsgebiet ganz ausgeschlossen[67]). Von dem Ueberschuß, um den der Notenumlauf einer Bank ihren Baarvorrath und den besonders für sie festgestellten (kontingentirten) Betrag übersteigt, hat sie jährlich 5 Proz. an die Reichskasse zu entrichten[68]). Spezielle Bedingungen sind für die älteren Notenbanken festgestellt; insbesondere kann die Befugniß zur Notenausgabe vom 1. Januar 1891 ab von 10 zu 10 Jahren gekündigt werden. Soweit die Banken sich diesen Festsetzungen nicht unterworfen haben, bleiben sie mit Betrieb und Notenverkehr auf das Gebiet des Staats beschränkt, für den sie zugelassen sind[69]).

Die Reichsbank zu Berlin ist ein mit einem Grundkapital von 120 Millionen Mark ausgestattetes Privatinstitut, welches den Geldumlauf im Reiche regelt, die Zahlungsausgleichungen erleichtert und für die Nutzbarmachung verfügbaren Kapitals sorgen soll. Sie genießt Freiheit von der Staatssteuer, besitzt juristische Persönlichkeit und das Recht, nach Bedarf

---

vatbank zu Stettin hatte eine Ausnahme gemacht.

63) RVerf. Art. 4⁴.

64) RBankG. v. 14. März 1875 (RGB. 177).

65) Das. § 61—65 u. Vertr. v. 17/18. Mai 1875 (RGB. 215).

66) Die Bank von England ist hiermit allmälig, insbesondere in Folge der Akte Peels (1844) durchgedrungen, und auch die französische Bank hat die örtlichen Banken aufgesogen (1848).

67) RBG. § 1—8 u. 11; Strafe § 55 u. 57—59.

68) Das. § 9, 10.

69) Das. § 42—54; Strafen § 56, 58 u. 59. — Für das ganze Reichsgebiet sind demgemäß zugelassen die Danziger, Magdeburger, Hannoversche, Frankfurter u. Kölnische Bank, die ProvAktienB. d. Großh. Posen und die städtische B. zu Breslau; ferner die KomerzB. zu Lübeck, die Bremer u. Chemnitzer Stadtbank, der Leipziger Kassenverein, die sächsische B. in Dresden, d. B. f. Süddeutschland (Darmstadt), die Badische B., d. Bairische u. die Würtembergische Noten-B. — Die Bautzener u. die Braunschweiger Bank sind dagegen auf das Landesgebiet beschränkt geblieben.

Noten auszugeben, für welche jedoch stets Deckung zu $^1/_3$ in kursfähigem Geld oder Gold in Barren oder Münzen und zu $^2/_3$ in diskontirten Wechseln vorhanden sein muß. Dem Reich ist ein Antheil an den Ueberschüssen, das Recht zur Uebernahme der Bank am 1. Januar 1891 und demnächst von 10 zu 10 Jahren und die Aufsicht und Leitung vorbehalten[70]). Erstere wird durch das Bank-Kuratorium, letztere unter dem Reichskanzler durch das Reichsbank-Direktorium wahrgenommen[71]), während die Antheilseigner ihre Betheiligung durch die Generalversammlung und den Central-Ausschuß ausüben[72]). An größeren Plätzen sind Reichsbankhauptstellen, an andern Reichsbankstellen errichtet; unter beiden stehen Reichs-Bank-Nebenstellen[73]). Die speziellen Verhältnisse der Reichsbank sind durch Statut geregelt[74]).

4. Das wirthschaftliche Vereinswesen.

Die Vereinigung (Assoziation) ist mit zunehmender Bedeutung des Großbetriebs ein wichtiges Förderungsmittel der Erwerbszwecke geworden. Ihre allgemeinen[75]) Formen sind die Aktiengesellschaft und die Genossenschaft.

§ 320.

a) **Die Aktiengesellschaft** hatte, soweit ihr Gegenstand in Handelsgeschäften besteht, bereits im Handels-Gesetzbuch ihre Regelung erfahren. Die Grundsätze desselben sind demnächst unter mehrfachen Abänderungen auf alle Aktiengesellschaften ausgedehnt[76]). Als Aktiengesellschaft gilt jede Gesellschaft, deren Mitglieder nur mit Einlagen ohne persönliche Haftung betheiligt sind. Das Gesellschaftskapital ist in Aktien und Aktienantheile zerlegt, die untheilbar sind, jedoch sowohl auf Inhaber wie auf Namen lauten können. Im ersteren Fall müssen die Aktien auf mindestens 150 M., im letzteren auf mindestens 300 M. lauten. Bei Versicherungsgesellschaften ist dieser höhere Satz stets maßgebend[77]). Alle Aktiengesellschaften gelten als Kaufleute i. S. des Hand.-G.-B.[78]). Die wichtigste Aenderung gegen das letztere ist die Beseitigung

---

[70]) Das. § 12—24 u. 41. — Der Antheil des Reichs betrug (1881/82) $1^1/_2$ Mill. M.

[71]) Das. § 25—29, 38, 39. — Reichsbankbeamte § 28; vgl. Anm. 43 (S. 23).

[72]) Das. § 30—35 u. 39.

[73]) Das. § 36—38. Zur Zeit bestehen 17 RBHauptstellen, 43 RBankstellen u. 129 RBanknebenstellen nebst 2 RB.-Kommanditen u. 28 Waaren-Depots.

[74]) Das. § 40 u. Statut v. 21. Mai 1875 (RGB. 203).

[75]) Spezielle Formen für einzelne Gewerbszweige bilden die Gewerkschaften (§ 323 Abs. 4 d. W.), die Innungen (§ 352), die Handelsgesellschaften (§ 359 Abs. 4) u. die Eisenbahngesellschaften (§ 373). — S. auch Anm. 87.

[76]) HandGB. (Anm. 20 S. 421) Buch 2, Titel 3 (Art. 207—249), Fassung theilweise geändert durch G. v. 11. Juni 1870 (BGB. 375); Einf. in Süddeutschl. Anm. 12 (S. 7).

[77]) HGB. Art. 207 u. 207a. Verb. Art. 216 u. 218—224. — Hypothekarische Eintragung f. Aktiengesellschaften Preuß. Einf.G. (Anm. 20 S. 421) Art. 23.

[78]) HGB. Art. 5 u. 208 Abs. 1.

der Staatsgenehmigung und Staatsaufsicht[79]). An Stelle derselben ist die Vorschrift gewisser Normativbedingungen getreten[80]), deren Erfüllung bei Eintragung der Gesellschaft in das Handelsregister kontrollirt wird. Durch das gerichtlich oder notariell aufzunehmende Statut müssen bestimmte Gegenstände geregelt werden. Das Grundkapital muß genau festgestellt, vor der Gründung gezeichnet und mit mindestens 10 (bei Versicherungsgesellschaften 20) Proz. eingezahlt werden. Auch darf dasselbe weder durch Zinsenzahlung an die Aktionäre, noch durch Ankauf eigner Aktien Seitens der Gesellschaft verringert werden[81]). Neben dem Vorstand[82]) ist ein Aufsichtsrath von mindestens 3 Mitgliedern zu wählen[83]). Die Auflösung erfolgt bei Ablauf der Zeit, durch notariell oder gerichtlich aufzunehmenden Beschluß der Aktionäre oder Konkurs. Letzterer tritt außer dem Fall der Zahlungsunfähigkeit auch im Fall der Ueberschuldung ein[84]).

Die Aktiengesellschaft hat durch die Leichtigkeit, mit der sie Kapitalien zusammenführt, eine große wirthschaftliche Bedeutung gewonnen. Anderseits liegt in derselben bei dem völligen Zurücktreten der Personen gegen das Kapital eine erhebliche Gefahr, da sie der vollen Verantwortlichkeit und Haftbarkeit entbehrt, die gegenüber der freien Bewegung der persönlichen Interessen überall das wirksamste Korrektiv bildet. Dies trat besonders fühlbar hervor, als gleichzeitig mit der Befreiung der Aktiengesellschaften von der staatlichen Einwirkung ein Gründungsfieber die Gemüther ergriff und zahlreiche Unternehmungen hervorrief[85]), die durch ihre Unsolidität die Aktionäre schädigten und durch planlose Ueberproduktion das Geschäftsleben stocken machten. In der Rückkehr zur staatlichen Genehmigung wird man eine Abhülfe dieser Mißstände kaum suchen dürfen, da diese sich der steigenden wirthschaftlichen Entwickelung gegenüber ziemlich unwirksam zeigt. Man wird andere Garantien suchen müssen, indem man die Verantwortlichkeit der Leiter verstärkt und die vielfach nur zum Gegenstand spekulativer Kapitalanlagen gewordenen Gesellschaften mehr auf den eigentlichen Unternehmungszweck zurück-

[79]) Das. Art. 208 Abs. 2 u. 3. — Der Fortfall der Genehmigung bezieht sich nur auf die Aktiengesellschaft als solche (als Gesellschaftsform). Die besondere durch den Zweck bedingte Genehmigung, wie sie für Versicherungsgesellschaften (§ 314) u. Eisenbahngesellschaften (§ 373), sowie zur Ausgabe von Inhaberpapieren (§ 317 Abs. 4) erforderlich ist, wird nicht berührt G. v. 11. Juni 1870 § 3.

[80]) Vorbild waren die Gesetzgebungen von England (1862 u. 1867) u. Frankreich (1867).

[81]) HGB. Art. 208—215 u. 217. Firma Art. 18.

[82]) Das. Art. 227—241, 249a u. Einf.-G. Art. 12 § 6 (die übrigen §§ dieses Art. sind durch G. v. 1870 beseitigt).

[83]) Das. Art. 209^6, 225, 225a u. b u. 249.

[84]) Das. Art. 242—248; EinfG. Art. 13, 24; verb. KonkO. § 193, 194, 214.

[85]) Während bei Erlaß des Aktiengesetzes 410 Aktiengesellschaften mit 3078 Mill. M. Grundvermögen bestanden, traten bis Ende 1874 noch 857 Gesellschaften mit 4290 Mill. M. Grundvermögen hinzu.

führt. Vorzugsweise würde hierzu die Einschränkung der Inhaberaktien und die Erhöhung des Minimalaktienbetrags beitragen können.

§ 321.

b) **Die Genossenschaft.** Die mannigfaltigen Gebilde der heutigen wirthschaftlichen Entwickelung passen nicht mehr in den engen Rahmen, wie ihn das römische Recht in seinem strengen Gegensatz der nur die Mitglieder persönlich bindenden Gesellschaft (societas) und der mit juristischer Persönlichkeit ausgestatteten und zu völliger Einheit verwachsenen Gesammtheit (universitas) geschaffen hatte. Zwischen beide Begriffe haben sich Mittelbildungen eingeschoben, in denen beide Elemente in verschiedenem Umfang neben einander zur Geltung gelangen. Die wichtigsten dieser Bildungen sind die Handelsgesellschaft[86]) und die Genossenschaft. Die Eigenthümlichkeit der letzteren besteht darin, daß sie neben der Haftpflicht, die sie als juristische Person in ihrer Gesammtheit bietet, noch eine Haftpflicht der einzelnen Mitglieder kennt (subsidiäre Solidarhaft). Formell erlangt sie diesen Charakter durch Eintragung in das vom Gericht geführte Genossenschaftsregister.

Die Genossenschaft erscheint in mehreren nach den Einzelzwecken verschiedenen Gestaltungen[87]). Ihre allgemeine Anwendung findet sie dagegen in den zur wirthschaftlichen Hebung der unbemittelten Volksklassen gegründeten Erwerbs- und Wirthschaftsgenossenschaften, die um ihren gemeinnützigen Zweck gehörig erfüllen zu können eine bestimmte rechtliche Grundlade erhalten haben[88]). Voraussetzungen sind:

a) ein auf Förderung des Kredits, Erwerbs oder der Wirthschaft der Mitglieder gerichteter gemeinschaftlicher Geschäftsbetrieb; die Zahl der Mitglieder ist nicht begrenzt[89]); eine statutenmäßige Ausdehnung auf Nichtmitglieder hebt den Charakter nicht auf[90]);
b) die Annahme einer Firma und Aufstellung eines Statuts, welches bestimmte Merkmale enthalten muß[91]);
c) die Eintragung in das öffentlich vom Amtsgericht geführte Genossenschaftsregister[92]).

Die so gebildete Genossenschaft, die als juristische, dem Handelsrecht unterliegende Persönlichkeit anerkannt ist, will durch die subsidiäre Solidarhaft der Mitglieder[93]) ihrem Kredit einen festeren Halt verleihen.

---

86) § 359 Abs. 4 d. W.
87) Wassergenossenschaften § 336 Abs. 3, Fischereigenossenschaften § 348, Waldgenossenschaften § 339 Abs. 6 d. W.
88) G. v. 4. Juli 1868 (BGB. 415), Einf. in Süddeutschland außer Baiern Anm. 12 (S. 7).
89) Das. § 1.
90) Dekl. v. 19. Mai 1871 (RGB. 101).
91) § 2, 3 u. 6 des Ges.
92) Das. § 4—8. — Zuständigkeit der Amtsgerichte § 70 u. G. v. 24. April 1878 (GS. 230) § 25¹, 30, 69 u. 109; Befugnisse derselben GenossG. § 66—68 u. G. v. 24. März 1879 (GS. 281) § 28; Kosten GenG. § 69 u. G. v. 10. März 1879 (GS. 145) § 13, 15 u. 16.
93) GenG. § 11 u. 12. Sonstige Rechte der Genossenschafter § 9, 10, 13—16, im Fall des Austritts § 38, 39. Ver-

Die Genossenschaft wird durch den Vorstand vertreten[94]), dem ein Aufsichtsrath zur Seite gestellt werden kann[95]) und die Berufung der Generalversammlung obliegt[96]). Der staatlichen Genehmigung und Beaufsichtigung unterliegen die Genossenschaften nicht.

Die Genossenschaft endet im Fall des Konkurses[97]) oder der Auflösung. Letztere erfolgt bei Ablauf der bestimmten Zeit oder in Folge eignen Beschlusses oder mittelst gerichtlichen Erkenntnisses im Fall der Uebertretung des Gesetzes[98]), insbesondere bei sozialdemokratischen Umtrieben[99]). Die Liquidation der Masse nach der Auflösung ist speziell geregelt[100]).

Die Genossenschaften haben sich während der letzten beiden Jahrzehnte eines raschen Aufschwungs zu erfreuen gehabt[101]). Die größte Verbreitung fanden die auch als Sparkassen wirkenden Kredit- und Vorschußvereine und nächst diesen die Konsumvereine. Während diese und die auf Herstellung von Wohnungen gerichteten Genossenschaften Zwecke der allgemeinen Wohlstandspflege verfolgen, liegen die im Interesse der kleineren Handwerksmeister begründeten Rohstoff- und Magazinvereine und in höherer Ordnung die zu gemeinschaftlicher Herstellung und Veräußerung von Waaren zusammentretenden Produktivgenossenschaften speziell auf gewerblichem Gebiet. Sie sollen die günstigeren Bedingungen der Großindustrie auch dem kleineren Gewerbtreibenden erreichbar und diesen damit konkurrenzfähig machen. Durch die Genossenschaften sind die in der modernen wirthschaftlichen Entwickelung hervorgetretenen Schäden mehrfach wirksam bekämpft; zur vollständigen Heilung derselben erscheinen sie indessen nicht ausreichend, da ihre Entstehung von bestimmten Voraussetzungen abhängig bleibt, die nicht überall zutreffen.

III. Bergbau[1]).

1. Einleitung.

§ 322.

Das Recht zum Bergbau fiel ursprünglich mit dem Eigenthumsrechte zusammen. Die Nothwendigkeit einer ordnungsmäßigen Ausbeutung des vor-

---

jährung der Klagen geg. dieselben § 63 bis 65 u. Berichtig. (BGB. 1869 S. 168).

[94]) Das. § 17—27 u. 33.

[95]) Das. § 28—30.

[96]) Das. § 31—33.

[97]) Das. § 34³, 37; KonkO. § 195 bis 197 u. 214.

[98]) GenG. § 34¹, ², 35 u. 36.

[99]) G. v. 21. Okt. 1878 (RGB. 351) § 2.

[100]) GenG. § 40—50 u. 52—62 (§ 51 ist aufgehoben EinfG. zur KonkO. § 3¹).

[101]) Ein großer Theil dieser Genossenschaften (3300) steht unter Leitung des als ihr Anwalt fungirenden Schulze-Delitzsch. — Die nach dem System Raifeisen gegründeten Darlehnskassen (700) sind bei beschränkterer Mitgliederzahl (100—250) und engerer lokaler Begrenzung vorzugsweise für Landgemeinden anwendbar.

[1]) Die Produkte des Bergbaus, die sich in Lagern oder Schichten (Flötzen) von größerer oder geringerer Stärke (Mächtigkeit) vorfinden, werden der Erde

handenen Mineralreichthums führte indeß schon früh zu einer Trennung beider Berechtigungen. Seit dem 12. Jahrhundert nahmen die Kaiser und demnächst die Landesherrn das Bergbaurecht als Regal in Anspruch[2]) und aus der Uebertragung desselben auf Private entwickelte sich die allgemeine Berechtigung, auf fremden Grundstücken nach Fossilien zu suchen und solche auf Grund einer Verleihung zu gewinnen (Freierklärung des Bergbaues). Mit dem Verschwinden der Regalität verblieb dem Staat neben der Verwaltung seiner eigenen Werke nur ein Aufsichts- und Besteuerungsrecht. Beide haben bei der Eigenthümlichkeit dieses Betriebs ihre besondere Regelung erfahren[3]).

In Preußen ist an Stelle der verschiedenartigen und vielfach überlebten Bestimmungen[4]) ein allgemeines Berggesetz getreten[5]). Dieses hat das Regalitätsprinzip verlassen und den Grundsatz der Bergbaufreiheit mit dem Vorrecht des Finders zur vollsten Geltung gebracht. Daneben läßt es eine Ueberwachung des Betriebs nur aus polizeilichen, nicht aus wirthschaftlichen Rücksichten zu. Der Privatbergbau ist dadurch zu völliger Selbstständigkeit gelangt. — Gegenstand des Berggesetzes bilden nur die volkswirthschaftlich wichtigeren Minerale, nämlich Gold, Silber, Quecksilber, Eisen (auß. Raseneisenerzen), Blei, Kupfer, Zinn, Zink, Kobalt, Nickel, Mangan, Antimon und Schwefel; Alaun- und Vitriolerze; Stein- und Braunkohle und Graphit; Steinsalz nebst den sog. Abraumsalzen und den Soolquellen[6]).

Die Bergbehörden gliedern sich in drei Instanzen. Unter dem Minister für öffentliche Arbeiten, bei dem das Bergwesen die erste Abtheilung bildet[7]),

---

unmittelbar entnommen (Tagebau) oder mittelst der Anlegung von Gruben. Letztere heißen Schachte, wenn sie senkrecht, Stollen, wenn sie wagerecht liegen. Bearbeitung der Produkte Anm. 36.

[2]) § 125 d. W.

[3]) § 324.

[4]) Neben 12 ProvBergordnungen galt subsidiär das LR. (II 16 Abschn. 4) u. d. gemeine Recht. Auf völlig abweichender Grundlage beruhte auf dem linken Rheinufer das franz. G. v. 21. April 1810.

[5]) Allg. Berggesetz v. 24. Juni 1865 (GS. 705), Einf. in Schl.-Holstein V. v. 12. März 1869 (GS. 453), Lauenburg G. v. 6. Mai 1868 (Wochenbl. 161), Hannover V. v. 8. Mai 1867 (GS. 601), Kurhessen u. Frankfurt a. M. V. v. 1. Juni 1867 (GS. 770), Nassau V. v. 22. Feb. 1867 (GS. 237), i. d. vorm. großh. u. landgräfl. hessischen Theile V. v. 22. Feb. 1867 (GS. 242). Ebenso hat es in Waldeck (V. v. 1. Jan. 1869 GS. 78) u. in verschiedene andere deutsche Staaten Eingang gefunden, so daß es die geeignete Grundlage für ein demnächstiges einheitliches deutsches Bergrecht abgeben wird.

[6]) BergG. § 1, verb. § 222. — Provinzialrechtliche Abweichungen:

a) Für Ostpreußen besteht das Bernsteinregal § 126 d. W.

b) Im Gebiet des westpr. Prov. Rechts (Anm. 48 S. 213) findet das BergG. nur beschränkte Anwendung BergG. § 210.

c) Auf Eisenerze im Herzogth. Schlesien mit Glatz, in Neuvorpommern und in Hohenzollern findet es überhaupt keine Anwendung § 211 das.

d) Stein- u. Braunkohlen i. d. vorm. sächs. Theilen unterliegen nach Maßgabe des G. v. 22. Feb. 1869 (GS. 401) lediglich dem Verfügungsrecht des Grundeigenthümers.

e) Die linksrheinischen Dachschiefer-, Traß- und unterirdischen Mühlsteinbrüche sind der polizeilichen Aufsicht der Bergbehörden unterworfen BG. § 214.

[7]) § 49 d. W.

stehen in einer den Regierungen entsprechenden Stellung die Oberbergämter[8]), unter diesen die Revierbeamten[9]) und für die fiskalische Verwaltung die Berginspektionen, die Bergwerksdirektion Saarbrücken und die Salz- und Hüttenämter. — In Betreff des Verfahrens gehen Rekurse an die nächsthöhere Behörde. Sie sind binnen 4 Wochen anzubringen und zwar, wenn es sich um Entscheidungen zwischen streitenden Parteien oder Beschlüsse des Oberbergamts handelt, bei der Behörde, gegen welche die Beschwerde gerichtet ist[10]). Kosten werden im Verwaltungswege eingezogen[11]). — Bergbeamte und deren Angehörige können in ihrem Verwaltungsbezirk Bergwerke oder Kuxen durch Muthung überhaupt nicht, anderweit nur mit Ministerialgenehmigung erwerben[12]). Für die Bergbeamten wird eine besondere Befähigung verlangt[13]), die für die höheren Aemter auf den Bergakademien[14]), für die niederen in den Bergschulen[15]) erworben wird.

2. Das Bergwerkseigenthum.

§ 323.

Das Bergwerkseigenthum stellt eine vom Grundeigenthum getrennte unbewegliche Sache dar[16]) und unterliegt neben den allgemeinen Vorschriften des Civil-, Hypotheken- und Prozeßrechts[17]) den besonderen Vorschriften des Bergrechts.

Die Entstehung beruht darauf, daß Jedermann unter den gesetzlichen Bedingungen befugt ist, Mineralien aufzusuchen (Schürfen)[18]) und auf Grund

[8]) BergG. § 187, 188 u. 190. — Vorsteher (Berghauptmann) und Mitglieder (Oberbergräthe) haben gleichen Rang mit dem Präsidenten bez. den Mitgliedern der Regierung § 65 d. W. — Oberbergämter bestehen:
a) zu Breslau f. Ost- u. Westpreußen, Posen u. Schlesien;
b) zu Halle f. Pommern, Brandenburg, Sachsen, d. Amt Hohenstein, (Prov. Hannover) u. die Enklave Kaulsdorf;
c) zu Klausthal f. Schl.-Holstein, den RB. Kassel u. die Prov. Hannover auß. Amt Hohnstein u. den Reg.- (Landdrostei-) Bezirken Aurich u. Osnabrück;
d) zu Dortmund für die letzteren Bezirke, f. Westfalen mit Ausschluß des südlichsten Theils u. f. d. nördlichen Theil des RB. Düsseldorf;
e) zu Bonn für die übrigen Theile Westfalens u. der Rheinprov., f. den RB. Wiesbaden, für Hohenzollern u. Waldeck.

[9]) BG. § 187—189.

[10]) Das. § 191—193.

[11]) Das. § 194. Aufhebung der Gebühren G. v. 21. Mai 1860 (GS. 206).

[12]) BG. § 195.

[13]) Vorschr. v. 21. Dez. 1863 (MB. 1864 S. 19). Prüfung bei der Bergakademie ER. v. 6. Okt. 1866 (MB. 226).

[14]) Bergakademien bestehen zu Klausthal, Berlin u. Aachen (Anm. 3 S. 415). In Verbindung mit der Bergakademie zu Berlin stehen die geologische Landesanstalt zur Untersuchung des Staatsgebiets im wissenschaftlichen und wirthschaftlichen Interesse und die chemisch-technische Versuchsanstalt Regl. v. 23. Jan. 1880 (MB. 207). Aufsichts-Kommission (Anm. 3 S. 415).

[15]) Bergschulen bestehen zu Tarnowitz, Waldenburg, Eisleben, Klausthal, Essen, Bochum, Siegen, Dillenburg u. Saarbrücken. Einige haben Vorschulen.

[16]) BG. § 1 u. 50.

[17]) BG. § 52, 53; verb. § 242 u. 246; (§ 247 aufgehoben Subh.O. v. 15. März 1869 GS. 421 § 116). Vgl. § 214 u. 215 d. W., insbes. Anm. 18 u. 22 (S. 253 u. 254).

[18]) BG. § 3—11.

der dabei gemachten Funde die Verleihung des Bergwerkseigenthums zu beantragen (Muthen)[19]. Die Verleihung erfolgt mittelst einer Urkunde für ein ins Geviert bestimmtes und angemessen ausgedehntes Feld[20], das auf Antrag des Beliehenen vermessen wird[21]. Die Vereinigung mehrerer Bergwerke zu einem Ganzen (Konsolidation) fordert Bestätigung des Oberbergamts[22]. Gleiches gilt von der Theilung eines Feldes in selbstständige Felder und dem Austausch von Bergwerkstheilen zwischen angrenzenden Bezirken[23].

Dem Inhalt nach umfaßt das Bergwerkseigenthum die Befugniß, das in der Verleihung benannte Mineral aufzusuchen und zu gewinnen, die hierzu und zur Aufbereitung nöthigen Anstalten, insbesondere auch Hülfsbaue zu errichten und die Abtretung des erforderlichen Grund und Bodens zu verlangen[24]. Diese Abtretung erfolgt nach besondern, von den allgemeinen Enteignungsvorschriften abweichenden Grundsätzen[25]. Auch für Beschädigungen, welche dem Grundeigenthum beim Betrieb des Bergwerks oder durch die Arbeiten der Schürfer und Muther zugefügt werden, ist Ersatz zu leisten[26]. Der Ausführung von Verkehrsanlagen (Eisenbahnen, Kanälen, Chausseen) kann der Bergbaubetreibende nicht widersprechen; er ist aber zu hören und bei Einschränkung seines Ausbeutungsrechts zu entschädigen[27].

Mehrere Mitbetheiligte eines Bergwerks bilden eine Gewerkschaft, welche juristische Persönlichkeit besitzt und ihre Verfassung innerhalb der gesetzlichen Vorschriften selbstständig durch Statut regelt[28]. Sie zerfällt in 100 (ausnahmsweise in 1000) Antheile (Kuxen), denen zur Erleichterung des Verkehrs und zur Erhöhung des Kredits die Eigenschaft beweglicher Sachen beigelegt ist (Mobilisirung der Kuxe). Die Mitglieder (Gewerken) nehmen nach Maßgabe ihrer Kuxen an Gewinn und Verlust Theil. Sie sind zu laufenden Zuschüssen verpflichtet und haften hierfür, so lange sie ihren Antheil nicht aufgeben, mit ihrem gesammten Vermögen[29]. Die Beschlußfassung erfolgt in der Gewerkenversammlung. Das Stimmrecht wird nach

---

[19]) BergG. § 12—21.

[20]) Das. § 22—38. — Ueberleitung der vorhandenen Felder in die neue Form § 215—221. — Ausschluß der Erbstollen-, Freikuxen- u. Mitbaurechte § 223—225. — Ein Feld mit Gruben u. Zubehör heißt Zeche.

[21]) Das. § 39, 40. — Die Vermessung erfolgt durch Markscheider. Prüfung u. Konzessionirung derselben das. § 190 u. GewO. (RG. v. 23. Juli 1879 RGB. 267) § 34, Gewerbebetrieb Vorschr. v. 21. Dez. 1871 (MB. 1872 S. 9). — Bergeichungsgeschäfte Anm. 59a. (S. 425).

[22]) BG. § 41—49.

[23]) Das. § 51.

[24]) Das. § 54—64. — Zuständigkeit bei Anlage von Wassertriebwerken im Geb. der KrO. ZustG. § 124, 127 u. 135.

[25]) Materielle Grundsätze BG. § 135 bis 141; Nichtanwendbarkeit auf ältere Fälle § 241; Verfahren § 142—147, verb. ZustG. § 157.

[26]) BG. § 148—152.

[27]) Das. § 153—155; Verfahren bei der Anhörung CR. v. 13. Juli 1867 (MB. 209) u. v. 21. Juli 1868 (MB. 222).

[28]) BG. § 94—100. — Ueberleitung bestehender Gewerkschaften in das neue Verhältniß § 226—240 u. G. v. 9. April 1873 (GS. 181).

[29]) Das. § 101—110 u. 129—132.

Kuxen berechnet[30]). — Zur Vertretung der Gewerkschaft ist ein im Inland wohnender Repräsentant oder ein aus mehreren Personen bestehender Grubenvorstand zu wählen[31]). — Die Gewerkschaft stellt die Grundform für die Bergbaugesellschaft dar, ohne andere Formen auszuschließen[32]). Sie bildet einen besondern, dem speziellen Bedürfniß des Bergbaus angepaßten Rechtsbegriff, der sich von der zunächststehenden Aktiengesellschaft dadurch unterscheidet, daß an Stelle der Vorauszahlung eines bestimmten Grundkapitals, welches nicht vorher zu bemessen sein würde, die Verpflichtung zu laufenden Zuschüssen tritt und trotz der ausschließlichen Haftung des Gewerkschaftsvermögens jeder Gewerke bis dahin, daß er seine Kuxe zurückgiebt, persönlich haftbar ist[33]).

Die Aufhebung des Bergwerkseigenthums tritt ein, wenn der Bergwerkseigenthümer verzichtet oder das Bergwerk dem öffentlichen Interesse entgegen unbenutzt läßt. Sie erfolgt in einem die Rechte der Eigenthümer und der Realberechtigten gleichmäßig schützenden Verfahren[34]).

3. Betrieb des Bergbaus.

§ 324.

Die Bergwerke sind Staats- oder Privatbergwerke[35]). Der Staatsbergbau wird gleich dem damit verbundenen Hüttenwesen[36]) von den allgemeinen Bergbehörden verwaltet, unterliegt aber gleichfalls den Vorschriften des Berggesetzes[37]).

[30]) BergG. § 111—116.

[31]) Das. § 117—128.

[32]) Das. § 133, 134.

[33]) Das. § 99, 102 u. 130.

[34]) Das. § 65, 156—164.

[35]) Uebersicht der Montanindustrie in Preußen (1879):

Werke	Ueberhaupt				Darunter fiskalische Werke Etatsjahr 1879 80			
	Produktion			Arbeiter.	Produktion			Arbeiter.
	Zahl	Mil. Ctr.	Werth Mil. M	Zahl	Zahl	Mil. Ctr.	Werth Mil. M.	Zahl
Bergwerke	1764*)	1037	264	231 782	47	156	55	37 257
Hüttenwerke	1131**)	88	583	102 290	14	1	14	2 852
Salinen	31	4½	5½	1 748	6	2	2½	932
Summa	2926	—	852½	335 810	67	—	71½	41 041

*) Darunter 405 Steinkohlen-, 473 Braunkohlen- und 636 Eisenstein-Bergwerke.
**) Darunter 1043 Stahl- und Eisenwerke.

Im Allgemeinen ist die Produktion gestiegen, der Werth dagegen gesunken. — Nach dem Etat 1881/2 liefern die Bergwerke einen Ueberschuß von 10 Mill. M.

[36]) In den Hüttenwerken werden die in der Regel mit fremden Theilen vermengt aufgefundenen Minerale (Erze) von ersteren getrennt. Dies geschieht durch Aufbereiten (Zerkleinerung in Pochwerken und Auflösung in Wäschen), durch Schmelzen in Oefen und Auspressen in Hammer- und Walzwerken.

[37]) BG. § 2.

Der Privatbergbau ist ein Gewerbe und hat als solches Anspruch auf Schutz und Förderung Seitens des Staats[38]), ist aber anderseits seiner Besteuerung[39]) und polizeilichen Beaufsichtigung unterworfen. Die letztere bezweckt lediglich den Schutz der öffentlichen Interessen; jede Rücksicht auf Zweckmäßigkeit oder Nachhaltigkeit des Betriebs ist ausgeschlossen. Die Bergpolizei beschränkt sich auf die Sicherheit der Baue, den Schutz des Lebens und der Gesundheit der Arbeiter, die Sicherung der Oberfläche im Interesse der persönlichen Sicherheit und des öffentlichen Verkehrs, und den Schutz gegen gemeinschädliche Einwirkungen des Bergbaues. Sie erstreckt sich in dieser Begrenzung auch auf die Aufbereitungsanstalten, Dampfkessel und Triebwerke und auf die Salinen[40]). Im polizeilichen Interesse müssen die Bergwerksbesitzer Betriebspläne einreichen und die etwaige Einstellung anzeigen[41]). Außerdem muß der Betrieb durch Personen ausgeübt werden, die von der Bergbehörde als technisch befähigt anerkannt sind[42]). In Ausübung der Bergpolizei können die Oberbergämter sowohl allgemeine Polizeiverordnungen[43]) als polizeiliche Anordnungen für einzelne Fälle erlassen, diese auch nöthigen Falls auf Kosten der in Anspruch Genommenen durch Dritte ausführen lassen[44]). Bei Gefahren und Unglücksfällen sind die Betriebsführer zur Anzeige und die Bergwerksbesitzer zur Hülfeleistung und Kostentragung verpflichtet[45]). Uebertretungen unterliegen lediglich der gerichtlichen Entscheidung; eine vorläufige Straffestsetzung findet nicht statt[46]).

4. Berg- und Hüttenarbeiter[47]).

§ 325.

a) Das **Arbeitsverhältniß** ist Gegenstand der freien Vereinbarung zwischen Bergwerksbesitzern und Bergleuten[48]). Einige besondere Vorschriften bestehen im Betreff der Auflösung des Vertrags und der Ausstellung der Entlassungsscheine[49]). Auf Besitzer und Arbeiter von Bergwerken, Salinen,

---

[38]) Strafe der Zerstörung der Anlagen StGB. § 321. — Förderung des Bergbaues durch Schutzzölle § 154 Nr. 2 d. W. — Ein weiteres Förderungsmittel bilden die Bergbau-Hülfskassen, die für einzelne Bezirke aus Abgaben vom Bergbau zusammengebracht, der Verwaltung der Bergwerksbesitzer unter Aufsicht des Oberbergamts unterstellt und zur Förderung des Bergbaues und Gewährung von Darlehen bestimmt sind G. v. 5. Juni 1863 (GS. 365) u. BG. § 245.

[39]) § 140 d. W.

[40]) BergG. § 196, verb. § 58 u. 59.

[41]) Das. § 66—72. — Pflicht zu statistischen Mittheilungen das. § 79.

[42]) Das. § 73—78.

[43]) Das. § 197.

[44]) Das. § 198—203. Genehmigung zu Stauanlagen und Dampfkesseln für Bergwerke u. Aufbereitungsanstalten u. Revision der Dampfkessel § 350 Nr. I 1 u. 2 d. W.

[45]) BG. § 203—206. — Haftpflicht s. Anm. 51.

[46]) BG. § 207—209

[47]) Zahl s. Anm. 35.

[48]) BG. § 80, Arbeitsordnungen das., Führung von Arbeiterlisten § 93.

[49]) BG. § 81—85 u. 92.

Aufbereitungsanstalten und unterirdisch betriebenen Brüchen oder Gruben finden außerdem diejenigen Bestimmungen der GewerbeO. Anwendung, welche sich auf das Verbot der Lohnzahlung in Waaren (Truksystem), auf die Einführung von Aufsichtsbeamten (Gewerberäthen) und auf die Frauen- und Kinderarbeit beziehen. Arbeiterinnen dürfen nicht unter Tage (unterirdisch) beschäftigt werden[50]). Auch die Haftpflicht ist die der Fabrikbesitzer[51]).

§ 326.

b) Die mit dem Bergbau verbundenen Gefahren haben überall, wo derselbe in Deutschland betrieben wurde, besondere Unterstützungsvereine hervorgerufen, die als **Knappschaftsvereine** noch heute fortbestehen. Sie beruhen auf gesetzlicher Beitritts- und Beitragspflicht der Werkbesitzer und Arbeiter und erlangen mit Bestätigung der Statuten das Recht der juristischen Persönlichkeit[52]). Sie gewähren Kranken- und Begräbnißkosten, Invalidenpension im Fall einer ohne grobes Verschulden eingetretenen Arbeitsunfähigkeit und Wittwen- und Waisenunterstützung. Die Krankenkassen können gesondert eingerichtet werden[53]). Die Verwaltung führen die Betheiligten selbstständig durch einen Knappschaftsvorstand. Die Ueberwachung seitens der Oberbergämter erstreckt sich nur auf die Beobachtung der Statuten, insbesondere in Betreff der Vermögensverwaltung[54]).

Das Knappschaftswesen hat außerordentlich erfolgreich gewirkt[55]). Es hat die Bergarbeiter nicht nur vor materieller Noth bewahrt, es hat den Bergarbeiterstand auch sittlich gehoben und in ein normales Verhältniß zu den Arbeitgebern gebracht. Die Einwirkungen der Sozialdemokratie sind deßhalb auch fast spurlos an demselben vorübergegangen.

Im Interesse der Bergarbeiter bestehen außerdem vielfach Konsumvereine; vor Allem hat aber in dieser Arbeiterklasse die Ansiedelung durch Erwerbung von Wohnhäusern größere Ausdehnung gewonnen[56]).

---

[50]) RGewO. (Fassung d. G. v. 17. Juli 1878 RGB. 199) § 115—119, 135 bis 139b u. 154 Abs. 3 u. 4; vgl. § 353 d. W. Uebrigens wird durch die RGewO. im Bergwesen Nichts geändert GewO. § 6.

[51]) § 353 d. W.

[52]) BergG. § 165—170 u. 174—177. — Auf Arbeiter, die nicht zu Knappschaftskassen beitragspflichtig sind, finden die allgemeinen Vorschriften (§ 354 d. W.) Anwendung GewO. (G. v. 8. April 1876 RGB. 134) § 141 f.

[53]) BG. § 171—173.

[54]) Das. § 178—186.

[55]) Im Jahre 1879 bestanden 84 Knappschaftsvereine mit 262 248 Mitgliedern u. einem Vermögen v. nahezu 21 Mill. M.

[56]) Auf den fiskalischen Steinkohlenwerken des Saarbrücker Reviers sind zu diesem Zweck neben den Hausbauprämien von je etwa 300 M. in dem Zeitraum $18\frac{65}{79}$ gegen 3 Mill. M. Vorschüsse gewährt.

IV. Land- und Forstwirthschaft, Jagd und Fischerei.

1. Einleitung.

§ 327.

a) **Begriff.** Die Nutzbarmachung des Grund und Bodens durch Pflanzenbau bildet das gemeinsame Ziel der Land- und Forstwirthschaft. Beide sind aber durch die Art des Betriebs vielfach von einander geschieden. Die Landwirthschaft mit ihren alljährlich wiederkehrenden Erträgnissen kann auch im Kleinbetrieb nutzbar gemacht werden und diese Möglichkeit steigert sich, je mehr hierbei — wie es der Bau der Gemüse und verschiedener Handelsgewächse mit sich bringt — die persönliche Arbeit das aufzuwendende Kapital überwiegt. Die Forstwirthschaft führt dagegen erst nach Verlauf längerer Perioden zu Nutzungen und setzt neben einem größeren Areal auch eine weiterreichende Kapitalaufwendung voraus. Diese Umstände weisen in Verbindung mit der volkswirthschaftlichen Bedeutung der Waldkultur der staatlichen Thätigkeit in der Forstwirthschaft viel weitergehende Aufgaben zu, als sie ihr in der Landwirthschaft obliegen. Während es in Bezug auf diese nur darauf ankommt, die Privatthätigkeit zu schützen und zu fördern, gewinnt in der Forstwirthschaft der Selbstbetrieb des Staats eine weitere, über den bloßen Finanzzweck hinausreichende Bedeutung. Daneben fordert auch der private Waldbau eine eingehendere staatliche Einwirkung [1]).

Die Bedeutung der Land- und Forstwirthschaft für den allgemeinen Wohlstand fand erst unter dem Einfluß des physiokratischen Systems [2]) um die Mitte des 18ten Jahrhunderts die gehörige Würdigung. Ihre Pflege erfolgte dem Geist des letzteren entsprechend vorwiegend im Wege unmittelbarer Einwirkung. Erst das 19te Jahrhundert hat durch Befreiung des Grundeigenthums die Selbstthätigkeit der Wirthschafttreibenden zu wecken gewußt [3]). Hierauf ist die Agrargesetzgebung gerichtet (Nr. 2). Sie hat den Boden geebnet, auf dem die Land- und Forstwirthschaft sich ungehindert entwickeln konnte, vom Staat gefördert durch die Landeskultur (Nr. 3) und geschützt durch die Feld- und Forstpolizei (Nr. 4). An diese Theile schließen

---

[1]) § 339 d. W.

[2]) § 312 Nr. 2.

[3]) Gleichzeitig begann ein Umschwung im Betriebe der Landwirthschaft. War die frühere Dreifelderwirthschaft mit der regelmäßigen Reihenfolge von Wintergetreide, Sommergetreide und Brache hauptsächlich auf Körnererzeugung gerichtet, so trat nach Ausdehnung des Kartoffelbaues und Einführung der Futterkräuter u. Handelsgewächse ein freieres Wirthschaftssystem ein, welches durch den stetigen Fruchtwechsel zwischen Halmfrucht (Getreide) und Blatt- oder Hackfrucht (Futter, Gemüse, Handelspflanzen) gekennzeichnet wird.

sich die eng mit der Landwirthschaft verbundene Viehzucht (Nr. 5) und die verwandten Gebiete der Jagd (Nr. 6) und der Fischerei (Nr. 7).

§ 328.

b) **Verwaltungsorgane, Vereine und Lehranstalten.** Für alle diese Angelegenheiten bildet die erste Abtheilung des landwirthschaftlichen Ministeriums die Centralinstanz[4]). Im Uebrigen werden sie von den Auseinandersetzungsbehörden[5]), den Gestütverwaltungen[6]) und den allgemeinen Verwaltungsbehörden wahrgenommen.

Sehr reich hat sich daneben das Vereinswesen entfaltet[7]), welches netzartig das ganze Staatsgebiet überzieht. Die sich über ein größeres Gebiet erstreckenden Haupt- oder Centralvereine[8]) zerfallen zur speziellen Wahrnehmung der lokalen Interessen in Kreis- oder Lokalvereine[9]). Die entwickelteren fassen daneben die in den einzelnen Zweigen der Landwirthschaft hervorragend thätigen Mitglieder in besonderen Sektionen zusammen. Die Spitze des Vereinswesens bildet das Landes-Oekonomie-Kollegium, welches aus 19 von den Vereinen auf drei Jahre zu wählenden und 9 vom Landwirthschaftsminister zu ernennenden Mitgliedern besteht und dem letzteren als technischer Beirath dient[10]).

Als Förderungsmittel landwirthschaftlicher Bildung schließen sich den Vereinen die landwirthschaftlichen Lehranstalten an. Die höheren vermitteln eine wissenschaftliche Bildung, während die Landwirthschaftsschulen nur auf mittlere (Hof- oder Bauerguts-) Besitzer berechnet sind[11]). Daneben

---

[4]) § 50 d. W.

[5]) § 333.

[6]) § 342.

[7]) Erste Anregung im Landes-Kultur-Ed. v. 14. Sept. 1811 (GS. 300) § 39.

[8]) CVerein f. Lithauen u. Masuren zu Insterburg; CV. f. Ostpr. zu Königsberg; HV. westpreußischer Landwirthe zu Danzig; CV. f. d. RB. Potsdam (Märkisch-ökonomische Gesellschaft) und CV. f. d. RB. Frankfurt a. O.; Pommersche ökonom. Gesellschaft f. Hinterpommern zu Rügenwalde u. Baltischer Verein z. Bef. d. Landw. f. Neuvorpommern und Rügen zu Greifswald; LdwProvV. f. d. Prov. Posen; dgl. f. d. Prov. Schlesien; dgl. f. d. Provinz Sachsen zu Halle; dgl. f. d. Prov. Schl.-Holstein zu Kiel; Kön. LandwGes. zu Celle f. d. Prov. Hannov. (mit 8 Prov. Vereinen); LdwProvV. f. Westfalen u. Lippe zu Münster; LdwCV. f. d. RB. Kassel u. Verein Nassauscher Land- und Forstwirthe; Landw. V. f. Rheinpreußen zu Bonn; Centralstelle des Vereins zur Beförderung der Landwirthsch. u. Gewerbe in Hohenzollern.

[9]) In den kleineren Vereinen werden durch gemeinsamen Ankauf von Zuchtvieh, Kunstdünger, Sämereien u. dgl. mehrfach ähnliche Ziele verfolgt, wie in den Erwerbsgenossenschaften (§ 321 d. W.).

[10]) Regul. v. 1. Mai 1878 (MB. 110).

[11]) Höhere Lehranstalten bestehen zu Berlin Königsberg, Breslau, Halle, Göttingen, Poppelsdorf. — Habilitation als Privatdozent Vorschr. v. 18. Mai 1877 (MB. 151). — Landwirthschaftsschulen befinden sich zu Heiligenbeil, Marggrabowo, Marienburg, Dahme, Schivelbein, Eldena, Samter, Brieg, Liegnitz, Flensburg, Hildesheim, Herford, Lüdinghausen, Weilburg, Kleve, Saarburg und Bittburg Regl. v. 10. Aug. 1875. Ausbildung u. Prüfung der Lehrer Vorschr. v. 9. Mai 1877 (MB. 151), erg. Vf. v. 17. Mai u. 12. Dez. 1877 (CB. f. d. U.V. 1878 S. 28 u. 29). — Landw. Fortbildungsschulen s. § 306 (S. 337) d. W. — Fernere Bildungsmittel sind

bestehen niedere landwirthschaftliche Lehranstalten (Acker-, Obst- und Wiesenbauschulen), deren Unterstützung den Provinzen übertragen ist[12]).

2. Agrargesetzgebung.

§ 329.

a) **Uebersicht.** Die Agrargesetzgebung bildet einen Hauptheil der auf die wirthschaftliche Befreiung des Individuums von den früheren Fesseln gerichteten Stein-Hardenbergschen Gesetzgebung[13]). Sie hat die rechtlichen Voraussetzungen geschaffen, unter denen eine ausgedehnte Entwickelung unserer Landwirthschaft überhaupt möglich geworden ist und somit der Landeskultur erst die Wege geebnet. Ihren Ausgang nimmt sie von den im Anfang des Jahrhunderts für das Gebiet des Landrechts erlassenen Edikten, welche die der früheren Leibeigenschaft und Erbunterthänigkeit entspringenden persönlichen Abhängigkeitsverhältnisse beseitigten, die in den Ständen gegebenen Einschränkungen des Grunderwerbs aufhoben und die Theilbarkeit aller an sich veräußerlichen Grundstücke aussprachen[14]). Auf dieser Grundlage hat sich die Spezialgesetzgebung über folgende Gegenstände verbreitet:

1. Freie Verfügung über das Grundeigenthum;
2. Ablösung der Abgaben und Dienste;
3. Beseitigung der Gemeinheiten und Dienstbarkeiten;
4. Einrichtung der zuständigen Behörden und Ordnung ihres Verfahrens.

Aehnlich ist die Gesetzgebung in den später erworbenen Landestheilen gegliedert.

Diese Vorschriften sind zunächst auf den Betrieb der Landwirthschaft berechnet, erstrecken sich aber vielfach auch auf den Forstwirthschaftsbetrieb, theils unmittelbar, theils mit den durch die Eigenthümlichkeit desselben gebotenen Maßgaben.

Die Verfassung hat demnächst die Aufhebung der Gerichtsherrlichkeit und Erbunterthänigkeit und der daraus entspringenden Exemtionen, Lasten und Abgaben nochmals ausgesprochen. Ihre weiteren Bestimmungen, welche auch die Verfügungsfreiheit und Theilbarkeit des Grundeigenthums und die Ablösbarkeit der Grundlasten gewährleisteten und bei erblicher Ueberlassung nur die volle Eigenthumsübertragung zuließen, sind mit Rücksicht auf entgegenstehende spezialrechtliche Bestimmungen (Unablösbarkeit der Deichlast und einiger geistlicher Abgaben, Fortbestand der Familien-Fideikommisse) wieder aufgehoben[15]).

---

das landw. Museum zu Berlin, die Kön. Gärtnerlehranstalt nebst Landesbaumschule zu Potsdam u. das pomologische Institut zu Proskau Erl. v. 7. Juli 1868 (MB. 261), d. Lehranstalt f. Obst- u. Weinbau zu Geisenheim. — Forstschulen § 120 d. W.

[12]) G. v. 8. Juli 1875 (GS. 497) § 14.

[13]) § 312 (S. 348) u. 29 d. W.

[14]) Ed. v. 9. Okt. 1807 (GS. $18\frac{06}{10}$ S. 170) u. Landes-Kult. Ed. v. 14. Sept. 1811 (GS. 300).

[15]) VU. Art. 42 u. G. v. 14. April 1856 (GS. 379).

§ 330.

b) Die **freie Verfügung über das Grundeigenthum** ist unbeschadet der Ansprüche der Realberechtigten grundsätzlich anerkannt. In Folge dessen wurde das Jagdrecht auf fremdem Grund und Boden[16]) sowie eine Mehrzahl einzelner Berechtigungen, insbesondere das Obereigenthumsrecht des Lehns-, Grund- und Erbzinsherrn, das Eigenthumsrecht des Erbpächters und das grund- oder gutsherrliche Heimfallsrecht mit Ausnahme der diesen Verhältnissen entspringenden Abgaben und Leistungen unentgeltlich aufgehoben[17]). Gleiches gilt vom Vorkaufs-, Näher- und Retraktrecht an Immobilien, soweit dasselbe nicht auf Vertrag oder letztwilliger Verfügung, auf Miteigenthum, auf dem rheinischen Miterbenrecht oder auf Enteignung beruht[18]). — Die Verfassung untersagt ferner die Errichtung von Lehen und verhieß die Auflösung des bestehenden Lehnsverbandes (Allodifikation); nur Thronlehen blieben von dieser Vorschrift ausgenommen. Das gleichzeitige Verbot der Errichtung von Familien-Fideikommissen ist wieder rückgängig gemacht; auch die früheren Lehen können in solche verwandelt werden[19]). Hiervon abgesehen darf bei erblicher Ueberlassung eines Grundstücks nur das volle Eigenthum übertragen, das letztere auch nur mit festen kündbaren Geldrenten belastet werden[20]). Die Kündbarkeit aufgelegter Kapitalien darf nur für 30 Jahre ausgeschlossen werden[21]).

Die freie Verfügung bedingt die **Theilbarkeit**. Auch die dieser entgegenstehenden Hindernisse, die namentlich dem früheren bäuerlichen Erbrecht (Meier-, Höferecht) entsprangen, sind beseitigt[22]). Für die 6 östlichen Provinzen ist bei Zerstückelungen (Dismembrationen oder Parzellirungen) die Vertheilung der Ablösungsrenten, der Kirchen-, Pfarr-, Schul- und Gemeindeabgaben näher geordnet[23]). Gegenüber der freien Theilbarkeit ist im Interesse der Erhaltung der Bauergüter (Höfe) die letztwillige Verfügung über dieselben

---

[16]) § 345 d. W.

[17]) AblösG. (ältere Prov.) v. 2. März 1850 (GS. 77) § 2, 3 u. 5.

[18]) Das. § 2[6] u. 4; G. v. 11. Juni 1874 (GS. 221) § 57. — Hannover G. v. 24. Dez. 1872 (GS. 1873 S. 2).

[19]) VU. Art. 40 u. 41 (Fassung des G. v. 5. Juni 1852 GS. 319). — Auflösung des Lehnsverbandes in Ostpreußen G. v. 16. März 1877 (GS. 101), in d. Kur-, Alt- u. Neumark G. v. 23. Juli 1875 (GS. 537), in Altvor- u. Hinterpommern G. v. 4. März 1867 (GS. 362) u. 27. Juni 1875 (GS. 406), in Sachsen u. d. vorm. sächsischen Theilen d. Prov. Brandenburg G. v. 28. März 1877 (GS. 111), in Schlesien G. v. 19. Juni 1876 (GS. 238), Westfalen G. v. 3. Mai 1876 (GS. 112). — Zuständigkeit der Gerichte in Lehnssachen und Rechtsverhältnisse der Fam.-Fidei-Kommisse § 211 d. W.

[20]) AblG. § 91. — Abweichend in Hannover G. v. 23 Juli 1833 (HanGS. I 253).

[21]) AblG. § 92.

[22]) Ed. v. 9. Okt. 1807 § 4 u. v. 14. Sept. 1811 § 1. — Hannover G. v. 28. Mai 1873 (GS. 253) § 8; Vorm. großh. hess. u. nassausche Theile G. v. 23. Jan. 1878 (GS. 85); Kreis Rinteln G. v. 21. Feb. 1870 (GS. 117).

[23]) G. v. 25. Aug. 1876 (GS. 405) § 1—12 u. 21—26; verb. AblG. § 93. — Gleiches gilt bei Anlegung von Kolonien § 280 (S. 305) d. W.

für einige Provinzen besonders geregelt[24]. — Zur Erleichterung der Abtrennung verhältnißmäßig kleiner Grundstücke können solche gegen ein Unschädlichkeitsattest der Auseinandersetzungsbehörde — bei landschaftlich beliehenen Gütern der Kreditdirektion — ohne Einwilligung der Realberechtigten verkauft[25] oder vertauscht werden[26]. Die Kaufgelder sind in diesem Falle ebenso in das Hauptgut zu verwenden, wie die Ablösungskapitalien[27].

§ 331.

c) Die **Ablösung** der auf Grund und Boden haftenden Abgaben und Dienste war bereits 1811 angebahnt und seitdem durch eine Reihe allgemeiner und provinzieller Vorschriften weitergeführt. Eine einheitliche und umfassende Regelung trat erst in der zweiten Hälfte des Jahrhunderts ein. Sie erstreckte sich über das gesammte rechtsrheinische Staatsgebiet[28]. Auf Ablösung kann hiernach der Berechtigte wie der Verpflichtete antragen[29]. Ablösbar sind alle beständigen Abgaben und Leistungen mit Ausnahme der öffentlichen Lasten und der nach den Grundsätzen der Gemeinheitstheilungs-Ordnung abzulösenden Grundgerechtigkeiten (Servituten)[30].

Zum Zweck der Ablösung wird nach bestimmten Normalpreisen und bez. nach dem Gutachten Sachverständiger der jährliche Geldwerth der abzulösenden Lasten ermittelt[31] und nach Abzug der gleichmäßig ermittelten Gegenleistungen der Ablösung zu Grunde gelegt[32]. Dabei muß mindestens $^1/_3$ des Reinertrags der Stelle frei bleiben[33]. — Eine besondere Berechnung ist in Betreff der dauernd zur Nutzung ausgeliehenen und im Eigenthum des Gutsherrn verbliebenen Stellen vorgeschrieben, indem die für den Berechtigten und Verpflichteten ermittelten Werthe gegeneinander aufgerechnet (kompensirt) werden, worauf der zu Gunsten des ersteren verbleibende Ueberschuß im ordentlichen Verfahren zur Ablösung gelangt (gutsherrlich-bäuerliche Regulirung)[34]. —

[24] HöfeG. f. Hannover v. 2. Juni 1874 (GS. 186), erg. G. v. 24. Feb. 1880 (GS. 87), f. Lauenburg v. 21. Feb. 1881 (GS. 19). — Berechnung des Pflichttheils bei Landgütern in Westfalen G. v. 4. Juni 1856 (GS. 550).

[25] G. v. 3. März 1850 (GS. 145).

[26] G. v. 27. Juni 1860 (GS. 384).

[27] Anm. 25, 26; AblG. § 110—112.

[28] AblösungsG. v. 2. März 1850 (GS. 77). — Auf dem linken Rheinufer war dem Bedürfniß bereits durch die französische Gesetzgebung genügt.

[29] Das. § 94 u. 95; Zuständigkeit u. Verfahren § 104—112.

[30] Das. § 6 u. 7. — Reallasten beruhen auf einem Handeln oder Leisten, Servituten auf Unterlassen oder Leiden.

[31] Das. § 8; Dienste § 9—17; feste Körnerabgaben § 18—28; andere feste Naturalabgaben § 29—31; Fruchtzehnten § 32—35; Besitzveränderungsabgaben § 36—49; feste Geldabgaben § 50—56; sonstige Lasten § 57, 58. — Feststellung der Normalpreise u. Marktorte § 67, 68, 71 u. 72, G. v. 19. März 1860 (GS. 98) u. v. 11. Juni 1873 (GS. 356).

[32] AblG. § 59—62 u 66.

[33] Das. § 63.

[34] Das. Abschn. III (§ 73—90), erg. Dekl. v. 24. Mai 1853 (GS. 240) u. G. v. 16. März 1857 (GS. 235). — Dieser Abschnitt ist nur für das Geltungsgebiet der früheren Regulirungs-Vorschriften bestimmt und kommt deßhalb in Neuvorpommern u. den vormals sächsischen Theilen nicht zur Anwendung. — Bis 1880 waren $1^1/_2$ Mill. ha. mit 87901 Besitzern regulirt u. abgelöst. Durch anderweite Ablösungen waren 2 Mill. Pflichtige befreit.

Bei der Ablösung hat der Verpflichtete die Wahl, ob er durch Zahlung des 18fachen Betrags des Jahreswerths ablösen oder diesen Jahreswerth als Rente weiterzahlen will. Im letzteren Fall tritt die Vermittelung der Rentenbank ein, welche den Berechtigten durch vierprozentige staatlich garantirte Rentenbriefe in Höhe des zwanzigfachen Betrages abfindet und die sonach den Zinsbetrag um etwas übersteigende Rente so lange fortbezieht, als es neben der Verzinsung zur allmäligen Tilgung der Rentenbriefe erforderlich ist ($56^1/_{12}$ oder $41^1/_2$ Jahr). Das Gleiche tritt ein, wenn der Verpflichtete den 18fachen Baarbetrag anbietet und der Berechtigte den 20fachen Betrag in Rentenbriefen vorzieht[35]). Die Frist, binnen welcher die Anträge auf Vermittlung der Rentenbank angebracht werden müssen, ist bis zum 31. Dez. 1883 ausgedehnt[36]). Die Rentenbanken werden von einer Direktion verwaltet[37]) und stehen nnter gemeinsamer Aufsicht des Landwirthschafts- und des Finanzministers[38]). Die Renten werden den Staatssteuern gleich behandelt und mit diesen erhoben[39]). Die Rentenbriefe lauten auf den Inhaber und werden nach Maßgabe der angesammelten Tilgungsbeträge allmälig ausgelost[40]).

Für einzelne Ablösungen bestehen abweichende Vorschriften:

1. Domänenrenten werden ohne Vermittelung der Rentenbanken unmittelbar an die Staatskasse abgeführt[41]).
2. Besonders vereinbarte Erbpacht-, Erbzins- oder Eigenthumskanons oder Zinse sind nicht durch Rentenzahlung ablösbar[42]).
3. Abgaben an geistliche und Schulinstitute, fromme und milde Stiftungen werden nach den Normalpreisen in eine Roggenrente verwandelt, die zum 25fachen (bei Beantragung durch den Berechtigten zum $22^2/_9$fachen) Betrag abzulösen oder nach dem jährlichen Marktpreis in Geld weiterzuzahlen ist[43]).
4. Bei Mühlenabgaben wird die Vorfrage, ob dieselben als gewerbliche Abgaben aufgehoben oder als Grundabgaben ablösbar seien, durch das Ober-Landes-Kulturgericht entschieden[44]).

---

[35]) Das. § 64 u. G. üb. Errichtung der Rentenbanken v. 2. März 1850 (GS. 112).

[36]) RentBG. § 56 u. G. v. 17. Jan. 1881 (GS. 5).

[37]) RBG. § 1, 4 u. 5 u. AE. v. 24. Juni 1850 (GS. 341). — Rentenbanken bestehen zu Königsberg f. Ost- u. Westpreußen; zu Berlin für Brandenburg und die Stadt Berlin; zu Stettin für Pommern u. Schlesw.-Holstein u. zu Ratzeburg f. Lauenburg; zu Posen f. d. Pr. Posen; zu Breslau f. Schlesien; zu Magdeburg f. Sachsen u. Hannover u. zu Münster f. Westfalen, Hess.-Nassau u. d. Rheinprov. (rechts des Rheins).

[38]) AE. v. 2. Juli 1859 (GS. 421).

[39]) RBG. § 18—27 u. G. v. 27. Juni 1860 (GS. 383). — Vertheilung bei Zerstückelungen § 330 d. W.

[40]) RBG. § 32—48. — Aufgebot u. Amortisation § 57.

[41]) Das. § 7 u. 64.

[42]) AblG. § 65 Abs. 1—3.

[43]) G. v. 27. April 1872 (GS. 417) nebst G. v. 11. Juni 1873 (GS. 356) § 5 u. v. 15. März 1879 (GS. 123).

[44]) AblG. § 113; G. v. 11. März 1850 (GS. 146).

In ähnliche Bahnen ist die Ablösung in den neuen Provinzen geleitet[45]). Die Frist für Inanspruchnahme der Rentenbanken ist dieselbe wie in den älteren Provinzen[46]).

§ 332.

d) Die **Gemeinheitstheilungen** bezwecken die Beseitigung der längst[47]) als kulturschädlich erkannten gemeinschaftlichen Nutzung ländlicher Grundstücke (Gemeinheiten), welche entweder auf einem gemeinsamen oder Gesammt-Eigenthum oder auf ein- oder wechselseitigen Dienstbarkeiten (Servituten) beruhte. Die Gemeinheitstheilung wird in der Regel mit der wirthschaftlichen Zusammenlegung der zersplittert im Gemenge belegenen Grundstücke verbunden und in diesem Falle als Separation, in Hannover als Verkoppelung, in Nassau und in der Rheinprovinz als Konsolidation bezeichnet.

Eine einheitliche Ordnung ist zunächst für das landrechtliche Gebiet erfolgt[48]). Gegenstand der Gemeinheitstheilung ist die Weide-, Forst-, Frucht-, Gräserei-, Fischerei-, Torf- und ähnliche Nutzung auf fremden Grundstücken[49]). Die Gemeinheitstheilung setzt den Antrag eines Betheiligten und im Falle eines Länderaustausches die Zustimmung der Besitzer des vierten Theils der Ländereien voraus[50]). Eine wirthschaftliche Zusammenlegung der Grundstücke ist auch außerhalb der Gemeinheitstheilung gestattet, sobald die Eigenthümer der mehr als die Hälfte der Fläche und des Grundsteuer-Reinertrags darstellenden Grundstücke auf dieselbe antragen und der Kreistag sie für zulässig erklärt[51]). In der Gemeinheitstheilung selbst werden die Theilnehmungsrechte ermittelt[52]) und nach diesen die Abfindungen festgestellt, die in der Regel in Land bestehen sollen, daneben aber auch in Rente, Naturalleistung

[45]) Schlesw.-Holstein G. v. 3. Jan. 1873 (GS. 3); Lauenburg G. v. 1. Feb. 1879 (GS. 14). — Hannover AblO. v. 23. Juli 1833 (Hann. GS. I 147); die Befugniß des Domänenfiskus als Berechtigter auf Ablösung anzutragen (V. v. 28. Sept. 1867 GS. 1670) ist auch auf andere Berechtigte ausgedehnt G. v. 3. April 1869 (GS. 544), insbes. auf geistliche u. Schul-Institute, fromme u. milde Stiftungen G. v. 15. Feb. 1874 (GS. 21); Ablösung der Erbzins- u. Erbpachtverhältnisse i. d. Moor- u. Vehn-Kolonien G. v. 2. Juli 1876 (GS. 261). — RB. Kassel auß. d. vorm. großh. hess. Theilen G. v. 23. Juli 1876 (GS. 357), erg. G. v. 2. Feb. 1879 (GS. 16). — Letztgenannte Theile u. RB. Wiesbaden G. v. 5. April 1869 (GS. 517) u. v. 15. Feb. 1872 (GS. 165), erg. G. v. 16. Juni 1876 (GS. 369). — Hohenzollern G. v. 28. Mai 1860 (GS. 221) s. Anm. 68. — Streitigkeiten üb. die Natur einer Abgabe als gewerbliche od. Grundabgabe i. d neuen Prov. G. v. 17. März 1868 (GS. 249) § 49—51.

[46]) G. v. 17. Jan. 1881 (GS. 5).

[47]) Aelteste Gem.ThO. 1771 f. Schlesien.

[48]) Gemeinheits-Theilungs-O. v. 7. Juni 1821 (GS. 53); ErgänzG. v. 2. März 1850 (GS. 139).

[49]) GTO. § 1 u. 2; ErgG. Art. 1 u. 2.

[50]) GTO. § 4, 5, 9—29; ErgG. Art. 9 u. V. v. 28. Juli 1838 (GS. 429). — Unzulässigkeit der Verwandlung des Gemeinde- od. Gemeindegliedervermögens in Privateigenthum GTO. § 17 u. Dekl. v. 26. Juli 1847 (GS. 327) § 1; Rhein. GTO. (Anm. 58) § 3.

[51]) G. v. 2. April 1872 (GS. 329), Ausf. CR. v. 28. Juni 1872 (MB. 213).

[52]) GTO. § 30—55; EG. Art. 3—6, 9 u. 14, u. Dekl. v. 26. Juli 1847 § 5.

oder Kapital gewählt werden können[53]). Bei Forsten sind Naturaltheilungen nur unter besondern das Forstkulturinteresse sichernden Voraussetzungen zulässig[54]). — Die Abfindungen werden mit den durch Besitzrecht und Schuldenverbindung bedingten Einschränkungen freies Eigenthum und treten in Ansehung der Rechte und Pflichten an Stelle der abgetretenen Grundstücke und Berechtigungen[55]). — Neue Gemeinheiten können nur für beschränkte Zeit mittelst schriftlichen Vertrags errichtet werden[56]). — Abgesehen von der Aufhebung der Gemeinheiten können die Betheiligten auch deren Beschränkung auf ein bestimmtes Maß herbeiführen[57]).

Aehnliche Vorschriften sind für die übrigen Landestheile außer Hohenzollern ergangen[58]). Im Gebiet des französischen Rechts ist jedoch die zwangsweise Zusammenlegung auf die Abfindungen beschränkt[59]).

Die Gemeinheitstheilungen und Separationen haben sich bereits über ein sehr umfassendes Areal ausgedehnt[60]) und das Grundeigenthum in wesentlich erweitertem Umfang einer unbehinderten und wirthschaftlicheren Benutzung erschlossen. Die Lage der Grundstücke hat verbunden mit einem zweckmäßigen Graben- und Wegenetz den Meliorationen ein neues Feld er-

---

53) GTO. § 56—107; EG. Art. 7, 8 bis 10.

54) § 339 d. W. — Theilungsgrundsätze GTO. § 108—113; Abstellung der forstlichen Berechtigungen (Waldservituten) § 114—140 u. zwar Mastungsrecht § 116, 117 u. 130, vgl. LR. I 22 § 187—196; Holzungsrecht GTO. § 118—126, 128 u. 129, EG. Art. 4 u. 10, vgl. LR. I 22 § 197—239; Waldweiderecht GTO. § 131—137 u. 139, EG. Art. 10 u. 11 vgl. LR. I 22 § 170 bis 186 u. LandKultEd. v. 14. Sept. 1811 (GS. 300) § 27—33; Waldstreuberechtigung GTO. § 140, EG. Art. 4 u. f. d. östl. Prov. V. v. 5. März 1843 (GS. 105) nebst FeldpolG. v. 1. April 1880 (GS. 230) § 96³ u. (im Geb. der KreisO.) ZustG. § 96.

55) GTO. § 141—151 u. 153—163. Sicherstellung der Rechte Dritter KO. v. 29. Juni 1835 (GS. 135) (§ 152 des ersteren u. § 2, 9 des letzteren Ges. aufgeh. AblG. v. 2. März 1850 § 110).

56) GTO. § 164, 165, 27 u. Dekl. v. 31. März 1841 (GS. 75).

57) GTO. § 166—191.

58) GTO. f. Neuvorpommern u. d. Rheinprov. ausschl. des landrechtlichen Gebiets (§ 172 d. W.) v. 19. Mai 1851 (GS. 371), Kr. Meisenheim s. V. v. 20. Sept. 1867 (GS. 1534) § 3³. — Schleswig-Holstein G. v. 17. Aug. 1876 (GS. 377) Einf. in Lauenburg G. v. 25. Feb. 1878 (GS. 97) § 9. — Hannover G. v. 30. Juni 1842 (Hann. GS. I 131), erg. G. v. 12., Bek. v. 20. Okt. 1853 (das. 396 u. II 36) u. G. v. 8. Nov. 1856 (H. GS. I 433); Wiesenbehütung, G. v. 15. Juli 1848 (das. 201); Waldstreuberechtigung G. v. 7. Jan. u. Bek. v. 2. Feb. 1863 (das. 3 u. 15); Weiderechte G. v. 8. Nov. 1856 (das. 39) u. v. 8. Juni 1873 (GS. 353); Forstberechtigungen (Forsttheilungen) G. v. 13. Juni 1873 (GS. 357). — RB. Kassel u. Kr. Biedenkopf V. v. 13. Mai u. 2. Sept. 1867 (GS. 716 u. 1463), erg. G. v. 25. Juli 1876 (GS. 366), auf Waldeck ausgedehnt G. v. 25. Jan. 1869 (GS. 291). — RB. Wiesbaden auß. Kr. Biedenkopf Güterkonsolidation V. v. 12. Sept. 1829 (Nass. VBl. 65) u. v. 2. Sept. 1867 (GS. 1462); Gemeinheitstheilung GTO. v. 5. April 1869 (GS. 526).

59) GTO. f. d. Rheinprov. § 18. Im ostrhein. Theil des RB. Koblenz ist die Zusammenlegung durch G. v. 5. April 1869 (GS. 514) zugelassen; in Neuvorpommern beruht sie auf V. v. 18. Nov. 1775.

60) Bis 1880 einschließlich waren 19½ Mill. ha in der Hand von nahezu 2 Mill. Besitzern separirt u. von Servituten befreit.

schlossen und die früheren endlosen Grenzstreitigkeiten durch feste und einfache Grenzbestimmung fast ganz beseitigt. Die landwirthschaftliche Produktion und der Wohlstand der ländlichen Bevölkerung ist dadurch wesentlich gehoben und für viele Gegenden bilden erst die Separationen den Ausgangspunkt für den rationellen Betrieb der Landwirthschaft.

§ 333.

e) **Organisation und Verfahren der Auseinandersetzungsbehörden** sind Gegenstand einer eignen Gesetzgebung[61]). Zunächst für das Landrechtsgebiet erlassen ist dieselbe später auf Neuvorpommern und den rechtsrheinischen Theil der Rheinprovinz[62]), sowie auf die Provinzen Schlesw.-Holstein und Hessen-Nassau ausgedehnt[63]). Sie gilt sonach im ganzen rechtsrheinischen Staatsgebiet mit Ausschluß Hannovers[64]); doch ist in Nassau das den ordentlichen Verwaltungsbehörden vorbehaltene Verfahren der Güterkonsolidation diesen Vorschriften nicht unterworfen[65]). Durch diese Gesetzgebung sind Auseinandersetzungsbehörden bestellt[66]), deren Mittelpunkt die General-Kommissionen bilden. Sie bestehen aus dem Präsidenten und mindestens 5 Mitgliedern, von denen 3 zum Richteramt befähigt sein müssen. Ihre Zuständigkeit erstreckt sich auf Gemeinheitstheilungen, Regulirungen und Ablösungen. Sie entscheiden über die dabei unterlaufenden Streitigkeiten und sind insoweit Gerichtshöfe 1ster Instanz. Zugleich haben sie aber auch das polizeiliche Interesse des Staats und das Vermögensinteresse der Korporationen und entfernten Theilnehmer von Amtswegen wahrzunehmen[67]). — In gleicher Weise ist bei der Regierung zu Wiesbaden

[61]) V. v. 20. Juni 1817 (GS. 161) u. ErgänzV. v. 30. Juni 1834 (GS. 96). Weitere Ergänzung AusfG. (zu GTO.) v. 7. Juni 1821 (GS. 83) u. V. v. 22. Nov. 1844 (GS. 1845 S. 19).

[62]) GTO. v. 19. Mai 1851 (GS. 371) § 24—26 u. G. v. 5. April 1869 (GS. 514) § 9.

[63]) Vgl. die Ablösungsgesetze (Anm. 45) f. Schlesw.-Holstein § 57, f. Lauenburg § 2, f. d. RB. Kassel § 29, d. RB. Wiesbaden § 25, 26 u. (G. v. 1872) § 18, 19 ferner die Gemeinheitstheilungsgesetze (Anm. 58) f. Schlesw.-Holstein § 29, d. RB. Kassel § 29, d. RB. Wiesbaden GTO. § 24 u. OG. § 22 Abs. 2.

[64]) S. Anm. 78 u. 79.

[65]) S. Anm. 58.

[66]) Die Mitglieder unterliegen denselben Disziplinarvorschriften, wie die Richter G. v. 7. Mai 1851 (Anm. 12 S. 223), insbes. § 65 u. 69. — Den preuß. Behörden sind die Auseinandersetzungsgeschäfte in einigen anderen deutschen Staaten übertragen Vertr. m. Anhalt v. 18. Sept. 1874 (GS. 359), S.-Meiningen v. 18. Juni 1868 (GS. 873), Schw.-Rudolstadt v. 10. Dez. 1855 (GS. 1856 S. 6), Schw.-Sondershausen v. 9. Okt. 1854 (GS. 571), Schaumb.-Lippe v. 20. Okt. 1872 (GS. 1873 S. 18) u. v. 27. April 1874 (GS. 245). — Bearbeitung der Geschäfte im Grenzgebiet gegen Braunschweig Vertr. v. 11. Sept. 1877 (GS. 1878 S. 105).

[67]) V. v. 1817 (Anm. 61) § 1—9, 15—22, 26—28 nebst Dekl. v. 26. Juli 1847 (GS. 327) § 6; ErgV. § 1, 7, 8, 10—13, 15, 16 nebst Dekl. v. 30. Juli 1842 (GS. 245) Nr. 1; AusfG. v. 1821 § 1—9 u. V. 1844 § 1—3; G. v. 18. Feb. 1880 (GS. 59) § 2—4. — Kompetenzkonflikte V. v. 1. Aug. 1879 (GS. 573) § 22. — Zuständigkeit der Regierungen, Magistrate u. Kreditdirektionen zur Vornahme von Regulirungen, Thei-

ein Spruchkollegium eingerichtet[68]), während auf dem linken Rheinufer diese Geschäfte von den Regierungen (demnächst von den Regierungs-Präsidenten) als solchen wahrgenommen werden[69]). — Als Organe der General-Kommissionen sind Spezial-Kommissarien (Oekonomie-Kommissarien oder Oekonomie-Kommissionsräthe) angestellt[70]). Auch können die Geschäfte andern Staats- und Kommunalbeamten übertragen werden[71]). Endlich bestehen unter Vorsitz der Landräthe Kreisvermittelungsbehörden, welche bei Einverständniß beider Theile die Auseinandersetzung herbeiführen können. Ihre Mitglieder werden vom Kreistag gewählt und von der General-Kommission bestätigt[72]).

Zur Entscheidung über Berufung und Beschwerden gegen Erkenntnisse und Verfügungen der General-Kommissionen und Spruchkollegium besteht das Ober-Landes-Kulturgericht[73]).

Das Verfahren, welches neben der Ordnung nicht streitiger Gegenstände (Regulirung) auch die Instruktion und Entscheidung von Streitpunkten (Streitverfahren) umfaßt, hat in Hinblick auf Zweck und Wesen der Auseinandersetzung seine besondere Gestaltung erhalten[74]). Die allgemeinen Prozeßvorschriften sind nur unter mehrfachen Maßgaben auf dasselbe anwend-

lungen in Domänen- u. Anstaltssachen, V. 1817 § 65—67, ErgV. § 39, 40, KO. v. 31. Dez. 1825 (GS. 1826 S. 5) D XI. — General-Kommissionen bestehen zur Zeit in Bromberg f. Posen, Ost- u. Westpreußen; zu Frankfurt a. O. f. Pommern, Brandenburg u. Berlin; zu Breslau f. Schlesien; zu Merseburg f. Sachsen; zu Münster f. Westfalen u. d. Rheinprov. rechts des Rheins außer Kr. Wetzlar; zu Kassel f. d. RB. Kassel, die Kreise Biedenkopf u. Wetzlar u. Waldeck. Der besonderen GenKom. zu Hannover ist außer der Prov. Hann. auch Schlesw.-Holstein zugelegt OrgG. § 15, 22, 34 u. 89.

[68]) Das. § 22 u. 89. Die gleiche Einrichtung in Hohenzollern (G. v. 7. Jan. 1852 GS. 35 § 5) ist mit Beendigung der Ablösungen (1875) gegenstandlos geworden.

[69]) Anm. 79.

[70]) V. v. 1817 § 27, 40—48, 52—61; ErgV. § 17, 18; V. v. 1844 § 5; G. v. 18. Feb. 1880 (GS. 59) § 2, 5, 81. — Ausbildung und Prüfung Instr. v. 11. April 1836 (KA. XX 93) u. CR. v. 6. Jan. 1878 (MB. 24). — In Hannover sind die Ablösungs-Kommissionen u. die aus einem Verwaltungsbeamten und Oekonomie-Kommissar zusammengesetzten Verkoppelungs-Kommissionen zur selbstständigen erstinstanzlichen Entscheidung berufen Anm. 45 u. 78.

[71]) V. v. 1817 § 62—64, ErgV. § 19, AblG. v. 2. März 1850 (GS. 77) § 108 u. G. v. 2. März 1850 (GS. 139) Art. 15.

[72]) ErgV. § 2—4.

[73]) V. v. 1844 § 7—13 u. G. v. 18. Feb. 1880 § 2. — Entscheidung üb. Mühlenabgaben § 331 Nr. 4 und über Benutzung der Privatflüsse (über diese auch f. d. linke Rheinufer) § 337 d. W.

[74]) Verfahren überhaupt V. v. 1817 § 68—100, 104—107, 110—113; ErgV. § 20—29; verb. G. v. 7. Juni 1821 (GS. 83) § 10—18, 25 u. v. 2. März 1850 (GS. 139) Art. 15. — Vermessung, Bonitirung u. Planberechnung V. v. 1817 § 114—144. — Schiedsrichterliches Verfahren ErgV. § 31—35. — Kontumazialverfahren V. v. 1817 § 145—153; V. v. 1844 § 5 u. G. v. 18. Feb. 1880 § 57. — Entscheidungen u. Rezesse V v. 1817 § 154—172; ErgV. § 36—38, 41, 43 u. KO. v. 18. Dez. 1841 (GS. 1842 S. 17). — Rechtsmittel V. v. 1817 § 187—9, 191—4; ErgV. § 54, 55; G. v. 7. Juni 1821 § 23; V. v. 1844 § 14 bis 22. D. G. v. 18. Feb. 1880 läßt neben der Beschwerde (§ 76—80) nur die Rechtsmittel der Berufung (§ 58—66) u. f. d. 3te Instanz das der Revision (§ 67—75) zu. — Ausführung V. v. 1817 § 196—8, 200—2, 204—8; ErgV. § 56 bis 62, 64, nebst Dekl. v. 30. Juli 1842 (GS. 245) Nr. 2; V. v. 1844 § 6 u. G. v. 1880 § 84—94. — Berichtigung

bar. Insbesondere sind die Grundsätze des unmittelbaren Prozeßbetriebs durch die Parteien, des Verhandlungsprinzips urd der Mündlichkeit ausgeschlossen[75]). — Das Verfahren bei Ablösungen wird durch die Ablösungsgesetze geregelt[76]).

Die Kosten werden nach Pauschsätzen erhoben. Die Kommissarien, welche früher auf eine zu liquidirende und von den Parteien zu erstattende Entschädigung angewiesen waren, sind gegenwärtig der Regel nach mit Gehalt und Pensionsberechtigung angestellt und erhalten gleich den Feldmessern bei auswärtigen Geschäften Reisekosten und Tagegelder aus der Staatskasse[77]).

In der Provinz Hannover besteht ein besonderes Verfahren, welches alle mit der Auseinandersetzung nicht nothwendig zusammenhängenden Streitigkeiten den Gerichten überweist[78]).

Auf dem linken Rheinufer beschränkt sich die Verwaltungsthätigkeit auf ein einleitendes Vergleichsverfahren[79]). Der Urtheilsspruch erfolgt durch die Gerichte[80]). Die Kosten des Verfahrens werden nach den allgemeinen Grundsätzen festgestellt[81]).

3. Landeskultur.

a) Uebersicht.

§ 334.

Während die Agrargesetzgebung die Hindernisse wegräumen sollte, die sich dem freien, zweckentsprechenden Betrieb der Land- und Forstwirthschaft entgegenstellten, erhebt sich die Staatsthätigkeit in der Landeskultur zur positiven Förderung dieses Betriebs. Ihre Einwirkung findet in der natürlichen Erwerbsfreiheit die nothwendige Grenze. Der Staat darf in die wirthschaftliche Thätigkeit des Einzelnen nicht eingreifen, er hat nur die

der Kataster u. Grundbücher CR. v. 27. Jan. 1877 (MB. 60).

[75]) G. v. 24. März 1879 (GS. 281) § 1, 4, 14 u. G. v. 18. Feb. 1880 (GS. 59), welches das Verfahren in Einklang mit d. neuen CProzO. gesetzt hat. — Bearbeitung der sehr verwickelten Gesetzgebung von Glatzel und Sternberg (Berlin, Wiegand 1880).

[76]) Anm. 28 u. 45.

[77]) G. v. 24. Juni 1875 (GS. 395), erg. G. v. 3. März 1877 (GS. 99) u. v. 18. Feb. 1880 (GS. 59) § 8, 10, 45; Gebühren f. Vermessungsarbeiten CR. v. 4. Jan. 1877 (MB. 61) u. v. 12. Okt. 1881 (MB. 223). — Die Sätze des Gerichtskostengesetzes finden nur beschränkte Anwendung AusführungsG. v. 10. März 1879 (GS. 145) § 43. — Neben dem G. v. 1875 kommen noch einzelne Bestimmungen der älteren Vorschriften (Reg. v. 25. April u. Instr. v. 16. Juni 1836 GS. 181 u. 187) zur Anwendung § 17 d. Ges. — Die Kostenpflicht betreffen V. v. 1817 § 209—214, G. v. 7. Juni 1821 § 26—28 u. G. v. 2. März 1850 (GS. 139) Art. 16.

[78]) G. v. 30. Juni 1842 (HanGS. I 145), erg. G. v. 8. Nov. 1856 (das. 437) u. v. 28. Dez. 1862 (das. 415).

[79]) G. v. 19. Mai 1851 (GS. 383) § 1—25.

[80]) Das. § 26—72 u. G. v. 24. März 1879 (GS. 281) § 1, 4 u. 30.

[81]) G. v. 1851 § 24; vgl. Anm. 77.

Bedingungen derselben zu gewähren, soweit deren Erreichung die Kräfte des Einzelnen übersteigt oder ihrem Wesen nach nur durch das Zusammenwirken einer Mehrheit von Betheiligten möglich ist. — Ein Hülfsmittel bietet hierbei die Statistik, die in Betreff der landwirthschaftlichen Produkte seit 1878 eine einheitliche Gestalt im Reich angenommen hat[1]. — Die allgemeine Fürsorge, welche der Staat dem Absatz und Verkehr, der Versicherung und dem Kredit angedeihen läßt, findet auf Land- und Forstwirthschaft ihre besondere Anwendung. Den Absatz sucht der der Land- und Forstwirthschaft gewährte Zollschutz zu fördern[2] und die landwirthschaftliche Versicherung ist gegen Hagel- und Viehschäden gerichtet[3]. Die umfassendste Bedeutung hat der landwirthschaftliche Kredit gewonnen (b), der zum Hauptthebel für dauernde Bodenverbesserungen (Meliorationen) geworden ist. — Die Förderung dieser letzteren, einschließlich der für Westpreußen, Pommern, Schlesien, Westfalen und Rheinprovinz bestehenden Meliorationsfonds[4] ist auf die Provinzen übertragen[5]. Dem Staat ist die Leitung und Unterstützung der Vorarbeiten[6] und die Förderung solcher Unternehmungen verblieben, die ein weitergehendes, über die Provinzen hinausreichendes Interesse in Anspruch nehmen. Besondere Beachtung haben in dieser Beziehung die Moorkulturen gefunden, welche die in den Provinzen Hannover und Schleswig-Holstein vorhandenen ausgedehnten Moore durch Entwässerung und Anlegung von Zufuhrkanälen dem Anbau erschließen sollen[7]. — Einen wichtigen Faktor der Bodenkultur bildet sodann das Wasser in seiner derselben nützlichen wie in der ihr schädlichen Einwirkung (c). Die Waldkultur endlich nimmt vermöge der Eigenthümlichkeit ihres Betriebs neben dieser allgemeinen noch eine spezielle Förderung für sich in Anspruch (d).

---

[1]) Von 1878 ab werden im Reich in fünfjährigen Perioden die Anbauverhältnisse und alljährlich die Ernteerträge (diese in Gewicht für die ha) festgestellt CR. v. 24. April 1878. Diesen Erhebungen schließt sich die Preisstatistik an CR. v. 29. März 1872 (MB. 111). — Eine wichtige Grundlage bietet die 1862/64 in den älteren und 1871/75 in d. neueren Provinzen ausgeführte Grundsteuerregulirung, durch welche Ausdehnung, Theilung, Kulturgattung und Bonität des Grundbesitzes genauer bestimmt sind (§ 135 d. W.). — Die Grundfläche setzte sich danach zusammen aus 50 Proz. Ackerland, 23½ Proz. Forsten, 20½ Proz. Wiesen u. Weiden, 5 Proz. Oedland und 1 Proz. Haus- und Hofraum. — Ueb. die Ergebnisse s. Meitzen, Die Boden- u. landw. Verhältnisse des Pr. Staats (Berlin 1866 u. 1877).

[2]) § 154 Nr. 1 d. W.

[3]) § 314 nebst Anm. 12 u. 13.

[4]) Pommern G. v. 18. Jan. 1881 (GS. 7) § 8. — Rheinprov. AE. v. 20. Feb. 1856 (MB. 159).

[5]) G. v. 8. Juli 1875 (GS. 497) § 4², 10, 25. — Hannover G. v. 7. März 1868 (GS. 223) § 1⁵; RB. Kassel G. v. 25. März 1869 (GS. 525) § 1⁶.

[6]) Anw. zu technischen Vorarbeiten v. 15. Aug. 1872, erg. CR. v. 28. März 1879 (MB. 140). — Für die einzelnen Provinzen sind Meliorationsbaubeamte angestellt.

[7]) Seit 1876 besteht als berathendes Organ des Landwirthschaftsministers die Central-Moor-Kommission zu Berlin mit der Moor-Versuchsstation zu Bremen.

b) Landwirthschaftliches Kreditwesen.

§ 335.

Der landwirthschaftliche Kredit, der die Hauptart des Realkredits bildet, zeigt bei großer Sicherheit eine nur geringe Beweglichkeit. Anderseits bietet der Landwirthschaftsbetrieb so vielfach zu umfangreichen Verwendungen Anlaß, daß es nöthig erscheint, demselben das umlaufende Kapital in ausgedehntestem Maße zugänglich zu machen. Diesem Bedürfniß kommen neben den allgemeinen[8]) besondere landwirthschaftliche Kreditanstalten[9]) entgegen, welche, abgesehen von einzelnen privaten Unternehmungen (Bodenkreditgesellschaften), durch die öffentlichen Pfandbriefinstitute gebildet werden. In Schlesien veranlaßte die Erschütterung des Realkredits durch den siebenjährigen Krieg den Zusammentritt der bedeutenderen Grundbesitzer (Landschaft) mit der Absicht, die Vermittelung zwischen Gläubiger und Schuldner zu übernehmen. Die übrigen Provinzen folgten, so daß in fast allen Landestheilen landschaftliche Kreditinstitute erwuchsen[10]). Die Mehrzahl derselben hat später in der Centrallandschaft zu Berlin einen gemeinsamen Mittelpunkt gefunden[11]). Diese Institute gewähren nach Maßgabe ihrer Reglements allen zugetretenen Grundbesitzern Darlehen bis zu einer bestimmten Werthhöhe des Grundbesitzes. Die Darlehen sind unkündbar und werden allmälig amortisirt. Die Mittel werden durch Ausgabe verzinslicher, auf den Inhaber lautender Pfandbriefe beschafft, für welche die Landschaft gemein-

---

8) § 316—319 d. W.

9) Unterstellung unter d. landw. Min. Anm. 68 (S. 52).

10) Ostpreußen: General-Landschaft zu Königsberg nebst dem der Direktion zur Seite stehenden Tax-Revisions-Kollegium u. d. landschaftl. Darlehnskasse daselbst. — Westpreußen: General-Landschaft zu Marienwerder mit den Prov-Landsch. zu Marienwerder, Danzig, Bromberg u. Schneidemühl u. d. landsch. Darlehnskasse zu Danzig. Unter derselben Direktion steht die neue Westpr. Landsch. — Brandenburg: Haupt-Ritterschaft der Kur- u. Neumark zu Berlin nebst d. rittersch. Darlehns-Kasse u. d. Berliner Pfandbriefamt. Unter ersterer stehen d. Ritterschaften für die Priegnitz zu Perleberg, f. d. Mittelmark zu Berlin, f. d. Uckermark zu Prenzlau und f. d. Neumark zu Frankfurt a. O. Unter der Haupt-Rittersch.-Direktion steht ferner d. neue Brandenburgische Kreditinstitut zu Berlin. (S. auch Schlesien.) — Pommern: GenLandsch. zu Stettin mit den LandschDepartements zu Anklam, Stargard, Treptow a. R. u. Stolp. Unter derselben Direktion steht der Pomm-Land-Kreditverband. — Posen: Neuer landsch. Kredit-Verein (s. auch Westpreußen). — Schlesien: Kön. Kredit-Institut zu Breslau (von der Regierung verwaltet); GenLandsch. zu Breslau mit d. Fürstenthums-Landschaften zu Jauer, Glogau, Ratibor, Breslau, Liegnitz, Frankenstein, Neiße, Oels u. Görlitz und d. landsch. Bank zu Breslau; Kredit-Institut f. d. Pr. Ob.- und Nieder-Lausitz mit den Bezirken zu Görlitz u. Lübben; Kommunalständ. Bank f. d. Ob.-Lausitz. — Sachsen: Landschaftl. Kreditverband zu Halle. — Hannover: Ritterschaftlicher Kreditverein f. d. Fürstenth. Kalenberg, Grubenhagen u. Hildesheim, zu Hannover; f. d. Fürstenth. Lüneburg zu Celle; f. d. Herzogthümer Bremen und Verden u. f. das Land Hadeln zu Stade. — Westfalen: Landschaft zu Münster.

11) AE. nebst Statut v. 21. Mai 1873 (GS. 309).

same Bürgschaft übernimmt. Die Grundwerthe sind damit in bewegliche Werthe verwandelt und zu einer Waare des Kapitalmarktes geworden, wodurch die Kapitalbeschaffung erleichtert und der Grundkredit wesentlich gefördert ist. Die Verwaltung wird unter Aufsicht eines Königlichen Kurators durch von den Betheiligten gewählte Direktionen geführt.

Noch unmittelbarer dienen die Landeskultur-Rentenbanken den Zwecken der Landeskultur[12]). Sie sollen Bodenkultur-, Uferschutz-, Deich- und Schiffahrtsanlagen fördern und werden nach bestimmten normativen Vorschriften auf Beschluß der Provinzial-(Kommunal-)Verbände durch landesherrlich zu bestätigende Statuten errichtet[13]). Sie gewähren zu diesem Zweck unkündbare Darlehen gegen Grundsicherheit und einen festen, der administrativen Beitreibung unterliegenden Zins- und Tilgungsbeitrag (Landeskulturrente)[14]). Bei den zu Drainirungsanlagen gewählten Darlehen kann der Rente durch die Auseinandersetzungsbehörde ein Vorzugsrecht vor denjenigen eingetragenen Realgläubigern eingeräumt werden, welche auf ergangene öffentliche Aufforderung keinen Widerspruch erheben, insoweit durch die Anlage eine entsprechende dauernde Verbesserung des Grundstücks herbeigeführt wird[15]). Die Banken beschaffen die erforderlichen Kapitalien durch Ausgabe von Inhaberpapieren (Landeskultur-Rentenbriefen) in dem Umfang der gewährten Darlehen. Ueberschüsse kommen dem Reservefonds oder durch Wegfall der Verwaltungskostenzuschläge den Betheiligten zu Gute[16]). Die Banken genießen Stempel- und bei Eintragung der Sicherheiten Gebührenfreiheit und haben ihren Vermögensstand alljährlich zu veröffentlichen[17]).

c) Wasserwesen.

§ 336.

aa) Die **Wassergesetzgebung** umfaßt das Wasserrecht und die Wasserpolizei. Ersteres regelt die Eigenthums- und Gebrauchsrechte der Einzelnen am Wasser, letztere stellt die Bedingungen fest, denen diese Rechte im Interesse der Gesammtheit unterworfen bleiben und schützt — als ein Zweig der Unfallspolizei[18]) — vor der zerstörenden Kraft dieses Elements.

Ein Eigenthumsrecht ist nur an fest umgrenzten Gewässern, ein Gebrauchsrecht dagegen auch an fließendem Wasser denkbar. Im Zusammenhang mit diesen Rechten werden die Flüsse in öffentliche und Privatflüsse eingetheilt. Das Landrecht zählt zu ersteren die schiffbaren Flüsse (Ströme) und bezeichnet ihre Nutzungen als Regalien[19]). Ihre Unterhaltung ist in der

---

[12]) G. v. 13. Mai 1879 (GS. 367).
[13]) Das. § 1—3, 51—53.
[14]) Das. § 4—9, 33—36.
[15]) Das. § 10—32.
[16]) Das § 4, 37—48.
[17]) Das. § 49, 50.
[18]) § 242—246 d W.
[19]) LR. II 15 § 38. Auch theilweise Schiffbarkeit bedingt die Oeffentlichkeit. — Nach gemeinem Recht sind alle

Regel Sache des Staats[20]). Uebrigens regelt das Gesetz das Benutzungsrecht an beiden Flußarten[21]), bedroht ihre Beschädigung oder Zerstörung mit Strafe[22]), untersagt ihre Verengung oder Verunreinigung[23]) und regelt in Betreff der Privatflüsse die Räumungspflicht. Streitigkeiten über letztere entscheidet im Geb. der KrO. der Kreisausschuß[24]).

Das Wasser kommt auf verschiedenen Verwaltungsgebieten zur Geltung[25]) und dient auch der Landeskultur in mehrfacher Hinsicht. Seine befruchtende Kraft wird durch Bewässerung wirksam gemacht, seine schädliche Einwirkung durch Entwässerung beseitigt, während das Deichwesen den Zerstörungen vorbeugt, die dasselbe bei Ueberfluthungen anrichten kann. Alle diese Zwecke weisen auf ein gemeinsames Zusammenwirken der Betheiligten hin. Das Genossenschaftswesen hat deßhalb in der Wassergesetzgebung von jeher eine besondere Bedeutung behauptet und neuerdings in den Wassergenossenschaften im gesammten Staatsgebiet eine erweiterte und festere Gestalt angenommen[26]). Ihr Zweck ist auf Benutzung oder Unterhaltung der Gewässer zur Ent- oder Bewässerung, zum Uferschutz, zur Wasser-Leitung oder Ansammlung und zu Wasserstraßen und Schifffahrtsanlagen gerichtet[27]). Die Genossenschaft, deren Verhältnisse durch Statut zu regeln sind, wird durch ihren Vorstand vertreten und hat rechtliche Persönlichkeit. Uebrigens werden freie und öffentliche Genossenschaften unterschieden[28]) — Die freien Genossenschaften beruhen auf Uebereinstimmung aller Betheiligten. Sie werden durch gerichtlichen oder notariellen Vertrag und Eintragung in das Genossenschaftsregister begründet, erfordern aber weder Genehmigung noch Beaufsichtigung Seitens des Staats. Das Verhältniß ist ein privatrechtliches und seinem Wesen nach nur für kleinere Vereinigungen passend[29]). —

größeren Flüsse öffentliche, während das französische die schiff- u. flößbaren Flüsse f. Staatseigenthum erklärt C. civ. Art. 538. — Wasserregal § 125 d. W.

[20]) LR. II 15 § 79. — Schlesien G. v. 11. April 1872 (GS. 375), Kr. Rinteln G. vom 3. April 1875 (GS. 190).

[21]) Oeffentliche Flüsse LR. II 15 § 38 bis 62 u. 66—79. — Privatflüsse LR. I 9 § 225—274, verb. § 337 d. W. (Bewässerung) u. § 347 (Fischerei).

[22]) StGB. § 321, § 325 u. 326; FeldPolG. v. 1. April 1880 (GS. 230) § 27, 31.

[23]) LR. I 8 § 96—99; KO. v. 24. Feb. 1816 (GS. 108); PrivatflG. (Anm. 39) § 2—6; vgl. Anm. 50 (S. 294).

[24]) LR. I 8 § 100, 101; VorflEd. (Anm. 34) § 10; PrivatflG. (Anm. 39) § 7 u. ZustG. § 98 (f. Neuvorpom. § 97).

[25]) Das Wasser dient durch seine Thierwelt der Fischerei (§ 347 d. W.), als Triebkraft dem Gewerbe (§ 350 Nr. I 1) und als Wasserstraße d. Verkehr (§ 364—366).

[26]) G. v. 1. April 1879 (GS. 297).

[27]) Das. § 1. Ausgeschlossen sind Deichanlagen u. im Kreis Siegen u. in einigen Theilen Hannovers auch Ent- und Bewässerungen § 2 u. 3. In diesen Gebieten kommen neben lokalen Vorschriften noch die übrigens aufgehobenen Bestimmungen (G. v. 28. Feb. 1843 GS. 41 § 56—59, v. 11. Mai 1853 GS. 182 u. V. v. 28. Mai 1867 GS. 769) z. Anwendung.

[28]) Das. § 4—10. Strafen § 99.

[29]) Das. § 11—44. Die Eintragung erfolgt durch die Amtsgerichte § 13 u. G. v. 24. April 1878 (GS. 230) § 25¹, 30, 69 u. 109. — Die Einrichtung entspricht der der Erwerbs- u. Wirthschaftsgenossenschaften (§ 321 d. W.), doch fehlt die Solidarhaft.

Oeffentliche Genossenschaften können nur im Fall eines öffentlichen Interesses oder gemeinschaftlichen Nutzens begründet werden. Das Verfahren leitet der Ober-Präsident[30]. Ein Beitrittszwang findet nur bei Ent- und Bewässerungsgenossenschaften für Zwecke der Landeskultur statt. Hier können durch Mehrheitsbeschluß der Betheiligten auch Widersprechende in die Genossenschaft hineingezogen werden, wenn solches zur zweckmäßigen Ausführung unvermeidlich und für die zugezogenen Grundstücke vortheilhaft ist. Die Mehrheit wird nach Fläche und Katastralertrag der betroffenen Grundstücke berechnet[31]. Das Statut fordert in diesem Fall landesherrliche, übrigens ministerielle Genehmigung[32]. Die öffentlichen Genossenschaften stehen unter staatlicher Aufsicht, die vom Kreisausschuß, bei Wasserstraßen und anderen Schiffahrtsanlagen von dem Regierungs-Präsidenten (der Regierung) geführt wird. Die Beiträge unterliegen der Beitreibung im Verwaltungswege[33].

§ 337.

bb) Die **Ent- und die Bewässerung** wird in der Gesetzgebung der älteren Provinzen getrennt behandelt.

In Betreff der Entwässerung soll im landrechtlichen Gebiet die zulässige Höhe des Wasserstandes bei Stauwerken durch Merkpfähle festgestellt werden[34] und jeder unterhalb liegende Besitzer verpflichtet sein, gegen vollständige Entschädigung alle künstlichen und natürlichen Hindernisse des Wasserabflusses wegzuräumen (Vorfluth)[35]. Dies gilt auch bei unterirdischer Ableitung (Drainirung)[36]. Das Verfahren der Behörden ist ein wesentlich vermittelndes, kann indeß mit einem förmlichen Aufgebots- und Ausschluß-(Präklusions-)Verfahren verbunden werden[37]. — Für das nichtlandrechtliche, altpreußische Gebiet sind besondere Vorfluthgesetze ergangen[38].

[30] WassGenG. § 45; Verfahren § 71 bis 84 u. ER. v. 30. Juni 1879 (MB. 213) nebst Normalstatut. — Auflösung § 61—64; Liquidation § 86—88; ältere Genossenschaften § 89, 90.

[31] Das. § 46, 47 u. 65—70.

[32] Das. § 48, 56—58. Haftbarkeit u. Mitgliedschaft § 52, 59; Vorstand § 53, 54 u. 60.

[33] Das. § 49—51, 55, 91—98 u. OrgG. § 17 u. 42.

[34] VorfluthEd. v. 15. Nov. 1811 (GS. 352) § 1—9 u. (im Geb. der KrO.) ZustG. § 99 (Klagefrist 2 Wochen OrgG. § 42). — Stauanlagen f. Wassertriebwerke bedürfen daneben der gewerblichen Konzession § 350 Nr. I 1 d. W.

[35] VEd. § 11—14 u. LR. I 8 § 102 bis 117.

[36] G. v. 11. Mai 1853 (GS. 182) Art. 3. — Durch Drainirung, die in einem kunstmäßig angelegten Röhrensystem den ganzen zu entwässernden Boden durchzieht, werden insbesondere die schweren Bodenarten kulturfähiger gemacht.

[37] VEd. § 15—34, G. v. 23. Jan. 1846 (GS. 26) u. ZustG. § 100, 103 bis 105 u. 108 (Klagefrist wie Anm. 34).

[38] VorfluthG. f. Neuvorpommern v. 9. Feb. 1867 (GS. 220) u. ZustG. § 100—106 u. 108 (Klagefrist wie Anm. 34). — VorflG. f. d. französische u. gemeinrechtliche Gebiet der Rheinprovinz u. f. Hohenzollern v. 14. Juni 1859 (GS. 325), Rhein. RuralG. v. 28. Sept. 1791 u. ResfRegl. v. 20. Juli 1818 (KA. II 619); Hohenzoll. MühlenO. v. 8. Nov. 1845 § 5—9 u. 23—28 (GS. 1859 S. 330).

Die Bewässerungsgesetzgebung[39]) regelt das Recht der Uferbesitzer auf Benutzung des vorüberfließenden Wassers[40]) und ordnet für dasselbe — ähnlich wie bei der Entwässerung — ein Aufgebots- und Ausschlußverfahren an[41]).

In den für die neuen Provinzen ergangenen Wassergesetzen finden sich Ent- und Bewässerungen gemeinschaftlich geregelt[42]).

§ 338.

cc) Die Grundsätze über das **Deichwesen**, früher in zahlreichen einzelnen Ordnungen zerstreut, haben in neuerer Zeit eine einheitliche Regelung erfahren[43]). Auf den zu keinem Deichverbande gehörigen Grundstücken dürfen Deiche nur mit staatlicher Genehmigung neu angelegt oder verändert werden; auch müssen dieselben im Fall der Zerstörung und des Verfalls von den Pflichtigen wiederhergestellt werden[44]). Wo die Abwendung gemeinsamer Gefahr oder ein erhebliches Landeskulturinteresse es fordert, sind die Betheiligten Behufs gemeinschaftlicher Anlegung und Unterhaltung der Deiche zu Deichverbänden zu vereinigen. Die Deichpflicht ruht auf den betheiligten Grundstücken als unablösliche Last und geht in Kollisionsfällen den öffentlichen Lasten vor[45]). Die Einrichtung der Verbände regelt ein landesherrlich zu vollziehendes Statut, wobei den Betheiligten ein ausgedehntes Selbstverwaltungsrecht zugestanden wird[46]). Ueber Benutzung und Erhaltung der Deiche

[39]) G. üb. d. Privatflüsse v. 28. Feb. 1843 (GS. 41), gemäß G. v. 9. Jan. 1845 (GS. 35) im OLGerBez. Köln eingeführt und sonach in den 9 älteren Provinzen gültig (Abschn. III. ist durch das Anm. 36 erwähnte G. ersetzt). — WiesenO. f. d. Kr. Siegen v. 28. Okt. 1846 (GS. 485).

[40]) PrivFl.G. § 1—18 u. (im Geb. der KrO.) ZustG. § 107. — Hauptanwendung finden diese Grundsätze bei Berieselung der Wiesen, die durch diese auch bei trockener Lage ertragsfähig gemacht werden können. Dabei werden natürlich vorhandene geneigte Flächen benutzt oder solche künstlich angelegt. Die Ueberleitung des Wassers geschieht von einer Seite der zu bewässernden Fläche (Hangbau) oder aus der Mitte derselben (Rückenbau). Die Berieselung entstammt der Lombardei; in Deutschland fand sie um die Mitte des vor. Jahrhunderts erst im Siegenschen (Vor. Anm.), dann im Lüneburgschen Eingang.

[41]) Das. § 19—55 u. (im Geb. der KrO.) ZustG. § 108—114.

[42]) Schl.-Holstein WasserlösungsO. f. Holstein v. 16. Juli 1857 (GBl. 208), f. Lauenburg v. 22. Mai 1857 (das. 135); provis. Verfügung f. Schleswig v. 6. Sept. 1863 (Chron. Samml. 232). — Hannover Ent- u. BewässerungsG. v. 22. Aug. 1847 (Han. GS. I. 263). — Kurhessen WasserbauG. v. 31. Dez. 1824 (Kurh. GS. 99) Ent- und Bewässerung G. v. 28. Okt. 1834 (das. 156), Drainirung G. v. 17. Dez. 1857 (das. 51). — Nassau V. v. 27. Juli 1858 (VB. 100). — Vorm. bairische Theile G. v. 28. Mai 1852 (Bair. GB. 489).

[43]) DeichG. vom 28. Jan. 1848 (GS. 54); gem. G. v. 11. April 1872 (GS. 377) in die noch nicht mit Deich- u. Sielordnungen versehenen Theile von Schl.-Holstein u. Hannover eingeführt. In Hessen-Nassau kommen § 16, 17 des Kurhess. WasserbauG. u. Art. 10 des bair. G. (vor. Anm.) zur Anwendung. — Unterstellung unt. d. landw. Min. Anm. 59 (S. 52).

[44]) DeichG. § 1—10; ZustG. § 121$^{1-3}$. Genehmigung in den Festungsrayons RG. v. 21. Dez. 1871 (RGB. 459) § 13.

[45]) DG. § 11—23.

[46]) DG. § 15; Normativbestimmungen v. 14. Nov. 1853 (GS. 935), Instr. v. 13. Dez. 1853 (MB. 282). — ZustG. § 122.

können Anordnungen erlassen werden[47]); bei der Erhaltung ist im Fall der Gefahr Jeder zur Hülfsleistung verpflichtet[48]).

d) Waldkultur.

§ 339.

Ein größerer Waldbestand bewirkt die gleichmäßige Vertheilung der Feuchtigkeit in Luft und Boden, verhindert Einstürze und Lawinen im Gebirge, Abschwemmungen an den Hängen und Ueberfluthungen in der Ebene (Schutzwaldungen). Gleichzeitig ermöglicht er die angemessene Verwerthung des (an sich ertraglosen) absoluten Waldbodens. Bei dieser Bedeutung bietet die Forstwirthschaft die Schwierigkeit, daß sie den Besitz größerer abgerundeter Flächen und die Aufwendung von Betriebskosten voraussetzt, die erst nach längeren Zeiträumen sich bezahlt machen. Die Erfüllung dieser Bedingungen erscheint bei den meisten kleineren Besitzern nicht genügend gesichert, so daß an sich zweckmäßige Aufforstungen unterbleiben und auch die Erhaltung vorhandener Wälder häufig in Frage gestellt wird.

Dem Staat fällt damit auf dem Gebiet der Waldwirthschaft eine weit eingreifendere Thätigkeit zu, als auf dem der Landwirthschaft. Diese Aufgabe war längere Zeit außer Acht gelassen, indem der Grundsatz der unbegrenzten wirthschaftlichen Freiheit ohne Rücksicht auf die besondern Bedürfnisse der Forsten auch auf diese Anwendung fand[49]). Zahlreiche Holzanpflanzungen sind dadurch verschwunden oder in unwirthschaftliche Theile zerstückelt (Theilforsten) und die zu andern Anschauungen gelangte Jetztzeit muß vielfach wieder gut machen, was die frühere gefehlt hat.

Die Forsten befinden sich in der Hand des Staats, der Gemeinden oder der Privatpersonen[50]). Die **Staatsforsten** unterliegen der vollständigsten und unmittelbarsten Einwirkung und müssen deßhalb nicht nur erhalten, sondern auch thunlichst ausgedehnt werden[51]). Vermöge seines ausgedehnten Forstbesitzes gebietet der Staat auch über verschiedene Einrichtungen, welche den übrigen Forstbesitzern zu statten kommen[52]). Hiermit allein

---

[47]) DG. § 24—26; ZustG. § 121⁴.

[48]) StGB. § 360¹⁰.

[49]) Landes-KultEd. v. 14. Sept. 1811 (GS. 300) § 4, 5.

[50]) Preußen hat ein Waldareal von 2 Mill. ha oder 23 1/2 Proz. seiner Gesammtfläche und steht dadurch etwa in der Mitte der europäischen Staaten, von denen Schweden 43, Rußland 37, Oesterreich, Baiern u. Würtemberg 31, Belgien, Frankreich u. Italien 14—17, Holland und Spanien 7 und England 4 Proz. Forstfläche besitzen. — Dem für ganz Preußen angegebenen Prozentsatz entsprechen die Prov. Preußen, Pommern, Posen und Sachsen. In Brandenb. und den westl. Prov. wird derselbe überschritten, während Hannover und vor Allem Schl.-Holstein erheblich dagegen zurückbleiben. — Von den Forsten gehören 29 Proz. dem Staat, 17 den Gemeinden und Instituten und 54 den Privaten.

[51]) § 118 d. W.

[52]) Forstliches Bildungs- und Versuchswesen § 120, insbes. Anm. 42 (S. 149) d. W.; Ueberlassung von Pflanzmaterial

wird aber dem Bedürfniß der letzteren nicht vollständig genügt. Auch der Waldverwüstung und zweckwidrigen Ausrodung muß vorgebeugt werden. In dieser Richtung unterliegen die *Gemeindeforsten* einer besondern Staatsaufsicht[53]), die schon seither auf *Institutsforsten* Anwendung fand und neuerdings auf alle *gemeinschaftlich besessenen Forsten* ausgedehnt ist[54]). Gleichzeitig ist die *Theilung* solcher Forsten erschwert, indem sie nur da zugelassen wurde, wo eine forstmäßige Benutzung ausgeschlossen ist oder das Grundstück zu andern als forstlichen Zwecken dauernd mit erheblich größerem Vortheil benutzt werden kann[55]).

Ferner hat die neuere Gesetzgebung in den Schutzwaldungen und Waldgenossenschaften den erwähnten Uebelständen zu steuern gesucht[56]).

Schutzwaldungen sind zur Abwehr der Gefahren und Nachtheile bestimmt, welche durch Versandung, Abschwemmung und Ueberschüttung, durch Uferbrüche, Eisgang, durch Minderung des Wasserstandes und durch Einwirkung der Seewinde herbeigeführt werden können. Ihre Anlegung und angemessene Benutzung kann sowohl auf Antrag der Betheiligten oder kommunalen Verbände, als im landespolizeilichen Aufsichtswege angeordnet werden. Den durch die Anordnung Betroffenen ist von den Antragstellern und sonstigen Betheiligten der etwaige Schaden nach Verhältniß der erwachsenden Vortheile zu vergüten[57]). Die Feststellung und Entscheidung erfolgt unter Abfassung eines Regulativs in einem besonderen Verwaltungsstreitverfahren vor dem hier als Waldschutzgericht bezeichneten Kreisausschuß[58]).

Wo ein stark zersplitterter Waldbesitz eine angemessene Bewirthschaftung und einen wirksamen Forstschutz ausschließt, kann eine *Waldgenossenschaft* gebildet werden, wenn ein nach dem Katastralreinertrag zu berechnender

---

aus den Staatsforsten CR. v. 12. April 1868 (MB. 323). Wichtig besonders f. d. kleineren Forstbesitzer ist die Hülfsleistung des staatlichen Forstpersonals.

53) § 72 (S. 83) d. W

54) G. v. 14. März 1881 (GS. 261) § 1—5; AusfBek. v. 26. April 1881 (MB. 134) Nr. I—X. — Die gemeinschaftlichen Forsten stehen zwischen Privat- und Gemeindeforsten in der Mitte, indem sie ersteren ihrer rechtlichen Natur nach zugehören, letzteren aber nach Ursprung u. wirthschaftlicher Bedeutung verwandt sind. Man unterscheidet *Genossenschaftsforsten*, die in d. westl. und mittleren Prov. überwiegen u. auf die alten Markgenossenschaften zurückweisen (Gehöferschaften im RegBez. Trier, Hauberge i. Westerwald) u. *Interessentenforsten*, die in d. östl. Prov. vorherrschen u. meist durch landesherrliche Verleihung oder Servitutabfindung entstanden sind. Das Gesammtareal betrug (1880) 103 591 ha. — In den neuen Prov. standen die gemeinsch. Forsten schon seither großentheils unter Staatsaufsicht, in den älteren waren nur einige lokale Vorschriften erlassen, welche das Gesetz aufrecht erhalten hat § 10 d. G

55) Das. § 6—9; Bek. Nr. XI—XIII.

56) G. v. 6. *Juli* 1875 (GS. 416); Einf. in Lauenburg G. v. 25. Feb. 1878 (GS. 97) § 8[7]. — Das G. hebt mit Ausschluß der Vorschriften üb. Staats-, Gemeinde-, Instituts- u. Genossenschaftsforsten (Anm. 51, 53 u. 54) alle sonstigen Wirthschaftsbeschränkungen auf § 1 das.

57) Ges. § 2—5.

58) Das. § 6—22 u. in Betr. der noch nicht mit Verwaltungsgerichten versehenen Provinzen § 48—52. — Strafe § 53.

Mehrheitsbeschluß der Betheiligten sich dafür ausspricht[59]). An letztere Bedingung ist auch die Auflösung der Genossenschaft, sowie jede Naturaltheilung eines Genossenschafts- (Realgemeinde-) Waldes geknüpft[60]). Die Waldgenossenschaft hat juristische Persönlichkeit[61]). Ihre Bildung erfolgt gleichfalls vor dem Waldschutzgericht[62]), dem zugleich die Handhabung der staatlichen Aufsicht über dieselbe obliegt[63]). — Das Gesetz hat zwar — wohl in Folge des etwas umständlichen Verfahrens — keine umfassenderen Erfolge aufzuweisen[64]), verdient aber immerhin als erster Schritt auf diesem bislang völlig vernachlässigten Gebiete Beachtung.

4. Feld- und Forstpolizei.

§ 340.

a) Während bei **Feld- und Forstfreveln** durch die Leichtigkeit der Begehung und die Geringfügigkeit der gewöhnlichen Objekte eine mildere Beurtheilung zugelassen wird, hat anderseits die Schwierigkeit ihrer Ermittelung zu Ergänzungen des allgemeinen Strafrechts[65]) und Strafverfahrens geführt, welche namentlich bei Feststellung des Thatbestandes erleichternde und sichernde Handhaben gewähren. Mit den Nachbarstaaten ist die gegenseitige Verfolgung dieser Frevel durch Verträge sichergestellt[66]), während auf dem Gebiete der inneren Gesetzgebung für Forst- und Feldpolizeiübertretungen einerseits und für den Forstdiebstahl anderseits gesonderte Vorschriften erlassen sind.

Die früheren sehr mangelhaften Bestimmungen über die Feld- und Forstpolizeiübertretungen haben einer einheitlichen Regelung für den ganzen Staat Platz machen müssen, nachdem die Agrargesetzgebung und die neue Entwickelung der Land- und Forstwirthschaft die ehemaligen pro-

[59]) Das § 23—30, (Berichtigung des § 23 GS. 1875 S. 598).

[60]) Das. § 45, 46 (§ 47 aufgeh. durch § 10 des Anm. 54 angeführten G.).

[61]) Das. § 42, 43.

[62]) Das. § 31—41.

[63]) Das. § 44.

[64]) Bis 1879 waren 750 ha Schutzwaldungen ausgeführt u. für 1270 ha Grundfläche Waldgenossenschaften gebildet.

[65]) EinfG. (z. StGB.) v. 31. Mai 1870 (GS. 195) § 2, 5 u. 6. — Befugniß des landw. Min. z. Erlaß der Strafen bis 30 M. AO. v. 15. Dez. 1880 (MB. 1881 S. 28, JMB. 1881 S. 31).

[66]) Verträge über Feld-, Forst-, Jagd- u. Fischereifrevel mit Baiern (GS. 1859 S. 362), Würtemberg (1865 S. 13), Oldenburg (das. 270), Oesterreich (1842 S. 112 u. 1848 S. 29); desgl. üb. Forst-, Jagd- u. Fischereifrevel mit Luxemburg (GS. 1849 S. 131); desgl. über Forst- u. Jagdfrevel, Braunschweig (1827 S. 59, 1839 S. 108 u. 1848 S. 75), Sachs. Altenburg (1832 S. 111), S. Koburg-Gotha (1848 S. 10), S. Weimar (1852 S. 139), Reuß. ält. L. (1845 S. 826), jüng. L. (1834 S. 79); desgl. über Forstfrevel mit Königr. Sachsen (GS. 1835 S. 223), MSchwerin (1828 S. 133) u. Strelitz (1838 S. 30), S. Meiningen (1824 S. 179 u. 1831 S. 158), Schw. Rudolstadt (1822 S. 219), Schw. Sondershausen (das. 190), Lippe-Detmold (1822 S. 191) u. Schaumburg-Lippe (1824 S. 59).

vinziellen Unterschiede größtentheils verwischt hatten, auch in der neueren Strafgesetzgebung eine gemeinsame Grundlage geboten war. Die Berücksichtigung lokaler Verhältnisse ist dabei offengehalten[67]).

Die Strafbestimmungen sind dem Strafgesetzbuch angepaßt, enthalten aber mehrere Erweiterungen und Abweichungen[68]), die sich theils auf die Anwendung der allgemeinen Strafrechtsgrundsätze beziehen[69]), theils gewisse Handlungen selbstständig mit Strafe bedrohen. Zu letzteren gehören neben dem unbefugten Betreten und Benutzen fremder Grundstücke[70]) die Weidefrevel, bezüglich deren der lokalen Regelung ein größerer Spielraum belassen ist[71]), und die Entwendungen und Beschädigungen, auf welche das Gesetz indeß nur insoweit Anwendung findet, als der Werth des Entwendeten oder der Schaden den Betrag von 10 M. nicht übersteigt und kein Holzdiebstahl vorliegt[72]). Die übrigen Strafbestimmungen tragen einen mehr vorbeugend polizeilichen Charakter. Sie sollen den Unglücksfällen und Schäden vorbeugen, welche durch Herabfallen[73]), Feuersgefahr[74]) oder Thiere[75]) hervorgerufen werden können oder betreffen die zur Verhütung von Diebstählen eingeführten Kontrollvorschriften über den Transport und die Einbringung von Holz[76]).

Für das Strafverfahren kommen mit geringen Abweichungen die allgemeinen Grundsätze zur Anwendung[77]). Gleiches gilt vom Bezug der Geldstrafen[78]). Schadensersatzansprüche sind im Wege des Civilprozesses gel-

---

67) Feld- u. Forstpolizei G. v. 1. April 1880 (GS. 230); Ausf. CR. v. 12. Mai 1880 (MB. 187).

68) FPG. § 1.

69) Das. § 2—8; insbes. Bestrafung jugendlicher Personen und Haftbarkeit Dritter für die unter ihrer Gewalt, Aufsicht od. in ihrem Dienst stehenden od. zu ihrer Hausgenossenschaft gehörenden Personen § 4 u. 5.

70) Das. § 9 u. 10, 26—28. — Forsten § 36, 38—42. — Vgl. StGB. § 368⁹.

71) FPG. § 11—16. — Rheinprov. s. § 94; einstweilige Fortdauer seitheriger Polizeivorschriften § 96 Abs. 3. — Im Gebiet des Landrechts können die Gemeinden die Freigebung des Taubenfangs während der Saat- u. Erntezeit beschließen FeldPolO. v. 1. Nov. 1847 (GS. 376) § 40. Die Genehmigung ertheilt im Gebiet der KrO. der Kreisausschuß ZustG. § 84.

72) FPG. § 18—25, 30, 31 u. 6 bis 8. Beschädigung der Forsten § 35 u. 37. — Forstdiebstahl Anm. 82. — Vgl. StGB. § 370 ¹ u. ².

73) FPG. § 29. Vgl. § 243 d. W.

74) FPG. § 32. — Forsten § 44—46 (vgl. § 245 d. W.). — Feuersgefahr durch Bauten in der Nähe der Forsten § 47—52 (vgl. § 280 d. W.).

75) FPG. § 33, 34; s. § 341 d. W.

76) FPG. § 43 — Die Vorschriften beruhen auf Polizeiverordnung oder auf besondern gemäß § 96 in Kraft gebliebenen Gesetzen (Sachsen, Westfalen u. Rheinprov. G. v. 30. Juni 1839 GS. 223; Pommern ForstO. v. 14. Dez. 1777 § 24; Ostpr. u. Litthauen ForstO. v. 3. März 1775 § 14 u. Publ. v. 1. März 1794).

77) FPG. § 53—61; vgl. üb. d. Verfahren vor den Schöffengerichten § 199 u. üb. die vorläufige Straffestsetzung der Polizeibehörden § 237 d. W.

78) FPG. § 96¹. — Die Strafen fließen demgemäß bei gerichtlicher Entscheidung dem Staat u. bei vorläufiger Straffestsetzung der betreffenden Polizeikasse zu (§ 237 d. W.). Die im Gebiet der FeldPolO. v. 1. Nov. 1847 (GS. 376) verwirkten Feldpolizeistrafen gebühren indeß stets der Gemeinde § 47 das.; desgl. die wegen Uebertretung der Waldstreuberechtigung nach V. v. 5. März 1843 (GS. 105) verwirkten Geldstrafen dem Waldeigenthümer § 7 Abs. 6 der V.

tend zu machen, doch hat der Richter bei Entwendungen auf Antrag des Beschädigten zugleich mit der Strafe auf Ersatz des Werths zu erkennen[79]). Bei Weidefreveln und beim Uebertreten von Thieren auf fremde Grundstücke kann der Geschädigte innerhalb 4 Wochen an Stelle des Werths ein nach Gattung und Zahl der Thiere bemessenes Ersatzgeld beanspruchen, über welches nach Anhörung der Betheiligten die Ortspolizeibehörde entscheidet. Daneben ist zur Sicherstellung des Anspruchs auf Schadens- oder Ersatzgeld und Kosten die Pfändung der Thiere gestattet, doch muß dieselbe bei Verlust dieses Anspruchs binnen 24 Stunden der Gemeinde- bez. Ortspolizeibehörde zur Entscheidung angezeigt werden. Diese Entscheidung kann durch die Verwaltungsklage angefochten werden. Aus dem Erlöse der nicht vom Gepfändeten eingelösten Pfänder wird der Anspruch gedeckt. Der Rest gebührt dem Gepfändeten und wenn dieser unbekannt ist der Armenkasse[80]).

Zur Ausübung des Feld- und Forstschutzes können von den Gemeinden und Grundbesitzern unter Bestätigung der Aufsichtsbehörde oder des Landraths oder von den Staatsbehörden Feld- und Forsthüter oder Ehrenfeldhüter angestellt werden. Diese müssen ein Dienstabzeichen führen und haben Beamtenqualität[81]).

Der Forstdiebstahl, der anläßlich der neuen Gerichtsorganisation neu geregelt ist[82]), zeigt in Betreff seiner Strafen und seines Verfahrens gleichfalls mehrere Abweichungen von der allgemeinen Gesetzgebung. Er umfaßt den Diebstahl an Holz (einschließlich der Späne, Borke oder des Abraums) und an anderen Walderzeugnissen, sofern diese Gegenstände noch nicht geworben oder eingesammelt sind[83]).

Die Strafe besteht in Geldbuße zum 5fachen Werth des Entwendeten und nicht unter 1 M. Unter erschwerenden Umständen und im ersten Rückfall steigt sie auf den 10fachen Werth und beträgt nicht unter 2 M. Bei besonderer Erschwerung und wiederholtem Rückfall tritt eine zusätzliche Geld- oder Gefängnißstrafe ein[84]). Dem Geschädigten verbleibt neben der

---

[79]) FPG. § 67, 68; Verfahren StProzO. § 443—445.

[80]) FPG. § 69—88; Strafen § 17; Zuständigkeit f. Berlin § 89, Hohenzollern § 90, f. d. westl. u. neuen Prov. § 91, f. Posen § 92. Die allgemein (nach LR. I 14 § 413—457 u. ähnlich nach gem. nicht aber nach franz. Recht) gegebene Pfändungsbefugniß zur Sicherung des Schadenersatzes od. Abwendung künftiger Schadenszufügung oder Rechtsbeeinträchtigung ist aufrecht erhalten FPO. § 96².

[81]) FPG. § 62—66. — Z. Waffengebrauch sind nur die mit festem Gehalt lebenslänglich angestellten u. als Beamte vereidigten Forsthüter befugt G. v. 31. März 1837 (Anm. 47 S. 150) § 1; Strafe der Widersetzlichkeit StGB. § 117—119.

[82]) ForstdiebstahlG. v. 15. April 1878 (GS. 222).

[83]) Das. § 1.

[84]) Das. § 2—18 u. 34—36; insbes. Bestrafung jugendlicher Holzdiebe und Haftbarkeit Dritter für die unter ihrer Gewalt u. Aufsicht od. in ihrem Dienst stehenden od. zu ihrer Hausgenossenschaft gehörenden Personen, § 10—12 u. 36; Verwendung der im Fall der Zahlungs-

ihm zufließenden Geldbuße der im Wege des Civilprozesses zu verfolgende Anspruch auf Werthersatz. Mitgeführte Werkzeuge unterliegen der Beschlagnahme und Einziehung[85]).

Das Verfahren erfolgt vor dem Amtsgericht der Regel nach unter Erlaß eines richterlichen Strafbefehls und wegen der großen Zahl der Straffälle ohne Zuziehung von Schöffen[86]). Mit dem Forstschutz betraute Königliche sowie festangestellte Privatbeamte, die eine Anzeigegebühr nicht erhalten, können in Betreff der zu erstattenden Anzeigen ein für allemal beeidigt werden[87]).

§ 341.

b) **Vertilgung schädlicher Thiere und Pflanzen.** Land- und Forstwirthschaft finden im Bereich der kleineren Thierwelt zahlreiche Feinde, die bei schneller Vermehrung und Verbreitung oft nur durch gemeinsames Einschreiten erfolgreich bekämpft werden können. Das massenhafte Auftreten dieser Thiere ist meist von zeitlichen und örtlichen Umständen abhängig, das Vorgehen deßhalb zumeist der lokalen Regelung durch Polizeiverordnung überlassen[88]). Allgemeinere Anordnungen hat das Erscheinen des Kartoffel- (Kolorado-) Käfers (1877) und der die Weinberge verheerenden Reblaus[89]) hervorgerufen. Zur Vertilgung schädlicher Thiere trägt außerdem der den nützlichen Vögeln gewährte Schutz wesentlich bei[90]).

Die Vertilgung schädlicher Pflanzen (Unkräuter) ist, da ihre Verbreitung in weniger gemeinschädlicher Weise auftritt, mit geringen Ausnahmen dem Einzelnen überlassen[91]).

5. Viehzucht und Thierheilwesen.

§ 342.

a) **Die Viehzucht** ist älter als der Ackerbau, demnächst aber in engste Verbindung mit demselben gebracht und zu seinem wichtigsten Förderungs-

unfähigkeit mit Gefängniß Bestraften zu Gemeinde- u. Forstarbeiten § 14 u. 34.

85) Das. § 34 u. 15, 16.

86) Das. § 19—22, 26—33 u. 35. Die Gerichtskosten werden auf Grund des RG. v. 18. Juni 1878 erhoben AusfG. v. 10. März 1879 (GS. 145) § 2.

87) FDG. § 22—25.

88) Strafe der Uebertretung FeldPolG. § 34, der Unterlassung des polizeilich angeordneten Raupens StGB. § 368². — Die Verordnungen richten sich hauptsächlich gegen Hamster, Mäuse, Engerlinge (Maikäferlarven) u. in Betreff der Forsten gegen den Borkenkäfer.

89) G. v. 27. Feb. 1878 (GS. 129) nebst Instr. v. 6. April 1878 (MB. 86). — Dem gleichen Zweck entspricht das Verbot der Rebeneinfuhr V. v. 11. Feb. 1873 (RGB. 43) u. v. 31. Okt. 1879 (RGB. 303) u. die mit einer Mehrzahl von Staaten abgeschlossene Reblaus-Konvention v. 17. Sept. 1878 (RGB. 1880 S. 15); Beitritt von Luxemburg u. Serbien Bek. v. 5. April u. v. 31. Mai 1880 (RGB. 108 u. 118).

90) StGB. § 368¹¹; FeldPolG. § 33 u. 34; CR. v. 18. Sept. 1867 (MB. 310).

91) Zu diesen Ausnahmen gehören die Maßregeln gegen die Wucherblume (senecio vernalis) u. der das Befallen des Getreides herbeiführenden Berberitzen. — Strafe der Uebertretung solcher Verordnungen FPolG. § 34.

mittel geworden[1]). Mit der fortschreitenden Entwickelung des Ackerbaus hat auch die Viehzucht wesentliche Veränderungen erfahren. Die Verwandlung der Weideflächen in Ackerland und die Abstellung der Weiderechte entzog ihr den bisherigen Boden. Der Anbau von Futtergewächsen gewährte zwar Ersatz, nöthigte aber zur Stallfütterung. Wo diese Aenderung völlig durchgeführt ist, hat sie in einzelnen Zweigen, insbesondere in der Rindviehzucht, zu einer aufmerksameren Züchtung und sorgfältigeren Fütterung und Haltung geführt, anderen dagegen die eigentlichen Lebensbedingungen abgeschnitten.

Letzteres gilt von der Pferdezucht, die den Weidegang nicht entbehren kann und deßhalb mehr und mehr in diejenigen Theile der Provinzen Preußen, Posen, Schleswig-Holstein und Hannover zurückgewichen ist, in denen die Bedingungen für den Uebergang von der Weide- zur Ackerkultur weniger günstig lagen. Da die Pferdezucht bei den hohen für Pferde gezahlten Preisen einen besondern volkswirthschaftlichen Werth hat und zugleich für die Wehrkraft von hoher Bedeutung ist, so hat ihr der Staat durch Einrichtung der dem Landwirthschaftsminister unterstellten[2]) Gestüte seine besondere Fürsorge zugewendet. In den Hauptgestüten werden Pferde gezüchtet[3]), während die Landgestüte die Veredelung der Privat-Pferdezucht durch Aufstellung von Deckhengsten (Beschälern) an geeigneten Orten (Deckstationen) herbeiführen sollen[4]). — Daneben werden den zur Beschaffung von Deckhengsten zusammentretenden Pferdezuchtvereinen Beihülfen vom Staate gewährt[5]). Behufs Verbesserung der Zucht werden in einigen Provinzen Privathengste zur Bedeckung von Stuten nur zugelassen, nachdem sie von den hierzu bestellten Kommissionen für geeignet befunden sind

[1]) Die Viehzucht umfaßt die Aufzucht u. Haltung der Pferde, des Rindviehs, der Schafe, Schweine u. Ziegen u. in zweiter Linie die Geflügel-, Bienen- u. Seidenraupenzucht. — Die Viehzählung (1873) ergab für Preußen 2 282 435 Pferde, 8 639 514 Rinder, 19 666 794 Schafe, 4 294 926 Schweine u. 1 481 461 Ziegen. — Viehversicherungen § 314 d. W. In Schlesien ist der nach Aufhebung der Gegenseitigkeitsvereine verbliebene Viehassekuranzfonds dem Prov.-Verband z. Verwendung im Interesse der Rindviehzucht überwiesen G. v. 8. Juli 1875 (GS. 497) § 11.

[2]) Anm. 68 (S. 52). — Der mit Bearbeitung d. Gestütwesens betraute Beamte des Ministeriums führt den Titel „Oberlandstallmeister“. An der Spitze d. Gestüte stehen Landstallmeister. Uniform der Gestütsbeamten Anm. 92 (S. 75); Unabkömmlichkeit im Mobilmachungsfall § 84 d. W. — Der etatsmäßige Bedarf der Gestüte beträgt (Etat 188½): 3½ Mill. M.

[3]) Hauptgestüte bestehen zu Trakehnen, Gradiß (b. Torgau) u. Beberbeck (b. Hofgeismar) mit 590 Voll- u. Halbblut-Mutterstuten u. der entsprechenden Anzahl von Hengsten.

[4]) Landgestüte bestehen für alle Provinzen (für Ostpreußen 3, f. Schlesien 2). Sie befinden sich zu Rastenburg, Insterburg, Gudwallen (b. Darkehmen), Marienwerder, Neustadt a. d. D. (Friedr.-Wilhelms-Gestüt), Labes, Zirke, Leubus (f. d. RB. Breslau u. Liegnitz), Cosel (f. d. RB. Oppeln), Lindenau (b. Neustadt a. d. D. f. Sachsen), Traventhal b. Segeberg, Celle, Warendorf, Dillenburg u. Wickrath mit 1872 Hengsten.

[5]) Best. v. 13. April 1870 (MB. 149). — Prämien für gute Mutterstuten KO. v. 7. März 1840 (MB. 183), CR. v. 6. April 1853 (MB. 84) u. v. 5. April

(Körung)[6]. — Der Staat fördert endlich die Rennen durch Prämien[7]) und hat zur endgültigen Entscheidung der dabei vorkommenden Streitigkeiten ein oberstes Schiedsgericht zu Berlin bestellt[8]).

§ 343.

b) Das **Thierheilwesen** (Veterinärwesen) steht unter dem Landwirthschaftsminister[9]). Seinen Beirath bildet die technische Deputation f. d. Veterinärwesen[10]), aus deren ordentlichen Mitgliedern zugleich die Prüfungs-Kommission für Thierärzte gebildet wird. Letztere erlangen ihre Vorbildung auf den Thierarzneischulen[11]) und bedürfen, um sich als Thierärzte bezeichnen zu dürfen, der Approbation, die auf Grund einer Prüfung ertheilt wird und für das ganze Reich gilt[12]).

Eine besondere Prüfung haben die beamteten Thierärzte abzulegen[13]), die als Kreis- bez. Departements-Thierärzte die technischen Rathgeber der Landräthe und bez. Regierungs-Präsidenten bilden[14]).

§ 344.

c) Die **Viehseuchenpolizei** (Veterinärpolizei) ist Gegenstand der Reichsgesetzgebung[15]), welche die Verletzung der in Betreff der Seuchen (Epizootien) von der Behörde[16]) angeordneten Absperrungs- und Aufsichtsmaßregeln mit Strafe bedroht[17]) und zur Verhütung möglicher Ansteckung die Eisenbahngesellschaften verpflichtet, alle zum Viehtransport benutzten Wagen nach jedesmaligem Gebrauch einer Unschädlichmachung (Desinfektion) zu unterwerfen[18]), übrigens die Rinderpest und die sonstigen Viehseuchen gesondert behandelt hat.

1858 (MB. 92). — Der etatsmäßige Dispositionsfonds beträgt 140 000 M.

[6]) KörO. f. Posen v. 10. Nov. 1859 (MB. 345), Schlesien v. 14. Juli 1830 (KA. XIV 544), Hannover V. v. 27. April 1844 (Han. GS. I 91) u. 30. Okt. 1860 (das. 161), auf den Harz nicht anwendbar, dagegen auf die Grafsch. Hohnstein ausgedehnt V. v. 3. April 1854 (das. III 9), Kurhessen MinVf. v. 26. Jan. 1832 u. 6. Nov. 1856, Westfalen v. 20. April 1827 (KA. XI 402), Rheinprov. v. 20. Dez. 1832 (das. XVI 919).

[7]) Der etatsmäßige Dispositionsfonds beträgt 210 000 M.

[8]) KO. v. 5. Okt 1846 (GS. 482) u. AE. v. 27. Mai 1861 (GS. 344).

[9]) Anm. 68 (S. 52).

[10]) V. v. 21. Mai 1875 (GS. 219).

[11]) Zu Berlin u. Hannover. Thierarzneiinstitute bestehen außerdem bei den Universitäten Königsberg u. Göttingen.

[12]) RGewO. v. 21. Juni 1869 (RGB. 245) § 29 u. 40; Zurücknahme § 53, 54 u. (im Geb. d. KrO.) ZustG. § 134[1]; Einf. in Elf.-Lothringen G. v. 15. Juli 1872 (BGB. 350). — Strafe der unbefugten Führung des Titels RGewO. (RG. v. 17. Juli 1878 RGB. 199) § 147[3]. — Prüfung d. Thierärzte Bek. v. 27. März 1878 (CB. 160, MB. 93).

[13]) Bek. v. 19. Juni 1876 (MB. 191).

[14]) Vergütungssätze G. v. 9. März 1872 (GS. 265); § 2 u. 5 geändert G. v. 17. Sept. 1876 (GS. 411); § 3 erg. G. v. 2. Feb. 1881 (GS. 13).

[15]) RVf. Art. 4[15].

[16]) Im Geb. der KrO. ZustG. § 82.

[17]) StGB. § 328.

[18]) G. v. 25. Feb. 1876 (RG. 163), Ausf. Bek. v. 6. Mai 1876 (CB. 251), Vf. v. 16 Juni 1876 u. v. 24. Feb. 1877 (MB. 76).

Die Rinderpest (Löserdürre) hat sich durch ihre große Ansteckungsfähigkeit und verheerende Wirkung besonders verderblich gezeigt[19]). Die Maßregeln gegen dieselbe[20]) bestehen in Verkehrsbeschränkung, Absperrung oder Tödtung des kranken oder verdächtigen Viehs, Vernichtung der ansteckenden Gegenstände und Desinfizirung[21]). Für die getödteten Thiere und vernichteten Sachen wird der durch Taxatoren ermittelte Werth vom Reich vergütet[22]). Die Durchführung der Maßregeln ist Sache der Landesbehörden, doch steht dem Reich die Aufsicht und erforderlichen Falls die Bestellung eines Kommissars zu. Bei der Absperrung hat das Militär die nöthige Hülfe zu leisten[23]). Jedermann ist zur Anzeige der Erkrankung und des Krankheitsverdachts, sowie zur Unterstützung der in seinem Wohnort von den Behörden getroffenen Maßregeln verpflichtet[24]). Zuwiderhandlungen sind mit Strafe bedroht[25]).

Die Bekämpfung der übrigen Viehseuchen ist Angesichts der durch den ausgedehnten Viehhandel wesentlich gesteigerten Gefahren gleichfalls einheitlich im Reiche geordnet[26]). Die Einfuhr seuchenkranker Thiere ist verboten. Bei Ausbruch einer Seuche im Auslande können allgemeine Einfuhrverbote oder Beschränkungen und im Grenzgebiet Verkehrsbeschränkungen und Viehrevisionen angeordnet werden[27]). Beim Ausbruch im Inland sowie beim Seuchenverdacht sind Besitzer und deren Stellvertreter, Thierärzte und Fleischbeschauer zur Anzeige bei der Polizeibehörde verpflichtet[28]). Der Ausbruch wird durch den Kreisthierarzt festgestellt[29]), welcher zu gleichem Zweck alle Vieh- und Pferdemärkte auf Kosten der Unternehmer zu beaufsichtigen hat[30]). Zu den Schutzmaßregeln gegen die Seuchengefahr gehören die Absonderung, Bewachung oder Beobachtung der kranken oder verdächtigen Thiere, die Beschränkung der Benutzung oder des Weidegangs, die Stall-, Gehöfts- oder Ortssperre,

---

[19]) Die Rinderpest ist ein dem Rindvieh eignes, mit Nervenzufällen verbundenes Fieber, welches durch in Brand übertretende Entzündung der Eingeweide in der Regel tödtlich verläuft. Der Ansteckungsstoff, der alle Theile u. Absonderungen (auch die Ausdünstung) des erkrankten Thieres durchdringt, ist besonders flüchtig, daher leicht übertragbar, aber auch in der Luft schnell vergänglich. Die Krankheit ist in den russ. Steppen zu Hause. Von 10 in den Jahren 187⅔ festgestellten Fällen waren 5 aus Rußland, 3 aus Oesterreich-Ungarn eingeschleppt.

[20]) G. v. 7. April 1869 (BGB. 105); Einf. in Südhessen u. Baden Anm. 12 (S. 7), Würtemberg u. Baiern G. v. 2. Nov. 1871 (RGB. 372), in Els.-Lothringen G. v. 11. Dez. 1871 (RGB. 471); § 6 aufgeh. G. v. 1876 (Anm. 18) § 6.

[21]) G. § 2, 7, 8; Instr. v. 26. Mai 1869 (RGB. 149), Abschn. I—III ersetzt durch Instr. v. 9. Juni 1873 (RGB. 147).

[22]) G. § 3. Die für die übrigen Seuchen maßgebenden Gebührensätze der Taxatoren (Anm. 45) finden auch bei der Rinderpest Anwendung CR. v. 14. Mai 1879 (MB. 156).

[23]) G. § 1, 7, 9—14.

[24]) Das. § 4, 5.

[25]) G. v. 21. Mai 1878 (RGB. 95).

[26]) Viehseuchen-G. v. 23. Juni 1880 (RGB. 153); Preuß. AusfG. v. 12. März 1881 (GS. 128 u. 178) nebst Anw. v. 22. März 1881 (MB. 128).

[27]) VG. § 6—8; AG. § 3.

[28]) VG. § 9—11; AG. § 4. — Begriff der Seuchen- u. der Ansteckungsverdächtigkeit VG. § 1.

[29]) VG. § 12—16; AG. § 5 u. 6.

[30]) VG. § 17; AG. § 7 u. 24.

die Impfung und thierärztliche Behandlung, die Tödtung, die unschädliche Beseitigung der Kadaver und Abfälle, die Desinfektion, die Einstellung der Märkte und die thierärztliche Untersuchung aller im Seuchenort oder in der Umgebung vorhandenen Thiere[31]).

Für die einzelnen unter das Gesetz fallenden Krankheiten sind folgende besondere Maßregeln vorgeschrieben[32]):

1. Bei Milzbrand ist das Schlachten und Abhäuten verboten, die Vornahme blutiger Operationen und Oeffnung der Kadaver den Thierärzten vorbehalten und die unschädliche Beseitigung der Kadaver angeordnet[33]).
2. Bei Tollwuth sind die kranken Thiere und in der Regel auch die muthmaßlich von denselben gebissenen Hunde und Katzen zu tödten, und, wenn ein wuthkranker oder verdächtiger Hund frei umhergelaufen ist, alle Hunde für die Dauer und den Umfang der Gefahr festzulegen[34]).
3. An Rotz (Wurm) erkrankte Thiere (Pferde, Esel, Maulthiere) sind zu tödten und die Kadaver unschädlich zu beseitigen. Unter besondern Umständen gilt dies auch von verdächtigen Thieren, welche übrigens abzusondern und polizeilich zu beobachten sind[35]).
4. Von der Maul- und Klauenseuche befallene Rinder, Schafe, Ziegen und Schweine unterliegen der Absonderung. Die rohe Milch erkrankter Thiere darf nicht zum menschlichen Genuß verwendet werden[36]).

---

31) VG. § 18—29.

32) Das. § 10 u. 30; Instr. des Bundesraths v. 12. Feb. 1881 (MB. 248, CB. 36) nebst Anw. f. d. Desinfektions- u. Obduktionsverfahren.

33) VG. § 31—33; Instr. § 5—15. — Milzbrand ist eine schnell und meist tödtlich verlaufende Krankheit, die vorzugsweise die pflanzenfressenden Thiere (auch das Wild) befällt. Der durch die Luft, das Futter oder Getränk dem Thier zugeführte Ansteckungsstoff vermehrt sich namentiich in seinem Blut, bleibt aber außerhalb desselben, insbesondere im Erdboden, noch lange keimfähig. Die Krankheit kehrt deßhalb in gewissen Gegenden (Flußgegenden) als Ortsseuche (Enzootie) häufiger wieder u. nöthigt, während sie sich seltener von Thier zu Thier fortpflanzt, zu besonderen Vorsichtsmaßregeln in Betreff des Bluts, der Abgänge u. der Verscharrung.

34) VG. § 21, 34—39; Instr. § 16 bis 31. — Tollwuth tritt besonders bei Hunden hervor, ist aber auch auf andere Thiere und auf Menschen übertragbar. Der Ansteckungsstoff findet sich im ganzen Körper, vorzüglich im Speichel und wird deßhalb meist durch Beißen mitgetheilt. Hunde und Katzen zeigen gleich bei Beginn der Krankheit große Neigung zum Beißen und Umherlaufen. Der Verlauf ist schnell und unheilbar.

35) VG. § 40—44; Instr. § 32—56. — Entschädigung Anm. 42, 43. Rotz entsteht nur durch Ansteckung, die meist durch die Absonderungen der erkrankten Thiere herbeigeführt wird. Sie zeigen sich in Geschwüren (Hautrotz, Wurm) oder im Nasenausfluß (Nasenrotz). Die Krankheit verläuft in der Regel langsam (chronisch) und fast immer tödtlich.

36) VG. § 15; Instr. § 57—69. — Die Maul- u. Klauenseuche (Aphtenseuche) ist eine fieberhafte, mit Bildung von Bläschen in Maul u. Klauenspalte verbundene Krankheit, die zwar rasch u. selten tödtlich verläuft, aber d. Gebrauchsfähigkeit der Thiere mindert u. durch ihre leichte Uebertragbarkeit nachtheilig wird.

5. Die Lungenseuche hat die Tödtung des erkrankten, unter Umständen auch des verdächtigen Rindviehs zur Folge[37]).
6. Bei Auftreten der Pockenseuche in einer Schafheerde sind die noch seuchenfreien Stücke derselben — unter Umständen auch der bedrohten Nachbarheerden — zu impfen und von anderen Heerden abzusondern. Andere Pockenimpfungen sind verboten[38]).
7. Die Beschälseuche der Pferde schließt gleich dem Bläschenausschlag der Pferde und des Rindviehs die Zulassung der befallenen Thiere zur Begattung aus[39]).
8. Bei Räude der Pferde (Esel und Maulthiere) und der Schafe ist ein thierärztliches Heilverfahren vorgeschrieben[40]).

Eine besondere Anwendung finden diese Maßregeln auf Schlachtviehhöfe und öffentliche Schlachthäuser[41]).

Für die auf polizeiliche Anordnung getödteten oder nach derselben an der Seuche gefallenen Thiere wird Entschädigung gewährt, welche sich nach dem gemeinen Werth bemißt, bei Rotz aber nur $^3/_4$, bei Lungenseuche nur $^4/_5$ desselben beträgt[42]). Sie erfolgt aus der Staatskasse; nur wenn die Thiere mit Rotz oder Lungenseuche behaftet waren, fällt sie den Provinzial-Verbänden zur Last, welche den Bedarf nach Maßgabe besonderer Reglements auf die Besitzer von Pferden, Eseln, Maulthieren und bez. von Rindvieh vertheilen[43]). Eine ähnliche Vergütung kann auf Beschluß dieser Verbände

37) VG. § 45; AG. § 30; Instr. § 70 bis 91. — Entschädigung Anm. 42, 43. — Lungenseuche ist eine dem Rindvieh eigne Entzündung der Lunge, die sich nur bei Einathmung der aus kranken Lungen ausgeathmeten Luft entwickelt, längere Zeit schleichend (chronisch) verläuft u. dann entweder mit einer stellenweisen Verhärtung der Lunge verschwindet (Durchseuchung), oder zu rascher Ausdehnung übergeht (akutes Stadium). In letzterem Fall genesen nur etwa 50 Proz. der befallenen Thiere u. auch diese meist langsam u. unvollständig. Die Krankheit ist durch den Handelsverkehr außerordentlich verbreitet u. bei ihrem chronischen Verlauf schwerer zu bekämpfen als die Rinderpest.

38) VG. § 46—49; Instr. § 92—109. — Entschädigung Anm. 44. — Die Pockenseuche ist eine fieberhafte Ausschlagskrankheit u. entsteht nur durch Ansteckung, die bei der großen Flüchtigkeit des Ansteckungsstoffs (Kontagiums) in einer einmal von der Krankheit befallenen Heerde nicht aufzuhalten ist. Die Impfung soll der Verschleppung vorbeugen. Der Krankreit erliegen 10—20 Proz. der befallenen Thiere.

39) VG. § 51; AG. § 10; Instr. § 110 bis 119. — Die Beschälseuche kommt nur bei Pferden vor. Sie verbreitet sich durch Ansteckung bei der Paarung und hat bei schleichendem Verlauf Anschwellungen der Geschlechtstheile und der Haut, Lähmungen und häufig den Tod zur Folge. — Der Bläschenausschlag tritt bei Pferden u. Rindvieh auf, überträgt sich in gleicher Weise, endet aber bald u. fast immer mit Genesung.

40) VG. § 52; Instr. § 120—132. — Die Räude ist eine durch Schmarotzerthiere (Milben) verursachte Ausschlagskrankheit, die bei der schnellen Vermehrung u. leichten Uebertragung der Thierchen sich rasch verbreitet und nur durch gründliche Kuren (Räudebäder) völlig getilgt werden kann.

41) VG. § 53—56; AG. § 11; Instr. § 2.

42) VG. § 57, 59—63; AG. § 13.

43) VG. § 58 u. 64; AG. § 12, 14 bis 16. — Den Provinzial-Verbänden stehen die Kommunal-Verbände Kassel, Wiesbaden, Sigmaringen, d. Kr. Lauen-

für die an der Pockenseuche gefallenen Schafe gewährt werden[44]). Die Feststellung des Werths wird durch eine Kommission bewirkt, die aus dem Kreisthierarzt und zwei von den Kreisen bez. den Kreis- und Stadtausschüssen gewählten Schiedsmännern besteht[45]).

Zuwiderhandlungen sind mit Strafe bedroht[46]).

Die Ausführung des Gesetzes liegt den Landesbehörden ob[47]), wird aber vom Reichskanzler überwacht und nöthigen Falls unter Bestellung eines Reichskommissars einheitlich geleitet[48]).

6. Jagd.

§ 345.

a) Das **Jagdrecht**, welches in der Landesherrlichkeit als Regal[49]) und in der Grundherrlichkeit als Jagdgerechtigkeit[50]) entwickelt war, ist auf fremdem Grund und Boden aufgehoben und damit zu einem Bestandtheil des Grundeigenthumsrechts geworden. Es kann hiernach zwar Andern zur Benutzung überlassen, nicht aber dauernd als dingliches Recht vom Grund und Boden getrennt werden[51]).

Das Jagdrecht ist durch Bestrafung der unbefugten Jagdausübung geschützt. Neben der Strafe findet die Einziehung der mitgeführten Gewehre, Jagdgeräthe und Hunde statt[52]). Auch das Betreten eines fremden Jagdgebiets mit Jagdausrüstung und das Ausnehmen der Nester von jagdbarem Federwild ist mit Strafe bedroht[53]).

§ 346.

b) **Jagdpolizei.** Wegen der Mißbräuche, welche die schrankenlose Jagdfreiheit nach sich zog, ist die Ausübung der Jagd gewissen Einschränkungen unterworfen, welche die Sicherheit der Person und des Eigenthums,

---

burg sowie die Stadtkreise Berlin u. Frankfurt a. M. gleich.

44) Das. § 22.

45) VG. § 58: AG. § 17—21. — Gebühren der Schiedsmänner CR. vom 26. März 1876 (MB. 75).

46) VG. § 65—67. — Nach StGB. (Anm. 17) ist nur die wissentliche Verletzung der poliz. Maßregeln bedroht.

47) VG. § 2 u. 5; AG. § 1, 2 u. in Betreff der Kosten § 23—28. — Zuständigkeit der Militärverwalt. VG. § 3.

48) Das. § 4.

49) S. § 125 d. W. Vom Jagdregal handelt LR. II 16 Abschn. 3 (§ 30—68).

50) LR. I 9 § 127, 149—158.

51) G. v. 31. Okt. 1848 (GS. 343). Aehnlich erfolgte die Aufhebung in Schl.-Holstein u. d. vorm. hess. Theilen G. vom 1. März 1873 (GS. 27); in d. übrigen neuen Prov. hatte sie bereits früher statt gefunden.

52) StGB. § 292—295. — Verfahren mit den eingezogenen Geräthen CR. v. 26. Juni 1854 (MB. 146), v. 19. Mai 1868 (MB. 186) und v. 6. Sept. 1876 (MB. 1877 S. 123). — Durch Polizei-Verordnung ist vielfach für den Wildhandel eine Kontrolle durch Ursprungsatteste eingeführt CR. v. 9. Aug. 1873 (MB. 274). — Verträge üb. Bestrafung der Jagdfrevel i. d. Grenzgebieten Anm. 66 (S. 389).

53) StGB. § 368 [10 u. 11].

den Schutz der Landeskultur gegen Beschädigung und die Erhaltung eines mit dieser letzteren verträglichen Wildstandes bezwecken[54]). Der Eigenthümer darf die Jagd nur auf eingefriedeten oder auf zusammenhängenden, mindestens 300 Morgen großen Besitzungen ausüben. Von mehreren Mitbesitzern sind höchstens drei zur Ausübung zugelassen. Alle übrigen Grundstücke eines Gemeindebezirks bilden einen gemeinschaftlichen Jagdbezirk[55]). Die Besitzer desselben werden durch die Gemeindebehörde vertreten, nach deren Beschluß die Jagd entweder ruhen, oder zu Gunsten der Besitzer durch einen angestellten Jäger beschossen, oder an höchstens 3 Personen auf 3—12 Jahre verpachtet werden kann[56]). Die Jagdausübung ist von Lösung und Mitführung eines Jagdscheins und, soweit sie nicht in Begleitung des Jagdberechtigten statt findet, von dessen schriftlicher Erlaubniß abhängig. Der Jagdschein ist vom Landrath für ein Jahr auszustellen und nur unter bestimmten Voraussetzungen zu versagen. Für die Ausfertigung wird eine Gebühr von 3 M. zur Kreis-Kommunal-Kasse entrichtet[57]). Aehnliche Vorschriften bestehen für die neuen Provinzen; die in einem Landestheil ausgestellten Jagdscheine gelten für den ganzen Staat[58]). Der Grundeigenthümer hat zwar gegen Wildschaden gewisse Schutzmittel, dagegen keinen Anspruch auf Ersatz desselben[59]). Die Schonzeiten für die einzelnen Wildarten sind für den ganzen Staat gleichmäßig festgestellt[60]); nur für Hohenzollern und Lauenburg gelten besondere Gesetze[61]).

Als Mangel des JagdPolGes. wird es empfunden, daß die Absicht desselben, das Jagen zu vieler und ungeeigneter Jäger zu verhindern, leicht umgangen und deßhalb nur unvollkommen erreicht wird. Ferner führt die Zusammenschließung der nach Ausscheidung der größeren Besitzungen übrig

[54]) JagdPolG. v. 7. März 1850 (GS. 165) f. d. 9 älteren Prov., mit Ausnahme der § 18 u. 26 in Schlesw.-Holstein eingeführt G. v. 1. März 1873 (GS. 27) § 7; in Lauenburg gilt d. besondere G. v. 17. Juli 1872 (WochBl. 42). — Hannover JagdO. u. Bek. v. 11. März 1859 (HanGS. I 159 u. 171), Wildschaden G. v. 21. Juli 1848 (das. 215). — Hessen-Nassau Jagdscheingebühr G. v. 26. Feb. 1870 (GS. 141); Kurhessen G. v. 7. Sept. 1865 (Kurh. GS. 571); NassV. vom 30. März 1867 (GS. 426); Hohenzollern Jagdscheinlösung G. v. 17. März 1873 (GS. 141), Sigm. G. v. 29. Juli 1848 (VBl. 275) u. Heching. G. v. 16. April 1849 (VBl. 151).

[55]) JPolG. § 1—7 u. (im Geb. der KrO.) ZuständG. § 87, 91; Jagdausübung im Festungsrayon JPG. § 8 u. 28 u. G. v. 31. Okt. 1848 (GS. 343) § 5.

[56]) JPG. § 9—13, ZustG. § 88, 89, 92.

[57]) Das. § 14—17, ZustG. § 93 (Frist 2 Wochen OrgG. § 42). — Haftpflicht f. Jagdpolizeiübertretungen JPG. § 19; Verjährung d. Strafe § 20; Umwandlung derselben in Haft § 29.

[58]) G. v. 9. März 1868 (GS. 207). — Die Jagdscheingebühr beträgt in Lauenburg 6 M., in Hannover 9 M., in Hessen-Nassau 7½ M. u. in Hohenzollern 8½ M. Anm. 54.

[59]) JPG. § 21—25 u. ZustG. § 90 (die daselbst in Bezug genommene Bestimmung ist jetzt OrgG. § 65). — In Hannover, Hessen-Nassau außer Frankfurt u. in Hohenzollern findet dieser Anspruch sich anerkannt Anm. 54.

[60]) G. v. 26. Feb. 1870 (GS. 120) u. ZustG. § 94.

[61]) G. v. 2. Mai 1853 (GS. 178) u. (Lauenburg) v. 26. Feb. 1870 (WochBl. Nr. 46).

bleibenden Grundstücke einer Gemeinde zu einem Jagdbezirk häufig zu ungeeigneter Abgrenzung des letzteren. Die Versuche zur Abänderung dieser Gesetzgebung haben bislang keinen Erfolg gehabt.

7. Fischerei.

§ 347.

a) Das **Fischereirecht** ist gleichfalls Ausfluß des Eigenthumsrechts am Wasser. Dieser Grundsatz hat indeß, da ein solches Recht nur bei stehenden Gewässern denkbar ist[62]), zunächst nur für diese Bedeutung[63]). Für fließende Gewässer bestehen besondere Fischereiberechtigungen[64]). In öffentlichen Flüssen steht das Recht in der Regel dem Staate zu[65]). Wo keine Berechtigung vorhanden ist, hat die Gemeinde die Fischerei; das Recht des freien Fischfangs (wilde Fischerei) ist aufgehoben[66]).

Die unbefugte Ausübung der Fischerei ist mit Strafe bedroht[67]).

§ 348.

b) **Fischereipolizei.** Neben der unmittelbaren Förderung der Fischerei[68]) ist derselben auch ein erhöhter Schutz zu Theil geworden. An Stelle der mannigfaltigen und unzureichenden provinziellen Vorschriften ist ein einheitliches Fischereigesetz getreten, welches das Fischereiinteresse den vielfach entgegenstehenden Interessen der Schifffahrt, Industrie und Landeskultur gegenüber wahrnimmt und einen geregelten, auf Erhaltung und Vermehrung des Bestandes gerichteten Betrieb ermöglicht[69]).

Das Gesetz erstreckt sich auch auf den Fang von Krebsen, Austern, Muscheln und andern nutzbaren Wasserthieren und umfaßt die Küsten- wie die Binnenfischerei (nicht die Hochseefischerei)[70]). Fischereiberech-

---

62) § 336 d. W.

63) LR. I 9 § 176—183.

64) Das. § 170—175, 187, 191 und 192. — Das ObTribunal erkennt auch dem Uferbesitzer eines Privatflusses das Fischereirecht als Ausfluß des Eigenthums zu Erk. (Präj. 1628) v. 23. Sept. 1845 (PräjSamml. S. 30) u. v. 31. Aug. 1846 (Entsch. XV 361). — Ablösung der Fischereiberechtigungen § 332 d. W.; Beschränkung u. Aufhebung Anm. 71.

65) LR. II 15 § 73—78. — Das Recht wird hier noch als Regal (§ 125 d. W.) bezeichnet. — Abweichend d. Westpreuß. ProvR. vom 19. April 1874 (GS. 103) § 72. Dagegen spricht das franz. G. v. 4. März 1802 gleichfalls dem Staat dieses Recht zu.

66) FischereiG. (Anm. 69) § 6 und 7. Auch die freie Angelfischerei des rheinischen Rechts ist aufgehoben G. v. 30. März 1880 (GS. 228) Art. I.

67) StGB. § 296 u. 370⁴. — Küstenfischerei der Ausländer § 296 a. — Verträge üb. Bestrafung der Fischereifrevel Anm. 66 (S. 389).

68) Der seit 1870 bestehende deutsche Fischerei-Verein, der insbesondere für Untersuchung der Ost- und Nordsee und für Hebung der künstlichen Fischzucht thätig wirkt, erhält eine regelmäßige Beihülfe aus Reichsfonds.

69) FischereiG. v. 30. Mai 1874 (GS. 197), Einf. in Lauenburg G. v. 4. April 1877 (GS. 122). — ErgänzungsG. v. 30. März 1880 (GS. 228).

70) FG. § 1—3 u. § 1 der AusfV. f. Preußen, Pommern, Schl.-Holstein und

tigungen, welche eine verständige Bewirthschaftung der Gewässer ausschließen, können gegen Entschädigung beschränkt oder aufgehoben werden [71]). Gemeinden dürfen die Berechtigung nur durch angestellte Fischer oder durch Verpachtung nutzen [72]). Die Berechtigten eines größeren zusammenhängenden Fischereigebiets können im Interesse der Aufsicht, des Schutzes und der Bewirthschaftung zu Fischerei-Genossenschaften vereinigt werden [73]). Die Ausübung der Fischerei, soweit sie nicht durch den Berechtigten selbst erfolgt, setzt die Mitführung eines polizeilich beglaubigten Erlaubnißscheins voraus [74]). Schädliche Fangmittel (giftige Köder, Sprengpatronen) und den Zug der Fische hindernde Fangvorrichtungen sind verboten [75]). Zur Schonung des Fischbestandes sind durch spezielle Provinzialgesetze Bestimmungen über das Mindest-Maß und Gewicht der feilgebotenen Fische, über die für die einzelnen Fischarten einzuhaltenden Schonzeiten und über den Gebrauch und die Beschaffenheit der Fanggeräthe erlassen [76]). Das Gesetz gestattet die Anlage von Schonrevieren für das ungestörte Laichen der Fische, wie für deren gesicherten Eingang aus dem Meer in die Binnengewässer [77]) und von Fischpässen für das ungehinderte Hinauf- und Hinabziehen der sog. Wanderfische (Lachse, Störe, Forellen, Aale) in den Flüssen [78]). Die Verunreinigung der Fischwasser durch Einleitung schädlicher Stoffe aus landwirthschaftlichen oder gewerblichen Betrieben und das Flachs- und Hanf-Röten in nicht geschlossenen Gewässern ist verboten [79]). — Bei neuen Turbinenanlagen kann die Anbringung von Schutzgittern angeordnet werden [80]). Der Fischereiberechtigte darf ohne Anwendung von Schießgewehren Fischottern, Reiher, Taucher, Eisvögel, Kormorane und Fischaare tödten oder fangen und für sich behalten [81]). Die von Fischereiberechtigten, Genossenschaften oder Gemeinden bestellten Fischereiaufseher können amtlich verpflichtet, auch können zur Wahrnehmung der staatlichen Aufsicht besondere Fischereibeamte be-

---

Hannover (Anm. 76) nebst V. v. 12. Jan. 1880 (GS. 7). — Geschlossene Gewässer FG. § 4 u. (im Geb. d. KrO.) ZustG. § 120¹.

71) FG. § 5 u. ZustG. § 120².

72) FG. § 8.

73) Das. § 9, 10; ZustG. § 118, 119 (Klagefrist 2 Wochen OrgG. § 42). — Normalstatut ER. v. 29. Okt. 1879 (MB. 1880 S. 36).

74) FG. § 11—17. — Mögliche Beschränkung der Scheine für nicht geschlossene Gewässer ErgG. Art. II. — Allgem. Legitimationsscheinspflicht für einen Theil Pommerns FG. § 18. — Bezeichnung ausliegender Fischerzeuge § 19.

75) FG. § 20, 21, 28 u. ErgG. Art. III.

76) Das. § 22—28. — AusfV. für Preußen vom 11. Mai 1877 (GS. 141), Brandenburg v. 2. Nov. 1877 (GS. 235), Pommern v. 15. Mai 1877 (GS. 149), Posen vom 20. Mai 1877 (GS. 161), Schlesien v. 2. Nov. 1877 (GS. 240) u. von dems. Tage f. Sachsen (GS. 246), Schlesw.-Holstein (GS. 251), Hannover (GS. 257), Westfalen (GS. 264), RB. Kassel (GS. 274), RB. Wiesbaden (GS. 280), Rheinprov. (GS. 269) u. Hohenzollern (GS. 285).

77) FG. § 29—34 u. (im Geb. d. KrO.) ZustG. § 116¹.

78) FG. § 35—42; ZustG. § 116²,³.

79) FG. § 43, 44; ZustG. § 117.

80) ErgG. Art. V.

81) FG. § 45 u. ErgG. Art. IV.

stellt werden, welche Rechte und Pflichten der Ortspolizeibeamten haben[82]). Uebertretungen des Gesetzes sind mit Strafe bedroht. Bei Entdeckung auf frischer That dürfen die der Einziehung unterliegenden Gegenstände beschlagnahmt und Fischereigeräthe und Fahrzeuge gepfändet werden[83]).

V. Gewerbe.

1. Einleitung.

§ 349.

Unter Gewerbe im weiteren Sinne wird jede selbstständige, gleichmäßig fortgesetzte und auf Gewinn gerichtete Thätigkeit verstanden; in der engeren Bedeutung wird diese Thätigkeit aber nur dann als Gewerbe bezeichnet, wenn sie die Verarbeitung von Erzeugnissen bezweckt. In diesem eigentlichen Sinne steht das Gewerbe in der Mitte zwischen der Gewinnung der Rohprodukte und dem den Umsatz der Güter vermittelnden Handel. Thatsächlich sind diese Thätigkeiten häufig mit einander verbunden, indem der Rohproduzent zugleich die Verarbeitung und Veräußerung der Produkte übernimmt oder der Gewerbetreibende den Absatz seiner Waare selbst bewirkt. — Die Gesammtheit der gewerblichen Thätigkeit auf einem sachlich oder räumlich begrenzten Gebiet heißt Industrie.

Außer dem Rohprodukt bedarf das Gewerbe eines Aufwandes an Kapital und Arbeit. Nach dem Ueberwiegen des einen oder andern dieser Faktoren wird das Groß- (Fabrik-) Gewerbe und Kleingewerbe (Handwerk) unterschieden. Ersteres wird in der Regel mit Maschinen, letzteres mit Werkzeugen betrieben, in ersterem führt der Gewerbetreibende die Leitung, während er in letzterem unmittelbar mitwirkt. Beide Betriebsarten sind indeß gemeinsam zu betrachten, da sie auf derselben Grundlage ruhen und nur allmälig in einander übergehen.

Die frühere feste Scheidung der einzelnen Gewerbe nach dem Gegenstande des Betriebs hat Angesichts der Gewerbefreiheit und der Fortschritte der Technik nicht Stand gehalten. Die Gewerbestatistik, welche die thatsächliche Vertheilung der gewerblichen Thätigkeit auf die einzelnen Gebiete feststellen soll, bleibt deßhalb auf allgemeine Kategorien beschränkt[1]).

Die Verwaltung des Gewerbewesens wird an oberster Stelle im Reich durch das Reichsamt des Innern[2]) und in Preußen durch den

---

[82]) FG. § 46, 47 u. OrgG. § 70. — Uniform Vf. v. 5. Okt. 1877 (MB. 294).

[83]) FG. § 48—52.

Minister für Handel und Gewerbe mit der Maßgabe wahrgenommen, daß ein Theil der Gewerbepolizei vom Minister des Innern und das technische Schulwesen vom Kultusminister verwaltet wird[3]). Als berathendes Organ steht dem Minister die technische Deputation für Gewerbe mit der Bestimmung zur Seite, das Wissenschaftliche der Gewerbekunde zu verfolgen[4]). — In den übrigen Instanzen sind die allgemeinen Gerichts- und Verwaltungsbehörden zuständig. Besondere Organe bilden nur die rheinischen Gewerbegerichte[5]) und die für die Provinzen oder Regierungsbezirke angestellten Fabrikinspektoren, denen die spezielle Ueberwachung der gewerblichen Anlagen und der Beschäftigung der jugendlichen Arbeiter obliegt[6]). — Eine besondere Vertretung der Gewerbetreibenden besteht nicht[7]).

In der Geschichte entwickelte sich das Gewerbe zuerst in den Städten und hier rief das Bedürfniß des Schutzes schon während des Mittelalters Vereinigungen der Gewerbetreibenden mit eigner ständischer Gesetzgebung und Verwaltung hervor. Diese als Gilden, später als Zünfte und Innungen[8]) bezeichneten Verbindungen erlangten wichtige Vorrechte und wurden zu einem bedeutsamen Element der städtischen Verfassungen. Sie trugen wesentlich zur

---

[1]) Die Gewerbezählung (1875) lieferte folgendes Ergebniß:

Nr.	Gewerbe-Klassen.	Deutsches Reich.		Preußischer Staat.	
		Betriebe	Personen	Betriebe	Personen
1	Kunst- und Handelsgärtnerei	13 917	25 464	5 940	11 911
2	Fischerei	16 905	19 626	12 971	15 285
3	Bergbau, Hütten- und Salinenwesen . .	8 610	433 206	6 715	361 406
4	Industrie der Steine und Erden . . .	56 476	265 555	26 313	142 747
5	Metallverarbeitung	169 383	419 752	99 490	246 953
6	Maschinen- und Werkzeugsfabrikation . .	88 199	322 029	45 831	174 539
7	Chemische Industrie	9 507	51 698	4 595	26 428
8	Industrie der Heiz- und Leuchtstoffe . .	13 130	42 507	6 767	25 755
9	Textilindustrie	403 024	926 767	201 784	441 968
10	Papier- und Lederindustrie	59 609	187 285	31 883	98 060
11	Industrie der Holz- und Schnittstoffe . .	264 636	464 048	138 073	242 582
12	Industrie der Nahrungs- und Genußmittel	271 585	692 600	144 333	384 876
13	Gewerbe für Bekleidung und Reinigung	774 955	1 053 142	462 893	605 667
14	Baugewerbe	234 388	467 309	125 139	244 589
15	Polygraphisches Gewerbe	8 855	55 719	4 584	28 730
16	Kunstgewerbe	5 945	13 400	2 922	5 903
17	Handelsgewerbe	529 459	661 496	304 598	376 409
18	Verkehrsgewerbe	82 146	134 330	53 520	78 762
19	Gewerbe für Beherbergung und Erquickung	219 582	234 697	121 257	113 378
	Ueberhaupt	3 230 311	6 470 630	1 799 608	3 625 948

Fast 2/3 der beschäftigten Personen entfallen auf den Kleinbetrieb

[2]) § 19 Nr. 2 d. W.

[3]) § 46 (Anm. 43), § 47 (Anm, 51) u. § 48 d. W.

[4]) Publ. v. 16. Dez. 1808 (GS. 361).

[5]) § 182 Nr. 6 d. W.

[6]) GewO. (RG. v. 17. Juli 1878 RGB. 199) § 139b. Sie führen den Titel „Gewerberath“ u. haben Rang vor den Assessoren AE. v. 14. Mai 1879 (GS. 353). — Dienstanw. v. 24. Mai 1879 (MB. 152).

[7]) Die Einrichtung der Gewerberäthe (1849) hat keinen Bestand gehabt. Der mit dem Handel verbundene Theil des gewerblichen Verkehrs findet in den Handelskammern (§ 358 d. W.) seine Vertretung.

[8]) Die Bezeichnung „Zünfte“ wird jetzt vorzugsweise von den ehemaligen mit Zwangsbefugnissen ausgestatteten Vereinigungen im Gegensatz zu den heutigen Innungen gebraucht.

Hebung der Gewerbe bei, wußten aber zugleich ihre Macht im eignen Interesse zu verwerthen, indem sie ihre Privilegien durch Verbietungsrechte und starre Abschließung nutzbar machten.

Diese Ausartung, die im 17. und 18. Jahrhundert ihren Höhepunkt erreichte, führte zum Eingreifen der Staatsgewalt und leitete damit in das polizeiliche Konzessionswesen über. — Der Gewerbebetrieb sah sich demgemäß zu Anfang des Jahrhunderts sowohl durch die Zunftbeschränkungen, denen noch zahlreiche Realberechtigungen, Zwangs- und Bannrechte[9]) hinzutraten, als durch die polizeistaatliche Auffassung des vorigen Jahrhunderts eingeschränkt. Beide Hindernisse hat die Stein-Hardenberg'sche Gesetzgebung weggeräumt. Die Gewerbefreiheit bildet nur ein Glied in der Kette der Befreiungen, welche diese Gesetzgebung der Erwerbsthätigkeit durch Abstreifung hinderlicher Fesseln und durch Beseitigung abgestorbener Formen gebracht hat[10]). Die Beschränkung des Gewerbebetriebs auf die Städte oder auf gewisse Personen und Stände, sowie alle Vorzugs- und Ausschließungsrechte wurden grundsätzlich beseitigt und nur die im öffentlichen Interesse unerläßlichen Einschränkungen beibehalten[11]). Zur vollen Durchführung gelangten diese Grundsätze später in der Preußischen Gewerbe-Ordnung[12]). Aehnliche Gesetze sind dann auch in den übrigen Staaten gefolgt, doch hat erst die nach Uebergang der Gewerbegesetzgebung auf das Reich[13]) erlassene Reichs-Gewerbe-Ordnung die Frage zum vollen und einheitlichen Abschluß in Deutschland gebracht[14]). Die Vorschriften dieser Ordnung finden meist unmittelbare Anwendung, nur einzelne Festsetzungen sind der Landesgesetzgebung oder der lokalen Regelung durch Ortsstatut[15]) vorbehalten. Die Gew.-O. hat den Unterschied zwischen Stadt und Land bezüglich des Gewerbebetriebes, das Verbot des gleichzeitigen Betriebes verschiedener Gewerbe und den Zunftzwang mit der Prüfungspflicht der Handwerker beseitigt und die ausschließlichen Gewerbeberechtigungen, die Zwangs- und Bannrechte, die Berechtigungen zur Konzessionsertheilung oder Abgabenauferlegung aufgehoben beziehungsweise für ablösbar erklärt, auch die Wiedereinführung dieser Rechte ausgeschlossen[16]). Die polizei-

[9]) Zwangsrecht ist die Befugniß, dem Verpflichteten die Anschaffung oder Zubereitung gewisser Bedürfnisse bei Anderen als dem Berechtigten zu untersagen. Zum Bannrecht wird dieses Recht, wenn es sich auf die Einwohner eines ganzen Bezirks oder gewisser Klassen desselben erstreckt.

[10]) § 312 (S. 348) u. § 29 (S. 30) d. W.

[11]) Ed. v. 2. Nov. 1810 (GS. 79) u. v. 7. Sept. 1811 (GS. 253).

[12]) Pr. GewO. v. 17. Jan. 1845 (GS. 41).

[13]) RVerf. Art. 3 u. 4[1].

[14]) RGewO. v. 21. Juni 1869 (RGB. 245), Einf. in Südhessen RVerf. v. 15. Nov. 1870 (BGB. 627) Art. 80[II], in Baden u. Würtemberg G. v. 10. Nov. 1871 (RGB. 392) u. in Baiern nach Maßgabe der Gesetze v. 12. Juni 1872 (RGB. 170) § 1 u. v. 23. Juli 1879 (RGB. 267) Art. 3 Abs. 2. — AusfAnw. v. 4. Sept. 1869 (MB. 200).

[15]) GewO. § 142 u. (im Geb. der KreisO.) ZustG. § 138.

[16]) GewO. § 2—5 u. 7—10. — Die

lichen Beschränkungen wurden auf das geringste Maß zurückgeführt; die Gewerbe-Ordnung zog die Summe des im Laufe der Jahre von den einzelnen Staaten auf diesem Gebiet Erreichten und suchte — wie sie aus dem Bedürfniß freister Bewegung hervorgegangen war — diesem auch in ausgiebigster Weise Rechnung zu tragen. Hierbei ließ die in Deutschland herrschende Neigung, einen einmal erfaßten Grundsatz bis in seine äußersten Konsequenzen zu verfolgen, auch auf diesem Gebiet vielfach über das eigentliche Ziel hinausgehen. Die Macht der thatsächlichen Verhältnisse hat deßhalb bereits zahlreiche Ergänzungen der Gewerbeordnung ins Leben gerufen[17]), die dem Staat wiederum eine vermehrte Einwirkung zuweisen und sich damit der von der neuen Wirthschaftspolitik im Allgemeinen verfolgten Richtung[18]) anschließen.

Im Einzelnen umfaßt die staatliche Thätigkeit in Betreff der Gewerbe die Feststellung der im öffentlichen Interesse beim Gewerbebetrieb einzuhaltenden Bedingungen (Gewerbepolizei) (Nr. 2), die Einwirkung durch die genossenschaftliche Organisation in den Innungen (Nr. 3), die Fürsorge für die Arbeiter (Nr. 4) und die allgemeine Förderung der Gewerbe (Nr. 5).

2. Gewerbepolizei.

Nach dem Grundsatze der Gewerbefreiheit ist der Betrieb des Gewerbes einem Jedem insoweit gestattet, als nicht in bestimmten Fällen der Schutz der Einzelnen gegen mögliche Gefahren und Nachtheile Ausnahmen oder Einschränkungen nothwendig macht[19]). Letztere bilden den Gegenstand der Gewerbepolizei und betreffen den Beginn wie die Ausübung des Gewerbes[20]),

---

Aufhebung u. Ablösung erfolgte f. d. ält. Prov. durch G. v. 17. Jan. 1845 (GS. 79), f. d. neueren durch G. v. 17. März 1868 (GS. 249) u. für die (nach § 6 der GewO. ausgeschlossen gewesenen) Abdeckereiberechtigungen durch G. v. 17. Dez. 1872 (GS. 717). — Zuständigkeit im Geb. der KrO. ZustG. § 144.

[17]) So ergingen zu Tit. VII § 146 bis 150 u. 154 der GewO. das G. v. 17. Juli 1878 (RGB. 199); zu § 6, 30, 33—35 u. 38 das G. v. 23. Juli 1879 (RGB. 267); zu § 32 das G. v. 15. Juli 1880 (RGB. 179) u. zu Tit. VI das G. v. 18. Juli 1881 (RGB. 233).

[18]) § 312 (S. 349) d. W.

[19]) GewO. § 1. — Frauen § 11; Juristische Personen des Auslandes § 12 u. Pr. GewO. (Fassung des G. v. 22. Juni 1861 GS. 441) § 18. Auf spezieller Dienstverpflichtung beruht die Einschränkung der Soldaten (§ 90 d. W.) u. Beamten (§ 22 u. 61 das.). In Konsequenz der Gewerbefreiheit darf die Berechtigung zum Gewerbebetriebe nur in den gesetzlichen Fällen entzogen werden (GewO. § 143) u. grundsätzlich nicht durch polizeiliche Taxen beschränkt werden (GewO. § 72); Ausnahmen Anm. 38—40, in Betr. d. Aerzte § 270 (Anm. 68), der Apotheker § 272 (Anm. 88) d. W. Ferner können Bäcker, Backwaarenverkäufer u. Gastwirthe zur Veröffentlichung der von ihnen selbst festzusetzenden Preise angehalten werden GewO. § 73—75, 79 u. 148[8].

[20]) **Strafe der Zuwiderhandlung Gewerbtreibender gegen ihre Berufspflichten GewO. § 144 u. StGB. § 222, 230, 232 u. 369 2 u. 3. — Beim Betriebe bleiben neben den gewerbepolizeilichen auch die allgemeinen (sicherheits-, gesundheits-, sitten- u. s. w.) polizeilichen Anordnungen zu beachten** Erk. d. OTr. v. 4. Nov. 1870 (JMB. 350) u. v. 18. Jan. 1871 (da 114).

sind jedoch verschieden, je nachdem es sich um einen stehenden oder einen im Umherziehen ausgeübten Gewerbebetrieb handelt.

§ 350.

a) Der Beginn jedes **stehenden Gewerbes** ist unter Angabe des Betriebsortes der Gemeindebehörde anzuzeigen und kann, soweit er Genehmigung erfordert und ohne solche begonnen wird, polizeilich gehindert werden[21].

Die Genehmigung erscheint theils von der Lage und Beschaffenheit der Betriebsstätte (gewerblichen Anlage), theils von der Persönlichkeit der einzelnen Gewerbetreibenden abhängig.

I. Für die gewerblichen Anlagen bestehen folgende Einschränkungen[22]:

1. Die Zulassung solcher Anlagen, welche erhebliche Nachtheile, Gefahren und Belästigungen für die Nachbarn oder das Publikum mit sich bringen, erfolgt nach polizeilicher Prüfung und auf Grund eines Verfahrens, in dem über die Einwendungen der Betheiligten verhandelt und entschieden wird[23]. Im Gebiet der KreisO. ist in der Regel der Kreis- (Stadt-) Ausschuß zuständig[24].
2. Gleiches gilt von Dampfkesseln mit der Maßgabe, daß das Verfahren fortfällt, dagegen die Erfüllung der Konzessionsbedingungen nochmals vor der Inbetriebnahme zu untersuchen ist[25]. Außerdem wird der Betrieb durch periodische Kesselrevisionen beaufsichtigt[26].

---

[21]) Anzeige GewO. § 14 u. 15 Abs. 1, AusfAnw. Nr. 1 u. 2; Strafe § 148$^{1-3}$ (Fassung des G. v. 17. Juli 1878 RGB. 199). — Untersagung des Betriebs Gew.-O. § 15 Abs. 2 u. § 54. — Besondere Bestimmung für Feuer-Versicherungsagenten § 315 (Anm. 18) d. W., für Anfertigung u. Verkauf von Büchern u. Druckschriften § 250 (Anm. 23 u. 25) u. für Tanz-, Turn- u. Schwimmlehrer, Trödler und Gesindevermiether § 350 Nr. 5 (Anm. 37). — Mit der gewerbepolizeilichen fällt die gewerbesteuerliche Anzeige (Anm. 58 S. 173) zusammen.

[22]) Strafe GewO. (G. v. 1878) § 147^2; Wirkung der Genehmigung GewO. § 25, 26; Mögliche Fristbestimmung § 49, 50.

[23]) Das. § 16, G. v. 2. März 1874 (RGB. 19) u. Bek. v. 26. Juli 1881 (RGB. 251). — Verfahren GewO. § 17—22, AusfAnw. Nr. 3, 26—48 nebst CR. v. 28. März 1877 (MB. 96). — Die Genehmigung enthält zugleich den Baukonsens CR. v. 2. März 1880 (MB. 80); Bau- und feuerpolizeiliche Rücksichten Anm. 26 (S. 304), Anlegung der erforderlichen Sicherheitseinrichtungen § 353 d. W. — Technische Anleitung für die einzelnen Betriebe v. 14. April 1875 (MB. 105); Anilinfabriken CR. v. 10. Juni 1865 (MB. 158) u. v. 13. Okt. 1876 (MB. 266); Zündholzfabriken CR. v. 29. Okt. 1857 (MB. 199) u. v. 20. Juni 1876 (MB. 175). Spezielle Vorschriften gelten daneben für Wassertriebwerke (§ 337 d. W.) u. Schlachthäuser (§ 268). Für erstere sind in Bergwerken u. Aufbringungsanstalten die Oberbergämter zuständig AusfAnw. Nr. 3, 28 u. 41.

[24]) ZustG. § 123, 124, 127 u. V. v. 29. Aug. 1881 (GS. 321).

[25]) GewO. § 24 u. AusfAnw. Nr. 4, 6, 49—51. Die Untersuchungsgebühr beträgt 15 M. CR. v. 8. Okt. 1873 (MB. 277); Zust. ist im Geb. der KrO. der Kreis-(Stadt-)Ausschuß (ZustG. § 123, 124 u. 127), in Bergwerken u. Aufbereitungsanstalten das Oberbergamt (Ausf.-Anw. Nr. 49, 51). — Technische Grundsätze Bek. v. 29. Mai 1871 (RGB. 122).

3. Mit ungewöhnlichem Geräusch verbundene Anlagen können in der Nähe von Kirchen, Schulen, öffentlichen Gebäuden, Kranken- oder Heilanstalten untersagt werden [27]).
4. Für Windtriebwerke kann eine bestimmte Entfernung von Nachbargrundstücken und öffentlichen Wegen vorgeschrieben werden [28]).
5. Wegen überwiegender Gefahren und Nachtheile für das Gemeinwohl kann gegen Schadloshaltung die Benutzung jeder gewerblichen Anlage untersagt werden [29]).

II. Die Genehmigung für die einzelnen Gewerbetreibenden wird, wo sie auf einem Befähigungsnachweis beruht als Approbation, sonst als Konzession bezeichnet und ist erforderlich wie folgt [30]):

1. Seeschiffer, Seesteuerleute und Lootsen sowie Medizinalpersonen bedürfen der Befähigungszeugnisse, die für das Reich gelten und sonach gewerbliche Freizügigkeit innerhalb desselben begründen [31]).
2. Privat-Kranken-, Entbindungs- und Irrenanstalten erfordern Genehmigung [32]).
3. Schauspielunternehmer bedürfen der Erlaubniß, die nur bei Zuverlässigkeit, insbesondere in sittlichen, artistischen und finanziellen Beziehungen zu ertheilen ist [33]).
4. Zur Gast- und Schankwirthschaft und zum Kleinhandel mit Brantwein oder Spiritus ist Erlaubniß erforderlich und diese ist zu versagen, wenn die Persönlichkeit auf Grund von Thatsachen einen Mißbrauch zur Förderung der Völlerei, des verbotenen Spiels, der Hehlerei oder Unsittlichkeit annehmeu läßt, wenn das Lokal nach Lage und Beschaffenheit den polizeilichen Anforderungen nicht genügt und

[26]) Ges. v. 3. Mai 1872 (GS. 515), Einf. in Lauenburg G. v. 25. Feb. 1878 (GS. 97) § 8⁵; AusfBek. v. 24. Juni u. v. 31. Okt. 1872 (MB. 183 u. 304). — Zuständigkeit bei Staatseisenbahnen und Bergwerken CR. v. 12. u. bez 27. Okt. 1872 (MB. 258 u. 304). — Für die Revision haben sich Dampfkessel-Untersuchungsvereine gebildet. In Deutschland bestanden 1879 deren 22 neben 4 eine eigne Kontrolle ausübenden Werkbesitzern. Der Anschluß an diese Vereine, soweit sie staatsseitig anerkannt sind, befreit von der staatlichen Revision. — Der Betrieb der beweglichen Dampfkessel (Lokomobilen) ist außerdem durch Polizeiverordnungen geregelt CR. vom 13. März 1855 (MB. 49). In Preußen waren Ende 1878 vorhanden: 32411 feststehende und 5536 bewegliche Dampfkessel; dabei 29895 feststehende Dampfmaschinen, 702 Schiffsdampfkessel, 623 Schiffsmaschinen u. 6991 Lokomotiven.

[27]) GewO. § 27 u. (im Geb. der KrO.) ZustG. § 125, 127.

[28]) GewO. § 28.

[29]) Das. § 51, 52 u. 54; AusfAnw. Nr. 52 – 54 u. (im Geb. der KrO.) ZustG. § 126, 127.

[30]) Unzulässigkeit bedingter oder widerruflicher Ertheilung GewO. § 40. — Strafe des ungenehmigten Betriebs das. (G. v. 1878) § 147¹.

[31]) Näheres über Seeschiffer ꝛc. § 365 (Anm. 49) d. W., über Aerzte § 270 (Anm. 61), Apotheker § 272 (Anm. 80), Hebeammen § 273 (Anm. 91), Thierärzte § 343 (Anm. 12).

[32]) § 274 (S. 300).

[33]) GewO. (G. v. 15. Juli 1880 RGB. 179) § 32; Möglichkeit der Fristbestimmung f. d. Beginn GewO. § 49; Rekurs gegen Versagung § 40 u. (im Geb. der KrO.) ZustG. § 129; Zurücknahme GewO. § 53, 54 u. bez. ZustG. § 134¹.

wenn beim Brantweinschank und Brantwein- und Spirituskleinhandel kein Bedürfniß vorhanden ist. Die letztere Voraussetzung ist für Orte, in denen weniger als 15 000 Einwohner vorhanden sind oder ein Ortsstatut solches festsetzt, auch für sonstige Schank- und für Gastwirthschaften maßgebend[34]).

5. Der Genehmigung bedürfen Pfandleiher (Rückkaufshändler) und Gifthändler[35]), während den Tanz-, Turn- und Schwimmlehrern, Trödlern und Gesindevermiethern der Betrieb unter gewissen Voraussetzungen untersagt werden kann[36]). Pfandleiher und Rückkaufshändler, Trödler und Gesindevermiether unterliegen daneben der polizeilichen Ueberwachung[37]).

6. Das Gewerbe der Vermittler von Geschäften (Feldmesser, Auktionatoren, Mäkler, Kommissionäre u. dgl.) ist unbeschadet der Vorschriften über ihre Anstellung und Beeidigung durch Staats- und Kommunalbehörden oder Korporationen frei; doch genießen sie nur im Fall solcher Anstellung öffentlichen Glauben[38]).

---

[34]) GewO. (G. v. 23. Juli 1879 RGB. 267 Art. 3 Abs. 1) § 33; AusfAnw. Nr. 12, Vf. v. 14. Sept. u. v. 25. Nov. 1879 (MB. 254 u. 1880 S. 17); Zuständigkeit im Geb. der KrO. ZustG. § 128; Rekurs gegen Versagung GewO. § 40; Zurücknahme GewO. § 53, 54 u. ZustG. § 133^{2}; Fristbestimmung wie Anm. 33. — Kleinhandel ist in d. ältern Prov. der nicht in hölzernen Gebinden von mindestens 1/2 Anker (17 175 Lit.) stattfindende Handel CR. v. 13. Aug. 1835 (KA. XIX 251) Nr. 2, v. 12. Okt. 1837 (KA. XXI 1074 u. v. 20. Nov. 1881 (MB. 246), in Hannover der Verkauf unter 4 Quartier R. v. 26. Okt. 1874 (MB. 263). — Gastwirthe können zur Aufnahme Reisender nicht durch PolV. verpflichtet werden E. OTr. v. 26. Juni u. CR. v. 25. Okt. 1878 (MB. 248). — Beaufsichtigung dieses Gewerbes § 256 d. W.

[35]) GewO. (G. v. 1879 Art. 4 I) § 34; Behörden u. Verfahren CR. v. 21. Sept. 1879 (MB. 253); Stellvertretung GewO. § 47; Rekurs u. Zurücknahme wie Anm. 33. — Weg. des Gifthandels PrGewO. (G. v. 22. Juni 1861 GS. 441) § 49, StGB. § 367^{3} u. (im Geb. der KrO.) ZustG. § 128 u. 133^{2}.

[36]) GewO. (G. v. 1879 Art. 4 II) § 35, AusfAnw. Nr. 13; Strafe GewO. (G. v. 1878) § 148^{4}; Rekurs GewO. § 40 u. 54, ZustG. § 133^{1}. — Konzessionirung der Markscheider durch die Bergbehörden Anm. 21 (S. 366).

[37]) GewO. (G. v. 1879 Art. 4 III) § 38 u. StGB. § 360^{12}. — Der Betrieb des Pfandleihgewerbes unterliegt den Beschränkungen des G. v. 17. März 1881 (GS. 265), insbes. in Betreff der Höhe der Zinsen § 1—3, des Pfandrechts an den Pfandstücken u. ihrer Veräußerung § 4—18 u. AusfVf. v. 16. Juli 1881 (MB. 169) u. in Betreff der Staats- und Kommunal-Pfandleihanstalten § 19 bis 22, vgl. § 318 d. W. — Trödler Vf. v. 22. Mai u. Gesindevermiether v. 23. Juni 1870 (MB. 158 u. 199).

[38]) GewO. § 36, AusfAnw. Nr. 9. — Stellvertretung GewO. § 47; Taxen das. § 78, 79 u. 148^{8}. — Strafe absichtlicher Benachtheiligung StGB. § 266^{3}. — Zurücknahme der Genehmigung GewO. § 53, 54 u. (im Geb. der KrO.) ZustG. § 134^{1}. — Geschäftsbetrieb der Feldmesser Regl. v. 2. März 1871 (GS. 101) u. PrüfRegl. v. dems. Tage (MB. 121), erg. CR. v. 24. Aug. 1880 (MB. 212) u. v. 29. März 1881 (MB. 79); der Auktionatoren Regl. v. 15. Aug. 1848 (MB. 305) nebst Nachtr. v. 21. Dez. 1856 (MB. 1857 S. 29), 18. Okt. 1872 (MB. 303) u. 16. Mai 1876 (MB. 139); der Mäkler u. Kommissionäre Pr. GewO. v. 17. Jan. 1845 (GS. 41) § 71 u. Hann. GewO. v. 1. Aug. 1847 (Hann. GS. I. 215) § 47; Handelsmäkler § 360 d. W.

7. Das öffentliche Anbieten von Diensten und die Unterhaltung öffentlicher Verkehrsmittel unterliegt der ortspolizeilichen Regelung[39].
8. Für Schornsteinfeger können Kehrbezirke eingerichtet werden[40].
9. Unternehmer und Vermittler von Auswanderungen[41]) bedürfen der Konzession, welche Unbescholtenheit und Zuverlässigkeit voraussetzt und gegen Bestellung von Kaution für ein Jahr ertheilt wird[42]. — Dieses Gewerbe ist — ebenso wie das der Versicherungs- und Eisenbahnunternehmer, der Lotterie-Kollekteure und der Erzieher der Kinder gegen Entgelt — nicht Gegenstand der Gewerbe-Ordnung[43].

Ihrem Umfang nach umfaßt die Befugniß zum stehenden Gewerbebetrieb das Recht zur Annahme von Gesellen, Lehrlingen, Arbeitern[44] und von Stellvertretern. Letztere müssen indeß den für das Gewerbe vorgeschriebenen Erfordernissen genügen[45]. Jede am Ort selbst oder außerhalb desselben stattfindende Ausübung wird als Ausfluß des stehenden Gewerbebetriebs angesehen, soweit sie nicht unter den bestimmt umgrenzten Begriff des Gewerbebetriebs im Umherziehen fällt[46]. In diesem Sinne können Kaufleute, Fabrikanten und andere ein stehendes Gewerbe treibende Personen nach Ausstellung eines Legitimationsscheines selbst oder durch Reisende Waaren für dasselbe aufkaufen und Waarenbestellungen suchen[47].

§ 351.

b) **Gewerbebetrieb im Umherziehen.** Wer außerhalb seines Wohnorts ohne gewerbliche Niederlassung und ohne vorherige Bestellung Waaren feilbietet oder zum Wiederverkauf aufkauft, wer Waarenbestellungen aufsucht und wer Leistungen und Schaustellungen, mit denen ein höheres oder Kunstinteresse nicht verbunden ist, feilbietet, bedarf dazu eines auf die Person ausgestellten

---

39) GewO. § 37; A.Anw. Nr. 14. — Taxen GewO. § 76, 79 u. 148^{8}. — Untersagung des Betriebs das. § 40 u. ZustG. § 133^{1}.

40) GewO. § 39; Ausf. CR. v. 14. Mai 1880 (MB. 183); ZustG. § 136^{1}. — Taxen GewO. § 77, 79 u. 148^{8}. — Zulässigkeit der Stellvertretung das. § 47.

41) Auswanderung § 33 (S. 36) d. W.

42) Pr. G. v. 7. Mai 1853 (GS. 729); Regl. v. 6. Sept. 1853 (MB. 201), ergänzt CR. v. 15. März u. 1. Dez. 1869 (MB. 77 u. 290). Verb. ZustG. § 134^{2}. — Hannover G. v. 19. u. Bek. v. 20. März 1852 (Hann. GS. I 19 u. 25), erg. G. u. Bek. v. 14. Juni 1866 (das. 155 u. 156).

43) GewO. (G. v. 23. Juli 1879) § 6. — Versicherungsunternehmungen § 314 d. W., Eisenbahnunternehmungen § 373 das., Vertrieb von Lotterielosen § 127 u. Erziehung von Kindern gegen Entgelt § 269.

44) GewO. § 41. Das Nähere s. § 353 d. W. — Apotheker § 272 (Anm. 80).

45) GewO. § 45; Bestrafung § 151; Stellvertretung für Wittwen u. minderjährige Erben § 46. — Uebertragung von Realgewerbeberechtigungen § 48.

46) Das. § 42. — Besondere Vorschrift f. Musikaufführungen u. Schaustellungen § 59 u. AusfAnw. Nr. 15, für öffentliche Verbreitung von Druckschriften § 250 (Anm. 23).

47) GewO. § 44; AusfA. Nr. 17 u. 18. Wegfall der besondern Besteuerung G. v. 3. Juli 1876 (GS. 247) § 2^{1}. — Strafen GewO. (G. v. 17. Juli 1878) § 148^{6} u. 149^{1}. — ZustG. § 131, 132.

und für das Kalenderjahr gültigen Legitimationsscheins. Zum Verkehr auf Märkten oder mit rohen Erzeugnissen der Land- und Forstwirthschaft, des Garten- und Obstbaus ist ein solcher jedoch nicht erforderlich. Auch übrigens darf derselbe nur unter bestimmten persönlichen oder gegenständlichen Voraussetzungen versagt werden. Der Legitimationsschein gilt für das ganze Reich und ist nur, wenn er auf Musik- und theatralische Aufführungen, Schaustellungen und ähnliche Lustbarkeiten lautet, von dem Bedürfniß abhängig und für die einzelnen Regierungsbezirke auszustellen. Auch die Leistung selbst bedarf in diesem Falle der besondern Erlaubniß der Ortsbehörde[48]). — Insoweit mit dem Legitimationsschein die Entrichtung der Gewerbesteuer verbunden wird, heißt er Gewerbeschein[49]).

Das Hausirgewerbe, welches bereits in das Gebiet des Handels hinübergreift, unterliegt sonach einer besondern Kontrolle, die gleichzeitig steuerliche und polizeiliche Zwecke verfolgt. Leitend war dabei nur die Rücksicht auf die öffentliche Sicherheit und Sittlichkeit, nicht der Schutz des stehenden Gewerbes gegen die durch den Hausirbetrieb erwachsende Konkurrenz.

Nicht ganz frei von dieser Rücksicht sind diejenigen Maßregeln geblieben, die zur Beseitigung der durch die Wanderlager hervorgerufenen Mißstände ergriffen sind und neben der Kontrolle des Hausirgewerbebetriebs auf eine stärkere Heranziehung zu den Gemeindesteuern hinauslaufen[50]).

3. Innungen[51]).

§ 352.

Die R.-Gew.-O gestattete zwar die Beibehaltung der vorhandenen und die Bildung neuer Innungen, hatte beide aber jeder öffentlichen rechtlichen Bedeutung entkleidet und sie zu bloßen Privatgesellschaften herabgedrückt. Sie hatte dadurch dem Gewerbebetrieb mit der Schranke auch eine Stütze genommen, obwohl der einzelne Gewerbetreibende, der sich den gesteigerten Anforderungen der Jetztzeit gegenübergestellt und auf den Konkurrenzkampf mit der Großindustrie angewiesen sah, einer solchen noch weniger als früher zu entbehren vermochte. Die Nothwendigkeit des festeren Zusammenschlusses der Gewerbegenossen zur Förderung der gewerblichen Interessen und sittlichen nnd wirthschaftlichen Hebung des Handwerkerstandes, insbesondere zur Vervollkommnung des Betriebs, zur Ausbildung der Lehrlinge und zur Regelung

[48]) GewO. § 55—63 nebst AusfAnw. v. 24. Nov. 1869 (MB. 284), diese mehrfach geändert durch die neuere Gewerbesteuergesetzgebung (Anm. 49). — Ausstellung der Legitimationsscheine für Musiker- und Schauspielergesellschaften CR. v. 4. Aug. 1879 (MB. 212), für Ausländer Bek. v. 7. März 1877 (CB. 142) u. in Betr. der zuständigen Behörden CR. v. 17. Jan. 1871 (MB. 51). — Strafen GewO. (G. v. 1878) § 148^7 u. § 149^{2-5}. — ZustG. § 131, 132.

[49]) § 139 d. W.

[50]) CR. v. 7. Juli 1879 (MB. 162) u. § 72 Nr. 4c (S. 85) d. W.

[51]) Geschichte § 349 d. W.

des Arbeitsverhältnisses, der Arbeitsvermittelung und der gegenseitigen Unterstützung hat deßhalb zu anderweiten umfassenden Vorschriften für die Neuerrichtung von Innungen geführt[52]). Die demgemäß zu Stande gekommenen Innungen bilden juristische Personen, für deren Verbindlichkeiten nur das Innungsvermögen haftet. Sie haben das Recht zu zwangsweiser Beitreibung der Beiträge und können — wo diese Befugniß ihnen von der höheren Verwaltungsbehörde beigelegt wird — ihre Wirksamkeit auf dem Gebiete des Lehrlingswesens auch über die ihnen nicht angehörenden Arbeitgeber ausdehnen[53]). Die älteren Innungen bleiben den seitherigen Bestimmungen unterworfen, können aber nach dem Jahre 1885 geschlossen werden, wenn sie ihre Verfassung nicht den neuen Grundsätzen anpassen[54]).

4. Gewerbliche Arbeiter.

Die gewerblichen Arbeiter bilden die Mehrzahl aller Arbeiter[55]) und unterliegen mehrfachen besondern Vorschriften[56]), die theils die Fürsorge für den Arbeiterstand theils die Sicherstellung des Arbeitsvertrags bezwecken.

§ 353.

a) Das **Arbeitsverhältniß** der Gesellen, Gehülfen und Lehrlinge ist von dem der Fabrikarbeiter grundsätzlich nicht geschieden. Nur in einzelnen Punkten hat die Rücksicht auf die gewerbliche Ausbildung einer- und die Eigenthümlichkeit des Fabrikbetriebs anderseits zu gesonderten Bestimmungen für beide Arten von Arbeitern geführt.

Für *alle gewerblichen Arbeiter* ist das Verbot der Vereinigung und Arbeitseinstellung zur Erlangung günstigerer Lohnbedingungen aufgehoben (Koalitionsrecht); der Beitritt darf jedoch nicht durch Zwang oder Drohung herbeigeführt werden[57]). Das Arbeitsverhältniß ist Gegenstand *freier Uebereinkunft*; eine Verpflichtung zur *Sonntagsarbeit* findet nicht statt; auch dürfen Gewerbetreibende, welche die bürgerlichen Ehrenrechte nicht besitzen, sich mit der Anleitung von Arbeitern unter 18 Jahren nicht befassen[58]). Zur Sicherstellung des Arbeitsverhältnisses ist für Arbeiter unter

---

[52]) Neue Fassung der GewO. (§ 97 bis 104, 148[10] u. 149[8]) durch G. v. 18. Juli 1881 (RGB. 233) Art. 1 u. 2. — Das G. bestimmt üb. Aufgaben u. Statuten der Innung (§ 97—98c), üb. Mitgliedschaft u. Rechte (§ 99—100e), üb. Vorstand (§ 101), üb. Auflösung u. Schließung (§ 103, 103a), üb. Aufsicht (§ 104), üb. Vereinigung mehrerer Innungen unter gemeinsamen Ausschüssen (§ 102) od. zu Innungsverbänden (§ 104a bis g) u. üb. d. Strafen (§ 148[10], 149[8]).

[53]) Das. § 99, 100b u. e.

[54]) G. v. 1881 Art. 3. — GewO. § 81—96.

[55]) S. Anm. 1.

[56]) Die Vorschriften finden auf Mannschaften der Seeschiffe (§ 365 d. W.) keine, auf Bergarbeiter (§ 325 d. W.) nur bedingte Anwendung GewO. (G. v. 23. Juli 1879) § 6. — Arbeiter beim Eisenbahnbau s. § 374 d. W.

[57]) GewO. § 152 u. 153.

[58]) GewO. (G. v. 17. Juli 1878 RGB. 199) § 105 u. 106.

21 Jahren die Führung eines polizeilich auszustellenden Arbeitsbuchs vorgeschrieben, in welches Ein- und Austritt einzutragen sind. Beim Abgang können Zeugnisse über Beschäftigung und Führung gefordert werden[59]. Die Lohnzahlung in Waaren (Truksystem) ist verboten[60]. Bei Beschäftigung von Arbeitern unter 18 Jahren ist die durch das Alter gebotene besondere Rücksicht auf Gesundheit und Sittlichkeit zu nehmen, auch die zum Besuch vorhandener Fortbildungsschulen erforderliche Zeit zu gewähren. Zum Besuch der letzteren können Arbeiter unter 18 Jahren ortsstatutarisch verpflichtet werden. Die Gewerbeunternehmer haben ferner alle zur Sicherheit gegen Gefahr für Leben und Gesundheit erforderlichen Einrichtungen in ihren Betriebsstätten zu treffen[61]. Eine besondere Haftpflicht liegt den Unternehmern von Fabriken, Steinbrüchen, Bergwerken und Gruben ob, welche zum Schadensersatz verbunden sind, sobald durch ihre oder ihrer Beauftragten Verschulden ein Mensch getödtet oder verletzt wird[62]. Eine Ausdehnung der Vorschrift auf das Baugewerbe und eine Erleichterung der dem Verletzten obliegenden Beweislast wird angestrebt. — Streitigkeiten bezüglich des Arbeitsverhältnisses werden — soweit nicht besondere Behörden oder ortsstatutarisch eingesetzte Schiedsgerichte bestehen[63] — durch die Innung, wo diese fehlt durch die Gemeindebehörde entschieden und unbeschadet der dagegen binnen 10 Tagen offen stehenden Berufung auf den Rechtsweg vorläufig vollstreckt[64]. Die Vollstreckung erfolgt in den Formen der Prozeß-Ordnung[65].

Gesellen, Gehülfen und Fabrikarbeiter haben dem Arbeitgeber in Bezug auf die Arbeiten und häuslichen Einrichtungen Folge zu leisten. Die Kündigungsfrist für das Arbeitsverhältniß beträgt der Regel nach 14 Tage. Die Verleitung zum vorzeitigen Verlassen der Arbeit und die wissentliche Annahme anderweit zur Arbeit verpflichteter Arbeiter macht für den dadurch erwachsenden Schaden verantwortlich[66].

Die Lehrlinge — einschließlich derjenigen aus dem Fabrikarbeiterstand — sind der väterlichen Zucht des Lehrherrn unterworfen, müssen dagegen von diesem gehörig unterwiesen und beaufsichtigt werden. Das Lehrverhältniß

[59] GewO. § 107—114, CR. v. 24. Okt. 1878 (MB. 252); Strafen § 150.

[60] Das. § 115—119; Strafe § 146¹. — Beschlagnahme des Arbeits- u. Dienstlohnes § 196 (S. 235) d. W.

[61] Das. § 120; Strafe § 147⁴. — Fortbildungsschulen Anm. 47 (S. 337). — Verpflichtung zum Besuch Hann. GewO. v. 1. Aug. 1847 (H. GS. I 216) § 113 u. Bek. v. 1856 (das. II 21).

[62] RG. v. 7. Juni 1871 (RGB. 207) § 2—5 u. 7—10, (§ 6 ist aufgeh. G. v. 30. Jan. 1877 GS. 244 § 13³). — Besondere Vorschrift für Eisenbahnen § 374 (Anm. 37) d. W., f. d. Schifffahrt Hand.-GB. Art. 451 u. 478; s. § 365 d. W.

[63] Behörden in diesem Sinne bilden nur die Gewerbegerichte in der Rheinprovinz § 182 Nr. 6 d. W. — An gewerblichen Schiedsgerichten (CR. v. 31. Juli 1871 MB. 208) fanden sich 1874 in Preußen 51 u. im übrigen Deutschland 6 vor.

[64] GewO. (Fassung des G. v. 1878) § 120a u. (Fassung des G. v. 18. Juli 1881, RGB. 233 Art 1). § 97⁴, 97a⁶, 100d u. 100e¹. — Zur Eidesabnahme ist die Gemeindebehörde nicht befugt CR. v. 19. Nov. 1881 (MB. 278).

[65] Vf. v. 11. Juni 1872 (MB. 176). — CProzO. § 773 u. 774.

[66] GewO. (G. 1878) § 121—125, 134.

geht, wenn nicht besondere Auflösungsgründe vorliegen, erst mit Ablauf der Lehrzeit zu Ende, und ist bei schriftlich geschlossenem Lehrvertrag dadurch geschützt, daß der unbefugt die Lehre verlassende Lehrling zur Fortsetzung derselben polizeilich angehalten werden kann und zur Schadloshaltung verpflichtet ist. Dem Lehrling ist nach Beendigung der Lehrzeit ein kostenfrei von der Gemeindebehörde zu beglaubigendes Zeugniß auszustellen[67]). — Die Ausbildung der Lehrlinge wird staatsseitig mehrfach gefördert[68]).

Als Fabrikarbeiter dürfen Kinder unter 12 Jahren überhaupt nicht, jugendliche Arbeiter von 12 bis 16 Jahren nur in bestimmten nach dem Alter bemessenen und vertheilten Arbeitsstunden beschäftigt werden. Die entsprechenden Stunden für Schul- und Konfirmandenunterricht und die Sonn- und Festtage müssen frei bleiben. Mit Rücksicht auf besondere Verhältnisse sind einzelne Ausdehnungen und Einschränkungen zugelassen. Jede Beschäftigung jugendlicher Arbeiter ist der Polizeibehörde anzuzeigen. Schulpflichtige Kinder, denen Arbeitsbücher nicht auszustellen sind, erhalten Arbeitskarten. Die Frauenarbeit ist für Wöchnerinnen beschränkt und kann für gewisse Fabrikationszweige mit Rücksicht auf Gesundheit oder Sittlichkeit untersagt oder eingeschränkt werden[69]).

§ 354.

b) Die kapitallose Arbeit steht den Wechselfällen des Schicksals ziemlich hülflos gegenüber; ihr Schutz gehört deßhalb zu den wichtigsten Aufgaben der Sozialgesetzgebung. Dieser Aufgabe entsprechen die **gewerblichen Hülfskassen.** An Stelle der seitherigen Vorschriften[70]) wurde bestimmt, daß die Bildung solcher Kassen, die Beitrittspflicht für alle Gesellen, Gehülfen und Fabrikarbeiter über 16 Jahren und die Mitwirkung der Arbeitgeber — für Fabrikinhaber auch die Zuschußleistung bis zur Hälfte der Arbeiterbeiträge — durch Ortsstatut angeordnet werden können[71]). Die Bildung erfolgt nach den für

---

[67]) Das. § 126 — 134; Strafe (zu § 131 Abs. 2) GewO. (Fassung des G. v. 18. Juli 1881 RGB. 233 Art. 2) § 148 [10].

[68]) Ausbildung in den Staats-Eisenbahnwerkstätten ER. v. 21. Dez. 1878. — Prämien bei Ausstellung v. Lehrlingsarbeiten ER. v. 24. März 1880 (MB. 95), für Ausbildung taubstummer Lehrlinge ER. v. 5. Nov. 1853 (MB. 268), 2. Dez. 1868 (MB. 318) u. 2. April 1870 (MB. 119).

[69]) GewO. (G. 1878) § 134—139b u. 154; Strafe § 146², 149⁷ u. 150². — Schuleinrichtungen Bek. v. 26. Nov. 1878 (MB. 266). — Beschäftigung weiblicher u. jugendlicher Arbeiter in Glashütten, Walz- u. Hammerwerken ER. v. 17./23. April und letzterer Arbeiter in Spinnereien ER. v. $\frac{20. \text{April}}{20. \text{Mai}}$ 1879 (EB. 303, 304 u. 362, MB. 97 u. 155), in Steinkohlenbergwerken Bek. v. 10. Juli 1881 (EB. 275). — Fabrikinspektoren § 349 d. W. — Die jugendlichen Arbeiter im Reiche — rund 88000 Köpfe — bilden etwa $^1/_{10}$ aller in den betr. Gewerbszweigen beschäftigten Arbeiter. Fast $^2/_5$ werden in der Textilindustrie u. etwa je $^1/_7$ im Berg- u. Hüttenwesen u. in der Tabackindustrie beschäftigt. $^3/_4$ der jugendlichen Arbeiter sind üb. 14 Jahre.

[70]) GewO. § 140 nebst G. v. 8. April 1876 (RGB. 134) Art. 2, wodurch auch die bis 1884 zu bewirkende Umgestaltung der bestehenden Hülfskassen geregelt wird.

[71]) GewO. (RG. v. 8. April 1876

eingeschriebene Hülfskassen gegebenen Vorschriften, welche nur auf gegenseitige Gewährung von Krankheits- und Begräbnißgeldern gerichtet sein dürfen, übrigens nicht auf den Zweck gewerblicher Zwangsversicherung beschränkt sind [72]). Die Betheiligung an irgend einer eingeschriebenen Hülfskasse befreit von der Verpflichtung des Beitritts zur gewerblichen Zwangskasse [73]). Die eingeschriebenen Hülfskassen erlangen diese Befugniß sowie das Recht der juristischen Persönlichkeit mit Erfüllung der zur Sicherung ihrer Lebensfähigkeit vom Gesetz vorgeschriebenen Bedingungen. Die Zulassung erfolgt auf Grund eines einzureichenden Statuts unter Eintragung in ein Register [74]). Das Gesetz giebt nähere Bestimmungen über Beitritt, Rechte und Pflichten der Mitglieder [75]), über die Verwaltung durch Vorstand [76]) und Generalversammlung [77]), über Rechnungslegung und Kontrolle fortdauernder Leistungsfähigkeit [78]), über Auflösung und Schließung [79]), sowie über die Beaufsichtigung [80]).

Die Krankenkassen beseitigen bei aller Wichtigkeit nur einen Theil der dem Arbeiterstand drohenden Nothstände, die neben der Krankheit auch auf anderweite Unfälle, insbesondere auf Alter und Tod des Ernährers zurückzuführen sind. Der Schutz gegen diese Gefahren kann, da die freiwillige Arbeiterversicherung eine beschränkte geblieben ist [81]), nur unter Einrichtung zwangsweiser Arbeiterpensionskassen erreicht werden, die ähnlich den

---

Art. 1) § 141—141f u. AusfBest. v. 19. Juni 1876 (MB. 180).

72) HülfskassenG. v. 7. April 1876 (RGB. 125) u. Anw. v. 15. Mai 1876. — Innungs-Hülfskassen GewO. (G. v. 18. Juli 1881 RGB. 233) § 97a⁵ u. 100c.

73) GewO. (G. v. 8. April 1876) § 141a, verb. GewO. § 140.

74) HG. § 1—5. — Vereinigung mehrerer Kassen zu einem Verbande HG. § 35. — Im Gebiete der KrO. ist der RegPräs. zuständig ZustG. § 149.

75) HG. § 6—15.

76) Das. § 16—19 u. 23, Strafe § 34.

77) Das. § 20—23.

78) Das. § 24—26.

79) Das. § 28—32 u. (im Geb. der KrO.) ZustG. § 150, 151.

80) HG. § 27 u. 33; ZustG. § 149. — Formulare f. d. einzusendenden Uebersichten Bek. v. 14. Feb. 1877 (CB. 99).

81) Im Jahre 1875 wurden gezählt:

Gattung.	Deutsches Reich. Kassen	Deutsches Reich. Mitglieder	Deutsches Reich. Vermögen Mil. M.	Preußen. Kassen	Preußen. Mitglieder	Preußen. Vermögen Mil. M.
Alterversorgungs- u. Invalidenkassen	166	39 107	3	111	27 379	1½
Sterbekassen	11 119	1 599 201	24½	9 426	973 859	17
Wittwenkassen	189	21 580	9	120	12 697	5½
Gemischte Unterstützungskassen . .	1 094	171 880	17½	941	129 450	10
Ueberhaupt	12 568	1 831 768	54	10 598	1 143 385	44

Diese Kassen sind ebenso wie die Lebensversicherungsanstalten (§ 314 d. W.) nicht auf den Arbeiterstand beschränkt. Gleiches gilt von der Wilhelmspende, welche allen unbemittelten Klassen auf Grund von Einzahlungen ein Kapital od. eine Rente gewährt u. die genossenschaftlichen Alterversorgungsanstalten fördern will Statut v. 22. März 1879 (MB. 88). — Die entsprechenden Kassen der Gewerkvereine haben keine nennenswerthe Bedeutung erlangt.

Knappschaftskassen[82]) auch die Invaliden-, Wittwen- und Waisenunterstützung in den Bereich ihrer Wirksamkeit ziehen. Der Ausführung stehen nicht unerhebliche Schwierigkeiten entgegen, da das der Versicherung zu Grunde zu legende Vertragsverhältniß nicht so einfach und zeitlich begrenzbar erscheint, wie bei den Krankenkassen und die Arbeiterbevölkerung sich weder so konzentrirt, noch so gleichartig zusammengesetzt und fest umgrenzt findet, wie es bei der in den Knappschaftskassen vertretenen bergmännischen Bevölkerung der Fall ist. Gleichwohl bieten die mit den Kranken- und Knappschaftskassen gemachten Erfahrungen werthvolle Anhaltspunkte, und an der Hand derselben muß auf Lösung der Frage um so entschiedener hingearbeitet werden, als dieselbe bei Verminderung der immer mehr anschwellenden Armenlast auch zur materiellen Sicherstellung und sittlichen Hebung des Arbeiterstandes wesentlich beitragen und so der sozialen Frage einen großen Theil ihrer Schärfe benehmen würde.

5. Förderung der Gewerbe.

Der Staat fördert die Gewerbe durch Erleichterung des Absatzes ihrer Erzeugnisse[1]), durch Hebung der gewerblichen Bildung und Geschicklichkeit (a) und durch Schutz gegen unbefugte Nachahmung (b u. c).

§ 355.

a) Die **Gewerbeschulen**, die jetzt dem Kultusminister unterstellt sind[2]), haben verschiedene Schwankungen durchzumachen gehabt. Der höheren (akademischen) Ausbildung auf gewerblichem Gebiete dienen die technischen Hochschulen[3]) und die von den Gemeinden mit Staatsbeihülfe unterhaltenen Provinzial-Gewerbeschulen. Diese waren bei ihrer Gründung (1820) zu Fachschulen für Handwerker bestimmt, verloren aber später diesen Charakter, da sie zugleich als Vorbereitungsanstalten für das akademisch eingerichtete Gewerbeinstitut dienen sollten. Nachdem mehrere unter Festhaltung dieser Doppelstellung versuchte Reorganisationen fehlgeschlagen waren[4]), ist schließlich

---

[82]) § 326 d. W.

[1]) Diese Förderung fällt in das Gebiet des Handels (Nr. VI) u. Verkehrs (Nr. VII). — Zollschutz der Gewerbe s. § 154 d. W.

[2]) Anm. 51 (S. 51) d. W.

[3]) Diese bestehen zu Aachen (Stat. v. 20. April 1870 MB. 138, seit 1880 mit einer Abtheilung f. Berg- u. Hüttenkunde versehen), zu Hannover (Stat. v. 7. Sept. 1880 CB. d. UV. 1881 S. 144) u. zu Berlin (Stat. u. Reg. v. 17. März 1879 MB. 109 u. 115). — Die technische Hochschule zu Berlin ist aus der Vereinigung der früheren Bau- u. Gewerbe-Akademie entstanden u. bildet in 5 Abtheilungen für Architektur, Bauingenieurwesen, Maschineningenieurwesen, Chemie u. Hüttenkunde u. allgemeine Wissenschaften sowohl Bau- u. Bergbeamte als Techniker für die Industrie aus. — Mit derselben ist eine mechanisch-technische Versuchsanstalt (Regl. v. 23. Jan. 1880 MB. 204) verbunden, die nebst der chemisch-technischen Versuchsanstalt (Anm. 14 S. 365) u. der Prüfungsstation für Baumaterialien (Anm. 7 S. 302) der gemeinsamen Aufsicht einer Kommission unterstellt ist, Regl. f. d. letztere v. dems. Tage (MB. 203).

[4]) Plan v. 5. Juni 1850 u. CR. v. 21. März 1870 (MB. 109).

eine Scheidung der Schulen nach beiden Zwecken erfolgt. Sie werden hiernach entweder in lateinlose Realschulen mit neunjährigem Kursus oder zu technischen Mittelschulen (höheren Bürgerschulen mit Fachbildung) umgewandelt[5]). Erstere gewähren Anspruch auf Zulassung zum Studium auf der technischen Hochschule und demnächst zu den Staatsprüfungen im Bau- und Ingenieurfach. Letztere sollen Gewerbetreibende für das praktische Leben ausbilden und verfolgen sonach dieselben Ziele, wie die Baugewerk- und Musterschulen[6]) und die kunstgewerblichen Schulen[7]).

Der Staat unterstützt ferner die **Gewerbe-Vereine**. Wenn das Vereinswesen auf gewerblichem Gebiet auch nicht so verzweigt und durchgebildet ist, wie auf dem der Landwirthschaft, so bestehen doch solche Vereine sowohl für einzelne Arten des Gewerbebetriebes, als für bestimmte Orte oder Bezirke, letztere zum Theil als Centralvereine mit Zweigvereinen[8]).

Während das Gewerbe im Gegensatz zu der auf die Schönheit gerichteteten Kunst zunächst nur Zwecke der Nützlichkeit verfolgt, finden beide Richtungen in dem **Kunstgewerbe** ihren natürlichen Vereinigungspunkt. Der Sinn für kunstgemäße Herstellung der gewerblichen Erzeugnisse war in Deutschland unter dem einseitigen Streben nach billiger Massenproduktion nahezu verschwunden. Die geringere Wohlhabenheit und größere Bedürfnißlosigkeit der Bevölkerung begünstigte diese Entwickelung, während in England die Solidität und in Frankreich die Eleganz nie ganz verloren ging. Das einzige gewerbliche Kunst- und Muster-Institut bildete bislang in Preußen die seit 1763 auf Staatsrechnung betriebene P o r z e l l a n - M a n u f a k t u r zu Berlin. Mit dem letzten Jahrzehnt ist ein Umschwung eingetreten. Die Ueberzeugung, daß auch bei geringem Aufwand an Material und Arbeitskraft eine geschmackvolle Herstellung den Gegenständen höheren Werth verleiht, bricht sich mehr und mehr Bahn und findet auch beim Staat ihre Förderung. Zur Pflege

---

5) CR. v. 1. Nov. 1878 (MB. 267). — Von den noch vorhandenen 19 Gewerbeschulen sind bis jetzt 8 in lateinlose Realschulen umgewandelt.

6) Baugewerkschulen bestehen zu Deutsch-Krone, Eckernförde, Nienburg u. Idstein (städtisch). Die erstere ist Staatsanstalt, die letzteren werden vom Staat u. den Gemeinden gemeinschaftlich unterhalten. Die Errichtung weiterer Anstalten wird angestrebt. — Außerdem bestehen Schulen f. Weberei in Spremberg, Grünberg, Einbeck, Mühlheim u. Krefeld, f. Maschinenbau in Einbeck, f. Metallindustrie in Iserlohn, für Korbflechterei in Heinsberg u. für Töpferei (Keramik) in Höhr-Grenzhausen (Kreis Montabaur). — Gewerbliche Ausbildung der Lehrlinge (Anm. 68 S. 413).

7) Dazu gehören die Anm. 22 u. 23 (S. 345) erwähnten Anstalten sowie die gewerblichen Zeichenschulen (Kottbus, Breslau, Görlitz, Magdeburg, Halle, Kassel, Köln u. Elberfeld), welche gleichzeitig die Farbenanwendung u. die Modellirung berücksichtigen; die Zeichenakademie zu Hanau u. mehrere ähnliche von Vereinen begründete Institute.

8) Schlesischer Central-Gewerbeverein; Gewerbeverein f. Hannover (Stat. vom $\frac{12. \text{Nov.}}{30. \text{Dez.}}$ 1876) u. f. d. RegBez. Düsseldorf (Statut v. 20. Juni 1836 KA. XX. 689). — Der 1844 gegründete Centralverein für das Wohl der arbeitenden Klassen zu Berlin erstreckt sich über ganz Deutschland. Für Verdienste im Gewerbe wird eine größere, für Verdienste in gewerblichen Leistungen eine kleinere Medaille verliehen KO. v. 22. Okt. 1846 u. CR. v. 31. Aug. 1850 (MB. 280).

des Kunstgewerbes ist als ein vom Staat unterstütztes und beaufsichtigtes Privatinstitut das Kunstgewerbe-Museum zu Berlin errichtet, mit welchem zugleich ein Unterrichtsinstitut verbunden ist[9]).

§ 356.

b) Die **Patente** sind Gegenstand der Reichsgesetzgebung[10]) und durch diese geregelt[11]). Sie werden für solche Erfindungen ertheilt, die eine gewerbliche Verwerthung zulassen. Ausgeschlossen sind Nahrungs-, Genuß- und Arzneimittel und Chemikalien. Das Patent, welches gegen eine steigende Jahresgebühr auf 15 Jahre ertheilt wird, giebt dem Inhaber das Recht zur ausschließlichen gewerblichen Ausnutzung der Erfindung und verpflichtet ihn, dieselbe angemessen auszuführen und, soweit das öffentliche Interesse es gebietet, auch gegen Vergütung an Andere zu überlassen (Licenzzwang)[12]). Die Ertheilung und Zurücknahme oder Nichtigkeitserklärung der Patente erfolgt durch das Patentamt zu Berlin unter Eintragung in ein öffentlich geführtes Register und Veröffentlichung durch das Patentblatt[13]). Auf Grund der gehörig bewirkten Anmeldung[14]) und der nach Erlaß einer öffentlichen Bekanntmachung etwa erhobenen Einsprüche erfolgt die Beschlußfassung durch eine Abtheilung des Patentamtes. Der Patentsucher oder der durch den Beschluß Beeinträchtigte kann binnen 4 Wochen Beschwerde einlegen, über welche eine andere Abtheilung entscheidet[15]). Ein weiteres Verfahren vor einer besonderen Abtheilung findet Statt, wenn auf Zurücknahme oder Nichtigkeitserklärung angetragen wird[16]). Die Berufung gegen die hierauf erlassene Entscheidung geht an das Reichsgericht[17]). Die Verletzung des Patentrechts begründet Anspruch auf Entschädigung oder auf eine statt derselben zu erlegende Buße und daneben die strafrechtliche Verfolgung. Ueber beide Fragen wird auf Antrag im gerichtlichen Verfahren entschieden[18]).

§ 357.

c) **Muster- und Markenschutz.** In ähnlicher Weise, wie die Werke der Wissenschaft und Kunst[19]) werden nach Vorgang der übrigen Industriestaaten auch neue und eigenthümliche Muster und Modelle vor Nachbildung

9) AE. v. 14. Juli 1873 u. 27. Juni 1879 (CB. d. UB. 548).

10) RVerf. Art. 4⁵.

11) PatentG. vom 25. Mai 1877 (RGB. 501).

12) Das. § 1—12. — Aeltere Patente § 41—44.

13) Das. 13—19 u. V. v. 18. Juni 1877 (RGB. 533). — In den zwei Jahren 1. Juli 1877/9 wurden 6707 Patente ertheilt.

14) PatG. § 20—22 u. Bek. v. 11. Juli 1877 (MB. 154).

15) PatG. § 24—26 u. 33, verb. § 16. — Das G. hat sich damit für das früher in Preußen bestandene und auch in Amerika anerkannte Vorprüfungssystem entschieden, während in Frankreich, Belgien und Rußland das sog. Anmeldeverfahren maßgebend ist.

16) Das. § 27—30, 33; verb. § 10, 11, 14.

17) Das. § 32 u. G. v. 16. Juli 1879 (RGB. 157); Verfahren V. v. 1. Mai 1878 (RGB. 90).

18) PatG. § 34—40.

19) § 310 d. W.

geschützt. Der Schutz wird nach Wahl des Antragstellers auf 1 bis 3, ausnahmsweise bis auf höchstens 15 Jahre gewährt und ist von der Eintragung in ein öffentlich geführtes Musterregister abhängig[20]). Die Anmeldung und bez. Eintragung erfolgt bei den Amtsgerichten[21]).

Auch in Bezug auf die im geschäftlichen Verkehr üblichen Waarenzeichen (Marken) ist das deutsche Reich dem Beispiel anderer Staaten insbesondere Frankreichs gefolgt. Das Verbot, welches das Strafgesetzbuch in Betreff fälschlicher Benutzung fremder Namen und Firmen enthielt, ist hiernach auf diejenigen Zeichen ausgedehnt, welche zur Unterscheidung der Waaren von denen anderer Gewerbetreibenden angebracht werden. Voraussetzung ist, daß die Gewerbetreibenden im Handelsregister eingetragen sind und die anzuwendenden Zeichen zur Eintragung und Veröffentlichung dem Gerichte melden. Wer das Verbot übertritt, ist auf Antrag des Verletzten neben der Strafe auch zu einer Entschädigung oder statt derselben zur Zahlung einer Buße verpflichtet[22]). Den Schutz genießen im Falle der Gegenseitigkeit auch die Gewerbetreibenden anderer Länder[23]). — Als Waarenbezeichnung ist der Kaiserliche Adler mit Ausschluß des Wappenschildes zugelassen[24]).

VI. Handel.

1. Einleitung.

§ 358.

Der Begriff des Handels umfaßt die als selbstständiges Unternehmen betriebene Vermittelung, durch welche Güter aus einer Wirthschaft in eine andere übergeführt werden. Er setzt das Vorhandensein von Gütern (Waaren) voraus und wird dadurch abhängig von Produktion und Gewerbe[1]). An-

---

[20]) RG. v. 11. Jan. 1876 (RGB. 11); AusfBest. v. 29. Feb. u. 23. Juli 1876 (CB. 123 u. 404). Sachverständigenvereine wie Anm. 5 (S. 343).

[21]) G. v. 24. April 1878 (GS. 230) § 25[1], 30, 69 u. 109.

[22]) RG. v. 30. Nov. 1874 (RGB. 143); AusfBek. v. 8. Feb. 1875 (CB. 123) u. Vf. v. 22. März 1875 (JMB. 88).

[23]) § 20 des G. Das Gegenseitigkeitsverhältniß besteht mit Oesterreich-Ungarn Bek. v. 20. Aug. 1875 (RGB. 259); Großbrittannien Dekl. v. 14. April 1875 (RGB. 199); Frankreich Dekl. v. 8. Aug. 1873 (RGB. 365); Belgien Bek. v. 13. Sept. 1875 (RGB. 301); Luxemburg Bek. v. 14. Juli 1876 (RGB. 169); Portugal Vtr. v. 2. März 1872 (RGB. 258) Art. 10; Spanien Vtr. v. 30. März 1868 (BGB. 322) Art. 6; Italien Bek. v. 20. April 1875 (RGB. 200); Dänemark Bek. v. 4. April 1879 (RGB. 123); Schweden-Norwegen Bek. v. 11. Juli 1872 (RGB. 293); Rußland Bek. v. 18. Aug. 1873 (RGB. 337); Nordamerika Vtr. v. 11. Dez. 1871 (RGB. 1872 S. 95) Art. 17 u. Brasilien Bek. v. 28. Feb. 1877 (RGB. 406); — ferner für Namen u. Firmen mit Ausschluß der Marken mit d. Schweiz Vertr. v. 13. Mai 1869 (BGB. 603) Art. 10.

[24]) AErl. v. 16. März u. 11. April 1872 (RGB. 90 u. 93).

[1]) Im Begriff ist der Handel vollständig vom Gewerbe getrennt; that-

derseits verschafft er ihren Erzeugnissen neben dem eignen Gewinn auch die bestmögliche Verwerthung und wird dadurch zur Grundbedingung und zu einem wichtigen Förderungsmittel für diese Betriebe.

Der Handel tritt in der Geschichte schon früh auf, wird aber erst nach der Entdeckung Amerika's Gegenstand staatlicher Thätigkeit (Handelspolitik). Seine Bedeutung führte zu der Ansicht, daß er die alleinige Quelle des Wohlstandes sei und zu dem Versuch, denselben zu organisiren und für den Staat nutzbar zu machen (Merkantilsystem)[2]. Dies ist das polizeiliche Zeitalter des Handels, in dem derselbe mit Ausfuhrprämien bedacht, zugleich aber durch Einfuhrverbote beschränkt wurde (Prohibitivsystem) und jeder freien Entwickelung entbehren mußte. Der Grundsatz der Handelsfreiheit kam erst zu Anfang des Jahrhunderts[3] unter dem Einfluß des physiokratischen und vor Allem des Smith'schen Systems zur Geltung[4] und ist seitdem der herrschende geblieben. Er beruht auf der grundsätzlichen Befreiung der Handelsunternehmungen und auf der Beseitigung aller Privilegien, Monopole und sonstigen die freie Bewegung hindernden Berechtigungen. Die Handelsfreiheit wird deßhalb durch den Kampf um Freihandel und Schutzzoll[5] nicht eigentlich berührt und fordert nur, daß letzterer wie jeder Zoll unter möglichst geringer Belästigung erhoben werde[6].

Die Verwaltung des Handelswesens ist für Außenhandel und Binnenhandel verschieden. Ersterer findet in den Handelsverträgen[7], letzterer im Handelsrecht seine Ordnung. Ersterer wird durch das aus-

---

sächlich sind beide dagegen mehrfach verbunden und auch die Gesetzgebung hat sie vielfach vermengt. So werden Hausirhandel (§ 351 d. W.) und Märkte in der GewerbeO. behandelt, während die Gewerbetreibenden zugleich in den Handelskammern ihre Vertretung finden u. einige Gegenstände der gewerblichen Thätigkeit zu den Handelsgeschäften gezählt werden HandGB. (Anm. 20) Art. 271, 272.

[2]) § 312 Nr. 1 d. W.

[3]) Für Preußen vgl. G. v. 26. Mai 1818 (GS. 65) § 1—7 u. 16.

[4]) § 312 Nr. 2 u. 3 d. W.

[5]) § 153.

[6]) § 155.

[7]) Handelsverträge des Reichs und des früheren Zollvereins mit Oesterreich-Ungarn v. 23. Mai 1881 (RGB. 123); mit Belgien v. 22. Mai 1865 (GS. 857) nebst Verlängerung v. 30. Mai 1881 (RGB. 172); mit der Schweiz v. 23. Mai 1881 (RGB. 155); mit Frankreich v. 2. Aug. 1862 (GS. 1865 S. 333 u. 464) nebst Konv. v. 11. Dez. 1871 (RGB. 1872 S. 7) Art. 17; mit Großbrittanien vom 30. Mai 1865 (GS. 865) u. Dekl. des Art. 6 Anm. 23 (S. 418); mit Italien v. 31. Dez. 1865 (GS. 1866 S. 85); mit Portugal v. 2. März 1872 (RGB. 254); mit Schweden-Norwegen GS. 1827 S. 39; Dänemark 1846 S. 327; Holland 1852 S. 145; Griechenland 1840 S. 65 u. 1858 S. 231; Rumänien RGB. 1881 S. 199; Türkei GS. 1863 S. 169; Persien RGB. 1873 S. 351; Japan BGB. 1870 S. 1; China GS. 1863 S. 265 u. RGB. 1881 S. 261; Siam GS. 1864 S. 17; Liberia BGB. 1868 S. 197; S. Salvador das. 1872 S. 377; Costa-Rika das. 1877 S. 13; Nordamerika GS. 1828 S. 25; Brasilien das. S. 75; Chile das. 1863 S. 761; Paraguai das. 1862 S. 95; Uruguai das. 1857 S. 457; Argentinische Konföderation das. 1859 S. 405; Tonga RGB. 1877 S. 517; Hawai das. 1880 S. 1 u. Samoa das. 1881 S. 29.

wärtige Amt und die Konsulate[8]), letzterer durch das Min. für Handel und Gewerbe[9]) und die allgemeinen Landesbehörden verwaltet. Zur Wahrnehmung der Gesammtinteressen der Handel- und Gewerbetreibenden bestehen für bestimmte Bezirke Handelskammern[10]). Sie bilden die Vermittelung zwischen dem Handelsstand und den Behörden[11]); ihre Errichtung fordert Genehmigung des Handelsministers[12]). Die Mitglieder werden der Regel nach von den in das Handelsregister eingetragenen Kaufleuten des Bezirks auf 3 Jahre gewählt[13]). Die Handelskammer ordnet ihr Kassen-, Rechnungs- und Büreauwesen selbstständig und beschließt über Aufbringung der Kosten. Diese werden nach der Handelsgewerbesteuer vertheilt und als Zuschläge zu dieser erhoben. Wenn sie 10 Proz. der Steuer übersteigen, wird Ministerialgenehmigung erforderlich[14]). — In den Städten Königsberg, Memel, Tilsit, Danzig, Elbing, Berlin, Stettin und Magdeburg werden die Interessen des Handelsstandes durch die kaufmännischen Korporationen, in Altona durch ein Kommerz-Kollegium vertreten. Diese Körperschaften haben zugleich eine vermögensrechtliche Bestimmung und besitzen Korporationsrechte[15]). — Für die Verwaltung der Handelssachen ist die Handelsstatistik von besonderer Bedeutung, welche durch die Kontrolle des auswärtigen Waarenverkehrs[16]) eine neue Grundlage gewonnen hat und nebst dem gesetzgeberischen Material in dem Handelsarchiv veröffentlicht wird[17]).

Die staatliche Einwirkung ist im Handel, der sich vor Allem auf eigne persönliche Thätigkeit angewiesen sieht, eine nur beschränkte. Zum Theil fällt sie mit den allgemeinen Aufgaben der Wohlstandspflege, namentlich dem Kredit- und Verkehrswesen[18]) zusammen. Sodann hat der Staat für die Handelsverhältnisse eine feste Rechtsordnung hergestellt (Nr. 2) und gewisse Einrichtungen herbeigeführt, die den Zwecken des Handels ausschließlich dienen, wie die Märkte, Börsen und Mäkler (Nr. 3) oder doch vorwiegend für dieselben in Betracht kommen, wie die Maaße und Gewichte (Nr. 4) und das Münzwesen (Nr. 5). — Alle diese Gegenstände unterliegen der Reichsgesetzgebung[19]) und sind von dieser geregelt.

---

8) § 78 u. 80 d. W.

9) § 48.

10) G. v. 24. Feb. 1870 (GS. 134), Einf. in Lauenburg G. v. 25. Feb. 1878 (GS. 97) § 8³.

11) Das. § 1, 31—34. — Geschäftsgang § 26—30.

12) Das. § 2.

13) Das. § 3—19 u. (im Geb. der KrO.) ZustG. § 147 (Klagefrist 2 Wochen OrgG. § 42).

14) HKG. § 20—25 u. bez. ZustG. § 146, 147.

15) HKG. § 36.— Die revidirten Statuten (Königsberg v. 12. Juni, Memel v. 22. Aug., Tilsit v. 17. Nov., Danzig v. 5. Juli, Elbing v. 31. Jan. 1871, Berlin v. 1. März 1870, Stettin vom 14. März 1871) sind in den Amtsblättern veröffentlicht. Instr. f. d. KomKoll. zu Altona v. 14. Juli 1738.

16) § 154 (S. 190) d. W.

17) ER. v. 24. April 1880 (MB. 117).

18) § 316—319 u. 363—378 d. W.

19) RVerf. Art. 4² u. ³.

2. Handelsrecht.

§ 359.

Die durch die Natur und Bedürfnisse des Handelsverkehrs gegebene Nothwendigkeit eines einheitlichen Handelsrechts hatte schon vor Entstehung des Reichs zur Bearbeitung eines Deutschen Handelsgesetzbuches geführt, welches nach Maßgabe besonderer Einführungsgesetze in die einzelnen Staaten Eingang gefunden hatte[20]), demnächst aber im Reich eingeführt und damit jeder weiteren Einwirkung durch die Landesgesetzgebung entzogen ist[21]).

Das H.-G.-B. gilt für Handelssachen (Handelsrechtsstreitigkeiten) und läßt, wo es keine Bestimmungen enthält, die Handelsgebräuche und in deren Ermangelung das allgemeine bürgerliche Recht in Anwendung[22]). Im Einzelnen erstreckt es sich auf Handelspersonen (Buch 1—3), Handelsgeschäfte (Buch 4) und auf den Seehandel (Buch 5)[23]).

Handelspersonen sind diejenigen, welche Handelsgeschäfte gewerbsmäßig betreiben, entweder als Kaufleute[24]) oder als Handelsgesellschaften. Beide werden durch die Handelsfirma bezeichnet und diese findet mit denjenigen Ereignissen, von denen ihre Wirksamkeit gegen Dritte abhängig erscheint, in den öffentlichen Handelsregistern die erforderliche Beurkundung[25]). Zuständig hierfür sind die Amtsgerichte[26]). — Als beim Handel mitwirkende Personen werden Prokuristen und Handlungsbevollmächtigte[27]), Handlungsgehülfen[28]) und Mäkler[29]) aufgeführt.

Die Handelsgesellschaften sind offene, Kommandit-, Aktien- oder stille Gesellschaften. Die offene Handelsgesellschaft wird unter gemeinschaftlicher Firma betrieben, wobei kein Gesellschafter auf bloße Vermögens-

---

[20]) Deutsches Handels-Gesetzbuch abgedruckt BGB. 1869 S. 404.— EinfG. f. Altpreußen v. 24. Juni 1861 (GS. 449) nebst Instr. v. 12. Dez. 1861 (JMB. 328); f. Schl.-Holstein v. 5. Juli 1867 (GS. 1133); f. Hannover G. v. 5. Okt. nebst zwei Bek. v. 15. Nov. 1865 (Hann. GS. I 213, 483 u. 513), auf d. Jadegebiet ausgedehnt G. v. 9. März 1870 (GS. 248); f. Kurhessen v. 3. Mai 1865; f. Nassau v. 1. Okt. 1861.— Diese Gesetze gelten fort, soweit sie nicht das HGB. ändern Deutsch. EinfG. (Anm. 21) § 2.

[21]) G. v. 5. Juni 1869 (BGB. 379). Einf. in Süddeutschl. Anm. 12 (S. 7).

[22]) HGB. Art. 1; Pr. EinfG. Art. 2.

[23]) Die Systematik des HGB. ist nicht ganz zutreffend. Die Handelsgesellschaften (Buch. 2 u. bez. 3) bilden einen Theil des in Buch 1 enthaltenen Handelsstandes u. die Beweiskraft der Handelsbücher (Art. 28—40) fällt nicht unter den Handelsstand (Buch 1), sondern unter die Handelsgeschäfte (Buch 4).

[24]) HGB. Art. 4—11 (Art. 5 erg. G. v. 11. Juni 1870 RGB. 375 § 1); Pr. EinfG. Art. 19, 20, 34, 37—43.

[25]) HGB. Art. 12—27; Pr. EinfG. Art. 4 u. 5—7. Aenderung der letzteren §§ u. Ausdehnung auf die ganze Monarchie G. v. 24. März 1879 (GS. 281) § 28. Vgl. Pr. EinfG. Art. 13, 20 u. D. EinfG. § 3 B. 2.

[26]) G. v. 24. April 1878 (GS. 230) § 25[1], 30, 69 u. 109.

[27]) HGB. Art. 41—56; Pr. EinfG. Art. 21.

[28]) HGB. Art. 57—65.

[29]) § 360 d. W.

einlagen beschränkt sein darf[30]). Ersteres gilt auch von der Kommanditgesellschaft, doch haften hier nur einige Gesellschafter voll (persönlich), während die übrigen (Kommanditisten) mit bloßen Vermögenseinlagen betheiligt sind[31]). Werden diese Einlagen in Aktien zerlegt, die auf Namen und mindestens 150 M. lauten müssen, so entsteht die Kommanditgesellschaft auf Aktien[32]). Bei der Aktiengesellschaft sind sämmtliche Gesellschafter nur mit Einlagen ohne persönliche Haftung betheiligt[33]). In der stillen Gesellschaft betheiligt sich Jemand am Handelsbetriebe eines Andern mit einer Vermögenseinlage gegen Antheil an Gewinn und Verlust[34]). Als volle Handelsgesellschaft ist diese ebenso wenig anzusehen, wie die bloße Vereinigung zu einzelnen Handelsgeschäften[35]).

Die Handelsgeschäfte bilden einen Theil des Obligationenrechts, der mit Rücksicht auf die räumlich ausgedehntere Geltung des HGB. und die Eigenthümlichkeit des Handelsbetriebs im Handelsrecht geregelt ist[36]). Besondere Beweiskraft ist den ordnungsmäßig geführten Handelsbüchern beigelegt[37]). Die einzelnen Handelsgeschäfte sind der Kauf[38]), das Kommissionsgeschäft, das im eignen Namen für Rechnung eines Auftraggebers geschlossen wird[39]), das Speditionsgeschäft, durch welches im eignen Namen für fremde Rechnung Güterversendungen übernommen werden[40]) und das Frachtgeschäft[41]).

Die Bestimmungen über Seehandel (Seerecht) fallen in das Gebiet der Schiffahrtsgesetzgebung[42]).

Die Entscheidung der Handelsstreitigkeiten erfolgt durch die ordentlichen Gerichte und im ordentlichen Verfahren[43]).

3. Märkte, Börsen und Handelsmäkler.

§ 360.

Messen und Märkte haben in Folge der erleichterten Absatz- und Verkehrsverhältnisse ihre Bedeutung für den Großhandel längst eingebüßt[44]).

30) HGB. Art. 85—149; Pr. EinfG. Art. 13, 23, 24, vrb. KonkO. § 198—201.

31) HGB. Art. 150—172, Pr. EinfG. u. KonkO. a. a. O.

32) HGB. Art. 173—206 nebst G. v. 11. Juni 1870 (RGB. 375) § 1; Pr. EinfG. Art. 10, 11, 13, 23, 24, vrb. KonkO. a. a. O.

33) Ueber Aktiengesellschaften, die auch, wo sie nicht handeltreibende sind, nach im Wesentlichen gleichen Grundsätzen geregelt sind s. § 320 d. W.

34) HGB. Art. 250—265.

35) Das. Art. 266—270.

36) Das. Art. 271—336, Pr. EinfG. Art. 15 u. 26 (verb. D. EinfG. § 3 B. Nr. 3—6), Art. 27, 30 u. 44.

37) HGB. Art. 28—33, 37 (Satz 1), 38 u. 40. (Die übrigen Best. des Titels sind aufgehoben EinfG. v. 30. Jan. 1877 RGB. 244 § 13²); Pr. EinfG. Art. 22 u. 34.

38) HGB. Art. 337—359.

39) Das. Art. 360—378 u. Pr. EinfG. Art. 45.

40) HGB. Art. 379—389.

41) Das. Art. 390—421, insbes. Eisenbahnfrachtgeschäft Art. 422—431.

42) § 365 d. W.

Sie haben sich indeß für den Kleinverkehr als Jahr- und Krammärkte behauptet und sind vor Allem für den Handel mit landwirthschaftlichen Erzeugnissen wichtig geblieben, der für bestimmte einzelne Produkte auf den Getreide-, Vieh-, Woll- und ähnlichen Märkten und für die gewöhnlichen Lebensmittel auf den Wochenmärkten seine Vermittelung findet. Alle diese Märkte, deren Zahl, Zeit und Dauer von der Verwaltungsbehörde — im Gebiet der Kreisordnung vom Provinzial- und Bezirksrath — festgesetzt wird[45]), fördern die Konkurrenz und erleichtern den Absatz. Der Marktverkehr genießt deßhalb in polizeilicher wie in steuerlicher Beziehung ausgedehnte Begünstigungen[46]). Marktstandsgelder müssen nach der Zeitdauer und Größe des in Anspruch genommenen Raumes mit höchstens 20 Pf. für den qm. täglich bemessen und dürfen nur unter Genehmigung der Verwaltungsbehörde bez. des Bezirksraths erhoben werden[47]).

Den Markt für Abschluß der Geldgeschäfte bildet die Börse, die nach ihrem Gegenstand als Fonds- oder Waarenbörse bezeichnet wird. Ihre Errichtung unterliegt der Genehmigung des Ministers. Gleiches gilt vom Erlaß der Börsenordnungen, welche über die Feststellung und Veröffentlichung der Kurse und Preise Bestimmung zu treffen haben[48]). Die Aufsicht führen die Kaufmannschaften, bez. die Handelskammern[49]).

Die Handelsmäkler sind amtlich bestellte und gerichtlich vereidigte Vermittler von Handelsgeschäften. Sie genießen öffentlichen Glauben. Ein ausschließliches Recht zum Geschäftsbetrieb steht ihnen dagegen nicht zu. Die Ernennung erfolgt durch die Kaufmannschaften und Handelskammern unter Bestätigung der Regierungen, bez. der Regierungs-Präsidenten[50]).

4. Maße und Gewichte.

§ 361.

Maß und Gewicht hatte sich in Deutschland dem örtlichen Herkommen entsprechend sehr verschiedenartig entwickelt. Eine mehr einheitliche Gestaltung war zwar Seitens der Landesregierungen und des Zollvereins mehrfach an-

---

43) HGB. Art. 3. — Vgl. § 176 ff. u. § 191 ff., insbes. üb. die bei den Landgerichten bestehenden Kammern für Handelssachen § 179 d. W.

44) Auch die staatlichen Leggeanstalten in den Provinzen Hannover, Westfalen u. Hessen, in denen zum Zweck des Absatzes die Leinengewebe in Bezug auf Größe u. Feinheit amtlich beglaubigt wurden, sind aufgehoben G. v. 15. März 1875 (GS. 165).

45) GewO. (Anm. 14 S. 404) § 65, vrb. § 63, 66 u. (im Geb. d. KrO.) ZustG. § 136[4 u. 5], 139 u. 140.

46) GewO. § 64, 66, 67, 69—71.

47) Das. § 68, G. v. 26. April 1872 (GS. 513), Einf. in Lauenburg G. v. 25. Feb. 1878 (GS. 97) § 8[4]; AusfVerf. v. 10. Juni 1872 (MB. 185); ZustG. § 141.

48) Pr. EinfG. (Anm. 20) Art. 3 § 1 bis 3 u. Art. 60[2]; Schl.-Holst. EG. (das.) § 92—94. — Börsen finden sich an den Orten, wo Kaufmannschaften bestehen (Anm. 15) u. in Breslau, Posen, Frankfurt a. M. u. Köln.

49) G. v. 24. Feb. 1870 (GS. 134) § 34.

50) HandGB. Art. 66—76, 79 Abs. 1 u. 80—84 (Aufhebung der übrigen Be-

bahnt, doch sind die hierauf gerichteten Bestrebungen erst durch die Reichsgesetzgebung zum endgültigen Abschluß gebracht[51]). Die Grundlage bildet das Meter mit dezimaler Theilung und Vervielfachung[52]). Da das gleiche System von einer Mehrzahl anderer Staaten angenommen ist und die Uebereinstimmung vertragsmäßig überwacht wird[53]), so ist damit neben der nationalen auch eine internationale Uebereinstimmung hergestellt.

Die Eintheilung nnd Bezeichnung ist festgestellt wie folgt:

a) Längenmaß bildet das Meter (Stab, m), in Hundert getheilt als Centimeter (Neuzoll, cm), in Tausend als Millimeter (Strich, mm); anderseits verzehnfacht als Dekameter (Kette) und vertausendfacht als Kilometer (km). Die Meile, welche annähernd 7½ km umfaßte, ist fortgefallen.

b) Flächenmaß ist das Quadratmeter (Quadratstab, qm). 100 qm bilden ein Ar (a) und 10000 ein Hektar (ha); (Quadratkilometer qkm, Quadratcentimeter qcm und Quadratmillimeter qmm.)

c) Die Grundlage für Körpermaße (Raum- und Hohlmaße) bildet das Kubikmeter (Kubikstab, cbm). Ein Tausendstel bildet die Einheit und heißt Liter (Kanne, l); 100 l bilden das Hektoliter (Faß hl), 50 l einen Scheffel, ½ l einen Schoppen; (Kubikcentimeter ccm und Kubikmillimeter, cmm).

d) die Einheit für das Gewicht ist das Kilogramm (kg); das Tausendstel heißt Gramm (g) mit dezimalen Unterabtheilungen (Dezigramm, dg, Milligramm, mg); ½ kg bildet ein Pfund, 50 kg heißen Centner, 1000 kg Tonne (t)[54]).

Nach den Grundsätzen der Maß- und Gewichtspolizei dürfen im öffentlichen Verkehr nur gestempelte Maße, Gewichte und Waagen angewendet werden. Gleiches gilt von Alkoholometern, Weinfässern mit Raumangabe und Gasmessern. Gewerbetreibende dürfen für ihr Gewerbe geeignete ungestempelte oder unrichtige Maße, Gewichte und Waagen nicht besitzen[55]).

---

stimmungen des Tit. Anm. 37); Pr. EinfG. Art. 9 u. 60²; G. v. 24. Feb. 1870 § 33. — Mäkler überhaupt § 350 Nr. II. 6 (S. 408) d. W.

[51]) Maß- u. GewichtsO. v. 17. Aug. 1868 (BGB. 473); Einf. in Süddeutschl. Anm. 12 (S. 7), insbes. in Baiern G. v. 26. Nov. 1871 (RGB. 397), in Elf-Lothringen G. v. 19. Dez. 1874 (RGB. 1875 S. 1).

[52]) M. u. GewO. Art. 1.

[53]) Intern. Meterkonvention zwischen Deutschland, Oesterreich, Belgien, Frankreich, Portugal, Spanien, Italien, Schweiz, Dänemark, Schweden-Norwegen, Rußland, Türkei, Nordamerika, Venezuela, Brasilien, Peru u. der argentinischen Konföderation v. 20. Mai 1875 (RGB. 1876 S. 191).

[54]) M. u. GewO. Art. 2—7 (Art. 4 aufgeh. G. v. 7. Dez. 1873 RGB. 377). — Abgekürzte Bezeichnung CR. v. 13. Dez. 1877 (CB. 565, MB. 1878 S. 11). Schreibweise der mehrstelligen u. Dezimalzahlen Anm. 74 (S. 63).

[55]) M. u. GewO. Art. 10—13 u. StGB. § 369². — Zulässige Abweichungen CR. v 11. Juli 1875 (MB. 287), beim Brennmaterialienverkauf Bek. v. 16. Aug. 1871 (RGB. 328). — Maß- u. Gewichtsrevisionen CR. v. 13. Mai 1876 (MB. 135). — Schankgefäße für Wein u.

Die Eichung (Prüfung) und Stempelung der Maße und Gewichte erfolgt durch besondere Eichungsbehörden. Für das Reich ausschließlich Baierns hat die Normal-Eichungs-Kommission zu Berlin das Eichungswesen zu regeln und im Interesse des Verkehrs und der Einheitlichkeit zu überwachen[56]). Als Landesbehörden bestehen Eichungsinspektoren, welche innerhalb der Provinzen die Aufsicht führen und Eichungsämter. Letztere sind, soweit sie sich nicht am Sitz des Eichungsinspektors befinden, Gemeindeanstalten[57]). Die Eichung gilt für das Reichsgebiet[58]). Voraussetzungen, Verfahren und Gebühren der Eichung und Stempelung sind durch besondere Ordnungen festgestellt[59]).

5. Münzwesen.

§ 362.

Das gemeinsame Werthmaß für alle Güter bildet das Geld und dieses erscheint, insofern es seinen Werth aus der Substanz der edlen Metalle herleitet[60]), als Münze. Die Herstellung (Prägung) derselben war früher Regal[61]) und Quelle finanzieller Erträge. Schon das vorige Jahrhundert gelangte

---

Bier in Gast- u. Schankwirthschaften sind, w. sie nicht 1 od. 1/2 Liter halten, von 1884 ab mit dem in bestimmten Theilen desselben auszudrückenden Raumgehalt zu bezeichnen G. v. 20. Juli 1881 (RGB. 249).

[56]) M. u. GewO. Art. 18, 19, Instr. v. 21. Juli 1869 (MB. 171).

[57]) M. u. GewO. Art. 14—17; Pr. G. v. 26. Nov. 1869 (GS. 1165) nebst Ausf-Instr. v. 6. Jan. 1870 (MB. 57); erg. CR. v. 19. Jan. 1871 (MB. 41) u. v. 12. Mai 1872 (MB. 141).

[58]) M. u. GewO. Art. 20 u. G. v. 10. März 1870 (BGB. 46).

[59]) M. u. GewO. Art. 18; Eich-O. v. 16. Juli 1869 (BGB. Beil. zu Nr. 32) nebst Instr. v. 10. Dez. 1869; Nachträge I v. 30. Juni 1870 (dgl. zu Nr. 29); II. v. 6. Mai 1871 (dgl. zu Nr. 23); III. v. 31. Jan. u. IV. v. 25. Juni 1872 (dgl. zu Nr. 12 u. 26); V. v. 28. Juni 1873 (CB. 215); VI. v. 3. März 1874 (CB. 167); VII. v. 28. Sept. 1875 (CB. 711); VIII. v. 19. Aug. 1876 (CB. 454); IX. v. 6. Okt. 1877 (CB. 631); X. v. 25. März 1878 (CB. 205); XI. v. 6. Sept. 1880 (CB. 704 u. Berichtigung 1881 S. 1). — Aufhebung der § 89 u. 90 der EichO. Bek. v. 15. Feb. 1878 (CB. 104). — Eichgebühren EichO. § 82 u. Taxe (neue Redaktion mit Nachtr. I—III) v. 24. Dez. 1874 (CB. 1875 S. 94); Nachtrag IV. v. 30. Nov. 1875 (CB. 813); V v. 25. März 1878 (CB. 207); VI v. 3. Dez. 1880 (CB. 790). — Neben der EichO. gelten besondere Vorschriften üb. Eichung u. Stempelung:

a) der Maße für Brennmaterialien u. Mineralprodukte Bek. v. 15. Feb. 1871 (RGB. Beil. zu Nr. 11); Nachtr. I v. 31. Jan. u. II v. 25. Juni 1872 (RGB. Beil. zu Nr. 12 u. 26); III v. 28. Sept. 1875 (CB. 714); — die Bergeichungsgeschäfte werden von den Revierbeamten besorgt CR. u. Instr. v. 14. April 1870 (MB. 122);
b) der Maße für flüchtige Flüssigkeiten Bek. v. 19. März 1872 (RGB. Beil. zu Nr. 12), Nachtr. v. 6. Okt. 1877 (CB. 632);
c) der Münzgewichte Bek. v. 31. Jan. 1872 (RGB. Beil. zu Nr. 12) und v. 27. Jan. 1877 (CB. 90);
d) der Medizinalgewichte Anw. v. 6. Mai 1871 (RGB. Beil. zu Nr. 23) u. Bek. v. 1. Mai 1872 (dgl. zu Nr. 14);
e) der Federwaagen Bek. v. 25. Juni 1872 (RGB. Beil. zu Nr. 26) u. d. Neigungswaagen Bek. v. 19. Aug. 1876 (CB. 455) und Nachtr. vom 25. März 1878 (CB. 206).

[60]) Das Papiergeld erhält seinen Werth durch den Staatskredit vgl. S. 152 d. W.

[61]) Das. § 125.

indeß zu der Einsicht, daß die dadurch bedingte Münzverschlechterung dem Verkehr empfindliche Nachtheile zufüge. So bildeten sich feste auch die Staatsgewalt bindende Münzsysteme aus, in denen jede Hauptmünze einen bestimmten Metallwerth darstellen mußte (Münzfuß) und die daneben für den kleinen Verkehr unentbehrlichen Münzen aus unedlem oder minderwerthigem Metall (Scheidemünzen) ähnlich dem Papiergeld nur in fest begrenztem Umfang zugelassen wurden[62]). Unser Jahrhundert ist endlich bestrebt, die Münzsysteme nicht nur innerhalb der Staaten zu konsolidiren, sondern sie im Interesse des internationalen Verkehrs auch untereinander näher zu bringen.

Die Bestimmung des Werthverhältnisses der Münzen heißt Währung und diese wird, je nachdem dabei Gold, Silber oder beide Metalle zu Grunde gelegt werden, als Gold-, Silber- oder Doppelwährung (Bimetallismus) unterschieden. Letztere muß von einem bestimmten Werthverhältniß zwischen Gold und Silber (Werthrelation) ausgehen. Da dieses indeß kein feststehendes ist[63]), so tritt mit jeder Veränderung eine Verschiebung in dem gegenseitigen Werth der Gold- und Silbermünzen ein, welche das Abfließen der werthvolleren Münzsorte in das Ausland und das Zusammenströmen der billigeren in die Staatskassen zur Folge hat. Wegen dieser Unsicherheit haben die Staaten sich mehr und mehr den einfachen Währungen zugewendet und unter diesen wiederum der Goldwährung den Vorzug gegeben, weil das Gold leichter aufbewahrt und versendet werden kann und dabei im Preise konstanter und besser zu prägen ist, als das Silber[64]).

In Deutschland waren — ähnlich dem Maß- und Gewichtswesen — die zahlreichen früheren Münzsysteme durch Landesgesetze und Münzverträge mehr und mehr zusammengeschmolzen, bis zuletzt die Reichsgesetzgebung ein einheitliches deutsches Münzwesen hergestellt hat. Dabei ist an Stelle der früher — mit Ausnahme Bremens — überall herrschend gewesenen Silber- die Goldwährung getreten und in der Markrechnung die Dezimaltheilung zur vollen Durchführung gelangt[65]). Die erstere Maßregel ist noch nicht ganz abgeschlossen. Sie forderte bei entsprechender Ausprägung von Goldmünzen die Einziehung und Veräußerung derjenigen Silbermünzen, die über den als

---

[62]) Mit dieser Wandlung ist das Münzwesen aus dem Gebiet der Finanzverwaltung in das der Wohlstandspflege übergetreten.

[63]) Dasselbe schwankt zwischen $^1/_{15}$ u. $^1/_{18}$.

[64]) Frankreich, welches seit 1866 nebst den mit ihm zur sog. lateinischen Münzkonvention vereinigten Ländern (Belgien, Italien, Schweiz u. Griechenland) die Doppelwährung besitzt, hat, als das Silber bei sinkendem Preise zu massenhaft einzudringen drohte, die Silberprägungen eingestellt u. ist damit thatsächlich der Goldwährung näher gerückt. Großbrittanien ist (mit Ausnahme des bei der Silberwährung verbliebenen Ostindiens) seit 1816, Nordamerika u. Dänemark mit Schweden-Norwegen seit 1873 zur Goldwährung übergegangen, Oesterreich und Rußland (letzteres mit Ausnahme Finnlands) haben noch Silberwährung.

[65]) G. betr. Ausprägung von Reichsgoldmünzen vom 4. Dez. 1871 (RGB. 404 u. MünzG. vom 9. Juli 1873 (RGB. 233); Einf. beider in ElsLothringen G. v. 15. Nov. 1874 (RGB. 131).

Scheidemünze zugelassenen Betrag hinaus sich im Umlauf befanden. Dies konnte nur allmälig geschehen, zumal das vermehrte Angebot in Verbindung mit anderen Umständen ein Sinken der Silberpreise zur Folge hatte[66].

Die Reichswährung ist mit dem 1. Januar 1876 in Kraft getreten[67]. Die Ausprägung der neuen und die Einziehung der früheren und abgenutzten Münzen erfolgt auf Reichsrechnung durch die Landesmünzstellen[68]. Die Außerkurssetzung sowie die Zulassung fremder Münzen bestimmt der Bundesrath[69]. Die Mark wird in 100 Pfennige getheilt. Als Reichsgoldmünzen werden Stücke zu 5, 10 und 20 M. ausgeprägt[70]. Die Zehnmarkstücke heißen Kronen, die Zwanzigmarkstücke Doppelkronen[71]. Daneben werden Silbermünzen zu 5, 2 und 1 M. zu 50 und 20 Pf., Nickelmünzen zu 10 und 5 Pf. und Kupfermünzen zu 2 und 1 Pf. geprägt. Der Gesammtbetrag der Silbermünzen darf 10 M., der der Kupfer- und Nickelmünzen $2^{1}/_{2}$ M. für den Kopf der Bevölkerung nicht übersteigen. Bei den Reichs- und Landeskassen werden Silbermünzen in jedem Betrage angenommen; übrigens brauchen sie nur bis zu 20 M., Kupfer- und Nickelmünzen nur bis zu 1 M. in Zahlung genommen zu werden[72].

Die Anfertigung und Inverkehrsetzung falschen Metall- oder Papiergeldes, sowie die zu diesem Zwecke erfolgende Anschaffung oder Anfertigung dazu dienender Stempel und Platten wird als Münz-Verbrechen oder Vergehen bestraft[73]. Daneben ist jede anderweite eigenmächtige Anfertigung und Ueberlassung solcher Stempel, Platten und Abdrücke mit Strafe bedroht[74].

---

[66] Der Münzvorrath im Reiche wurde berechnet (1880) wie folgt:

Reichsgoldmünzen . .	1747	Mill. M.,
Fremdes und Barrengold	15	" "
Reichssilbermünzen .	427	" "
Noch nicht eingezogene Silberthaler (geschätzt)	429	" "
	2618	Mill. M.

Von den im Betrag von 1719 Mill. M. ausgeprägten Reichsgoldmünzen ist ein Theil ins Ausland gewandert. Die Silberverkäufe sind seit 1879 eingestellt.

[67] MünzG. Art. 1 u. 14, V. v. 22. Sept. 1875 (RGB. 303). — Uebergangsbest. MG. Art. 15—17 nebst G. v. 20. April 1874 (RGB. 35) u. v. 6. Jan. 1876 (RGB. 3).

[68] MG. Art. 6, 7, 10 u. 11. — Ausprägung für Privatrechnung Art. 12. — Münzstätten u. Zuständigkeit in Preußen § 45 (S. 50) d. W.

[69] MG. Art. 8 u. 13. Verboten sind demgemäß österreichische, ungarische und niederländische Gulden Bek. v. 22. Jan. u. 29. Juni 1874 (RGB. 12 u. 111), Silber- u. Kupfermünzen österreichischen u. dänischen Gepräges Bek. v. 19. Dez. 1874 (RGB. 152), polnische Talarastücke Bek. v. 26. Feb. 1875 (RGB. 134) und finnische Silbermünzen Bek. v. 16. Okt. 1874 (RGB. 126).

[70] G. v. 4. Dez. 1871 § 1—9, MünzG. Art. 2. Form und Gepräge ER. v. 5. Juli 1874 (MB. 34).

[71] AE. v. 17. Feb. 1875 (RGB. 72).

[72] MünzG. Art. 3—5 u. 9, Form u. Gepräge s. Anm. 70.

[73] StGB. § 146—152; Anzeigepflicht § 139; Begehung im Auslande § 4^{1}. — Verfahren der Kassen ER. v. 20. Mai 1876 (MB. 124), der Gerichte StrafProzO. § 92.

[74] StGB. § $360^{4\text{ u. }5}$.

VII. Verkehr.

1. Einleitung.

§ 363.

Der Verkehr umfaßt im weiteren Sinne alle Bewegungen, durch welche der Uebergang der Güter aus einer in die andere Wirthschaft vermittelt wird; im engeren Sinn werden darunter die Mittel und Wege verstanden, welche diese Bewegung ermöglichen. Die weitere Bedeutung erstreckt sich auch über den gewerblichen, Handels- und Kapitalverkehr; die engere hier angewendete beschränkt sich dagegen auf Schifffahrt (Nr. 2), Wege (Nr. 3), Eisenbahnen (Nr. 4), Post und Telegraphen (Nr. 5).

Das Verkehrswesen bildet selbst einen Erwerbszweig, der, als der Staat ihn an sich zog, zum Regal wurde[1]). Zugleich ist dasselbe der Träger jedes andern Erwerbs und diese Bedeutung rückt bei fortschreitender Entwickelung gegen die erstere mehr und mehr in den Vordergrund. Die staatliche Thätigkeit hat damit eine veränderte Richtung genommen. Die finanzielle Seite wurde durch die volkswirthschaftliche verdrängt; das Recht wurde zur Pflicht und der Staat hat deßhalb diese Verkehrszweige auch nach Wegfall der Regalität in der Hand behalten, zumal wo eine einheitliche Leitung nothwendig wurde oder die Kapitalanlage weniger nutzbringend erschien und Konkurrenzunternehmungen ausschließen mußte (Post und Telegraph, Strom-, Kanal- und Straßenbauten). Der Wegebau ist bei vorwaltendem örtlichen Interesse auf die Selbstverwaltungskörper übergegangen. Gegenstand des freien Betriebs ist nur die Schifffahrt geblieben, während im Eisenbahnwesen der Kampf zwischen Staats- und Privatbetrieb noch nicht ausgetragen ist, zweifellos aber mit dem Siege des ersteren enden wird.

Die Bedeutung der Verkehrswege für das Gemeinwohl läßt das wichtige Recht der **Enteignung** (Expropriation) vorzugsweise hier zur Anwendung kommen[2]). Dieses Recht bestand bereits im 18ten Jahrhundert, fand aber erst im 19ten, vor Allem seit Entstehung der Eisenbahnen, seine grundsätzliche Ordnung. Für **Preußen** fand der verfassungsmäßige Grundsatz, daß das Eigenthum unverletzlich sei und nur aus Gründen des öffentlichen Wohles gegen vorgängige in dringenden Fällen wenigstens vorläufig festzustellende Entschädigung entzogen werden dürfe[3]), erst später die

[1]) Wasser-, Wege- u. Postregal s. § 125 d. W.

[2]) Anderweite Enteignungsfälle bieten:
a) die Anlage städtischer Straßen § 280 d. W.
b) die militärischen Leistungen § 100 bis 105;
c) die Landestriangulation § 32, Abs. 4;
d) der Bergbau § 323;
e) die Landeskultur § 336—339.

Der erstere Gegenstand fällt seinem Wesen nach mit dem hier behandelten zusammen. Für die drei letzteren Gebiete bestehen abweichende Enteignungsvorschriften EnteignG. (Anm. 4) § 54.

[3]) Preuß. VU. Art. 9

erforderliche einheitliche Regelung[4]). Das Enteignungsgesetz beschränkt sich auf Grundeigenthum oder Rechte an demselben. Die Frage, ob ein Enteignungsfall vorliege, wird durch Königliche Verordnung festgestellt. Zu vorübergehenden Beschränkungen bis zu 3 Jahren und zur Vornahme bloßer Vorarbeiten genügt dagegen die Anordnung der Regierung bez. des Bezirksraths[5]). Die Entschädigung, welche der Unternehmer zu leisten hat, besteht neben dem vollen Werth des abzutretenden Grundstücks einschließlich des Aufwuchses auch in dem Minderwerth der Restgrundstücke. Können diese nicht mehr ihrer Bestimmung gemäß benutzt werden, so sind sie mit zu übernehmen; Gebäude können nur ganz in Anspruch genommen werden[6]). Neben der Entschädigung sind die nach Entscheidung der Regierung bez. des Bezirksraths erforderlichen Anlagen an Wegen, Einfriedigungen und Gräben herzustellen und zu unterhalten[7]). — Das Verfahren ruht in der Hand der Verwaltungsbehörden[8]); gegen die Feststellung der Entschädigung steht jedoch beiden Theilen binnen 6 Monaten der Rechtsweg offen. Auf gleichem Wege können später hervortretende Nachtheile binnen 3 Jahren geltend gemacht werden[9]). — Mit der Enteignung geht das Grundstück frei auf den Unternehmer über. Für die Ansprüche der Realberechtigten bleibt die gezahlte Entschädigung verhaftet[10]).

2. Schiffahrt.

§ 364.

a) Die Schiffahrt theilt sich in See- nnd Binnenschiffahrt. Von den **Schiffahrtsanlagen**[11]) kommen die Häfen der Schiffahrt überhaupt, die Strom- und Kanalbauten dagegen nur der Binnenschiffahrt zu statten. — Die Häfen sind theilweise von Gemeinden, meist aber vom Staat angelegt. Das Landrecht bezeichnet sie als Eigenthum des letzteren[12]). In den Seehäfen haben alle deutschen Schiffe gleiche Rechte. Die Abgaben in denselben dürfen die gewöhnlichen Herstellungs- und Unterhaltungskosten nicht übersteigen[13]). — Durch Strombauten wird die Schiffbarkeit vorhandener Wasserzüge hergestellt oder erhalten und verbessert. Die Flußkorrektionen beginnen schon unter Friedrich dem Großen und sind dann besonders in den letzten Jahrzehnten weiter gefördert[14]). Die Offenhaltung des Flußbettes

---

[4]) Enteignungs G. v. 11. Juni 1874 (GS. 221).

[5]) Das. § 1—6 u. (im Geb. d. KrO.) § 56 u. ZustG. § 157. Erleichterungen b. Herstellung öffentlicher Wege (EG. § 3) u. b. Entnahme von Wegebaumaterialien (das. § 50—53) s. § 369 d. W.

[6]) EG. § 7—13.

[7]) Das. § 14; vrb. § 56 u. ZustG. § 157.

[8]) Allgem. Bestimmungen EG. § 39 bis 43; Feststellung des Plans § 15—22, (insbesondere für Eisenbahnen § 23); der Entschädigung § 24—29; Vollziehung § 32—38; verb. ZustG. § 157.

[9]) EG. § 30 u. 31.

[10]) Das. § 44—49. — Rückkaufsrecht s. § 330 d. W.

[11]) **Möglichkeit der Förderung durch Kulturrentenbanken § 335 u. durch Wassergenossenschaften § 336 d. W.**

[12]) LR. II 15 § 80.

[13]) RVerf. Art. 54, Abs. 3 u. 5.

[14]) Rechtsverhältniß der Ströme s. § 336 (Anm. 19—23) d. W.

wird neben der Vertiefung mittelst Baggerung oder Sprengung hauptsächlich durch Förderung des regelmäßigen Abzugs erzielt, indem der Lauf des Flusses durch Anlegung von Durchstichen verkürzt oder das Strombett durch Einbauten (Buhnen, Haken) eingeengt wird. — Die Strombauverwaltung ist für den Rhein, die Elbe und den zwischen Breslau und Schwedt belegenen Theil der Oder in die Hand je einer Behörde gelegt, welche dem Ober-Präsidenten der Rheinprovinz bez. der Provinzen Sachsen und Schlesien unterstellt ist[15]). — Die Kanäle vermitteln den Transport insbesondere schwerwiegender Gegenstände zu verhältnißmäßig geringen Preisen und haben deßhalb, obwohl zeitweilig durch die Eisenbahnen zurückgedrängt, doch ihre Bedeutung neben denselben behauptet. In den letzten Jahren ist ihnen vermehrte Beachtung zugewendet, die sich sowohl auf Ausdehnung des Kanalnetzes als auf die Vertiefung der vorhandenen Kanäle und deren Einrichtung für die Dampf-Schleppschiffahrt erstreckt.

Die Verwaltung der **Schiffahrts-, Hafen- und Strompolizei** einschließlich des Erlasses der Polizeiverordnungen erfolgt ohne Konkurrenz der Selbstverwaltungsorgane durch den Handelsminister, Ober- und Regierungs-Präsidenten bez. die Regierung[16]). Als Organe derselben bestehen besondere Schiffahrts- und Hafenbehörden[17]).

§ 365.

b) **Seeschiffahrt.** Alle deutschen Kauffahrteischiffe bilden eine einheitliche Handelsmarine[18]) und genießen mit ihrer Flagge zur See den gemeinsamen Schutz des Reichs[19]). Die Flagge ist schwarz-weiß-roth[20]). Sie ist das Kennzeichen der Nationalität der Schiffe, welche durch die Reichsangehörigkeit der Eigenthümer und die Eintragung in die von den Amtsgerichten geführten öffentlichen Schiffsregister bedingt und durch Schiffscertifikate nachgewiesen wird[21]). — Zur Sicherung des Schiffsverkehrs im Auslande sind auf Grundlage der Gegenseitigkeit mehrfach Schifffahrtsverträge

[15]) Elbe Bek. v. 20. Dez. 1876, Oder Regl. v. 14. Juni 1879; Rhein Regl. v. 24. Okt. 1850 (MB. 1851 S. 20).

[16]) OrgG. § 72², 74, 81 u. KrO. v. 13. Dez. 1872, (neue Fassung GS. 1881 S. 180) § 59 Abs. 2.

[17]) Schiffahrts-Kommissionen zu Swinemünde n. Köln; Hafen-Polizei-Kommissionen zu Memel, Pillau, Kolbergermünde, Königsberg, Rügenwaldermünde u. Stolpmünde; Hafenämter zu Emden, Geestemünde, Harburg u. Leer. In Danzig u. Stettin werden die Funktionen v. d. Kön. Polizei-Direktionen wahrgenommen.

[18]) Die deutsche Handelsmarine umfaßte (1880) 4403 Segel- und 374 Dampfschiffe. Die Zahl der ersteren nimmt ab, die der letzteren dagegen zu.

[19]) RVerf. Art. 4⁷ u. Art. 54 Abs. 1 und 5. — Ausübung dieses Schutzes durch die Konsuln u. Pflicht der Schiffsführer zur Meldung § 80, Abs. 4 d. W.

[20]) RVerf. Art. 55 u. V. v. 25. Okt. 1867 (BGB. 39).

[21]) RVerf. Art. 54 Abs. 2 u. G. v. 25. Okt. 1867 (BGB. 35). Dasselbe ist ReichsG. (Anm. 12. S. 7) u. erg. durch Ges. vom 28. Juni 1873 (RGB. 184); AusfVorschr. v. 13. Nov. 1873 (RGB. 367). — Entsprechende Vorschriften enthielt bereits das HandGB. (Anm. 20 S. 421) Art. 432—438. — Zuständigkeit der Amtsgerichte G. v. 24. April 1878 (GS. 230) § 25¹ u. 30; Ertheilung von Auszügen aus den Schiffscertifikaten Vf. v. 10. Mai 1881 (JMB. 92).

abgeschlossen[22]. — Auf diesem Wege oder durch Kaiserliche Verordnung kann auch ausländischen Schiffen das übrigens vom Jahre 1882 ab den deutschen Schiffen vorbehaltene Recht der Küstenfrachtfahrt (Cabotage) an deutschen Küsten eingeräumt werden[23]. — Ferner ist durch Vertrag der Großmächte, Sardiniens und der Pforte das Kriegsseerecht dahin geordnet, daß die Kaperei abgeschafft, mit Ausnahme der Kriegskontrebande die neutrale Flagge und das neutrale Gut unter feindlicher Flagge von der Beschlagnahme frei bleibt und Blokaden nur, wenn sie thatsächlich durchgeführt werden können, rechtsverbindlich sind[24].

Das Seerecht wird im Handels-Gesetzbuch[25] unter den Bestimmungen vom Seehandel geregelt. Es umfaßt die Rechtsverhältnisse der Seeschiffe[26], der Rheder (Schiffseigenthümer) sowohl Dritten gegenüber[27] als im Gegenseitigkeitsverhältniß mehrerer Mitrheder[28] und der Schiffer (Schiffsführer)[29]. Weiter werden daselbst behandelt das Frachtgeschäft zur Beförderung von Gütern[30] und Reisenden[31]; die Bodmerei (das Darlehnsgeschäft, welches unter bestimmten Voraussetzungen, vom Schiffer unter Verpfändung von Schiff, Fracht und Ladung eingegangen werden darf)[32]; die Haverei (der an Schiff und Ladung zur Errettung beider aus Gefahr vorsätzlich verursachte Schaden)[33]; der Berge- und Hülfslohn für Bergung und Hülfsleistung in Seenoth[34]; die Rechte der Schiffsgläubiger[35] und die Seeversicherung[36]. Die seerechtlichen Verjährungsfristen sind bei der Nothwendigkeit schleuniger Regelung nur kurz bemessen[37].

[22]) Schifffahrtsverträge mit Frankreich v. 2. Aug. 1862 (GS. 1865 S. 450), Großbrittanien v. 16. Aug. 1865 (GS. 1866 S. 73), Italien v. 14. Okt. 1867 (BGB. 317); Schifffahrt auf dem schwarzen Meer u. der Donau Vtr. v. 13. März 1871 (RGB. 104). — Entsprechende Vorschriften finden sich auch in den Handelsverträgen Anm. 7 (S. 419).

[23]) G. v. 22. Mai 1881 (RGB. 97). Das Recht ist den Schiffen von Belgien, Brasilien, Dänemark, Großbrittanien, Italien und Schweden-Norwegen eingeräumt u. steht den Schiffen von Oesterreich-Ungarn, Rumänien, Siam u. Tonga vertragsmäßig zu. V. u. Bek. v. 29. Dez. 1881 (RGB. 275 u. 246).

[24]) V. v. 12. Juni 1856 (GS. 585); Beitritt der deutschen Staaten Bek. v. 3. Nov. 1858 (GS. 568).

[25]) Anm. 20 u. 21 (S. 421).

[26]) HGB. Art. 439—449; Pr. EinfG. Art. 54. — Schiffsregister s. Anm. 21.

[27]) HGB. Art. 450—455 u. 477.

[28]) Das. Art. 456—476.

[29]) Das. Art. 478—527 (zu Art. 489 Pr. EinfG. 55; zu Art. 520 Berichtigung GS. 1877 S. 218; Art. 488 u. 494 sind aufgehoben G. v. 30. Jan. 1877 RGB. 244 § 13[2]). — Aufgehoben ist auch der sich daran schließende Tit. 4. (Art. 528 bis 556) des HGB. betr. die Schiffsmannschaft SeemannsO. v. 27. Dez. 1872 (RGB. 409) § 110.

[30]) HGB. Art. 557—664.

[31]) Das. Art. 665—679.

[32]) Das. Art. 680—701.

[33]) Das. Art. 702—735. — Auf Grund der eidlichen Bekundung des Hergangs Seitens des Schiffers u. der Besatzung (Ablegung der Verklarung) erfolgt die Seeschädenauseinandersetzung (Dispache) durch eigens vom Gericht angestellte Personen (Dispacheure) Art. 729, 731 u. Pr. EinfG. Art. 57. — Schadensersatz bei Zusammenstoß Art. 736—741.

[34]) Das. Art. 742—756.

[35]) Das. Art. 757—781 u. Pr. EinfG. Art. 58. — Verpfändung der Seeschiffe Art. 59, verb. Anm. 6 (S. 252).

[36]) HGB. Art. 782—905 (Art. 889 aufgeh. G. v. 30. Jan. 1877 RGB. 244 § 13[2]). — Strafe betrügerischer Zerstörung od. Beschädigung versicherter Schiffe StGB. § 265.

[37]) HGB. Art. 906—911.

Dem Schutz der Seeschifffahrt gegen die ihr drohenden besonderen Gefahren wird neben entsprechenden Strafvorschriften[38]) durch eine Reihe eigner Einrichtungen gedient. Zur Abgabe von Gutachten auf diesem Gebiet besteht die dem Reichsamt des Innern unterstellte technische Kommission für Seeschifffahrt. Unter dem Marine-Ministerium steht die deutsche Seewarte zu Hamburg, welche die Kenntniß des Meeres und der Witterung im Interesse der Seeschifffahrt fördern soll[39]). Auch die zur Sicherung der Schifffahrt bestimmten Schifffahrtszeichen (Leuchtfeuer, Tonnen, Baken und sonstige Tagesmarken) bilden Gegenstand der Reichsgesetzgebung[40]). — Die früher allgemein vorgeschriebene Verpflichtung der Seeschiffer, sich beim Einlaufen in die Häfen der Provinzen Pommern und Preußen der Lootsen zu bedienen (Lootsenzwang) ist auf einzelne, durch Polizeiverordnung besonders festzustellende Fälle beschränkt[41]). — Zur Verhütung des Zusammenstoßes der Schiffe auf See sind Vorschriften über die Anwendung von Lichtern und Schallsignalen und über das Ausweichen gegeben[42]). Im Fall des Zusammenstoßes ist gegenseitig Hülfe zu leisten[43]). Die bestimmungsmäßigen Noth- und Lootsensignale dürfen nur angewendet werden, wenn ein Schiff sich in Noth oder Gefahr befindet, bez. wenn ein Lootse auf demselben verlangt wird[44]). Die Ursachen der Seeunfälle werden durch die unter Aufsicht des Reichs stehenden Seeämter auf Grund eines öffentlichen und mündlichen Verfahrens näher festgestellt, um der Wiederkehr ähnlicher Unfälle möglichst vorzubeugen. Dieserhalb sind die Seeämter berechtigt, den dabei für schuldig befundenen Schiffern und Steuerleuten wegen Mangels der erforderlichen Eigenschaften die Befugniß zur Ausübung ihres Gewerbes zu entziehen. Gegen solche Entscheidungen ist die Beschwerde an das zu Berlin für das Reichsgebiet bestellte Ober-Seeamt zulässig[45]). — Bei Strandungen regelt das Hand.-G.-B. nur den Anspruch auf Berge- und Hülfslohn[34]); in Betreff der Rettung der

---

[38]) Gefährdung der Schiffe durch Mitführung von Kontrebande StGB § 297; Zerstörung § 305; Brandstiftung § 306 nebst 325; Herbeiführung des Strandens § 323 nebst 325, 326 u. EinfG. § 4.

[39]) G. v. 9. Jan. u. V. v. 26. Dez. 1875 (RGB. 11 u. 385).

[40]) G. v. 3. März 1873 (RGB. 47); Strafe der Beschädigung od. Zerstörung StGB. § 322, 325, 326 u. EinfG. § 4.

[41]) G. v. 9. Mai 1853 (GS. 216) u. OrgG. § 74 Abs. 3.

[42]) V. v. 7. Jan. 1880 (RGB. 1), Aenderung des Art. 10 V. v. 16. Feb. 1881 (RGB. 28); StGB. § 145.

[43]) V. v. 15. Aug. 1876 (RGB. 189) u. StGB. § 145.

[44]) V. v. 14. Aug. 1876 (RGB. 187) u. StGB. § 145.

[45]) G. v. 27. Juli 1877 (RGB. 549), erg. G. v. 11. Juni 1878 (RGB. 109). Geschäfts-O. f. d. Ob.-Seeamt v. 3. Mai 1878 (CB. 276), Nachtr. v. 10. Mai 1879 (CB. 371). — Preußische Seeämter bestehen in Königsberg f. Ostpreußen; Danzig f. Westpreußen; Stettin für die Reg.-Bez. Köslin u. Stettin; Stralsund f. d. R.-B. Stralsund; Flensburg u. Tönning f. d. Ost- bez. die Westküste von Schl.-Holstein u. Emden f. d. ostfriesische Küste. (Seeämter finden sich außerdem in Rostock, Lübeck, Hamburg, Bremerhafen, Bremen u. Brake). — Privatrechtlicher Schadensersatz s. Anm. 33.

Menschen und der Bergung des Eigenthums ist dagegen ein besonderes Verfahren vor den Strandämtern (Strandhauptleuten) vorgeschrieben. Letztere haben vorzugsweise das Strandgut zu verwalten und den Empfangsberechtigten zu übermitteln, während das eigentliche Hülfs- und Rettungswerk den ihnen untergeordneten Strandvögten obliegt[46]). Das s. g. Strandrecht, welches dem Fiskus oder den Strandbewohnern einen besondern Anspruch auf das Strandgut verlieh, ist aufgehoben[47]). — Im Interesse der Sicherheit des Betriebs wird die Ladungsfähigkeit der Schiffe durch Schiffsvermessung festgestellt und durch Meßbriefe beurkundet[48]). — Endlich bedürfen Seeschiffer, Seesteuerleute und Lootsen eines von dem Regierungs-Präsidenten (der Regierung) auszustellenden Befähigungsnachweises. Die Vorbildung wird auf Navigationsschulen und Navigationsvorschulen erworben. Mit ersteren sind Prüfungs-Kommissionen für die große und für die kleine Fahrt verbunden[49]). Des Befähigungsnachweises bedürfen auch Maschinisten auf Seedampfern[50]).

Die Verhältnisse der Schiffsmannschaft auf deutschen Kauffahrteischiffen sind einheitlich geordnet[51]). Als Behörden bestehen die Seemannsämter[52]). Diese haben die Aufgabe, die von den Schiffsleuten zu führenden Seefahrtsbücher auszufertigen, die zwischen diesen und dem Schiffer (Schiffsführer oder Schiffskapitän) getroffenen Abreden über Dienstantritt und Austritt zu verlautbaren (An- und Abmusterung)[53]), Streitigkeiten zwischen beiden zu schlichten und vorbehaltlich des Rechtswegs zu entscheiden[54]) und Ueber-

[46]) StrandO. v. 17. Mai 1874 (RGB. 73) u. Instr. v. 24. Nov. 1875 (CB. 750).

[47]) LR. II 15 § 81—87.

[48]) RVerf. Art. 54 Abs. 2; SchiffsVermO. v. 5. Juli 1872 (RGB. 270); Aenderung d. § 23 Bek. v. 24. Okt. 1875 (CB. 718). Als Vermessungsbehörden (§ 19) sind bestimmte Steuer- und Zollämter, als Revisionsbehörden (§ 20) die betreffenden Regierungs-Präsidenten (Regierungen) bestellt. Die Ausführung der Vorschriften wird durch Reichs-Schiffsvermessungs-Inspektoren überwacht. — Dänische, österreichische u. nordamerikanische Vermessungsangaben werden in deutschen Häfen anerkannt Best. v. 21. Dez. 1872 (CB. 1873 S. 162), dgl. brittische u. französische Best. v. 2. Okt. 1873 (CB. 316).

[49]) RVerf. das.; GewO. (Anm. 14 S. 404) § 31 u. AusfAnw. Nr. 7. — Prüfung der Seeschiffer u. Seesteuerleute Bek. v. 25. Sept. 1869 (BGB. 660) u. v. 30. Mai 1870 (das. 314) nebst Ausf-Best. v. 11. Juli 1870 (MB. 232 u. 233). Die Befolgung der Vorschriften wird durch Reichs-Prüfungs-Inspektoren überwacht. — Navigationsschulen (Regul. v. 24. Juni 1881 MB. 211) zu Altona, Apenrade, Emden, Flensburg, Grabow, Leer, Memel, Papenburg u. Timmel, ferner zu Barth, Danzig, Geestemünde, Pillau u. Stralsund; Navigations-Vorschulen an den 9 zuerst genannten Orten u. zu Arnis, Grohn, Grünendeich, Prerow, Stolpmünde, Swinemünde, Westrhauderfehn u. Zingst. — Zuständigkeit des Handelsministers § 48 (S. 52) d. W.

[50]) G. v. 11. Juni 1878 (RGB. 109), Prüfungsvorschr. v. 30. Juni 1879 (CB. 427, MB. 1880 S. 19).

[51]) SeemannsO. v. 27. Dez. 1872 (RGB. 409).

[52]) Das. § 4. Als solche fungiren die in den inländischen Hafenorten nach § 12 des G. v. 26. März 1864 (GS. 693) errichteten Musterungsbehörden, im Auslande die Konsulate § 80 d. W. — Kosten-Tarif v. 22. Feb. 1873 (CB. 62).

[53]) SeemO. § 5—23.

[54]) Das. § 104—106.

tretungen der Schiffsleute zu untersuchen und mit vorläufiger Festsetzung zu bestrafen[55]). Der Vertrag zwischen Schiffern und Schiffsleuten heißt Heuervertrag und hat seine eigne Gestaltung[56]). Die Schiffsleute sind der Disciplinargewalt des Schiffers unterworfen[57]). -- Hülfsbedürftige deutsche Seeleute im Auslande müssen auf Anordnung des Seemannsamts von jedem heimfahrenden deutschen Kauffahrteischiff gegen Entschädigung mitgenommen werden[58]).

§ 366.

b) Die **Binnenschiffahrt** ist, was den Flößerei- und Schiffahrtsbetrieb auf den mehreren Staaten gemeinsamen Wasserstraßen und deren Zustand, sowie die Fluß- und sonstigen Wasserzölle betrifft, Gegenstand der Reichsgesetzgebung geworden. Abgaben dürfen auf schiffbaren Wasserstraßen von Schiffen und Flößen nur für Benutzung der Verkehrsanstalten und im Verhältniß ihrer Herstellungs- und Unterhaltungskosten erhoben werden[59]). Ganz aufgehoben sind die Elbzölle[60]) und die Flößereiabgaben[61]).

Die Flußfahrzeuge müssen gewisse Dimensionen einhalten[62]) und im Interesse der steuerlichen und polizeilichen Kontrolle eine vorgeschriebene Bezeichnung führen[63]).

Besondere Vorschriften sind für einzelne Ströme ergangen[64]). Zu diesen zählen auch die mit außerdeutschen Staaten vereinbarten, auf die Freiheit der Schiffahrt gerichteten Verträge (Schiffahrts-Akten)[65]).

Für Stromschiffer und Lootsen bewendet es in Betreff der Befähigung bei den Staatsverträgen[66]). Das Lootsengewerbe kann landesgesetzlich von besonderer Genehmigung abhängig gemacht werden[67]). — Das Verhältniß der Stromschiffer zu den Schiffsknechten regelt sich in Altpreußen nach den Vorschriften für das Gesinde[68]), das zu den Befrachtern nach den

[55]) Das. § 101—103. — Strafen § 81 bis 100, 107 u. StGB. § 298.

[56]) Das. § 24—71.

[57]) Das. § 72—80.

[58]) G. v. 27. Dez. 1872 (RGB. 432).

[59]) RVerf. Art. 4^9 u. 54 Abs. 4 u. 5.

[60]) G. v. 11. Juni u. Vertr. mit Oesterreich v. 22. Juni 1870 (BGB. 416 u. 417).

[61]) G. v. 1. Juni 1870 (BGB. 312); dasselbe ist RG. Anm. 12 (S. 7). — Ausführung für Werra u. Saale V. v. 1. Juni 1870 (BGB. 314), f. d. Neckar V. v. 19. Feb. 1871 (RGB. 31), f. Enz u. Nagold V. v. 13. Feb. 1874 (RGB. 14). — Flößerei auf Privatflüssen LR. II 15 § 42, 43 u. G. v. 28. Feb. 1843 (GS. 41) § 8—12.

[62]) Höhe der Kassen KO. v. 23. Aug. 1821 (GS. 157).

[63]) Regl. v. 21. Mai 1842 (MB. 212).

[64]) Rhein, PolizV. v. 9. Mai 1864 (MB. 167); Elbe, PolRegl. v. 7. Feb. 1842 (MB. 273) u. ER. v. 4. Mai 1854 (MB. 115 u. 118).

[65]) Rev. Rheinschiff.-Akte v. 17. Okt. 1868 (GS. 1869 S. 798) nebst AusfG. v. 17. März 1870 (GS. 187); Elbschiff.-Akte v. 23. Juni 1821 (GS. 1822 S. 9) u. Additionalakte v. 13. April 1844 (GS. 458), Ergänz. v. 7. April 1854 (GS. 369) u. v. 15. Mai 1863 (GS. 377).

[66]) GewO. v. 21. Juni 1869 (RGB. 245) § 31 nebst ElbschAddA. § 12, 13, RheinschA. Art. 15—21 u. AusfG. § 1 bis 3 u. (im Geb. d. KrO.) ZustG. § 134^4.

[67]) GewO. (G. v. 23. Juli 1879 RGB. 267) § 34.

[68]) KO. v. 23. Sept. 1835 (GS. 222) Nr. 1, 4, u. G. v. 24. April 1854 (GS. 214) § 2^a. — Ges.Ordnungen § 260 d. W.

seerechtlichen Bestimmungen des Landrechts[69]). Auch die Führung von Dienstbüchern ist für Schiffsknechte vorgeschrieben[70]).

3. Wege.

§ 367.

a) **Einleitung.** Die Eintheilung der Wege folgt drei verschiedenen Gesichtspunkten. Nach ihrer Bestimmung zerfallen sie in öffentliche und Privatwege. Die öffentlichen Wege dienen dem allgemeinen Verkehr und heißen, wenn dieser ein weitergehender ist, Land- und Heerstraßen, wenn er nur die Verbindung benachbarter Orte vermittelt, Vizinal- oder Kommunikationswege[1]). Die Privatwege sind nur für einzelne Personen oder — als Interessenten-, Feld- oder Wirthschaftswege — für eine begrenzte Mehrheit derselben bestimmt[2]). — Nach der Bauart unterscheidet man die völlig normalmäßig ausgebauten Kunststraßen (Chausseen) von den Wegen. — Nach der Unterhaltungspflicht werden endlich Staats-, Provinzial- und Gemeindestraßen unterschieden.

Für den Verkehr kommen nur die öffentlichen Wege in Betracht; diese haben sich zu den wichtigsten Trägern desselben herausgebildet und finden in seiner Entwickelung auch ihre Geschichte. Aus dem grund- und später landesherrlichen Geleitsrecht war das nutzbare Wegerecht (Wegeregal) erwachsen. Dieses Recht verwandelte sich, als der Verkehr zu immer größerer Bedeutung heranwuchs und stets wachsende Beachtung beim Staate forderte und fand, in eine Wegepflicht[3]). Die Wandlung vollzog sich im 18. Jahrhundert; die weitere Durchbildung erhielt das Wegewesen aber erst im 19ten und dem Staat ist dabei die dreifache Aufgabe zugefallen:

1. die Wegepflicht zu regeln (b);
2. die Grundsätze für den Wegebau festzustellen (c);
3. die Wege und ihren Gebrauch mittelst der Wegepolizei zu schützen (d).

Gleichzeitig forderte der Grundsatz der Verkehrsfreiheit die Beseitigung aller die Benutzung der Wege erschwerenden Hemmnisse und Abgaben. So erfolgte nach Aufhebung der vom Verkehr selbst erhobenen Kommunika-

---

[69]) KO. v. 23. Sept. 1835 Nr. 3 u. LR. I 11 § 869—920; (die nach Nr. 2 der KO. gleichfalls für anwendbar erklärten § 1445 ff des Titel II 8 sind inzwischen durch das HandGB. aufgehoben EinfG. v. 24. Juni 1861 GS. 449 Art. 60, 61).

[70]) PolV. v. 8. Juli 1856 (MB. 206).

[1]) Grundsteuerfreiheit G. v. 21. Mai 1861 (GS. 253) § 4c. — Inanspruchnahme der Wege als öffentliche § 369 u. 370 d. W.

[2]) Die Privatwege fallen in das Gebiet des Privatrechts (LR. I 22 § 63 bis 79, Code civ. Art. 682—684) u. der Feldpolizei (§ 340 d. W.).

[3]) § 125 d. W. — Dieser Entwickelungsgang spiegelt sich noch im LR. ab, welches dem Staat die Unterhaltungspflicht ausdrücklich gegen den Genuß der ihm von den Straßen zukommenden Nutzungen übertragen (II 15 § 11).

tionsabgaben (Wege-, Pflaster-, Brücken- und Thorgelder)[4]) schließlich auch die des als Gebühr für ausgebaute Straßen entrichteteten *Chausseegeldes*, indem der Staat auf dasselbe verzichtete und die Mehrzahl der unterhaltungspflichtigen Verbände seinem Beispiel folgte[5]). — Die letzte Phase in der Entwickelung des Wegewesens bildet der *Uebergang auf die Organe der Selbstverwaltung*. Nachdem die Schienenwege den durchziehenden Verkehr größtentheils an sich gezogen hatten, war die Bedeutung der Landwege überall eine mehr lokale geworden. Mit Rücksicht hierauf ist den Provinzen unter Zuweisung entsprechender Fonds die eigene Verwaltung der früheren Staatsstraßen (Chausseen)[6]) und daneben die Unterstützung der Gemeinden und Kreise bei Ausübung der ihnen obliegenden Wegebaupflicht[7]) übertragen.

Die *Wegegesetzgebung* ist ziemlich bunt zusammengesetzt und reicht in den älteren Provinzen noch vielfach in das vorige Jahrhundert zurück[8]). So wenig diese Vorschriften den heutigen völlig veränderten Verhältnissen entsprechen, so haben doch die schon seit 1820 gemachten Versuche zum Erlaß einer Wegeordnung bislang keinen Erfolg gehabt. Auch hierbei hat sich ähnlich wie beim Schulwesen die Unfertigkeit unserer Verwaltungs-

---

[4]) V. v. 16. Juni 1838 (GS. 353).

[5]) G. v. 27. Mai 1874 (GS. 184). — Die Erhebung — soweit sie noch bestehen geblieben ist — richtet sich in den 7 älteren Provinzen nach dem Tarif v. 29. Feb. 1840 (GS. 94).

[6]) G. v. 8. Juli 1875 (GS. 497) § 18—25. F. Posen s. Regul. (Anm. 8).

[7]) § 4^1 des Ges. Für Posen s. d. Regul. (Anm. 8); f. Hannover G. v. 7. März 1868 (GS. 223) § 1^4 u. in Betreff der technischen Leitung des Landstraßenbaus G. v. 19. März 1873 (GS. 129); f. d. RegBez. Kassel AE. v. 16. Sept. 1867 (GS. 1528) Nr. 1; f. d. RB. Wiesbaden G. v. 11. März 1872 (GS. 257) § 1^1.

[8]) *Allgemeine Vorschriften* f. d. *älteren Provinzen* enthält neben einzelnen Wegepolizeigesetzen (Anm. 28 bis 32) nur das LR., welches von Gemeindewegen (II 7 § 37^1, 38—44) u. Land- und Heerstraßen (II 15, § 1, 13 bis 17, 23 u. 24) handelt, aber nach § 15 das. nur in Ermangelung besonderer Provinzialgesetze üb. d. Wegebaulast zur Anwendung kommt. Aehnlich C. civ. Art. 650. — *Provinzialgesetze* sind folgende: Ostpreußen ProvR. (Anm. 48 S. 213) Zus. 226; Westpreußen ProvR. (das.) § 68 und WegeRegl. v. 4. Mai 1796. — Kurmark Ed. vom 18. April 1792, auf die Neumark ausgedehnt V. v. 15. Juni 1803 (KA. XII 546). — Pommern WegeRegl. v. 25. Juni 1752. — Posen, Provinzialstraßen V v. 21. Juli 1843 (MB. 248) u. Regul. v. 27. Dez. 1875 (GS. 1876 S. 23); Hand- und Spanndienste bei Land- und Heerstraßen G. v. 21. Juni 1875 (GS. 324); im Netzedistrikt gilt das Westpr. WegeRegl. — Schlesien, WegeRegl. v. 11. Jan. 1767, Aufhebung der Chausseedienste KO. v. 11. Juli 1838 (GS. 379).— Sachsen, gleiche Aufhebung im RB. Magdeburg u. Merseburg KO. v. 22. Juni 1839 (GS. 234). In der Altmark gilt das Kurmärkische Ed., im Herz. Magdeburg Ed. v. 14. Juli 1742 u. 21. Mai 1743, im Fürstenth. Halberstadt Ed. v. 19. Nov. 1769; aufgehoben ist dagegen i. d. vorm. sächs. Landestheilen das Straßen-Bau-Mandat von 1781 PlB. d. OTr. vom 4. Juli 1853 (JMB. 328). — Westfalen und Rheinprovinz, Erhaltung der durch Staatswaldungen führenden Wege durch den Fiskus V. v. 17. Nov. 1841 (GS. 405). Im Kreise Meisenheim ist die hessische V. v. 9. Juli 1838 noch in Kraft V. v. 20. Sept. 1867 (GS. 1534) § 3^1. — (Ausführliche Darstellung dieses verworrenen Rechtszustandes s. An-

Organisation hinderlich gezeigt. Besser erscheint das Wegewesen in den neuen Provinzen geordnet[9]).

§ 368.

b) Obwohl die **Wegepflicht** hiernach nicht einheitlich geregelt erscheint, tritt doch auch in den älteren Provinzen überall eine örtlich nach den Feldmarken begrenzte Pflicht auf, die sich mit mehr herausgebildetem Gemeindewesen auch mehr und mehr zur Gemeindepflicht entwickelt hat[10]). In den neuen Provinzen ist diese Entwickelung bereits abgeschlossen, in einigen derselben findet sich neben der ordentlichen eine außerordentliche Wegelast für solche Betriebe anerkannt, die die Wege in erheblicher Weise dauernd abnutzen[11]).

Die beschränkte Leistungsfähigkeit hat in einzelnen Fällen eine Mehrheit von Gemeinden zu Wegeverbänden zusammengefügt, in denen Bau oder Unterhaltung einzelner oder aller öffentlichen Wege gemeinschaftlich bewirkt wird. Von weitergehender Bedeutung ist in dieser Beziehung das Eintreten der Kreise und Provinzen in die Wegepflicht geworden. Die wichtigsten, früher vom Staat unterhaltenen Straßen (Chausseen) sind Provinzialstraßen geworden; die minder wichtigen aber doch dem allgemeinen Verkehr dienenden Wege großentheils als Kreisstraßen in Bau und Erhaltung übernommen, so daß nur die unbedeutenderen als Gemeindewege zurückgeblieben sind[12]). Daneben wird der Gemeinde- und Kreiswegebau Seitens

lagen zu den Verhandlungen des Abg.-Hauses 1875 Bd. 1 S. 305—326). — Für Hohenzollern erging G. v 5. Jan. 1878 (GS. 5); s. auch Anm. 30.

[9]) Schlesw.-Holstein WegeO. v. 1. März 1842 (Chron. Samml. 191), Pat. v. 27. Dez. 1865 (VBl. 1866 S. 1) u. G. v. 26. Feb. 1879 (GS. 94); vgl. Anm. 30 u. 32. Lauenb. WegeO. v. 7. Feb. 1876 (WochBl. 27); vgl. Anm. 30. — Hannover ChausseeG. v. 20. Juni 1851 (HannGS. I 119), Landstraßen u. Gemeindewege G. v. 28. Juli 1851 (das. 141), erg. G. v. 5. März 1871 (GS. 153), 12. März 1868 (GS. 225), 26. Feb. 1877 (GS. 18) u. 9. Jan. 1878 (GS. 9); vgl. Anm. 7, 30 u. 31.— RB. Kassel ohne einheitliches Wegerecht; Ergänzung der Spezialvorschriften G. v. 16. März 1879 (GS. 225). — Vorm. Herz. Nassau Landeschausseen Ed. v. 22. März 1848; chaussirte Verbindungsstraßen V. v. 2. Okt. 1862; vgl. Anm. 23 u. 30. Vorm. großh. hess. Landestheile G. v. 4. Juli 1812 u. v. 6. Nov. 1860.

[10]) CR. v. 25. Juni 1865 (MB. 187).

[11]) Hannover G. v. 1877; RB. Kassel Ges. v. 1879 § 7; Lauenb. WegeO. § 24.

[12]) Diese Dreitheilung tritt mit einigen Abweichungen in fast allen Provinzen hervor. In Schlesw.-Holstein werden Haupt- u. Neben-Landstraßen u. Nebenwege, in Hannover Chausseen, Landstraßen und Gemeindewege unterschieden; in letzterer Provinz stehen an Stelle der Kreise zur Zeit noch die Amtsverbände. In der Rheinprov. war die Stelle der Kreisstraßen durch Bezirksstraßen eingenommen u. diese sind mit den Provinzialstraßen (Chausseen) vereinigt AE. v. 27. Dez. 1875. Auch im RB. Kassel werden nur Chausseen (hier Landstraßen genannt) u. Landwege unterschieden. In Nassau werden die Landeschausseen von dem Kommunalverband, die chaussirten Verbindungsstraßen von diesem unter Mitleistung der Gemeinden und die Vizinalwege von den letzteren allein unterhalten. Ein ähnliches Verhältniß waltet in Hohenzollern bezüglich der unmittelbaren und mittelbaren Landstraßen und der Nebenwege ob vgl. Anm. 8 u. 9. — Die Einführung einer einheitlichen Bezeichnung (Gemeinde-, Kreis- und Provinzialstraßen) würde wesentlich zur Klärung beitragen.

der Provinzen, der erstere zum Theil auch Seitens der Kreise durch Beihülfen gefördert, die nach der Steuerkraft der pflichtigen Verbände und nach der Bedeutung und Beschaffenheit der auszubauenden oder ausgebauten Wege abgestuft sind[13]). Die Beihülfen, die sich mit einer gewissen Elastizität und Beweglichkeit den verschiedenen Leistungsverhältnissen und Verkehrsbedürfnissen anpassen lassen, dienen zur Ausgleichung der zwischen Pflicht und Leistungsfähigkeit obwaltenden Mißverhältnisse und bilden dadurch eine wichtige Ergänzung der Wegepflicht. Die Grundlage für unsere Wegegesetzgebung ist hierin zweifellos gegeben, es fehlt nur die feste Form, in welche sie eingefügt werden kann.

Die Vertheilung der Wegelast innerhalb der pflichtigen Verbände folgt dem allgemeinen für Verbandslasten bestehenden Maßstab[14]). Naturalleistungen durch Hand- und Spanndienste sind nicht ausgeschlossen[15]); sie können sogar mit der Vertheilung nach dem Lastenfuß verbunden werden, indem die geleisteten Dienste nach bestimmten Preissätzen auf die schuldigen Beiträge angerechnet und letztere somit abverdient werden können.

§ 369.

c) **Der Wegebau** bezweckt den Neubau und die Unterhaltung der Wege und ihres Zubehörs an Brücken[16]), Durchlässen, Seitengräben, Zugängen, Schutzvorrichtungen, Baumpflanzungen und Wegweisern. Er setzt die Beschaffung der erforderlichen Grundstücke und Materialien voraus und fordert die Beobachtung bestimmter technischer Grundsätze.

Dieser Beschaffung dient das Enteignungsrecht[17]). Soweit es sich dabei um Gradelegung oder Erweiterung öffentlicher Wege oder um Umwandlung von Privatwegen zu letzteren handelt, ist ihre Zulässigkeit im Einzelfall nur von Genehmigung des Bezirksraths (der Regierung) abhängig[18]). Auch für die Entnahme vorhandener Wegebaumaterialien ist ein erleichtertes Enteignungsverfahren zugelassen[19]).

Die technischen Grundsätze bilden eine nothwendige Ergänzung der Wegepflicht, deren Umfang erst durch diese die nöthige Begrenzung erhält. Diese Grundsätze sind nach Verkehrsbedürfnissen und Bodenverhältnissen verschieden. Für Kunststraßen (Chausseen) sind jedoch Normativbedingungen maßgebend geworden, von deren Erfüllung in der Regel die Gewährung von Beihülfen und die Anwendung der besondern chausseepolizeilichen Schutzvorschriften[20]) abhängig gemacht wird. Diese Bedingungen sind:

---

13) S. Anm. 7.

14) Zuständigkeit bei Inanspruchnahme der Wegepflichtigen § 370 d. W.

15) Chausseebaudienste LR. II 15 § 13 bis 17, 23 u. 24; f. Schlesien u. Sachsen s. Anm. 8; Schneeräumungspflicht Anm. 32; Pflicht zur Unterhaltung der Bürgersteige Anm. 32 (S. 304).

16) Brücken über schiffbare Ströme unterhält der Staat LR. II 15 § 53.

17) EnteignungsG. s. § 363 d. W.

18) EG. § 3 u. (im Geb. d. KrO.) § 56[b] u. ZustG. § 157.

19) EG. § 50—53, bez. § 56 u. ZustG. § 158.

20) § 370 d. W.

1. Herstellung einer Steinschlag= oder Pflasterbahn[21]);
2. Innehaltung bestimmter Breiten= und Steigungsverhältnisse[22]);
3. Bepflanzung[23]);
4. Sicherstellung der demnächstigen ordnungsmäßigen Unterhaltung[24]).

§ 370.

d) **Die Wegepolizei** wird von den allgemeinen Orts= und Landes=polizeibehörden[25]) in der Centralinstanz von dem Minister für öffentliche Arbeiten ausgeübt[26]) und umfaßt:

1. die Sorge für die ordnungsmäßige Herstellung und Erhaltung der Wege Seitens der Pflichtigen;
2. den Schutz der Wege und des Verkehrs auf denselben.

In der ersteren Thätigkeit finden die in Betreff der Wegepflicht und des Wegebaues aufgestellten Grundsätze ihren formellen Stützpunkt. Die Wegepolizeibehörde hat die Pflichtigen zur Erfüllung ihrer Verbindlichkeit nöthigenfalls zwangsweise anzuhalten, auch bei Gefahr im Verzuge die Arbeiten auf deren Rechnung ausführen zu lassen. Im Gebiet der Kreis=Ordnung hat sie, wenn gegen ihre Anordnungen in Betreff des Baues, des Beitragsverhältnisses oder der Inanspruchnahme von Wegen für den öffentlichen Verkehr binnen 2 Wochen Einspruch erhoben wird, über diesen

---

[21]) Die Steinbahnen bestehen aus einer Unterlage von gröberen Steinen, welche gesetzt oder geschüttet werden (Pack= oder Schüttlage), ausnahmsweise aus einer solchen von Kies oder Schlacken und aus einer Decklage von feinen (3—5 ccm) geschlagenen Steinen, welche unter Einbringung von Kies feucht ein=gewalzt wird. — Pflasterbahnen sind kostspieliger aber widerstandsfähiger, ins=besondere gegen Einflüsse der Feuchtigkeit und deßhalb besonders für bebaute oder der Ueberfluthung ausgesetzte Straßen anwendbar. — Kiesbahnen entsprechen nur ausnahmsweise bei leichtem Verkehr und trockenem Boden dem Verkehrs=bedürfniß, ähnlich die in den Nordsee=gegenden üblichen Klinkerbahnen (aus gebrannten Ziegelsteinen).

[22]) Breite des Straßenkörpers (Pla=nums) 7—8 m, der Stein= 2c. Bahn 3,5 bis 4,5 m, Stärke derselben 20—25 cm, Wölbung (Querprofil) 4—6 Proz.; Maxi=malsteigung 4—6 Proz.; Böschung (Dossi=rung) gegen die Grabensohle oder tiefer=liegenden Nachbarstücke 1 m Höhe zu $1\frac{1}{2}$—2 (im Sande 3) m Breite; Schutz=streifen gegen letztere (Stellwanne) 3 bis 6 cm.

[23]) LR. II 15 § 9 u. 10. — In der Rheinprovinz (Dekr. v. 16. Dez. 1811) u. in Nassau (V. v. 30. Sept. 1811 VB. 98) sind die Anlieger zur Anpflanzung auf ihren Grundstücken verpflichtet. Bei der Bepflanzung sind, wo Klima u. Boden es zulassen, Obstbäume zu wählen; da=gegen sind die wegen schnellen Wachs=thums früher beliebten Pappeln großen=theils verschwunden, weil sie durch Wur=zeln u. Beschattung die benachbarten Felder schädigten CR. v. 18. Juli 1851 (MB. 208) u. v. 4. Juli 1861 (MB. 149). — Berücksichtigung der Telegraphenlei=tungen CR. v. 21. Aug. 1869 (MB. 221).

[24]) Die Unterhaltung bezweckt die Wiederherstellung der abgenutzten Fahr=bahn durch Ausfüllung ihrer Uneben=heiten oder vollständige Neuüberdeckung. Zugleich hat sie der vorzeitigen oder un=gleichmäßigen Abnutzung durch Abschläm=men, Legen von Spursteinen u. dgl. vorzubeugen.

[25]) § 221 u. 222 d. W. Die Chaussee=polizei in Landgemeinden wird von den Landräthen gehandhabt R. v. 17. Juni 1874 (MB. 161).

[26]) § 49 d. W.

nach der erforderlichen Erörterung zunächst selbst Beschluß zu fassen. Gegen denselben ist die Verwaltungsklage zulässig[27]).

Zum Schutz aller Wege sind Strafbestimmungen ergangen, durch welche außer dem Verbot ihrer Beschädigung oder Zerstörung[28]) auch die Gefährdung oder Störung des Verkehrs auf denselben untersagt wird[29]). Die daneben für Chausseen und für bebaute Straßen gegebenen besondern Bestimmungen werden als Chaussee- und bez. Straßenpolizei bezeichnet.

Die Vorschriften der Chausseepolizei enthalten weitergehende Anforderungen als die der Wegepolizei[30]). Ferner ist für gewerbsmäßiges Frachtfuhrwerk eine mit dem Gewicht der Ladung im Verhältniß stehende Breite der Radfelgen vorgeschrieben, auch die Anwendung unebner Radfelgen, zu langer Hufeisenstollen und zu breiter Ladungen untersagt[31]). — Bei Wegräumung außerordentlicher Schneemassen sind die Ortseinwohner zur Hülfe gegen den ortsüblichen Tagelohn verpflichtet[32]). — Die Beobachtung der Chausseepolizei-Vorschriften wird durch Chausseeaufseher überwacht[33]).

Die Straßenpolizei ist ihrem Wesen nach nicht von der Wegepolizei verschieden, doch fordern wegen des regeren Verkehrs in bewohnten Orten neben den Rücksichten der Verkehrspolizei auch die der Unfalls-, Ordnungs-, Sitten- und Gesundheitspolizei[34]) eingehendere Berücksichtigung. Neben einigen gesetzlichen Bestimmungen[35]) wird diesem Bedürfniß durch die städtischen Straßen-Polizeiordnungen Rechnung getragen.

---

[27]) G. v. 19. März 1881 (GS. 155) Art. IV; CR. v. 17. April 1881 (MB. 118).

[28]) StGB. § 304, 305, 321 u. 326, $370^{1 \text{ u. } 2}$ u. FeldPolG. v. 1. April 1880 (GS. 230) § 30.

[29]) StGB. § $366^{2, 3, 5, 9, 10}$ u. § 367^{12}. — Einführung gleicher Wagengleise i. d. Prov. Preußen V. v. 21. Juli 1827 (GS. 1828 S. 25); i. d. Kur- u. Neumark u. Pommern Regl. v. 14. März 1805 (NCC. XI 21) u. V. v. 30. Okt. 1831 (GS. 248); i. d. Niederlausitz V. v. 23. Aug. 1829 (GS. 103) u. v. 12. Mai 1835 (GS. 93); i. Schlesien V. v. 7. April 1838 (GS. 258) u. G. v. 4. April 1853 (GS. 157); Sachsen V. v. 10. Juli 1830 (GS. 111) u. KO. v. 17. Sept. 1833; Westfalen V. v. 30. Juni 1829 (GS. 97) u. i. d. Rheinprov. AE. v. 20. Juni u. R. v. 24. Sept. 1859. — Ausweichen gegenüber den Posten PostG. v. 28. Okt. 1871 (RGB. 347) § 19, übrigens LR. II 15 § 25—37. — Zulassung von Straßenlokomotiven CR. v. 18. Feb. 1864 (MB. 53).

[30]) Chausseegeld-Tarif v. 29. Feb. 1840 (GS. 94), zusätzliche Vorschr. Nr. 8—17; — Hohenzollern V. v. 24. Mai 1820 u. 5. Sept. 1861; — Schl.-Holst. Wege-O. (Anm. 9), Holst. Pat. v. 23. Feb. 1854, Schlesw. V. v. 3. März 1860, Lauenb. Regl. v. 23. Feb. 1876; — Hannover G. v. 4. Dez. 1834 (Hann. GS. I 319) nebst LandstrG. (Anm. 9) § 73—77; — Nassau V. v. 12. Dez. 1854, 12. Okt. 1855 u. 28. Jan. 1857.

[31]) V. v. 17. März 1839 (GS. 80), erg. KO. v. 12. April 1840 (GS. 108) u. G. v. 12. März 1853 (GS. 87); Einf. in d. Kr. Erfurt u. Wetzlar G. v. 10. Mai 1858 (GS. 271). Prov. Hannover G. v. 22. Feb. 1879 (GS. 19).

[32]) KO. v. 8. März 1832 (GS. 119) u. V. v. 6. Jan. 1849 (GS. 80). — Schl.-Holstein G. v. 7. Juni 1871 (GS. 245).

[33]) V. v. 1839 (Anm. 31) § 14.

[34]) § 242—246, 254, 262, 267 d. W.

[35]) StGB. § $366^{2-5, 8-10}$ u. § 367^{12}.

4. Eisenbahnen.

§ 371.

a) **Einleitung.** Die Eisenbahnen entstanden in den dreißiger Jahren und waren zunächst lediglich Gegenstand der Privatunternehmung. Der Staat war bei ihrer Zulassung und Ueberwachung wesentlich von polizeilichen Gesichtspunkten geleitet. Erst als bei rascher Ausdehnung des Bahnnetzes[1]) die Verkehrsbedeutung der Bahnen in den Vordergrund trat, ging er zur Förderung derselben über, indem er Züschüsse oder Zinsgarantien gewährte oder (seit 1850) selbst zum Unternehmer wurde. So entstand das gemischte Staats- und Privatbahnsystem. In neuster Zeit hat dasselbe dem Staatsbahnsystem Platz gemacht, indem der Staat, dem durch die Erwerbung der neuen Provinzen neben einer ansehnlichen Zahl von Staatsbahnen ein abgeschlossenes Staatsgebiet erwachsen war, fast alle bedeutenderen Linien an sich zog[2]). Mit Rücksicht auf das damit verbundene Anwachsen des Staatsbesitzes und der Staatsschuld[3]) sollte, um größeren Schwankungen im Staatshaushalt vorzubeugen und zugleich die Interessen der beim Eisenbahntransport Betheiligten genügend zu wahren, ein Garantiegesetz erlassen und eine Vertretung durch einen Landes- und mehrere Bezirkseisenbahnräthe hergestellt werden. Die hierauf gerichteten Vorlagen sind indeß noch nicht zu Stande gekommen.

Das Staatsbahnsystem ist gegen alle finanziellen und staatsrechtlichen Bedenken durchgedrungen, weil die Privatbahnen dem öffentlichen Interesse, welches das Eisenbahnwesen in immer zunehmenden Umfange für sich in Anspruch nahm, nicht in vollem Maße zu entsprechen vermochten. Anlage

---

1) Die Länge aller preuß. Bahnen betrug 1844: 861 km, 1850: 2846 km, 1860: 5558 km, 1870: 11 040 km u. 1880 üb. 20 000 km, hat sich also in jedem Jahrzehnt mehr als verdoppelt.

2) Durch G. v. 20. Dez. 1879 (GS. 635) wurde die Berlin-Stettiner, Magdeburg-Halberstädter, Hannover-Altenbekener u. Köln-Mindener u. durch G. v. 14. Feb. 1880 (GS. 20) die Rheinische u. die Berlin-Potsdam-Magdeb. Bahn erworben. Der Staat erhielt unter Uebernahme aller Vermögensbestände u. Schulden (Prioritäten) zunächst nur Besitz u. Verwaltung der Bahnen gegen eine den Aktionären zu zahlende feste, für ihn ablösbare Rente. — Dazu traten die Homburger Bahn u. der hessische Antheil der Main-Weser Bahn G. v. 25. Feb. u. 7. März 1880 (GS. 55 u. 157). Das preuß. Staatsbahnnetz, das 1879 nur 6078 km betrug, umfaßt jetzt 11 246 km, hat sich also nahezu verdoppelt. Außerdem stehen etwa 3700 km Privatbahnen unter staatlicher Verwaltung. — Ein ähnlich konsolidirtes Staatsbahnnetz findet sich in Baiern, Würtemberg, Baden u. Sachsen. Der Plan der Uebertragung der deutschen Staatsbahnen auf das Reich (Preuß. G. v. 4. Juni 1876 GS. 161) ist nicht zur Ausführung gelangt.

3) Die Vermehrung der Staatsschuld einschließlich des den Aktionären noch zu zahlenden Kaufgeldes beträgt 1846 Mill. M. Die Staats-Eisenbahneinnahme beläuft sich (Etat 188½) auf 90 (bez. wenn die künftig im Betrag von 9½ Mill. wegfallenden Verwaltungsausgaben abgesetzt werden) auf nahezu 100 Mill. M. Die Bruttoeinnahme aus den Staatsbahnen beträgt 356½ Mill. M.

und Betrieb der Bahnen hätten, um den Anforderungen des Verkehrs und der Landesvertheidigung überall gerecht zu werden, so weitgehenden Einschränkungen unterworfen werden müssen, daß dadurch jede Erwerbsfreiheit ausgeschlossen worden wäre. Daneben drängte auch die Entwickelung der Bahnen selbst auf dieses Ziel hin. Solange nur einzelne Verbindungen in Frage standen, konnten die Privatunternehmungen, welche die Mehrzahl dieser Verbindungen geschaffen hatten, ungestört nebeneinander bestehen. Mit der Ausdehnung und Verdichtung des Bahnnetzes gingen dagegen die kleineren Unternehmungen mehr und mehr in größeren Systemen auf, und wenn hierdurch auch der zu großen Zersplitterung vorgebeugt wurde, so lag doch die Gefahr der Monopolisirung nahe, die die Konkurenz in immer engere Grenzen weisen mußte. Die Befürchtung, daß das Eisenbahnwesen auch in der Hand des Staates in dieser Richtung ausarten könne, wird dadurch ausgeschlossen, daß der Staat neben der Aufgabe auch das unmittelbare Interesse hat, Wohlstand und Steuerkraft durch den Verkehr gefördert zu sehen. Der Sieg der Staats- über die Privatbahnen bezeichnet in diesem Sinn nur das Zurücktreten des Erwerbs- gegen den Verkehrszweck, wie es in ähnlicher Weise auf den Gebieten des Straßen- und Postwesens bereits zum Abschluß gelangt ist. Der Unterschied gegen diese Gebiete besteht nur darin, daß auf letzteren der Staat als Inhaber der Regalität bereits die Verkehrseinrichtungen in der Hand hielt und nur sein System zu ändern brauchte, während er hier die Privatindustrie aus ihrer seitherigen Stellung verdrängen mußte.

Wichtige Folgen hat diese Entwickelung bereits für die Herstellung von Sekundärbahnen gehabt. Hierunter werden Bahnen von untergeordneter Bedeutung verstanden, die den Hauptbahnen als Anschlußglieder dienen sollen und deßhalb mit einfacheren Bau- und Betriebseinrichtungen als diese ausgestattet sein können[4]). Der nach Vollendung des Hauptverkehrsnetzes in den Vordergrund getretene Sekundärbahnbau eignet sich bei geringerer Ertragsfähigkeit weniger für den Privatbetrieb. Er kann nur durch den Staat gefördert werden, der diese Bahnen entweder selbst ins Leben ruft oder die betheiligten Verbände hierzu anregt und unterstützt[5]).

§ 372.

b) **Die Eisenbahnverwaltung** erscheint zwischen Reich und Einzelstaaten getheilt.

Dem Reich ist neben dem — bislang noch nicht zur Anwendung gebrachten — Recht, Eisenbahnen im Interesse der Vertheidigung oder des

[4]) S. Anm. 34.

[5]) Das Vorbild lieferte Frankreich, welches (1865) den Bau grundsätzlich den Gemeinden u. Departements überließ u. staatsseitig unterstützte. In Deutschland hat zuerst Baiern diesen Weg betreten (1869). — Preußen hat noch keine generelle Regelung vorgenommen, ist jedoch bereits mit einer Reihe einzelner Bahnlinien (484 km) vorgegangen G. v. 9. März 1880 (GS. 169), v. 25. Feb. u. Erl. v. 2. März 1881 (GS. 32 u. 43).

gemeinsamen Verkehrs anzulegen oder zu konzessioniren, auch eine Einwirkung auf Betrieb und Tarifwesen übertragen[6]). Zur Wahrnehmung dieser Rechte besteht das dem Reichskanzler unterstellte Reichs-Eisenbahnamt[7]).

Wesentliche Aenderungen hat mit Erweiterung des Staatsbahnbetriebs die Eisenbahnverwaltung in Preußen erfahren. Nach Trennung des Ministeriums für Handel und Gewerbe von dem Ministerium für öffentliche Arbeiten wird in letzterem die Verwaltung der Staatseisenbahnen von der 2ten, die Aufsicht über Privatbahnen von der 4ten Abtheilung wahrgenommen[8]). Von dieser ressortiren die Eisenbahn-Kommissariate, welche die finanziellen und Betriebsangelegenheiten der Eisenbahngesellschaften zu überwachen haben[9]). — Die Staatsbahnverwaltung, welche durch Eisenbahn-Direktionen und Eisenbahn-Betriebsämter geführt wird, ist nach Erweiterung des Bahnnetzes im Sinne der Decentralisation umgestaltet[10]). Dem Minister sind nur grundsätzliche Entscheidungen und Gegenstände von allgemeiner Bedeutung vorbehalten[11]). Die Direktionen führen die obere Aufsicht, verwalten die wichtigeren organisatorischen Tarif- und Fahrplanangelegenheiten und bilden die Disciplinarbehörden[12]). Die Betriebsämter üben die laufende Bau-, Betriebs- und Bahnpolizeiverwaltung aus[13]). Für die Bauleitung auf Nebenstrecken können besondere Eisenbahn-Bau-Kommissionen errichtet werden[14]). — Für Staatseisenbahnbeamte bestehen neben den allgemeinen mehrere besondere Vorschriften[15]). Amtliches Publikations-Organ ist das Eisen-

---

6) RVerf. Art. 4⁸, 41—47 (vgl. § 373 u. 374 d. W.), auf Baiern nur beschränkt anwendbar Art. 46, dagegen in Elf.-Lothringen gültig V. v. 11. Dez. 1871 (RGB. 444).

7) RG. v. 27. Juni 1873 (RGB. 164), GeschO. v. 13. März 1876 (CB. 197). — Für die Verwaltung der Reichseisenbahnen (in Elf.-Lothringen) besteht ein besonderes Reichsamt Anm. 26 (S. 19).

8) § 49 d. W.

9) EisenbG. (Anm. 17) § 46; Regul. v. 24. Nov. 1848 (MB. 390); Erweiterung der Befugnisse ER. v. 14. Juni 1875 (MB. 164); Mitwirkung bei Enteignungen ER. v. 7. Nov. 1877 (MB. 1878 S. 10); Zuständigkeit als Disciplinarbehörde G. v. 21. Juli 1852 (GS. 465) § 24² u. 31. — Eisenbahn-Kommissariate bestehen zu Breslau für die östlich u. zu Berlin für die westlich von Berlin belegenen Privatbahnen. Ein besonderes Kommissariat befindet sich außerdem für die Thüringer Bahn zu Erfurt.

10) AE. v. 24. Nov. 1879 (MB. 1880 S. 84), v. 23. Feb. u. 2. März 1881 (GS. 34 u. 43). — Königliche Eisenbahn-Direktionen bestehen:

a) für Staatsbahnen zu Bromberg (Hinterpomm. u. Ostbahn); Berlin (Niederschlesisch-Märkische, Dresdener, Stettiner, Nord- u. Berliner Stadtbahn); Magdeburg (Berlin-Magdeburger u. Magdeburg-Halberstädter B.); Hannover (Hannoversche, Altenbekener, Westfälische u. Main-Weser B.); Frankfurt a. M. (Frankfurt-Bebraer, Nassauische, Saarbrücker B.); Köln (rechtsrheinische) u. Köln (linksrheinische);

b) für unter Staatsverwaltung stehende Privatbahnen zu Breslau (Oberschlesische B.) u. zu Elberfeld (Bergisch-Märkische B.).

11) AE. v. 1879 § 3—7. — Erlaß von Polizei-Reglements § 229 d. W.

12) AE. v. 1879 § 8—15 u. G. v. 17. Juni 1880 (GS. 271).

13) AE. v. 1879 § 16—20.

14) Das. § 21.

15) Anstellung das. § 31—39; als Supernumerar im Stations- u. Expeditions-

bahn-Verordnungsblatt, welches nebst Beiblatt (Archiv für Eisenbahnwesen) seit 1878 erscheint[16].

§ 373.

c) **Eisenbahnanlage. Eisenbahngesellschaften.** Das Eisenbahnwesen unterliegt zwar einer einheitlichen Gesetzgebung[17], ist aber in seiner raschen Entwickelung längst über den Rahmen derselben hinaus gewachsen, da diese Gesetzgebung nur auf Anlage der Eisenbahnen durch Aktiengesellschaften berechnet war, ohne die damals unbekannte Ausführung durch den Staat, durch Verbände oder Privatpersonen zu berücksichtigen.

Die Zulässigkeit der Unternehmung erscheint durch das Verkehrsinteresse und durch die finanzielle Sicherstellung bedingt. Die Bahnanlage an sich fordert landesherrliche, ihre Durchführung im Einzelnen ministerielle Genehmigung[18]. Dieser Konzession muß die Zeichnung des Aktienkapitals und der Zusammentritt der Gesellschaft vorausgehen. Das Statut bedarf der landesherrlichen Genehmigung[19]. Die Eisenbahngesellschaften können als Korporationen Grundeigenthum erwerben und nöthigenfalls das Recht der Enteignung für sich in Anspruch nehmen[20]. Zur Veräußerung von Grundstücken, Aufnahme von Darlehen und Ausgabe neuer Aktien ist ministerielle Genehmigung erforderlich[21]. Der früher für 30 Jahre gewährte Ausschluß der Konkurrenzbahnen[22] findet für die Folge nicht mehr statt[23]. Den Seitenverbindungen anderer Bahnen muß der Anschluß gestattet werden[24]. Die Gesellschaft hat die Bahn rechtzeitig und ordnungsmäßig herzustellen und gehörig zu erhalten[25]. Sie muß die benachbarten Grundbesitzer durch die erforderlichen Anlagen vor entstehenden Gefahren und Nachtheilen schützen[26] und für alle in Folge der Anlage an den Staat herantretenden Entschädigungs-

---

dienst Anm. 23 (S. 69); Anstellung von Frauen ER. v. 8. Jan. 1873 (MB. 17). Verb. Anm. 34. — Tagegelder u. Reisekosten V. v. 30. Okt. 1876 (GS. 451) u. 8. Juni 1880 (GS. 273), Umzugskosten V. v. 26. Mai 1877 (GS. 173) nebst AusfV. v. 7. Juli 1877 (MB. 176); Einberufung im Mobilmachungsfall § 84 d. W. Zur Anstellung von Militäranwärtern sind verschiedene Privatbahnen verpflichtet ER. v. 12. Mai 1874 (MB. 187).

16) Bek. v. 7. Jan. 1878 (MB. 17).

17) EisenbG. v. 3. Nov. 1838 (GS. 505), mit Ausschluß der § 11—13, 15—19, 38—41 u. 44 in die neuen Provinzen eingeführt V. v. 19. Aug. 1867 (GS. 1426) u. in den wichtigeren Vorschriften in dem G. v. 1. Mai 1865 (GS. 317) für Hohenzollern wiedergegeben.

18) EG. § 1, 4 u. 5; Verfahren StMB. v. 30. Nov. 1838 (KA. XXII. 211).

19) EG. § 1—3. Aktiengesellschaften s. § 320, insbes. Anm. 79 d. W.

20) EG. § 7. Ueb. d. EnteignungsG., (welches die § 8—13 u. 15—19 des EG. ersetzt hat), s. § 363, insbes. Anm. 8 d. W.

21) EG. § 6 u. 7 u. (im Geb. der KrO.) ZustG. § 167.

22) EG. § 44. — Die nach 3 Jahren zugelassene Konkurrenz auf der Bahn selbst gegen ein bestimmtes Bahngeld (§ 26—31 u. 37) ist der derzeitigen unvollkommenen Anschauung üb. d. Eisenbahnwesen entsprungen u. nicht z. Anwendung gelangt.

23) RVerf. Art. 41 Abs. 3.

24) EG. § 45 u. RVerf. Art. 41 Abs. 2.

25) EG. § 21 u. 24.

26) Das. § 14; vgl. Anm. 7 (S. 429).

ansprüche aufkommen. Dagegen hat sie bei Kriegsbeschädigungen keinen Ersatzanspruch[27]). Sie ist der Besteuerung unterworfen[28]) und zur Beförderung der Post verpflichtet[29]). Dem Staat ist das Recht vorbehalten, nach 30 Jahren die Eisenbahn anzukaufen[30]). Bei Nichterfüllung der Verpflichtungen wird die Konzession verwirkt und die Bahn versteigert[31]).

§ 374.

d) **Der Eisenbahnbetrieb** unterliegt in Preußen der Regelung durch den Minister. Das Interesse des allgemeinen Verkehrs hat aber außerdem dazu geführt, daß alle deutschen Eisenbahnen als einheitliches Netz verwaltet, insbesondere nach gleichmäßigen Normen angelegt und ausgerüstet und mit übereinstimmenden Betriebseinrichtungen, Polizeireglements und Fahrplänen versehen werden[32]).

Die Eröffnung des Betriebs ist erst zulässig, wenn nach Revision der Anlage die Genehmigung des Ministers dazu ertheilt ist[33]). — Die Eisenbahnpolizei wird von den Beamten der Bahnverwaltung geübt[34]). — Wegen Errichtung von Gebäuden und Lagerung von Materialien in der Nähe der Eisenbahnen ist durch gleichlautende Polizeiverordnungen eine bestimmte Entfernung vorgeschrieben[35]). — Die Verhältnisse der beim Bau von Eisenbahnen beschäftigten Arbeiter sind behufs Erhaltung der Ruhe und Ordnung näher geregelt[36]). — In Betreff der beim Eisenbahnbetriebe vorkommenden Tödtungen oder Körperverletzungen haftet der Unternehmer für den

---

27) Das. § 20 u. 43.

28) Eisenbahnabgabe § 141 d. W.; Heranziehung zur Gemeindesteuer Anm. 31 (S. 84), zur Kreissteuer Anm. 12 (S. 96).

29) § 377 d. W.

30) EG. § 42.

31) Das. § 47.

32) RVerf. Art. 42—44, s. Anm. 6.

33) EG. § 4 u. 22 u. (im Geb. der KrO.) ZustG. § 167. — Konstruktion und Ausrüstung der deutschen Bahnen Vorschr. v. 12. Juni 1878 (CB. 332, MB. 157). Verfahren bei Prüfung der Lokomotiven CR. v. 29. Okt. 1874 (MB. 264); verb. Anm. 25 u. 26 (S. 407).

34) EG. § 23. — Deutsches Betriebs-Regl. v. 11. Mai 1874 (CB. 179); dazu (§ 40—43 Beförderung lebender Thiere) Bek. v. 13. Juli 1879 (CB. 479), Aenderung des § 44 Bek. v. 13. Juli 1879 (CB. 478), des § 48 u. 50[1] Bek. v. 30. Juni 1880 (CB. 452), v. 1. März u. v. 5. Juli 1881 (CB. 83 u. 261), des § 50[7] Bek. v. 30. April 1878 (CB. 238) u. v. 14. Juli 1879 (CB. 482). — Deutsches Bahn-Pol-Regl. v. 4. Jan. 1875 (CB. 57), Aenderung Bek. v. 12. Juni 1878 (CB. 355, MB. 172) u. v. 17. Mai 1881 (CB. 172) Nr. I. — SignalO. f. deutsche Bahnen v. 4. Jan. 1875 (CB. 73), Aenderung Bek. v. 12. Juni 1878 (CB. 363) u. v. 20. Juni 1880 (CB. 483). — Befähigung der Bahnpolizeibeamten u. Lokomotivführer in Deutschl. Best. v. 12. Juni 1878 (CB. 364, MB. 179), Aenderung Bek. v. 17. Mai 1881 (CB. 172) Nr. II; Untersuchung der Beamten auf Farbenblindheit CR. v. 14. Mai 1877 (MB. 141). — BahnO. f. deutsche Bahnen von untergeordneter Bedeutung (Sekundärbahnen) v. 12. Juni 1878 (CB. 341, MB. 163).

35) CR. v. 4. Dez. 1847 (MB. 332), 29. März 1848 (MB. 133) u. zwei CR. v. 28. Feb. 1873 (MB. 63).

36) V. v. 21. Dez. 1846 (GS. 1847 S. 21), Ausf. CR. v. 7. Mai 1847 (MB. 109), Einf. in die neuen Prov. (Anm. 17), in das Jadegeb. G. v. 3. Aug. 1855 (GS. 631), in Lauenburg G. v. 25. Feb. 1878 (GS. 97 u. 126) § 8[1]. — Anwen-

Schaden, sofern er nicht eignes Verschulden des Betroffenen nachweist[37]). Die Ersatzpflicht beim Sachentransport richtet sich nach den handelsrechtlichen Vorschriften über das Eisenbahnfrachtgeschäft[38]).

Den wichtigsten und zugleich schwierigsten Zweig des Eisenbahnbetriebs bildet das Eisenbahntarifwesen. Der Transportpreis stellt sich bei allen in ihrem Absatz nicht auf den nächsten Umkreis beschränkten Gegenständen als Theil des Waarenpreises dar und gewinnt dadurch eine mit Erweiterung der Absatzgebiete immer steigende Bedeutung. Der Staat in seiner Fürsorge für Belebung des inländischen Verkehrs hat demgemäß das erheblichste Interesse an einer richtigen Tarifstellung. Das Eisenbahngesetz hat eine allgemeine Begrenzung der Tarife durch Festsetzung eines Maximalreinertrages von 10 Proz. des Anlagekapitals versucht[39]), ohne damit zu praktischen Resultaten zu gelangen. Die Reichsverfassung bezeichnet, ohne solchen speziellen Anhalt zu geben, die möglichste Herabsetzung und Gleichmäßigkeit der Tarife als ihr Ziel und will nur auf die für den wirthschaftlichen Verkehr unerläßlichen Rohprodukte (Kohlen, Erze, Düngemittel) für größere Entfernungen und auf Nothstands- und Militärtransporte ermäßigte Sätze angewendet sehen[40]). Die vermehrten Konkurrenzverbindungen haben inzwischen, namentlich wo es sich um entferntere Endpunkte handelte, zu fortgesetzten Frachtermäßigungen geführt, die den zwischenliegenden Orten nicht in gleicher Weise zn Theil wurden (Differentialtarife), so daß deren Produktion vielfach nicht mehr konkurrenzfähig blieb und in ihrem Bestande gefährdet erschien. Die neuste Tarifpolitik sucht diesen Schwankungen gegenüber dem Tarifwesen eine größere Stetigkeit zu geben und dabei namentlich jeder ungünstigeren Behandlung inländischer Erzeugnisse gegen ausländische vorzubeugen. Der Uebergang zum Staatsbahnsystem hat dieses Streben wesentlich gefördert.

5. Post und Telegraph.

§ 375.

a) **Geschichte.** Die Post war in Deutschland gleichfalls Regal[1]) und als solches noch im Jahre 1615 — als die meisten übrigen Regalien bereits in die Hände der Landesherren übergegangen waren — vom Kaiser als Erblehen dem Reichsgrafen Taxis verliehen. Das Aufkommen der Territorialposten war damit nicht ausgeschlossen und es waren solche ins-

---

dung auf Kanal-, Chaussee- ꝛc. bauten § 26 d. W. u. (im Geb. der KrO.) ZustG. § 154.—Speiseeinrichtungen f. Eisenbahnarbeiter CR. v. 8. Aug. 1872 (MB. 197).

[37]) RG. v. 7. Juni 1871 (RGB. 207) § 1, 3—5 u. 7—10. — Abweichung f. Postbeamte G. v. 20. Dez. 1875 (RGB. 318) Art. 8.

[38]) Anm. 41 (S. 422). Desinfektion der Wagen b. Viehtransport Anm. 18 (S. 394).

[39]) EisenbG. § 29—35.

[40]) RVerf. Art. 45—47; s. Anm. 6.

[1]) § 125 d. W.

besondere in Preußen seit dem 16ten Jahrhundert eingerichtet und unter Friedrich dem Großen wesentlich erweitert. Eine einheitliche Gestaltung des Staatspostwesens wurde gleichwohl erst möglich, nachdem dieses Recht beseitigt worden war. Dies geschah nur allmälig[2]) und auch der Uebergang von der finanziellen zur wirthschaftlichen Verwaltung hat sich bei der Post langsamer vollzogen, als bei den übrigen Verkehrsanstalten[3]).

Das deutsche Postwesen befand sich gleich dem in den Einzelstaaten entwickelten Telegraphenwesen im Zustande völliger Zersplitterung, bis die neue Reichsverfassung Post und Telegraphen zu einheitlichen Reichs-Verkehrsanstalten erklärte, die unter der oberen Leitung des Kaisers für Rechnung des Reichs verwaltet werden sollten[4]).

Die deutsche Postverwaltung ist seitdem bei der einheitlichen Gestaltung des Postwesens im Reichsgebiet nicht stehen geblieben, hat dieselbe vielmehr durch Postverträge über die Grenzen desselben hinaus getragen. Wesentlich durch ihre Anregung ist der Weltpostverein zu Stande gekommen, der mit seinem ständigen Bureau zu Bern und mit regelmäßig wiederkehrenden Kongressen eine dauernde völkerrechtliche Einrichtung bildet und innerhalb seines Gebiets die Versendung von Briefen, Postkarten, Drucksachen, Waarenproben, Werthbriefen und Postanweisungen zu einheitlichen niedrigen Taxen und unter gleichmäßigen Bedingungen ermöglicht hat[5]). Mit Ausschluß von Rußland, Griechenland und den meisten außereuropäischen Vertragsstaaten ist außerdem der Postpacketverkehr vertragsmäßig geregelt[6]). — In ähnlicher Weise ist durch den internationalen Telegraphenverein die telegraphische Beförderung übereinstimmend

---

[2]) Preußen entschädigte den Fürsten Taxis in Betreff der im Westen erworbenen Landestheile durch das Fürstenthum Krotoszyn (1816/19) u. für das Postwesen in Hessen-Nassau, den thüringischen und lippischen Ländern u. Hansestädten laut Vertr. v. 28. Jan. 1867 (GS. 354) durch eine Abfindung von 9 Mill. M.

[3]) Der Grundsatz des Ueberwiegens der Verkehrs- über die Finanzinteressen findet sich für Preußen schon in der Reg-Instr. v. 26. Dez. 1808 § 57 ausgesprochen, ist aber erst im PostG. v. 5. Juni 1852 durchgedrungen und demnächst im Reich zu noch vollständigerer Geltung gelangt. Die fortgesetzte Verkehrssteigerung hat gleichwohl das Post- und Telegraphenwesen zu einer ergiebigen Finanzquelle für das Reich gemacht. Der Ueberschuß (Et. 1881/82) beträgt 18½ Mill. M.

[4]) RVerf. Art. 4[10], 48—51. — Die Vorschriften finden auf Baiern u. Würtemberg nur beschränkte Anwendung Art. 52, gelten dagegen in Els.-Lothringen V. v. 14. Okt 1871 (RGB. 443). Uebrigens sind die Rechte der Reichspostverwaltung einzelnen Bundesstaaten gegenüber durch Verträge erweitert.

[5]) Weltpostvereins-Vertr. v. 1. Juni 1878 nebst Vertr. über Austausch von Werthbriefen v. dems. T. u. v. Postanweisungen v. 4. Juni 1878 (RGB. 1879 S. 83, 102 u. 112). — Der Verein erstreckt sich über die europäischen Staaten u. nahezu alle außereuropäischen Besitzungen derselben, auf Persien, Japan, die Vereinigten Staaten, Mexiko, San Salvador, Hayti, Kolumbien, Brasilien, Peru, Chile, die Argentinische Republik u. Paraguay, u. umfaßt ein Gebiet von 716000 □ M. mit 350 Mill. Einwohnern. — Das Porto beträgt bei Frankirung für einfache Briefe 20 Pf., für Postkarten 10 Pf. u. für Drucksachen 5 Pf.

[6]) Uebereinkunft v. 3. Nov. 1880 (RGB. 1881 S. 69).

geordnet. Für den Tarif besteht das System der Worttaxe, jedoch mit noch ungleichen Sätzen[7]).

§ 376.

b) Die **Post- und Telegraphenverwaltung** ist eine gemeinsame. Oberste Reichsbehörde ist das unter Verantwortlichkeit des Reichskanzlers von einem Staatssekretär (General-Postmeister) geleitete Reichs-Postamt, welches in 3 Abtheilungen für Post-, Telegraphen- und gemeinsame Angelegenheiten zerfällt[8]). Unter demselben stehen die Ober-Postdirektionen[9]), unter diesen die Postämter 1ster, 2ter und 3ter Klasse, welche gleich den von Privaten versehenen Postagenturen zur unmittelbaren Handhabung des Post- und Telegraphenbetriebes bestimmt sind. In den größeren Städten finden sich besondere Telegraphenämter[10]). Die Post- und Telegraphenbeamten werden, soweit sie zu den oberen gehören, vom Kaiser, übrigens von den Landesregierungen ernannt[11]) und haben Rechte und Pflichten der Reichsbeamten[12]).

§ 377.

c) **Postrecht u. Postbetrieb.** Die Vorrechte der Post sind gegen früher erheblich vermindert. Eine Beschränkung des freien Verkehrs (Postzwang) besteht nur noch in dem Verbot, verschlossene Briefe und politische

---

7) Intern. TelVtr. v. 10/22. Juli 1875, erg. Bek. v. 17. März 1880 (MB. 117). Derselbe erstreckt sich üb. Europa, Aegypten, Japan, Persien, Brasilien, Brittisch Indien, die brittisch-australischen und niederländisch-ostasiatischen Kolonien.

8) V. v. 22. Dez. 1875 (RGB. 379), AE. v. 23. Feb. 1880 (RGB. 25) u. Bek. v. 1. Jan. 1876 (CB. 5). Z. Ressort des RPostamts gehört die Reichsdruckerei § 163 (S. 201). — Bei demselben erscheint das (seit 1876 mit dem AmtsBl. der Telegraphenverw. vereinigte) „ABl. d. d. RPost- u. Telegraphenverw."

9) Das. — Die Sitze u. Bezirke der Ober-Post-Direktionen entsprechen denen der Regierungsbezirke (Anm. 11 S. 55) mit folgenden Abweichungen: Der RB. Marienwerder ist unter die OPDirektionen Danzig u. Bromberg getheilt, der RB. Stralsund der OPD. Stettin zugelegt; Berlin mit Charlottenburg hat eine eigne OPD.; zum OPDBezirk Magdeburg gehört Anhalt, zu dem von Erfurt der Kr. Schmalkalden und einige thüringische Länder; der Sitz f. d. RB. Merseburg ist Halle; f. den RB. Schleswig (außer einem der OPD. Hamburg zugelegten Theil) die Stadt Kiel; Theile der Prov. Hannover gehören zu den OPDirektionen Braunschweig, Bremen, Hamburg und Oldenburg, der Rest steht unter der OPD. zu Hannover; zur OPD. Minden gehören d. Kr. Rinteln, die Fürstenthümer Lippe und Pyrmont, zur OPD. Kassel das übrige Waldeck, zur OPD. Frankfurt a. M. der RB. Wiesbaden u. d. Kr. Wetzlar, zur OPD. Trier d. Fürstenth. Birkenfeld; Hohenzollern steht unter der OPD. Konstanz.

10) Im Reichspostgebiet bestanden (1881) 7540 Postanstalten. — Telegraphenanstalten s. Anm. 26.

11) RVerf. Art. 50; vgl. Anm. 4.

12) § 20—23 d. W. Kautionen Anm. 15 (S. 20). — Anstellung der Civil- u. Militäranwärter Regl. v. 23. Mai 1871 (MB. 212). — Einziehung im Mobilmachungsfall § 84 d. W. — Bestrafungen Anm. 16 u. 28. — Rang § 65 d. W. — Uniform Vf. v. 25. Okt. 1871 (MB. 297), 21. März 1872 (MB. 118) u. 28. Okt. 1879 (CB. 660). — Wilhelmsstiftung AE. v. 29. Aug. 1872 (RGB. 373) u. G. v. 4. März 1876 (RGB. 122).

Zeitungen gegen Bezahlung zwischen mit Postanstalten versehenen Orten anders als durch die Post zu versenden[13]). Die Eisenbahnen müssen ihren Betrieb den Bedürfnissen des Postdienstes möglichst anpassen und mit jedem Zuge einen Wagen zur Beförderung von Päckereien bis zu 10 kg unentgeltlich, weiter erforderliche Transportgelegenheiten gegen bestimmte Vergütung stellen[14]). Im Interesse des regelmäßigen Betriebs sind den Posten einige weitere Vorrechte beigelegt[15]). — Das Briefgeheimniß ist unbeschadet der Beschlagnahme der Briefe im Strafprozeß- und Konkursverfahren unverletzlich[16]). — Die Post leistet Garantie für Werthbriefe und Postanweisungen nach dem Werthbetrage, für Packete nach dem erlittenen Schaden, doch mit höchstens 3 M. für das Pfund, bei eingeschriebenen und Estafetten-Sendungen mit 42 M.[17]). — Post- und Porto-Defraudationen sind mit Strafe bedroht[18]). Sie unterliegen, soweit es sich um Geldstrafen handelt, mit Vorbehalt des Rechtswegs einem Verwaltungs-Strafverfahren[19]) und verjähren in 3 Jahren[20]). — Die Benutzung der Posteinrichtung ist vom Reichskanzler reglementarisch geordnet[21]), das Porto dagegen gesetzlich festgestellt[22]). — Die sehr mannigfaltig in den Bundesstaaten gestalteten Portofreiheiten sind aufgehoben und nur folgende Befreiungen aufrecht erhalten:

1. für Sendungen der Häupter und Mitglieder der deutschen Regentenfamilien;
2. für reine Bundesdienst- und Reichstags-Angelegenheiten;

---

13) Reich-PostG. vom 28. Okt. 1871 (RGB. 347) § 1—3.

14) G. v. 20. Dez. 1875 (RGB. 318); AusfBek. v. 9. Feb. 1876 (CB. 87), Aenderung v. 9. Mai 1878 (CB. 261) u. 24. Dez. 1881 (CB. 1882 S. 4).

15) RPG. § 16—26. Die frühere Verpflichtung zur Pferdegestellung ist aufgehoben u. die Beschaffung Gegenstand freier Vereinbarung geworden. — Verhältniß der Posthalter u. PostfahrO. Bf. v. 5. Juni 1870 (MB. 201).

16) RPG. § 5; ebenso bestimmte die Pr. VU. Art. 6 u. 33. — Strafe der Verletzung StGB. § 299, durch Beamte § 354 u. 358. — Beschlagnahme StProzO. § 99—101 u. KonkO. § 111.

17) RPG. § 6—15 (§ 14 aufgeh. G. v. 30. Jan. 1877 RGB. 244 § 13[4]); verb. § 48 u. 49.

18) Das. § 27—33.

19) Das. § 34—46 u. StProzO. § 459 bis 469 nebst EinfG. § 6[3].

20) EinfG. (z. StGB.) v. 31. Mai 1870 (BGB. 195) Art. 7.

21) RPG. § 50. — PostO. v. 8. März 1879 (CB. 185) mit Ergänzung (zu § 22 u. 59) v. 24. Aug. 1879 (das. 538).

22) PostTaxG. v. 28. Okt. 1871 (RGB. 358), Aenderung G. v. 17. Mai 1873 (RGB. 107) u. 3. Nov. 1874 (RGB. 127 u. 134). — Einf. i. Els.-Lothringen G. v. 4. Nov. 1871 u. v. 8. Feb. 1875 (RGB. 69) Nr. 5. — Das Porto beträgt für Postkarten 5 Pf.; für den einfachen (bis 15 g wiegenden) Brief 10 Pf., bei größerem Gewicht 20 Pf. u. bei Nichtfrankirung 10 Pf, bei Einschreibung 20 Pf. mehr; für Drucksachen bis 50 g 3 Pf., bei 50—250 g 10 Pf., bei 250 bis 500 g 20 Pf., bei 500 g bis 1 kg 30 Pf.; für Waarenproben (bis zu 250 g zulässig) 10 Pf.; für Packete von höchstens 5 kg bis 10 Meilen 25 Pf., für weitere Entfernung 50 Pf. Für Werthsendungen wird neben dem Porto (das für Briefe in diesem Falle bis zu 10 Meilen 20 Pf., darüber hinaus 40 Pf. beträgt) eine Versicherungsgebühr von 5 Pf. für je 300 M. oder Theile dieses Betrages, mindestens aber 10 Pf. erhoben. Postanweisungen bis zu 100 M. kosten 20 Pf., von 100 bis 200 M. 30 Pf., von 200—400 M. 40 Pf. — Das einfache Briefporto gilt auch für Oesterreich-Ungarn. — Weltpostverein s. Anm. 5.

3. für Militärpersonen, deren gewöhnliche Briefe frei sind, während die an sie gerichteten Postanweisungen bis zu 15 M. für 10 Pf. und Packete bis zu 6 Pfund für 20 Pf. befördert werden.

Die Staatsbehörden können an Stelle des Porto die Zahlung von Aversionalsummen mit der Postverwaltnng vereinbaren[23]). In der Korrespondenz zwischen Behörden verschiedener Staaten hat stets (auch in Parteisachen) die absendende Behörde zu frankiren[24]). Auf dieser Grundlage sind auch die Postsendungen in preußischen Staatsdienstangelegenheiten näher geregelt[25]).

Auf allen Gebieten hat die Reichs-Postverwaltung die größte Rührigkeit entfaltet und den Verkehrsbedürfnissen durch Vermehrung der Verbindungen Erleichterung der Bedingungen und Ermäßigung der Portosätze unausgesetzt in ausgiebigster Weise Rechnung getragen. Als wichtigster Erfolg in diesen Bestrebungen tritt nächst der einheitlichen Normirung des Porto im ganzen Reich die Herstellung einer täglichen alle Orte berührenden Postverbindung hervor.

§ 378.

d) **Die Telegraphie,** obwohl weit jünger als die Post, steht derselben bei ihrer raschen Entwickelung bereits ziemlich ebenbürtig zur Seite[26]). Ihre allgemeinen Verhältnisse, insbesondere die auf dem Worttarif beruhende einheitliche Taxe sind durch Reglement geordnet[27]); nur in Einzelpunkten ist eine gesetzliche Regelung erfolgt. Durch Strafvorschriften wird die ungehinderte Benutzung der Telegraphenanstalten sichergestellt, insbesondere auch das Telegraphengeheimniß gewahrt[28]). Sodann ist die Gebührenfreiheit

---

[23]) G. v. 5. Juni 1869 (BGB. 141); Einf. in Baden Verf. v. 15. Nov. 1870 (BGB. 627) Art. 80 II 4, Südhessen G. v. 20. Dez. 1875 (RGB. 323), Baiern u. Würtemberg G. v. 29. Mai 1872 (RGB. 167), Elf.-Lothringen G. v. 1. März 1872. — AusfBest. v. 15. Dez. 1869 (MB. 1870 S. 26).

[24]) Bek. v. 29. Aug. 1870 (BGB. 514); Geltung f. Südhessen, Baden u. Elf.-Lothringen Bek. v. 17. April 1872 (BGB. 108), Baiern u. Würtemberg Bek. v. 8. Juli 1873 (RGB. 232). Gleiches gilt gegen Oesterreich-Ungarn Bek. v. 31. Okt. 1873 (das. 366) u. die Schweiz Bek. v. 20. Feb. 1878 (CB. 95).

[25]) Regul. v. 28. Nov. 1869 (MB. 274) nebst Instr. v. 22. Dez. 1869 (MB. 1870 S. 2) u. Zusatz v. 30. Juni 1871 (MB. 198). — Deklaration des § 8 des Regul. StMB. v. 24. Juli 1878 (MB. 230).

[26]) Das Telegraphennetz hat in der Zeit von 1875 bis 1879 um etwa 50 Proz. zugenommen und umfaßte (Ende 1880) 54 675 km oberirdische, 5243 km unterirdische u. 42 km unterseeische, zusammen 59 960 km Linien. Die Zahl der Telegraphenanstalten im Reichspostgebiet. betrug 5659 oder unter Einrechnung von 3000 Eisenbahntelegraphenstationen u. der Anstalten in Baiern u. Würtemberg etwa 10 000 (gegen 9000 in d. Verein. Staaten, 5600 in England u. 4000 in Frankreich). Verpflichtung der Straßenbauverwaltungen in Bezug auf Telegraphenanlagen s. Anm. 23 (S. 439).

[27]) TelegraphenO. v. 13. Aug. 1880 (CB. 560). Ihr Erlaß beruht auf Art. 48 u. 50 d. RVerf. Die Taxe beträgt neben einer Grundtaxe von 20 Pf. f. d. Telegramm, 5 Pf. für jedes Wort TelO. § 8 u. 9. — Benutzung d. Eisenbahn-Telegraphen Regl. v. 8. März 1876 (CB. 155). — Internationaler Telegraphen-Vertrag s. Anm. 7.

[28]) StGB. § 317—320, 355 u. 358.

ähnlich der im Postverkehr eingeführten geregelt[29]) und die Frankirung der Depeschen durch Freimarken zugelassen[30]).

Unter den jüngsten Fortschritten des Telegraphenwesens treten die unterirdischen Leitungen und die Fernsprechanstalten in den Vordergrund. Die unterirdischen Leitungen gewähren größere Sicherheit gegen atmosphärische, Witterungs- und sonstige zerstörende Einwirkungen und sind als zuverlässigere Verbindungen bereits zwischen allen wichtigen Verkehrsorten, Festungen und Seeplätzen zur Anwendung gebracht. Die Fernsprechanstalten (Telephone) werden gleichfalls als Telegraphenanstalten behandelt und dürfen deßhalb nur vom Reich oder in dessen Auftrag angelegt werden[31]). Sie erfordern weder kostspielige Apparate noch eine besondere Ausbildung des Personals und kommen deßhalb vorzugsweise dem kleineren Verkehr zu statten[32]).

---

[29]) V. v. 2. Juni 1877 (RGB. 524). — Demgemäß erging üb. d. geschäftliche Behandlung der Telegramme in Staatsdienstsachen Regul. v. 30. Juni 1877 (MB. 185, JMB. 169).

[30]) G. v. 16. Mai 1869 (BGB. 377); dasselbe ist in Süddeutschl. eingeführt Anm. 12 (S. 7) u. gilt in Elf.-Lothringen RG. v. 8. Feb. 1875 (RGB. 69) Nr. 1.

[31]) CR. v. 27. Okt. 1880 (MB. 305).

[32]) Unter den Telegraphenanstalten (Anm. 26) befanden sich 1126 Fernsprechämter.

Sachregister.

(Die Zahlen bezeichnen die Seiten, die eingeklammerten die Anmerkungen.)

A.

H.

J.

K.

N.

O.

P.

Q.

R.

T.

W.

Z.

Nachtrag.

(Endgültige Feststellung der Volkszählung v. 1. Dez. 1880).

Zu S. 9, Anm. 5 (Bevölkerung des Reichs u. der Einzelstaaten):

Preußen 27 279 111; Baiern 5 284 778; Sachsen 2 972 805; Würtemberg 1 971 118; Baden 1 570 254; Hessen 936 340; Oldenburg 337 478; M.-Schwerin 577 055; M.-Strelitz 100 269; S.-Weimar 309 577; Braunschweig 349 367; S.-Meiningen 207 075; S.-Altenburg 155 036; S.-Kob.-Gotha 194 716; Anhalt 232 592; Schw.-Rudolstadt 80 296; Schw.-Sondershausen 71 107; Waldeck 56 522; Reuß ä. L. 50 782; Reuß j. L. 101 330; Schaumb.-Lippe 35 374; Lippe-Detmold 120 246; Bremen 156 723; Hamburg 453 869; Lübeck 63 571; Elſ.-Lothringen 1 566 670; — Summe 45 234 061.

Zu S. 55, Anm. 11 (Einwohnerzahl der Provinzen ꝛc.):

Ostpreußen 1 933 936; Westpreußen 1 405 898; Brandenb. (auß. Berlin 2 266 825; Pommern 1 540 034; Posen 1 703 397; Schlesien 4 007 925; Sachsen 2 312 007; Schl.-Holstein 1 127 149; Hannover 2 120 168; Westfalen 2 043 442; Hess.-Nassau 1 554 376; Rheinprov. 4 074 000; Hohenzollern (R.-Bez.) 67 624 Berlin (Stadtkreis) 1 122 330. — Summe 27 279 111.

Buchdruckerei von Gustav Schade (Otto Francke) in Berlin N.

GPSR Compliance

The European Union's (EU) General Product Safety Regulation (GPSR) is a set of rules that requires consumer products to be safe and our obligations to ensure this.

If you have any concerns about our products, you can contact us on ProductSafety@springernature.com

In case Publisher is established outside the EU, the EU authorized representative is:

Springer Nature Customer Service Center GmbH
Europaplatz 3
69115 Heidelberg, Germany

Batch number: 10852600

Printed by Printforce, the Netherlands